# Deutschunterricht in Theorie und Praxis

# DTP

## Handbuch zur Didaktik der deutschen Sprache und Literatur in elf Bänden

herausgegeben von

Winfried Ulrich

**Band 3**

Schneider Verlag Hohengehren GmbH

# Mündliche Kommunikation und Gesprächsdidaktik

herausgegeben

von

Michael Becker-Mrotzek

5. unveränderte Auflage

Schneider Verlag Hohengehren GmbH

**Umschlag:** PE-Mediendesign, Elke Pfiffner,
88521 Ertingen

Gedruckt auf umweltfreundlichem Papier (chlor- und säurefrei hergestellt).

**Bibliografische Information der Deutschen Nationalbibliothek**

Die Deutsche Nationalbibliothek verzeichnet diese Publikation in der Deutschen Nationalbibliografie; detaillierte bibliografische Daten sind im Internet über ›http://dnb.d-nb.de‹ abrufbar.

ISBN: 978-3-8340-1015-5

Schneider Verlag Hohengehren, Wilhelmstr. 13, D-73666 Baltmannsweiler

Homepage: www.paedagogik.de


Printed in Germany – Druckerei. Format Druck, Stuttgart

# Inhaltsverzeichnis

**Vorwort des Herausgebers des Handbuchs „Deutschunterricht in Theorie und Praxis“** . . . . . . . . . . . IX

**Vorwort des Herausgebers dieses Bandes** . . . . . . . . . . . . . . . . . XIII

## A Geschichte und Entwicklung

A 1 Die Entwicklung des Lernbereichs: Von der Rhetorik zur Didaktik mündlicher Kommunikation
*von Marianne Polz* . . . . . . . . . . . . . . . . . . . . 3

## B Konzeptionelle und empirische Grundlagen

B 1 Mündliche Kommunikation
*von Reinhard Fiehler* . . . . . . . . . . . . . . . . . . . . 25

B 2 Analyse mündlicher Kommunikation
*von Gisela Brünner* . . . . . . . . . . . . . . . . . . . . 52

B 3 Mündliche Kommunikationskompetenz
*von Michael Becker-Mrotzek* . . . . . . . . . . . . . . . . 66

B 4 Entwicklung der mündlichen Kommunikationskompetenz
*von Uta Quasthoff* . . . . . . . . . . . . . . . . . . . . 84

## C Kompetenzbereiche und Unterrichtsziele

C 1 Unterrichtskommunikation als Mittel der Kompetenzentwicklung
*von Michael Becker-Mrotzek* . . . . . . . . . . . . . . . . 103

C 2 Bildungsstandards – Mündliche Kommunikation
*von Brigit Eriksson* . . . . . . . . . . . . . . . . . . . . 116

C 3 Bildungsstandards für die Vorschule
*von Gerhard Stamm* . . . . . . . . . . . . . . . . . . . . 129

C 4 Bildungsstandards für die Grundschule
*von Brigit Eriksson* . . . . . . . . . . . . . . . . . . . . 144

C 5 Bildungsstandards für die Sekundarstufe I
*von Patrick Voßkamp* . . . . . . . . . . . . . . . . . . . . 160

C6 Bildungsstandards für die Sekundarstufe II
*von Ingwer Paul* . . . . . . . . . . . . . . . . . . . . 179

C7 Bildungsstandards für den berufsbildenden Bereich
*von Peter Weber* . . . . . . . . . . . . . . . . . . . . 191

C8 Vermittlung mündlicher Kompetenz in der Lehrerbildung
*von Ines Bose / Norbert Gutenberg* . . . . . . . . . . . . . 202

## D Methoden und Medieneinsatz

D1 Methodenübersicht
*von Marianne Polz* . . . . . . . . . . . . . . . . . . . 223

D2 Gruppenunterricht
*von Theodor Diegritz / Ludwig Haag* . . . . . . . . . . . . . 251

D3 Kooperatives Lernen
*von Dietlinde H. Heckt* . . . . . . . . . . . . . . . . . . 264

D4 Szenisches Spiel
*von Jürgen Belgrad* . . . . . . . . . . . . . . . . . . . 278

D5 Gesprächsdidaktik: Gespräche im Unterricht transkribieren und analysieren
*von Gisela Brünner / Peter Weber* . . . . . . . . . . . . . . 297

## E Zum gegenwärtigen Stand empirischer Unterrichtsforschung

E1 Unterrichtskommunikation
*von Konrad Ehlich* . . . . . . . . . . . . . . . . . . . . 327

E2 Die Frage im Lehr-Lerndiskurs: Geschichte einer Funktionalisierung – Perspektiven einer Überwindung
*von Rainer von Kügelgen* . . . . . . . . . . . . . . . . . 349

E3 Gruppenarbeit im Unterricht
*von Ludwig Haag / Theodor Diegritz* . . . . . . . . . . . . . 378

E4 Schülersprache, Schulsprache, Unterrichtssprache
*von Eva Neuland / Petra Balsliemke / Anka Baradaranossadat* . . 392

E5 Stand der empirischen Unterrichtsforschung zum Unterrichtsgespräch im naturwissenschaftlichen Unterricht
*von Mareike Kobarg / Manfred Prenzel / Katharina Schwindt* . . 408

## F Erfolgskontrollen und Leistungsmessung

F1 Kommunikation beobachten und beurteilen
*von Annette Mönnich / Carmen Spiegel* . . . . . . . . . . . . 429

F2 Leistungsmessung
*von Brigit Eriksson* . . . . . . . . . . . . . . . . . . . . . . . . 445

F3 Hörüberprüfungen – Relevanz und Methoden
*von Frans Coninx* . . . . . . . . . . . . . . . . . . . . . . . . . 458

## G Exemplarische Modelle

G1 Erzählen im Unterricht der Grundschule
*von Sören Ohlhus / Juliane Stude* . . . . . . . . . . . . . . . . 471

G2 Diskutieren und Debattieren: Argumentieren in der Schule
*von Elke Grundler / Rüdiger Vogt* . . . . . . . . . . . . . . . 487

G3 Streitschlichtung
*von Carmen Spiegel* . . . . . . . . . . . . . . . . . . . . . . . . 512

G4 Die Freie Rede im Unterricht
*von Annette Mönnich* . . . . . . . . . . . . . . . . . . . . . . . 525

G5 Schüler/innen präsentieren
*von Anne Berkemeier / Lothar Pfennig* . . . . . . . . . . . . 544

G6 Schüler/innen moderieren
*von Anne Berkemeier / Lothar Pfennig* . . . . . . . . . . . . 553

G7 Erklären im Unterricht
*von Nicole Neumeister / Rüdiger Vogt* . . . . . . . . . . . . 562

**Sachwortregister** . . . . . . . . . . . . . . . . . . . . . . . . . 584

# Vorwort des Herausgebers des Handbuchs „Deutschunterricht in Theorie und Praxis“

## Zur Konzeption des Handbuches DTP

Der Deutschunterricht ist das zentrale Unterrichtsfach, das Kernfach im allgemeinbildenden Schulwesen Deutschlands mit der Aufgabe, nicht nur die grundlegenden Kulturtechniken des Lesens und Schreibens zu vermitteln, sondern die an Sprache und Texte gebundenen kognitiven, kommunikativen und kreativen Fähigkeiten der heranwachsenden Generation zu fördern. Dabei geht es um „Schlüsselqualifikationen“, die zur Bewältigung vieler Situationen im privaten und beruflichen Alltag benötigt werden, sowie um Kompetenzen, die zur Teilnahme am kulturellen Leben der Gesellschaft befähigen.

Sprache ist von zentraler Bedeutung für das menschliche Leben. Erst seine Sprache macht den Menschen zu dem, der er ist. Seine Sprachkompetenz befähigt ihn zum Handeln. Sie hilft beim Erwerb von Weltwissen, bei der Begriffsbildung und bei Denkoperationen; sie erlaubt den zwischenmenschlichen Austausch von Gedanken und Gefühlen, rezeptiv beim Zuhören und Lesen, produktiv beim Sprechen und Schreiben. Keine andere Fähigkeit ist für die Persönlichkeitsentfaltung und die Entwicklung zu einem mündigen Glied der Gesellschaft von ähnlich herausragender Bedeutung.

Sprachkompetenz wird von früher Kindheit an erworben und erweitert, zunächst auf „natürliche“ Weise in der Familie, dann in Vorschule und Schule systematisch und zielorientiert angeleitet in Lehr- und Lernprozessen, vor allem im Deutschunterricht. Auf die Unterrichtspraxis in den Schulen und die dort erzielten Ergebnisse richten sich deshalb häufig sowohl die kritischen Blicke der Öffentlichkeit wie auch die hoffnungsvollen Erwartungen von Eltern und Bildungspolitikern.

Welche Aufgaben soll der Deutschunterricht haben? Wie soll Deutschunterricht erteilt werden? Eine Antwort auf diese Fragen darf von der „Fachdidaktik Deutsch“ erwartet werden, der Theorie des Deutschunterrichts. Sie ist eine in Forschung und Lehre an den Universitäten und Pädagogischen Hochschulen vertretene wissenschaftliche Disziplin. Als solche ist sie relativ jung und bislang noch nicht voll entwickelt. Sie hat es gegenwärtig nicht leicht. Einerseits muss sie sich an den Hochschulen im Kreis etablierter Disziplinen behaupten und mit vorzeigbaren, kritisch diskutierten Forschungsergebnissen um Anerkennung kämpfen. Andererseits darf sie sich dabei nicht in wirklichkeitsferne Theorie verirren. Sie muss die gegebene Unterrichtspraxis, die konkreten Lehr- und Lernprozesse im Alltag der Schulen und sonstigen Bildungseinrichtungen im Auge behalten und sich innovativ auf diese beziehen. Erst in der unterrichtspraktischen Erprobung erweist sich, ob die theoretischen Konstrukte umsetzbar sind oder modifiziert werden müssen. Eine (möglichst institutionalisierte) ständige Kommunikation zwischen Forschern und Praktikern ist notwendig, der wechselseitige Austausch von Impulsen und Erfahrungen. Praxisorientierte Theorie an den Hochschulen und theoriegeleitete Praxis in den Schulen: Das muss als übergeordnetes Ziel gelten.

Diesem Ziel ist das vorliegende elfbändige Handbuch „Deutschunterricht in Theorie und Praxis“ (DTP) verpflichtet. Mit ihm wird der Versuch unternommen, ein Schulfach einer in diesem Ausmaß noch nie durchgeführten wissenschaftlichen Bestandsaufnahme zu unterziehen und aus dieser Bestandsaufnahme schlüssige Vorschläge für eine zukünftige Weiterentwicklung abzuleiten. Die Theorie des Deutschunterrichts in der klassischen Ausformung von Sprachunterricht und Literaturunterricht unterzieht sich damit einer Selbstevaluation, besinnt sich auf ihre Entwicklung und ihren gegenwärtigen Zustand, artikuliert ihr Selbstverständnis und beschreibt antizipierend ihre Zukunft. Dabei bekennt sie sich zu den in den letzten Jahren/Jahrzehnten erfolgten Erweiterungen ihres Zuständigkeitsbereichs: So sind z. B. Deutsch als Zweitsprache, Deutsch als Fremdsprache, Mediendidaktik und frühkindliche Sprachförderung in den Fokus der Deutschdidaktik gerückt.

Die Komplexität des Gegenstands „Fachdidaktik Deutsch“ und die Schwierigkeiten seiner Beschreibung zeigen sich auch darin, dass es in vielen Aspekten Überschneidungen zu anderen Wissenschaften gibt, die sich mit der Ontogenese, der Erziehung, der Psyche von Kindern, der Sprache als System und Gebrauch, der Literatur, den Kommunikationsmedien usw. beschäftigen. Interdisziplinäre Zusammenarbeit mit gegenseitiger Befruchtung ist notwendig, z. B. mit den unmittelbaren Bezugswissenschaften Linguistik und Literaturwissenschaft, aber auch mit Schulpädagogik, Lernpsychologie, den Kognitionswissenschaften.

Außer der Zusammenarbeit mit anderen Wissenschaftsdisziplinen ist die „Fachdidaktik Deutsch“ auf empirische Unterrichtsforschung angewiesen. Eine solche ist bislang erst in Ansätzen vorhanden, muss aber für die Zukunft in größerem Umfang gefordert und durchgeführt werden. Das gilt besonders, wenn aktuell Schulen und Lehrkräften einerseits viel mehr Gestaltungsfreiheit eingeräumt wird als bisher, andererseits der Erfolg ihrer Arbeit mit Hilfe fester Bildungsstandards überprüft werden soll. Beides ist erklärter Wille der Bildungspolitiker.

Das Handbuch DTP beschreibt also den Deutschunterricht nach Zielsetzungen, Unterrichtsmethoden, Unterrichtsmitteln, Lernergebnissen. Eine systematische Beschreibung kommt nicht umhin, das Schulfach als eine Zusammensetzung aus verschiedenen Ziel- und Inhaltsbereichen anzusehen. Eine solche Aufteilung stellt in gewisser Weise eine künstliche Trennung von Zusammengehörendem dar, denn natürlich sind die Bereiche nicht autonom, sondern bereits in der Theorie vielfältig miteinander verflochten, erst recht in der Unterrichtspraxis integrativ zu behandeln. Im Bewusstsein dieser Spannung orientiert sich das Gesamtwerk DTP in seiner Gliederung an den Lern- und Arbeitsbereichen, die sich aus der Curriculardiskussion der letzten Jahrzehnte ergeben haben, und ergänzt sie um weitere für die Deutschdidaktik relevante Bereiche. So ergeben sich insgesamt elf Themenbereiche (verteilt auf dreizehn Bände bzw. Teilbände), die in der Verantwortung von jeweiligen Bandherausgebern liegen:

1 Deutsche Sprache in Kindergarten und Vorschule
Prof. Dr. Herbert Günther, Universität Koblenz-Landau
Prof. Dr. Rolf Bindel, Universität Hannover

2 Schriftsprach- und Orthographieerwerb: Erstlesen, Erstschreiben
Prof. Dr. Christa Röber-Siekmeyer, Pädagogische Hochschule Freiburg
Helene Olfert, Universität Osnabrück

3 Mündliche Kommunikation und Gesprächsdidaktik
Prof. Dr. Michael Becker-Mrotzek, Universität Köln

4 Schriftlicher Sprachgebrauch/Texte verfassen
Prof. Dr. Helmuth Feilke, Universität Gießen
Prof. Dr. Thorsten Pohl, Universität Oldenburg

5 Weiterführender Orthographieerwerb
Prof. Dr. Ursula Bredel, Universität Hildesheim
Tilo Reißig, Universität Hildesheim

6 Sprachreflexion und Grammatikunterricht
Prof. Dr. Hildegard Gornik, Universität Hildesheim

7 Wortschatzarbeit
Prof. Dr. Inge Pohl, Universität Koblenz-Landau
Prof. Dr. Winfried Ulrich, Universität Kiel

8 Digitale Medien im Deutschunterricht
Prof. Dr. Volker Frederking, Universität Erlangen-Nürnberg
Dr. Thomas Möbius, Pädagogische Hochschule Heidelberg
Axel Krommer, Universität Erlangen-Nürnberg

9 Deutsch als Zweitsprache
Prof. Dr. Bernt Ahrenholz, Friedrich Schiller Universität Jena
Prof. Dr. Ingelore Oomen-Welke, Pädagogische Hochschule Freiburg

10 Deutsch als Fremdsprache
Prof. Dr. Bernt Ahrenholz, Friedrich Schiller Universität Jena
Prof. Dr. Ingelore Oomen-Welke, Pädagogische Hochschule Freiburg

11,1–3 Lese- und Literaturunterricht, Bände 1–3
Prof. Dr. Kaspar Spinner, Universität Augsburg
Prof. Dr. Michael Kämper-van den Boogaart, Humboldt-Universität Berlin

Als Projektleiter und Gesamtherausgeber des Werkes zeichnet Prof. Dr. Dr. h. c. mult. Winfried Ulrich, Germanistisches Seminar der Christian-Albrechts-Universität zu Kiel, verantwortlich.

Alle Teilbände fügen sich in eine gemeinsame Gesamtkonzeption ein, andererseits sind sie auch als in sich geschlossene Abhandlungen zu verstehen. Inhaltliche Überlappungen der Einzelbände sind nicht ganz zu vermeiden, bis zu einem gewissen Grad sogar wünschenswert. So gibt es z. B. einen speziellen Band für Deutsch als Zweitsprache; unabhängig davon muss die Berücksichtigung der unterschiedlichen Herkunftssprachen von Schülern mit Migrationshintergrund auch in anderen Bänden erfolgen. Obgleich sich die einzelnen Bände marginal aufgrund des jeweiligen Standes der Forschung in Aufbau und Umfang unterscheiden, orientieren sich alle Autorinnen und Autoren grundsätzlich an folgender Binnengliederung:

A Geschichte und Entwicklung des Teilbereichs des Deutschunterrichts
B Konzeptionelle und empirische Grundlagen
C Kompetenzbereiche, Unterrichtsziele
D Methoden und Medieneinsatz
E Gegenwärtiger Stand empirischer Unterrichtsforschung
F Erfolgskontrollen und Leistungsmessung
G Exemplarische Unterrichtsmodelle

Der Herausgeber des Gesamtwerks und die Herausgeberinnen und Herausgeber der Einzelbände hoffen, dass von dieser Veröffentlichung über viele Jahre hin fruchtbare Impulse ausgehen werden: erstens auf die schulpolitischen Diskussionen und Entscheidungen (einschließlich Lehrerbildung und Lehrplanentwicklung in den einzelnen Bundesländern), zweitens auf die fachdidaktische Forschung und Lehre an Universitäten und Pädagogischen Hochschulen, drittens auf eine im Vergleich damit stärker praxisorientierte Lehrerausbildung in den Studienseminaren und viertens schließlich auf die konkrete Unterrichtsgestaltung in den Schulen.

Möge im Umfeld der Wissenschaften die mit DTP vorgelegte Strukturierung der Theorie des Deutschunterrichts zusammen mit den unterbreiteten Vorschlägen zu vertiefter Forschung in ihren Gegenstandsbereichen einer weiteren Präzisierung und Profilierung der „Fachdidaktik Deutsch“ dienlich sein!

Stampe, im Sommer 2011 Winfried Ulrich

# Vorwort des Herausgebers dieses Bandes

Der dritte Band des Handbuchs „Deutschunterricht in Theorie und Praxis“ ist der mündlichen Kommunikation und ihrer Didaktik gewidmet. Die Mündlichkeit nimmt unter den Lernbereichen eine besondere Stellung ein, wie auch dieses Handbuch zeigt: Mindestens sieben Bände widmen sich explizit und ausschließlich dem Schriftlichen, aber eben nur ein Band dem Mündlichen. Verantwortlich hierfür sind seine besonderen Merkmale, von denen an erster Stelle sicherlich die Flüchtigkeit und Interaktivität zu nennen sind. Anders als Texte, die wegen ihrer Materialität und Dauerhaftigkeit zum zentralen Gegenstand der Philologien geworden sind, entziehen sich Gespräche und Diskurse in ihrer Flüchtigkeit nicht nur dem analytischen Zugriff, sondern in ihrer interaktiven Herstellung auch einer einfachen Autorschaftszuschreibung. Neben diesen linguistischen Merkmalen trägt zu seiner Sonderstellung auch die Tatsache bei, dass der mündliche Spracherwerb in wesentlichen Teilen in die Zeit vor dem Schuleintritt fällt: Schule heißt für viele Lesen und Schreiben lernen. Ob diese Auffassung in einer modernen Informations- und Kommunikationsgesellschaft noch angemessen ist, ist zu diskutieren. Und schließlich ergibt sich aus der dreifachen Funktion des Mündlichen als Lernmedium, Lerngegenstand und Lernziel seine Sonderstellung: kein Unterricht kommt ohne Gespräche aus.

In auffälligen Gegensatz hierzu – oder vielleicht auch als logische Konsequenz – steht die geringere Bedeutung, die dem Mündlichen bislang in der Didaktik und Unterrichtsforschung zukam. Die letzten zwanzig Jahre haben uns einen Forschungsboom zum Erwerb der geschriebenen Sprache beschert, beispielsweise in Form von Entwicklungsmodellen zum Schrift- und Schreiberwerb, die ihren Niederschlag in neuen didaktischen Konzepten finden. Wesentliche Merkmale dieser neuen Konzepte sind ihre Prozess- und Entwicklungsorientierung sowie die Unterstützung der Eigenaktivität der Lerner. Eine analoge Entwicklung hat im Bereich des Mündlichen mit deutlicher Verzögerung eingesetzt.

Vor diesem Hintergrund gibt der vorliegende Band „Mündliche Kommunikation und Gesprächsdidaktik“ einen umfassenden Überblick über den aktuellen Forschungsstand, der die Mündlichkeit als Mündlichkeit ernst nimmt und neue Impulse für Unterrichtsforschung und -praxis liefert. Insbesondere sollen alle drei Funktionen der mündlichen Kommunikation im Unterricht in ihrer Verschränktheit dargestellt werden: Als Medium des Unterrichts ist das Gespräch unverzichtbar; damit liefert es zugleich und unhintergehbar die Anlässe, in denen Schüler/innen kommunikative Kompetenz erwerben; und schließlich gilt es, die Besonderheiten des Mündlichen als explizites Wissen zu vermitteln. Die in allen Bänden des Handbuchs gleiche Gliederung strukturiert den Bereich daher wie folgt:

Nach einer knappen historischen Einführung in Kapitel A werden in Kapitel B die theoretischen Grundlagen in Bezug auf die o. a. Besonderheiten des Mündlichen behandelt. Dabei geht es vor allem darum, die Eigenständigkeit des Mündlichen auch begrifflich-kategoriell zu fassen; zu diesem Zweck werden grammatische Kategorien, empirische Methoden sowie Kompetenz- und Entwicklungsfragen aus der Perspektive der Mündlichkeit behandelt. Kapitel C ist dann den Kompetenzbereichen und Unterrichtszielen gewidmet, und zwar von der Grundschule bis zur Lehrerbildung. Für alle Stufen werden aus den je besonderen Entwicklungserfordernissen Zielerwartungen formuliert, die einen Beitrag leisten sollen zur aktuellen Diskussion um Standards und Kernlehrpläne. Eine besondere Rolle spielt dabei die Frage, wie die Unterrichtskommunikation selbst als Mittel der Gesprächsdidaktik fungieren kann.

Kapitel D gibt einen umfassenden Überblick über die unterschiedlichen Methoden und ihre didaktischen Funktionen, mit denen die Gesprächskompetenz systematisch gefördert werden kann. Erörtert werden die kommunikativen Bedingungen und kognitiven Möglichkeiten so unterschiedlicher Verfahren wie Gruppenunterricht, szenisches Spiel oder Einsatz von Transkripten im Unterricht. Kapitel E rekapituliert den aktuellen Stand der empirischen Unterrichtsforschung, indem aufgezeigt wird, was wir über Wirkung und Funktionsweise der unterschiedlichen Kommunikationsformen im Unterricht wissen. Ein wesentlicher Aspekt sind dabei die (kognitiven) Potentiale der unterschiedlichen Formen von der Lehrerfrage bis zum Unterrichtsgespräch für den Lehr-Lernprozess. Das Kapitel F ist ganz den Erfolgskontrollen und der Leistungsmessung gewidmet, denen vor dem Hintergrund der Bildungsstandards eine besondere Bedeutung zukommt und die im Bereich des Mündlichen mit besonderen Herausforderungen zu kämpfen haben. Das abschließende Kapitel G stellt einige exemplarische (Unterrichts-)Modelle zur Förderung der Gesprächskompetenz vor, die das zuvor Thematisierte mit Blick auf den Schulalltag konkretisieren.

Köln, im Sommer 2009

Michael Becker-Mrotzek

# A

# Geschichte und Entwicklung

MARIANNE POLZ

# A1 Die Entwicklung des Lernbereichs: Von der Rhetorik zur Didaktik mündlicher Kommunikation

Die Geschichte des Lernbereichs im 20. Jahrhundert ist durch eine Reihe von Einflussfaktoren und Abhängigkeiten auf die jeweiligen Konzeptionen zum Mündlichen gekennzeichnet. Das sind insbesondere:

- der Entwicklungsstand der Fachdidaktik als Wissenschaft,
- der Stand der Sprachwissenschaft und ihr Einfluss auf die Fachdidaktik,
- der pädagogische und psychologische Einfluss auf die Fachdidaktik,
- Charakteristika der Zeit und schulpolitische Forderungen.

In diesem Zeitraum wechseln immer wieder Phasen der Wertschätzung mündlichen Sprachgebrauchs mit Phasen, in denen der schriftliche Sprachgebrauch dominiert und der mündliche nur eine dienende Rolle besitzt. Aber auch in Zeiten, in denen didaktische Konzeptionen zum Mündlichen favorisiert werden (z.B. in der Reformpädagogik, während der kommunikativ-pragmatischen Wende), sind die Auffassungen heterogen. Zudem orientieren sie sich unterschiedlich weit: Einige akzentuieren den mündlichen Sprachgebrauch als *Gegenstand* des Deutschunterrichts, andere stärker als ihr *Medium*. Was die Fähigkeitsentwicklung anbelangt, unterscheiden sich die Vorstellungen hinsichtlich der Komplexität bzw. Betonung von reproduktiven, produktiven, rezeptiven bzw. metakommunikativen Sprachleistungen. Einzelne Konzeptionen sind im vorliegenden Betrachtungszeitraum von großer Nachhaltigkeit, d.h., dass in späteren Theorien erneut auf sie zurückgegriffen wird und sich Entwicklungslinien ergeben. Einschränkend muss angemerkt werden, dass der unterrichtspraktische Einfluss der zahlreichen Programme und Theorien, über die reflektiert wird, nicht empirisch untersucht wurde und diese daher nicht mit der Unterrichtspraxis selbst verwechselt werden dürfen.

## 1 Die Zeit von der Jahrhundertwende bis 1945

Die didaktischen Konzeptionen zum mündlichen Sprachgebrauch am Beginn des 20. Jahrhunderts müssen vor dem Hintergrund einer traditionell selektiven Funktion der deutschen Schule gesehen werden, deren Anliegen sich für die Volksschule und das Gymnasium deutlich unterscheiden.

## 1.1 Mündliches in den höheren und in den Volksschulen um die Jahrhundertwende

Um die Jahrhundertwende wirken zahlreiche Einflüsse des 19. Jahrhunderts weiter auf die Stellung des Mündlichen im Sprachunterricht und werden insbesondere im deutschen Reich nach 1871 verstärkt mit einer nationalen Ausrichtung verbunden. Der Rhetorikunterricht ist zuvor lange Zeit zunächst an den Lateinschulen, später auch an den Gymnasien als eigenständiger Bereich fester Bestandteil des Unterrichts. Bis ins 19. Jahrhundert wird der *Beredsamkeit* in monologischen Formen eine erhebliche Bedeutung zuerkannt. Der Rhetorikunterricht in den Schulen ist zunächst eng an die antike griechische und lateinische Literatur gebunden, spielt aber auch noch später in Verbindung mit der deutschen Literatur eine wichtige Rolle. In der Funktion der Elitenausbildung (vgl. Friedrich 2003, 576) ist die Bedeutung des Rhetorikunterrichts an den höheren Schulen insbesondere für den Aufsatzunterricht und die Befähigung zum Reden unstrittig. In der ersten Hälfte des 20. Jahrhunderts verliert die Rhetorik in Deutschland weiter an öffentlichem Ansehen, als Schulfach fällt sie in die Bedeutungslosigkeit, was nach Ansicht Uedings (2005, 33) wiederum zum Schwinden rhetorischen Wissens führt. Im Kaiserreich will Wilhelm II. eine nationale Basis für das Gymnasium schaffen und das Deutsche gegenüber dem Lateinischen und Griechischen aufwerten, indem er statt rhetorischen Unterrichts den deutschen Aufsatz in den Mittelpunkt setzt (Frank 1973, 512). Dennoch spielt die praktische Rhetorik in der Schule und an den Universitäten noch immer – wenn auch nicht als eigenständiges Fach – eine gewisse Rolle als Anleitung zum Verfassen von Reden und Aufsätzen (Ueding 2005, 70).

In der Tradition der Volksschulen bestehen die zentralen Ziele des Sprachunterrichts in der Aneignung der geschriebenen Sprache und in der reproduzierenden und imitierenden Annäherung an die Hochsprache. Zugleich gibt es eine Wertschätzung des mündlichen Memorierens und Deklamierens – insbesondere im 19. Jahrhundert wurde mit Bezug auf Goethe der Deklamationsunterricht aufgewertet, auf den sich dann auch die Kunsterziehungsbewegung wieder beruft. In der dialogischen Kommunikation dominiert das katechetische Gespräch (im Weiterwirken von Ratkes katechetischer Sprachlehre), im 19. Jahrhundert kommt besonders an den Stadtschulen das sokratische Unterrichtsgespräch nach dem Muster Herbarts hinzu (vgl. Friedrich 2003, 574). Die Sprachwissenschaft nimmt keinen Einfluss auf die Entwicklung von didaktischen Konzeptionen zum Mündlichen.

Aus der Unzufriedenheit mit dem Deutschunterricht und der unterrichtlichen Kommunikation an deutschen Schulen heraus erscheint 1867 die 1. Auflage von Rudolf Hildebrands Buch „Vom deutschen Sprachunterricht in der Schule und von deutscher Erziehung und Bildung überhaupt". Besonders wird in der Folgezeit auf den dritten und vierten seiner vier, das theoretische Gerüst seines Werkes bildenden Grundgedanken Bezug genommen:

> „3. Das Hauptgewicht sollte auf die gesprochene und gehörte Sprache gelegt werden, nicht auf die geschriebene und gesehene.
>
> 4. Das Hochdeutsch, als Ziel des Unterrichts, sollte nicht als etwas für sich gelehrt werden, wie ein anderes Latein, sondern im engsten Anschluß an die in der Klasse vorfindliche Volkssprache oder Haussprache." (Hildebrand 1928, 5)

Seine Forderung nach Aufwertung der gesprochenen Sprache bedeutet, „beide Existenzformen müssen wieder in ihr natürliches Verhältnis rücken" (ebd., 45), „Ohr und Mund [sind – M. P.] als Hauptträger der Muttersprache" zu behandeln (ebd., 48). Seine Positionen bieten Anknüpfungspunkte für die Reformpädagogik verschiedener Richtungen der Jahrhundertwende und werden im 20. Jahrhundert – in der Fachdidaktik beider deutscher Staaten – mehrfach aufgegriffen. Des Weiteren übt die Entwicklungspsychologie einen deutlichen Einfluss auf die Methodik des Deutschunterrichts aus. So ergeben sich drei Stränge für die Zeit ab der Jahrhundertwende: die Kunsterziehungsbewegung, die Arbeitsschulbewegung und die Herausbildung der Sprecherziehung.

## 1.2 Die Kunsterziehungsbewegung

Die Kunsterziehungsbewegung sieht den Künstler im Kinde und greift zum einen auf den Deklamationsunterricht zurück. Zum anderen ist ein deutlicher Wandel in dem sog. freien Schulaufsatz zu sehen, unter dem sowohl eine schriftliche als auch eine mündliche Leistung verstanden wird. Auf dem zweiten Kunsterziehungstag 1903 in Weimar, der sich mit den Aufgaben des Deutschunterrichts befasst, fordert Kerschensteiner die Erhöhung der Ausdrucksfähigkeit der Jugend (Kunsterziehung 1929, 65ff.). Götze und Wychgram arbeiten den Zusammenhang von mündlicher Ausdrucksfähigkeit des Lehrers und sprachlicher Leistung des Kindes heraus (ebd., 77f., 101f.), Ernst kritisiert das niedrige Niveau der Entwicklung von Melodik, Rhythmik und Dynamik der Sprache (ebd., 97), Lichtwark betont die Entwicklung der Ausdrucksfähigkeit des Kindes als eine „natürliche Kraft und Gabe" (ebd., 123). Hackenbergs Standpunkt betrifft die Pflege der Kunst der Rede mit der Zielstellung,

> „die Schüler zu befähigen, klar Gedachtes selbständig und selbsttätig in angemessene sprachliche Form zu kleiden, für die eigenen Gedanken schnell und sicher den passenden Ausdruck zu finden, das, was man weiß und glaubt, was man denkt und fühlt, verständlich und zusammenhängend auszusprechen und mitzuteilen" (ebd., 72).

Mündlicher Ausdruck soll Gegenstand des Lehrplans sein und systematisch entwickelt werden, eine weitere Befähigung zum zusammenhängenden Sprechen der Schüler müsse über die Unterrichtsführung und die Reduzierung der Lehrerfragen erreicht werden. Berthold Otto knüpft in seiner 1906 gegründeten Privatschule für die Entwicklung des dialogischen Sprachgebrauchs an die „Tischgespräche“ an, zugleich setzt er seine reformerischen Konzepte vom „Erkenntnistrieb“ des Kindes, der „Altersmundart“, vom „freien Gesamtunterricht“ und von der „Bedeutung der Spracherziehung“ um (vgl. Scheibe 1969). Karl Schmeing (1922) wendet sich besonders der rhetorischen Ausbildung an höheren Schulen zu und schlägt methodische Wege vor, die er fließend zwischen den Klassenstufen in Abhängigkeit von der Individualität der Schüler verstanden wissen will (vgl. ebd., 26). Für die Unter- und Mittelstufe sind das u. a. Übungen im Ersprechen von Gedichten, freie Erzählungen vor der Klasse, Besprechungen von Vorträgen; in der Oberstufe plädiert er für den Schülervortrag und die Rede. Dabei richtet er sein Augenmerk mehr auf die bewusste Pflege der rhetorischen Technik als auf die leere Deklamation. In der unterrichtlichen Phasengestaltung lehnt er sich an die praktische Rhetorik an, schließt zugleich metakommunikative Reflexion (vgl. ebd., 58ff.) und Sprechtechnik ein.

Da auch die Kunsterziehungsbewegung die nationale Einstellung der Schüler fördern will, werden zahlreiche Positionen von der völkischen Pädagogik aufgegriffen (Frank 1973).

## 1.3 Die Arbeitsschulbewegung

Die Arbeitsschulbewegung ist eine der differenziertesten Strömungen der Reformpädagogik. Richtungweisend für viele nachfolgende Anschauungen sind Gaudigs pädagogische Ansichten zur Verwirklichung der „freien geistigen Tätigkeit“ in der Unterrichtskommunikation. Vor allem zielt sein Angriff auf den Frage-Antwort-Unterricht und den darin herrschenden „Despotismus“ der Lehrerfrage (vgl. Gaudig 1909, 13). Dem stellt er verschiedene Organisationsformen – Gruppen- und Klassenunterricht in kooperativer Qualität (vgl. ebd., 58) – bis hin zum Meinungsstreit als „dialektisches Verfahren“, insbesondere eine Schulung der Lernenden für das Unterrichtsgespräch und den Wert der Schülerfrage gegenüber. Zu den bedeutendsten Gaudig-Schülerinnen zählt Lotte Müller, deren Erfahrungen aus der Volks- und der höheren Schule resultieren. Sie legt insgesamt viel Wert auf eine hochwertige Gesprächserziehung, die sie an Beispielen des Literaturunterrichts dokumentiert (zu einem Vergleich der Positionen von Lotte Müller und Susanne Engelmann vgl. Ockel 1974, 68ff.).

Eine methodische Darstellung, wie die *Einheit der Sprachbildung* im Deutschunterricht gewahrt werden kann, findet sich bei Ernst Lüttge (1903), der Hildebrand und Otto rezipiert, von den Wechselbeziehungen zwischen Laut- und Schriftsprache in der ontogenetischen Entwicklung ausgeht und von daher sein Konzept zum Sprechen und Hören ableitet, das er später zum „stilistischen Anschauungsunterricht“ weiter ausbaut. Seine didaktischen Forderungen, die er nachfolgend erläutert, lauten:

„– Gib deinen Schülern oft Gelegenheit zum Reden!
– Erwecke in deinen Schülern die Lust zum Reden!
– Erwecke in deinen Schülern Mut zum Reden!“ (Vgl. ebd., 49ff.)

## 1.4 Die Sprecherziehung

Die Sprecherziehung geht auf den Beginn des 20. Jahrhunderts zurück, als sich diese Disziplin als Vortragskunst an den Universitäten etabliert. (Das Wörterbuch der deutschen Aussprache von Theodor Siebs war 1898 erschienen.) Die sprecherzieherische Methodik nimmt Impulse aus pädagogischen Strömungen ihrer Zeit auf, zunächst aus der Reformpädagogik und der Kunsterziehungsbewegung bis 1933. Erich Drach, angeregt durch diese Bewegungen, entwickelt innerhalb der Deutschkunde ein Lehrsystem, das programmatisch für die weitere Sprecherziehung wird und auch die Lehrerbildung beeinflusst (vgl. Pabst-Weinschenk 1993, 2003; Bose/Gutenberg 2004). Wichtig dabei ist Erich Drachs Buch „Sprecherziehung. Pflege des gesprochenen Wortes in der Schule“ (1922). Seine Gedanken hinsichtlich der „Erziehung zum Sprechen“ bzw. der „Erziehung durch Sprechen“ spiegeln die „Interdependenz von Gegenstandstheorie und Fachdidaktik“ bis heute wider (Bose/Gutenberg 2004, 56), die zum Gesamtlehr- und -lernziel der Gesprächsfähigkeit führen. Drach kann als ein Vordenker in vielerlei Hinsicht angesehen werden: Es geht ihm nicht nur um die Normen lautreinen, richtigen und ausdrucksstarken Sprechens, nicht um isolierte Redeübungen um ihrer selbst willen, sondern er bezieht die Förderung der gesamten Persönlichkeit und ihres Mitteilungswillens in sein Konzept ein. Er will die Entwicklung des Sprechdenkens bereits im Anfangsunterricht beginnen, später freies Sprechen u. a. in Fünfsatzübungen erproben und von der bewussten Pflege der Form über das eigene Gestalten hin zur Reflexion über das Sprechen führen. Als wichtig erachtet er die Wechselbeziehungen zwischen innerem Gedankenaufbau und äußerer sprachlicher Form u. a. m. (vgl. ausführlicher Pabst-Weinschenk 1993). Rhetorische Kommunikation wird in der Folgezeit Bestandteil sprecherzieherischer Didaktik und Methodik (vgl. Ueding 2005, 33f.).

In der Weimarer Republik betonen offizielle Dokumente für den Deutschunterricht den o. g. vierten Leitsatz Hildebrands für den Sprachunterricht, dass der Unterricht von der „Haussprache“ ausgehen solle. Die Schulausbildung sei zu wenig rhetorisch, eine bewusste Sprecherziehung sei notwendig, die Rhetorik müsse als Fach, zumindest als Teilgebiet des Deutschunterrichts gefördert werden (vgl. Frank 1973, 749f.). Berthold Otto setzt sich für eine altersgemäße Sprachstufung und den freien natürlichen Gebrauch des Wortes ein. Die „deutsche Bildung“, wie von Rudolf Hildebrand und einigen Reformern vorgezeichnet, wird einseitig interpretiert und führt zu einer deutlichen Nationalerziehung (ebd., 592ff.).

### 1.5 Zum nationalsozialistischen Deutschunterricht

In diesem Zeitraum entwickelt sich kein originäres eigenes didaktisches Profil des Mündlichen. Die Grundsätze Hildebrands und einiger Reformer werden für den nationalsozialistischen Deutschunterricht übernommen, nun aber in entscheidender Weise in politischer Funktion akzentuiert. Der Deutschunterricht der 1930er Jahre befasst sich erstmals gründlich mit der Sprecherziehung. Als wichtigen Grund nennt Frank (1973, 827) die Wirkung des Buches „Sprecherziehung“ von Erich Drach, räumt aber ein, dass sich der Eifer allein aus dem Buch nicht erklären lasse. In der Volksschulrichtlinie von 1939 wird Hildebrands o. g. dritter Grundsatz explizit aufgeführt, „das Hauptgewicht [...] auf die gesprochene und gehörte Sprache zu legen“. Für die Schule ist offiziell eine gründliche Sprecherziehung von der Stimmbildung bis hin zur Ausdrucksschulung vorgesehen. Zugleich geht es um eine Erziehung zum Zuhören, jedoch für die einzelnen Schularten mit Abstufungen. Ausgiebig werden Vorlesen und Vortragen gefördert. Es kommt zu einer deutlichen Verlagerung des Deutschunterrichts in den Bereich des Mündlichen, die mehr oder weniger versteckt mit einer Verachtung des Literarischen einhergeht (vgl. ebd., 828ff.).

Die steigende Bedeutung des Rhetorischen ist mit Übungen im freien Reden im Deutschunterricht der höheren Schulen verbunden, die später zur suggestiven Rede befähigen soll. An Bedeutung gewinnt die Agitationsrede, denn rednerische Talente sollen früh entdeckt werden. In der Volksschule wird ein anderes Ziel verfolgt, das vor allem im Erzählen, der Sprechfreude, der lebendigen Überlieferung besteht. Frank spricht von einer „Zweiteilung der Sprachwelt“. Kein Platz ist in der offiziellen nationalsozialistischen Spracherziehung für das dialogische Sprechen, den Disput und die Diskussion. Diese Einschätzung trifft auch Friedrich (2003, 575):

> „Die Betonung der gesprochenen und gehörten Sprache als primär gegenüber der geschriebenen entsprach dem agitatorischen Impetus des dritten Reiches und seiner Schriftfeindlichkeit. Damit knüpft es an Hildebrand (1867/1947) an sowie an Entwicklungen in der deutschen Sprechwissenschaft.“

Zugleich räumt er ein, dass sich die Unterrichtspraxis vermutlich nicht wesentlich von den 1920er Jahren unterschieden haben dürfte.

## 2 Entwicklungsstränge in der Didaktik der mündlichen Kommunikation nach 1945 bis zum Beginn der 1970er Jahre

Die Rhetorikverachtung verstärkt sich durch ihren Missbrauch im Nationalsozialismus weiter, so dass der Begriff *Rhetorik* bis in die zweite Hälfte des Jahrhunderts negativ konnotiert bleibt. In der Folge greifen benachbarte Disziplinen wie die Kommunikations-, Medien- und Sprechwissenschaft das Anliegen der

Rhetorikforschung auf (vgl. Ueding 2005, 33 ff.), zusätzlich wird der Begriff in den 1960er Jahren medienwissenschaftlich ausgeweitet. Erst über Einflüsse aus den USA, Frankreich, Belgien und England (New Rhetorik, Noevelle Rhétorique) beginnt eine Aufwertung der antiken Rhetorik als Argumentationstheorie in den 1970er und 1980er Jahren. Mit der Tübinger Rhetorik kann nach 1970 von einer Renaissance in Deutschland gesprochen werden. Anders verhält es sich mit der praktischen Rhetorik, die in „sprechwissenschaftlichen, gesprächsanalytischen und redepädagogischen Modellen der mündlichen Präsentation" (ebd., 35) auch nach 1945 anwendungsorientiert aufgeht, wobei Ueding die Arbeiten Hellmut Geißners explizit hervorhebt (vgl. ebd., 36).

Nach 1945 wird in allen Besatzungszonen die nationalsozialistische Ideologie ausgemerzt. Was die Ziele und Inhalte des Deutschunterrichts angeht, ist in den drei westlichen Besatzungszonen eine Kontinuität fachdidaktischer Inhalte festzustellen (vgl. Friedrich 2003, 575). Die sprecherzieherische Didaktik und Methodik nimmt Impulse der demokratisch-politischen Bildung, der Gruppendynamik und Gruppenpädagogik nach 1945 auf (vgl. Bose/Gutenberg 2004, 57) und rhetorische Kommunikation bleibt ein fester Bestandteil. Ockel (1974, 87 f.) verweist zugleich auf Franz Fahnemann (1947), der an Traditionen der Reformpädagogik anknüpft, die Grundkategorien *Sprachbetrachtung* und *Sprachgestaltung* in die Fachdidaktik einbringt, die später von Helmers aufgegriffen werden. Fahnemann tendiert aber in der Konsequenz zu einem technischen Sprechtraining.

In der sowjetischen Besatzungszone wird an reformpädagogische Konzepte angeknüpft, vor allem an die Arbeitsschulbewegung. Als Hilfen für den Ausdrucksunterricht und die Lehrerprüfungen wird auf Rudolf Hildebrand und auf Susanne Engelmanns „Methodik des deutschen Unterrichts" (1926) verwiesen. Mit der Teilung Deutschlands gehen auch die Schulentwicklung und die Entwicklung didaktischer Vorstellungen getrennte Wege. Jenseits ideologischer Prämissen gibt es aber auch einige Parallelen in den Theorien didaktischen Handelns. Zu ihnen gehört, dass mit dem zunehmenden Vordringen von handlungs- und tätigkeitsorientierten Unterrichtskonzepten in den 1970er und 1980er Jahren die Bedeutung des Mündlichen (vgl. Friedrich 2003, 575) wächst und damit Orientierungen auf die Entwicklung sprachlich-kommunikativer Fähigkeiten und Prozessbetrachtungen verbunden sind.

## 2.1 Zu Entwicklungssträngen in der BRD

In den ersten Jahrzehnten sind es vor allem Christian Winkler, Robert Ulshöfer, Hermann Helmers und Erika Essen, die sich ausgewählten didaktischen Fragestellungen der Mündlichkeit zuwenden. Dem sprecherzieherischen Ansatz fühlt sich nach Schweinsberg auch Winkler verpflichtet. Insbesondere in den 1950er und 1960er Jahren hat er die Didaktik und Methodik des Deutschunterrichts mit

Schwerpunktsetzung auf das 'Gespräch' geprägt. In dem von Alexander Beinlich herausgegebenen „Handbuch des Deutschunterrichts im ersten bis zehnten Schuljahr" (1961) entwickelt Winkler den Handlungsrahmen einer Sprechleistung mit Bezug auf Karl Bühlers Organonmodell und Drachs Doppelziel „Erziehung zum Sprechen" und „Erziehung durch Sprechen". Zugleich berücksichtigt er das Hören als das Komplementärziel. Beim freien Sprechen geht er differenziert auf Teilleistungen ein, bringt Übungsvorschläge und entwickelt Kriterien für die Beurteilung von Redeleistungen. Besondere Aufmerksamkeit widmet er dem Erzählen, bei anderen Verfahren verweist er auf den schriftlichen Ausdruck. In der dialogischen Kommunikation schätzt er vor allem das Unterrichtsgespräch als eine die Kinder aktivierende Form. Drachs Überlegungen entwickelt Winkler insbesondere in seiner Leselehre weiter.

Erika Essens „Methodik des Deutschunterrichts" kommt erstmals 1956 heraus. Sie weist der gesprochenen Sprache einen eigenen Bildungswert zu und entwickelt mit Bezug auf Drach einen Kanon formgebundener Arten mündlichen Sprachgebrauchs wie Gespräch, Vortrag, Rezitation, Spiel u.a., wobei die Übungen mit bestimmten Ablaufmustern und Stilmitteln verknüpft sind. Insbesondere bei Gesprächen folgt sie einer Idealvorstellung der Partnerschaft von Lehrenden und Lernenden. Diskussionen jedoch weist sie dem Sozialkundeunterricht zu. Insgesamt präsentieren Winkler und Essen eine relative Vielfalt von Gesprächsformen.

Robert Ulshöfer ist in diesen Jahren eine didaktische Autorität. Er begründet 1948 die Zeitschrift „Der Deutschunterricht" und verfasst eine dreibändige Methodik, die bereits ab den 1950er Jahren erscheint. Besonders die Entwicklung des Faches Deutsch im Gymnasium ist mit seinen Impulsen verbunden. Den Schwerpunkt setzt er auf den schriftlichen Sprachgebrauch. Seine Ansichten zum Mündlichen folgen einem rhetorischen Ansatz und haben eine eher dienende Funktion „zur demokratischen Erziehung". Sie werden bestimmt vom Grad der Formalisierbarkeit eines Gesprächs und der damit verbundenen Lehrbarkeit als ein didaktisches Auswahlkriterium. So unterscheidet er die Plauderei und zwei lehrbare, formgebundene Gesprächsarten, nämlich die „lockere" Art des Rundgesprächs mit dem Ziel der gemeinsamen Klärung einer Frage von „allgemeiner Bedeutung" und die „strenge Form des Streitgesprächs nach dem Vorbild der Gerichtsverhandlung oder einer parlamentarischen Debatte" (Ulshöfer 1974, 67 ff.). Vortragsübungen versteht er als Aufsatzübungen in der Weise, dass nach klassischem rhetorischem Muster die Vorträge niedergeschrieben, auswendig gelernt und dann frei vorgetragen werden.

In den 1960er Jahren hat vor allem Hermann Helmers die Fachdidaktik entscheidend beeinflusst. Seine Auffassungen gelten schwerpunktmäßig ebenfalls dem schriftlichen Sprachgebrauch. Streng abgegrenzt von Stilistik und Rhetorik sind seine Positionen zum mündlichen Sprachgebrauch sehr verengt auf die Sprecherziehung als lautreines Sprechen mit Konzentration auf Phonetik und Phonologie (bene) und Sprachübung als grammatisch richtiges Sprechen (recte) gerichtet. Er setzt auf gegenseitige Impulse von Aufsatzunterricht und mündlicher Gestaltungslehre. Die Zielstellung Helmers' besteht darin, den Schülern verbindliche Normen für das Sprechen zu vermitteln, wobei das Formale Vorrang vor dem Inhaltlichen und Funktionalen hat. Seine schulischen Überlegungen reichen vom letzten Vorschuljahr bis zur Sekundarstufe II. Am Ende der Sekundarstufe I soll eine „von Verstößen freie Sprechleistung" möglich sein, in der Sekundarstufe II liegt der Schwerpunkt auf der „reflektorischen Bewußtmachung" der Sprechhaltung und der Elemente von Gesprächsformen (Helmers 1966/1976, 129ff.).

In der Primarstufe zielt Ritz-Fröhlich (1977) auf das Gespräch als ein geregeltes Miteinander im Unterricht und praktiziert dazu Großgruppen-, Kleingruppen- und Partnergespräche, bevorzugt vor allem Rund- und Kreisgespräche, aber auch metakommunikative Gespräche auf der Basis von Unterrichtsprotokollen. Bereits in den 1950er und 1960er Jahren beginnt Hellmut Geißner Einfluss auf die Weiterentwicklung der traditionell sprecherzieherisch-rhetorischen Richtung der Didaktik und Methodik zu nehmen. Er greift auf Drach und auf die praktische Rhetorik zurück, was sich u. a. an der bekannt gewordenen Ausarbeitung des Fünfsatzes zeigt (Geißner 1968, 121–130), und verbindet seine Ansichten mit sozialpsychologischen Impulsen.

## 2.2 Die Entwicklung in der DDR

1946 kommen in der sowjetischen Besatzungszone die ersten Lehrpläne heraus, die auf der Grundlage des „Gesetzes zur Demokratisierung der deutschen Schule" erarbeitet worden sind. Sie gelten als die 'freiesten' und 'am wenigsten verbindlichen' in der SBZ/DDR (vgl. Friedrich 2006, 150). Unter *Ausdruckspflege* findet sich das Ziel: Am Schulende soll ein junger Mensch so weit befähigt sein, „seine Gedanken und Meinungen im geselligen Umgang zu erörtern und später auch in öffentlichen Versammlungen zu vertreten, wie es dem Angehörigen eines freien, demokratischen Schulwesens zukommt" (Rahmenlehrplan 1946, 30). Das Hauptgewicht liegt auf dem Mündlichen, es geht um Freude am Sprechen, Lust an der wirkungsvollen Rede und „Pflege der Individualität" (ebd., 4). Methodisch wird auf die Gedanken der Reformpädagogik zurückgegriffen. Materialien aus der Zeit des Nationalsozialismus sind nicht mehr zugelassen.

Nach der Gründung der DDR bekommen die Lehrpläne einen neuen Stellenwert für die schulische Arbeit (das auszuführen würde aber zu weit führen). In den Lehrplänen der 1950er Jahre wird der o. g. Ansatz immer mehr zurückgenommen (vgl. Rose 1992, 132). Der Lehrplan von 1951 (S. 127) enthält zwar Verweise auf monologische und dialogische Formen von Klasse 1–9, bei denen es aber weniger auf das Wesen des Mündlichen ankommt, sondern sie laufen auf eine verstärkte Nutzung für die bewusste politische Parteinahme der Schülerinnen und Schüler (ebd., 155), auf einen Bruch mit der reformpädagogischen Orientierung und auf eine Verknüpfung mit der Grammatik hinaus.

Ein wichtiges Forum der Information und Diskussion ist seit 1948 die im Verlag Volk und Wissen unter dem Chefredakteur Wilhelm Heise herausgegebene Zeitschrift „Deutschunterricht“. Dort und in der „neuen deutschen schule“ äußern sich zum Mündlichen damals vor allem Gerhard Gottschick, Ursula Müchnow und Rudolf Preiss. Insgesamt spielt in den Jahren von 1949 bis 1958 in den mehrfach überarbeiteten Lehrplänen vor allem der Aufsatzunterricht eine große Rolle. Die Vernachlässigung des Mündlichen und die Konzentration auf den Aufsatzunterricht halten in den 1960er Jahren mit der Orientierung auf das System der Darstellungsarten an. Erst im präzisierten Lehrplan von 1966 gibt es wieder Hinweise zur Berücksichtigung von Besonderheiten mündlicher Äußerungen zunächst in ideologiefördernder Funktion (vgl. Rose 1992), allerdings erst ab Klasse 8 für die Formen von Kurzvortrag und Diskussion, die anderen Klassen bleiben weitgehend unberücksichtigt. Insgesamt wird das Dialogische im mündlichen Sprachgebrauch gravierend unterschätzt. Auf die Asymmetrie von Lehrer- zu Schülersprache (das Verhältnis 4 : 1) in der Unterrichtskommunikation verweisen damals die Entwicklungspsychologen Clauß/Hiebsch (1956).

## 3 Die Didaktik mündlicher Kommunikation in der Folge der kommunikativ-pragmatischen Wende in Deutschland

### 3.1 Fachdidaktische Konzepte zum Lernbereich innerhalb der BRD

Die Aufwertung der mündlichen Kommunikation in der Fachdidaktik und der inhaltliche Ausbau des Lernbereichs setzen mit der pragmatisch-kommunikativen Wende in der Sprachwissenschaft und den Bezugswissenschaften ein. Insbesondere in den 1970er Jahren begleiten zahlreiche empirische Untersuchungen die fachdidaktischen Konzepte. Der Paradigmenwechsel hin zum sprachlichen Handeln mit allen dazugehörigen Implikationen führt zu einem generellen Umdenken in Sprachwissenschaft, Fachdidaktik und Pädagogik, was sich in der Folgezeit in ihren Theorien widerspiegelt. Da es sich zugleich um eine Zeit gesellschaftspolitischer Diskussionen handelt, üben die Theorien zum schichtenspezifischen Sprachgebrauch einen besonderen Einfluss auf die Fachdidaktik aus. Weitere Einflüsse betreffen die sprachphilosophischen Ansichten von Habermas, die Pragmatik, insbesondere die Sprechakttheorie als sprachwissenschaftliche Handlungstheorie, die verhaltenspsychologischen Positionen Watzlawicks und Schulz v. Thuns. Bekannte fachdidaktische Richtungen in dieser Zeit sind der „Kritische Deutschunterricht“, „Der kommunikative Deutschunterricht“, „Der projektorientierte Deutschunterricht“. Die Schwerpunktsetzung fachdidaktischer Positionen verlagert sich zur bildungspolitischen Programmatik *Chancengleichheit, Mündigkeit und Emanzipation.* Schlotthaus (1975, 21) formuliert das Ziel, „jeden Schüler im Verlaufe seiner Schulzeit mit jener Bandbreite kommunikativer Rollenflexibilität auszustatten, die es ihm ermöglicht, die Kommunikationssituationen seines Lebens optimal zu bewältigen". Das soll – soweit möglich – in Verbindung mit Realsituationen geschehen und verlangt komplexe Kommunikationsfähigkeit. In diesem Zusammenhang findet auch die Form der Diskussion ihren Platz im Lernbereich.

Die soziolinguistische Rezeption des schichtenspezifischen Sprachgebrauchs in den Schriften von Bernstein, Labov u. a. führt zur Thematisierung der ungleichen sprachlichen Voraussetzungen für unterrichtliches Lernen und der Sprachbarrieren sowie zur Ableitung von Konsequenzen zunächst für den kompensatorischen, nach dessen Scheitern später für den emanzipatorischen Sprachunterricht. Das didaktische Anliegen besteht darin, sprachliche Defizite der Schüler abzubauen und Fähigkeiten zu angemessenem Sprachgebrauch beim kommunikativen und sozialen Handeln zu entwickeln sowie Nachteile auszugleichen (vgl. Neuland 1974). Dem fühlen sich auch die Vertreter der *Kritischen Deutschdidaktik* verpflichtet (vgl. Ivo 1969; Müller-Michaels 1994). Integrative Konzeptionen verknüpfen mündlichen Sprachgebrauch mit anderen Lernbereichen des Deutschunterrichts. Böttcher u. a. (1976) sehen im *Kommunikationsstil* den Ausgangspunkt für die Festlegung von Lernzielen und halten das für entscheidender als den Unterrichtsinhalt.

Mit der Erweiterung hin zur Varietätenlinguistik werden über das Schichtenspezifische hinaus weitere sprachliche Einflüsse beachtet. Neuland (1992, 3) setzt den Schwerpunkt bei sprachlicher Förderung in der Folgezeit auf *Sprachbewusstheit und Sprachreflexion* durch kritische Analyse fremden und bewusste Steuerung des eigenen Sprachhandelns. Andere Ansätze sehen in gruppensprachlichen Elementen *Sprachlernsituationen* für den Deutschunterricht (vgl. Hess-Lüttich 1987, 35). Die so genannte *Lüneburger Gruppe* (Behr/Grönwaldt/Nündel/Schlotthaus 1975) und das *Bremer Kollektiv* (Grünwaldt 1974) nehmen Anregungen aus der Sprechakttheorie und Untersuchungen zu Sprachbarrieren auf und machen sie zur Grundlage ihrer didaktischen Überlegungen. Insbesondere Grünwaldt betont auch die Wichtigkeit des praktischen Übens im Rollenspiel und in Projekten. In diesen Kontext gehört die Rollenspiel-Konzeption (Kochan 1974) als Methode sozialen und sprachlichen Lernens.

Mit dem Aufkommen der *kommunikativen Didaktik* (Popp 1976; Behr u. a. 1978) und kommunikationstheoretisch orientierten Theorien zum Erziehungsprozess, die sich stark an der Diskursauffassung von Habermas orientieren, werden verbale und nonverbale Formen der Kommunikation und Kooperation im Unterricht stärker thematisiert. Aus der Perspektive, alle am Unterricht Beteiligten als Subjekte aufzufassen, geht es vor allem um die Erforschung von kommunikativen Handlungsmöglichkeiten und um die Kommunikationsbefähigung als zentrales Anliegen. Das Konzept ist sozial ausgerichtet und schließt den gleichberechtigten Umgang der Schüler miteinander und die metakommunikative Reflexion über Störungen in der Kommunikation mit ein. Die *Projektorientierung* des Deutschunterrichts besitzt dabei einen hohen Stellenwert, mitunter wird der Unterricht ausschließlich darauf ausgerichtet (vgl. Behr u. a. 1978).

Der *kommunikationsorientierte Ansatz* von Arend Mihm (1975) greift die Anforderungen der Gesellschaft an die mündliche Kommunikationsfähigkeit des Individuums auf, bezogen auf Situationen, Gegenstandsbereiche und Partner, berücksichtigt die kommunikativen Fähigkeiten, mit denen Kinder in die Schule kommen, die didaktisch-methodischen Wege und Bedingungen, um mündliche Kommunikationsfähigkeiten in der Schule zu erwerben. Dazu gehören Sprechhandlungen wie *Information, Sozialkontakt und Argumentation/ Appell* und die Überwindung eines lehrerzentrierten Unterrichts. An dessen Stelle müssen methodisch qualitative Alternativen treten.

Unter eher verhaltenspsychologischen Einflüssen dagegen stehen Konzeptionen des *situativen Unterrichts*, die den Gegenstand des Sprachunterrichts aus dem Bereich der Unterrichtssprache selbst wählen und die mit der kommunikativen Wende im Deutschunterricht eine Zeit lang genutzt werden. Großen Einfluss auf diese Konzeptionen haben die aus der Psychologie kommenden Axiome Watzlawicks et al. (1969) der „Menschlichen Kommunikation" mit der Unterscheidung von Sach-Beziehungs- und Metaebene und die Weiterentwicklung dieses Ansatzes in das Vier-Münder-Vier-Ohren-Modell (Schulz von Thun 1981). Der Grundgedanke besteht darin, den kommunikativen Austausch über ein Thema immer im Zusammenhang mit den zwischenmenschlichen Beziehungen der Kommunikationspartner zu sehen, die das Verstehen der Äußerungen beeinflussen, und das auch metakommunikativ reflektieren zu können (vgl. Neumann 1998, 80).

In den genannten Konzeptionen ist infolge der veränderten Zielstellung eine Relativierung der sprecherzieherischen Schwerpunkte zu konstatieren, die diesbezügliche Defizite in Kauf nehmen. Lediglich in der Sekundarstufe II werden in den 1970er Jahren und später – einen Impuls der Publizistik aufgreifend – zurückliegende politische Reden aus unterschiedlichen gesellschaftlichen Systemen unter rhetorischen Kriterien analysiert und interpretiert (vgl. Pelster 1987). Der Wert für die mündliche Kommunikationsbefähigung ist begrenzt auf die Reflexion über die Inhalte, die Lexik politischen Sprachgebrauchs, die rhetorischen Figuren und auf Formen der Persuasion, da vor allem an den Schrifttexten gearbeitet wird.

Die inhaltliche Neuorientierung der Fachdidaktik auf das kommunikative Handeln in den 1970er Jahren schließt eine Aufarbeitung der Kerngedanken Hildebrands, der Arbeitsschul- und Kunsterziehungsbewegung sowie der Sprecherziehung in vielen Konzeptionen ein. Entscheidende Impulse für Lehrplanentwicklungen gehen in dieser Zeit von den Hessischen Rahmenrichtlinien aus, die den

Stellenwert des Mündlichen erstmals hervorheben und somit Vorbildcharakter für andere Bundesländer bekommen.

In den 1980er Jahren fällt auf, dass sich die Fachdidaktik nach vorübergehenden Linguistisierungstendenzen stärker als eigene wissenschaftliche Disziplin profiliert und dieser Entwicklung auch die Forderungen der 1970er Jahre zuordnet. Im Rückblick auf die kommunikativ-pragmatische Wende arbeiten Kochan/Kochan zu Beginn der 1980er Jahre den *phänomenologischen Ansatz* heraus. Sie begründen den bereits früher eingeführten Terminus *mündlicher Sprachgebrauch* für das sprachdidaktische Lernfeld mit den Erkenntnissen der sprachwissenschaftlichen Gesprochene-Sprache-Forschung und fordern, *gesprochene Sprache* über Transkripte auch zum Gegenstand des didaktischen Untersuchungsmaterials zu machen (Problematisch ist dabei, wenn die Transkripte im Sprachbuch stehen und die Schüler dazu keine Ton- oder Videoversionen zur Verfügung haben.). Die Fachdidaktik muss sich nach ihrer Ansicht intensiver um die Spezifik gesprochener und geschriebener Sprache kümmern, die Erkenntnisse der Pragmatik stärker nutzbar machen, aber auch die Lebenswelt der Lernenden im Lernbereich berücksichtigen. Sie plädieren dafür, dass „mündlicher und schriftlicher Sprachgebrauch gesonderte didaktische Überlegungen verlangen" (Kochan/Kochan 1986, 212), die sie über den Grundschulunterricht hinaus anmahnen. Eine Prozessvorstellung steht aber noch weiter aus.

In der Sprecherziehung, die über die Jahre trotz ihres wechselnden Einflusses die Erkenntnisse der Bezugswissenschaften aufarbeitet (Ockel 1974, Geißner 1981, 1982, Bartsch 1981, 1982), wird das Ziel erkennbar, zu prozessbezogenen Aussagen zu kommen. Hellmut Geißner (1981, 129) formuliert:

> „Gesprächsfähig ist, wer im situativ gesteuerten, personengebundenen, sprachbezogenen, formbestimmten, leibhaft vollzogenen Miteinandersprechen – als Sprecher wie als Hörer – Sinn zu konstituieren vermag, damit das Ziel verwirklicht wird, etwas zur gemeinsamen Sache zu machen, der zugleich imstand ist, sich im Miteinandersprechen und die im Miteinandersprechen gemeinsam gemachte Sache zu verantworten."

Diesen Ansatz entwickelt er als Theorie und Didaktik sprachlichen Handelns weiter. Des Weiteren arbeitet er Übungen wie z. B. den *kontrollierten Dialog* (1982, 87 ff.) aus, um das Sprechdenken und Hörverstehen zu entwickeln. Auf Geißner beziehen sich in starkem Maße die didaktischen Aussagen der neueren sprecherzieherisch-rhetorischen Arbeiten (vgl. Pabst-Weinschenk, Berthold u. a.). Neuerlich sieht er das Festhalten an der Tradition Drachs kritischer und erweitert seine Auffassungen vom *globalen Lernziel Gesprächsfähigkeit* (Geißner 1982) zum *globalen Lernziel Kommunikationsfähigkeit* (Geißner 2000; 2004, 36).

Der *normative Ansatz* von Klaus Bayer (1984) setzt sich zum Ziel, im Deutschunterricht die Fähigkeit zum situationsangemessenen Einsatz der Standardsprache in mündlicher und schriftlicher Form herauszubilden (vgl. 322). Dem sprachlichen Vorbild des Lehrers kommt dabei eine große Bedeutung zu. Hinsichtlich des Mündlichen berücksichtigt er eine inhaltlich-sachliche, eine emotionale, eine appellative und eine beziehungsorientierte Dimension, fordert aber zu Recht, dass letztere nicht zu einer Vernachlässigung der Inhaltsdimension führen dürfen. Allerdings gibt es auch in diesem Zeitraum Fachdidaktiker, die den Wert eines eigenen Lernbereichs zur mündlichen Kommunikation gegenüber dem Schriftlichen eher gering schätzen. Eine Auseinandersetzung damit würde aber zu weit führen.

## 3.2 Konzepte des Lernbereichs in der DDR

Mündliche Kommunikation ist lange Zeit in der Didaktik und Methodik der DDR unterrepräsentiert, was sich noch in der „Methodik Deutschunterricht Muttersprache" von 1977 zeigt. Mit den Lehrplänen von 1981ff. ist ein „speziell den Mutterspracheunterricht betreffender Paradigmenwechsel" verbunden, der durch die Begriffe „'kommunikative Orientierung' und 'kognitive Wende'" (Friedrich 2006, 160) gekennzeichnet ist. Im Mutterspracheunterricht bekommt die mündliche Kommunikation innerhalb der Disziplin „Mündlicher und schriftlicher Ausdruck" einen eigenständigen Lehrgang von der Grundschule bis zur Klasse 10, der die Spezifik der Mündlichkeit betont und methodisch berücksichtigt und sowohl monologische als auch dialogische Formen prozessorientiert und systematisch entwickeln soll. Theodor und Marianne Heidrich leiten die Leipziger Forschungsgruppe zum Leitbegriff *mündliches Darstellen* und schlagen das schulpolitisch Machbare für die Lehrpläne vor (vgl. Heidrich, M./Heidrich, Th. 1976; Heidrich, M. 1978; Heidrich 1988). Neben der Orientierung auf die Phasen der Prozessgestaltung der funktional-kommunikativen Sprachbeschreibung der so genannten Potsdamer Schule (1981), die den Lehrplänen zum mündlichen und schriftlichen Ausdruck zugrunde liegt, nehmen sie weitere sprachwissenschaftliche Theorien – z. B. die stärker pragmatische Auffassung Hartungs (1974), die Gesprächsanalyse (Techtmeier 1984) u. a. – zur Kenntnis und verstehen *mündliches Darstellen* mit dem Ziel der Entwicklung eines *rhetorischen Bewusstseins* als ein Wissenschaftsgebiet, das sich aus sprachwissenschaftlichen, sprecherzieherischen, psychologischen und allgemeindidaktischen Quellen speist (vgl. Heidrich 1988) und regen auch gegen Widerstände interdisziplinäre Zusammenarbeit mit der allgemeinen Didaktik an. Aus dieser erweiterten Sicht soll eine Prozesskonzeption mündlichen Darstellens weiterentwickelt werden. Die Teildisziplin ist u. a. mit so genannten Funktionaltonbändern (vgl. Kunze 1985) konzipiert, um dem Wesen der Mündlichkeit gerecht zu werden. Die Themen sollen aus der Lebenswelt der Kinder und Jugendlichen gewählt werden, die Themenvorschläge in den Sprachbüchern beinhalten jedoch häufig politische und ideologische Elemente (letztlich eine Folge aus den Genehmigungsverfahren). Zahlreiche Beiträge in der Zeitschrift „Deutschunterricht" spiegeln unterrichtspraktische Umsetzungen des Teilbereichs wider. Die Grenzen dieser Konzeption liegen u. a. trotz des deutlichen fachdidaktischen Fortschritts in der Einschränkung auf einen noch zu engen Könnensbegriff, auf zu wenige mündliche Formen und im Verharren auf einem Konzept des Aufgabenlösens, das der Subjektivität zu wenig Spielraum lässt (vgl. Polz 1992b). Diese Grenzen werden bereits in der zweiten Hälfte der 1980er Jahre von den Forschungsgruppen diskutiert.

Zum obligatorischen Bestandteil der Lehrerausbildung der DDR gehört die Sprecherziehung (vgl. Preu/Stötzer 1981). Weitere Impulse zum sprechkünstlerischen Vortragen gehen aus der langen Tradition der Sprechwissenschaft an der Universität Halle hervor (vgl. u. a. Krech 1987). Friedrich (2006) hat in Klassenbuch- und Praxisanalysen, bei der Durchsicht von Lehrberichten und aus unveröffentlichten Materialien exemplarisch zu ermitteln versucht, wie die Unterrichtspraxis seit 1945–1989 im Vergleich zu den Lehrplanforderungen einzuschätzen ist. Wenngleich Klassenbucheintragungen nur bedingt zu vertrauen ist, ist hinsichtlich des mündlichen Ausdrucks die Tendenz interessant, dass den Lehrern dieser Teilbereich offenbar große Schwierigkeiten bereitet hat (vgl. ebd., 89), das gilt auch für Deutschlehrer der Abiturstufe (vgl. ebd., 102).

## 4 Die Didaktik mündlicher Kommunikation in den 1990er Jahren

Zu Beginn der 1990er Jahre liegt der fachdidaktische Fokus noch auf dem schriftlichen Sprachgebrauch. Nach einem Angleichungsprozess in den neuen Bundesländern enthalten inzwischen die Lehrpläne und Rahmenrichtlinien der Bundesrepublik vergleichbare Angaben zu Vortrags- und Gesprächsformen, zu Sprechanlässen, zu Kommunikationssituationen und Sprachverhaltensmustern in der Kommunikation, zu sach-, adressaten- und intentionsgerechtem Sprechen in unterschiedlichen monologischen und dialogischen, formellen und informellen Situationen unter Beachtung der Gesprächsregeln sowie Hinweise zu aktivem Zuhören und zu metakommunikativem Sprechen.

Hinsichtlich der Didaktik der mündlichen Kommunikation versucht das kooperative und kommunikative Konzept von Potthoff/Steck-Lüschow/Zitzke (1995), zur Herausbildung von Gesprächsfähigkeit eine Synthese von sprecherzieherischen (Bartsch), kommunikationsdidaktischen Ansätzen (Schäfer/Schaller 1976), nicht-direktiven Gesprächskonzepten zur Konfliktlösung (Gordon 1977) und themenzentrierter Interaktion (Cohn 1983) zu erreichen, um Gespräche als Lerngegenstand in der Grundschule zu thematisieren, Gesprächssituationen und Meta-Gespräche zu verdeutlichen, es bleibt aber im Wesentlichen auf die Schulstufe beschränkt.

Weitere Konzepte betreffen die Moderationsmethode und das neurolinguistische Programmieren, deren Anliegen Kontrollverfahren für die Verwendung von Sprache in Lehr-/Lernsituationen, das Training von Sensibilität in der Wahrnehmung eigenen und fremden Verhaltens sowie die Erweiterung von kommunikativer Kompetenz sind (vgl. Heckt/Jürgens 1996), die aber den komplexen Prozess nicht erfassen.

Schuster (1998) geht noch vom radikalen Konstruktivismus und der sog. humanistischen Psychologie aus, was zu einer erheblichen Kluft zwischen dem theoretischen und dem methodischen Teil führt, weil die Synthese der Bezugswissenschaften für die Sprachdidaktik nicht geleistet wird. Aus einem gesprächstherapeutisch interpretierbaren Konzept, das schon zuvor von Neuland kritisiert wurde (vgl. Neuland 1995, 10), leitet er unterrichtspraktische Konsequenzen ab, die sich vor allem auf Gesprächsregeln, Spiele, Experimente, einzelne rhetorische und Sensibilitätsübungen beziehen (Schuster 1998, 133 ff.), die meist den Charakter von Kooperationsspielen und gruppendynamischen Übungen besitzen.

Neulands (1995) Aufforderung an die Fachdidaktik, für das Mündliche stärker den gesprächsanalytischen Ansatz zu nutzen, hat in den vergangenen Jahren interessante Tendenzen erbracht, die sich auch im vorliegenden Band widerspiegeln: Die erste betrifft die in der Tradition institutioneller Kommunikation stehende gesprächsanalytische Forschung, die über die transkriptbasierte Analyse unterrichtlicher Kommunikation Gesprächsförderung bewirken will (Becker-Mrotzek/Quasthoff 1998; Becker-Mrotzek/Vogt 2001; Vogt 2002). Dazu werden u. a. didaktische Aussagen von Aebli und Aschersleben hinzugezogen. Eine zweite liegt m. E. in einer stärkeren Zuwendung zur Prozessualität der Didaktik mündlicher Kommunikation, die gesprächsanalytische Erkenntnisse interdisziplinär mit weiteren fachdidaktischen Konzeptionen (rhetorisch-sprecherzieherischen, soziolinguistischen, psycholinguistischen u. a.) verbindet.

## Literatur

Aebli, Hans: Zwölf Grundformen des Lehrens. Eine allgemeine Didaktik auf psychologischer Grundlage. Medien und Inhalte didaktischer Kommunikation, der Lernzyklus. Stuttgart: Klett-Cotta 1994

Aschersleben, Karl: Einführung in die Unterrichtsmethodik. Stuttgart: Kohlhammer 1991

Autorenkollektiv unter der Leitung von Wolfdietrich Hartung: Sprachliche Kommunikation und Gesellschaft. Berlin: Akademie Verlag 1974

Bartsch, Elmar: Thesen zu einer Didaktik der praktischen Rhetorik. In: Berthold, Siegwart (Hrsg.): Grundlagen der Sprecherziehung. Düsseldorf: Schwann 1981, 50–58

Bartsch, Elmar: Zukünftige Aufgaben der Schule im Lernfeld „Mündliche Kommunikation“. In: Bartsch, Helmar (Hrsg.): Mündliche Kommunikation in der Schule. Königstein/Ts.: Scriptor 1982, 263–294

Bayer, Klaus: Mündliche Kommunikation. In: Hopster, Norbert (Hrsg.). Handbuch „Deutsch“ für Schule und Hochschule. Sekundarstufe I. Paderborn u.a.: Schöningh 1984, 307–333

Becker-Mrotzek, Michael/Vogt, Rüdiger: Unterrichtskommunikation. Linguistische Analysemethoden und Forschungsergebnisse. Germanistische Arbeitshefte. Tübingen: Niemeyer 2001

Becker-Mrotzek, Michael/Quasthoff, Uta: Unterrichtsgespräche zwischen Gesprächsforschung, Fachdidaktik und Unterrichtspraxis. In: Der Deutschunterricht (1998) Heft 1, 3–13

Behr, Klaus/Grönwaldt, Peter/Nündel, Ernst/Röseler, Richard/Schlotthaus, Werner: Folgekurs für Deutschlehrer. Didaktik und Methodik der sprachlichen Kommunikation. Weinheim und Basel: Beltz 2. korrigierte Auflage 1978

Beinlich, Alexander: Handbuch des Deutschunterrichts im ersten bis zehnten Schuljahr. Emsdetten: Lechte 1961

Berthold, Siegwart: Reden lernen. Übungen für die Sekundarstufe I und II. Frankfurt/M.: Cornelsen Scriptor 1993

Bose, Ines/Gutenberg, Norbert: Sprechwissenschaft und Sprecherziehung in der Lehrerbildung. In: Knapp, Karlfried et al. (Hrsg.): Angewandte Linguistik. Tübingen/Basel: Francke (UTB) 2004, 56–77

Böttcher, Wolfgang/Otto, Gunter/Sitta, Horst/Tymister, H.J.: Lehrer und Schüler machen Unterricht. München: Urban/Schwarzenberg 1976

Bünting, Karl-Dieter/Kochan, Detlef C.: Linguistik und Deutschunterricht. Kronberg/Ts.: Scriptor 1973

Bütow, Wilfried/Anneliese Claus-Schulze: Methodik Deutschunterricht Muttersprache. Ausgearbeitet von einem Autorenkollektiv unter der Leitung von Wilfried Bütow und Anneliese Claus-Schulze. Berlin: Volk und Wissen 1977

Clauß, Gunter/Hiebsch, Hans: Die sprachliche Gestaltung des Unterrichts. Berlin: Volk und Wissen 1956

Cohn, Ruth: Von der Psychoanalyse zur themenzentrierten Interaktion. Stuttgart: Klett 1983

Diegritz, Theodor/Rosenbusch, Heinz: Kommunikation zwischen Schülern. Schulpädagogische und linguistische Untersuchungen. Didaktische Konsequenzen. München u.a.: Urban/Schwarzenberg 1977

Drach, Erich: Sprecherziehung. Die Pflege des gesprochenen Wortes in der Schule. Frankfurt a.M.: Diesterweg 1922

Drach, Erich: Die redenden Künste. Leipzig: Quelle und Meyer 1926

Drach, Erich: Redner und Rede. Methodisches Hilfsbuch für Übungen in freier Rede. Verhandlungs- und Versammlungstechnik. Berlin: Bott 1932

Engelmann, Susanne: Methodik des deutschen Unterrichts. Leipzig: Quelle/Meyer 1926

Essen, Erika: Methodik des Deutschunterrichts. Heidelberg: Quelle/Meyer 9. Auflage 1972

Fahnemann, Franz: Der Deutschunterricht in der Volksschule. 1. Teil: Sprache und Sprechen. Wolfenbüttel 1947

Frank, Horst Joachim: Geschichte des Deutschunterrichts. Von den Anfängen bis 1945. München: Carl Hanser 1973

Friedrich, Bodo: Geschichte des Sprachunterrichts im Deutschunterricht. In: Bredel, Ursula/Günther, Hartmut/Klotz, Peter/Ossner, Jakob/Siebert-Ott, Gesa (Hrsg.): Didaktik der deutschen Sprache. Baltmannsweiler: Paderborn u.a.: Schöningh 2003, 569–588

Friedrich, Bodo: Geschichte des Deutschunterrichts von 1945 bis 1989 (Teil 1). Frankfurt Main: Lang 2006

Gaudig, Hugo: Didaktische Präludien. Berlin und Leipzig: B.G. Teubner 1909

Geißner, Hellmut: Der Fünfsatz. Ein Kapitel Redetheorie und Redepädagogik. In: Wirkendes Wort (1968) Heft 4, 258–278

Geißner, Hellmut: Sprechwissenschaftliche Theorie der mündlichen Kommunikation. Königstein/Ts.: Scriptor 1981

Geißner, Hellmut: Sprecherziehung. Didaktik und Methodik der mündlichen Kommunikation. Königstein/Ts.: Scriptor 1982

Geißner, Hellmut: Kommunikationspädagogik. Transformationen der „Sprech"-Erziehung. St. Ingbert: Röhrig 2000

Geißner, Hellmut: Kommunikationspädagogik in allen Fächern. In: Deutschunterricht (2004) Heft 2, 34–37

Gordon, Thomas: Lehrer-Schüler-Konferenz. Reinbek bei Hamburg: Rowohlt 1977

Gottschick, Gerhard: Zur Verbesserung des deutschen Sprachlehreunterrichts. In: „die neue schule" (1950) Heft 36, 923–925

Grünwald, Hans-Joachim: Kommunikative Übungen (Sprachgebrauch). In: Bremer Kollektiv (Hrsg.): Grundriß einer Didaktik und Methodik des Deutschunterrichts für die Sekundarstufe I und II. Stuttgart: Metzler 1974

Heckt, Dietlinde H./Jürgens, Eiko (Hrsg.): Anders kommunizieren lernen. Braunschweig: Westermann 1996

Heidrich, Marianne: Psychologische Grundfragen der Entwicklung mündlichen Sprachkönnens. Potsdam: Päd. Hochsch., Diss. B., 1978

Heidrich, Marianne/Heidrich, Theodor: Zur Herausbildung der zusammenhängenden mündlichen Rede bei Schülern der Mittel- und Oberstufe. In: Deutschunterricht 2–3 (1976), 80–90

Heidrich, Theodor: Wege zu rhetorischem Bewusstsein. Positionen zur mündlichen Kommunikation zwischen 1976 und 1988 – ein Rückblick. Zum 75. Geburtstag am 4. Mai 2000 herausgegeben von Marianne Polz. Flensburg: Futura Edition 2000

Heidrich, Theodor: Mündliches Darstellen. Von einem Autorenkollektiv unter Leitung von Theodor Heidrich. Berlin: Volk und Wissen 1988

Heidrich, Theodor: Zur Spezifik der Prozessgestaltung bei der Herausbildung mündlichen Sprachkönnens. In: Heidrich, Theodor 1988, 55–64

Helmers, Hermann: Didaktik der deutschen Sprache. Einführung in die Theorie der muttersprachlichen und literarischen Bildung. Stuttgart: Klett 6. Auflage 1976

Hess-Lüttich, Ernest W.B.: Angewandte Sprachsoziologie. Eine Einführung in linguistische, soziologische und pädagogische Ansätze. Stuttgart: Metzler 1987

Hildebrand, Rudolf: Vom deutschen Sprachunterricht in der Schule und von deutscher Bildung und Erziehung überhaupt. Leipzig: Klinkhardt 1928

Ivo, Hubert: Kritischer Deutschunterricht. Frankfurt/M.: Diesterweg 1969

Klingberg, Lothar: Unterricht und Sprache. In: Potsdamer Forschungen, Reihe C 1979, 44, 9–32

Kochan, Barbara (Hrsg.): Rollenspiel als Methode sprachlichen und sozialen Lernens. Kronberg/Ts.: Scriptor 1974

Kochan, Barbara/Kochan, Detlef C.: Mündlicher Sprachgebrauch. In: Lange, Günter/ Neumann Karl/Ziesenis, Werner (Hrsg.): Taschenbuch des Deutschunterrichts. Baltmannsweiler: Schneider 4. Auflage 1986, 199–218

Krech, Eva-Maria: Vortragskunst. Grundlagen der sprechkünstlerischen Gestaltung von Dichtung. Leipzig: Bibliographisches Institut 1987

Kunsterziehung. Ergebnisse und Anregungen der Kunsterziehungstage in Dresden, Weimar und Hamburg. Mit einer Einleitung von Ludwig Pallat. Herausgegeben vom Zentralinstitut für Erziehung und Unterricht in Berlin. Leipzig: Voigtländers 1929

Kunze, Gerhard: Vorlesen, Erzählen, Kurzvortrag. In: Deutschunterricht (1985) Heft 10, 491–495

Lehrpläne für die Grund- und Oberschulen in der sowjetischen Besatzungszone Deutschlands. Deutsch. Berlin/Leipzig: Volk und Wissen Verlag GmbH 1946

Lehrplan für die Grundschulen. Deutsch. 1.–8. Schuljahr. Berlin und Leipzig: Volk und Wissen 1951

Lehrplan Deutsche Sprache und Literatur. Teil Muttersprache. Klassen 5–10. Berlin: Volk und Wissen 1981

Lüttge, Ernst: Die mündliche Sprachpflege als Grundlage eines einheitlichen Unterrichts in der Muttersprache. Leipzig: Wunderlich 1903

Mihm, Arend: Mündliche Kommunikation. In: Sowinski, Bernhard (Hrsg.): Fachdidaktik Deutsch. Köln: Böhlau 1975, 83–102

Müller-Michaels, Harro: Konzepte des Deutschunterrichts nach 1968. In: Hohmann, Joachim (Hrsg.): Deutschunterricht zwischen Reform und Modernismus. Blicke auf die Zeit von 1968 bis heute. Frankfurt/M.: Lang 1994, 27–43

Müchnow, Ursula: Sprecherziehung als Hilfsmittel der Bewußtseinsbildung. In: die neue schule (1950) Heft 38, 976–978

Müller, Lotte: Vom Deutschunterricht in der Arbeitsschule. Leipzig: Klinkhardt 5. Auflage 1931

Neuland, Eva: Soziolinguistik und Sprachunterricht. In: Boueke, Dietrich (Hrsg.): Deutschunterricht in der Diskussion. Paderborn: Schöningh 1974, 240–287

Neuland, Eva: Sprachbewusstsein und Sprachreflexion. In: Der Deutschunterricht (1992) Heft 4, 3–14

Neuland, Eva: Mündliche Kommunikation. Gesprächsforschung – Gesprächsförderung. Entwicklungen, Tendenzen und Perspektiven. Der Deutschunterricht (1995) Heft 1, 3–15

Neumann, Karl: Sprachliche Interaktion im Unterricht. Lehrersprache, Schülersprache und die unterrichtliche Kommunikationsrealität. In: Lange, Günter/Neumann Karl/Ziesenis, Werner (Hrsg.): Taschenbuch des Deutschunterrichts. Baltmannsweiler: Schneider 6. Auflage 1998, 80–97

Ockel, Eberhard: Rhetorik im Deutschunterricht. Untersuchungen zur didaktischen und methodischen Entwicklung mündlicher Kommunikation. Göppingen: Alfred Kümmerle 1974

Pabst-Weinschenk, Marita: Erich Drachs Konzept der Sprechkunde und Sprecherziehung. Ein Beitrag zur Theorie und Geschichte der Sprechwissenschaft. Magdeburg: Westarp-Wiss. 1993

Pabst-Weinschenk, Marita: Geschichte der Sprech- und Gesprächsdidaktik. In: Bredel, Ursula/Günther, Hartmut/Klotz, Peter/Ossner, Jakob/Siebert-Ott, Gesa (Hrsg.): Didaktik der deutschen Sprache. Paderborn: Ferdinand Schöningh 2003, 93–106

Pelster, Theodor: Rede und Rhetorik. Düsseldorf: Cornelsen Schwann 1987

Polz, Marianne: Zur Prozesskonzeption mündlichen Darstellens im Ausdrucksunterricht unter besonderer Berücksichtigung der Subjekt-Objekt-Dialektik. Egelsbach u. a.: Hänsel Hohenhausen 1992a

Polz, Marianne: „Mündliches Darstellen“ im Lehrplan von 1982. In: Abels, Kurt (Hrsg.): Deutschunterricht in der DDR 1949–1989. Frankfurt/M.: Lang 1992b, 119–129

Popp, Walter (Hrsg.): Kommunikative Didaktik. Weinheim und Basel: Beltz 1976

Potthoff, Ulrike/Steck-Lüschow, Angelika/Zitzke, Elke (1995): Gespräche mit Kindern. Methoden, Übungen, Kniffe, Ideen. Frankfurt/M.: Cornelsen Scriptor 1995

Präzisierter Lehrplan für Deutsche Sprache und Literatur. Berlin: Volk und Wissen 1996 ff.

Preiss, Rudolf: Die mündliche und die schriftliche Darstellung: Grundlagen und allgemeine methodische Hinweise. In: Deutschunterricht (1952) Heft 1, 4–8

Preu, Otto/Stötzer, Ursula: Sprecherziehung für Studenten pädagogischer Berufe. Berlin: Volk und Wissen 1981

Ritz-Fröhlich, Gertrud: Das Gespräch im Unterricht. Anleitung, Phasen, Verlaufsformen. Bad Heilbrunn: Klinkhardt 2. Auflage 1982

Rose, Kurt: Defizite im Mündlichen – Sprachunterricht und kommunikative Praxis in der DDR. In: Abels, Kurt (Hrsg.). Deutschunterricht in der DDR 1949–1989. Frankfurt/M. u. a.: Lang 1992, 131–140

Rosenow, Gertrud: Über die Entwicklung des Deutschunterrichts in der Grundschule. Fünf Jahre Schulreform. In: Deutschunterricht (1951) Heft 2, 9–12

Schäfer, Karl-Hermann/Schaller, Klaus: Kritische Erziehungswissenschaft und kommunikative Didaktik. Heidelberg: Quelle und Meyer 1976

Scheibe, Wolfgang (1969): Berthold Otto: Gesamtunterricht. Weinheim, Berlin/Basel: Beltz 1969

Schlotthaus, Werner: Wohin steuert der Kommunikationsbegriff? In: Wolfrum, Erich (Hrsg.): Kommunikation. Aspekte zum Deutschunterricht. Baltmannsweiler: Burgbücherei Wilhelm Schneider 1975, 11–28

Schmeing, Karl: Freie Rede. Eine praktische Anleitung zur Pflege des mündlichen Ausdrucks und der rhetorischen Ausbildung in der Schule. Leipzig: Quelle/Meyer 1922

Schmidt, Wilhelm: Funktional-kommunikative Sprachbeschreibung. Theoretische und methodische Grundlegung. Von einem Autorenkollektiv unter Leitung von Wilhelm Schmidt. Leipzig: Bibliographisches Institut 1981

Schulz von Thun, Friedemann: Miteinander reden. Bd 1: Störungen und Klärungen. Reinbek bei Hamburg: Rowohlt 1981

Schuster, Karl: Mündlicher Sprachgebrauch im Deutschunterricht. Baltmannsweiler: Schneider 1998

Techtmeier, Bärbel: Das Gespräch. Funktionen, Normen und Strukturen. Berlin: Akademie-Verlag 1984

Ueding, Gert (Hrsg.): Rhetorik. Begriff – Geschichte – Internationalität. Tübingen: Lizenzausgabe für die Wissenschaftliche Buchgesellschaft 2005

Ulshöfer, Robert: Methodik des Deutschunterrichts. Stuttgart: Klett 1974

Vogt, Rüdiger: Im Deutschunterricht diskutieren. Zur Linguistik und Didaktik einer kommunikativen Praktik. Tübingen: Niemeyer 2002

Watzlawick, Paul/Beavin, Janet B./Jackson, Don D.: Menschliche Kommunikation. Formen, Störungen, Paradoxien. Bern etc.: Huber 1969

Winkler, Christian: Deutsche Sprechkunde und Sprecherziehung. Mit Beiträgen von Erika Essen. Düsseldorf: Pädagogischer Verlag Schwann 2. umgearbeitete Auflage 1969

# B

# Konzeptionelle und empirische Grundlagen

REINHARD FIEHLER

# B 1 Mündliche Kommunikation

## 1 Kommunikative Praktiken als Grundformen der Verständigung

Verständigung erfolgt in einer Vielzahl unterschiedlicher Grundformen, den *kommunikativen Praktiken*. Bei kommunikativen Praktiken handelt es sich um abgrenzbare, eigenständige kommunikative Formen, für die ihre Zweckbezogenheit und Vorgeformtheit konstitutiv sind und für die es alltägliche Bezeichnungen gibt.[1] Jedes Sprechen und Schreiben geschieht in und ist Bestandteil von kommunikativen Praktiken. Gesprochen wird im Rahmen eines Kaffeeklatsches, einer Dienstbesprechung, einer telefonischen Vereinbarung eines Arzttermins, einer Rede, einer Theaterrolle etc.; geschrieben wird ein Brief, ein Aufsatz, ein Protokoll, ein Einkaufszettel etc. Jede Verständigung besteht in der Realisierung eines konkreten, singulären Exemplars einer solchen kommunikativen Praktik. Verständigung erfolgt nicht „frei", sondern immer nur im Rahmen der verfügbaren kommunikativen Praktiken. Kommunikative Praktiken sind *soziale Praktiken*, Formen sozialer Praxis. Es handelt sich um gesellschaftlich herausgebildete konventionalisierte Verfahren zur Bearbeitung häufig wiederkehrender kommunikativer Ziele und Zwecke. Jede Gesellschaft verfügt für die Verständigung über ein spezifisches Repertoire solcher kommunikativen Praktiken, das sich historisch herausgebildet hat. Eine Praktik zu realisieren heißt, einen je spezifischen *Komplex von Aufgaben* zu bearbeiten. Eine Reklamation erfordert die Bearbeitung anderer kommunikativer Aufgaben als ein Beratungsgespräch. Praktiken lassen sich durch diesen Komplex der für sie konstitutiven Aufgaben – ihr Aufgaben- bzw. Handlungsschema – darstellen und beschreiben.

Als soziale Phänomene sind kommunikative Praktiken *geregelt*. Das Ausführen einer kommunikativen Praktik bedeutet die Berücksichtigung eines spezifischen (zum größten Teil nicht bewussten) Komplexes von sozialen Regeln bzw. Konventionen, von denen ein wesentlicher Teil sprachlich-kommunikativer Art ist. Die sprachlich-kommunikativen Regeln betreffen die verschiedensten Ebenen und Bereiche: die relevante Begrifflichkeit, die einschlägigen Syntagmen, die Wahl der Anredeformen, die Organisation des Rederechts, die Abfolge der Beiträge, die zu bearbeitenden Aufgaben, mögliche Themen etc. Allein mit den Mitteln von Lexikon und Grammatik ist man z. B. weder in der Lage, einen Gottes-

[1] Das Konzept der kommunikativen Praktiken besitzt eine Reihe von Berührungspunkten mit dem Konzept der kommunikativen Gattungen, wie es u. a. von Luckmann (1986, 1988) und Günthner (1995) ausgearbeitet worden ist. S. dazu Fiehler/Barden/Elstermann/Kraft (2004, 103–104).

dienst abzuhalten, noch als Mitglied der Gemeinde an ihm teilzunehmen. Um eine Praktik zu beschreiben, ist es notwendig, die Gesamtheit ihrer Regeln zu explizieren.

Als Folge ihrer Regelhaftigkeit sind kommunikative Praktiken auch musterhaft. *Kommunikative Muster* stellen „Bausteine" im Rahmen von kommunikativen Praktiken dar. Sie sind verfestigte und sozial standardisierte Abfolgen verbaler und mentaler Handlungen, die zur Realisierung spezifischer, im sozialen Prozess häufig wiederkehrender Aufgaben und Zwecke dienen (Ehlich/Rehbein 1979). Muster können sowohl verbale Paarsequenzen (Gruß – Gegengruß, Frage – Antwort, Bitte – Gewährung, Vorwurf – Stellungnahme zum Vorwurf) wie auch größere Einheiten umfassen.[2]

Manche der kommunikativen Praktiken werden im Rahmen unserer Kultur nur mündlich ausgeführt (jemanden taufen), andere nur schriftlich (ein Protokoll verfassen), manche mündlich oder schriftlich (Klatsch), und manche sind spezifische Mischungen aus beiden Elementen (sich bewerben: einen Bewerbungsbrief schreiben und ein Vorstellungsgespräch führen). In zunehmend mehr kommunikative Praktiken sind (mit einem breiten Spektrum von Funktionen) technische Geräte eingebunden.

## 2 Mündliche Kommunikation und ihr Verhältnis zur Schriftlichkeit

Unter *mündlicher Kommunikation* wird hier die Gesamtheit der kommunikativen Praktiken verstanden, in denen die *Verständigung* zwischen mindestens zwei Parteien durch verbale mündliche Kommunikation, körperliche Kommunikation und/oder Kommunikation auf der Grundlage visueller Wahrnehmungen und Inferenzen erfolgt. *Gesprochene Sprache* bezeichnet die verbalsprachlichen Anteile der mündlichen Kommunikation einschließlich aller bedeutungstragenden stimmlichen und prosodischen Erscheinungen.

Anders als bei der Verständigung mittels Texten vollzieht sich mündliche Kommunikation, wenn sie unter den Bedingungen wechselseitiger Wahrnehmung erfolgt, gleichzeitig und parallel auf verschiedenen Ebenen: Sie ist *multimodal*. Im Verständigungsprozess wirken also das *Gesprochene* (verbale mündliche Kommunikation), *körperliche Entäußerungen* (körperliche Kommunikation) und auf *visuellen Wahrnehmungen* und *Schlüssen* basierende Informationen (wahrnehmungs- und inferenzgestützte Kommunikation) in spezifischer Weise zusammen. Die körperliche und die wahrnehmungs-/inferenzgestützte Kommunikation erfolgen visuell, die verbale Verständigung hingegen akustisch. Münd-

---

2 Beispiele für ausgedehntere kommunikative Muster sind z. B. die in Lehr-Lern-Situationen häufige Aufgabe-Lösungs-Sequenz (Ehlich/Rehbein 1986) oder das Anteilnahmemuster (Fiehler 1990).

liche Kommunikation ist damit ein Prozess, an dem verschiedene Sinne gleichzeitig beteiligt sind. Diese Multimodalität unterscheidet mündliche Kommunikation grundlegend von der Verständigung mittels Texten. Körperliche und wahrnehmungs-/inferenzgestützte Kommunikation haben dort keine Entsprechung. Textbasierte Verständigung ist weitgehend verbal. Sie erfolgt nur visuell.

Die Unterscheidung von gesprochener und geschriebener Sprache reflektiert zugleich auch die Erfahrung, dass es ein gravierender Unterschied ist, ob man spricht oder schreibt: Gesprochen wird mit dem Mund, geschrieben mit der Hand; Sprechen geht leicht von der Hand (besser: aus dem Mund), Schreiben ist schwierig und bedarf hoher Aufmerksamkeit; das gesprochene Wort verfliegt, das geschriebene ist dauerhaft. Sprechen lernt man gewissermaßen automatisch, und man lernt es früher als das Schreiben. Schreiben lernen hingegen bedarf einer ausführlichen Anleitung. Die Unterscheidung von gesprochener und geschriebener Sprache wird auch mit einer Vielzahl anderer Begriffspaare angesprochen: Sprechen und Schreiben, Mündlichkeit und Schriftlichkeit, Rede und Schrift, Diskurs und Text.

Mündlichkeit und Schriftlichkeit haben weitgehend unterschiedliche *Domänen* und *Funktionen.* Zum einen sind sie unterschiedlich verteilt und stehen nur in relativ wenigen Fällen in einer Relation der freien Wählbarkeit. In weiten Bereichen bestimmen sachliche Notwendigkeiten und Konventionen, ob die Verständigung mündlich oder schriftlich erfolgt. So ist es unter sachlichen Gesichtspunkten unsinnig, Dienst„besprechungen" schriftlich durchzuführen, wiewohl es aus anderen Gründen sinnvoll ist, sie schriftlich zu protokollieren. Eine konventionelle Präferenz in unserer Kultur hingegen ist es, Heiratsanträge mündlich zu stellen. Auch wenn es in diesem Sinn deutlich unterschiedliche Domänen für Mündlichkeit und Schriftlichkeit gibt, schließt dies nicht aus, dass sich in einzelnen Praktiken mündliche und schriftliche Elemente mischen können und dass zu bestimmten Zwecken von mündlichen zu schriftlichen Praktiken oder umgekehrt von schriftlichen zu mündlichen Praktiken übergegangen werden kann: So kann z.B. einer mündlichen Beschwerde ein Beschwerdebrief folgen bzw. schriftlich begonnene Verhandlungen können mündlich fortgeführt werden.

Zum anderen bestehen deutlich unterschiedliche Funktionen. Mündliche Kommunikation hat ihre zentrale Funktionalität im Bereich der *interaktiven Bewältigung aktueller Situationen.* Zentrale Funktionen sind dabei die unmittelbare wechselseitige Beeinflussung und Steuerung und die Vermittlung von Wissen. Geschriebene Sprache hingegen als das Verfahren, sprachliche Handlungen der Flüchtigkeit zu entheben, hat ihre spezifische Funktion in der *raum-zeitlichen Distribution und Tradierung* von Texten. Sie ist damit das zentrale Instrument der Wissensvermittlung. Die unterschiedlichen Funktionen hängen weitgehend mit dem Umstand zusammen, dass mündliche Kommunikation hochgradig situationsbezogen und kontextsensitiv ist, während die raum-zeitliche Distribution und Tradierung ein bestimmtes Ausmaß an Dekontextualisierung der sprachlichen Handlungen verlangt. Mündlichkeit und Schriftlichkeit stellen zwei unterschiedliche Modalitäten der Verständigung dar. Die Entwicklung neuer, computervermittelter Formen schriftlicher Verständigung (z. B. E-Mail- und Chat-Kommunikation, SMS) deutet jedoch in die Richtung, bestimmte Funktionen des Mündlichen, wie z. B. die Möglichkeit einer kurzfristigen wechselseitigen Beeinflussung und Steuerung, auch für die schriftsprachliche Kommunikation zu erschließen.

Historisch betrachtet haben Hominiden Formen der mündlichen Kommunikation in einem Zeitraum entwickelt, dessen Grenzen mit 200.000 bis 40.000 Jahren vor unserer Zeitrechnung angegeben werden. Die Entstehung von Schriftsystemen wird vor ca. 5.000 Jahren angesetzt. Über den weitaus größten Teil der Menschheitsgeschichte war die mündliche Kommunikation damit die einzige Möglichkeit der Verständigung.

Auch in der individualgeschichtlichen Entwicklung steht der Erwerb mündlicher kommunikativer Praktiken am Anfang. Wenn das Kind kommunizieren lernt, dann erwirbt es diese Fähigkeit nicht als allgemeine und unspezifische Fertigkeit, beliebige Sätze zu äußern, sondern es erlernt mündliche kommunikative Praktiken der hier beschriebenen Art, indem es die für die einzelnen Praktiken konstitutiven Regeln lernt. Zunächst sind dies die spezifischen Praktiken und Sprachspiele der Eltern-Kind-Interaktion. Später wird in Bezugsgruppen mit Gleichaltrigen, in der Schule und in der beruflichen Ausbildung und Tätigkeit das Spektrum der individuell beherrschten Praktiken erweitert (z. B. durch Praktiken wie Über-andere-Herziehen, Referate halten und Dienstbesprechungen). Mit dem Beginn der Schulzeit beginnt dann auch der systematische Erwerb schriftlicher Praktiken. Kommunikationsfähigkeit wird also nicht als abstrakte erworben, sondern angeeignet wird die Fähigkeit, bestimmte, konkrete kommunikative Praktiken auszuführen. Man kann dies auf die Formel bringen, dass kommunizieren zu lernen bedeutet, die Fähigkeit zu erwerben, verschiedene kommunikative Praktiken auszuführen.

Individual- wie menschheitsgeschichtlich ist mündliche Kommunikation primär. Schriftlichkeit setzt auf ihr auf und tritt erst historisch spät ergänzend hinzu. So ist die Mehrzahl der Sprachen – vor allem solche mit relativ wenigen Sprechern – nach wie vor nicht verschriftlicht. In vorindustriellen Gesellschaften verfügte nur ein verschwindend kleiner Teil der Bevölkerung über Lese- und Schreibfähigkeiten. Erst in Gesellschaften, die eine allgemeine Schulpflicht eingeführt haben, erlangt die Mehrheit der Bevölkerung diese Fähigkeiten. In Deutschland ist dies seit dem 19. Jahrhundert der Fall. Sind Sprachen jedoch verschriftlicht und besitzt die überwiegende Mehrheit der Bevölkerung Lese- und Schreibfähigkeiten, so steigt die gesellschaftliche Bedeutung von Schriftlichkeit, und es kehrt sich das Verhältnis von Mündlichkeit und Schriftlichkeit in Hinblick auf

Bedeutsamkeit und Wertschätzung um. Auf der Grundlage ihrer zentralen Funktionen (Vergegenständlichung, Verdauerung, Verbreitung) erfüllen schriftliche Texte wesentliche Aufgaben im gesellschaftlichen Prozess. Diese Tatsache und die intensive Auseinandersetzung mit Schriftlichkeit im Schriftspracherwerb bedingen, dass in literalen Gesellschaften die Vorstellungen von Sprache schriftsprachlich geprägt sind. Eine Folge davon ist die geringere Beachtung und Wertschätzung des Mündlichen. So besteht ein besonderer Bedarf an Vermittlung von Wissen über mündliche Kommunikation.

Mündliche Kommunikation unterscheidet sich von geschriebener Sprache zum einen in dem Ausmaß an *Varianz* und *Vielfalt* und zum anderen in Hinblick auf ihre *Normierung* und *Normierbarkeit*. Für das geschriebene Deutsch sind in einem langen historischen Prozess Normierungen ausgearbeitet worden, die auf eine einheitliche Verwendung und Erscheinungsform der Schriftsprache abzielen. Durch diese Normierung ist die auch in der Schriftsprache ursprünglich vorhandene Varianz reduziert worden. Diese Normierungen betreffen die Orthografie, die Interpunktion und die Grammatik. Sie sind in Wörterbüchern und Grammatiken kodifiziert und werden vor allem im Sprachunterricht der Schule vermittelt.

Mündliche Kommunikation unterliegt einer weniger starken Normierung. Entsprechend den mannigfaltigen Zwecken, zu denen sie gebraucht wird, ist sie ein vielfältig aufgegliedertes, variantenreiches Phänomen. Mündliche Kommunikation ist unterschiedlich zu verschiedenen historischen Zeitpunkten, an verschiedenen Orten, in verschiedenen sozialen Gruppen, bei unterschiedlichen Anlässen, von Gespräch zu Gespräch. Sie variiert von Individuum zu Individuum und beim Individuum auf den verschiedenen Stufen seiner Entwicklung sowie – feiner betrachtet – auch von Situation zu Situation. Zentrale Charakteristika der gesprochenen Sprache sind ihre Anpassungsfähigkeit (und als Konsequenz hieraus ihr kontinuierlicher Wandel) sowie ihre aus der Anpassung an die verschiedensten Umstände und Zwecke folgende Vielfalt und Varianz. Varianz ist damit ein Grundphänomen der mündlichen Kommunikation. Sie ist aber durchaus janusköpfig. Einerseits erfüllt Varianz eine Reihe positiver Funktionen wie Differenzierung und Ausdruck von Identität und Individualität; auf der anderen Seite erschwert sie eine problemlose Verständigung, und dies umso mehr, je ausgeprägter sie ist. Sprachentwicklung ist so von zwei Tendenzen geprägt: der Tendenz der Ausweitung von Varianz auf der einen Seite und dem Streben nach Gleichförmigkeit andererseits.

## 3 Grundbedingungen mündlicher Kommunikation

Betrachtet man die historisch ursprüngliche und bis heute grundlegende Form mündlicher Kommunikation, so ist sie durch folgende Grundbedingungen gekennzeichnet:

(i) Mindestens zwei Parteien verständigen sich – zur Realisierung spezifischer Ziele und Zwecke
(ii) in gemeinsamer Situation füreinander präsent
(iii) in wechselseitiger sinnlicher Wahrnehmung
(iv) parallel und gleichzeitig auf verschiedenen kommunikativen Ebenen
(v) in ständiger wechselseitiger Beeinflussung
(vi) mit kurzlebigen körperlichen Hervorbringungen (lautlichen Äußerungen, Körperbewegungen)
(vii) in zeitlicher Abfolge.

Diese Merkmale sollen im Folgenden genauer charakterisiert werden.

### (i) Anzahl und Größe der Parteien

Mündliche kommunikative Praktiken weisen hinsichtlich der Anzahl und der Größe der beteiligten Parteien eine große Spannbreite auf. Sieht man von Selbstgesprächen ab, so kommunizieren im Minimalfall mündlicher Verständigung zwei Parteien, die jeweils aus einer Person bestehen. Zwar erfolgt Kommunikation der Erscheinung nach zwischen Personen, um aber die *Beteiligungsrollen* der Personen adäquat erfassen zu können, ist es sinnvoller, mündliche Kommunikation als Prozess zwischen *Parteien* aufzufassen. So ist z.B. eine mündliche Gerichtsverhandlung eine Kommunikation zwischen mindestens vier Parteien: Richter, Angeklagtem, Staatsanwalt und Verteidigung; ggf. sind als fünfte Partei Zuhörer beteiligt. Jede dieser Parteien kann aus mehreren Personen bestehen. Unterrichtskommunikation (in der Form des Frontalunterrichts) ist, um ein weiteres Beispiel zu nennen, eine Zweiparteienkommunikation. Auch hier können Lehrer- wie Schülerpartei aus einer oder aus mehreren Personen bestehen (Einzelunterricht, Teamteaching).

Nicht immer sind Parteien so klar vorgegeben wie bei diesen Formen institutioneller Kommunikation. Sie sind auch keineswegs immer feste Größen, sondern können in der Interaktion verändert werden: Personen können Parteien wechseln oder neue einführen. Die Aushandlung der Parteien und der Parteienstruktur einer Kommunikation ist eine konstitutive Aufgabe mündlicher Verständigung.

### (ii) Kopräsenz der Parteien und Gemeinsamkeit der Situation

Dass bei mündlicher Kommunikation die Parteien in gemeinsamer Situation füreinander präsent sind, war bis zur Entwicklung raumüberwindender, aber Gleichzeitigkeit bewahrender technischer Übertragungsmöglichkeiten eine Bedingung, die allen mündlichen Praktiken gemeinsam war. Sie trifft auch heute noch auf die weitaus meisten Akte mündlicher Verständigung zu. Zudem ist sie die Voraussetzung für eine Reihe anderer Bedingungen, so die Bedingungen (iii) wechselseitige Wahrnehmung, (iv) Multimodalität der Verständigung und (v)

Interaktivität. Kopräsenz ist die Voraussetzung dafür, dass die Parteien miteinander in Kontakt treten, Gemeinsamkeit der Situation herstellen und ein Gespräch führen können. Kopräsenz bedeutet, dass die beteiligten Parteien sehen, mit „wem sie es zu tun haben", und dass sie sich aufeinander einstellen können. Gemeinsamkeit der Situation heißt, dass die Parteien ihre Umgebung als geteilte verstehen und sie als gemeinsamen Bezugsraum für ihre Wahrnehmungen und Handlungen konstituieren.

### (iii) Wechselseitigkeit der Wahrnehmung

Die Gemeinsamkeit der Situation wird u. a. hergestellt durch die Wechselseitigkeit der Wahrnehmung und die Gleichzeitigkeit der Wahrnehmungen. Die Wechselseitigkeit der Wahrnehmung umfasst nicht nur die gleichzeitige sinnliche Wahrnehmung des jeweils anderen, sondern auch die jeweiligen Wahrnehmungen der gemeinsamen Situation. Die Wechselseitigkeit der Wahrnehmung beinhaltet, dass die Parteien zwar eine gemeinsame Situation konstituieren, zugleich aber auch unterschiedliche *Perspektiven* haben. Sie resultieren aus den unterschiedlichen räumlichen wie auch mentalen Standpunkten. In Bezug auf die Wahrnehmung des jeweils anderen sind diese Perspektiven reziprok. Es stellt eine besondere Fähigkeit und Leistung der Beteiligten dar, neben der eigenen Perspektive auch die Perspektive des anderen einzunehmen und sich selbst und die Dinge aus der Sicht des anderen zu sehen. Die unterschiedlichen mentalen Standpunkte ergeben sich aus verschiedenen Wissenshintergründen, Einstellungen, Motiven etc., die die Parteien in die Interaktion einbringen und vor deren Hintergrund sie das Gegenüber, die Situation und das Geschehen deuten.

### (iv) Multimodalität der Verständigung

Unter den Bedingungen wechselseitiger Wahrnehmung kann Verständigung parallel und gleichzeitig auf verschiedenen Ebenen erfolgen. Das heißt, sie ist weitaus mehr als verbale mündliche Kommunikation. Sie umfasst darüber hinaus zunächst einmal alle Formen *körperlicher Kommunikation* (Mimik, Gestik, Körperhaltung, Körperkonstellation etc.). Zwischen den verbalen und den körperlichen Anteilen bestehen komplexe Wechselwirkungen, zugleich verläuft zwischen ihnen aber auch – entlang der Unterscheidung Stimmgebundenheit (akustische Wahrnehmung) vs. Leibgebundenheit (optische Wahrnehmung) – eine deutliche Trennungslinie. Zur Multimodalität der Verständigung gehören ferner auch die verschiedenen Formen der Verständigung, die sich auf *visuelle Wahrnehmungen* und *Schlüsse (Inferenzen)* stützen. Ist eine Kopräsenz der Parteien und die Wechselseitigkeit der Wahrnehmungen gegeben, so können die beteiligten Parteien im Rahmen eines gemeinsamen Handlungszusammenhangs die Aktivitäten der jeweils anderen Seite beobachten und interpretieren, erforderliche Folgetätigkeiten erschließen und dann ausführen.

### (v) Interaktivität

Die Kopräsenz der Parteien, die Gemeinsamkeit der Situation und die Wechselseitigkeit der Wahrnehmung ermöglichen eine unmittelbare wechselseitige Beeinflussung der jeweiligen Aktivitäten und mentalen Zustände; sie ermöglichen *Interaktion*. Als Folge dieser ständigen, nie aussetzenden wechselseitigen Beeinflussung müssen alle Hervorbringungen der einzelnen Parteien als *gemeinsames Produkt* verstanden werden. Die wechselseitige Beeinflussung besteht zu jedem Zeitpunkt bei der Produktion eines Gesprächsbeitrags, so dass jeder Beitrag eine gemeinsame Leistung darstellt. Er ist nicht nur einer Partei zuzurechnen. Interaktivität bedeutet, dass die Beteiligten zur Realisierung gemeinsamer oder individueller Zwecke und Ziele gemeinschaftlich handeln und dabei sich zu jedem Zeitpunkt gegenseitig beeinflussen und steuern. Die wechselseitige Beeinflussung und Steuerung betrifft alle Ebenen des Handelns. Sie erfolgt bei der wahrnehmungs- und inferenzgestützten Verständigung ebenso wie bei der körperlichen Kommunikation und der verbalen mündlichen Kommunikation.

### (vi) Kurzlebigkeit/Flüchtigkeit

In allen mündlichen Praktiken erfolgt die Verständigung mittels kurzlebiger körperlicher Hervorbringungen (Laute, Körperbewegungen). Ihre Existenz dauert im Regelfall nur (Bruchteile von) Sekunden. Während Laute sich vom Körper lösen und verschallen (Flüchtigkeit), bleiben Bewegungen körpergebunden und dauern, solange sie ausgeführt werden. Körperbewegungen sind damit nicht flüchtig, aber in der Regel kurzlebig. Entsprechend muss die Rezeption darauf eingerichtet sein, dass die Wahrnehmungsgegenstände sofort wieder vergehen. Über die Dauer ihrer physikalischen Existenz hinaus haben diese Hervorbringungen – wie transformiert und reduziert auch immer – lediglich als Repräsentationen im Gedächtnis bzw. in der Erinnerung derjenigen Personen Bestand, die sie produziert bzw. wahrgenommen haben. Kurz- und dann Langzeitgedächtnis sind der Ort, an dem die Hervorbringungen, die in der Zeit einander ablösen und spätestens aufhören zu existieren, wenn die nächste erscheint, kopräsent sind und in ihrer zeitlichen Abfolge „überschaut“ werden können.

### (vii) Zeitlichkeit

Zeitlichkeit und zeitliche Erstreckung sind für mündliche Kommunikation konstitutiv, sie ist ein Prozess in der Zeit. In der Kommunikation werden innere Gegebenheiten (Gedanken, Wissen, Annahmen, Bewertungen, Einstellungen, Wünsche, Gefühle etc.) in einem Prozess der Versprachlichung nach außen gesetzt. Diese Entäußerung bringt die Notwendigkeit der *Portionierung* und *Sequenzialisierung* mit sich. Da nicht alles auf einmal geäußert werden kann, ist für Kommunikation ein *Kompositionsprinzip* fundamental: Das, was gesagt werden soll, muss vom Sprecher in Einheiten auf verschiedenen Ebenen aufgeteilt werden, und die einzelnen Portionen müssen in eine zeitliche Abfolge gebracht, d. h. sequenzialisiert werden; entsprechend muss der Hörer die einzelnen Einheiten erkennen und sie synthetisieren.

Wesentliche Aufgaben, die sich aus der Zeitlichkeit mündlicher Kommunikation ergeben, bestehen darin, zu verdeutlichen, wo auf den verschiedenen Ebenen Einheiten beginnen und enden, von welchem Typ sie sind und welche Relationen zwischen diesen in zeitlicher Abfolge erscheinenden Einheiten bestehen. Wichtige Einheiten der mündlichen Kommunikation sind u. a. der Laut, das Wort, die funktionale Einheit, der Gesprächsbeitrag und das Gespräch (Fiehler 2006, 24–31).

## 4 Probleme der Analyse und Beschreibung mündlicher Kommunikation

Der Analyse und Beschreibung mündlicher Kommunikation stehen besondere Probleme entgegen: Zum einen ist das gesellschaftliche Sprachbewusstsein *schriftsprachlich dominiert*, was es erschwert, mündliche Kommunikation in ihrer Eigenförmigkeit zu erkennen. Zum anderen bereitet die *Flüchtigkeit/Zeitlichkeit* mündlicher Kommunikation besondere Probleme, wenn es gilt, Mündlichkeit zum Gegenstand wissenschaftlicher Untersuchung zu machen. Daraus resultiert, dass der *Kenntnisstand* über mündliche Kommunikation in keiner Weise dem über Schriftlichkeit entspricht. Unsere Vorstellungen darüber, was Sprache ist, leiten sich primär aus dem Umgang mit und der Reflexion von geschriebener Sprache her. Auch wenn die Begriffe „gesprochene Sprache“ und „geschriebene Sprache“ häufig als Paar auftreten und so als Untersuchungsgegenstände gleichen Rangs erscheinen, ist doch der erkenntnismäßige Zugang zu ihnen nicht gleichartig. Es führt kein direkter Weg zur gesprochenen Sprache, sondern ihre Erkenntnis erfolgt in weiten Bereichen vermittelt über das, was wir von geschriebener Sprache wissen. Die Gründe, warum die geschriebene und nicht die gesprochene Sprache das Sprachbewusstsein prägt, sind vielfältig. Ich will nur vier kurz ins Gedächtnis rufen:

- Die Schwierigkeiten der Textproduktion richten das Bewusstsein stark auf die Strukturen und Eigenschaften der geschriebenen Sprache. Die Leichtigkeit und der automatische Charakter des Sprechens hingegen bewirken, dass mündliche Kommunikation nicht in gleicher Weise ins Zentrum der Aufmerksamkeit und des Sprachbewusstseins rückt.
- Die „Anschaulichkeit“ und die Dauerhaftigkeit von Texten – im Gegensatz zur Auditivität und Flüchtigkeit der mündlichen Kommunikation – begründen ihre objektmäßige Präsenz und haben seit jeher die Reflexion schriftlicher Texte systematisch begünstigt.

- Zentrale grammatische Kategorien manifestieren sich in der Form der Schriftlichkeit. Sie sind dort vergegenständlicht und jeder Blick auf einen Text führt sie vor Augen. So wird das „Wort" (was schriftsprachgeschichtlich keineswegs immer so war) durch die Spatien sichtbar, der „Satz" durch die Großschreibung am Anfang und den abschließenden Punkt, der „Nebensatz" durch das Komma, das „Hauptwort" durch seine Großschreibung (zumindest in der deutschen Schriftsprache) etc. Diese Kategorien werden im Entwicklungsprozess der Schriftsprache als (sich verändernde) Form der Schriftlichkeit ausgearbeitet und als Formelemente festgeschrieben. Einmal entwickelt, ist die Aktivierung und Anwendung dieser Kategorien Voraussetzung jeder korrekten Textproduktion. Nicht zuletzt auch dieses Faktum macht deutlich, wie permanent und intensiv sie prägenden Charakter für das Sprachbewusstsein haben.
- Geschriebene Sprache wird gesellschaftlich als wichtiger angesehen und höher bewertet als gesprochene. Entsprechend groß ist der Aufwand, der für den Schriftspracherwerb und die Schulung der Schreibfähigkeiten getrieben wird. So besitzt in der schulischen Sozialisation die Schriftsprache eindeutig das Primat. Schriftspracherwerb und das Erstellen aller Formen schriftlicher Texte haben dort ein deutliches Übergewicht gegenüber der Schulung mündlicher Kommunikation.

Dies und Weiteres tragen dazu bei, dass das Bild von Sprache durch die Schriftsprache bestimmt wird. Die geschriebene Sprache prägt aber nicht nur das gesellschaftliche Sprachbewusstsein, sondern gleichermaßen auch die Sprachwissenschaft als den Ort der systematischen Reflexion von Sprache. Das „written language bias" (Linell 1982) betrifft dort einerseits den Untersuchungsgegenstand und andererseits die Kategorien zur Analyse und Beschreibung von Sprache (vgl. Abschnitt 5). Anders als die geschriebene Sprache ist die mündliche Kommunikation ein *flüchtiger* und *zeitlicher* Gegenstand, was seine Untersuchbarkeit einschränkt und seine Untersuchung in besonderer Weise schwierig gestaltet: Entweder ist man auf die Erinnerung angewiesen, oder aber es bedarf technischer Möglichkeiten der Konservierung von Äußerungen und Gesprächen. Die Entwicklung und Verbreitung entsprechender technischer Geräte zur Konservierung und Reproduktion von Gesprächen und Interaktionen (Plattenspieler, Tonbandgeräte, Kassettenrekorder, Videokameras) ist so eine wesentliche Voraussetzung für eine detaillierte wissenschaftliche Untersuchung von mündlicher Kommunikation. Setzt man eine bestimmte Ausgereiftheit und Verbreitung solcher Geräte voraus, kann man sagen, dass sie erst seit den 60er Jahren des 20. Jahrhunderts gegeben ist.

Eine zweite wesentliche Voraussetzung ist die Entwicklung von Verfahren zur Verschriftlichung (Transkription) konservierter Gespräche. Transkriptionen ermöglichen eine Vergegenwärtigung und „Betrachtung" der Äußerungen und

Gespräche, wie sie allein durch das Abhören der Aufzeichnung nicht zu erreichen ist. Die Entwicklung solcher Transkriptionssysteme für sprachwissenschaftliche Zwecke (vgl. für einen Überblick über die frühe Phase der Entwicklung gesprächsanalytischer Transkriptionssysteme Ehlich/Switalla 1976) erfolgte Hand in Hand mit dem Einsatz der genannten Geräte. Erst durch das Zusammenspiel von reproduzierbaren Aufnahmen und Transkriptionen wird gesprochene Sprache in einem hinreichenden Detaillierungsgrad untersuchbar und erst von diesem Zeitpunkt an konnte sie überhaupt zu einem ernsthaften und gleichwertigen Untersuchungsgegenstand der Sprachwissenschaft werden.

Der *Kenntnisstand* über Besonderheiten der mündlichen Kommunikation entspricht in keiner Weise dem, was wir über die geschriebene Sprache wissen. Dieser Befund ist letztlich nicht verwunderlich, hat doch die Erforschung der gesprochenen Sprache – verglichen mit der an der Schriftlichkeit orientierten Grammatikschreibung – eine vergleichsweise kurze Tradition, die kaum älter als 100 Jahre ist und als deren Startpunkt man Behaghel (1899) ansehen kann. Entsprechend hat die Beschreibung der gesprochenen Sprache und ihrer Grammatik noch keine kanonischen Standards entwickelt, sondern die Ausarbeitung von Beschreibungskonzepten und -kategorien ist in einer ständigen Entwicklung begriffen. Gleichwohl ist es sinnvoll, damit zu beginnen, die Erkenntnisse über Regularitäten der gesprochenen Sprache zusammenzutragen und zu systematisieren. Dies kann zum einen dazu beitragen, der Vorstellung, gesprochene Sprache sei fehlerhaft, ungeregelt oder zumindest weniger geregelt als die geschriebene, den Boden zu entziehen, zum anderen hilft es, zu erkennen, wo Leerstellen sind und Forschungsbedarf besteht.

## 5 Analyse- und Beschreibungskategorien für mündliche Kommunikation

Die Entwicklung gegenstandsangemessener Analyse- und Beschreibungskategorien für mündliche Kommunikation verlief in den Bereichen relativ unproblematisch, wo es um Phänomene geht, die keine unmittelbare Entsprechung im schriftlichen Bereich haben. In dem Maße, wie authentische gesprochensprachliche Daten zur Verfügung standen, setzte zunächst im Rahmen der Pragmatik und dann in den verschiedenen Varianten der Gesprächsforschung der Prozess der Kategorienentwicklung ein, um die Andersartigkeit dieses Materials zu erfassen. So waren es vor allem Phänomene der Interaktivität, für die Kategorien entwickelt wurden. In den Blick genommen wurden zunächst die Gesprächsorganisation (turn-taking) und verschiedene Aspekte der Äußerungsorganisation (Gliederungssignale, Höreräußerungen, Reparaturen), in der Folge dann kommunikative Verfahren (Präferenzorganisation) und Strukturen von Gesprächen (Muster, Handlungsschemata) sowie spezifische Aufgabenkonturen einzelner Gesprächstypen (Erzählungen, Beratungen etc.).

Ganz anders steht es um die Kategorienentwicklung im grammatischen Bereich. Die überwiegende Zahl der linguistischen Kategorien wurde in der und für die Analyse geschriebener Texte entwickelt und dann in Grammatiken zu einem relativ festen Satz von Analyse- und Beschreibungskategorien kanonisiert. Beispiele für solche Kategorien sind „Satz“, „Wort“, „Anakoluth“, „Ellipse“ etc. Diese grammatischen Beschreibungskategorien sind – wie alle Kategorien – funktional ihrem Gegenstand angepasst, und das heißt der Analyse und Beschreibung von geschriebener Sprache. Da hier also ein entwickeltes Kategorieninventar aus dem Bereich des Schriftlichen zur Verfügung steht, wurden diese Kategorien zunächst auch für die Beschreibung des Mündlichen übernommen und, wenn ihre Übertragung Probleme bereitete, gegebenenfalls adaptiert. Exemplarisch lässt sich dies an der Frage nach den grundlegenden Einheiten des Mündlichen verfolgen. Hier wurde zunächst versucht, eine der zentralen Einheiten des Schriftlichen – den *Satz* – auf das Mündliche zu übertragen. In dem Maße, wie dies Schwierigkeiten bereitete, wurde die Kategorie „Satz“ entsprechend modifiziert, bzw. es wurden andere Kategorien (Äußerungseinheit, turn, sprachliche Handlung, Äußerung, intonation unit etc.) ins Spiel gebracht (vgl. hierzu Fiehler/Barden/Elstermann/Kraft 2004, Abschnitt II.2).

Generell bedürfen Kategorien der traditionellen Grammatik, wenn sie zur Beschreibung mündlicher Kommunikation verwendet werden sollen, einer handlungs- und funktionsorientierten Reinterpretation. Was traditionelle, formbestimmte und strukturbezogene Kategorien bezeichnen, wird dabei rekonstruiert in Hinblick auf seine Funktion(en) im Prozess des Sprechens, d.h. auch in Hinblick auf seine Charakteristik und Qualität als Handlung. Reinterpretation bedeutet also, dass die kommunikative Funktion von sprachlichen Mitteln oder Strukturen rekonstruiert, expliziert und in einem „sprechenden“ Kategoriennamen kondensiert wird.

## 6 Charakteristika mündlicher Kommunikation

Aus der Vielzahl von Besonderheiten, die mündliche Kommunikation gegenüber der Schriftlichkeit aufweist, soll hier auf ihren *multimodalen Charakter* einerseits und auf *lautliche, syntaktische und lexikalische Besonderheiten* andererseits eingegangen werden. Mündliche Kommunikation ist – anders als die Schriftsprache – nicht nur auf verbalsprachliche Dimension beschränkt, sondern stellt im Fall der Verständigung von Angesicht zu Angesicht eine sich wechselseitig stützende Einheit aus körperlicher (nonverbaler) Kommunikation, wahrnehmungs- und inferenzgestützter Kommunikation und verbaler mündlicher Kommunikation dar. Will man mündliche Kommunikation in ihrer Spezifik und besonderen Regelhaftigkeit beschreiben, darf man sich also nicht auf das Gesprochene beschränken, sondern muss die verschiedenen Verständigungsebenen und ihr Zusammenwirken, also eben die *Multimodalität* mündlicher Verständigung, erfassen.

Eine Begrüßung z. B. besteht eben nicht nur aus dem verbalen Gruß und Gegengruß (*Guten Morgen – Guten Morgen*), sondern stellt einen komplexen multimodalen Handlungszusammenhang dar. Er beginnt mit der Wahrnehmung einer Person und Entscheidungsprozessen darüber, ob und wie diese Person zu begrüßen ist (Zunicken, Austausch verbaler Grußformeln, Händeschütteln, Umarmung etc.). Soll die Person durch Händeschütteln begrüßt werden, so sind die Körper in eine solche Konstellation zu bewegen, dass dies möglich ist, und es müssen bestimmte Arm- und Handbewegungen durchgeführt werden. Diese Bewegungen sind mit der Äußerung verbaler Grußformeln zu koordinieren. Zugleich muss Blickkontakt aufgenommen und müssen mimische Aktivitäten wie z. B. Lächeln durchgeführt werden. Nur wenn dies alles regelgerecht zusammenwirkt, wird ein unauffälliger Fall einer mündlichen Begrüßung vollzogen.

Die Möglichkeiten des Zusammenspiels der drei Verständigungsebenen lassen sich ferner auch beispielhaft an der Bezugnahme (Referenz) auf Elemente der gemeinsamen Situation zeigen. Eine Antwort auf die Frage *Weißt du, wo mein Schlüsselbund ist?* kann in Folgendem bestehen:

(a) Der Gesprächspartner zieht das Schlüsselbund unter einer Zeitung hervor. Die praktische Tätigkeit wird wahrgenommen und gewinnt so kommunikative Qualität (wahrnehmungs- und inferenzgestützte Kommunikation).

(b) Eine Zeigegeste mittels Hand, Kopf oder Blickrichtung (körperliche Kommunikation).

(c) Eine Zeigegeste zusammen mit einer Äußerung, z. B.: *Da.* (körperliche Kommunikation zusammen mit verbaler Kommunikation in Form eines deiktischen Ausdrucks).

(d) Eine Äußerung, z. B. *Auf dem Tisch unter der Zeitung.* (verbale benennende Kommunikation).

Die Rolle verbalsprachlicher mündlicher Kommunikation ist nur im Rahmen dieser Multimodalität angemessen zu bestimmen. Die nichtverbalen Ebenen der Verständigung sind dabei keineswegs sekundär oder von nachrangiger Bedeutung.

Betrachtet man nun exemplarisch die *körperliche Kommunikation* etwas genauer, so sind an ihr verschiedene Körperregionen beteiligt. Insbesondere sind dies das *Gesicht*, die *Augen*, der *Kopf*, die *Arme*, die *Hände* und die *Beine*. Darüber hinaus besitzen die gesamte *Körperhaltung* einer Person und die *Konstellation* verschiedener Körper im Raum kommunikative Qualität.

Die differenzierte Muskulatur des *Gesichts* ermöglicht einen vielfältigen mimischen Ausdruck. Zum Ausdruck gebracht werden Befindlichkeiten (Müdigkeit,

Anspannung etc.) und vielfältige Formen inneren Erlebens (Überraschung, Irritation etc.), insbesondere auch Emotionen (Freude, Ärger etc.). Diese mimischen Ausdrucksformen haben die kommunikative Funktion einer spezifischen bewertenden Stellungnahme zu Ereignissen oder Personen. In der Regel sind sie nicht eindeutig. So kann ein Lachen sowohl Freude wie auch Geringschätzung (auslachen) ausdrücken und Weinen kann – außer für Trauer und Enttäuschung – ebenfalls ein Ausdruck von Freude sein. Mimischer Ausdruck dient ferner als Indikator für die Kommunikationsmodalität (ernste Miene, Lächeln als Ausdruck von Scherzhaftigkeit oder Ironie etc.).

Durch das Blickverhalten der *Augen* wird u. a. verdeutlicht, an wen Äußerungen gerichtet sind oder wer als nächster Sprecher ausgewählt wird. Es gibt symbolische Augengesten (die Augen schließen: Nachdenken, Konzentration, die Augen verdrehen: negative Bewertung, ungehalten sein). Der Blick signalisiert aber auch Befindlichkeiten (zu Boden blicken, jemandem nicht in die Augen schauen können, den Blick abwenden) oder inneres Erleben (wehmütiger, sehnsüchtiger, wirrer etc. Blick).

Der *Kopf* wird zum einen zeigend verwendet, wenn mit ihm in eine Richtung gewiesen wird, zum anderen werden mit ihm symbolische Gesten ausgeführt (Kopfschütteln: Verneinung, Kopfnicken: Bejahung). Durch die Kopfhaltung kann ebenfalls inneres Erleben zum Ausdruck gebracht werden (Kopf schief legen: Nachdenklichkeit, Kopf senken: Demut).

Wegen ihrer Beweglichkeit werden die *Arme* und die *Hände* zu einer Vielzahl von Gesten benutzt. Der erhobene Arm kann dabei z. B. als symbolische Geste sowohl „Achtung" oder „Halt" bedeuten wie auch eine Bewerbung um das Rederecht darstellen (melden). Das Fuchteln mit den Armen kann als Ausdruck von Erregung und Engagement verstanden werden, das Stützen des Kopfes mit Hand und Arm als Zeichen von Nachdenklichkeit oder Müdigkeit. Das Verschränken der Arme wird oft als Zeichen von Verschlossenheit, aber auch als entspannte, legere Haltung gedeutet.

Der Arm zusammen mit der Hand und den Fingern wird zu Zeigegesten genutzt. Sie können alleine oder kombiniert mit deiktischen Ausdrücken (*hier, da, dort*) oder Äußerungen auftreten. Eine weitere große Klasse sind die symbolischen Handgesten wie das Händefalten, das Faustschütteln, das Abwinken oder das V(ictory)-Zeichen. Viele Handgesten haben Taktstockfunktion, indem sie das Gesprochene akzentuierend oder gliedernd begleiten, oder stehen im Zusammenhang mit der Übergabe des Rederechts. Auch Manipulationen während des Sprechens (mit dem Kugelschreiber spielen, am Kopf kratzen, am Bart zupfen etc.) können als Ausdruck von Einstellungen und innerem Erleben gedeutet werden und haben dann kommunikative Funktion.

Auch mit den *Beinen* werden symbolische Gesten ausgeführt (knien, knicksen). Wichtiger aber ist hier das kommunikative Potenzial, das mit verschiedenen

Formen des Stehens (linkisch, selbstbewusst etc.) oder des Ganges (schleichen, stürmen etc.) verbunden ist. Auch bestimmte Beinhaltungen beim Sitzen (breitbeinig, geschlossen, Beine übergeschlagen etc.) werden kommunikativ gedeutet.

Kommunikativ relevant ist auch die ganzheitliche *Körperhaltung*. Sie wird als Ausdruck von Befindlichkeiten und innerem Erleben gedeutet (erschöpft sein, auf der Hut sein, entspannt sitzen). Die Körperhaltung kann auch als demonstrierende Geste eingesetzt werden (*Und während des Anfalls hat er dann so dagelegen* + demonstrierende Körperhaltung).

Bedeutsam ist ferner die *Körperkonstellation* im Raum (Proxemik). Relevante Parameter sind hier das Distanzverhalten, die Zuwendung und das Berührungsverhalten. Unterschiedliche Distanzen zwischen interagierenden Personen signalisieren den jeweiligen Grad an Vertrautheit und die Art der sozialen Beziehung. Zu unterscheiden sind hier im mitteleuropäischen Kulturraum eine intime Distanz (0–ca. 45 cm: vertrauliche Themen, Trösten etc.), eine persönliche Distanz (ca. 45–120 cm: Gespräche mit persönlichen Themen zwischen guten Bekannten), eine soziale Distanz (ca. 120–360 cm: Gespräche mit entfernten Bekannten, professionelle Kommunikation, formelle Anlässe) und eine öffentliche Distanz (mehr als 360 cm: formelle Anlässe, Empfänge, öffentliche Reden). Eine Verletzung dieser Distanzzonen führt zu Irritationen und zum Versuch, die der sozialen Beziehung entsprechende Distanz wieder herzustellen. Zur Körperkonstellation gehört ferner die Zuwendung zwischen den Gesprächspartnern. Diese erfolgt mit der Kontaktherstellung bzw. der Eröffnung des Gesprächs. Bevorzugt ist bei Zweipersonengesprächen eine frontale Zuwendung, die die wechselseitige Wahrnehmung aller Formen körperlicher Kommunikation erlaubt. Bei Mehrpersonengesprächen wird eine kreisförmige Anordnung der Gesprächspartner angestrebt. Das Miteinandersprechen kann mit verschiedenen Formen von wechselseitigen Berührungen verbunden sein (Hände schütteln, am Arm fassen, Arm um die Schulter legen, umarmen).

Ein spezielles Phänomen der Körperkonstellation ist das Haltungsecho. Dabei synchronisieren Gesprächspartner ihre Körperhaltungen bzw. -bewegungen (Kopf zur gleichen Seite neigen, Beine gleichzeitig überschlagen) bzw. sie bewegen sich gegenläufig (vorbeugen – zurückweichen). Dies steht in Zusammenhang mit inhaltlicher oder beziehungsmäßiger Konvergenz bzw. Divergenz.

Bei der körperlichen Kommunikation sind Phänomene, die die verschiedenen genannten Körperregionen, die Körperhaltung und die Raumkonstellation betreffen, in spezifischer Weise aufeinander bezogen und wirken zusammen.

Die körperliche Kommunikation zeichnet sich durch folgende *Merkmale* aus: Sie erfolgt einerseits mittels symbolischer Zeichen, die eine konventionelle Bedeutung haben und die intentional verwendet werden (Augenbrauen hochziehen, nach oben zeigender Daumen bei geschlossener Hand, Vogel zeigen etc.). Die Bedeutung dieser Zeichen ist in gleicher Weise klar und eindeutig, wie es bei

Wortzeichen der Fall ist. Andererseits gibt es in der körperlichen Kommunikation einen großen Anteil von Erscheinungen, die den Charakter unwillkürlicher Anzeichen (Symptome) haben. Sie bringen etwas zum Ausdruck. Ihre Bedeutung ist relativ unscharf, und sie sind z.T. mehrdeutig und in ihrer Bedeutung stark kontextabhängig. So kann ein Lächeln Ausdruck sowohl von freundlicher Zuwendung wie auch von Geringschätzung sein.

Der Zeichenvorrat der körperlichen Kommunikation ist wesentlich geringer als der Wortschatz der Verbalsprache. Zugleich können keine vergleichbar komplexen Sachverhalte kommuniziert werden. Auch Metakommunikation ist nicht möglich. Zwar kann körperliche Kommunikation in den verschiedenen Bereichen parallel zueinander erfolgen, aber die Verknüpfbarkeit der Zeichen zu größeren Einheiten (Syntax) ist im Vergleich mit der Verbalsprache stark restringiert.

Betrachtet man nun den Bereich der verbalen mündlichen Kommunikation, so lassen sich in ihm lautliche, syntaktische und lexikalische Besonderheiten der mündlichen Kommunikation benennen.

Im *lautlichen Bereich* ist im Vergleich mit der vollständigen lautlichen Umsetzung aller Grapheme (Explizitlautung) eine Reihe von Abweichungen festzustellen, die sich als Wegfall, Assimilation, Vereinfachung, Verschmelzung und Abschwächung beschreiben lassen (vgl. Duden. Die Grammatik. 7. Auflage, 1208–1209).

Im *syntaktischen Bereich* lassen sich folgende Spezifika benennen, die entweder ausschließlich, häufiger oder mit anderer Funktion in der gesprochenen Sprache vorkommen:

- Referenz-Aussage-Strukturen:
  *un * die lehrer die 'saßen da alle auch * um so größere 'tische herum*

  Referenz-Aussage-Strukturen bestehen aus einem referierenden Element (*die lehrer*) und einer Einheit, mit der dann eine Aussage über das Referenzobjekt gemacht wird. Der Aussageteil enthält dabei in vielen Fällen ein Element, mit dem auf den Referenzausdruck zurückverwiesen wird (*die*).
- Apokoinukonstruktionen:
  *des is was furchtbares is des*

  Apokoinukonstruktionen bestehen aus drei unmittelbar aufeinander folgenden Teilen, wobei sowohl A-B wie auch B-C, nicht aber A-B-C eine nach schriftsprachlichen Standards syntaktisch wohlgeformte Kette bilden. Das den Konstruktionen gemeinsame Element heißt Koinon (*was furchtbares*).
- Operator-Skopus-Strukturen:
  *kurz und gut – wir können uns das * 'abenteuer nicht leisten*

  Operator-Skopus-Strukturen sind zweigliedrige sprachliche Einheiten, deren einer Bestandteil, der Operator, aus einem kurzen sprachlichen Ausdruck besteht (*kurz und gut*) und deren anderer Bestandteil, der Skopus, eine potenziell vollständige Äußerung darstellt. Der Operator gibt dabei – funktional betrachtet – dem Hörer eine Verstehensanleitung oder -anweisung, wie der Äußerungsteil in seinen Skopus aufzunehmen ist.

- Abhängige Verbzweitkonstruktionen:
  *ich weiß du kannst das*

  Vor allem nach den Verben des Sagens und Denkens besteht sowohl im Mündlichen wie im Schriftlichen eine Konstruktionsalternative. Der folgende, syntaktisch abhängige Äußerungsteil kann mit Subjunktion und Verbletztstellung oder aber als Verbzweitkonstruktion ohne Subjunktion realisiert werden (*du kannst das*).

- Ursprüngliche Subjunktionen (*weil, obwohl, wobei, während*) mit Verbzweitstellung:
  - *modorenlärm den kann ich schon nicht mehr höre weil ich woar 'zwanzich joahr eisenbiejer und hob an der eisenbiejemaschin geschafft –*
  - *›s=war ä bissl eng ↓‹ * obwohl * im kaisersaal * war=s 'noch enger*
  - *und so hihi schlagermusik und=so ↓** wobei s- so so manche schlager * die find ich zum teil gar nich so übel*
  - *weil des grundstück hundertprozentig der stadt gehören würde da würd s gar keine schwierigkeiten geben während hier müssen die grundstücke weiß net wieviel grundstückseigentümer s sind erst eben erworben werden*

  Eine Reihe von Subjunktionen, die schriftsprachlich nur nebensatzeinleitend und entsprechend mit Verbletztstellung verwendet werden können, werden in der gesprochenen Sprache zunehmend auch mit Verbzweitstellung verwendet.

- Verberststellung:
  *gibt halt überall solche und solche*

  Im gesprochenen Deutsch ist die Spitzenstellung des Verbs (*gibt*) unter bestimmten Bedingungen auch in der einfachen Aussage möglich. Es weicht damit von der für das Schriftliche weitgehend verbindlichen Verbzweitstellung ab.

- Expansionen:
  *wie 'weit ist das entfernt * von port 'dixon*

  Äußerungen können, nachdem ein erster möglicher Abschluss- bzw. Übergabepunkt erreicht ist und wenn kein anderer Gesprächsbeteiligter an dieser Stelle das Rederecht übernimmt, vom ursprünglichen Sprecher in verschiedener Form fortgeführt werden. Dabei wird eine abgeschlossene syntaktische Struktur durch Hinzufügen von neuem verbalem Material (*von port dixon*) zu einer größeren Struktur ausgebaut, die ihrerseits syntaktisch abgeschlossen ist und damit einen neuen, späteren potenziellen Übergabepunkt markiert.

- Dativ-Possessiv-Konstruktionen:
  *dem otto seine operation hat nichts geholfen*

  Die Dativ-Possessiv-Konstruktion besteht aus einer Konstituente im Dativ, die den Besitzer bezeichnet (*dem otto*), und einem Possessivpronomen (*seine*), das einem Substantiv vorangeht. Dieses Substantiv (*operation*) bezeichnet das Besessene.

Diese Liste, die sich durchaus verlängern ließe, zeigt, dass auch im „Kernbereich" Syntax bemerkenswerte Unterschiede zwischen gesprochener und geschriebener Sprache bestehen (vgl. Duden. Die Grammatik. 7. Auflage, 1210–1224).

Im *lexikalischen Bereich* sind vor allem die deiktischen Ausdrücke (z.B. *ich, hier, jetzt, morgen*), die Gesprächspartikeln (z.B. *he, ja, so, hm, au, huch igitt*) und der häufigere Gebrauch von Abtönungspartikeln (z.B. *doch, mal, eben, schon, wohl*) als Besonderheiten zu benennen (vgl. Duden. Die Grammatik. 7. Auflage, 1226–1228 u. 597–606).

## 7 Bewertung mündlicher Kommunikation

Infolge des „written language bias" werden die Verhältnisse in der geschriebenen Sprache und ihre Regeln als Normalfall angesehen. Mit ihnen werden die Phänomene der mündlichen Kommunikation verglichen; sie dienen als Maßstab, relativ zu dem dann differente Eigenschaften der gesprochenen Sprache konstatiert werden. Diese Differenzen, die sich aus dem Eigencharakter der mündlichen Kommunikation ergeben, werden als *Abweichungen* von den in der geschriebenen Sprache vorgefundenen Verhältnissen beschrieben und kategorial gefasst: z.B. Elision, Verschleifung, Ellipse, größere Häufigkeit von Anakoluthen in der gesprochenen Sprache etc. Darüber hinaus werden diese Abweichungen häufig nicht nur konstatiert, sondern implizit oder explizit negativ *bewertet*. Die Wahrnehmung und negative Bewertung dieser Abweichungen führt dann zu der Auffassung, dass mündliche Kommunikation ungeordnet, weniger regelhaft, fehlerhaft oder chaotisch sei: „Die geschriebene Sprache tritt als Zensor der mündlichen auf und erteilt ihr das Verdikt, sie sei unrein, unzureichend, negativ zu bewerten" (Ehlich 1986, 77–78). Eine weitergehende Konsequenz ist die Auffassung, dass die defizitäre Mündlichkeit an das Modell der Schriftlichkeit angepasst werden muss. Seinen prominentesten Ausdruck findet dieses Programm in der (pädagogischen) Maxime „Sprich im ganzen Satz" oder in der Wertschätzung des Wie-gedruckt-Redens.

Entgegen solchen Auffassungen muss konstatiert werden, dass mündliche Kommunikation (ebenso wie die geschriebene Sprache) auf allen Ebenen wohlgeordnet ist, dass „order at all points" besteht, wie Sacks (1984, 22) es als forschungsleitende Maxime formuliert hat. Mündliche Kommunikation und gesprochene Sprache folgen aber zum Teil eigenen und anderen Regeln. Geregelt sind insbesondere die Produktion einzelner Äußerungen (z. B. Formulierungsregeln, Regeln für Korrekturen), die Abfolge von Äußerungen (z. B. Turntaking, konditionelle Relevanz, Muster) sowie Gespräche als Ganzes (z. B. Handlungsschemata). Sicherlich bringt die *online*-Produktion mündlicher Kommunikation naturgemäß mehr Fehlbildungen, Versprecher, Abbrüche und Umplanungen mit sich (vgl. Abschnitt 8), aber schon die Verfahren, mit denen sie korrigiert werden, sind wieder in hohem Maß regelhaft (Uhmann 1997).

Vielfach unterliegen die Regeln der mündlichen Kommunikation einer breiten situativen Varianz und sind von geringerer Reichweite als die Regeln der geschriebenen Sprache. Diese Varianz und die geringere und weniger offensichtliche Normierung mündlicher Kommunikation (s. o. Abschnitt 2) tragen einerseits ebenfalls zu dem Eindruck bei, dass gesprochene Sprache inkohärent und weniger geordnet sei. Andererseits bedeuten sie, dass der für die geschriebene Sprache charakteristische Bewertungsmaßstab „richtig/falsch“ bzw. „grammatisch/ungrammatisch“ für die gesprochene Sprache nicht von gleicher Bedeutung sein kann. Vielmehr gilt es, für die mündliche Kommunikation eigenständige Bewertungsmaßstäbe zu entwickeln, die die Funktionalität und Zweckerfüllung der gesprochensprachlichen Phänomene in den Vordergrund stellen. Betrachtet man Bewertungen mündlicher Kommunikation, so können sie sich im Einzelnen beziehen auf

- die *sprachliche und sprecherische Gestaltung* der Gesprächsbeiträge (z. B. deutlich sprechen, sich klar und einfach ausdrücken, ohne *ähs* sprechen, Formulierungen vermeiden wie *ich würde mal sagen*, in ganzen Sätzen sprechen etc.),
- die Bearbeitung *lokaler Gesprächsaufgaben* (z. B. jemanden angemessen begrüßen, einen Witz gut erzählen, jemandem zuhören und angemessen auf ihn eingehen etc.) und
- die Realisierung *kommunikativer Praktiken* (z. B. ein erfolgreiches Bewerbungsgespräch führen, eine zielführende Wegauskunft geben etc.).

Es ist deutlich, dass die unterschiedlichsten Aspekte Gegenstand der Bewertung sein können und dass die verschiedensten Bewertungskriterien und -maßstäbe herangezogen werden können (vgl. Fichler 1998). Wichtig ist, dass die Normen, die Grundlage für die Bewertungen sind (z. B. man soll keine *ähs* verwenden, man soll in ganzen Sätzen sprechen, man soll den Gesprächspartner nicht unterbrechen etc.), expliziert und damit der Reflexion und ggf. auch der Kritik zugänglich werden. Zu beachten ist auch, dass die Aufgaben auf allen drei Ebenen nicht nur individuell gelöst werden, sondern dass sie mehr oder minder gemeinschaftlich und interaktiv bearbeitet werden, sodass geprüft werden muss, ob eine individuelle Zuschreibung der Bewertungen gerechtfertigt ist.

## 8 Formulierungsverfahren

Abschließend soll die Geordnetheit mündlicher Kommunikation noch einmal am Beispiel der Formulierungsverfahren dargestellt werden, die im Prozess der Produktion eines Gesprächsbeitrags zusammenspielen.

Der Gesprächsbeitrag wird vom Sprecher, nachdem er das Rederecht übernommen hat, auf der Grundlage eines Äußerungsplans (intendierter Beitrag) in einem Formulierungsprozess in zeitlicher Abfolge realisiert. Dieser Formulierungsprozess besteht zum einen in der *Versprachlichung kognitiver Inhalte* und zum anderen in der *Bearbeitung* bereits geäußerten sprachlichen Materials. Dabei bedienen sich die Sprecher einer Vielzahl von *Formulierungsverfahren,* die in den Äußerungen Spuren hinterlassen und an diesen Indikatoren erkennbar sind (Gülich/Kotschi 1996). Im Rahmen der *Versprachlichung kognitiver Inhalte* spielen vor allem drei Gruppen von Formulierungsverfahren eine Rolle:

(i) Darstellungsverfahren, mit denen der Sprecher das, was er mitteilen will, auf eine bestimmte Weise formuliert;

(ii) Problembearbeitungsverfahren, mit denen er anzeigt, dass Formulierungsprobleme bestehen, und mit denen diese Probleme zugleich bearbeitet werden;

(iii) Verfahren der Verständnissicherung, die der Absicherung des Mitgeteilten dienen.

(i) *Darstellungsverfahren*: Die Darstellungsverfahren betreffen unterschiedlichste Phänomene wie die Wahl einer aktivischen oder passivischen Darstellung, die Wahl bestimmter syntaktischer Konstruktionen (z.B. Referenz-Aussage-Strukturen statt der klassischen Satzform), die Wortwahl und die Wortstellung, den Detaillierungsgrad der Darstellung und vieles mehr. Der Prozess des Formulierens kann unterbrochen werden, um eine zweite Formulierungslinie zu eröffnen, die die begonnene Konstruktion der ersten nicht fortsetzt, sondern etwas anderes versprachlicht. Nach Beendigung dieser Äußerungseinheit wird die unterbrochene Konstruktion fortgeführt. Hierbei handelt es sich um *Einschübe*
(Parenthesen). Einschübe haben sehr häufig eine metakommunikative Funktion.

> *wir müssen- * →um das schon mal anzukündigen← * die mülltonnen noch rausstellen*

(ii) *Problembearbeitungsverfahren*: Die Anforderungen des Formulierungsprozesses können auch dazu führen, dass der Sprecher zu Beginn oder im Verlauf seines Beitrags nicht in der Lage ist, die ersten Elemente seiner Äußerung zu formulieren bzw. seine Äußerung fortzusetzen. Solche *Formulierungsprobleme* führen zu Formulierungspausen, in denen der Sprecher schweigt oder die er mit Haltesignalen wie *äh* oder *ähm* füllen kann. Formulierungsprobleme können auch durch Dehnungen oder durch Wortwiederholungen (Repetitionen) überbrückt werden.

*also aber der westen hat diese- ** diese äh: dies ängste=ja sehr stark durch den kommu’nismus gehabt ↓ nicht ↑*
*** von- * einer- * be’zahlung- ** →von eim←von eim ’stundenlohn ›→oder so←‹ war ’nie die rede*

Formulierungsprobleme können darin bestehen, dass die Äußerungsplanung noch nicht abgeschlossen ist und deshalb die Darstellungsverfahren nicht angewandt werden können oder dass an bestimmten Stellen die folgende Phrase oder das folgende Wort nicht verfügbar ist. Solche *Wortsuchprozesse (Iványi 1998)* *können durch Elemente wie na* oder durch Einschübe wie *sag schon* oder *wie heißt das doch gleich* angezeigt werden.

*ja ich habe mir äh sagen lassen- * dass ähm: *3* na wie war das jetzt ↓ ** dass man die ’miete- * äh →dass man den mietvertrag kündigen muss bevor man die miete erhö:ht←*

Durch Indikatoren wie *oder so, so in etwa, wenn man so will* wird angezeigt, dass zwar ein Wort, aber nicht das treffende gefunden wurde. Zu den Formulierungsproblemen gehören auch *Fehlartikulationen* und *Versprecher*, bei denen der Sprecher das betreffende Wort nicht voll trifft bzw. er sich verspricht.

*denn wenn sie jetz von der güteverhandlung völlig unbefriert äh friedigt rausgehn*

Die komplexen Anforderungen, die die Versprachlichung an den Sprecher stellt, können dazu führen, dass im Prozess des Formulierens Projektionen nicht erfüllt und begonnene syntaktische Konstruktionen nicht oder anders zu Ende geführt werden. Dies führt zum einen zu *Formulierungsabbrüchen*, die in der gesprochenen Sprache – sowohl sprecherbedingt wie auch hörerbedingt (z. B. nach Einwürfen oder Versuchen einer vorzeitigen Übernahme des Rederechts) – häufig sind. Zum anderen können die Anforderungen der Versprachlichung *Konstruktionsbrüche* oder *Konstruktionsmischungen* (auch Anakoluthe genannt) zur Folge haben.

*also der is ’dumm einfach auch der ’blickts einfach nicht ’durch ne ↑*

*und dass da wir im augenblick eine große wandlung sich vollzieht*

Eine häufige Form des Konstruktionsbruchs besteht darin, dass im Prozess des Formulierens von einer erforderlichen Verbletzt- zu einer Verbzweitkonstruktion übergegangen wird:

*wenn ich demagogisch wäre würde ich sagen dass dieser entwurf wenn er so durch käme würde im interesse der Arbeitgeber liegen*

*wenn so ein fall an sie herangetragen wird und er lässt sich nicht durch ein gespräch mit dem arzt aus der welt schaffen dann schalten sie die vertragsabteilung ein*

Das Ende von Formulierungs- bzw. Versprachlichungsproblemen kann dadurch angezeigt werden, dass an Elemente vor der problematischen Sequenz angeknüpft bzw. dort begonnene Konstruktionen wieder aufgenommen werden.

Formulierungsprobleme der beschriebenen Art bei der Versprachlichung kognitiver Inhalte sind in der mündlichen Verständigung, die ohne Verzögerung immer im direkten Vollzug erfolgt, unvermeidbar und normal, und sie werden durch die Existenz der entsprechenden Signalisierungsverfahren und Indikatoren hinreichend kompensiert.

(iii) *Verfahren der Verständnissicherung:* Der Direktvollzug und die Flüchtigkeit gesprochener Sprache machen auch besondere Vorkehrungen der Verständnissicherung erforderlich. Zur Verständnissicherung gehören alle kommunikativen Verfahren, mit denen der Sprecher die Struktur von Beiträgen für den Hörer verdeutlicht. So signalisieren Start-, End- und Gliederungssignale den Beginn, das Ende und die interne Strukturierung von Beiträgen. Diese Signale können verbaler, intonatorischer oder körperlicher Art sein.

Auch vorgreifende Verdeutlichungen wie z. B. Ankündigungen, Abschlussaktivitäten wie Zusammenfassungen oder klammerstiftende Wiederaufnahmen von Formulierungen verdeutlichen die Struktur von Beiträgen und Gesprächssequenzen.

> Beginn einer Erzählung: *der gipfel war jetzt noch* *bevor ich abgereist bin * da war ich in quito noch ne↑ musste meine abrechnung machen* [...]
> 5:30 min später, Ende der Erzählung: *ist doch wohl der gipfel* *ne * und so ist die 'stimmung irgendwie↓*

Generell dienen viele Formen der Metakommunikation der Verständnissicherung, z. B. wenn verbal explizit der Bezugspunkt von Beiträgen benannt wird

> *nochmal zu dem was du vorhin gesagt hast*

oder wenn Relationen zwischen Äußerungen metakommunikativ expliziert werden

> *um es noch einmal deutlicher/präziser/allgemeiner/ausführlicher zu sagen*
> *vorab/nebenbei gesagt*

Der Verständnissicherung dienen ferner alle Formen von Explizitheit und Redundanz (wie z. B. Paraphrasen oder Reformulierungen).

Neben den Verfahren der Versprachlichung stehen die *Verfahren der Bearbeitung* von bereits geäußertem verbalem Material. Was einmal geäußert ist, kann nicht zurückgenommen, sondern nur nachträglich bearbeitet werden. Bearbeitungen haben eine dreigliedrige Struktur: Sie bestehen aus einem *Bezugsausdruck*, einem *Bearbeitungsindikator* und einem *Bearbeitungsausdruck*.

> *ich könnte ihn sachlich berichtigen aber ich bräuchte* *ihn nich/*
> ** ehm* *bräuchte* *keine persönlichen stellungnahmen abzugeben*
>
> ↑ Bearbeitungsindikator — ↑ Bearbeitungsdruck — ↑ Bezugsausdruck

Bearbeitungen lassen sich in primär korrektive und primär weiterführende unterteilen. Bei den *korrektiven Bearbeitungen* wird ein Ausdruck oder eine Formulierung vom Sprecher selbst (*Selbstkorrektur*) oder vom Hörer (*Fremdkorrektur*) als falsch oder unpassend empfunden. Dies hat häufig den Abbruch der begonnenen Formulierung zur Folge, was in der Regel zu einer Pause führt. Nach der Äußerung eines Korrekturindikators wird dann ein Korrekturausdruck formuliert, der beim Hörer mental an die Stelle des Bezugsausdrucks treten soll.

*nun der mietpreis * äh * nicht nur unwesentlich sondern entscheidend geändert hätte↓ ‹der der ölpreis› entscheidend geändert hätte↓ ** gell↑*

*ja * also wenn sie eben nur wegen des heizöls oder wegen dem heizöl da irgendwelche- äh * bedenken 'haben*

Korrekturen lassen sich in *Ausdrucks-*, *Formulierungs-* und *Inhaltskorrekturen unterscheiden. Werden z. B. Versprecher korrigiert, handelt es sich um Ausdruckskorrekturen.*

*Zu den weiterführenden Bearbeitungen* gehören Formulierungsverfahren wie Paraphrasen, Reformulierungen, Reduktionen und Expansionen.

Bei den *Paraphrasen* sind Bezugsausdruck und Bearbeitungsausdruck weitgehend bedeutungsgleich. Im Grenzfall sind es wörtliche Wiederholungen (Repetitionen). Paraphrasen erfüllen kommunikativ sehr unterschiedliche Funktionen. Häufig dienen sie der Verständnissicherung oder Intensivierung.

*das war sein vierter unfall in diesem jahr- * 'vier 'unfälle↓*

Auch bei *Reformulierungen* besteht zwischen Bezugsausdruck und Bearbeitungsausdruck große Ähnlichkeit. Es gibt aber in lexikalischer und syntaktischer Hinsicht Abweichungen, die eine Aspektualisierung des Bezugsausdrucks bewirken.

*das ist aufgrund der bestimmungen des bürgerlichen gesetzbuches- * nicht statthaft nicht möglich*

*bloß 'fragt sich das natürlich ob die frau sievers damit 'einverstanden ist ob sie das 'will nich↑*

*Bei Reduktionen* ist der Bearbeitungsausdruck gegenüber dem Bezugsausdruck weniger umfangreich. Reduktionen leisten häufig eine Zusammenfassung oder bringen etwas auf den Begriff.

*im san remo gibt es das beste tiramisu weit und breit- * traumhaft↓*

Bei *Expansionen* wird der Bezugsausdruck durch den Bearbeitungsausdruck quantitativ erweitert. Diese Erweiterung kann vielfältige Funktionen erfüllen, wie z. B. die der Spezifizierung, Verdeutlichung, Steigerung, Verallgemeinerung oder Exemplifizierung.

wie groß isch denn die wohnung quadratmetermäßig etwa (Spezifizierung)

er fühlte sich nicht wohl * im klartext er hatte wieder mal gesoffen (Verdeutlichung) er war ein held * mehr noch . ein vorbild für die ganze nation (Steigerung)

dass der paragraph sowieso ↑ * ‹ü:ber›- * die 'höhe * der zu leistenden mietzahlung- * eben ab wirkung vom soundsovielten geändert wird ↓ * dass also in ihrem falle nicht mehr hundert mark miete gezahlt werden sondern hundertzwanzig ne ↑ (Exemplifizierung)

Ein weiteres Beispiel für spezifizierende Expansionen sind *Kumulationen*. Bei diesem Formulierungsverfahren wird zunächst ein Formulierungskern geäußert, der dann in einem zweiten Zug, der die gleiche Handlungsfunktion erfüllt, ausgeführt wird:

*nein * das mach ich nicht*
*bitte * greif doch zu.*

Kumulationen bestehen mindestens aus zwei Einheiten, die beide auch alleine hinreichend sind zur Erfüllung der betreffenden Handlungsfunktion (Ablehnung bzw. Erlaubnis). Sie wird jedoch mit der zweiten Einheit expliziter formuliert, womit zugleich eine Intensivierung erreicht wird.

Neben diesen Formulierungsverfahren, die die konkrete Ausformung von Beiträgen bestimmen, sind für die mündliche Kommunikation eine Reihe von *Formulierungstendenzen* charakteristisch. Zu diesen Tendenzen, die die verschiedenen Gesprächsformen unterschiedlich stark betreffen, gehören eine größere *Formelhaftigkeit* des Formulierens, eine stärkere *Bildlichkeit* des Sprechens sowie ein höherer Anteil an *Bewertungen* und *Intensivierungen*. Die Formelhaftigkeit ist u. a. Resultat der Verwendung von Phraseologismen wie Routineformeln (*Wie geht's?; Hiermit eröffne ich die Verhandlung.*), idiomatischen Wendungen (*Verrenk dir nicht den Hals.; Ich bin gut drauf.*), Redewendungen (*Er hat wieder mal den Bock zum Gärtner gemacht.*) und Gemeinplätzen (*Ja so sind sie eben ... Was soll man da machen?*). Beispiele für Bildlichkeit sind: *Das hängt mir zum Hals raus.; Es hat mich glatt aus den Schuhen gehauen.; Sie hat ihm wieder ein Ohr abgeschwatzt.* Deutliche Bewertungen bzw. Intensivierungen leisten z. B. die folgenden Formulierungen: *Ein völlig irrer Typ. Das Essen war vom Allerfeinsten. Das war der Hammer.*

## 9 Schluss

Mündliche Kommunikation wie auch die Verständigung mittels schriftlicher Texte sind Verständigungssysteme je eigenen Rechts. Auch wenn es zwischen ihnen vielfältige Beziehungen, Wechselwirkungen und Übergänge gibt, stellen beide eigenständige wissenschaftliche Untersuchungsgegenstände dar, die jeweils spezifische Methoden erfordern. Die wissenschaftliche Untersuchung mündlicher Kommunikation ist jedoch durch eine Reihe von Faktoren in besonderer Weise erschwert und eingeschränkt. Zum einen behindert die schriftsprachliche Prägung des gesellschaftlichen Sprachbewusstseins die Erkenntnis der Eigenständigkeit mündlicher Kommunikation und gesprochener Sprache. In einem noch verstärkten Maß gilt dies auch für die Sprachwissenschaft, sowohl in Hinblick auf die Konzeptualisierung ihres Untersuchungsgegenstandes „Sprache“ wie auch in Hinblick auf die von ihr entwickelten Analyse- und Beschreibungskategorien. Zum anderen macht die Flüchtigkeit mündliche Kommunikation zu einem besonders schwierigen und aufwendigen Untersuchungsgegenstand. Erst technische Geräte, die eine Reproduktion mündlicher Kommunikation erlauben, und Transkriptionssysteme, mit denen gesprochene Sprache verschriftlicht wird, konstituieren einen Gegenstand, der der wissenschaftlichen Analyse überhaupt zugänglich ist. Damit die genannten Einschränkungen überwunden oder relativiert werden können, bedarf die wissenschaftliche Untersuchung mündlicher Kommunikation einer besonderen Förderung.

Auch in der Didaktik muss neben die Schreib-, Aufsatz-, Literatur- und Schriftlichkeitsdidaktik gleichwertig eine Dikaktik mündlicher Kommunikation treten. Gründzüge einer solchen Didaktik mündlicher Kommunikation entwickelt dieser Band.

## Transkriptionskonventionen

<table>
<tr><td>[</td><td>Partiturklammer, die zusammengehörende Sprecherzeilen markiert</td></tr>
<tr><td>A:</td><td>Sprecherkennung</td></tr>
<tr><td>[A: ja |aber |<br>[B: |nein nie |mals</td><td>simultane (Teile von) Äußerungen stehen übereinander; Beginn und Ende der Überlappung sind in den jeweiligen Textzeilen markiert</td></tr>
<tr><td>+</td><td>unmittelbarer Anschluss/Anklebung bei Sprecherwechsel</td></tr>
<tr><td>*</td><td>kurze Pause (bis max. 0,5 Sekunden)</td></tr>
<tr><td>**</td><td>etwas längere Pause (bis max. 1 Sekunde)</td></tr>
<tr><td>*3,5*</td><td>längere Pause mit Angabe der Dauer in Sekunden</td></tr>
<tr><td>=</td><td>Verschleifung (Elision) eines oder mehrerer Laute zwischen Wörtern (z. B. sa=mer für sagen wir)</td></tr>
<tr><td>/</td><td>Wortabbruch</td></tr>
<tr><td>(... ...)</td><td>unverständliche Sequenz (drei Punkte = Silbe)</td></tr>
<tr><td>(war)</td><td>vermuteter Wortlaut</td></tr>
<tr><td>↑</td><td>steigende Intonation (z. B. kommst du mit↑)</td></tr>
<tr><td>↓</td><td>fallende Intonation (z. B. jetzt stimmt es↓)</td></tr>
</table>

| | |
|---|---|
| - | schwebende Intonation (z. B. *ich sehe hier-*) |
| ' | auffällige Betonung (z. B. *aber 'gern*) |
| : | auffällige Dehnung (z. B. *ich war so: fertig*) |
| ←immer ich→ | langsamer (relativ zum Kontext) |

## Literatur


Behaghel, Otto: Geschriebenes Deutsch und gesprochenes Deutsch. In: Behaghel, Otto: Von deutscher Sprache. Aufsätze, Vorträge und Plaudereien. Wiesbaden: Sändig 1967, 11–34

Duden. Die Grammatik. 7. Auflage. Mannheim: Dudenverlag 2005

Ehlich, Konrad: Der Normverstoß im Regelwerk. Über den Solözismus. In: Zeitschrift für Literaturwissenschaft und Linguistik (1986) Heft 62, 74-91

Ehlich, Konrad/Rehbein, Jochen: Sprachliche Handlungsmuster. In: Soeffner, Hans-Georg (Hrsg.): Interpretative Verfahren in den Sozial- und Textwissenschaften. Stuttgart: Metzler 1979, 243–274

Ehlich, Konrad/Rehbein, Jochen: Muster und Institution. Untersuchungen zur schulischen Kommunikation. Tübingen: Narr 1986

Ehlich, Konrad/Switalla, Bernd: Transkriptionssysteme – Eine exemplarische Übersicht. In: Studium Linguistik 2, 1976, 78–105

Fiehler, Reinhard: Kommunikation und Emotion. Theoretische und empirische Untersuchungen zur Rolle von Emotionen in der verbalen Interaktion. Berlin/New York: de Gruyter 1990

Fiehler, Reinhard: Bewertungen und Normen als Problem bei der Förderung von Gesprächsfähigkeiten. In: Der Deutschunterricht. 50. Jg. (1998) Heft 1, 53–64

Fiehler, Reinhard: Gesprochene Sprache. In: Duden. Die Grammatik. 7. Auflage. Mannheim: Dudenverlag 2005, 1175–1256

Fiehler, Reinhard: Was gehört in eine Grammatik gesprochener Sprache? Erfahrungen beim Schreiben eines Kapitels der neuen DUDEN-Grammatik. In: Deppermann, Arnulf/Fiehler, Reinhard/Spranz-Fogasy, Thomas (Hrsg.): Grammatik und Interaktion. Untersuchungen zum Zusammenhang zwischen grammatischen Strukturen und Interaktionsprozessen. Radolfzell: Verlag für Gesprächsforschung 2006, 21–41 (= http://www.verlag-gespraechsforschung.de/2006/pdf/grammatik.pdf)

Fiehler, Reinhard/Barden, Birgit/Elstermann, Mechthild/Kraft, Barbara: Eigenschaften gesprochener Sprache. Tübingen: Narr 2004 (= Studien zur deutschen Sprache 30)

Gülich, Elisabeth/Kotschi, Thomas: Textherstellungsverfahren in mündlicher Kommunikation. Ein Beitrag am Beispiel des Französischen. In: Motsch, Wolfgang (Hrsg.): Ebenen der Textstruktur. Tübingen: Niemeyer 1996, 37–80

Günthner, Susanne: Gattungen in der sozialen Praxis: die Analyse „kommunikativer Gattungen“ als Textsorten mündlicher Kommunikation. In: Deutsche Sprache 23, 1995, 193–218

Iványi, Zsuzsanna: Wortsuchprozesse. Eine gesprächsanalytische Untersuchung und ihre wissenschaftsmethodologischen Konsequenzen. Frankfurt a. M.: Lang 1998

Linell, Per: The written language bias in linguistics. Linköping: University of Linköping 1982 (= Studies in Communication 2)

Luckmann, Thomas: Grundformen der gesellschaftlichen Vermittlung Wissens: Kommunikative Gattungen. In: Kölner Zeitschrift für Soziologie und Sozialpsychologie. Sonderheft 27 (1986), 191–211

Luckmann, Thomas: Kommunikative Gattungen im kommunikativen „Haushalt" einer Gesellschaft. In: Smolka-Koerdt, Gisela/Spangenberg, Peter-Michael/Tillmann-Bartylla, Dagmar (Hrsg.): Der Ursprung der Literatur. München: Fink 1988, 279–288

Sacks, Harvey: Notes on methodology. In: Atkinson, J. Maxwell/Heritage, John (eds.): Structures of social action. Cambridge: Cambridge University Press 1984, 21–27

Uhmann, Susanne: Selbstreparaturen in Alltagsdialogen: Ein Fall für eine integrative Konversationstheorie. In: Schlobinski, Peter (Hrsg.): Syntax des gesprochenen Deutsch. Opladen: Westdeutscher Verlag 1997, 157–180

GISELA BRÜNNER

# B2 Analyse mündlicher Kommunikation

## 1 Was ist mündliche Kommunikation?

Die Formen mündlicher Kommunikation sind sehr vielfältig. Dialogische, interaktive Formen mündlichen sprachlichen Handelns (Gespräche) stehen mehr oder weniger monologischen Formen (Rede, Vortrag, Präsentation usw.) gegenüber. Kommunikation mit räumlicher und zeitlicher Kopräsenz der Beteiligten unterscheidet sich von medial vermittelten Formen, in denen diese Kopräsenz (teilweise) aufgehoben ist (z. B. Telefongespräche, Nachrichten auf dem Anrufbeantworter). Ferner kann Kommunikation zwar medial mündlich sein, konzeptionell aber eine schriftliche Charakteristik besitzen (z. B. Radionachrichten). In diesem Beitrag sollen die interaktiven Formen sprachlichen Handelns im Vordergrund stehen, deren Analyse in Sprachdidaktik und Unterrichtspraxis bisher noch wenig Beachtung gefunden hat.

*Gespräche (Diskurse)* sind gemeinsamer Gegenstand der *linguistischen Gesprächsforschung* in ihren verschiedenen theoretischen Richtungen. Untersucht werden authentische Gespräche, wie sie in der beruflichen und privaten Kommunikationspraxis vorkommen, empirisch anhand von Datenkorpora, und zwar im Hinblick auf die verschiedenen Formen und Funktionen des sprachlichen Handelns und der Interaktion. Die Gesprächsforschung analysiert und rekonstruiert die Art und Weise der interpersonalen Verständigung, die kommunikativen Aufgaben, die die Gesprächsteilnehmer dabei zu erfüllen haben, die eingesetzten sprachlichen Handlungsmuster bzw. sprachlichen Mittel, und sie beschreibt und erklärt die Probleme, die in Gesprächen typischerweise auftreten. Im Vordergrund stehen, anders als etwa in der Psychologie, nicht Kommunikationsweisen als Ausdruck individueller Persönlichkeitsmerkmale oder seelischer Prozesse. Vielmehr werden überindividuelle, gesellschaftliche Formen und Strukturen von Kommunikation untersucht, die mit ihnen verbundenen Anforderungen an die Beteiligten beschrieben und ihre jeweiligen Probleme herausgearbeitet.

Die *Angewandte Gesprächsforschung* zielt ausdrücklich nicht nur auf Deskription, sondern von vorneherein auch auf die Umsetzung der Ergebnisse in die Praxis, auf mögliche Problemlösungen (Becker-Mrotzek/Brünner 1999, Brünner/Fiehler/Kindt 2002). Die Ergebnisse der Analyse lassen sich besonders für die Entwicklung gesprächsdidaktischer Konzepte und die Förderung von Gesprächskompetenz verwenden (Fiehler 2001, Becker-Mrotzek/Brünner 2004, Becker-Mrotzek, C1).

Die Merkmale mündlicher Kommunikation allgemein sind differenziert untersucht und beschrieben worden (zusammenfassende Überblicke bieten Schwitalla 2003, Fiehler 2009). Auch zu den verschiedenen Gesprächstypen (wie Beratungsgespräche, Unterrichtsgespräche) gibt es ein breites Spektrum empirischer Untersuchungen, die sich auf private und berufliche wie auch mediale Gespräche richten. Gerade Diskurse in Institutionen – z. B. in Institutionen der Wirtschaft, des Gesundheits- und Bildungswesens, des Rechts und der Verwaltung – sind mittlerweile in großer Vielfalt beschrieben worden (Überblicksartikel dazu in Brinker et al. 2001).

Fiehler (B1) stellt die grundlegenden Bedingungen, Formen, Einheiten und Charakteristika mündlicher Kommunikation dar, so dass sie hier nicht wiederholt werden müssen. Festzuhalten ist jedoch, dass Gespräche als gemeinsames sprachliches Handeln betrachtet werden, als eine Kommunikationsform, bei der zwei oder mehr Personen koordiniert sprachliche Handlungen vollziehen (miteinander interagieren), und zwar zu einem bestimmten Zweck und typischerweise in derselben Wahrnehmungssituation (räumliche und zeitliche Kopräsenz der Beteiligten). Ausführliche Darstellungen zur Methodik der linguistischen Gesprächsforschung geben Brinker/Sager (2010) und Deppermann (1999).

## 2 Wie dokumentiert man mündliche Kommunikation?

Methodische Grundlage der linguistischen Gesprächsforschung sind *Ton- und Video-Aufnahmen* authentischer Gespräche, von denen als erster Schritt der Analyse genaue Verschriftungen (Transkripte) angefertigt werden. Aufzeichnung und Transkription sind notwendig, weil mündliche Kommunikation flüchtig ist – sobald die Schallwelle verflogen ist, existiert das Gesprochene nur noch im Gedächtnis der Gesprächsteilnehmer. Die dort gespeicherte Erinnerung ist ungenau, subjektiv gefärbt und mehr am Inhalt als an der Form des Gesprochenen orientiert; sie kann schon deshalb keine geeignete Basis für eine wissenschaftliche Analyse darstellen. Die technische Aufzeichnung mündlicher Kommunikation (Ton- oder Videoaufnahme) dokumentiert die kommunikative Praxis in ihrer sinnlich-medialen Qualität und bewahrt das Gesprochene über die Zeit.

### 2.1 Datenerhebung und Aufzeichnung

Ein *Datenkorpus* stellt eine strukturierte Kollektion dar, d. h. in die Zusammenstellung der Gesprächsaufnahmen gehen bereits theoretische Überlegungen darüber ein, wie die repräsentierte Grundgesamtheit aussieht. Die Erhebung der Daten geschieht durch Aufzeichnung des Gesprochenen (Ton) bzw. der gesamten multimodalen Interaktion (Video) und kann ergänzt werden um weitere

Materialien (Beobachtungsprotokolle, Fragebögen usw.). Es gibt sehr unterschiedliche Typen von Datenkorpora: Personengebundene Aufnahmen dokumentieren die verschiedenen Interaktionen einzelner Personen über einen Zeitraum hinweg und machen z. B. die kommunikativen Anforderungen sichtbar, denen jemand in seinem Beruf ausgesetzt ist. Ortsgebundene Aufnahmen zeigen die kommunikative Praxis an bestimmten Standorten, etwa in einem Sekretariat. Gesprächstypbezogene Aufnahmen erfassen bestimmte Gesprächstypen (z. B. Besprechungen, Verhandlungen) und erlauben eine Untersuchung der für sie typischen Strukturen und Probleme.

Der *Zugang* zu Gesprächsdaten ist oft nicht einfach, teils wegen datenschutzrechtlicher Bedenken teils aus Besorgnis vor Störungen der gewohnten Routinen oder aus Angst vor negativen Ergebnissen. Hilfreich sind hier die Nutzung persönlicher Kontakte sowie das Angebot, die Untersuchungsergebnisse für eine Verbesserung der Praxis zur Verfügung zu stellen. Für eine möglichst gute Aufnahmequalität zu sorgen ist wichtig, weil sonst Transkription und Analyse sehr mühsam werden. Empfehlenswert sind ein externes Mikrofon und digitale Aufzeichnungstechnik. Informationen zu Aufnahmetechnik und Werkzeugen für die technische Bearbeitung der Daten findet man etwa in GAIS (http://gais.ids-mannheim.de/technik.html).

Um die kommunikative Wirklichkeit zu erfassen, benötigt man möglichst natürliche Daten. Das Problem dabei hat der amerikanische Linguist William Labov als sog. *Beobachterparadox* formuliert – dass nämlich beobachtet werden soll, wie Menschen sich verhalten, wenn sie sich unbeobachtet fühlen. Die verzerrenden „Beobachtereffekte“ durch die Aufnahme werden allerdings oft überschätzt. Man kann sie begrenzen durch eine Gewöhnung an die Aufnahmesituation, durch Ablenkung von der Aufnahme oder durch das erst nachträgliche Erläutern der Ziele. Eine verdeckte Aufnahme wäre unter dem Aspekt der Natürlichkeit das Einfachste und wird auch durchaus praktiziert. Dem stehen jedoch *datenschutzrechtliche* und ethische Gesichtspunkte entgegen. Grundsätzlich gilt, dass eine Aufzeichnung des nicht-öffentlich gesprochenen Wortes nur mit Einwilligung erlaubt ist. Für die Öffentlichkeit bestimmtes Reden kann dagegen ohne Einwilligung aufgezeichnet werden. Die datenschutzrechtlichen Bestimmungen sind im Zusammenhang mit wissenschaftlichen und Ausbildungszwecken nicht ganz so strikt (Brinker/Sager 2010). Eine stillschweigende Einwilligung erfolgt, wenn der Sprecher weiß oder damit rechnen muss, dass aufgezeichnet wird (z. B. Information per Aushang in einem Geschäft oder Ansagetext am Telefon). Je persönlicher das Gesprochene, desto schutzbedürftiger ist es. Für sachbezogene Alltagsgespräche genügt es oft, mündlich die Einwilligung zu erbitten. Bei Bedarf können schon in den Aufnahmen Namen, Orte usw. unkenntlich gemacht werden, spätestens im Transkript werden sie dann anonymisiert bzw. maskiert.

Zur *Datenaufbereitung* gehören neben dem Erfassen der dokumentarischen Daten zu den Aufnahmen (Aufnahmezeit, -ort, -länge usw.) auch die Anfertigung von Situationsbeschreibungen und Verlaufsprotokollen sowie eine sinnvolle Archivierung der Aufnahmen.

## 2.2 Transkription

*Transkripte* stellen eine mediale Umsetzung mündlicher Gespräche in das Medium der Schrift dar und sind bereits ein analytischer Bearbeitungsschritt. Sie erzeugen eine analytische Distanz und erleichtern die detaillierte Untersuchung von Gesprächen und die Diagnose kommunikativer Probleme erheblich. Viele Phänomene machen Transkripte überhaupt erst für die Analyse zugänglich und handhabbar. Während bei einer einfachen Abschrift das Gesprochene geglättet und grammatischen und orthographischen Normen angepasst wird, werden beim Transkribieren die Besonderheiten mündlicher Kommunikation und die genauen Formen des Gesprochenen bewahrt. Das Transkript hält Hörerrückmeldungen (*hm*) fest, Versprecher und Selbstkorrekturen (*am Diens/am Donnerstag*) sowie Äußerungsabbrüche (*Der soll doch/*). Dialektale oder stark umgangssprachliche Formen werden in literarischer Umschrift (*Haste det jesehn?*) wiedergegeben, die Orthographie wird bei Auffälligkeiten abgeändert. Satzzeichen wie Punkt, Komma, Frage- und Ausrufungszeichen oder Doppelpunkt markieren Intonationsverläufe und folgen nicht unbedingt den Interpunktionsregeln. Intonatorische Merkmale wie *laut, schnell, betont, flüsternd, scharf, weinerlich* usw. werden gekennzeichnet, wenn sie auffällig sind und das Gesagte in seiner Bedeutung beeinflussen.

Transkripte haben gegenüber Aufnahmen den Vorteil, dass sie wie eine *Zeitlupe* wirken. Sie erlauben es, Gesprächsverlauf und -dynamik zeitverzögert nachzuvollziehen, sprachliche Handlungen oder Formulierungen detailliert zu untersuchen, die Perspektiven verschiedener Sprecher zu rekonstruieren oder die Entstehung von Kommunikationsproblemen zu beobachten. Erst Transkripte bieten einen Überblick über das Datenmaterial, erlauben es, sich im jetzt textförmigen Material zu bewegen, und erleichtern das Zusammenstellen vergleichbarer Phänomene. Ihre „Mikroskop"-Funktion ermöglicht die Aufschlüsselung komplexer oder schwer verständlicher Stellen (z. B. gleichzeitiges Sprechen oder das Zusammenwirken von sprachlichen und nonverbalen Handlungen). Die Transkription ist bereits eine erste *Interpretation* der Daten: Äußerungen werden segmentiert, Wörter oder Sprecher identifiziert, auditiv oder visuell Wahrgenommenes beschrieben und charakterisiert. Das Transkript hält solche Interpretationen fest und macht sie kontrollierbar. Praktische Aspekte sind die Anonymisierung und das Verfügbarmachen für andere. Da die mediale Transposition beim Transkribieren die Daten verändert und Nuancen verloren gehen, wird man bei der Analyse immer wieder auch die Aufzeichnung hinzuziehen.

Transkriptionen sind zeitaufwändig (das Verhältnis von Gesprächszeit und für die Transkription benötigter Zeit liegt meist zwischen 1:30 und 1:120), so dass die zu verschriftenden Teile des Materials überlegt auszuwählen sind.

Es gibt in der Linguistik unterschiedliche *Transkriptionssysteme* mit verschiedenartigen Darstellungsformen und Schreibkonventionen (Überblicke in Redder 2001, Dittmar 2004, EGON – Einführung in die Gesprächsforschung Online), von denen zwei verbreitete hervorgehoben werden sollen: HIAT und GAT.

Das System *HIAT (Halbinterpretative Arbeitstranskriptionen)* wurde 1976 von Ehlich und Rehbein entwickelt und bis heute fortgeführt. Methodischer Hintergrund ist die Funktionale Pragmatik; sie untersucht die sprachlichen und nichtsprachlichen Handlungen der Gesprächsbeteiligten, die diese einsetzen, um die Zwecke einer Interaktion zu realisieren. HIAT wurde im Zusammenhang mit der Analyse von Unterrichtskommunikation entworfen, in der bekanntlich oft viele Personen gleichzeitig sprechen. Dieser Situation wird die *Partiturschreibweise*, das Flächen-Notationssystem von HIAT, besonders gut gerecht. In den Partiturflächen des Transkripts wird – ähnlich der Notation in der Musik – das gleichzeitige Sprechen mehrerer „Stimmen“ (z.B. bei Überlappungen oder Unterbrechungen) durch ein Über- und Untereinander dargestellt. Äußerungen verschiedener Personen werden in normaler Schreibrichtung in getrennte Zeilen geschrieben; gleichzeitig Gesprochenes steht dabei übereinander. Die einzelnen Partiturflächen werden von einer Partiturklammer umschlossen, neben der die abgekürzten Sprecherbezeichnungen (Sprechersiglen) stehen.

Zur Illustration ein Ausschnitt aus einem Verkaufsgespräch (Brünner/Weber, D5):

```
[124]
Kinl   Stunden Sonne. Was is das denn schon für so ne Pflanze? Stellen Se mal vor, Sie
[125]
V1                                                   Nein, Sie müssen/ Nee, nee!
Kinl   kriegten nur drei Stunden Sonne am Tag. .       Würden Se eingehn wie ne Primel
```

Jeder Sprecher hat eine Zeile für die verbale Kommunikation und erhält bei Bedarf weitere für Intonation und paralinguale Phänomene (z.B. Tonhöhenwechsel, Sprechgeschwindigkeit, Lautstärke, Akzentuierung, spezielle Modulation, äußerungsinterne Pausen und Verzögerungssignale (*äh, ähm*), Lachen, Seufzen) oder für nonverbale Kommunikation (z.B. Gesten, Körperhaltung, Blickzuwendung). Besonders wichtig sind die *Hörersignale* (Höreraktivitäten, Rezeptionspartikeln), wie *hm, hmhm, ja.* Sie unterscheiden sich in ihrer Bedeutung durch verschiedene Intonationskonturen (fallende, steigende, fallend-steigende oder gleichbleibende Intonation) (Ehlich 1981, 1986).

HIAT kann in jedem *Texteditor* geschrieben werden, auch in WORD (Die Partiturklammern lassen sich als Rahmen für Absätze erzeugen), jedoch sollten dann die Sprecherzeilen nicht ganz vollgeschrieben werden, damit bei Nachbesserungen kein Zeilenumbruch erfolgt. Dieses Problem wird vermieden bei Verwendung spezieller Transkriptionssoftware, die die Partiturschreibung unterstützt (HIAT DOS 2.2 und das neuere EXMARaLDA). Die Transkriptionskonventionen von HIAT und Transkriptionsbeispiele findet man unter www.ehlich-berlin.de/Hiat/Hiat.htm sowie in Rehbein et al. (2004).

Das System *GAT (Gesprächsanalytisches Transkriptionssystem)* wurde 1998 entwickelt (Selting et al. 1998, Deppermann 1999) 2009 aktualisiert (Selting et al. 2009) und ist dem Notationssystem der Conversation Analysis verwandt. Es handelt sich um ein Zeilennotationssystem, das nur fallweise (bei Bedarf), nicht aber durchgängig simultanes Sprechen kennzeichnet; dies hängt vielleicht damit zusammen, dass die Konversationsanalyse sich in ihrer frühen Zeit viel mit Telefongesprächen beschäftigt hat. Häufige Überlappungen und Synchronitäten bei gleichzeitigem Sprechen mehrerer Sprecher, Angaben zu nonverbaler Kommunikation relativ zur verbalen oder auch andere Annotationen zum Gesprochenen lassen eine Zeilennotation schnell unübersichtlich werden.

Die Segmentierung des Gesprochenen und der Beginn einer neuen Zeile richtet sich nach sog. Phrasierungseinheiten und stellt bereits einen eigenen, nicht einfachen Analyseschritt dar, der anders als in HIAT schon bei der Transkription geleistet werden muss. GAT verwendet – wie auch HIAT – literarische Umschrift, aber durchgängig Kleinschreibung. Es sieht besonders für die differenzierte Kennzeichnung der Prosodie spezielle Zeichen vor und verzichtet auf die problematischen, weil mehrdeutigen Satzzeichen, die HIAT verwendet. Auch GAT ist prinzipiell mit jedem Textverarbeitungsprogramm erstellbar; EXMARaLDA stellt die erforderlichen Unicode-Zeichen zur Verfügung.

Zusammenfassend gesagt sind Transkripte *Erkenntnisinstrumente* für die Analyse sprachlich-kommunikativer Phänomene, interaktiver Strukturen und sprachlicher Mittel. Sie erlauben z. B. zu untersuchen:

- Wie verläuft mündliche Kommunikation faktisch?
- Welche Phänomene entdeckt man, die sonst nicht auffallen?
- Welche Regelhaftigkeiten lassen sich erkennen?
- Wie entsteht die Komplexität realer Kommunikation? (Gleichzeitigkeit verschiedener Handlungsdimensionen und kommunikativer Aufgaben)
- Was ist die Genese eines Problems? Wie entsteht es?
- Welche kommunikativen Verfahren und welche sprachlichen Mittel werden für welche kommunikativen Aufgaben verwendet?

Darüber hinaus sind Transkripte auch als effiziente *Lehr- und Lernmittel* zur Verbesserung der Gesprächskompetenz verwendbar (Fiehler/Schmitt 2004; Becker-Mrotzek/Brünner 2006, Brünner/Weber, D5).

## 3 Wie analysiert man mündliche Kommunikation?

Die Methodik der Analyse mündlicher Kommunikation unterscheidet sich in den verschiedenen theoretischen Richtungen der Gesprächsforschung, hat jedoch einen gemeinsamen Kern. Ich berücksichtige im Folgenden besonders die Aspekte, die in der funktionalpragmatischen Diskursanalyse (Ehlich 2007; ein Überblicksartikel ist Ehlich 1991/2007) wie in der konversationsanalytischen Gesprächsanalyse (eine Einführung ist Deppermann 1999) von Bedeutung sind, ohne die theoretischen und terminologischen Unterschiede hier behandeln zu können.

### 3.1 Entwicklung von Analysefragen

Was die *Entwicklung von Fragestellungen* für die Analyse betrifft, so gibt es grundsätzlich zwei Möglichkeiten:

- aus dem Datenmaterial und den darin beobachteten Auffälligkeiten und Besonderheiten heraus Fragen zu entwickeln,
- vorab formulierte Fragen mit vorgegebenen Kategorien am Datenmaterial zu verfolgen (z. B. Wie entstehen Missverständnisse? Wann genau werden Hörerrückmeldungen geäußert?).

Beide Zugänge sind üblich und ergänzen einander. Sie lassen sich als zwei Analyseschritte sinnvoll miteinander kombiniert bzw. nacheinander abarbeiten. Während der erstgenannte Zugang besonders in frühen Stadien des Erkenntnisprozesses notwendig ist und dem konkreten Datenmaterial gerecht zu werden erlaubt, setzt der zweite Zugang schon Kategorien der Untersuchung voraus und gehört deshalb systematisch in spätere Phasen des Forschungsprozesses.

Unabhängig davon lassen sich zwei grundlegende *Arten von Analysezielen* unterscheiden:

- Aufdecken von Regularitäten in Gesprächen (sprachwissenschaftliches Ziel),
- Erkennen von Kommunikationsproblemen und ihren Lösungsmöglichkeiten (anwendungsbezogenes Ziel).

Auch diese Analyseziele können miteinander verbunden werden. So lässt sich z. B. an empirischem Material *rekonstruktiv untersuchen*: Was sind typische Elemente, Strukturen und Ablaufformen eines bestimmten Gesprächstyps (z. B. eines Beratungsgesprächs)? Was ist sein gesellschaftlicher Zweck? Welche kommunikativen Aufgaben stellen sich den Beteiligten in diesem Gesprächstyp? Mit welchen kommunikativen Handlungsformen, Verfahren und sprachlichen Mitteln werden sie typischerweise gelöst? Darauf aufbauend lässt sich dann z. B. fragen: Erfüllen diese Handlungsformen, Verfahren und Mittel in konkreten Gesprächen jeweils ihre Funktion? Wann und weshalb erfüllen sie ihre Funktionen nicht? Welche Probleme und Störungen im Gespräch entstehen bei Verletzung der sozial erwartbaren Strukturen und Ablaufformen? Mit welchem Erfolg werden kommunikative Aufgaben gelöst? Welche Schwierigkeiten und Defizite bei ihrer Bearbeitung lassen sich beobachten und warum? Zu welchen Konsequenzen führen solche Probleme und Fehlschläge? Welche Lösungen finden die Beteiligten dafür und welche erweisen sich als produktiv? Wären andere Lösungen möglich gewesen? Antworten auf Fragen der ersten Art erweitern das linguistische Grundlagenwissen, Antworten auf Fragen der zweiten Art ermöglichen darüber hinaus, für Kommunikationstrainings und andere didaktische Zwecke Handlungsempfehlungen abzuleiten.

Mündliche Kommunikation und Interaktion sind *mehrdimensional*, d.h. gehandelt wird auf verschiedenen Ebenen (besser: Dimensionen) und in verschiedenen Funktionen. Fragestellungen der Analyse lassen sich auch daraus gewinnen, dass man Äußerungen und Gesprächsteile jeweils auf diese bezieht. Die unterschiedlichen Dimensionen werden erkennbar, indem man etwa fragt, was wir alles tun, wenn wir kommunizieren (auch als *Ebenen der Interaktionskonstitution* bezeichnet; Kallmeyer 1985). So vollziehen wir verbale Sprechhandlungen (Begrüßen, Fragen usw.), aber gleichzeitig auch nonverbale oder paralinguale Handlungen (z.B. Zeigen, Lachen). Unser sprachliches und nonverbales Handeln steht in unterschiedlichen Bezügen und realisiert gleichzeitig unterschiedliche Funktionen, z.B.: Wir stellen Situationen her (z.B. eine Prüfungssituation) und machen Kontexte (z.B. institutionelle) relevant, wir stellen Sachverhalte dar, arbeiten übergeordnete Handlungsmuster, Aufgaben und Handlungszusammenhänge ab (etwa eine Beratung durchführen, eine Entscheidung herbeiführen, eine Straftat aufklären); wir steuern unsere Gesprächspartner (ihre Überzeugungen, Handlungen), gestalten die Beziehung zu ihnen (z.B. Berater/Klient, Nähe/Ferne), stellen uns selbst in unserer Identität und unseren Gesprächsrollen (als Frau, Moderatorin usw.) sowie unseren Gefühlen dar; wir organisieren das Gespräch (z.B. hinsichtlich thematischer Entwicklung oder Sprecherwechsel), leisten Formulierungsarbeit (wie Reparatur, Reformulierung) und Gesprächskooperation (aufeinander reagieren und eingehen). Für ein Gespräch als Ganzes oder für einzelne Gesprächsteile und Äußerungen lassen sich diese vielfältigen Dimensionen als Untersuchungsgegenstand in den Blick nehmen.

## 3.2 Einzelfallanalyse – systematische Korpusanalyse

Zwei grundlegende methodische Vorgehensweisen sind die *Einzelfallanalyse* und die *systematische Korpusanalyse*. Der systematischen Analyse eines Datenkorpus gehen meist zunächst Einzelfallanalysen voraus, in denen an geeigneten Beispielen für die untersuchten Gespräche auffällig oder interessant erscheinende Phänomene beobachtet und Fragestellungen entwickelt werden; diese kann man anschließend auf breiterer Materialbasis systematisch bearbeiten.

## Einzelfallanalyse

Die Einzelfallanalyse ist eine *sequenzielle Analyse*, die dem linearen zeitlichen Ablauf und der Prozesshaftigkeit von Gesprächen Rechnung trägt. Ein Gespräch hat immer eine lineare Struktur, es entwickelt sich in der Zeit („Geschichte“). Die Redebeiträge (*turns*) und kommunikativen Handlungen sind geprägt durch die vorangegangenen Beiträge und Handlungen, sie beeinflussen ihrerseits die nachfolgenden. Die Analyse berücksichtigt dies, folgt dieser Entwicklung und zeichnet sie nach, indem sie – von vorn angefangen – Einheit für Einheit (*turn-by-turn*) alle Äußerungen durchgeht. Auf diese Weise geht die Analyse gewissermaßen mit dem Gesprächsablauf mit, so wie er sich auch den Gesprächsteilnehmern dargestellt hat – unter Verzicht auf eine „Vogelperspektive“, die die Beteiligten ja auch nicht hatten.

Für jede Äußerung wird eine inhaltliche Paraphrase gegeben und bestimmt, wie die Äußerung das Gespräch thematisch fortführt und was für eine Handlung mit ihr vollzogen wird. Die *Handlungsbeschreibung* bezieht die oben genannten unterschiedlichen *Dimensionen und Funktionsbereiche* möglichst umfassend ein. D. h. sie berücksichtigt, dass mit einer Äußerung normalerweise mehreres zugleich getan wird und unterschiedliche Funktionen erfüllt werden – z. B. auf eine vorangegangene Frage zu antworten, dabei den turn zum genau richtigen Zeitpunkt zu übernehmen, eine Behauptung aufzustellen, vom Thema abzuweichen, den Gesprächspartner damit zu provozieren, einen öffentlichen Streit zu initiieren. Die Leitfrage könnte lauten: Was leistet diese Äußerung an genau dieser Stelle des Gesprächs? Was trägt sie hier bei zur Erfüllung der Aufgaben, die sich den Teilnehmern auf den verschiedenen Ebenen stellen?

Neben den inhaltlich-thematischen und den funktionalen Bezügen wird auch die *Form der Äußerung* beschrieben, z. B. grammatische, stilistische oder prosodische Besonderheiten, Wortgebrauch oder Formulierungsauffälligkeiten, eventuell auch Verknüpfungen mit nonverbalen Handlungen. Die Formaspekte sind im Zusammenhang mit den funktionalen Aspekten zu interpretieren.

Die Analyse muss der Interaktivität von Gesprächen gerecht werden, d. h. *interaktional orientiert* sein. Ein Gespräch ist ein gemeinsames Produkt, es zu führen heißt, sich mit seinen Äußerungen aufeinander zu beziehen, Aufgaben und Handlungsmuster gemeinsam und in Abhängigkeit voneinander abzuarbeiten. Zu untersuchen ist demnach, wie die Gesprächsteilnehmer kooperieren, sich mit ihren Äußerungen aufeinander beziehen und sich gegenseitig steuern. Eine Äußerung reagiert auf das, was bereits gesagt wurde, auf den vorhandenen verbalen Kontext; sie erzeugt aber ihrerseits soziale Verpflichtungen bzw. *Erwartungen*, die das Handeln des Gesprächspartners und den Fortgang des Gesprächs beeinflussen.

Initiative Handlungen wie ein Gruß oder eine Frage machen reaktive Handlungen wie einen Gegengruß oder eine Antwort des Gesprächspartners erwartbar.

Komplexe sprachliche Handlungsmuster (z. B. Verhandeln, Anleiten, Ratgeben) sehen bestimmte Handlungen in einer bestimmten Abfolge und Verteilung auf die Interaktanten vor und stellen eine Art inneres Drehbuch für die Gesprächsteilnehmer dar. Sie erzeugen Verpflichtungen und Erwartungen an jeden Beteiligten, zu kooperieren und seinen vorgesehenen Part im Handlungsmuster zu erfüllen. Zu fragen ist also, was ein Beteiligter an einer bestimmten Stelle des Gesprächs jeweils für Handlungsverpflichtungen und -optionen hat, welchen Erwartungen er ausgesetzt ist und welche der verfügbaren Handlungsalternativen er schließlich auswählt.

Vor Beginn oder am Ende einer Einzelfallanalyse wird oft eine *Phasierung* und *Strukturbeschreibung* des Gesprächs vorgenommen. Dabei werden seine Gliederung, die wesentlichen Themen und Handlungseinheiten rekonstruiert. Gerade in längeren Gesprächen erleichtert dies die Übersicht.

### Systematische Korpusanalyse

Die systematische Korpusanalyse, die sich meist an die Einzelfallanalyse anschließt, richtet sich auf *verallgemeinerte* sprachwissenschaftliche Erkenntnisse über Gesprächsphänomene aller Art, besonders Erkenntnisse über die unterschiedlichen Handlungseinheiten, deren Formen und Funktionen in mündlicher Kommunikation bzw. in Gesprächen. Die Analyse ist *qualitativ* orientiert, d. h. Generalisierungen werden nicht über rechnerische Maße und statistische Verfahren vorgenommen, sondern über die Entwicklung von Kategorien. Beispielsweise werden bestimmte *Gesprächstypen* (Planungs-, Verkaufs-, Konfliktgespräche usw.) anhand eines entsprechenden Datenkorpus untersucht: Welche Besonderheiten weisen sie auf? Welches sind ihre Zwecke und wie unterscheiden sich diese von denen benachbarter Gesprächstypen? Welche kommunikativen und sonstigen (z. B. praktischen) Aufgaben stellen sich in dem betreffenden Gesprächstyp und wie differieren sie für die verschiedenen Beteiligten? Welche Handlungsformen und kommunikativen Verfahren werden für diese Aufgaben eingesetzt? Welche zweckorientierte Aufgabenstruktur (in der Konversationsanalyse *Handlungsschema* genannt) und welche typische Ablaufstruktur lässt sich also für den betreffenden Gesprächstyp rekonstruieren?

Ein anderes Beispiel: Was sind die Charakteristika spezifischer *Handlungsmuster in Institutionen*? Welchen Zwecken dienen sie standardmäßig und wie stehen diese im Zusammenhang mit den Zwecken der Institution? Rekonstruiert werden Adaptationen und Veränderungen institutioneller Handlungsmuster gegenüber den zugrunde liegenden alltagsweltlichen Handlungsmustern – z. B. institutionelle Ausformungen des Frage-Antwort-Musters im Aufgabe-Lösung-Muster im schulischen Unterrichtsdiskurs, in der ärztlichen Anamnese, in der Zeugenbefragung vor Gericht, in der polizeilichen Vernehmung oder im Interview in den Massenmedien. Ferner werden die in Institutionen vorgesehenen speziellen Realisierungen von Handlungsmustern (Formulierungsweisen, Formeln wie: *Hiermit erkläre ich .../ernenne ich ...*) und die typischen sprachlichen Mittel rekonstruiert.

Um *verallgemeinerte Ergebnisse* zu erhalten – Kategorien für kommunikative Einheiten, Klassifizierungen, typische Fälle und Regularitäten – wird bei der systematischen Korpusanalyse das Datenmaterial auf verschiedenen Ebenen beschrieben (z. B. Gesprächstypen, Handlungsmuster, kommunikative Aufgaben, kommunikative Verfahren), es werden Belegstellen isoliert, miteinander verglichen und nach Zusammengehörigkeiten sortiert, um auf dieser Grundlage z. B. Handlungsmuster und ihre Zwecke zu rekonstruieren. Ehlich benennt für die Funktionale Pragmatik die Aufgabe der „Rekonstruktion des Konkreten im Begriff" (2007, 25). Bei dieser *Rekonstruktion* wird anhand der Belege in den Strukturen auf der sprachlichen Oberfläche nach zugrunde liegenden Tiefenstrukturen (Musterstrukturen) gesucht; es werden außer sprachlichen auch nonverbale und mentale Handlungen berücksichtigt und einbezogen; zwischen Basisfällen und abgeleiteten Fällen wird differenziert und solche Ableitungen werden explizit vorgenommen (Ehlich 2007). Die zur Musterrealisierung verwendeten kommunikativen Verfahren und sprachlichen Mittel werden beschrieben und funktional erklärt.

In *didaktischen Zusammenhängen* stehen – anders als in Forschungszusammenhängen – meist Einzelfallanalysen im Vordergrund. Dies schließt aber selbstverständlich nicht aus, dass man mit den Lernenden unterschiedliche Belegstellen und Beispiele für ein Phänomen gegenüberstellt und vergleicht oder eine Klassifizierung verschiedener Fälle vornimmt – dies sind im Gegenteil wichtige Ergänzungen. Für didaktische Zwecke besonders geeignet ist die *fragegeleitete Transkriptanalyse* (Becker-Mrotzek/Brünner 2002). Hier werden gezielte Fragen für die Analyse einzelner Transkripte bzw. Gespräche formuliert, die den Fokus bereits auf bestimmte Problemlagen und -stellen im Transkript richten und die Analyse anleiten, z. B.: Welche unterschiedlichen Perspektiven und Interessen der Gesprächspartner lassen sich in einem Reklamationsgespräch erkennen? Was unternehmen die Teilnehmer eines Anleitungsgesprächs, um das Verstehen des anderen zu sichern? Woran zeigt sich, dass es sich bei einem Gespräch um ein Fernseh-Streitgespräch handelt? Unter dem jeweiligen Fokus können dann bestimmte Transkriptstellen identifiziert und ausgewählt, detailliert untersucht, interpretiert und in Zusammenhang miteinander gestellt werden. Daran lassen sich anwendungsbezogene Fragestellungen anschließen und z. B. die Konsequenzen und möglichen Alternativen für bestimmte Äußerungen erörtern.

## 3.3 Interpretation

Unabhängig von den eben beschriebenen Vorgehensweisen stellt sich methodisch die Frage, wie man *Interpretationen* von Äußerungen oder Handlungseinheiten gewinnt. Die Gesprächsforschung setzt für das Verstehen im hermeneutischen Sinne sprachliches und nicht-sprachliches Wissen ein, das bei der Analyse des Datenmaterials kritisch reflektiert und erweitert wird. *Methodische Kontrolle* über den Interpretationsprozess wird erreicht, indem man

- jeweils die Dimensionen (Ebenen, Aspekte) des kommunikativen Handelns angibt, auf die sich die Interpretation bezieht,
- sich auf kommunikative Prozesse und Formen beschränkt (also z. B. psychologische Mechanismen und Erklärungen außer Betracht lässt),
- die Indizien nennt, auf die sich die Interpretation stützt,
- angibt, welche Bedeutungen man diesen Indizien in der Analyse zuschreibt.

Die Gültigkeit einer Interpretation hängt letztlich ab von der intersubjektiven Übereinstimmung hinsichtlich der Indizien, der ihnen zugemessenen Bedeutungen und der aus ihnen gezogenen Schlüsse.

Nützliche *Hilfs-Operationen* bei der Interpretation sind: die Substitution von Elementen (Ersetzung von Wörtern, Äußerungen, Sequenzen usw. durch andere), die Paraphrase, die Umstellung, das Weglassen oder die Expansion von Elementen. Indem man an den betrachteten Transkriptstellen solche Operationen probehalber vornimmt und Alternativen ausprobiert, kann man erkennen, was sich dadurch jeweils verändert, und kann aus dem Kontrast zum faktisch Gesprochenen seine Schlüsse ziehen.

Wichtige *Kriterien*, die die Interpretation von Äußerungen bzw. Handlungen bestimmen, sind – abgesehen von deren sprachlichen Formen und Merkmalen (z. B. Formulierungen) – die *sequenzielle Position* der betrachteten Äußerung bzw. Handlung, ihre Stellung im sprachlichen und außersprachlichen *Kontext*. Mit der fraglichen Äußerung reagiert der Sprecher auf Vorgängeräußerungen, erfüllt seine Verpflichtungen im Rahmen von Sprechhandlungssequenzen und erzeugt seinerseits Erwartungen an den Gesprächspartner. Dieselbe Äußerung kann z. B. im Anschluss an eine Frage des Gesprächspartners als Antwort interpretiert werden, im Anschluss an einen Vorwurf dagegen als Rechtfertigung. Ein Gruß erzeugt die Erwartung, dass ein Gegengruß folgt. Wie der Gesprächspartner auf diese Erwartungen reagiert, zeigt, wie er die fragliche Äußerung interpretiert hat. Wie der Sprecher der fraglichen Äußerung sich zu dieser Interpretation verhält, zeigt seine nachfolgende Reaktion in einem dritten Schritt. Solche Interpretationen der Gesprächsbeteiligten sind für die Analyse besonders wichtig. Denn die *Beteiligtenperspektive*, die hier zum Ausdruck kommt, ist handlungsleitend und bestimmt den Fortgang des Gesprächs – unabhängig davon, ob diese Interpretationen richtig sind oder nicht.

## Literatur

Becker-Mrotzek, Michael/Brünner, Gisela: Gesprächsforschung für die Praxis: Ziele – Methoden – Ergebnisse. In: Stickel, G. (Hrsg.): Sprache, Sprachwissenschaft, Öffentlichkeit (= Institut für deutsche Sprache Jahrbuch 1998). Berlin/New York: de Gruyter 1999, 172–193

Becker-Mrotzek, Michael/Brünner, Gisela: *Jetzt passen Se mal auf!* Konflikte in Gesprächen – Erkennen und bearbeiten. In: Praxis Deutsch (2002) Heft 174, 46–50

Becker-Mrotzek, Michael/Brünner, Gisela: Gesprächsanalyse und Gesprächsführung. (Aktualis. Neupubl. von: RAAbits Deutsch/Sprache. Impulse und Materialien für die kreative Unterrichtsgestaltung. 13. Ergänzungslieferung. II/C.6. Heidelberg 1997: Raabe). Radolfzell: Verlag für Gesprächsforschung 2006 (Download: www.verlag.gespraechsforschung.de)

Becker-Mrotzek, Michael/Brünner, Gisela (Hrsg.): Analyse und Vermittlung von Gesprächskompetenz. Frankfurt: Lang/Radolfzell: Verlag für Gesprächsforschung 2004 (Download: www.verlag-gespraechsforschung.de)

Brinker, Klaus et al. (Hrsg.): Text- und Gesprächslinguistik. Handbücher zur Sprach- und Kommunikationswissenschaft. 2. Halbband: Gesprächslinguistik. Berlin/New York: de Gruyter 2001

Brinker, Klaus/Sager, Sven F.: Linguistische Gesprächsanalyse. Eine Einführung. 5. neu bearbeitete Auflage Berlin: Schmidt 2010

Brünner, Gisela/Fiehler, Reinhard/Kindt, Walther (Hrsg.): Angewandte Diskursforschung. Bd. 1: Grundlagen und Beispielanalysen. Bd. 2: Methoden und Anwendungsbereiche. Radolfzell: Verlag für Gesprächsforschung 2002 (Download: www.verlag-gespraechsforschung.de)

Deppermann, Arnulf: Gespräche analysieren. Eine Einführung in konversationsanalytische Methoden. Opladen: Leske und Budrich 1999

Dittmar, Norbert: Transkription. Ein Leitfaden mit Aufgaben für Studenten, Forscher und Laien. 2. Auflage Wiesbaden: Verlag für Sozialwissenschaften 2004

EGON – Einführung in die Gesprächsforschung Online (mit Übungen und Beispielen). Germanistische Sprachwissenschaft, TU Chemnitz. www.tu-chemnitz.de/phil/gf/index.html

Ehlich, Konrad: Intonation des gesprochenen Deutsch: Aufzeichnung, Analyse, Lehre. In: Kopenhagener Beiträge zur Germanistischen Linguistik 18. Kopenhagen, 1981, 46–93

Ehlich, Konrad: Interjektionen. Tübingen: Niemeyer 1986

Ehlich, Konrad: Funktional-pragmatische Kommunikationsanalyse – Ziele und Verfahren. In: Flader, Dieter (Hrsg.): Verbale Interaktion. Studien zur Empirie und Methodologie der Pragmatik. Stuttgart: Metzler, 1991, 127–143. Neuabdruck in: Ehlich, K.: Sprache und sprachliches Handeln. Bd. 1: Pragmatik und Sprachtheorie. Berlin/New York: de Gruyter 2007, 9–28

Ehlich, Konrad: Sprache und sprachliches Handeln. 3 Bände. Berlin/New York: de Gruyter 2007

Ehlich, Konrad/Rehbein, Jochen: Halbinterpretative Arbeitstranskriptionen (HIAT). In: Linguistische Berichte 45 (1976), 21–41

Fiehler, Reinhard: Gesprächsforschung und Kommunikationstraining. In: Brinker, Klaus et al. (Hrsg.): Text- und Gesprächslinguistik. Handbücher zur Sprach- und Kommunikationswissenschaft. 2. Halbband: Gesprächslinguistik. Berlin/New York: de Gruyter 2001, 1697–1709

Fiehler, Reinhard: Gesprochene Sprache. In: Duden. Die Grammatik. 8. Auflage. Mannheim: Dudenverlag 2009, 1165–1244

Fiehler, Reinhard/Schmitt, Reinhold: Gesprächstraining. In: Knapp, Karlfried et al. (Hrsg.): Angewandte Linguistik. Ein Lehrbuch. Mit CD-ROM. Tübingen/Basel: Francke 2004, 341–362

Kallmeyer, Werner: Handlungskonstitution im Gespräch. In: Gülich, E./Kotschi, T. (Hrsg.): Grammatik, Konversation, Interaktion. Tübingen: Niemeyer 1985, 81–123

Redder, Angelika: Aufbau und Gestaltung von Transkriptionssystemen. In: Brinker, K. et al. (Hrsg.): Text- und Gesprächslinguistik. Handbücher zur Sprach- und Kommunikationswissenschaft. 2. Halbband: Gesprächslinguistik. Berlin/New York: Gruyter 2001, 1038–1058

Rehbein, Jochen et al.: Handbuch für das computergestützte Transkribieren nach HIAT, 2004 (= Arbeiten zur Mehrsprachigkeit Folge B, Nr. 56. Sonderforschungsbereich Mehrsprachigkeit Universität Hamburg) (Download: www.uni-hamburg.de/fachbereiche-einrichtungen/sfb538/azm.html)

Schwitalla, Johannes: Gesprochenes Deutsch. Eine Einführung. 2. überarb. Auflage. Berlin: Erich Schmidt 2003

Selting, Margret et al.: Gesprächsanalytisches Transkriptionssystem (GAT). In: Linguistische Berichte 173 (1998), 91–122 (Download: www.mediensprache.net/de/medienanalyse/transcription/gat)

Selting, Margret et al.: Gesprächsanalytisches Transkriptionssystem 2 (GAT 2). In: Gesprächsforschung 10 (2009), 353–402 (www.gespraechsforschung-ozs.de)

MICHAEL BECKER-MROTZEK

# B3 Mündliche Kommunikationskompetenz

Der folgende Artikel verfolgt das Ziel, *Gesprächskompetenz* als einen eigenständigen und spezifischen Aspekt der allgemeinen Sprachkompetenz theoretisch zu bestimmen. Dabei wird ein grundlegender *Ableitungszusammenhang* unterstellt, „wonach sich die kommunikativen Erfordernisse (herleiten) aus der Gesprächssituation", die an die Beteiligten bestimmte Handlungsanforderungen stellt, die wiederum nur bewältigt werden können, wenn Gesprächskompetenz vorhanden ist (Becker-Mrotzek/Brünner 2004, 30). Gesprächskompetenz wird damit theoretisch bestimmt als die Fähigkeit, die sich aus der Gesprächssituation ergebenden Anforderungen zu erfüllen. Das verlangt einige theoretische Vorüberlegungen zum Kompetenz-, Sprach- und zum Gesprächsbegriff.

## 1 Kompetenzbegriff

Nach Sutter/Charlton (2002, 130f.) findet sich der Kompetenzbegriff in der Wissenschaftsgeschichte zunächst in der Linguistik. Die generative Linguistik versteht unter der menschlichen Sprachkompetenz die Fähigkeit eines idealen Sprecher-Hörers, unendlich viele grammatisch korrekte Sätze seiner Sprache zu erzeugen. Diese Fähigkeit beruht auf der angeborenen Kenntnis der Grammatik, die aus einer begrenzten Anzahl von Regeln und Prüfverfahren besteht. Danach verfügen wir bereits mit der Geburt nicht nur über bestimmte grammatische Prinzipien, sondern zugleich auch über Verfahren, diese in den wahrgenommenen Äußerungen zu erkennen. Der Spracherwerb – als Aneignung der Grammatik einer Sprache – wird in diesem Konzept eher als ein Entwicklungs- oder Reifeprozess denn als Lernprozess verstanden. So vergleicht Chomsky (1980) den Spracherwerb mit dem Wachsen der Arme oder der Entwicklung der Geschlechtsorgane.

Ziel eines solchen Kompetenzbegriffs ist die Erklärung der menschlichen Sprachfähigkeit als conditio humana, d.h. als universelle (= alle Menschen betreffend), generelle (= mehrere Bereiche betreffend) und stabile (= dauerhafte) Eigenschaft des Menschen. Die Annahme einer angeborenen Universalgrammatik begründet sich, abgekürzt gesprochen, darin, dass es Kindern nicht möglich sei, das komplexe Sprachsystem mit der beobachtbaren Schnelligkeit und Leichtigkeit bei zudem noch fehlerhaftem Input zu lernen. Wenn Sprache aber nicht gelernt werde, müsse sie – zumindest in Teilen – angeboren sein.

Ein solcher Kompetenzbegriff abstrahiert bewusst von allen einschränkenden Faktoren der Wirklichkeit, insbesondere auch von psychischen Faktoren wie Gedächtnisleistung, Motivation oder Konzentration und sozialen Faktoren wie Schichtzugehörigkeit oder kultureller Identität. Einem so verstandenen Kompetenzbegriff geht es gerade nicht um individuelle Aspekte, sondern um eine theoretische Erklärung der menschlichen Sprachfähigkeit schlechthin. Individuelle Aneignungsprozesse und Kompetenzausprägungen fallen begrifflich in den Bereich der *Performanz*, dem empirisch immer schon eingeschränkten Gebrauch der Sprachkompetenz. Damit fallen gerade diejenigen Aspekte nicht unter den linguistischen Kompetenzbegriff, die unter einer Entwicklungs- und Erwerbsperspektive besonders bedeutsam sind, nämlich die Bedingungen und Ausprägungen der Kompetenzentwicklung. Dem steht in der Gesprächs- und Diskursforschung ein noch zu entwickelnder Begriff von Gesprächskompetenz gegenüber, der insbesondere auf die Besonderheiten der mündlichen Kommunikation zielt. Dazu zählt Deppermann (2004, 22ff.) insbesondere die Prozessualität, d.h. die Flüchtigkeit, Offenheit und Zeitlichkeit von Gesprächsprozessen, die Interaktivität, d.h. die unhintergehbare Partnerbezogenheit, die Methodizität, d.h. das Nutzen von Mustern und Konventionen, die Pragmatizität, d.h. die Ziel- und Aufgabenorientierung sowie die Konstitutivität, d.h. die immer auch lokale Herstellung von Gesprächsbedingungen.

Mit dem linguistischen Sprachbegriff korrespondiert in gewisser Weise der Intelligenzbegriff der Psychologie, der sich auf die relativ stabile kognitive Grundausstattung eines Menschen bezieht. Intelligenz ist in diesem Verständnis durch Erziehungs- und Bildungsprozesse nur bedingt veränderbar. Als Gegenbegriff für die veränderlichen Anteile wählte die Psychologie den *Kompetenzbegriff*, der nun gerade diejenigen kognitiven u. a. Bereiche erfassen soll, die durch Lernen und Erfahrung in Anforderungssituationen beeinflusst werden können: „Dabei versteht man unter Kompetenzen die bei Individuen verfügbaren oder durch sie erlernbaren kognitiven Fähigkeiten und Fertigkeiten, um bestimmte Probleme zu lösen, sowie die damit verbundenen motivationalen, volitionalen und sozialen Bereitschaften und Fähigkeiten, um die Problemlösungen in variablen Situationen erfolgreich und verantwortungsvoll nutzen zu können", heißt es in dem einflussreichen Artikel von Weinert (2002, 27f.).

Bezogen auf die Sprachkompetenz hat sich in der empirischen Bildungsforschung (TIMSS, PISA, DESI) ein modularer Kompetenzbegriff durchgesetzt, der davon ausgeht, dass sich die Gesamtkompetenz in Teilkompetenzen aufschlüsseln lässt (Jude/Klieme 2007, 10). Eine gut untersuchte Teilkompetenz ist beispielsweise die *Lesefähigkeit* (engl. *reading literacy*), verstanden als Fähigkeit, Lesen in praktisch bedeutsamen Situationen zum Zwecke der Lebensbewältigung einzusetzen. In diesem Sinne haben wir es hier mit einer funktionalen Definition zu tun, die Sprachkompetenz als kognitive Disposition ansieht, „die dazu befähigt, situative Anforderungen erfolgreich zu bewältigen" (ebd., 11). Gleichwohl wird gerade für das Sprachlernen festgestellt, dass hier motivationale, volitionale und soziale Aspekte erheblichen Einfluss haben.

## 2 Sprachliches Handeln

Sprachliches Handeln – ob mündlich oder schriftlich – wird verstanden als eine spezifische, auf Verständigung gerichtete Form menschlichen Handelns. Handlungen sind – im Unterschied zum Verhalten – zielgerichtete und geplante Veränderungen der sozialen oder natürlichen Umwelt. Der Handlungsprozess gliedert sich nach Rehbein (1977) in die Stadien *Einschätzung, Motivation, Zielsetzung, Planung* und *Ausführung*. Es lassen sich drei Handlungstypen unterscheiden: a) *praktische* wie Gehen, Kochen oder Tapezieren, b) *mentale* bzw. *kognitive* wie Einschätzen, Planen oder Kopfrechnen und c) *sprachliche* wie Erzählen oder Diskutieren. Für das sprachliche Handeln hat Bühler (1934) mit seinem Organon-Modell ein nach wie vor instruktives Modell entworfen, in dem er die wesentlichen Aspekte sprachlicher Ausdrücke ins Verhältnis gesetzt hat:

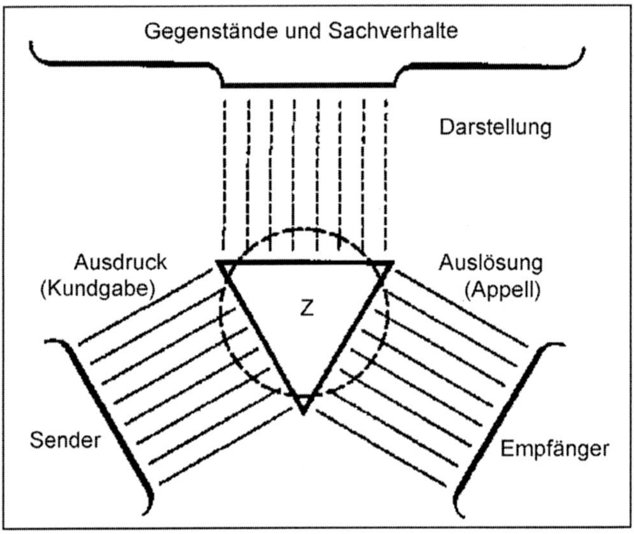


Abb. 1 Organon-Modell, Bühler 1934

Das Modell zeigt, wie das sprachliche Zeichen zwischen Sprecher, Hörer und Sachverhalten vermittelt und welche basalen Funktionen es erfüllt. Durch sprachliche Äußerungen gibt der Sprecher etwas von sich kund; er bringt seine Gedanken, Gefühle etc. sprachlich zum Ausdruck. Zugleich stellt er auf diese Weise Sachverhalte von Welt dar; er nimmt Bezug auf eine reale oder imaginierte Wirklichkeit. Und schließlich löst er so eine Wirkung beim Hörer aus. Für diese verschiedenen kommunikativen Funktionen haben sich im Laufe der Entwicklung je spezifische sprachliche Formen herausgebildet, im Folgenden als *sprachliche Handlungsmuster* bezeichnet.

## Handlungsmuster

Durch die erfolgreiche Bewältigung wiederkehrender kommunikativer Standardprobleme sind sukzessive Standardlösungen entstanden. Der Zusammenhang von (Standard-)Problem und (Standard-)Lösung geht eine feste Verbindung ein, die je nach Theorie als *Handlungsmuster bzw. Diskurstyp, Handlungsschema* oder auch *kommunikative Gattung* bezeichnet wird. Sie halten Lösungswege für eben jene Probleme bereit, die sich den Individuen einer Gesellschaft immer wieder stellen (vgl. Ehlich/Rehbein 1979). Solche wiederkehrenden Bedürfnisse sind beispielsweise die Übermittlung von Wissen, die Handlungsaufforderung, die Vermittlung von praktischem Können oder auch das Trostspenden. Dieser Zusammenhang zwischen einem Standardproblem und seiner Standardlösung wird begrifflich als der *Zweck* einer kommunikativen Handlung gefasst. Muster, Schemata bzw. Gattungen sind also gesellschaftlich ausgearbeitete Handlungsformen zur Bewältigung wiederkehrender (kommunikativer) Probleme. Ähnlich wie die grammatischen Formen stehen sie uns für die Bewältigung individueller Kommunikationsziele zur Verfügung. Es sind komplexe sprachliche Formen, derer wir uns bedienen, um – gemeinsam mit anderen – ein kommunikatives Problem zu bewältigen. Für die Beteiligten bedeuten solche Formen eine Entlastung der Handlungsplanung und -ausführung, weil sie auf ein geteiltes Wissen über typische Handlungsformen zurückgreifen können. Das gilt für die schriftliche ebenso wie für die mündliche Kommunikation.

Für die Modellierung von Gesprächskompetenz ist die Unterscheidung von mündlicher und schriftlicher Kommunikation, von gesprochener und geschriebener Sprache unverzichtbar. Unter *mündlicher Kommunikation* soll prototypisch[1] die aktuale Verständigung zwischen mindestens zwei Aktanten verstanden werden, die sich in einem gemeinsamen Sprechzeitraum befinden, so dass die Kommunikation auf der Grundlage akustischer und visueller Wahrnehmungen verbal und nonverbal (körperlich) erfolgen kann. Unter einem *Gespräch* bzw. *Diskurs* sollen abgrenzbare kommunikative Einheiten zur Realisierung komplexer Zwecke verstanden werden, beispielsweise Unterrichtsdiskurse oder Gerichtsverhandlungen; Rehbein (1984) spricht hier von *Großformen des Sprechens*, Bührig/ten Thije (2005) von *kommunikativen Maximaleinheiten*, Fiehler (2005) von *kommunikativen Praktiken*. Diese Großformen setzen sich ihrerseits aus kleineren Einheiten wie den Sprechhandlungen und Sprechakten zusammen.

[1] Prototypisch bedeutet hier, dass zunächst einmal der klare Fall einer Face-to-face-Situation unterstellt wird, in der Sprecher und Hörer ohne technische Mittel (Telefon etc.) miteinander sprechen.

## Bedingungen der mündlichen Kommunikation

Diese begriffliche Bestimmung der mündlichen Kommunikation als aktuale Verständigungshandlung impliziert eine Reihe externer Bedingungen und interner Merkmalen von Gesprächen, die im Folgenden – teilweise zur besseren Verständlichkeit im Vergleich zur Schriftlichkeit – erläutert werden. Auf diese Weise sollen die Bedingungen und Anforderungen der mündlichen Kommunikation näher bestimmt werden. Zu den außersprachlichen, externen Bedingungen von Gesprächen kann man mit Bührig/ten Thije (2005) die *Interaktivität*, die *Medialität*, die *Institutionalität* sowie die *Kulturalität* zählen, die in ihrem spezifischen Zuschnitt den Rahmen für Gespräche bilden.

*Interaktivität* kann als erstes konstitutives Merkmal gelten, die sich herleitet aus der gleichzeitigen Anwesenheit von Sprecher und Hörer in einem gemeinsamen Sprechzeitraum:

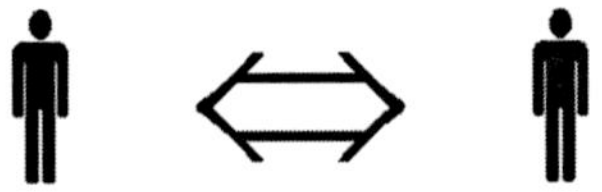

Dadurch verfügen sie über einen gemeinsam geteilten Wahrnehmungsraum, auf den sie sich fraglos beziehen können. Innerhalb dieses Sprechzeitraums funktionieren beispielsweise die unmittelbaren deiktischen Ausdrücke *Ich – Hier – Jetzt*; sie bilden die Origo, den Nullpunkt der räumlichen, temporalen und personalen Verweise (Bühler 1934). Des Weiteren können sich die Beteiligten gegenseitig wahrnehmen, was zugleich Voraussetzung dafür ist, dass neben der Sprache auch nonverbale Mittel zum Einsatz kommen können.

Vor diesem Hintergrund sind Gespräche grundsätzlich ein Miteinanderhandeln, eine soziale Interaktion, die immer das Resultat aller daran Beteiligter ist. Sprecher wie Hörer nehmen gleichermaßen Einfluss auf den Gesprächsverlauf; der Hörer u.a. dadurch, dass er dem Sprecher fortlaufend sein Verstehen signalisiert, sei es durch Interjektionen wie ein eingeworfenes „*Hm*?" oder Mimik und Gestik wie ein Stirnrunzeln oder eine abweisende Handbewegung. Deshalb müssen die Hörerrolle und das Hörverstehen bei der Gesprächsanalyse und Konzeptualisierung von Gesprächskompetenz systematisch berücksichtigt werden. In dieser unmittelbaren und unhintergehbaren Interaktivität unterscheiden sich Gespräche von Texten, die alleine produziert und rezipiert werden können.

*Medialität* meint hier, dass im Gespräch Sprache in gesprochener Form zum Einsatz kommt, wofür die gemeinsame Anwesenheit von Sprecher und Hörer die prototypische Voraussetzung darstellt; nur wenn sich Sprecher und Hörer sehen und hören, können sie umfassend miteinander sprechen. Wesentliches Merkmal des Gesprochenen ist seine Flüchtigkeit, weil es an den Schall gebunden und damit unmittelbar vergänglich ist; es wird vom Sprecher linear in der Zeit prozessiert und vom Hörer im Gedächtnis verarbeitet. Unter Prozessgesichtspunkten ergibt sich daraus eine Parallelität von Planung, Produktion und Rezeption, da mündliche Äußerungen nicht – wie schriftliche – zunächst geplant, überarbeitet und dann nach außen gesetzt werden können, sondern kontinuierlich geplant, produziert und ggf. an die Rückmeldesignale des Hörers angepasst werden müssen. Diese Rahmenbedingungen führen – gemeinsam mit dem Ökonomieprinzip[2] – zu einer spezifischen Sprechweise, die nicht an den Kriterien der schriftlichen Kommunikation gemessen werden kann.

Unter Schriftlichkeit soll mit Ehlich (1983) die *Zerdehnung* der ursprünglichen Gesprächssituation verstanden werden:

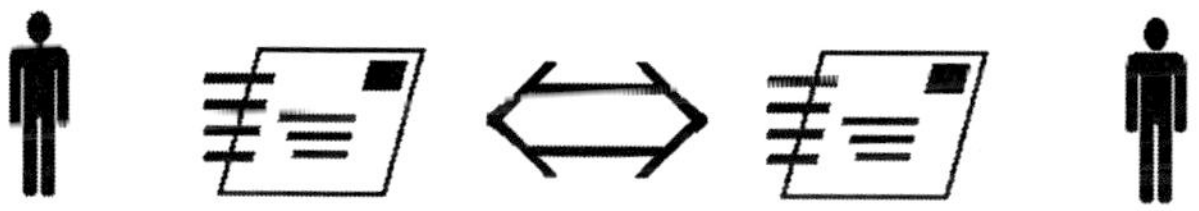

Die Zerdehnung wird herbeigeführt durch die Trennung von Äußerungsproduktion und -rezeption, indem ein (dauerhaftes) Medium die Äußerung des Sprechers über Raum und Zeit hinweg transportiert und damit seine zeitversetzte Rezeption ermöglicht. Das verlangt besondere Verständigungsformen, die sich unmittelbar in den sprachlichen Strukturen niederschlagen. Ein Text muss beispielsweise expliziter sein, er muss seinen Handlungs- und Verstehenskontext selber schaffen und weitgehend auf alle extra- und nonverbalen Verständigungsmittel verzichten. Koch/Oesterreicher (1994) haben hierfür die Unterscheidung von konzeptioneller und medialer Mündlichkeit bzw. Schriftlichkeit eingeführt; ein konzeptionell schriftlicher, aber medial mündlicher Text wäre danach beispielsweise ein mündlich vorgetragenes Redemanuskript; ein konzeptionell mündlicher, aber medial schriftlicher Text wäre etwa eine schnelle E-Mail.

*Institutionalität* stellt ein weiteres Merkmal von Gesprächen dar, das Mündlichkeit und Schriftlichkeit teilen. Damit ist gemeint, dass Gespräche oft in einen institutionellen Zusammenhang eingebunden sind, sei es in der Schule, der Verwaltung, beim Arzt oder vor Gericht. In solchen institutionellen Kontexten treten sich Sprecher und Hörer zugleich in bestimmten Rollen, nämlich als Agenten und Klienten, gegenüber, die ihre Handlungsmöglichkeiten vorab in einer bestimmten Weise festlegen. Institutionen sollen hier mit Ehlich/Rehbein (1977) verstanden werden als *gesellschaftliche Apparate*, die auf der Grundlage fester Regeln und mithilfe von ausgebildetem Personal je spezifische gesellschaftliche Zwecke erfüllen; so hat beispielsweise die Schule den Zweck, das Wissen an die

[2] Das Ökonomieprinzip kann man stark vereinfacht so umschreiben, dass nicht mehr – aber auch nicht weniger – als für die Verständigung erforderlich gesagt wird.

nachfolgende Generation weiterzugeben. Für ihre Zweckerfüllung haben die Institutionen je eigene sprachliche und nicht-sprachliche Handlungsformen entwickelt. So bilden die Prinzipien des Fachunterrichts, der altershomogenen Lerngruppen und der Schulstunden institutionelle Rahmenbedingungen von Unterricht, denen jeder Lehrer unterworfen ist und die in typischen schulischen Handlungsmustern wie der Lehrerfrage oder dem Lehrervortrag ihren sprachlichen Ausdruck finden. Man kann also sagen, dass sprachliches Handeln durch die institutionellen Zwecke in spezifischer Weise präformiert ist. Über diese Formen bilden die Aktanten unterschiedliches Wissen; so hat die Lehrerausbildung u. a. die Funktion, ein Institutionswissen zweiter Stufe, ein professionelles Wissen auszubilden, das sich etwa von dem Institutionswissen erster Stufe – hervorgegangen aus dem unmittelbaren Erleben und Erleiden – unterscheidet, über das Schüler/innen verfügen.

## Merkmale mündlicher Kommunikation

Neben den äußeren Bedingungen weisen Gespräche nach Bührig/ten Thije (2005) interne Merkmale wie die *Sequentialität*, die *Thematizität*, die *Identitätsgestaltung* sowie den *Einsatz von Unterstützungsverfahren* (supportiver Verfahren) auf, aus denen sich ebenfalls Folgerungen für den Kompetenzbegriff ergeben.

*Sequentialität* findet ihren vielleicht offensichtlichsten Ausdruck in dem zeitlichen Nacheinander sprachlicher Äußerungen. Das betrifft sowohl die einzelne Äußerung als auch Äußerungsfolgen. Was in einem Text übereinander oder nebeneinander angeordnet werden kann, ist im Gespräch zeitlich linearisiert. Für die Realisierung von Äußerungsfolgen sind zudem Verfahren notwendig, die den Sprecherwechsel regeln; diese werden theoretisch unterschiedlich beschrieben. Sacks/Schegloff/Jefferson (1974) haben mit dem *Turn-taking-Apparat* eine Erklärung entwickelt, die lokal operiert und an jedem möglichen Punkt der Redeübergabe mittels Fremd- oder Selbstwahl für die Auswahl des nächsten Sprechers sorgt. Ein anderes Konstrukt bilden die sog. *Paarsequenzen* (Gruß/Gegengruß, Vorwurf/Rechtfertigung) der Konversationsanalyse. In der funktionalen Pragmatik ist die Sequentialität auf der Ebene des Handlungsmusters angesiedelt; eine Sequenz liegt dann vor, wenn eine sprachliche Handlung systematisch einen Sprecherwechsel vorsieht, so wie es bei der Frage-Antwort-Sequenz der Fall ist.

*Thematizität* meint, dass jedes Gespräch ein Thema braucht, über das gesprochen wird. Darunter kann mit Hoffmann (2000) das verstanden werden, von dem in einem Gespräch fortlaufend die Rede ist. Es wird von den Beteiligten durch verschiedene sprachliche Mittel als Gesprächsthema konstituiert. Das, was über das Thema ausgesagt wird, also das über das Thema Gewusste, wird auch als Rhema bezeichnet.

*Identitätsgestaltung* bedeutet, dass in jedem Gespräch zwangsläufig eine (wechselseitige) Darstellung der Identität und damit auch eine Gestaltung der Beziehung erfolgen. Die Aktanten zeigen sich gegenseitig an, wie sie einerseits ihre eigene Gesprächsrolle ausfüllen und wie sie andererseits den anderen wahrnehmen. Dabei werden die sozialen, kulturellen oder geschlechtsspezifischen Aspekte von Identität gleichzeitig mit den institutionell verfügbaren Mitteln dargestellt. Die Darstellung der Identität erfolgt eher implizit mittels unterschiedlicher Mittel als explizit mit eigenen Handlungen.

*Unterstützungsverfahren zur Verständnissicherung* gehören zur mündlichen Kommunikation, weil diese wegen der Flüchtigkeit und der unterschiedlichen Beteiligungsvoraussetzungen anfällig für Missverständnisse ist. Diese Verfahren, die insbesondere den Zweck haben, das Verstehen zu sichern, lassen sich in drei Typen unterscheiden: a) Verfahren, die das Verstehen vorab sichern sollen; hierzu gehören beispielsweise Ankündigungen, die den Hörer im Vorhinein orientieren; b) Verfahren, die den Verstehensprozess in actu, d.h. fortlaufend sichern, etwa durch Wiederholungen, Paraphrasen oder Reformulierungen; c) Verfahren, die im Nachhinein Missverständnisse bearbeiten, etwa durch Reparaturen, Zusammenfassungen, Resümees und Metadiskurse.

### Realisierungsmittel und -verfahren

Gespräche werden durch kleinere kommunikative Einheiten realisiert, die dadurch bestimmt sind, dass sie jeweils bestimmte Teilzwecke erfüllen. In den unterschiedlichen theoretischen Ansätzen werden diese verschieden beschrieben. Hier soll die Kategorie der *Sprechhandlung* gewählt werden, weil sie systematisch Sprecher- und Höreraktivitäten integriert und damit in besonderer Weise geeignet ist, die spezifisch interaktive Qualität mündlicher Kommunikation auch begrifflich zu fassen. Unter einer Sprechhandlung soll eine Sequenz von Äußerungen verstanden werden, die mindestens einen Sprecherwechsel enthält und selbständig eine kommunikative Funktion erfüllt, beispielsweise die Frage-Antwort-Sequenz. Sprechhandlungen setzen sich ihrerseits wieder aus kleineren Einheiten zusammen, die hier jedoch aus Platzgründen nicht systematisch behandelt werden.

## 3 Gesprächskompetenz

Aus den Bedingungen und Merkmalen von Gesprächen sollen nun die Anforderungen an die Aktanten in einer Situation hergeleitet werden, um so die Gesprächskompetenz zu bestimmen (vgl. Becker-Mrotzek/Brünner 2004). Im Zentrum stehen dabei die komplexeren Fähigkeiten, also insbesondere diskursive und pragmatische Qualifikationen; basale wie die phonischen oder semantischen Fähigkeiten werden zunächst einmal als gegeben angenommen; sie hier zu behandeln, würde den Rahmen sprengen. Konkret lassen sich die kommunikativen Erfordernisse als Anforderungen an die kognitiven, sprachlichen und affektiven Fähigkeiten der Handelnden beschreiben; wobei die psychischen Aspekte wie das innere Management der Affekte (Ärger beherrschen, Umgang mit Angst oder Freude etc.) ausgeblendet bleiben sollen, weil diese nicht nur im Gespräch zum Tragen kommen, sondern auch in anderen Handlungen.

Die Beschreibung einer Gesprächskompetenz, in die einige Vorannahmen eingehen, soll auf einem mittleren Abstraktionsniveau erfolgen. Sie bezieht sich zunächst einmal auf typische Gespräche (sog. klare Fälle), wie sie etwa Zwei-Personen-Gespräche mit einem angebbaren Ziel darstellen, beispielsweise ein Beratungsgespräch, eine Auskunft am Bahnschalter, eine Unterhaltung unter Freunden oder ein Planungsgespräch. Die Anforderungen in komplexeren Konstellationen wie beispielsweise Vielpersonengespräche, mediengestützte Gespräche (Telefon, Videokonferenz), Gespräche in Medien (Talkshow), empraktische Gespräche (Gespräche, die praktische Handlungen wie eine Autoreparatur begleiten), therapeutische Gespräche etc. sind als abgeleitete Fälle in einem zweiten Schritt zu bestimmen, weil sie spezifisch modifizierte Anforderungen an die Gesprächskompetenz stellen.

## 3.1 Dimensionen der Gesprächskompetenz

Vor diesem theoretischen Hintergrund lassen sich jenseits der basalen Fähigkeiten vier in besonderer Weise spezifische Anforderungen an die Gesprächskompetenz beschreiben, und zwar das *Prozessieren des thematisches Wissens, der Identität, der Handlungsmuster* und *der Unterstützungsverfahren*. Sie alle sind wegen der besonderen Bedingungen der mündlichen Kommunikation gemeinsam von den Aktanten und in weiten Teilen parallel zu realisieren. Wie man sich die mündliche Sprachproduktion theoretisch vorstellen kann, zeigen beispielsweise Modelle aus der Psycholinguistik (vgl. Herrmann/Grabowski 1994; Rickheit/Sichelschmidt/Strohner 2002).

- *Thematisches Wissen prozessieren*: Da jedes Gespräch ein Thema hat, müssen die Aktanten über thematisches Wissen verfügen, auf das sie aktiv zugreifen können. Bei eigenen Redebeiträgen müssen entsprechende Propositionen in actu ausgewählt und realisiert werden, d. h. linearisiert, in eine passende lexikalische und syntaktische Form gebracht und schließlich artikuliert werden. Anders als beim Schreiben muss das Wissen also im Gedächtnis verfügbar sein, da der Zugriff auf externe Quellen nur in bestimmten Konstellationen möglich ist; hierzu zählen beispielsweise Vorträge oder Reden nach Vorlage, Präsentationen mit technischer Unterstützung (PowerPoint etc.) oder auch vorbereitete Diskussionen. In der Hörerrolle müssen die Äußerungen verstanden und in das eigene Wissen integriert werden. Bei Verstehensproblemen greifen u. a. die Unterstützungsverfahren.

- *Identität prozessieren*: Eine fortlaufende und zugleich unhintergehbare Aufgabe der Gesprächsführung besteht in der wechselseitigen Identitätsgestaltung. Von außen fließen hier vorgegebene Rollen ein, die die Aktanten beispielsweise aufgrund eines institutionellen Zusammenhangs innehaben und mit denen bestimmte Rechte und Pflichten verbunden sind (z.B. Lehrer – Schüler). Diese Rollen determinieren die Identitätsgestaltung nicht, geben aber einen Rahmen vor. Es bleibt Aufgabe der Aktanten, die (Rollen-)Identität sowie weitere Personenmerkmale (Motivation, Einstellung etc.) des anderen einzuschätzen, die u. a. Einfluss nehmen auf die Anredeform (*Du* vs. *Sie*) und die Gestaltungsart (neutral, witzig, freundschaftlich, formell, etc.). Zum anderen wird immer auch das eigene Verständnis der wechselseitigen Identitätszuschreibungen dargestellt. Aufgrund der Kopräsenz und Leibgebundenheit sind in der mündlichen Kommunikation die Möglichkeiten, die eigene Identität zu verbergen, weniger ausgeprägt als in der schriftlichen. Denn der Handlungsdruck zwingt die Aktanten, unmittelbar und ganzheitlich (= verbal und nonverbal, körperlich) zu handeln, ohne die Möglichkeit zur Revision als unpassend empfundener Handlungen, denn: gesagt ist gesagt.

- *Beziehung prozessieren*: Eng verbunden mit der Identitätsgestaltung ist die Gestaltung der Beziehung zum Gesprächspartner. Hierzu gehören beispielsweise der Grad der Vertrautheit, die Art der Beziehung (formell vs. informell) oder die erwartete Dauer der Beziehung (flüchtig vs. längerfristig). Ausgedrückt wird die Beziehungsgestaltung mit ähnlichen Mitteln wie die eigene Identität, also etwa durch die Wahl der Anredeform, der Gestaltungsart, der gewählten Handlungsmuster sowie der nonverbalen Mittel. Ein wesentlicher Prozessaspekt besteht im Erkennen der Beziehungsgestaltung durch den Gesprächspartner und das angemessene Reagieren. Das stellt insbesondere dann eine Herausforderung dar, wenn die Beziehung unterschiedlich gestaltet wird.

- *Handlungsmuster prozessieren*: Jedes Gespräch muss in einem zeitlichen Nacheinander als Sprechhandlung sequentiell prozessiert werden. Das leisten ganz wesentlich die sog. Handlungsmuster, die die Handlungen der Koaktanten systematisch aufeinander beziehen. Für die Handlungsprozessierung sind unterschiedliche Teilfähigkeiten erforderlich: Benötigt wird ein mehr oder weniger explizites – Wissen (Institutionswissen 1. und 2. Stufe) über Handlungsmuster, das die Aufgaben der Aktanten beschreibt. Die Aktanten müssen wissen, in welcher Reihenfolge und unter welchen Voraussetzungen welche Handlungsschritte zu vollziehen sind. Dieses Wissen kann je nach Muster unterschiedlich komplex sein. Benötigt wird des Weiteren eine Interpretations- und Einschätzungsfähigkeit, an welcher Musterposition sich das Gespräch befindet, d. h. welche systematische Position der Koaktant realisiert hat. Und schließlich muss der Aktant in der Lage sein, einen dem Muster und dem bisherigen Handlungsvollzug angemessenen Beitrag zu leisten.

Um es an einem Beispiel zu verdeutlichen. In institutionellen Beratungsgesprächen lassen sich etwa vier Phasen ausmachen: Zunächst muss geklärt werden, was das Anliegen ist, d.h. wo das Problem liegt; anschließend wird das Problem gemeinsam besprochen, in einem dritten Schritt folgt eine Lösungssuche, für die dann ggf. in einem vierten Schritt konkrete Umsetzungsmaßnahmen geplant werden. In jeder der Phasen stellen sich den Beteiligten bestimmte Aufgaben, deren Bearbeitung von beiden Aktanten ratifiziert, d.h. als abgearbeitet gekennzeichnet werden muss, bevor die Aufgaben der nächsten Phase angegangen werden können. Von den Aktanten verlangt das u.a. die Fähigkeiten zu erkennen, in welcher Phase sich das Gespräch befindet, zu signalisieren, ob man mit dem Übergang in die nächste Phase einverstanden ist, nicht willkürlich und ohne Signale zwischen den Phasen vor- und zurückzuspringen.

- *Unterstützungsverfahren der Verständnissicherung prozessieren* verlangt von den Aktanten unterschiedliche Teilfähigkeiten: a) Das Antizipieren von Verstehensproblemen und den vorsorglichen Einsatz Verständnis sichernder Maßnahmen, etwa größere Detailliertheit, Wiederholungen etc. bei als schwierig eingeschätzten Inhalten, b) das Signalisieren von Verstehensproblemen durch entsprechende Zeichen (Interjektionen, nonverbale Zeichen wie Stirnrunzeln etc. = aktives Zuhören) sowie das Erkennen dieser Zeichen und c) das Reagieren auf manifest gewordene Verstehensprobleme durch Wiederholen, Reformulieren, Explizieren, Nachfragen, Metadiskurse.

Damit sind vier spezifische Erfordernisse für die mündliche Kommunikation benannt, die im Folgenden auf die von Ehlich (2005, 12) vorgeschlagenen *Basisqualifikationen* bezogen werden sollen:

- *Rezeptive und produktive phonische Qualifikation* meint die Fähigkeit zur Lautunterscheidung und -produktion in ihrer gesamten Breite, einschließlich der Intonation und einzellautübergreifenden Strukturen.

- *Pragmatische Qualifikation I* meint die Fähigkeit, aus dem Sprachgebrauch anderer deren Handlungsziele zu erkennen und angemessen darauf zu reagieren sowie Sprache selber für eigene Zwecke einzusetzen, d.h. anderen mittels sprachlicher Äußerungen die eigenen Absichten zu vermitteln.

- *Semantische Qualifikation* umfasst die Fähigkeit, sprachliche Ausdrücke zu Wirklichkeitselementen und Vorstellungen sowie deren Kombinatorik rezeptiv und produktiv zuzuordnen, d.h. ein eigenes Lexikon mit Bedeutungsvorstellungen auszubilden und anzuwenden.

- *Morphologisch-syntaktische Qualifikation* betrifft die Fähigkeit zur Produktion und Rezeption komplexer Sätze und Satzfolgen, die grammatikalisch korrekt sind. Diese unterscheiden sich je nach Sprachtyp erheblich.

- *Diskursive Qualifikation* meint die spezielle Fähigkeit, Strukturen der formalen sprachlichen Kooperation zu nutzen, d. h. sich der gesellschaftlich entwickelten Muster und Schemata der Kommunikation zu bedienen. Zur pragmatischen Qualifikation I tritt dabei die zusätzliche Fähigkeit, nicht nur eigene Absichten auszudrücken bzw. fremde zu erkennen, sondern ein kommunikatives Ziel gemeinsam mit dem Gesprächspartner in einem sprachlichen Handlungsmuster zu realisieren.

- *Pragmatische Qualifikation II* wird als die Fähigkeit umschrieben, Handlungsbezüge als in unterschiedliche soziale Wirklichkeitsbereiche eingebettet zu erkennen und die angemessenen Mittel zur kommunikativen Einflussnahme auf diese Wirklichkeitsbereiche zielführend zu nutzen. Damit ist vor allem die Fähigkeit gemeint, in komplexen sozialen, vor allem institutionellen Kontexten sprachlich zu handeln.

Unter den *basalen Fähigkeiten* kommt offensichtlich der phonischen Qualifikation ein besonderer Stellenwert zu, weil sie nicht nur die materielle Basis für mündliche Kommunikation schlechthin darstellt, sondern weil sie auch eine Filterfunktion hat. Denn wir speichern im Arbeitsgedächtnis unmittelbare Sinneseindrücke, bevor sie auf den nächst höheren Stufen weiter verarbeitet werden. Probleme in diesem Bereich führen zwangsläufig zu Schwierigkeiten bei den morpho-syntaktischen, semantischen und pragmatischen Verstehensprozessen, weil der Input fehlt oder fehlerhaft ist.

- Die pragmatischen Qualifikationen I und II sowie die diskursive Qualifikation unterscheiden sich vor allem durch den Umfang und die Komplexität der vorgegebenen Strukturen. Im einfachsten Fall bringt man beispielsweise einen Wunsch durch irgendeine sprachliche Form zum Ausdruck, die dem Hörer situationsbezogen eine Rekonstruktion ermöglicht; das trifft etwa auf eine frühkindliche Äußerung wie *Spielen* zu, die ohne Rücksicht auf den Hörer den eigenen Wunsch zum Ausdruck bringt, spielen zu wollen. In der weiteren Entwicklung wird dann der Sprechakt der Bitte (*Spielst du bitte mit mir?*), die Fähigkeit zur Antizipation der Handlungsmöglichkeiten des Hörers (*Hast du Zeit, mit mir zu spielen*) und schließlich das Einbringen eines Wunsches in Antragsform in eine Institution erworben (*Ich stelle den Antrag auf Unterbrechung der Sitzung.*).

- Mit Blick auf die Gesprächskompetenz lassen sich die genannten Qualifikationen nach Wissenstypen zusammenfassen, wie das folgende Schaubild illustriert (vgl. Becker-Mrotzek 2008, 60):

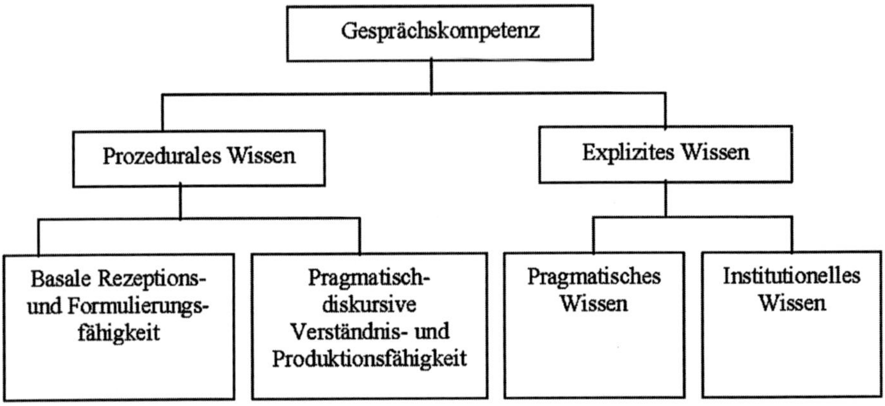


Abb. 2 Gesprächskompetenz

Danach setzt sich die Gesprächskompetenz aus explizitem und implizitem (= prozeduralem) Wissen zusammen, in das die o. a. Qualifikationen einfließen:

- Zu den *basalen Rezeptions- und Formulierungsfähigkeiten* zählt die produktive Fähigkeit, mental-kognitive Konstrukte (= Ideen) mithilfe geeigneter phonologischer, lexikalischer und grammatikalischer Mittel auszudrücken; analog bedeutet das für die Rezeption die Fähigkeit, die Bedeutung sprachlicher Ausdrücke zu verstehen. Ihre Automatisierung ist insbesondere erforderlich, um die Verarbeitungskapazitäten für die pragmatisch-diskursiven Aufgaben zu entlasten.

- Unter der *pragmatisch-diskursiven Verständnis- und Produktionsfähigkeit* soll im produktiven Bereich die Fähigkeit verstanden werden, kommunikative Ziele im Rahmen von sprachlichen Handlungsmustern oder größeren diskursiven Kontexten in Kooperation mit dem Gesprächspartner durch eigene Gesprächsbeiträge zu realisieren. Auf den rezeptiven Bereich übertragen bedeutet das, die entsprechenden Äußerungen des Gesprächspartners angemessen zu deuten. Es sind vor allem diese Qualifikationen, die für die Erfüllung der o. a. spezifischen Gesprächserfordernisse notwendig sind.

Grundsätzlich ist auch das prozedurale Wissen explizierbar; sein besonderer Status besteht jedoch gerade in seiner Automatisierung, d. h. in der Fähigkeit zum vorbewussten Handeln. Zum prozeduralen Wissen gehören wahrscheinlich auch sehr grundlegende Einstellungen, Haltungen und Überzeugungen, wie Kommunikation grundsätzlich oder in bestimmten Situationen funktioniert. Zum expliziten Wissen gehören neben den ins Bewusstsein gelangten prozeduralen Fähigkeiten die folgenden:

- *Pragmatisches Wissen*: Hierunter soll ein Wissen über die grundsätzliche Funktionsweise von Gesprächen verstanden werden, beispielsweise Kenntnisse über den Sprecherwechsel, die Aufgaben eines Erzählers oder die Funktion einer Bitte.
- *Institutionelles Wissen*: Das umfasst mehr oder weniger genaue Kenntnisse darüber, wie in bestimmten Institutionen sprachlich gehandelt wird. Für den Bereich der Schule gehören dazu beispielsweise Kenntnisse über die Art und Weise, wie Klassengespräche geführt werden.

## 3.2 Anforderungen und Niveaus der Gesprächskompetenz

Im Folgenden soll nun eine Möglichkeit vorgestellt werden, Niveaus von Gesprächskompetenz zu bestimmen; dabei wird nicht unterstellt, dass es sich hierbei um Entwicklungsniveaus handelt. Das bedeutet, die Frage, wie diese Niveaus in der Entwicklung erworben werden, bedarf der empirischen Klärung (vgl. B4). Theoretisch sollen die Merkmale für die Graduierung der unterschiedlichen Niveaus ebenfalls aus den kommunikativen Anforderungen hergeleitet werden. Die Gesprächskompetenz ist umso höher einzuschätzen, je mehr der folgenden Anforderungen gleichzeitig beherrscht werden.

*Thematische Fähigkeit*: Die thematischen Anforderungen hängen von der Bekanntheit, der Komplexität und der subjektiven Involviertheit ab. Über ein bekanntes Thema zu sprechen ist einfacher als über ein unbekanntes; gleiches gilt für komplexe Themen. Die Involviertheit in ein Thema kann sich unterschiedlich auswirken; es ist anzunehmen, dass positive Involviertheit, d.h. positive Affekte und Beziehungen, eine Erleichterung darstellen und negative eine Erschwernis. Da in jedem Gespräch ein Thema besprochen werden muss, gehört zu einer guten Gesprächskompetenz die Fähigkeit, das gemeinsame Thema dadurch voranzutreiben, dass das eigene Wissen verständlich verbalisiert und das vom Koaktanten verbalisierte Wissen in das eigene integriert wird. Ausdruck mangelnder Gesprächskompetenz wäre etwa das Nichtverstehen oder Nichtberücksichtigen des vom anderen Gesagten. Die thematische Teilfähigkeit ist in verschiedenen Gesprächstypen unterschiedlich gefordert, in einer wissenschaftlichen Diskussion sicher stärker als in einem Flirt.

*Fähigkeit zur Identitätsgestaltung*: Die Anforderung an die Identitätsgestaltung hängt u.a. ab von der Anzahl der Gesprächsbeteiligten, dem Grad ihrer Bekanntheit/Vertrautheit sowie den institutionellen Rollenvorgaben. Wie sich diese Varianten konkret auf die Schwierigkeit auswirken, ist nur schwer generell anzugeben; wahrscheinlich sind jedoch Mehrpersonengespräche und Gespräche mit unbekannten Beteiligten als schwieriger einzuschätzen, weil unterschiedliche Personen mit je spezifischen Voraussetzungen zu adressieren und Äußerungen von unterschiedlichen Personen zu interpretieren sind. Als schwieriger können wahrscheinlich auch Gesprächsrollen gelten, denen die Gesprächsführung obliegt, also beispielsweise den jeweiligen Agenten einer Institution. Eine gute Fähigkeit zur Identitätsgestaltung liegt dann vor, wenn die eigene Identität – in Abhängigkeit von den Erwartungen der Koaktanten und der Rolle – angemessen dargestellt und die Identität der Koaktanten angemessen wahrgenommen und reflektiert wird.

*Fähigkeit zur Realisierung der Handlungsmuster*: Die Anforderungen der Handlungsmuster variieren in den folgenden Aspekten: *Planbarkeit, Kontrollierbarkeit, Widersprüchlichkeit und Handlungsspielräume.* Dabei kann man wahrscheinlich davon ausgehen, dass Gesprächstypen, die weitgehend geplant, in ihrem Verlauf kontrolliert, ohne widersprüchliche Anforderungen und mit eigenen Handlungsspielräumen geführt werden können, als einfacher einzuschätzen sind, bspw. eine Auskunft am Bahnschalter, die hochgradig geplant, kontrolliert und widerspruchsfrei verlaufen kann. Ein schwieriges Gesprächsmuster wäre demgegenüber eine Verhandlung mit mehreren Parteien über einen hohen Streitwert, weil hier keiner der Beteiligten den Gesprächsverlauf planen oder kontrollieren kann und zudem verschiedene Ziele miteinander konfligieren. Ein Lehrervortrag im Unterricht ist beispielsweise besser zu planen und zu kontrollieren als ein freies Unterrichtsgespräch oder eine Beratung. Ein Beispiel für widersprüchliche Anforderungen ist die Diskussionsleitung, die einerseits unter der Maxime steht, alle Diskutanten ausreichend zu Wort kommen zu lassen, anderseits aber auch das Zeitbudget einzuhalten hat. Eine gute Fähigkeit in dieser Dimension liegt also vor, wenn widersprüchliche, wenig plan- und kontrollierbare Handlungsanforderungen bewältigt werden.

*Fähigkeit zum Einsatz von Unterstützungsverfahren:* Die Anforderungen hierfür ergeben sich vor allem dann, wenn es aufgrund der Schwierigkeit der anderen Dimensionen zu Verständigungsproblemen kommt. Die Gesprächskompetenz kann in dieser Dimension dann als hoch gelten, wenn Verstehensprobleme schnell erkannt und angemessen bearbeitet werden.

## 3.3 Ein Kompetenzmodell der Gesprächsfähigkeit

Die vier Dimensionen der Gesprächskompetenz und ihre möglichen produktiven und rezeptiven Ausprägungen lassen sich in einem Vierfelder-Schema darstellen:

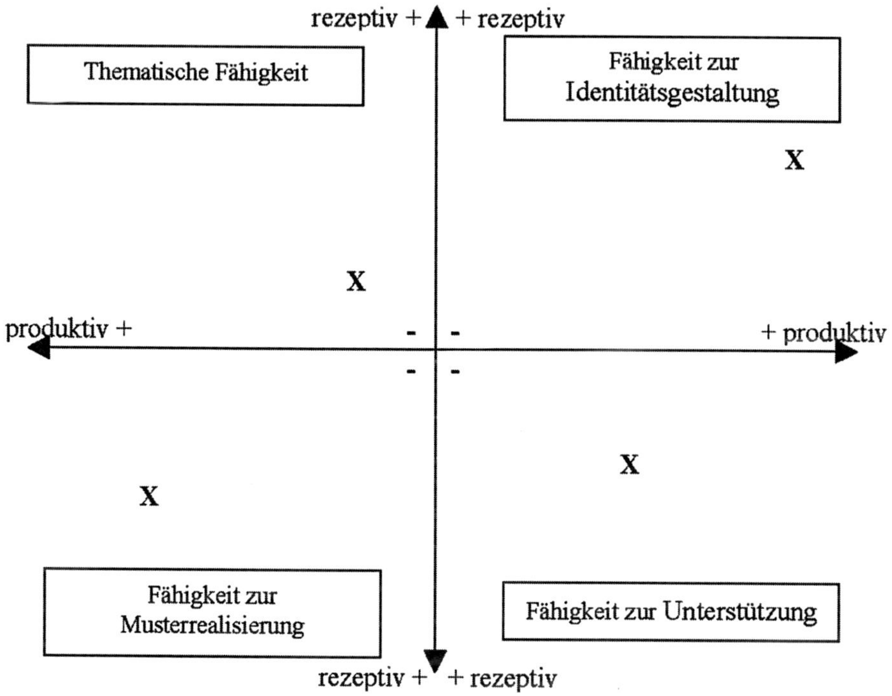


Abb. 1 Kompetenzmodell Gesprächsfähigkeit

In dieser Matrix kann für jede Dimension eingetragen werden, wie gut die jeweilige produktive und rezeptive Fähigkeit ausgeprägt ist. So kann für die thematische Fähigkeit angegeben werden, wie gut ein Sprecher in der Lage ist, sein eigenes Wissen verständlich darzustellen, bzw. seine Fähigkeit, die inhaltlichen Äußerungen des Gesprächspartners zu verstehen und zu berücksichtigen. Durch die mittige Anordnung der Minuspole (=geringe Fähigkeit) ergibt sich, dass eine gute Gesprächskompetenz dann vorliegt, wenn alle vier Dimensionen möglichst weit außen angesiedelt sind. In dem oben angegebenen fiktiven Beispiel wäre etwa die thematische Fähigkeit in beiden Aspekten schwach, bei einer gleichzeitig gut ausgebildeten Fähigkeit zur Identitätsgestaltung. Die weitere Operationalisierung der vier Dimensionen ist eine empirische Aufgabe.

## Literatur

Becker-Mrotzek, Michael: Gesprächskompetenz ermitteln und vermitteln. Gute Aufgaben im Bereich „Sprechen und Zuhören". In: Bremerich-Vos, Albert/Granzer, Dietlinde/Köller, Olaf (Hrsg.): Lernstandsbestimmungen im Fach Deutsch. Gute Aufgaben für den Unterricht. Weinheim/Basel: Beltz 2008, 52–77

Becker-Mrotzek, Michael/Brünner, Gisela: Der Erwerb kommunikativer Fähigkeiten: Kategorien und systematischer Überblick. In: Becker-Mrotzek, Michael/Brünner, Gisela, 2004, 29–45

Becker-Mrotzek, Michael/Brünner, Gisela (Hrsg.): Analyse und Vermittlung von Gesprächskompetenz. Frankfurt/Bern: Lang & www.verlag-gespraechsforschung.de (kostenloser Download) 2004

Bühler, Karl: Sprachtheorie. Die Darstellungsfunktion der Sprache. (zuerst 1934 Jena) Stuttgart: Fischer 1982

Bührig, Kristin/ten Thije, Jan D.: Diskurspragmatische Beschreibungen. In: Ammon, Ulrich/Dittmar, Norbert/Mattheier, Klaus/Trudgrill, Peter (Hrsg.): Soziolinguistics/ Soziolinguistik. Berlin: de Gruyter 2005, 1225–1250

Chomsky, Noam: Regeln und Repräsentationen: Sprache und unbewußte Erkenntnis. (1980) In: Hoffmann, Ludger (Hrsg.): Sprachwissenschaft. Ein Reader. Berlin: de Gruyter 1996, 81–97

Deppermann, Arnulf: 'Gesprächskompetenz' – Probleme und Herausforderungen eines möglichen Begriffs. In: Becker-Mrotzek, Michael/Brünner, Gisela, 2004, 15–27

Ehlich, Konrad: Text und sprachliches Handeln. Die Entstehung von Texten aus dem Bedürfnis nach Überlieferung. In: Assmann, Alaida/Assmann, Jan/Hardmeier, Christoph (Hrsg.): Schrift und Gedächtnis. München: Fink 1983, 24–43

Ehlich, Konrad et al.: Anforderungen an Verfahren der regelmäßigen Sprachstandsfeststellung als Grundlage für die frühe und individuelle Förderung von Kindern mit und ohne Migrationshintergrund. Berlin: Bundesministerium für Bildung und Forschung 2005 (Bildungsforschung Band 11)

Ehlich, Konrad/Rehbein, Jochen: Sprachliche Handlungsmuster. In: Soeffner, Hans G. (Hrsg.): Interpretative Verfahren in den Sozial- und Textwissenschaften. Stuttgart: Metzler 1979, 243–274

Ehlich, Konrad/Rehbein, Jochen: Wissen, kommunikatives Handeln und die Schule. In: Goeppert, Herma C. (Hrsg.): Sprachverhalten im Unterricht. Zur Kommunikation von Lehrern und Schülern in der Unterrichtssituation. München: Fink 1977, 36–114

Fiehler, Reinhard: Gesprochene Sprache. In: Dudenredaktion (Hrsg.): Die Grammatik. Mannheim usw.: Dudenverlag 2005, 1175–1256

Herrmann, Theo/Grabowski, Joachim: Sprechen. Psychologie der Sprachproduktion. Heidelberg usw.: Spektrum 1994

Hoffmann, Ludger: Thema, Themenentfaltung, Makrostruktur. In: Brinker, Klaus/Antos, Gerd/Heinemann, Wolfgang/Sager, Sven (Hrsg.): Text- und Gesprächslinguistik. 1. Halbband. Berlin: de Gruyter 2000, 344–356

Jude, Nina/Klieme, Eckhard: Sprachliche Kompetenz aus Sicht der pädagogisch-psychologischen Diagnostik. In: Beck, Bärbel/Klieme, Eckhard (Hrsg.): Sprachliche Kompetenzen. Konzepte und Messung. DESI-Studie. Weinheim: Beltz 2007, 9–22

Koch, Peter/Oesterreicher, Wulf: Schriftlichkeit und Sprache. In: Günther, Hartmut/Ludwig, Otto (Hrsg.): Schrift und Schriftlichkeit. Berlin: de Gruyter 1994, 587–604

Rehbein, Jochen: Beschreiben, Berichten, Erzählen. In: Ehlich, Konrad (Hrsg.): Erzählen in der Schule. Tübingen: Narr 1984, 57–124

Rehbein, Jochen: Komplexes Handeln. Elemente zur Handlungstheorie der Sprache. Stuttgart: Metzler 1977

Rickheit, Gert/Sichelschmidt, Lorenz/Strohner, Hans (Hrsg.): Psycholinguistik. Tübingen: Stauffenburg 2002

Sacks, Harvey/Schegloff, Emanuel A./Jefferson, Gail: A simplest systematics for the organization of turn-taking in conversation. In: Language (50) 1974, 696–735

Sutter, Tilmann/Charlton, Michael: Medienkompetenz – einige Anmerkungen zum Kompetenzbegriff. In: Groeben, Norbert/Hurrelmann, Bettina (Hrsg.): Medienkompetenz. Voraussetzungen, Dimensionen, Funktionen. Weinheim, München: Juventa 2002, 129–147

Weinert, Franz E.: Vergleichende Leistungsmessung in Schulen – eine umstrittene Selbstverständlichkeit. In: Weinert, Franz E. (Hrsg.): Leistungsmessung in Schulen. Weinheim und Basel: Beltz 2. Auflage 2002, 17–31

UTA QUASTHOFF

# B4 Entwicklung der mündlichen Kommunikationskompetenz

Die „*Kompetenz*orientierung" ist in der gegenwärtigen didaktischen Diskussion ein Leitmotiv, das im Zuge seiner Verbreitung allerdings häufig zum Schlagwort verkommt. Sie steht im Zusammenhang mit dem *shift from teaching to learning* in allen Domänen, für die Modellierung und Erfassung von Lernen als Aneignungsprozess auf Seiten des Kindes statt als (unterstelltes) Ergebnis eines Instruktionsprozesses auf Seiten des/der Unterweisenden. Einsicht in *Entwicklung*sprozesse gewinnen im Zuge dieser didaktischen Grundorientierung – sozusagen als prototypische „kindgesteuerte" Aneignungsformen – ein besonderes Gewicht für (fach)didaktische Lerntheoriebildung sowie diagnostisches und förderndes Handeln.

Der Erwerb gerade von *kommunikativen* Kompetenzen nimmt unter anderen Gesichtspunkten einen zentralen Stellenwert in der gegenwärtigen Diskussion ein, die in der generellen thematischen Akzentuierung dieses Bandes anklingen: Sprachlich-kommunikative Praktiken haben im Vergleich zu Aneignungsprozessen in anderen Domänen eine Doppelfunktion beim Lernen: Sie sind gleichzeitig Lernziel und Lernmedium (Becker-Mrotzek/Quasthoff 1998). Die Redeweise von sprachlichen Kompetenzen als Schlüsselqualifikationen gewinnt unter diesem Aspekt eine sehr konkrete Bedeutung: Ein eingeschränkter Erwerb sprachlicher Kompetenzen führt eben nicht nur zu mangelndem Lern- bzw. Schulerfolg in sprachlichen Domänen, sondern schränkt die Teilhabe an fortschreitenden Lernprozessen in allen Domänen ein, insoweit ihre Vermittlung und Aneignung sprachlich konstituiert ist. Dieser Zusammenhang gilt unter dem Gesichtspunkt der wesentlich mündlichen Unterrichtsprozesse nicht nur, aber wesentlich für *mündliche* Sprach- und Kommunikationskompetenzen.

Unter der seit den Ergebnissen von PISA (Deutsches Pisa-Konsortium 2001) immer wieder bestätigten in Deutschland besonders engen Bindung des Schulerfolgs an die soziale Herkunft sind (mündlich-) sprachliche Kompetenzen gerade auch unter dem Gesichtspunkt ihrer kontextuellen Verankerung zu betrachten: Unterschiedliche soziale Milieus konstituieren sich nicht zuletzt durch unterschiedliche kommunikative Praktiken (Lareau 2003), Institutionen und damit Unterricht reproduzieren sich in anderer Weise durch jeweils akzeptierte oder (dis-)präferierte sprachlich-kommunikative Verfahren (Becker-Mrotzek/Vogt 2001). Bedenkt man nun, dass zwischen den unterrichtlich geforderten sprachlich-kommunikativen Mustern und den milieuspezifisch mitgebrachten sprachlichen Erfahrungen unterschiedliche Grade von Passungen bestehen, dann lässt sich unter dem Gesichtspunkt der mündlichen Kommunikation als Lernmedium ein Erklärungszugang zu Bildungsbenachteiligung finden, dessen empirische Aufklärung ein wichtiges Desiderat darstellt.

Der nachfolgende Artikel wird sich in das skizzierte Geflecht von Relevanzen einfügen, indem er in aller Kürze ein einschlägiges Konzept mündlicher Kommunikationskompetenz ableitet, das besonderes Gewicht auf die für den Erwerb im Schulalter und die Doppelfunktionalität relevanten Diskurskompetenzen legt (1), den Erwerb dieser Kompetenzen im Schulalter grob nachzeichnet (2) und abschließend die Mechanismen und damit die außerschulischen und schulischen Ressourcen des Erwerbs (3) diskutiert.

## 1 Zum Konzept 'mündliche Kommunikationskompetenz'

Auch im Bereich der Mündlichkeit liegt inzwischen eine Reihe von theoretischen oder gar modellhaften Explikationen der für eine angemessene Kommunikations- bzw. Gesprächspraxis notwendigen Kompetenzen vor (z.B. Deppermann 2004, Ehlich 2005, Becker-Mrotzek, B3). Ihnen gemeinsam ist eine funktionale Fundierung des Kompetenzkonzepts aus den Bedingungen bzw. Anforderungen einer erfolgreichen Praxis heraus sowie der Versuch, das komplexe Fähigkeitsbündel analytisch, diagnostisch und für Förderzugänge handhabbar zu machen, indem es möglichst erschöpfend in Teilfähigkeiten, Dimensionen, Aspekte entwirrt wird. Diese außerordentlich nützlichen Arbeiten sind prinzipiell untereinander kompatibel, auch wenn sie natürlich ihre jeweilige Orientierung an theoretischen Grundkategorien wie der des Wissens und Handelns in der Funktionalen Pragmatik einerseits bzw. der Interaktion in der Gesprächsanalyse andererseits widerspiegeln.

Ihr Vorhandensein erlaubt es mir, mich dem Konzept kommunikativer Kompetenz unter dem Gesichtspunkt der speziellen Relevanz für die vorliegenden Fragestellungen zu nähern. Während die erwähnten Ansätze also mündliche kommunikative Fähigkeiten in ihrer Breite betrachten, geht es vor diesem Hintergrund hier darum, einen Aspekt herauszustellen, der entscheidend ist für

- den Entwicklungszeitraum im Schulalter,
- die Nutzung sprachlich konstituierter Lernkontexte und
- die Erklärung von sprachlich bedingter Bildungsbenachteiligung.

Mit Deppermann 2004 und Becker-Mrotzek (B3) fasse ich mündliche Kommunikationskompetenz als Gesprächskompetenz, weil hier sowohl die sequenziell rekonstruierbare funktionale Fundierung in einer interaktiven Praxis als auch die Anbindung an Theorieentwürfe der verbalen Interaktion konkreter ableitbar sind. Mit der Konzeptualisierung von kommunikativer Kompetenz als Gesprächskompetenz wird darüber hinaus eines der zu lösenden Analyse- und Beschreibungsprobleme augenfällig, nämlich das des Spannungsverhältnisses zwischen der unhintergehbaren interaktiven, d.h. personenübergreifend zu repräsentierenden Konstitution der Gesprächspraxis und dem personenbezogenen Kompetenzkonzept. Wir haben eine methodische Lösung dieses Problems vorgelegt (GLOBE: Hausendorf/Quasthoff 1996, 2005), die sich bei der Analyse von Gesprächskompetenz als Anteil eines der Beteiligten an der gemeinsamen Herstellung von Sinn im Rahmen der jeweiligen Gesprächsaktivität breit bewährt hat (Gülich/Hausendorf 2000, Quasthoff 1997, Quasthoff/Steinbring 2000).

Mit dem Verweis auf die Praxis und die konversationsanalytische Beschreibung von Gesprächen ist neben der „gemeinsamen Hervorbringung“ jeweils durch Sprecher und Zuhörer auch das Merkmal der Sequenzialität (Deppermann 2004) bzw. des Herstellens und Markierens von Kohärenz als eine der zu erledigenden Aufgaben der Gesprächsbeteiligten herausgestellt (Brinker/Hagemann 2001). Die Mechanik der Herstellung solcher Zusammenhänge auf unterschiedlichen Gesprächsebenen erfolgt über sog. Zugzwänge (Quasthoff/Kern 2007, Liedtke 2001) oder konditionelle Relevanzen. Jeder Zug eines Gesprächsbeteiligten ist gesteuert von einem oder mehreren vorangehenden Äußerungen im Gespräch und steuert gleichzeitig seinerseits die möglichen Anschlusszüge. Die Anschlussfähigkeit einer Äußerung bzw. einer Sequenz von Äußerungen (s.u.) an einen jeweils gemeinsam aufgebauten Kontext ist also sowohl inhaltlich wie formal zu unterschiedlichen Graden eingeschränkt. Die meist beschriebene (aber nicht die einzige) Form solcher Zugzwänge sind die sog. Paarsequenzen wie Frage – Antwort, Einladung – Annahme/Ablehnung etc. (Jefferson 1972). Diese Zugzwänge operieren lokal, d.h. sie steuern jeweils unmittelbar angrenzende Äußerungen im turn-by-turn talk.

Was weniger im Fokus der klassischen Konversationsanalyse lag ist die Existenz globaler Zugzwänge, die den Anschluss einer komplexeren Gesprächseinheit erfordern. Je nach theoretischer Orientierung und Fragestellung wurden diese größeren Einheiten *Diskurseinheit* (Wald 1978, Hausendorf/Quasthoff 1996), *Handlungsmuster* (Ehlich/Rehbein 1986) oder *kommunikative Gattung* (Bergmann/Luckmann 1995) genannt. Gemeint sind intern jeweils bestimmten sequenziellen Mustern folgende, im Gespräch i.a. deutlich abgegrenzte Einheiten wie Erzählungen, Witze, Wegbeschreibungen, Erklärungen, Instruktionen u.ä. Diese übersatzmäßigen Einheiten sind an bestimmten Stellen des Gesprächs zwingend anzuschließen (*Ich hab keine Ahnung, wie xy funktioniert. Was warn da eigentlich für Krach da bei euch?*) und setzen den normalen Mechanismus des Sprecherwechsels nach jeder syntaktisch vollständigen Äußerung (Sacks, Schegloff/Jefferson 1974) für den Vollzug der größeren Einheit außer Kraft (Wald 1978).

Mit der Unterscheidung in lokale und globale Ebenen der Gesprächskonstitution ist die Fokussierung des zugrundezulegenden Kompetenzkonzepts als

Diskurskompetenz vorbereitet: Während in den frühkindlichen und vorschulischen *Entwicklungs*phasen die grundlegende Kontingenz interaktiver Sequenzialität auf lokaler Ebene aufgebaut (Bamberg 1987) wird, stellt sich etwa mit Beginn der Schulzeit allmählich die Fähigkeit zum Erkennen und Bedienen globaler Zugzwänge sowie zum kontextuellen Platzieren und internen Aufbau globaler Einheiten ein (Hausendorf/Quasthoff 1996, Kern/Quasthoff 2005). Dieser Erwerbsprozess ist keinesfalls – wie bei mündlichem Spracherwerb oft unterstellt – mit Schuleintritt abgeschlossen.

Außer dem Erwerbsaspekt spricht der Gesichtspunkt der Teilhabe an den immer komplexer werdenden *mündlichen Lernkontexten* für die Fokussierung der mündlichen Kompetenz auf Diskurskompetenz: Unterrichtskommunikation ist im Verlauf der Jahrgangsstufen in zunehmendem Maße global organisiert, auch wenn die globalen Zusammenhänge weitgehend von der Lehrperson allein ohne aktive Beteiligung der Schüler hergestellt werden (Hausendorf/Quasthoff 1996, Kap. 16). Die dadurch gegebene Rolle der Schüler/innen lenkt den Blick auf die oft vernachlässigte rezeptive Dimension von Diskursfähigkeiten, die ebenfalls innerhalb der familialen und alltäglichen Sprachpraxis angebahnt wird (s. u. 3.1, Quasthoff/Kern/Ohlhus/Stude demn.). Wenn Schüler aufgrund einer eingeschränkten rezeptiven Diskurskompetenz nicht hinreichend in der Lage sind, mündliche Diskurseinheiten zu verstehen bzw. die globale Organisation des Unterrichtsdiskurses nach thematischen und anderen Ordnungsprinzipien nachzuvollziehen, ist die Nutzung der mündlichen Kommunikation als Lernmedium vermutlich gravierender eingeschränkt, als für den Fall, dass Wörter unbekannt sind oder vereinzelt vorkommende syntaktische Komplexitäten nicht prozessiert werden können. Dies gilt umso mehr, als für die schriftliche Rezeptionsfähigkeit, das Lesen, erwiesen ist, dass „hierarchieniedrige“ Defizite (auf Wort- und Satzebene) bis zum gewissen Grad durch „hierarchiehohe“ Strategien des Textverstehens kompensiert werden können, nicht aber umgekehrt (Richter/Christmann 2002).

Die Erklärungskraft der Diskurskompetenz schließlich für die *Bindung des Schulerfolgs an die soziale Herkunft* ist mehrfach begründet: Der außerschulische Erwerb von Diskursfähigkeiten wird in sehr unterschiedlichem Ausmaß und auf sehr unterschiedliche Weise in der Familieninteraktion unterstützt (Kern/Quasthoff 2007, Morek demn.). Diese Verschiedenheit wiederum ist u. a. damit zu erklären, dass milieuspezifisch unterschiedliche kommunikative Praktiken und Erfahrungen sich besonders in den genutzten kommunikativen Gattungen sowie in der Art ihrer sprachlichen Realisierung zeigen (Michaels/Cazden 1986). Unterschiede gibt es z. B. in dem Ausmaß, in dem explizite Kommunikationen über abstraktere Zusammenhänge, Texte oder fachspezifische Themen vollzogen werden. Soziale Zugehörigkeit konstituiert sich wesentlich über die Art der sprachlichen Interaktion (Bourdieu 1983), die u. a. durch Vertrautheit mit „schriftnäheren“ Stilen geprägt ist. Besonders augenfällig wird dieser Zusammenhang zwischen den kommunikativen Alltagsroutinen vieler Jugendlicher (Schmidt 2004), die oft stark situativ gebunden und funktional primär auf das Management von Gruppenidentität und Beziehungsdefinition ausgerichtet sind. Zwischen ihnen und den unterrichtlichen Anforderungen an eine standardnahe Form der Sprachverwendung besteht eine Kluft, deren Existenz sprachdidaktisch berücksichtigt werden muss (s. u. 3.2).

*Mündliche Kommunikationskompetenz* fassen wir also i. S. v. Diskurskompetenz wesentlich als die Fähigkeit, mit globalen sequentiellen Erwartungen in Gesprächen produktiv und rezeptiv kontextualisierend umgehen zu können. Gemäß den empirischen Ergebnissen der Diskurserwerbsforschung sind mindestens die folgenden Teilfähigkeiten für Diskursfähigkeiten rekonstruierbar, da sie sich jeweils bezogen aufeinander dominant in unterschiedlichen Altersbereichen entwickeln: Die Kompetenz

- die jeweiligen sequentiellen und sprachlichen Muster zu erkennen und anzuwenden, die für unterschiedliche Diskurseinheiten bzw. -aktivitäten typisch sind *(Vertextung)*;
- sequentielle Abhängigkeiten im Gespräch, lokale und globale Zugzwänge, zu erkennen und zu befolgen *(Kontextualisierung)*;
- die sprachlichen Formen zu kennen und zu beherrschen, die lokale und globale Zusammenhänge gattungsspezifisch herstellen bzw. markieren *(Markierung)*.

Diskurskompetenz modellieren wir also entwicklungsempirisch fundiert in den drei Dimensionen *Vertextung, Kontextualisierung* und *Markierung*. Diese Dimensionen wurden modalitätsübergreifend abstrahiert und haben sich entsprechend unter dem Gesichtspunkt der integrierenden Beschreibung des Erwerbs übersatzmäßiger Fähigkeiten im Mündlichen und Schriftlichen bewährt (Quasthoff 2006, Quasthoff/Kern/Ohlhus/Stude demn.).

## 2 Wie entwickelt sich mündliche Kommunikationsfähigkeit im Schulalter?

### 2.1 Gleichförmigkeiten: Entwicklungslinien im Erwerb von Diskurskompetenz

Wie alle Entwicklungsforschung hat auch die Diskurserwerbsforschung (zsf. Hausendorf/Quasthoff 1996: Kap. 3, Hickmann 2003) lange primär auf die interindividuellen Gleichförmigkeiten in den Erwerbsverläufen geschaut und dabei die interindividuellen Verschiedenheiten eher aus dem Blick verloren. Im Bestreben, die Aneignungsprozesse als Entwicklungsprozesse zu fassen, wird die im Altersvergleich oder im Längsschnitt vorfindliche Varianz gerne als uni-direktional geordnete verallgemeinerbare Abfolge von Kompetenzniveaus oder -stufen gefasst (Wolf 2000), wobei diese häufig den Eindruck erwecken, dass das jeweils höchste Niveau die Zielkompetenz repräsentiert – unabhängig vom empirisch zugrundegelegten Altersbereich. Prinzipiell wird bei Stufenmodellen der Blick auf die Prozessualität des Erwerbs und die unterschiedlichen Erwerbsbedingungen und -strategien oft verstellt.

Ich zeichne im Folgenden die Entwicklungslinien von Diskurskompetenz entsprechend der genannten drei Dimensionen in groben Zügen nach (vgl. auch Quasthoff, Kern, Ohlhus/Stude demn., Ohlhus/Stude, G1). Bei der Zusammenfassung der Forschungsergebnisse als Prozesslinien des *Diskurs*erwerbs ist zu beachten, dass der überwiegende Teil der empirischen Forschung sich generell auf Erzählungen bezieht. Wenige neuere Arbeiten vergleichen empirisch unterschiedliche Gattungen (s. u. 2.2). Die hier präsentierte genreübergreifende Integration i. S. v. Diskursentwicklungslinien wurde empirisch erst erkennbar durch einen Längsschnitt, in dem die Entwicklung dreier Gattungen kontrastiv beobachtbar wurde[1]. Die theoretische Beschreibung ist fundiert durch ein gattungs- und modalitätübergreifendes Modell von globaler Kompetenz (Quasthoff 2006).

## Vertextung

In diesem Kompetenzaspekt geht es um die Fähigkeit, eine satzübergreifende sprachliche Einheit intern gemäß den Anforderungen des Genres semantisch lokal und global kohärent zu produzieren. Im Fokus stehen also der Ausbau der Einheit und die Art der Verknüpfung ihrer (inhaltlichen) Elemente zu einem Ganzen auf lokaler und globaler Ebene. Die meisten Studien zur Entwicklung von Diskurs-/Erzählfähigkeiten konzentrieren sich ausschließlich auf diesen Aspekt (McCabe/Bliss 2003, zsf. Knapp 2001).

In Übereinstimmung mit anderen Studien (Boueke et al. 1995, Hausendorf/Wolf 1998, Becker 2001) haben unsere Forschungen für den Bereich der internen semantischen Kohärenzmuster eine Entwicklung von lokalen zu globalen Strukturen ergeben. Dabei bilden Reihungen isolierter Äußerungen den Ausgangspunkt („bruchstückhafte" Zusammenfügungen, vgl. Hausendorf/Quasthoff 1996) bei Vorschulkindern. Im Fortgang der Entwicklung werden diese zu noch lokal operierenden linearen Verknüpfungen ausgebaut, die sich an den sachlichen Strukturen des behandelten Gegenstands ausrichten (zeitliche Reihung in Erzählungen und Berichten etc.). Die Entwicklung gipfelt in der hierarchischen Strukturierung satzübergreifender Einheiten, die sich nicht mehr allein an der

[1] Ich beziehe mich hier auf die unter meiner Leitung durchgeführten DFG-Projekte *DASS* („Diskursfähigkeiten als sprachliche Sozialisation"; Laufzeit 2000–2003 und *OLDER* („Orale und literale Diskursfähigkeiten: Erwerbsmechanismen und Ressourcen"; Laufzeit 2002–2005).

Sachlogik des Gegenstandes, sondern an gattungsspezifischen Strukturierungsmustern orientiert und damit deutlich globalen Charakter hat. So werden etwa Erzählungen um ein unerwartetes Ereignis (Planbruch), Spielerklärungen um den wesentlichen Spielgedanken als strukturelles Zentrum der Einheit organisiert. Die Erwerbsprogression muss in Relation zur jeweiligen Länge und Komplexität der Einheiten gesehen werden.

## Kontextualisierung

Mit dem Aspekt der Kontextualisierung beziehen wir uns auf die Fähigkeit, die gesamte globale Einheit in einen Kontext angemessen einzupassen bzw. eine kontextuelle Anschlussfähigkeit zu schaffen. Es geht hier also in einem strukturellen (nicht semantischen) Sinne um die situierte Etablierung einer Diskurseinheit als globale sprachliche Einheit. Hier ist also die entwicklungsempirisch hoch relevante Fähigkeit von Kindern um den Schuleintritt herum angesiedelt, im Gespräch zu erkennen, wann sie mit welcher globalen Einheit anschließen müssen, ohne dass der Erwachsene den globalen Zugzwang explizieren muss (*Kannst du mir das mal erzählen?* Quasthoff 2003, 2008). Die Globalität der Einheit muss im Zuge ihrer Etablierung mindestens ein- und ausleitend deutlich gemacht werden (Wald 1978) und in ein kontextuelles Umfeld von thematischen Bezügen, Relevanzen und Adressatenorientierung passen. Die Bezeichnung „Kontextualisierung“ nimmt dabei Bezug auf einen dynamischen Kontextbegriff: Kontexte und Situationen sind nicht gegebene Größen, sondern werden wesentlich sprachlich aus- und umgestaltet bzw. – etwa durch Relevantsetzungen – erst etabliert: Die Rede darüber, *was die Leute von der Uni eigentlich gemacht haben* führt erst zum möglichen Anschluss der Erzählung über das Missgeschick, das einem von ihnen passiert ist (Hausendorf/Quasthoff 1996).

Die Entwicklung entsprechender Kontextualisierungsfähigkeiten verläuft von rein lokalen Reaktionen durch Steuerungen des Gesprächspartners hin zu einer die Situation und den Kommunikationspartner berücksichtigenden Einpassung des eigenen Beitrags als globale Einheit mit der Fähigkeit, Kontexte für das eigene sprachliche Handeln selbst (sprachlich) zu schaffen, also aktiv zu *kontextualisieren*.

## Markierung

Als ein in der Kompetenzentwicklung gesondert zu analysierender Aspekt ergab sich in unseren Studien die explizite (verbale) Markierung struktureller und funktionaler Eigenschaften eines satzübergreifenden Beitrags. Dabei geht es in besonderer Weise auch um die Verwendung sprachlicher Formulierungen gemäß der jeweiligen Typik, die von Gattung und Modalität gefordert werden (Ohlhus 2005). Hierzu gehören Phänomene wie die Markierung struktureller Zäsuren z.B. durch Vertextungsmittel oder die genre-angemessene Verwendung von Tempora und Modi.

Die Strukturmarkierung hat natürlich einen sehr engen funktionalen Bezug auf die beiden anderen Kompetenzaspekte: Es sind ja das Ausmaß und die Art externer Kontextualisierung sowie die Muster interner sprachlicher Kohärenz, die durch formale Verfahren markiert und in gewisser Weise etabliert werden. Den Status eines gesonderten Aspektes von Diskurs- und Textkompetenz erhält dieser Fähigkeitsbereich aus empirischen Gründen: Er ließ sich in unseren Studien zur mündlichen wie schriftlichen Entwicklung als ein sowohl im Entwicklungsverlauf als insbesondere auch im interindividuellen Vergleich eigenständiger Faktor globaler Kompetenz rekonstruieren, der ein vergleichsweise hohes Kompetenzniveau repräsentiert (Hausendorf/Quasthoff 1996, Quasthoff 1993, Ohlhus 2005a). Darüber hinaus konnte insbesondere die Orientierung an sprachlich-formalen Aspekten als ein Erwerbsmechanismus herausgestellt werden, dem bezogen auf genretypische Verwendungen eine stützende Funktion für die Lösung struktureller Aufgaben und solcher der Kontextualisierung zukommt (Becker 2001, Ohlhus 2005). Insbesondere bei schriftnahen Gattungen wie Nacherzählungen oder Phantasiegeschichten nutzen Kinder formelhafte Strukturmarkierungen wie *Und wenn sie nicht gestorben sind …*, um den Abschluss der Diskurseinheit zu bewältigen, während sie ohne die Hilfe einer solchen Formel oft noch mit dem Höhepunkt schließen.

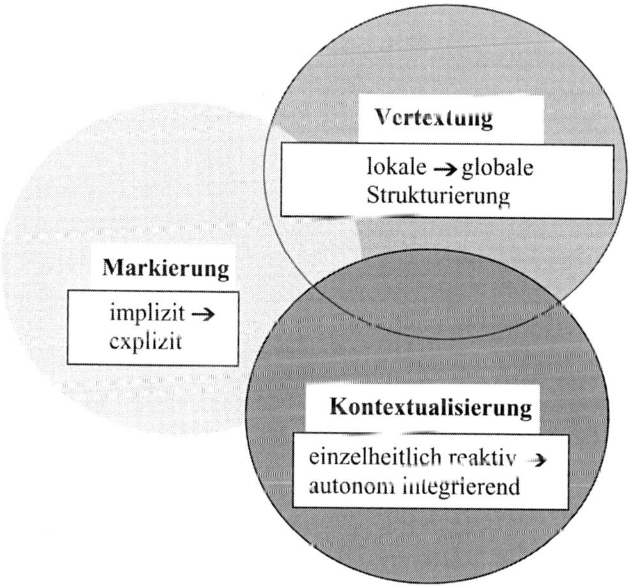


Abb. 1 Entwicklungslinien von Diskurskompetenz

Die Entwicklung dieses Kompetenzaspektes verläuft von einer impliziten, z. B. prosodischen Realisierung bei Vorschulkindern zu einer expliziten Markierung globaler Merkmale in der sprachlichen Form bei Kindern im Grundschul- und

Sekundarstufenalter. Damit einher geht die zunehmende Orientierung an konventionellen Formen im Rahmen einer Typik des sprachlichen Ausdrucks und dem jeweiligen Genre. Eine fortgeschrittene Entwicklung dieses Kompetenzaspektes zeigt sich insbesondere im spielerischen Umgang mit der Konvention, deren Abwandlungen nun ihrerseits als Ausdrucksmittel genutzt werden können (vgl. Ohlhus 2005). Eine zusammenschauende Visualisierung der genannten Entwicklungslinien in den verschiedenen Dimensionen zeigen die Pfeile in Abb. 1.

## 2.2 Unterschiede: Varianzen zwischen Kindern, Genres und Modalitäten

In den erwähnten längschnittlichen Forschungsprojekten wurden 38 Kinder in zwei Grundschulklassen unmittelbar nach Einschulung bis zum Beginn des vierten Schuljahrs u. a. in ihrer mündlichen Diskursentwicklung anhand von mündlichen konversationellen Erlebniserzählungen, Fantasieerzählungen und Spielerklärungen beobachtet (Kern/Quasthoff 2005, Abschlussbericht im Netz). Unsere aus der reinen Entwicklungsperspektive resultierenden Erwartungen hinsichtlich der Varianz innerhalb der strukturell hochgradig vergleichbaren Diskurseinheiten wurden – sowohl bezogen auf das jeweilige Erwerbsniveau als auch hinsichtlich der Verschiedenheit der strukturellen und sprachlichen Präferenzen der einzelnen Kinder – weit übertroffen. Gravierende Unterschiede zeigten sich nicht nur zwischen den Kindern, sondern auch im Vergleich der einzelnen Diskurseinheiten desselben Kindes. So offenbarte sich eine erwerbsbezogene und stilistische Variabilität im Vergleich zwischen der Fantasiegeschichte und den Spielerklärungen derselben Kinder oder auch zwischen Fantasiegeschichte und Erlebniserzählung. Die erwerbsbezogene Varianz zeigt sich u. a. in ihrer Kontextualisierungskompetenz: Manche Kinder entfalteten ohne nennenswerte dialogische Unterstützung Erklärungen und/oder Erzählungen, während andere Kinder ohne die massive Hilfe der erwachsenen Gesprächpartner kaum das Fragment einer Diskurseinheit produzierten.

Unterschiedliche strukturelle Präferenzen zeigten sich im Fall von Erzählungen am narrativen Stil: In früheren Forschungen zum Diskurserwerb wurden zwei narrative Muster ermittelt, mit denen ein Ereignis narrativ entfaltet werden kann: *Elaborieren* und *Dramatisieren* (Hausendorf/Quasthoff 1996). Die Verfahren für das *Elaborieren* sind nur die minimalen einer (narrativen) Diskurseinheit: Ein Ereignis wird im Rahmen einer übersatzmäßigen Einheit lediglich als *Ereignisqualität* verbalisiert. Das *Dramatisieren* hingegen konstituiert eine zusätzliche Qualität der Erzählung: Das Ereignis wird in Form einer 'szenischen Erzählung' in seiner *Erlebnisqualität* präsentiert (cf. Quasthoff 1980). Als sprachliche Mittel zur Dramatisierung werden vor allem direkte Rede und prosodisch markierte „Mehrstimmigkeit" (Günthner 1997) die starke Detaillierung des Kernereignisses („Atomisierung“) und das historische Präsens verwendet (Quasthoff 1980).

Erstaunliches fördert ein Vergleich zwischen Phantasieerzählungen und konversationellen Erzählungen in Bezug auf die verwendeten sprachlichen und nichtsprachlichen Markierungen der Dramatisierung bei den jüngsten Kindern zu Tage. Zwar konnten in unterschiedlicher Art in beiden Genres Formen der Dramatisierung beobachtet werden, die einen mündlichen Stil i. S. der Somatizität mündlicher Kommunikation (Scollon/Scollon 1995) entsprechen: Die Kinder nutzen in den konversationellen Erlebniserzählungen vor allem Ressourcen ihres Körpers, um erzählerische Höhepunkte dramatisierend zu gestalten. Dazu gehören neben prosodischen Markierungen und Onomatopoetica insbesondere ikonische Gesten. Diese visualisieren Ereignisse oder Aspekte von Ereignissen, die tatsächlich stattgefunden haben und die die Kinder somit vermutlich vor ihrem inneren Auge haben. Aber auch in den Fantasieerzählungen verwenden die Kinder häufig ikonische Gesten, um ihre Erzählungen zu dramatisieren. Hier werden Gesten ebenfalls hochgradig funktional verwendet, um die geschilderten Ereignisse in einer Art Deixis am Phantasma zu verbildlichen und in Szene zu setzen. Ikonische Gesten konstituieren hier also Fiktionalität. Die direkte Redewiedergabe jedoch, ein eher sprachliches Merkmal dramatisierenden Erzählens (Quasthoff 1980), wird fast ausschließlich in Fantasieerzählungen verwendet. Unter sprachsozialisatorischen Gesichtspunkten zeigt sich also eine deutliche Tendenz, dass somatisch gebundene Formen zwischen Kindern und zwischen Genres stark variieren, so dass die explizite sprachliche Markierung in unterschiedlicher Weise vorbereitet ist.

Bei der Analyse der Spielerklärungen fanden wir ebenfalls zwei global relevante Vertextungsmuster: *Demonstrieren* und *Explizieren* (vgl. Kern 2003, Stude 2003). In mündlichen Erklärungen zeichnet sich das *Demonstrieren* von Spielwissen durch seine starke Orientierung am Ablauf der einzelnen Spielhandlungen aus, die weniger in Regeln formuliert, sondern unter Rückgriff auf verbale, prosodische und gestische Mittel veranschaulicht werden. Auf syntaktischer Ebene sind häufig auftretende Parallelkonstruktionen charakteristisch, welche überwiegend als einfache Listen produziert und mit *dann, und da* oder *und dann* eingeleitet werden (vgl. Kern 2003, Stude 2003). Demgegenüber handelt es sich beim *Explizieren* von Spielwissen um einen von den einzelnen Handlungsabläufen abstrahierenden Stil, bei welchem die Formulierung von Regeln in Form generischer Aussagen im Vordergrund steht. Nur selten kommt es hierbei zum Einsatz ikonischer Gesten. Grundlegendes Merkmal des explizierenden Stils ist der häufige Gebrauch von Konditionalkonstruktionen.

Im *Längsschnitt* ergibt sich die Verknüpfung zwischen den strukturellen Präferenzen der einzelnen Kinder und dem Erwerbsprozess:

- Dramatisieren beim Erzählen ist bei Einschulung noch eher selten.
- Zum Zeitpunkt der Einschulung lässt sich in den mündlichen Diskurseinheiten bei noch annähernd der Hälfte aller Kinder eine Präferenz für ein demonstrierendes Vertextungsmuster beobachten (vgl. Quasthoff/Kern 2003). Ein Jahr später ist dagegen ein deutlicher Trend zur Verwendung eines explizierenden Stils erkennbar.
- Explizite sprachliche Markierungen nehmen allmählich zu.

Betrachtet man das unterschiedliche Ausmaß, in dem Kinder auf die typisch mündlichen Ausdrucksressourcen Prosodie und Gestik zurückgreifen, so wird aus den Befunden deutlich, dass Kinder bei Schuleintritt nicht nur hinsichtlich ihrer mündlichen Kommunikationskompetenzen extrem differieren, sondern auch in sehr unterschiedlicher Weise auf den Erwerb schriftlicher Textproduktionsfähigkeiten vorbereitet sind (Michaels/Cazden 1986, Ohlhus 2005a, Quasthoff 2002).

Zusammenfassend ist also für die mündliche Diskursentwicklung im Schulalter das Folgende festzustellen:

Vertextung:

- Der kohärente Aufbau von Diskurseinheiten wird zunehmend global organisiert und folgt am Ende der Grundschulzeit für vertraute Gattungen wie dem Erzählen den strukturellen Erwartungen des Genres.
- Unterschiedliche Gattungen stellen jedoch unterschiedliche strukturelle Anforderungen, sodass etwa das Anleiten erst im Verlauf der Sekundarstufe 1 strukturell angemessen realisiert wird.

Kontextualisierung:

- Im Verlauf des Grundschulalters können Kinder mindestens rudimentäre globale Gesprächseinheiten, die aus mehreren Zügen bestehen, in einem entsprechenden Gesprächskontext angemessen platzieren, und sie können einen derartigen Gesprächskontext selbst herstellen.
- Für die selbstständige Durchführung der komplexen Einheit gemäß den situativen Erwartungen des Zuhörers brauchen Grundschulkinder in unterschiedlichem Ausmaß Zuhörerunterstützung (DASS), das sich sowohl nach den Gattungen als auch nach dem Erwerbsniveau der Kinder richtet.

Markierung:

- Die Fähigkeit, komplexe Diskurseinheiten in ihrer Strukturierung gemäß den spezifischen Anforderungen der jeweiligen Gattung an der sprachlichen Oberfläche angemessen zu markieren, entwickelt sich bis an das Ende der Sekundarstufe 1 selbst bei vertrauten Genres wie dem Erzählen weiter.

- Gattungen, die hier besonders explizite Modelle liefern (wie Phantasiegeschichten), sind hier oft weiter entwickelt als alltagsnahe Genres wie das konversationelle Erzählen oder Erklären.
- Kinder, die in ihren alltäglichen Diskursaktivitäten schon zu Beginn der Grundschulzeit eher zu expliziten sprachlichen Mustern neigen (Explizieren gegenüber Demonstrieren bei Spielerklärungen, mehr verbale und weniger prosodische und nonverbale Ausdruckformen), sind tendenziell besser gerüstet für den Erwerb formaler Markierungsfähigkeiten als andere.

## 3 Wodurch entwickelt sich mündliche Kommunikationskompetenz im Schulalter?

Wichtiger noch als die Kenntnis von Erwerbsabfolgen ist für didaktisches Handeln das Wissen um die Erwerbsmechanismen, die externen und internen Ressourcen, die Kinder in unterschiedlicher Weise zur Verfügung haben und nutzen, um sich die jeweiligen Kompetenzen anzueignen und sie auszubauen. Im Folgenden werden die externen interaktiven Ressourcen als Erwerbskontext für Diskursfähigkeiten beschrieben und diskutiert. Interne (kognitive) und weitere externe Ressourcen, etwa das Modelllernen und die Instruktion (Quasthoff, Kern, Ohlhus/Stude demn., Ohlhus/Stude, G1), sind hier weniger zentral.

### 3.1 Die erwerbsunterstützende Funktion alltäglicher Muster der Erwachsenen-Kind-Interaktion und ihre Varianzen

Gegenwärtige Ansätze zur Entwicklung des Erzählens sind sich hinsichtlich des entwicklungsunterstützenden Charakters der Erzählinteraktion zwischen Erwachsenem und Kind einig (zsf. Hausendorf/Quasthoff 1996, 2005). M. a. W., die den Beteiligten in ihrer alltäglichen Interaktion nicht bewusste Regelhaftigkeit des dialogischen Zusammenspiels zwischen einem kindlichen Erzähler und einem erwachsenen Zuhörer ist tatsächlich empirisch rekonstruierbar so beschaffen, dass sie in strukturell vielfältiger Hinsicht den notwendigen Lernkontext für die Weiterentwicklung von (Teil-)Fähigkeiten des Erzählens in Gesprächen bereitstellt (Meng 1991, Snow/Imbens-Bailey 1997; Ninio/Snow 1996).

Ähnlich wie im Fall der Erwerbsverläufe (s. o. 2) haben allerdings neuere Forschungen auch hinsichtlich dieses interaktiven *Discourse Acquisition Support Systems* (DASS) (Hausendorf/Quasthoff 1996) entscheidende Differenzierungen zwischen Gattungen und Individuen ergeben: Vergleichende Untersuchungen zwischen unterschiedlichen diskursiven Genres (Becker 2001, Kern/Quasthoff 2005) offenbarten unterschiedliche Muster der dialogischen Unterstützung z. B. zwischen konversationellen Erlebnis- und Phantasieerzählungen, aber wiederum Ähnlichkeiten zwischen Erlebniserzählungen und Spielerklärungen

(Quasthoff, Ohlhus/Stude 2005). So wird auch hinsichtlich der Erforschung der interaktiven Erwerbsmechanismen empirisch der Weg von der Analyse einzelner Gattungen zur Erfassung der Regelhaftigkeit der Erwerbsbedingungen von Diskursfähigkeiten generell beschritten.

Untersuchungen zu den diskursorientierten Mustern in Familieninteraktionen von Grundschulkindern (Quasthoff/Kern 2007, Morek demn.) zeigen in der Mikroanalyse, in welch hohem Ausmaß die sozialisatorisch relevanten Praktiken zwischen den Familien variieren.

## 3.2 Unterrichtliche Interaktionsformen als Erwerbskontext für mündliche Kommunikationsfähigkeiten

Die Entdeckung der Effizienz alltäglicher intuitiver Erwerbsunterstützung führte in den 90er Jahren des vorigen Jahrhunderts zu mündlichkeitsdidaktischen Hoffnungen, dass diese kontextuellen Bedingungen für die unterrichtliche Förderung genutzt werden könnten (kritisch: Becker-Mrotzek/Quasthoff (1998) 1998). Die zunehmende Einsicht in den unhintergehbaren institutionellen Charakter von Unterrichtsinteraktion (cf. Kap. 5, Ohlhus/Stude, G 1) hat jedoch zu der Erkenntnis geführt, dass unterrichtliche Erwerbskontexte als externe Erwerbsressourcen für Diskursfähigkeiten (Quasthoff, Kern, Ohlhus/Stude demn.) keine Simulation alltäglicher Interaktionsmuster sein können. Gründe hierfür sind u. a.

- die nicht-dialogische Konstellation der Unterrichtskommunikation,
- die professionelle Rolle der Lehrperson,
- der zweckgebunden gesteuerte und partiell ritualisierte Charakter der Unterrichtskommunikation,
- die mangelnde Passung zwischen institutionellen Kontexten und manchen Diskursaktivitäten (z. B. persönliches Erzählen),
- der generelle Bewertungs- und Benotungsverdacht, unter dem auch mündliche sprachliche Praktiken von Schüler/innen im Unterricht stehen.

Es ist nicht Aufgabe dieses Artikels, methodische Verfahren zur unterrichtlichen Förderung von Diskursfähigkeiten vorzuschlagen (s. hierzu u. A. Ohlhus/Stude, G 1). Stattdessen soll abschließend diskutiert werden, welche *Prinzipien* der Gestaltung von Unterrichtsinteraktion unter den Gesichtspunkten der Doppelfunktionalität von mündlichen Praktiken als Kompetenzziel und Lernmedium sowie der beschriebenen Heterogenitäten von diskursiven Erwerbsniveaus und -praktiken ableitbar sind.

Die empirisch festgestellten Unterschiedlichkeiten in den Praktiken von (Grundschul-)Kindern sind in unterschiedlicher Weise tauglich für die institutionellen Erwartungen von Lehrpersonen, die das sprachliche Lernmedium gestalten. Eine mangelnde Passung kann dazu führen, dass basale interaktive Kooperativitätsbedingungen (z. B. mindestens passive Partizipation an der Unterrichtsinteraktion, sich angesprochen fühlen) für manche Schüler nicht gegeben sind. Derartige grundlegende Bedingungen interaktiver Involviertheit sind jedoch für eine Weiterentwicklung von (v. a. mündlichen) Diskursfähigkeiten in der sozialen Interaktion mit „kompetenteren Partnern“ generell Voraussetzung. Somit fiele im Fall von Schüler/innen mit nicht institutionell kompatiblen Kommunikationspraktiken tendenziell die Unterstützung durch den kompetenten Partner Lehrperson als wichtige externe Ressource sprachlichen Lernens weg. Die viel beklagte „Lernverweigerung“ mancher Schüler/innen könnte sich also zu allererst als Ausschluss aus den unterrichtsspezifischen Kommunikationsprozessen herausstellen, der im Kern zurück geht auf sprachliche Stile des Schülers/der Schülerin, die der Lehrperson (mit Recht) als „unpassend“ erscheinen. Gelingt es nicht, diese Schüler trotzdem einzuschließen in die kommunikativen Prozesse des Unterrichts und sie damit im Hinblick auf formellere sprachliche Praktiken zu sozialisieren, entfällt diese sprachliche Erwerbsressource und die Schüler verbleiben in den kommunikativen Routinen ihres Alltags, die keinen hinreichenden Entwicklungsinput liefern.

Dies dürfte durch Akkumulierung über die Lernbiographie längerfristig zu zunehmend schlechten sprachlichen Leistungen i. S. der sprachlichen Lernziele (manifest in einschlägigen Schulnoten) führen. Empirisch ist dieser Zusammenhang noch nicht aufgeklärt. Zu reflektieren wäre aber dennoch, bei welchen Gelegenheiten und mit Hilfe welcher kommunikativen Verfahren Lehrpersonen ggfs. einen Bruch zwischen Sprachverhalten der Schüler und situativer Angemessenheit gem. ihrer Einschätzung übermitteln. Welche impliziten Normvorstellungen zu Mündlichkeit steuern das entsprechende Lehrerverhalten und die Bewertungen/Benotungen von Schülerpraktiken? Entsprechen diese den (u. a. in diesem Band beschriebenen) Erkenntnissen über mündliche Praktiken und Kompetenzen?

Prinzipien unterrichtlichen Handelns müssten sich also an einer grundsätzlichen Wertschätzung der Verschiedenheit mündlichsprachlicher Praktiken der Kinder orientieren und gleichzeitig institutionell angemessen unterstützte Gelegenheit zur Weiterentwicklung von mündlichen Kommunikationsfähigkeiten bereitstellen.

## Literatur

Bamberg, Michael: The acquisition of narratives. Berlin: Mouton de Gruyter 1987

Becker, Tabea: Kinder lernen erzählen. Zur Entwicklung der narrativen Fähigkeiten von Kindern unter Berücksichtigung der Erzählform. Baltmannsweiler: Schneider 2001

Becker-Mrotzek, Michael/Quasthoff, Uta M.: Unterrichtsgespräche zwischen Gesprächforschung, Fachdidaktik und Unterrichtspraxis. In: Der Deutschunterricht 1 (1998), 3–13

Becker-Mrotzek, Michael/Vogt, Rüdiger: Unterrichtskommunikation. Linguistische Analysemethoden und Forschungsergebnisse. Tübingen: Niemeyer 2001

Bergmann, JörgR./Luckmann, Thomas: Rexonstructive Genres of Everyday Communication. In: Quasthoff, Uta M.: Aspects of oral communication. Berlin: de Gruyter 1995, 289–304

Bourdieu, Pierre: Ökonomisches Kapital, kulturelles Kapital, soziales Kapital. In: Kreckel, Reinhard (Hrsg.): Soziale Ungleichheiten. Göttingen: Schwartz 1983, 183–198

Brinker, Klaus/Hagemann, Jörg: Themenstruktur und Themenentfaltung in Gesprächen. In: Brinker, Klaus u. a. (Hrsg.): Text- und Gesprächslinguistik. 2. Halbband. Berlin/New York: de Gruyter 2001, 1252–1263

Boueke, Dietrich u. a.: Wie Kinder erzählen. Untersuchungen zur Erzähltheorie und zur Entwicklung narrativer Fähigkeiten. München: Wilhelm Fink 1995

Deppermann, Arnulf: ‘Gesprächskompetenz’ – Probleme und Herausforderungen eines möglichen Begriffs. In: Becker-Mrotzek, Michael/Brünner, Gisela (Hrsg.): Analyse und Vermittlung von Gesprächskompetenz. Frankfurt/Bern: Lang 2004 & www.verlag-gespraechsforschung.de, 15–27

Deutsches PISA-Konsortium (Hrsg.): PISA 2000: Basiskompetenzen von Schülerinnen und Schülern im internationalen Vergleich. Opladen: Leske + Budrich 2001

Ehlich, Konrad/Rehbein, Jochen: Muster und Institution: Untersuchungen zur schulischen Kommunikation. Tübingen: Narr 1986

Ehlich, Konrad u. a.: Anforderungen an Verfahren der regelmäßigen Sprachstandsfeststellung als Grundlage für die frühe und individuelle Förderung von Kindern mit und ohne Migrationshintergrund. Berlin: Bundesministerium für Bildung und Forschung (Bildungsreform Band 11) 2005

Gülich, Elisabeth/Hausendorf, Heiko: Vertextungsmuster Narration. In: Brinker, Klaus u. a. (Hrsg.): Text- und Gesprächslinguistik. Ein internationales Handbuch zeitgenössischer Forschung. 1. Halbband. New York/Berlin: de Gruyter 2000, 369–385

Günthner, Susanne: Stilisierungsverfahren in der Redewiedergabe – Die ‘Überlagerung von Stimmen’ als Mittel der moralischen Verurteilung in Vorwurfskonstruktionen. In: Selting, Margret/Sandig, Barbara (Hrsg.): Sprech- und Gesprächsstile. Berlin/New York: de Gruyter 1997, 94–122

Hausendorf, Heiko/Quasthoff, Uta M.: Sprachentwicklung und Interaktion: Eine linguistische Studie zum Erwerb von Diskursfähigkeiten bei Kindern. Wiesbaden: Westdeutscher Verlag, 1996. Neu aufgelegt bei: Verlag für Gesprächsforschung: http://www.verlag-gespraechsforschung.de/2005/quasthoff.htm.

Hausendorf, Heiko/Quasthoff, Uta M.: Konversations-/Diskursanalyse: (Sprach-)Entwicklung durch Interaktion. In: Mey, Günther (Hrsg.): Qualitative Forschung in der Entwicklungspsychologie. Berlin: Kölner Studien Verlag 2005, 585–618

Hausendorf, Heiko/Wolf, Dagmar: Erzählentwicklung und -didaktik. Kognitions- und Interaktionstheoretische Perspektiven. In: Deutschunterricht 1 (1998), 38–52

Hickmann, Maya: Children's Discourse: Person, Space and Time across Languages. Cambridge: University Press, Cambridge Studies in Linguistics 98, 2003

Jefferson, Gail: Side sequences. In: Sudnow, David (Hrsg.): Studies in Social Interaction. New York/London: Free Press u. a. 1972, 294–338

Kern, Frederike/Quasthoff, Uta M.: Fantasy stories and conversational narratives of personal experience: Genre-specific, interactional and developmental perspectives. In: Quasthoff, UtaM./Becker, Tabea (Hrsg.): Narrative interaction. Amsterdam: Benjamins 2005, 15–56

Kern, Frederike: Bedeutung und Interaktion: Spielerklärungen bei Kindern. In: Haberzettl, Stefanie/Wegener, Heide (Hrsg.): Die Rolle der Konzeptualisierung im Spracherwerb. Frankfurt: Lang 2003, 257–270

Knapp, Werner: Erzähltheorie und Erzählerwerb. In: Didaktik Deutsch 10 (2001), 26–48

Lareau, Annette: Unequal Childhoods. Class, race and familiy life. Berkeley u. a.: University of Calfornia Press 2003

Liedtke, Frank: Relevanz und Relevanzbereiche im Gespräch. In: Brinker, Klaus u. a. (Hrsg.): Text- und Gesprächslinguistik. 2. Halbband. Berlin/New York: de Gruyter, 2001, 1161–1169

McCabe, Allyssa/Bliss, Lynn S.: Patterns of narrative discourse: A multicultural, life span approach. Boston, MA: Pearson Education 2003

Meng, Katharina: Erzählen und Zuhören bei Drei- und Sechsjährigen. Eine Längsschnittstudie zur Aneignung der Erzählkompetenz. In: Meng, Katharina/Kraft, Barbara/Nitsche, Ulla (Hrsg.): Kommunikation im Kindergarten. Studien zur Aneignung der kommunikativen Kompetenz. Berlin. Akad.-Verlag 1991, 20–131

Michaels, Sarah/Cazden, Courtney B.: Teacher/child collaboration as oral preparation for literacy. In: Schieffelin, Bambi B./Gilmore, Perry (Hrsg.): The acquisition of literacy: Ethnographic perspectives, N.J Norwood: Ablex Press 1986

Morek, Miriam (demn.). Zur sequenziellen Platzierung essensbezogener Äußerungen in familialen Mahlzeitengesprächen. In: Lavric, Eva (Hrsg.): Food and Language. Sprache und Essen. Frankfurt am Main u. a.: Lang (Inntrans. Innsbrucker Beiträge zu Sprache, Kultur und Translation)

Ninio, A./Snow, C.E.: Developmental Pragmatics. Boulder: CO 1996

Ohlhus, Sören: Schreibentwicklung und mündliche Strukturierungsfähigkeiten In: Feilke, Helmuth/Schmidlin, Regula (Hrsg.): Literale Textentwicklung. Untersuchungen zum Erwerb von Textkompetenz. Frankfurt am Main u. a.: Lang 2005a, 43–68

Ohlhus, Sören: Der Erwerb von Phraseologismen als Teil des Erwerbs von Erzählfähigkeiten. In: Der Deutschunterricht 5 (2005b), 72–80

Ohlhus, Sören/Quasthoff, Uta M.: Genredifferenzen beim mündlichen und schriftlichen Erzählen im Grundschulalter. In: Wieler, Petra (Hrsg.): Narratives Lernen in medialen und anderen Kontexten. Freiburg i.Br.: Fillibach 2005, 49–68

Quasthoff, Uta M.: Erzählen in Gesprächen. Tübingen: Narr 1980

Quasthoff, Uta M.: Mündliches Erzählen, Berichten, Schildern, Beschreiben im Deutschunterricht: Umrisse einer Diskursdidaktik. In: Köhnen, Ralph (Hrsg.): Wege zur Kultur: Perspektiven für einen integrativen Deutschunterricht. Frankfurt am Main u. a.: Lang 1997, 155–169

Quasthoff, Uta M./Steinbring, Heinz: Diskurseinheiten im Mathematikunterricht. In: Grundschule 12 (2000), 57–59

Quasthoff, Uta M.: Tempusgebrauch von Kindern zwischen Mündlichkeit und Schriftlichkeit. In: Peschel, Corinna (Hrsg.): Grammatik und Grammatikvermittlung. Frankfurt am Main: Lang 2002, 179–197

Quasthoff, Uta M.: Entwicklung mündlicher Fähigkeiten. In: Bredel, Ursula u. a. (Hrsg.): Didaktik der deutschen Sprache. Bd. 1. Paderborn u. a.: Schöningh 2003, 107–120

Quasthoff, Uta M., Ohlhus, Sören/Stude, Juliane: Abschlussbericht für das DFG-Forschungsprojekt „Orale und literale Diskursfähigkeiten: Erwerbsmechanismen und Ressourcen". Universität Dormund 2005 (http://home.edo.uni-dortmund.de/~older/AbschlussberichtOLDER.pdf) (Stand: April 2008)

Quasthoff, Uta M.: Erzählkompetenz zwischen Mündlichkeit und Schriftlichkeit. In: Grundschule 12 (2006), 32–33

Quasthoff, Uta M./Kern, Frederike: Familiale Interaktionsmuster und kindliche Diskursfähigkeit: Mögliche Auswirkungen interaktiver Stile auf diskursive Praktiken und Kompetenzen bei Schulkindern. In: Hausendorf, Heiko (Hrsg.): Gespräch im Prozess. Linguistische Aspekte der Zeitlichkeit verbaler Interaktion Tübingen: Lang 2007, 277–305

Quasthoff, Uta M.: Mündliche Kommunikation. In: Jürgens, Eiko/Standop, Jutta (Hrsg.): Taschenbuch Grundschule, Bd. 4. Baltmannsweiler: Schneider Verlag Hohengehren 2008, 47–69

Quasthoff, Uta/Kern, Friederike/Ohlhus, Sören/Stude, Juliane. (demn): Diskurse und Texte von Kindern: Praktiken – Fähigkeiten – Erwerbsmechanismen

Richter, Tobias/Christmann, Ursula: Lesekompetenz: Prozessebenen und interindividuelle Unterschiede. In: Groeben, Norbert/Hurrelmann, Bettina (Hrsg.): Lesekompetenz. Bedingungen, Dimensionen, Funktionen. Weinheim: Juventa 2002, 25–58

Sacks, Harvey/Schegloff, Emanuel/Jefferson, Gail: A simplest systematics for the organisation of turn-taking for conversation. In: Language 50 (1974), 696–735

Schmidt, Axel: Doing peer-group. Die interaktive Konstitution jugendlicher Gruppenpraxis. Frankfurt: Lang 2004

Scollon, Ron/Scollon, Suzanne: Somatic Communication: How Useful is 'Orality' for the Characterization of Speech Events and Cultures? In: Quasthoff, Uta M.: Aspects of oral communication. Berlin: de Gruyter 1995, 19–29

Snow, Catherine E./Imbens-Bailey, Alison: Beyond Labov and Waletzky: The Antecedents on Narrative Discourse. In: Bamberg, Michael (Hrsg.): Oral Versions of Personal Experience: Three Decades of Narrative Analysis. A Special Issue of Narrative and Life History 7, 1–4, 1997, 197–205

Stude, Juliane.: Mündliche und schriftliche Spielerklärungen von Grundschulkindern – erste Analysen des OLDER-Korpus, 2003 (OLDER-Projektpapier Nr. 3): http://home.edo.uni-dortmund.de/~older/PP3_Spielerkl%E4rung.pdf

Wald, Benjamin: Zur Einheitlichkeit und Einleitung von Diskurseinheiten. In: Quasthoff, Uta M. (Hrsg.): Sprachstruktur – Sozialstruktur. Zur linguistischen Theoriebildung. Königstein/Ts.: Sriptor 1978, 128–157

Wolf, Dagmar: Modellbildung im Forschungsbereich sprachliche Sozialisation. Zur Systematik des Erwerbs narrativer, begrifflicher und literaler Fähigkeiten. Frankfurt u.a.: Lang 2000

# C

# Kompetenzbereiche und Unterrichtsziele

MICHAEL BECKER-MROTZEK

# C1 Unterrichtskommunikation als Mittel der Kompetenzentwicklung

Die Unterrichtskommunikation nimmt – ob gewollt oder nicht – in erheblichem Umfang Einfluss auf die Entwicklung der Gesprächskompetenz der Schülerinnen und Schüler. Hierfür sprechen der zeitliche Umfang, den Schüler/innen im Unterricht verbringen, und die Bedeutung, die Schule und Unterricht für Kinder und Jugendliche haben. Damit kommt der Schule neben Familie und Peergroup eine bedeutende Rolle bei der sprachlichen Entwicklung zu, auch wenn wir nach wie vor nur sehr wenige empirisch gesicherte Kenntnisse über die sprachliche Entwicklung jenseits des primären Spracherwerbs haben. Im Folgenden soll dafür argumentiert werden, die Kommunikation im Unterricht bewusst und gezielt als didaktischen Rahmen für den Erwerb und die Förderung von Gesprächskompetenz zu nutzen. Unterrichtskommunikation soll daher nicht ex negativo als künstlicher, nicht-alltäglicher oder nicht-authentischer Handlungsrahmen verstanden werden, sondern vielmehr in seiner institutionellen Bestimmtheit ernst genommen und auf sein Potential für die Entwicklung und Förderung der Gesprächskompetenz hin untersucht werden. Kindergarten und Schule, vor allem die Grundschule als einzige Form der echten Gesamtschule, sind diejenigen gesellschaftlichen Institutionen, in denen alle Mitglieder einer Alterskohorte, unabhängig von Geschlecht, Begabung, sozialer Herkunft, Interesse oder Einstellung zusammen (aus)kommen (müssen). Schule und Unterricht als gesellschaftliche Institutionen bieten mit ihrem Bildungs- und Erziehungsauftrag in dieser Konstellation zahlreiche authentische Gesprächsanlässe, die in dieser Weise weder die Familie noch die Peergroup aufzuweisen haben.

## 1 Unterrichtskommunikation im Dienste von Lehr-Lernprozessen

Die Art und Weise, wie im Unterricht kommuniziert wird, ist immer auch eine Funktion sehr grundlegender pädagogischer, didaktischer und schulorganisatorischer Rahmenbedingungen, über die auf ganz unterschiedlichen Ebenen entschieden wird. Dazu gehören auf der obersten Ebene so grundlegende, teilweise politische Entscheidungen darüber, ob die Lerngruppen in Bezug auf Alter, Leistungsvermögen oder Geschlecht in homogenen oder heterogenen Klassen unterrichtet werden; aber auch Fragen wie Klassengröße, räumliche Ausstattung, zeitliche Strukturierung oder fachliche Gliederung des Unterrichtsstoffes bilden wesentliche Rahmenbedingungen, die bestimmte Kommunikationsformen eher ermöglichen oder verhindern. Entscheidungen auf einer mittleren Ebene betreffen die vom Kollegium oder einzelnen Lehrern zu verantwortenden pädagogisch-didaktischen Konzepte der Unterrichtsgestaltung; hierzu zählen beispielsweise die Sitzordnung, die Ausgestaltung der Schulordnung, der Einsatz bestimmter Lehrverfahren wie der Stationenbetrieb oder die Schreibkonferenz. Alle diese vorgängigen Entscheidungen haben zwar Einfluss auf die Unterrichtskommunikation, stehen aber nicht ausschließlich oder nicht einmal primär im Dienste der Gesprächsförderung, weil diese innerhalb der Institution Schule mehrere Zwecke zu erfüllen haben. Es lassen sich mindestens drei Funktionen unterscheiden, die der mündlichen Kommunikation im Unterricht zukommen: Lernmedium – Lerngegenstand – Lernziel. Im Folgenden soll es um ihre Funktion als Medium des Lehrens und Lernens gehen.

In allen Fächern ist die mündliche Kommunikation das zentrale Medium von Lehr-Lern-Prozessen. Kein Unterrichtsfach kommt ohne Gespräche aus, auch nicht die ästhetisch bzw. sportlich bildenden wie Kunst, Musik oder Sport. Leider wissen wir nur sehr wenig darüber, wie die Kommunikation in den Schulklassen wirklich aussieht, weil es hierzu keine repräsentativen Studien gibt. Allerdings können wir davon ausgehen, dass der Unterricht in weiten Teilen dem fragend-entwickelnden Verfahren folgt (vgl. Ehlich, E 1). Typisch hierfür ist das bereits von Mehan (1979) beschriebene I-R-E-Schema: **I**nitiation – **R**eply – **E**valuation, oder anderes ausgedrückt, einer Lehrerfrage folgt eine Schülerantwort, die der Lehrer anschließend bewertet. Auf diese Weise stammen zwei Drittel aller Äußerungen von den Lehrer/innen, das letzte Drittel verteilt sich auf alle 25 bis 30 Schüler/innen, deren Äußerungen zudem noch signifikant kürzer ausfallen und deutlich seltener initiativ sind. Bestätigt finden sich diese Ergebnisse auch in jüngeren Studien aus Deutschland; so kann Lüders (2003) in seiner Studie zeigen, dass in der sog. Instruktionsphase das I-R-E-Schema nach wie vor dominiert, teilweise in leicht expandierter Form. Auch Richert (2005) kommt in ihrer empirischen Studie über typische Sprachmuster in der Lehrer-Schüler-Interaktion zu ähnlichen Resultaten. Danach beträgt der Redeanteil der Lehrer im Schnitt 56 %, allerdings mit einer großen Schwankung zwischen 18 % und 83 %; bei den Interaktionssequenzen liegt auch hier das I-R-E-Schema mit 66 % vorne, allerdings mit hohen fächerspezifischen Schwankungen, im Mathematikunterricht hat es einen Anteil von 45 %, im Deutschunterricht dagegen einen von 80 %. Insgesamt bestätigen diese jüngeren Untersuchungen die grundsätzliche Verteilung der Redeanteile im Unterricht, die seit längerem kritisch diskutiert und u. a. auch für das schlechte Abschneiden des deutschen Schulsystems in internationalen Vergleichsstudien verantwortlich gemacht wird (vgl. hierzu auch Ehlich, E 1 und Kobarg/Prenzel/Schwindt, E 5). Zugleich zeigen die erheblichen Schwankungen jedoch auch, dass es sich bei dieser Verteilung nicht um eine unveränderliche Tatsache handelt, sondern um eine gestalt- und veränderbare Unterrichtsbedingung.

Vor diesem Hintergrund sind die Studien und Empfehlungen der empirischen Unterrichtsforschung zur Gestaltung von Unterricht und Lernumgebungen zu sehen. Reinmann/Mandel (2006) skizzieren den aktuellen Forschungsstand der pädagogischen Psychologie wie folgt. In grober Vereinfachung lassen sich danach zwei extreme Positionen zum Lehren und Lernen unterscheiden: die *technologische* und die *konstruktivistische*, die sich vor allem in ihren theoretischen Grundannahmen zum Lehren und Lernen unterscheiden. Die technologische Position kann dem kognitivistischen Paradigma zugeordnet werden, mit einem deutlichen Primat der Instruktion. Grundidee ist, dass dem Lerner das zu erwerbende Wissen in einem klar strukturierten Prozess systematisch aufbereitet und vermittelt wird. Für den Lernprozess ist vor allem der Lehrer verantwortlich, der den Lerngegenstand so zerlegt, dass ihn der Lerner schrittweise aufnehmen kann. Elemente dieses Ansatzes sind beispielsweise klare Fachgrenzen, ein am Gegenstand orientierter (Frontal-)Unterricht, Instruktionen durch den Lehrer und regelmäßige Lernerfolgskontrollen. Das Wissen soll auf diese Weise vom Lehrer zum Schüler transportiert werden. Innerhalb dieses Paradigmas, auch als *Instructional Design* bezeichnet, haben sich unterschiedliche Ansätze entwickelt, u. a. auch das *Programmierte Lernen.* Mit Blick auf die Unterrichtskommunikation kritisieren Reinmann/Mandel (2006, 625) „vor allem die ungleiche Rollenverteilung zwischen Lehrern und Schülern“, verbunden mit einer weitgehend rezeptiven, wenig Eigeninitiative verlangenden Rolle der Schüler, die zu Motivationsverlust führt.

Auf der anderen Seite findet sich die konstruktivistische Auffassung, die in ihrer radikalen Variante davon ausgeht, dass Wissen keine Abbildung der Wirklichkeit sei, sondern eine Konstruktion jedes einzelnen Individuums. Folglich könne das Wissen auch nicht von einem zum anderen transportiert werden, so wie es die kognitivistische Position annehme. Wissen wird danach in einem aktiven Prozess vom Individuum konstruiert. Die Hauptaufgabe des Lehrers in diesem Konzept besteht darin, Lernumgebungen bereitzustellen, in denen der Lerner aktiv Wissen konstruieren kann. Dadurch ändert sich das Rollenverhältnis von Schüler und Lehrer radikal: An die Stelle des systematisch aufbereiteten Lerngegenstandes tritt das Bereitstellen von situierten Lernumgebungen, die der Lerner aktiv aufsuchen und nutzen muss. Beispiele hierfür sind etwa der *Offene Unterricht*, die *Projektmethode* oder die *Arbeitsschule*; typische Methoden in diesen Ansätzen sind etwa das *Modelllernen*, *Coaching* oder *Scaffolding*. Mit Blick auf die Unterrichtskommunikation besteht nach Reinmann/Mandel (2006, 635) die Gefahr, „dass in situierten Lernumgebungen Anleitung und Unterstützung der Lernenden oft fehlen oder lückenhaft sind“, was zu Überforderung und Desorientierung führen kann. Darunter leiden vor allem lernschwache Schüler. Als Alternative schlagen sie eine Kombination beider Ansätze in Form der *Problemorientierung als Leitprinzip* vor, in der sowohl Instruktion als auch Konstruktion ihren systematischen Ort haben. Dieser Ansatz wird als *gemäßigt konstruktivistischer Ansatz* bezeichnet. Im Kern geht es darum, situierte, problemorientierte und authentische Lernumgebungen zu schaffen, die zugleich auch systematisch instruktive Elemente vorsehen.

Mit Blick auf die Unterrichtskommunikation bedeutet das, dass sich Phasen der Instruktion durch den Lehrer, kooperatives Lernen und Arbeiten in Gruppen, selbstreguliertes oder selbstgesteuertes Lernen in der Einzel- und Partnerarbeit sowie Gespräche im Klassenverbund abwechseln. Allen diesen Lehr- und Lernformen kommen im Gesamt des Unterrichtsprozesses je eigene Funktionen zu. Diese knappe lernpsychologische Skizze soll zugleich verdeutlichen, dass der Unterrichtskommunikation in jedem lehr-lerntheoretischen Konzept eine bedeutende Rolle zukommt, und zwar als ein, wenn nicht *das* zentrale Medium seiner Realisierung. In der je spezifischen Art der Unterrichtskommunikation zeigen sich auch die unterschiedlichen lerntheoretischen Konzepte; sie ist deren je konkreter Ausdruck. Mit dem gemäßigten Konstruktivismus liegt ein Konzept vor, das nach aktuellem Kenntnisstand nicht nur den allgemeinen Wissenserwerb befördert, sondern auch zahlreiche authentische Kommunikationsanlässe bietet.

Mit der Studie von Wuttke (2005) liegt ein erster Versuch vor, den Zusammenhang von Unterrichtskommunikation und fachlichem Wissenserwerb in einer Feldstudie zu erheben. Denn viele der o.a. Zusammenhänge wurden bislang lediglich in Laborversuchen ermittelt, deren Ergebnisse sich nur bedingt auf die Klassensituation übertragen lassen. Wuttke geht es in ihrer Studie vor allem um die methodologische Frage, wie sich Effekte der Unterrichtskommunikation auf den fachlichen Wissenserwerb theoretisch modellieren und empirisch ermitteln lassen. Ausgangspunkt ist dabei die lern- und kommunikationstheoretisch begründete Annahme, dass eine quantitative und qualitative Steigerung der Redeanteile der Schüler/innen (= mehr kognitiv und kommunikativ anspruchsvolle Äußerungen) zu einem verbesserten Wissenserwerb führt. Der Wissenserwerb wird damit zu einer abhängigen Variable, die gesondert von der Unterrichtskommunikation sowie den Voraussetzungen der Schüler/innen zu erheben ist.

In ihrer Pilotstudie, an der insgesamt neun Schüler/innen und ein Lehrer beteiligt waren, untersucht sie auf der Basis von 16 Unterrichtsstunden, von denen 12 dem Konzept des selbstorganisierten Lernens folgten, den Lernzuwachs. Dabei zeigen sich Zusammenhänge zwischen den kognitiven und motivationalen Voraussetzungen der Schüler/innen und ihrer Beteiligung am Unterricht. Das bedeutet, dass dasselbe Unterrichtskonzept auf unterschiedliche Lernertypen unterschiedlich wirkt. Des Weiteren zeigt sich, dass es einen Zusammenhang zwischen der Art der Unterrichtskommunikation und dem zu vermittelnden Wissen gibt. Während für den Erwerb deklarativen Wissens das klassische I-R-E-Schema (Fragen und Antworten) ein guter Prädiktor ist, erweisen sich für die

Wissensvernetzung anspruchsvollere Äußerungssequenzen (Argumentationen und Elaborationen) als bedeutsame Prädiktoren. Daraus folgt, dass die Vermittlung unterschiedlichen Wissens unterschiedliche Formen der Unterrichtskommunikation benötigt.

## 2 Aufgaben und Ziele der Gesprächsentwicklung: Standards und Ziele

Nachdem der grundsätzliche Zusammenhang von Unterrichtskommunikation und Lehr-Lernprozessen skizziert ist, soll es im Folgenden um die Frage nach den Bedingungen, Aufgaben und Zielen der Entwicklung von Gesprächskompetenz gehen. Ein Unterrichtskonzept, wie es soeben beschrieben wurde, bietet mit Blick auf die Gesprächskompetenz den unschätzbaren Vorteil, dass es von sich aus zahlreiche Kommunikationsanlässe bietet. Damit ist eine sehr grundsätzliche, aber weder einfache noch triviale Voraussetzung für die Entwicklung von Gesprächskompetenz gegeben: Die Möglichkeit für Schüler, im Unterricht aktiv an Gesprächen teilzunehmen. Denn Gesprächskompetenz erwirbt man im Gespräch, nicht nur, aber ganz wesentlich. Die besonderen Bedingungen des Mündlichen in der Face-to-face-Kommunikation (vgl. Fiehler, B 1) bedeuten für den Unterricht eine ernste Herausforderung. Denn anders als beim Lesen und Schreiben können in einem Raum nur sehr wenige Personen gleichzeitig sprechen; im Unterrichtsgespräch ist das, wie oben gezeigt, meistens der Lehrer, so dass die Schüler auf die Rolle des Zuhörens mit nur sehr wenigen und kurzen Antwortmöglichkeiten beschränkt sind. Bevor die konkreten Möglichkeiten thematisiert werden, sind zunächst die Entwicklungsaufgaben und -ziele genauer zu bestimmen. Einmal ist aus einer eher entwicklungsorientierten Perspektive zu fragen, welche Aufgaben sich den Heranwachsenden in den verschiedenen Phasen stellen; zum anderen aus der Zielperspektive, was die Schüler/innen zu einem bestimmten Zeitpunkt können sollen.

Anders als die Schrift- und Schreiberwerbsforschung verfügt die Gesprächsforschung noch über kein ausgearbeitetes Entwicklungsmodell jenseits des primären Spracherwerbs (vgl. Quasthoff 2003, 112). Gut untersucht ist lediglich der Erzählerwerb für die Zeit vom Kindergartenalter bis etwa zur Adoleszenz (vgl. Boueke/Schülein et al. 1995, Hausendorf/Quasthoff 1996). Als gesichert kann jedoch gelten, dass sich die Gesprächskompetenz in wesentlichen Bereichen über die Zeit des sog. primären Spracherwerbs hinaus bis weit in die Adoleszenz hinein entwickelt, in anderen Bereichen auch noch darüber hinaus. Aus den vorliegenden Studien kann in Übereinstimmung mit Quasthoff (2003, 115) der Schluss gezogen werden, dass sich die Gesprächskompetenz dadurch entwickelt, dass an die Stelle von lokalen, stark assoziativen und sprecherbezogenen Verfahren des sprachlichen Handelns zunehmend globale, vorausschauende und hörerbezogene Verfahren treten. Das bedeutet, Kinder sind anfangs noch nicht in der Lage, ihre Äußerungen an die Erwartungen des Hörers und Gesprächsverlaufs anzupassen; stattdessen bringen sie eher assoziativ und auf einzelne Äußerungen bezogen ihre Ideen zum Ausdruck. Bei der Entwicklungsanalyse zu berücksichtigen sind danach die Fähigkeiten zur *Vertextung, Kontextualisierung* und *Markierung*, die je spezifische Gesprächsaufgaben bedienen (vgl. Quasthoff, B5). Der kindliche Sprecher ist in Bezug auf die Vertextung anfangs nur in der Lage, ihm persönlich wichtige Sachverhalte in ihrem Kern und aus seiner Perspektive zu benennen; die kommunikative Funktion seiner Äußerungen ist dabei – in dem jeweiligen Handlungskontext – stark interpretationsbedürftig. Erst im Laufe der Entwicklung entfaltet sich diese basale Fähigkeit, indem die Äußerungen sich auf zunehmend komplexere Sachverhalte beziehen, die vollständiger und auch aus einer anderen Perspektive dargestellt und in ihrer kommunikativen Funktion vielfältiger und eindeutiger werden. Wird – um es an einem Beispiel zu illustrieren – beim Erzählen zunächst nur der erlebnisorientierte Erwartungsbruch, das Überraschende benannt, so gelingt es dem Kind zunehmend, das erzählwürdige Ereignis vollständig, d.h. mit einer Orientierung, Komplikation, Auflösung und Evaluation wiederzugeben. In Bezug auf die Fähigkeit zur Kontextualisierung und Markierung gelingt es ihm auch erst im Laufe der Entwicklung, seine Äußerungen in den Kontext einzubetten und in ihrer jeweiligen kommunikativen Funktion entsprechend sprachlich zu markieren. Erworben werden diese Verfahren wahrscheinlich nach dem Verfahren des sog. Scaffolding, bei dem der erwachsene Zuhörer diejenigen Teile der Erzählung übernimmt, die der kindliche Erzähler noch nicht realisiert hat.

Vor diesem Hintergrund ist es nicht möglich, einen weiten, empirisch gesicherten Entwicklungshorizont für die Gesprächskompetenz aufzuspannen. Stattdessen soll der Versuch unternommen werden, die in den Bildungsstandards genannten Ziele für den hier behandelten Zeitraum vom Kindergarten bis zur Sekundarstufe II mit exemplarischen und typischen Entwicklungsaufgaben zu verbinden. Mit Bezug auf das in B3 vorgestellte Modell von Gesprächskompetenz lassen sich zwei große Entwicklungsbereiche ausmachen: Zum einen geht es um eine Verbesserung der basalen phonetischen, lexikalisch-semantischen und syntaktischen Fähigkeiten, die im produktiven und rezeptiven Bereich auszubauen sind. Und zum anderen muss Unterricht auf eine Ausweitung der pragmatisch-diskursiven Fähigkeiten gerichtet sein, mit dem Ziel, mehr und komplexere Gesprächssituationen zu beherrschen.

Der vorschulische Bereich ist durch mindestens drei zentrale Aufgaben gekennzeichnet: a) Ausbau der basalen Fähigkeiten: Wenn die Kinder mit drei Jahren in den Kindergarten kommen, ist der primäre Spracherwerb noch nicht abgeschlossen, so dass die bis dahin erlangten phonetischen, lexikalisch-semantischen und syntaktischen Fähigkeiten noch weiter zu entwickeln sind. b) In Bezug auf die

Gesprächskompetenz ist sicher die Ausweitung des kommunikativen Handlungsraums über die Familie hinaus zentral. Hier sind die Kinder erstmals gefordert, systematisch mit ihnen unvertrauten Personen zu kommunizieren und zu interagieren. Das fordert und fördert neue sprachliche und nicht-sprachliche Handlungsformen; als ein Beispiel ist hier das kindliche Rollenspiel zu nennen. c) Und schließlich kommt der vorschulischen Erziehung eine zentrale Rolle bei der Vermittlung präliteraler Erfahrungen zu. Über das Bilderbuch, Vorlesesituationen und Sprachspiele zur phonologischen Bewusstheit kommt das Kind systematisch in Kontakt mit der Schrift (vgl. hierzu insgesamt Stamm, C3).

Die Grundschule ist zunächst einmal dadurch gekennzeichnet, dass das Kind mit der Einschulung erstmals Mitglied einer Institution wird, die explizite und verbindliche Erwartungen an seine weitere Entwicklung stellt. Das findet seinen Ausdruck in deutlich stärker formalisierten und regulierten Handlungsbedingungen sowie in einer Beurteilung seiner Leistungen. Die Standards formulieren verbindliche Erwartungen in Bezug auf die basalen („artikuliert und in der Standardsprache sprechen") und die pragmatisch-diskursiven Fähigkeiten, nämlich „angemessen und bewusst mit anderen zu kommunizieren". Damit erfährt die mündliche Kommunikation eine erneute Funktionserweiterung, indem das Gespräch nun systematisch und primär für Zwecke des Lehrens und Lernens genutzt wird; der Teilstandard „Über Lernen sprechen" spiegelt genau diesen Aspekt. Zentraler Gegenstand des Sprachunterrichts der Grundschule ist die Schrift; Lesen- und Schreibenlernen sind die zentralen Aufgaben der Grundschule, und zwar im Bewusstsein der Institution wie der Schüler/innen. Für die Entwicklung der Gesprächskompetenz heißt die wesentliche Aufgabe, sich in strukturierten Gesprächen über Sachverhalte von Welt zielorientiert auszutauschen. Die Schüler/innen müssen lernen, sich vergangene und zukünftige Sachverhalte (Ereignisse, Gegenstände, Texte, Ideen) im Gespräch zu vergegenwärtigen und an ihnen zu operieren. Ein Beispiel hierfür sind etwa Schreibkonferenzen (Spitta 1992), in denen Schüler/innen über vorliegende Texte sprechen und sich dabei ihr jeweiliges Verständnis und ggf. abweichende Erwartungen verdeutlichen (vgl. hierzu insgesamt Eriksson, C4).

Der Übergang in die Sekundarstufe I nach der vierten, in einigen Fällen nach der sechsten Klasse, ist eher durch Kontinuität als durch Umbruch gekennzeichnet, auch wenn die in der Regel größeren Systeme für die Heranwachsenden eine erhebliche Herausforderung darstellen. Zu den zentralen Rahmenbedingungen der Sekundarstufe I gehören die weitere Differenzierung des fachlichen Lernens und die damit verbundene weiter zunehmende Bedeutung der schriftbasierten Fachsprachen, die leistungsbezogene Ausdifferenzierung in Schulformen sowie der Eintritt der Lerner in die Pubertät. Bezogen auf die Gesprächskompetenz gehört der weitere Ausbau des Funktionsspektrums zu den zentralen Aufgaben, und hier kommt dem Argumentieren sicher eine Schlüsselrolle zu (vgl. hierzu insgesamt Vosskamp, C5).

In der Sekundarstufe II (Berufsschule und gymnasiale Oberstufe), stehen der Berufsbezug sowie die Vorbereitung auf das Studium im Fokus. Das bedeutet vor allem, dass das öffentliche Sprechen, oder anders ausgedrückt, die Kommunikation in institutionellen Zusammenhängen an Bedeutung gewinnt. Die Schüler/innen müssen zunehmend in der Lage sein, aufgabenbezogen und zielorientiert zu kommunizieren (vgl. hierzu insgesamt Paul, C6 und Weber, C7).

Damit zeichnet sich ein Entwicklungsmodell ab, das von einem parallelen Ausbau des gesamten Funktionsspektrums der Gesprächskompetenz durch zunehmende Ausdifferenzierung und Komplexion ausgeht. Das bedeutet, Kinder und Jugendliche beschränken sich in ihrer Kommunikation nicht auf bestimmte Funktionen, sondern versuchen von Beginn an, mit ihren je schon erworbenen sprachlichen Mitteln alle Funktionen und Ziele zu verwirklichen. Das ist zugleich eine Absage an frühere, auch curricular interpretierte Stufenmodelle, wie sie etwa Wolff (1981, 86ff.) vorgestellt hat, die von je alterspezifischen Sprechweisen ausgehen und eine Entwicklung von einem eher affektiven, ungebundenen zu einem eher kognitiven, analysierenden Sprechen annehmen. Eine solche Annahme übersieht die grundsätzliche kommunikative Einbettung von Lerneräußerungen in einen Gesprächs- und/oder Handlungskontext. Ein solcher Kontext wirkt – im Sinne des Scaffolding – kompensatorisch, indem er nicht oder nicht angemessen realisierte Gesprächselemente ausgleicht, beispielsweise durch Nachfragen oder Ergänzungen seitens der erwachsenen Gesprächspartner. Aus diesem Grund stehen Kindern und Jugendlichen immer schon sehr viel mehr Kommunikationsmöglichkeiten offen, als sie alleine aufgrund ihrer eigenen Fähigkeiten zu bewältigen in der Lage wären.

## 3 Gesprächsdidaktische Prinzipien

Im folgenden Abschnitt soll das gemäßigt konstruktivistische Konzept eines problemorientierten Unterrichtens mit den Erfordernissen der Entwicklung der Gesprächskompetenz verknüpft werden. Es sollen Antworten auf die Frage gesucht werden, wie durch das Nutzen vorhandener und ggf. das Schaffen weiterer authentischer handlungsorientierter Kommunikationsanlässe die Gesprächskompetenz entwickelt und gefördert werden kann. Damit greifen wir eine nun zehn Jahre alte Forderung auf: „Gesprächsfähigkeit verbessern heißt allererst, Unterrichtsgespräche zu verbessern“ (Becker-Mrotzek/Quasthoff 1998, 8). Allerdings sind wir auch hierbei darauf angewiesen, aus den wenigen empirisch gesicherten Erkenntnissen über die Wirkung unterschiedlicher Vermittlungsformen Schlüsse auf die Wirksamkeit der vorgeschlagenen Maßnahmen zu ziehen.

Wie oben bereits angedeutet, soll Unterricht in seiner unhintergehbar institutionellen Konstituiertheit ernst genommen werden, oder anders ausgedrückt: Kommunikation im Unterricht funktioniert nicht wie Kommunikation im Alltag

– und kann es auch nicht. Das ist eine Absage an alle Versuche, die Gesprächsfähigkeit durch die Nachahmung alltäglicher, sog. „natürlicher" Kommunikationsanlässe zu fördern. Denn hinter dieser Attribuierung verbirgt sich die stille Hoffnung, die Natur werde es schon richten. Abgesehen davon, dass Sprache und Kommunikation immer Phänomene zwischen Natur und Kultur sind, sprechen vor allem die Bedingungen der alltäglichen Kommunikation zwischen Eltern und Kindern gegen einen einfachen Transfer in die Schule. Quasthoff (2003, 117) zeigt am Beispiel des vor allem in der Grundschule beliebten Morgenkreises, wie sich das private, erlebnisabhängige und bedürfnisorientierte Erzählen gegen die institutionelle Vereinnahmung durch Unterricht sperrt. Flader/Hurrelmann haben bereits (1984) eine Reihe von Maximenkonflikten rekonstruiert, denen Lehrer wie Schüler beim Erzählen im Morgenkreis ausgesetzt sind. So sehen sich Lehrer in dem Konflikt, die subjektiven Erfahrungen des erzählenden Schülers zu thematisieren – so wie im Alltag –, oder aber den objektivierbaren Lerngehalt für alle Schüler anzusprechen. Die Schüler müssen beispielsweise mit dem Paradoxon „Sei spontan" umgehen; in alltäglichen Kontexten entscheiden sie spontan, ob sie ein persönliches Erlebnis erzählen wollen und übernehmen dann an einer passenden Stelle das Rederecht; in der Schule müssen sie – für den Fall der Erzählwilligkeit – warten, bis ihnen das Rederecht gewährt wird, für den Fall der Erzählunwilligkeit müssen sie entscheiden, ob sie der Erwartung folgen oder nicht. Bereits diese kurze Skizze zeigt, dass die einfache Nachahmung alltäglicher Kommunikationsanlässe keine geeignete Maxime für das Schaffen von Gesprächsanlässen im Unterricht sein kann.

Als Alternative bietet sich folgende Maxime an: „Nutze die vorhandenen Kommunikationsanlässe systematisch für die Förderung der Gesprächskompetenz". Mit der Realisierung dieser Maxime sind mindestens drei Erfordernisse verbunden: Erstens gilt es, die Kommunikationsanlässe zu identifizieren und in ihrem Entwicklungspotential zu beschreiben. Zweitens müssen die so identifizierten Anlässe systematisch, d. h. eben nicht zufällig, in den Unterricht integriert werden; die einzelnen Lernanlässe sind so zu gestalten, dass sie – neben ihren sonstigen Funktionen – auch der Entwicklung der Gesprächskompetenz dienen. Und schließlich müssen sie mit den expliziten Maßnahmen der Gesprächsschulung verknüpft werden. Eine solche Sichtweise deckt sich in weiten Teilen mit dem von Abraham (2008) vorgeschlagenen Konzept des Sprechens als reflexive Praxis.

## Gesprächsanlässe identifizieren

Ein ganz wichtiger Schritt auf diesem Wege scheint mir die Identifizierung der gesprächsfördernden Anlässe zu sein, weil den Lehrenden diese Funktion wahrscheinlich gar nicht immer bewusst ist. Denn in der Regel handelt es sich ja um solche Lernsituationen, die primär für einen anderen Zweck geplant wurden. Hierzu zählen insbesondere

- Gruppen- und Partnerarbeit zur Erarbeitung fachlicher Inhalte,
- Ergebnispräsentationen, etwa zur Darstellung von Partner-, Gruppen- oder Projektarbeiten,
- Recherchen in Form von Interviews, etwa Expertenbefragungen,
- Zusammenfassen von Lernschritten, Texten oder Arbeitsergebnissen,
- Erklären und Erläutern von Sachverhalten,
- Diskussionen über kontroverse Interpretationen von Texten, auch in Form vorbereiteter Streitgespräche,
- Planungsgespräche, die etwa der Planung von Klassenaktivitäten oder Unterrichtsthemen dienen,
- Konflikt- und Klärungsgespräche, etwa zur Bearbeitung von echten Konflikten oder strittigen Fragen,
- Klassengespräche, etwa in Form regelmäßiger Klassenratssitzungen.

Das Potential dieser Gesprächsanlässe liegt zunächst einmal darin begründet, dass die Schüler/innen hier Gelegenheit haben, längere Redebeiträge zur Bearbeitung einer kommunikativen Aufgabe zu liefern. Anders als im fragend-entwickelnden Unterricht gibt ihnen das die Möglichkeit, selber initiativ zu werden, Redebeiträge mit eigener Zielsetzung einzubringen und zugleich weitere Redebeiträge zu initiieren. Sie haben Gelegenheit, nicht nur aus der Rolle des Zuhörers das Unterrichtsgeschehen zu verfolgen, sondern es aktiv zu gestalten, d. h. eigene Ideen und Wünsche einzubringen. Schon hierin allein läge eine qualitativ bedeutsame Ausweitung der Schülerbeteiligung am Unterrichtsgeschehen.

## Gesprächsanlässe systematisch planen

Um solche Lernanlässe nicht dem Zufall zu überlassen, müssen sie systematisch in den Unterricht integriert werden. Das bedeutet, dass bei der Planung von problemorientierten Lernumgebungen die Frage nach der kommunikativen Beteiligung der Schüler/innen von Beginn an mitgedacht werden muss. Neben den anderen Lernzielen ist zu bedenken, welche kommunikativen Anforderungen sich daraus ergeben und wie diese zu nutzen und zu gestalten sind. In einem Schreibprojekt, etwa einer Schülerzeitschrift mit populärwissenschaftlichen Beiträgen (vgl. Becker-Mrotzek/Böttcher 2006, 208 ff.), sind Redaktionssitzungen mit unterschiedlichen Inhalten und Aufgaben erforderlich. So müssen Inhalte ausgewählt, Schreib- und Rechercheaufträge verteilt, eingehende Texte besprochen und überarbeitet sowie Herstellung und Vertrieb geplant werden. Um die Aufgaben einerseits effektiv bearbeiten zu können, andererseits aber auch Gesprächskompetenz zu erwerben, kann es sinnvoll sein, den Schüler/innen gezielte Hilfestellung in Form von Gesprächsleitfäden für die einzelnen Sitzungen zu geben. Auf diese Weise werden die Sitzungen vorstrukturiert; zugleich erleben die Schüler/innen so unterschiedliche Möglichkeiten, wie bestimmte wiederkehrende Gesprächsaufgaben kommunikativ bewältigt werden können.

So kann beispielsweise für Planungssitzungen ein Zeitraster vorgegeben werden, das jeweils bestimmte Zeitspannen für das Brainstorming mittels Cluster, für das Strukturieren mittels einer Mindmap sowie eine anschließende Diskussion mit Entscheidungsfindung vorsieht. Für die Schlussredaktion kann dagegen ein anderes Verfahren der Gesprächsorganisation vorgegeben werden, etwa das der moderierten Diskussion. Auf diese Weise erleben die Schüler/innen Funktion und Wirkungsweise bestimmter Gesprächsformen in Bezug auf zu lösende Kommunikationsaufgaben in einer authentischen Situation. Für weitere Beispiele vgl. die Artikel G5 und G6 von Berkemeier/Pfennig.

## Verknüpfen mit gezielten Gesprächsanlässen

Die gezielte Nutzung unterrichts-authentischer Gesprächsanlässe ist zu verknüpfen mit bewusst gestalteten Gesprächsanlässen. Zentrale Teilkompetenzen, etwa das Referieren oder Präsentieren, das Moderieren von Klassengesprächen oder Diskussionen, das Zusammenfassen oder Erklären von Sachverhalten bedürfen einer gesonderten Vermittlung, insbesondere in der Einführungsphase. Es scheint wenig sinnvoll, alle diese Fähigkeiten nach dem Prinzip von Trial and Error zu erwerben; zweckmäßiger ist die instruktive Vermittlung bewährter Verfahren und Regeln, die dann ausprobiert und adaptiert werden können. Derart geplante Gesprächsanlässe unterscheiden sich von den übrigen durch gezielte Vorbereitung, durch ihre mindestens teilweise Entlastung vom unmittelbaren kommunikativen und inhaltlichen Handlungsdruck sowie die bewusste Lenkung der Aufmerksamkeit der Schüler/innen auf die sprachliche Form. Authentische Gesprächsanlässe ergeben sich aus dem Handlungszusammenhang und entziehen sich damit der didaktischen Planung; inszenierte Gesprächsanlässe dagegen sind systematisch planbar; das bedeutet jedoch nicht automatisch, dass sie deshalb künstlich oder unecht sind. Sinnvolle Anlässe für solche geplanten, inszenierten Formen sind beispielsweise Einführungsphasen oder das Auftreten von Problemen oder Schwierigkeiten, wenn sich etwa in der Klasse zeigt, dass Schüler/innen mit der Moderation von Klassengesprächen überfordert sind. An diesen Stellen bieten sich Übungsformen an, wie sie etwa Mönnich (G4) beschreibt.

## Kommunikatives Handeln reflektieren

Schließlich gilt es, die kommunikativen Erfahrungen selber zum Gegenstand des Unterrichts zu machen. Auch hierfür muss in der Gesamtplanung des Unterrichts ein Rahmen vorgesehen werden. Eine Möglichkeit besteht in regelmäßigen Feedback-Gesprächen, so wie sie Berkemeier (2006) für das Präsentieren und Moderieren beschreibt. Zu bestimmten Anlässen werden in der Klasse strukturierte Feedback- oder metakommunikative Gespräche geführt, in denen die Schüler/innen ihr eigenes kommunikatives Handeln reflektieren und beurteilen. Das kann beispielsweise im Anschluss an eine Schülerpräsentation sehr knapp in wenigen Minuten erfolgen, indem sich nur einzelne Schüler äußern, aber auch in einer sog. Blitzlichtrunde, in der alle zu Wort kommen. Eine andere Möglichkeit besteht darin, entsprechende Gesprächstypen anhand von Aufzeichnungen und Transkripten analytisch zu bearbeiten und damit eine Sensibilität für die je spezifischen Gesprächsaufgaben zu schaffen. Und schließlich können einzelne Gespräche aufgezeichnet, verschriftet und zum Gegenstand der reflexiven Analyse werden (vgl. Brünner/Weber, D5).

## 4 Fazit

Ausgehend von einer kritischen Analyse des Ist-Zustandes, dass ein vorherrschend fragend-entwickelnder Unterricht zu wenig Potential für die Entwicklung der Gesprächskompetenz bietet, wurde als Alternative das Konzept der gemäßigt konstruktivistischen, problemorientierten Unterrichtsgestaltung vorgestellt. Als Vorteile gelten die zahlreichen Handlungs- und Gesprächsanlässe dieses Ansatzes, die sich als Potential für die Gesprächsförderung geradezu anbieten. Im Weiteren wurden sodann die Entwicklungsaufgaben für die verschiedenen Schulstufen skizziert. Vor diesem Hintergrund ist das Plädoyer zu verstehen, die Kommunikationsmöglichkeiten des Unterrichts selber für die Kompetenzentwicklung zu nutzen – und darauf zu verzichten, alltägliche Kommunikation im Unterricht nachzuahmen.

## Literatur

Abraham, Ulf: Sprechen als reflexive Praxis. Mündlicher Sprachgebrauch in einem kompetenzorientierten Deutschunterricht. Freiburg: Fillibach 2008

Becker-Mrotzek, Michael/Böttcher, Ingrid: Schreibkompetenz entwickeln und beurteilen. Berlin: Cornelsen 2006

Becker-Mrotzek, Michael/Quasthoff, Uta: Unterrichtsgespräche zwischen Gesprächsforschung, Fachdidaktik und Unterrichtspraxis. (Themeneinführung) In: Der Deutschunterricht (1998) Heft 1, 3–13

Berkemeier, Anne: Präsentieren und Moderieren im Deutschunterricht. Baltmannsweiler: Schneider 2006

Boueke, Dietrich/Schülein, Frieder/Büscher, Hartmut u. a.: Wie Kinder erzählen. Untersuchungen zur Erzähltheorie und zur Entwicklung narrativer Fähigkeiten. München: Fink 1995

Flader, Dieter/Hurrelmann, Bettina: Erzählen im Klassenzimmer – eine empirische Studie zum 'freien' Erzählen im Klassenzimmer. In: Ehlich, Konrad (Hrsg.): Erzählen in der Schule. Tübingen: Narr 1984, 223–249

Hausendorf, Heiko/Quasthoff, Uta: Interaktion und Entwicklung. Eine Studie zum Erwerb von Diskursfähigkeit bei Kindern. Opladen: Westdeutscher Verlag 1996

Lüders, Manfred: Unterricht als Sprachspiel. Eine systematische und empirische Studie zum Unterrichtsbegriff und zur Unterrichtssprache. Bad Heilbrunn: Klinkhardt 2003

Mehan, Hugh: Learning lessons. Social Organisation in the Classroom. London: Harvard University Press 1979

Quasthoff, Uta: Entwicklung mündlicher Fähigkeiten. In: Bredel, Ursula/Günther, Hartmut/Klotz, Peter/Ossner, Jakob/Siebert-Ott, Gesa (Hrsg.): Didaktik der deutschen Sprache – ein Handbuch. 1. Teilband. Paderborn: Schoeningh (UTB) 2003, 107–120

Reinmann, Gabi/Mandl, Heinz: Unterrichten und Lernumgebungen gestalten. In: Krapp, Andreas/Weidenmann, Bernd (Hrsg.): Pädagogische Psychologie. Ein Lehrbuch. Weinheim/Basel: Beltz, 5. vollst. überarb. Auflage 2006, 613–658

Richert, Peggy: Typische Sprachmuster der Lehrer-Schüler-Interaktion. Empirische Untersuchung zur Feedbackkomponente in der unterrichtlichen Interaktion. Bad Heilbrunn: Klinkhardt 2005

Spitta, Gudrun: Schreibkonferenzen in Klasse 3 und 4. Frankfurt a.M.: Cornelsen 1992

Wolff, Gerhard: Sprechen und Handeln. Pragmatik im Deutschunterricht. Königstein: Scriptor 1981

Wuttke, Eveline: Unterrichtskommunikation und Wissenserwerb. Zum Einfluss von Kommunikation auf den Prozess der Wissensgenerierung. Frankfurt/Bern: Lang 2005

BRIGIT ERIKSSON

# C2 Bildungsstandards – Mündliche Kommunikation

Einheitliche und verbindliche Bildungsstandards werden heute von der Bildungspolitik als Selbstverständlichkeit der Schule betrachtet. Von ihnen wird die direkte Sicherung und Weiterentwicklung der Unterrichtsqualität erwartet (vgl. z. B. EDK (Eidgenössische Erziehungsdirektorenkonferenz) 2004, 6). Klieme, auf dessen Expertise (2003) sich die Entwicklung von Bildungsstandards in den deutschsprachigen Ländern bezieht, weist den Bildungsstandards in erster Linie Orientierungsfunktion für die verschiedenen Interessengruppen zu (2003, 47ff.). Bildungsstandards sollen die Basis für das Bildungsmonitoring und die Systemsteuerung bilden, einen transparenten Orientierungsrahmen für Schüler/innen und Eltern bieten und den Lehrpersonen und Schulteams ein Referenzsystem für die Ausgestaltung von Curricula liefern, die immer stärker in die Verantwortlichkeit der Schulkollegien gestellt werden. Klieme (ebd.) warnt mit Verweis auf die US-amerikanischen Erfahrungen im *High-Stakes-Testing*[1] – besonders auch mit Blick auf das heute schon allzu selektive Schulsystem der deutschsprachigen Länder – nachdrücklich davor, Bildungsstandards als Kriterien für die individuelle Notengebung, Selektion und Zertifizierung zu nutzen. Erfahrungen mit der Implementation und der Auswirkung von Bildungsstandards liegen in den deutschsprachigen Ländern noch nicht vor. Gesicherte Erkenntnisse sowie Einsichten und Erfahrungen dazu sind erst in einigen Jahren zu erwarten.

Der vorliegende Beitrag geht auf den Stand der Entwicklung von Bildungsstandards für das Fach Deutsch im Bereich der Mündlichkeit ein. Das erste Kapitel beschreibt Bildungsstandards allgemein, das zweite Kapitel geht speziell auf den Bereich der Mündlichkeit ein. In einem Fazit werden Entwicklungsperspektiven und Desiderate formuliert.

## 1 Ziele und Erwartungen

Bildungsstandards sind einerseits normative Vorgaben für die Steuerung von Bildungssystemen. Sie greifen wichtige Bildungsziele aus dem Kernbereich zentraler Fächer auf, umfassen aber nicht alles, was in der Schule als wichtig erachtet

[1] High-Stakes-Testing kann als spezifischer Reformansatz betrachtet werden, der die Vergabe von Belohnungen resp. Sanktionen an die Ergebnisse von Vergleichstests bindet. Herzog merkt dazu kritisch an: „Eine Reihe von Studien zeigt, dass *High-Stakes-Testing* dazu führt, dass die Kosten im Bildungswesen steigen, schwache Schülerinnen und Schüler noch schwächer werden, der Unterricht sich an den Outputmessungen orientiert („teaching-to-the-test"), die Lehrerzentriertheit des Unterrichts (wieder) zunimmt, Lehrer und Schüler demotiviert und die (vermeintlich) schlechten Schulen stigmatisiert werden etc." (2008, 13f.).

wird. Zentral geht es um grundlegendes Wissen und Können, das für die Teilhabe an der Wissensgesellschaft unverzichtbar ist. Bildungsstandards referieren andererseits auf festgelegte Kompetenzen, welche Kinder und Jugendliche bis zu einer bestimmten Jahrgangsstufe auf einem bestimmten Niveau erworben bzw. ausdifferenziert haben sollen. Die Einführung von Bildungsstandards geht einher mit einer Outputorientierung des Bildungssystems, mit der Einführung von Überprüfungs- und Testverfahren und mit der Curriculumentwicklung. Der Input- und der Prozessbereich von Schule und Unterricht sind hingegen nicht bzw. nur dann, wenn es um Fragen der Implementation geht, im Fokus.

Grundlage für die Kompetenzbeschreibungen lieferten die Arbeiten von Weinert, die auch die Basis für die Expertise von Klieme (2003) bildeten. Weinert versteht unter Kompetenzen „die bei Individuen verfügbaren oder durch sie erlernbaren kognitiven Fähigkeiten und Fertigkeiten, um bestimmte Probleme zu lösen, sowie die damit verbundenen motivationalen, volitionalen und sozialen Bereitschaften und Fähigkeiten, um die Problemlösungen in variablen Situationen erfolgreich und verantwortungsvoll nutzen zu können" (Weinert 2001, 27f.). Kompetenz ist dem gemäß eine Disposition, die es Personen ermöglicht, konkrete Anforderungen erfolgreich zu lösen. In der konkreten Problemlösungssituation können vorhandene Kompetenzen aktiviert und (in Performanz) umgesetzt werden. Es ist jedoch nicht statthaft, von den realisierten Handlungsprodukten – quasi 1 : 1 – auf vorhandene Kompetenzen zu schließen, weil Problemlösungssituationen vielfältigen Restriktionen unterliegen – eine Person kann aus verschiedenen Gründen z. B. nicht in der Lage sein, die Kompetenzen, über die sie verfügt, in der realen Handlungssituation auch tatsächlich einzusetzen. Was – auch mit Testsettings – gemessen werden kann, ist grundsätzlich immer nur Performanz, nicht Kompetenz.

Basis für die Entwicklung von Bildungsstandards bilden Kompetenzmodelle, die den Gegenstandsbereich theoretisch strukturieren. Teilkompetenzen, aus denen sich die jeweiligen Kompetenzmodelle zusammensetzen, werden so konkret beschrieben, dass sie in Aufgabenstellungen operationalisiert und mit Hilfe von Testverfahren erfasst werden können. Im Zusammenhang mit Bildungsstandards werden Kompetenzen in Niveaumodellen festgelegt. Diese sollen wissenschaftlich begründete Vorstellungen darüber liefern, welche Abstufungen eine Kompetenz annehmen kann bzw. welche Grade oder Niveaustufen sich bei den einzelnen Schülerinnen und Schülern feststellen lassen. Die Niveaustufen markieren, welche Leistungen zu erwarten sind und welche Mindestleistungen eine Schülerin/ein Schüler am Ende einer bestimmten Schulstufe erbringen muss (Minimal- resp. Basisstandard). Die Kompetenzniveaus sind nicht mit Entwicklungsstufen gleichzusetzen. Die Höhe der Kompetenzanforderungen soll sich an den Ergebnissen empirischer Untersuchungen ausrichten. In fachlich-didaktischer Perspektive sind damit zwei Ansprüche verbunden: Es wird angenommen, dass sich Leistungen empirisch zuverlässig beschreiben und messen lassen und dass empirische Befunde helfen können beim Entscheid über die Festsetzung von Basisstandards. Die definitve Festsetzung von Basisstandards entscheidet nicht die Empirie, sondern ist Sache des bildungspolitischen Konsenses darüber, wie viele Schülerinnen und Schüler zu welchem Zeitpunkt welches Anforderungsniveau minimal erreichen sollen. Dabei geht es v.a. darum, ein gutes Leistungsniveau auch für schwächere Schülerinnen und Schüler zu garantieren (*no child left behind*).

Outputmessungen sind in der Schule nichts Neues, Lehrpersonen haben die Schüler/innen immer schon nach ihrer Leistung beurteilt, allerdings nach dem lokalen Maßstab der Schulklasse, der in der Regel wenig valide Aussagen zum tatsächlichen Leistungsniveau der Altersgruppe machen kann. Mit den Bildungsstandards wird erstmals nationale Vergleichbarkeit und damit ein weiterer Schritt in Richtung Harmonisierung der obligatorischen Schule angestrebt. Die Bildungsstandards sollen zudem eine Auswirkung auf die Vereinheitlichung von Lehrplänen und Lehrmitteln haben (vgl. die in Ausarbeitung befindlichen sprachregionalen Lehrpläne in der Schweiz).

Es werden drei Arten von Bildungsstandards unterschieden: Minimal- oder Basisstandards, Regelstandards und Maximalstandards. *Minimal-* oder *Basisstandards* beschreiben das Kompetenzniveau, das alle Schülerinnen und Schüler einer bestimmten Lerngruppe erreichen müssen. Bei Nichterreichen dieser Basiskompetenzen sollen entsprechende Maßnahmen eingeleitet werden. *Regelstandards* definieren Kompetenzen, die im „Durchschnitt“, d.h. von mindestens der Hälfte der Schülerinnen und Schüler einer Lerngruppe erreicht werden sollen. *Maximalstandards* beschreiben, was die besten Schülerinnen und Schüler einer Lerngruppe erreichen können.

In den deutschsprachigen Ländern wurden in den letzten zehn Jahren verschiedentlich Vorgaben zu Bildungsstandards gemacht, um damit eine einheitlichere Überprüfung der Kompetenzen von Schüler/innen zu erreichen. Die stark beachtete Studie DESI (Deutsch-Englisch-Schülerleistungen-International) zur Modellierung und Messung sprachlicher Kompetenzen von Schulabgänger/innen wurde zwischen 2001 und 2006 durchgeführt (Beck/Klieme 2007). 2005 publizierte das Luxemburger Erziehungsministerium Bildungsstandards (vgl. Kühn 2005), nachdem bereits im Voraus landesweite standardisierte Schulleistungstests eingeführt worden waren (vgl. Honnef-Becker et al. 2005). 2003 und 2004 verabschiedete die deutsche Kultusministerkonferenz (KMK) für den Primarbereich, für den Hauptschulabschluss und für den Mittleren Schulabschluss Bildungsstandards im Sinne von Regelstandards. In der Folge wurden diese Setzungen mit bundesweiten Tests evaluiert – erste Resultate für den Primarbereich werden erst nach Veröffentlichung dieser Publikation vorliegen. Sie sollen die Basis zur Entwicklung von Kompetenzmodellen, zur Weiterentwicklung der Bildungsstandards und zur Entwicklung von unterrichtsrelevanten Aufgabenstellungen bilden. Die Gewinnung von Bildungsstandards erfolgte bisher auf unterschiedliche Weise. Während die KMK zuerst die Bildungsstandards setzte und sie dann einem empirischen Evaluationsprozess zu unterwerfen begann, verfuhr die Eidgenössische Erziehungsdirektorenkonferenz (EDK) gerade umgekehrt (vgl. EDK 2004). Sie beauftragte 2004 wissenschaftliche Konsortien mit der Ausarbeitung von Kompetenzmodellen und -beschreibungen, auf deren Basis Leistungstests entwickelt und national erprobt wurden. Die Resultate dieser Large-Scale-Assessments (Tests mit sehr hohen Populationszahlen, häufig überregional oder internationalwie z. B. PISA) bilden die Grundlage für die Formulierung von Kompetenzniveaus und Bildungsstandards. Die Schweizer Studie wird Ende 2008 publiziert. Im Gegensatz zur KMK will die EDK nicht Regel- sondern Basis- oder Minimalstandards setzen, wie dies auch in der Klieme-Expertise ausdrücklich gefordert wird:

„Diese Konzentration auf Mindeststandards ist für die Qualitätssicherung im Bildungswesen von entscheidender Bedeutung, Sie zielt darauf ab, dass gerade die Leistungsschwächeren nicht zurückgelassen werden. Jeder Schule, jedem Lehrenden soll klar sein, welche Mindesterwartung gestellt wird. Angesichts der Tatsache, dass unser Bildungssystem, verglichen mit den Systemen anderer Industriestaaten, Schwächen v. a. im unteren Leistungsbereich zeigt, kommt diesem Merkmal besondere Bedeutung zu. Die national und schulform-übergreifend verbindliche Formulierung von Bildungszielen und Mindestanforderungen die dann Lehrplanarbeit, Unterrichts- und Förderkonzepte, Schulevaluation und anderes beeinflussen – kann einen entscheidenden Abbau von Disparitäten im Bildungssystem leisten“ (2003, 27 f.).

Die Entwicklung von Bildungsstandards wird von kritischen Stimmen nicht nur aus der Fachdidaktik begleitet. Neben der bereits eingangs erwähnten Befürchtung des *High-Stakes-Testing* warnt zum Beispiel Herzog vor einem direkten Kausalschluss zwischen dem Output Schülerleistung und dem Input Unterricht: „Wer Schulerleistungen als Output bezeichnet, unterstellt, dass dem Output ein Prozess vorausgeht, der durch einen Input in Gang gesetzt wird“ (2008. 6). Eine solche deterministische Sichtweise würde zu falschen, einseitigen Schlussfolgerungen für die Gestaltung des Unterrichts führen und zudem dazu, die Lehrperson für jeden Lernerfolg und -misserfolg verantwortlich zu machen. Bildungsstandards würden den Blick auf die Schule in Richtung Mess- und Normierbarkeit einschränken. Herzog wirft in seinem Artikel (ebd.) eine Reihe weiterer kritischer Fragen auf wie z. B.: Sind Bildungsstandards Garanten für Qualitätsentwicklung oder Qualitätserhalt? Findet mit der Setzung von Basisstandards eine Nivellierung nach unten statt, also nicht nur *teaching to the test*, sondern *teaching to the minimum*? Was geschieht mit Schulen, die die gesetzten Bildungsstandards nicht erreichen? Brügelmann, der in der Abstufung der Kompetenzniveaus nach Qualitäten den entscheidenden Unterschied zu den Zielvorgaben der Lehrpläne sieht, mahnt angesichts der heute noch wenig bekannten Entwicklungsverläufe zur Vorsicht:

> „Im Blick auf die Diskussion über Bildungsstandards ist festzuhalten, dass die Definition verbindlicher Niveaus zu jahrgangsbezogenen Terminen wenig Sinn macht, wenn die Leistungen gleicher Altersgruppen über mehrere Jahre streuen. Ob dieser Karawaneneffekt nur für die Rechtschreibentwicklung oder auch für andere Lernbereiche gilt, ist aber noch zu überprüfen" (2005, 149).

Die kritische Debatte blendet aus, dass bisher – gerade auch für den Bereich der Mündlichkeit – wenig Einblick in die tatsächlichen Lehr- und Lernprozesse bestand, es wenig empirisch unterfüttertes Wissen dazu gibt und viele schulische Setzungen unreflektiert tradiert wurden. Aus deutschdidaktischer Perspektive kann gesagt werden, dass Bildungsstandards zwar nichts gänzlich Neues darstellen, dass aber seit Beginn der Etablierung von Bildungsstandards eine anregende und ergiebige Diskussion um Kompetenzmodelle, Kompetenzbeschreibungen, Kompetenzniveaus und Aufgabenkultur stattfindet. Die grosse Investition in die Entwicklung von Bildungsstandards hat nicht nur die Schul- und Unterrichtsentwicklung, sondern auch die empirische Erforschung von Lernprozessen und Lernleistungen in der Deutschdidaktik angeregt und in vielen Bereichen wichtige Impulse zur Weiterentwicklung gegeben. Das trifft besonders auf den bisher vernachlässigten Bereich der mündlichen Sprachproduktion und -rezeption zu.

## 2 Bildungsstandards im Bereich der Mündlichkeit

Die Beschreibung, Erfassung und Beurteilung mündlicher Sprachkompetenzen hat im Bereich der Schulsprache[2], ganz anders als im Fremdsprachenunterricht, noch wenig Tradition. Während das fremdsprachliche Lernen immer schon stark an der Mündlichkeit orientiert war, gilt für die Schulsprache das Primat der Schriftlichkeit. Mündlichkeit ist in der Schulsprachendidaktik wenig konturiert und bietet damit noch keine umfassende Grundlage für die kohärente Entwicklung von Bildungsstandards. Zwar gibt es vereinzelt fachdidaktische Forschungen im Sprachkompetenzbereich der Mündlichkeit, gemessen an der großen Komplexität des Bereiches sind sie jedoch noch nicht hinreichend. Im Bereich Sprechen ist demzufolge auch die Unterrichtspraxis, wie sie sich zum Beispiel in der Aufgabenkultur zeigt, wenig entwickelt, für den Bereich des Zuhörens bis vor kurzem inexistent (vgl. dazu die Ausführungen in Eriksson, C4.). Eine zusätzliche Marginalisierung erlebt der Bereich der Mündlichkeit durch die Eng-

[2] Anstelle des Begriffs Erstsprache wird der Begriff Schulsprache gemäss dem geplanten *Gemeinsamen Europäischen Referenzrahmen für die Schulsprachen* des Europarats verwendet (vgl. www.coe.int/T/DG4/Linguistic/Default_en.asp)

führung auf die je einzelsprachliche Fachdidaktik (z. B. Deutschdidaktik), die einen Austausch unter den verschiedenen Schulsprachdidaktiken verhindert; das sprachregionenübergreifende EDK-Projekt HarmoS hat erstmals einen bereichernden Austausch unter den verschiedenen Schulsprachdidaktiken ermöglicht. Die Fremdsprachendidaktik war demgegenüber schon früh sprachenübergreifend und international angelegt, was bereits in den 90er Jahren die Schaffung eines gemeinsamen Referenzsystems für Kompetenzmodelle und -beschreibungen möglich machte – den Gemeinsamen Europäischen Referenzrahmen für Sprachen. Eine analoge Entwicklung für die Schulsprachen wurde erst vor kurzem angestoßen (vgl. Martyniuk 2007).

Die Entwicklung von Bildungsstandards in jedem Fachbereich setzt ein in der Forschung breit abgestütztes Kompetenzmodell, darauf bezogene Kompetenzbeschreibungen und Kompetenzniveaus und Testaufgaben, die die Kompetenzen verlässlich messen können, voraus. Nachfolgende Ausführungen geben den diesbezüglichen Stand der Entwicklung für den Bereich der Mündlichkeit in der Schulsprache Deutsch wieder.

## 2.1 Kompetenzmodelle

Im Nachgang zu PISA und im Zusammenhang mit der Entwicklung von Bildungsstandards in den deutschsprachigen Ländern sind erste Entwürfe von Kompetenzmodellen für die Schulsprache Deutsch vorgelegt und diskutiert worden. Angestoßen hat diese Diskussion Ossner mit seinem Artikel *Kompetenzen und Kompetenzmodelle im Deutschunterricht* (2006). Kompetenzmodelle weisen in der Regel die für das Fach spezifischen Kompetenzdomänen oder -bereiche und die Kompetenzdimensionen oder -ausprägungen aus. Je nach Modellherkunft wird dabei der Mündlichkeit unterschiedliches Gewicht beigemessen. Während beim *Gemeinsamen Europäischen Referenzrahmen für Sprachen* die Mündlichkeit in den drei Kompetenzdomänen Hörverstehen, dialogisches und monologisches Sprechen gefasst und den zwei schriftlichen Domänen Lesen und Schreiben gegenübergestellt wird, sind es bei Ossner (2006) nur eine einzige Kompetenzdomäne Mündlichkeit (Sprechen und Zuhören) und vier Kompetenzdomänen der Schriftlichkeit (Motorisches Schreiben, Richtiges Schreiben, Texte Schreiben, Lesen). Auch die KMK Bildungsstandards folgen der klassischen Lehrplantradition für den Bereich Deutsch, indem sie Zuhören und Sprechen in eine Kompetenzdomäne zusammenfassen, die dann in einzelne Unterdomänen ausdifferenziert werden (zu anderen sprechen, verstehend zuhören, Gespräche führen, szenisch spielen, über Lernen sprechen). Im Kapitel B 3 dieses Bandes legt Becker-Mrotzek ein umfassendes Kompetenzmodell für die mündliche Kommunikation vor (vgl. auch Becker-Mrotzek 2008). Ins Zentrum stellt er dabei die für mündliche Sprachhandlungen grundlegende Domäne *Gesprächskompetenz,* als deren Prototyp das Zwei-Personen-Gespräch gilt.

Das Zuhören oder das monologische Sprechen wie auch Mehrpersonengespräche betrachtet Becker-Mrotzek als davon abgeleitete Fälle. Im Projekt DESI wird ein Kompetenzmodell zum Argumentieren vorgestellt, das Argumentationsfähigkeit in enger Verknüpfung mit Kommunikationsfähigkeit sieht. Das Modell kann als Baustein eines umfassenderen Kompetenzmodells der Mündlichkeit gesehen werden (Willenberg et al. 2007). Im Hinblick auf die Bedeutung und die Gestaltung der Mündlichkeit im Unterricht ist es nicht unerheblich, unter welcher Überschrift die Mündlichkeit in Zukunft firmiert. Die Optionen *Sprechen und Zuhören, Kommunikation und Argumentation* oder *Gesprächskompetenz* müssen diskutiert werden.

Wesentlich vielschichtiger als die Definition von Kompetenzdomänen ist jene der Kompetenzdimensionen, die die Basis für die Formulierung von Bildungsstandards bilden. Es geht dabei um das Erfassen und Klassifizieren von domänenspezifischen Kompetenzen, wie z.B. die Fähigkeit zur Rezeption und Produktion von Lauten oder die Fähigkeit der Gesprächssteuerung. Kompetenzen können durch Wissens- und Prozessdimensionen beschrieben werden (vgl. dazu Bremerich-Vos 2008a und Becker-Mrotzek, B3), wobei verschiedene Wissensbegriffe (z.B. explizites, prozedurales, metakognitives Wissen) und verschiedene Prozessbegriffe, wie sie ähnlich auch in den Schreibprozessmodellen gebraucht werden (z.B. analysieren, anwenden, bewerten), zum Einsatz kommen. Ziel der Kompetenzmodellierungen ist es, eine Vorlage für möglichst präzise Beschreibungen von Kompetenzen zu erhalten, die wichtige Grundlage für die Entwicklung von Tests und Aufgaben sind.

Im Hinblick auf die konkrete Aufgaben- oder Testsituation ist eine weitere Dimension wichtig, die mit „Gelingensbedingungen" umschrieben werden könnte. Je nach situativen Bedingungen können die Anforderungen an eine Sprachhandlung unterschiedlich hoch sein. Es ist z.B. einfacher, ein Alltagsgespräch über ein bekanntes Thema zu führen als ein Gespräch über etwas Unbekanntes. Diese Gelingensbedingungen entscheiden über den Schwierigkeitsgrad einer sprachlichen Aufgabe. Becker-Mrotzek führt diese Schwierigkeitsfaktoren als dritte Dimension in seinem Gesprächskompetenzmodell auf (2008, 62). Zusammen mit den Kompetenzdimensionen bilden sie die wesentliche Grundlage zur Beschreibung von Kompetenzniveaus.

Kompetenzmodelle, -domänen, -dimensionen und -niveaus müssen empirisch fundiert werden. Dass dies ein langer Prozess ist, zeigen die Erfahrungen mit der Entwicklung eines Kompetenzmodells für das Lesen. Die in den vergangenen Jahren durchgeführten Large-Scale-Assessments zum Lesen (PISA, IGLU, DESI) haben zu einer zunehmenden Präzisierung der Kompetenzmodelle, -dimensionen und -niveaus beigetragen. Für die Mündlichkeit kann bekannterweise noch auf keine analogen Erfahrungen zurückgegriffen werden.

## 2.2 Testaufgaben

Was für die Entwicklung eines Kompetenzmodells Mündlichkeit festgestellt wurde, gilt auch für mündliche Testaufgaben: Es gibt dazu nur wenig Vorarbeiten. Für die Schulsprache Deutsch kann auf keine (Sprechen, Gespräche führen) oder fast keine Testerfahrung (Zuhören) zurückgegriffen werden.

Es ist hier nicht der Ort, testtheoretische Vorgaben zu diskutieren (vgl. dazu die kurze, übersichtliche Darstellung bei Granzer et al. 2008). Wichtig ist es jedoch festzuhalten, dass Testaufgaben nicht nur psychometrischen, sondern vor allem auch fachdidaktischen Anforderungen genügen müssen. Wichtig ist weiter, dass – vor allem auch mit Blick auf die Schulpraxis – zwischen Testaufgaben und Lernaufgaben unterschieden wird. Damit Testaufgaben möglichst zuverlässig, objektiv und valide über Kompetenzen Auskunft geben, müssen sie in der Regel auf Kompetenzen beschränkt werden, die gut operationalisierbar sind. Lernaufgaben hingegen können den ganzen Kompetenzbereich einer Domäne abdecken und auch in integrativen, weniger fokussierten Lernsettings eingebaut sein (vgl. dazu Eriksson, F2).

Die theoriegeleitete, auf wissenschaftlich fundierten Kompetenzmodellen beruhende Entwicklung von Testaufgaben steckt für den Bereich der Mündlichkeit (Schulsprache) noch in den Kinderschuhen. Erste kompetenzorientierte Tests wurden im Projekt DESI für den Bereich des Argumentierens entwickelt (Krelle et al. 2007, Willenberg et al. 2007). Die Testanlage des Projekts erlaubte es jedoch nicht, argumentative und kommunikative Kompetenzen mündlich im Gespräch zu erfassen, sondern erforderte einen Individualtest, der gruppenweise durchgeführt werden konnte. Folglich konnten nur schriftliche Reaktionen auf Fragen zu argumentativem Verhalten erhoben werden. Konstruktion und Ergebnisse dieser Tests haben Modellcharakter, sie weisen jedoch auf die Schwierigkeiten hin, die sich dem Testen der Gesprächskompetenz stellen:

- Die Erhebung der individuellen Gesprächskompetenz ist in offenen Gesprächssituationen kaum möglich, da die Gesprächspartner/innen ihre je eigene Kompetenz immer nur in Abhängigkeit von der des Gegenübers entfalten können. Will man die individuelle Gesprächsfähigkeit erheben, muss auf stark gesteuerte dialogische Situationen ausgewichen werden, bei denen ein Gesprächspartner als Testleiter nach genauen Vorgaben das Gespräch steuert und damit vergleichbare Bedingungen für die je individuell durchgeführten Tests schafft.

- Dem Testen mündlicher Gesprächskompetenz sind auch aus testökonomischen Gründen Grenzen gesetzt. Anders als bei den gängigen Lese- oder Hörverstehenstests können nicht ganze Klassen gemeinsam getestet werden, sondern nur Einzelne oder kleinere Gruppen von Schülerinnen und Schülern, was einen erheblichen zeitlichen Aufwand bedeutet und für Large-Scale-Assessments kaum geeignet ist.

- Das Testen von Gesprächskompetenz setzt Video- oder Tonbandaufnahmen voraus. Da es bei Large-Scale-Testverfahren kaum möglich ist, diese zu transkribieren, müssen Testauswertungsverfahren entwickelt werden, die ein direktes Rating am aufgenommenen Material resp. ein direktes Rating vor Ort erlauben. Dazu müssen Kriterienraster entwickelt werden, die ein solches Rating ermöglichen.

Einfacher ist das Testen von abgeleiteten Formen der Gesprächskompetenz, z. B. das Testen des Zuhörens resp. monologischen Sprechens. Zuhörtests haben den Vorteil, dass ganze Gruppen von Schülerinnen und Schülern getestet werden können. Bereits vorliegende Zuhörtests weisen große Ähnlichkeit mit Leseverstehenstests auf (vgl. Honnef-Becker 2005 oder – für die Zweitsprache – Nold 2007). Für das monologische Sprechen liegen noch keine Tests vor (vgl. Eriksson 2006).

Becker-Mrotzek macht eine Reihe von interessanten Vorschlägen zur Aufgabenentwicklung und zeigt auf, „dass die Vermittlung und Messung der Gesprächskompetenz neben den schriftbasierten auch eigene Formate benötigt, die die Besonderheiten der mündlichen Kommunikation berücksichtigen" (2008, 77). Die im Zusammenhang mit den Bildungsstandards in der Schweiz und in Deutschland entwickelten Tests im Bereich der Mündlichkeit werden erstmals breit abgestützte empirische Daten liefern.

## 2.3 Bildungsstandards

Abgesehen von den von der KMK 2004 beschlossenen und 2005 veröffentlichten Bildungsstandards, die jedoch weder auf empirisch überprüften Kompetenzmodellen noch auf damit einhergehenden Tests beruhen, liegen im deutschsprachigen Raum keine Bildungsstandards für den Bereich der Mündlichkeit vor. Erste Ergebnisse aus den Bildungsstandardsprojekten in Deutschland und der Schweiz werden aber 2008 erwartet (vgl. Bremerich-Vos et al. 2008b).

Im Zusammenhang mit dem Schweizer Bildungsstandardprojekt HarmoS wird im Hinblick auf die Formulierung von Bildungsstandards ein doppelter Fokus empfohlen: einerseits auf die sprachlichen Kompetenzen, andererseits auf die damit verknüpften Gelingensbedingungen. Die Realisation sprachlicher Kompetenzen ist grundsätzlich von verschiedensten Faktoren oder Gelingensbedingungen abhängig. Die Formulierung von Bildungsstandards kann sich deswegen nicht ausschließlich auf realisierte sprachliche Fähigkeiten beziehen, sondern muss zwingend auch die Bedingungen, unter denen diese Leistungen auf den verschiedenen Niveaus erbracht werden, mit einbeziehen. Gelingensbedingungen beeinflussen nicht nur die Lösungswahrscheinlichkeit von Aufgaben, sondern auch deren Schwierigkeitsgrad. Zu den Gelingensbedingungen beim *Zuhören* können z. B. die Tonqualität oder die Textverständlichkeit der Hörtexte gezählt werden. Die Lösungswahrscheinlichkeit von Zuhöraufgaben ist von zwei

Gelingensbedingungen im besonderen Maß abhängig: von den Textmerkmalen (Inhalt, Form, Genre) und der Art der Aufgabenstellungen (Frage- und Antwortformate, inhaltliche und formalsprachliche Anforderungen).

Nachfolgender Textkasten zeigt exemplarisch, wie eine Bildungsstandardformulierung fürs Zuhören zur Kompetenzdimension *explizite Informationen entnehmen* auf einem unteren Kompetenzniveau der 6. Primarklasse aussehen könnte:

*Die Schüler/innen sind fähig, ausdrücklich (explizit) formulierte Informationen in Hörtexten unterschiedlichen Genres (narrativ, argumentativ, explorativ) auch dann zu finden, wenn die geforderte Antwort nicht wörtlich aus dem Text übernommen werden kann und wenn*

- *die Themen der Hörtexte vertraut und gebräuchlich sind,*
- *der Wortschatz hochfrequente, bekannte Wörter umfasst und unvertrauter Wortschatz durchwegs explizit erklärt ist,*
- *die Texte einfach strukturiert und linear aufgebaut sind. Zur Lösung der Aufgabe genügt in der Regel das Wiedererkennen einfacher Sachverhalte,*
- *die Texte langsam, mit deutlicher Artikulation gesprochen und eher kurz sind,*
- *die Testfragen kurz sind und sich auf konkrete Aspekte in alltäglichen Kontexten (z.B. Ereignisse) beziehen. Sie sind gezielt formuliert, einfach und mit wenig sprachlichem Aufwand beantwortbar und weisen zumeist geschlossene Antwortformate aus (MC = Multiple Choice, Ja-Nein-Fragen),*
- *die Testaufgaben den Schüler/innen eine Vororientierung auf den Text und die Aufgaben ermöglichen und damit das Verstehen unterstützen (advanced organizers).*

Bei der Formulierung von Bildungsstandards ermöglicht die Verbindung von Aussagen zu Sprachkompetenzen und Gelingensbedingungen einen nahen und konkreten Blick auf die gestellten sprachlichen Anforderungen. Noch konkreter wird es, wenn solche Bildungsstandards durch Aufgabenbeispiele illustriert werden, wie nachfolgendes Beispiel zum oben formulierten Bildungsstandard zeigt:

Hörtextausschnitt *Der Wolf*

Schafhalter: ...... *Die Theoretiker im Flachland sollten sich über eines klar werden: Ein friedliches Zusammenleben von Wolf und Schafen ist eine Unmöglichkeit. Bei uns in der Schweiz hat es nicht genügend Platz für dieses Mistvieh* ......

*Item*

Welche der folgenden Aussagen bringt die Meinung des Schafhalters am besten zum Ausdruck? Es ist nur eine Antwort richtig, kreuze sie an

- ○ Wolf und Schafe können vermutlich nicht friedlich zusammenleben.
- ○ Ich bin der Meinung, Wolf und Schafe können sehr gut zusammenleben.
- ○ Es ist offensichtlich, Wolf und Schafe können nicht friedlich zusammenleben.
- ○ Es ist möglich, dass der Wolf mit den Schafen zusammenzuleben kann.

Bildungsstandards können so ein guter Ausgangspunkt für die weitere Schulentwicklung sein, die bei der Weiterbildung der Lehrpersonen, bei der Entwicklung einer besseren Aufgabenkultur und förderorientierten Unterrichtsmaterialien ansetzen muss.

## 3 Fazit

Der Bereich der Mündlichkeit ist in der Schulsprachdidaktik ein Entwicklungsland. Die Ausführungen zu den Bildungsstandards weisen auf erste Antworten, aber auch auf Lücken hin. Es muss jetzt darum gehen, in diesem Feld die empirische Forschung voranzutreiben. Insbesondere sind neue Aufgabenformate und entsprechende Testinstrumente für alle Teilbereiche der Mündlichkeit zu entwickeln und zu erproben. Gleichzeitig muss der Dialog über die vorliegenden Kompetenzmodelle in Gang gesetzt werden. Eine Koordination mit den Entwicklungen in den anderen Sprachdomänen drängt sich auf, da die schriftlichen und mündlichen Sprachkompetenzen in der Produktion und Rezeption zum Teil ähnliche Wesensmerkmale aufweisen. Im Hinblick auf das Zielfeld Schule ist eine solche Koordination unabdingbar. Es kann erwartet werden, dass mit den demnächst publizierten empirisch begründeten Bildungsstandards eine Vergleichsbasis geschaffen wird, auf der die Weiterentwicklung im Bereich Bildungsstandards aufbauen kann.

# Literatur

Beck, Bärbel/Klieme Eckhard (Hrsg.): Sprachliche Kompetenzen. Konzepte und Messung. DESI-Studie. Weinheim/Basel: Beltz 2007

Becker-Mrotzek, Michael: Gesprächskompetenz vermitteln und ermitteln. Gute Aufgaben im Bereich „Sprechen und Zuhören". In: Bremerich-Vos, Albert/Granzer, Dietline/Köller, Olaf (Hrsg.): Lernstandsbestimmung im Fach Deutsch. Gute Aufgaben für den Unterricht. Weinheim/Basel: Beltz 2008a, 52–77

Bremerich-Vos, Albert/Granzer, Dietlinde/Köller, Olaf (Hrsg.): Bildungsstandards Deutsch und Mathematik. Leistungsmessung in der Grundschule. Weinheim/Basel: Beltz 2008b

Bremerich-Vos, Albert: Benjamin S. Bloom (und andere) revisited. In: Bremerich-Vos, Albert/Granzer, Dietlinde/Köller, Olaf (Hrsg.): Lernstandsbestimmung im Fach Deutsch. Gute Aufgaben für den Unterricht. Weinheim/Basel: Beltz 2008a, 29–49

Bremerich-Vos, Albert: „Sprechen und Zuhören". Zur Förderung der Gesprächskompetenz im Rahmen des Deutschunterrichts. In: Standards. Unterrichten zwischen Kompetenzen, zentralen Prüfungen und Vergleichsarbeiten. Friedrich Jahresheft XXIII, 2005, 108–112

Brügelmann, Hans: Was ist 'normal' beim Schreibenlernen? In: Dehn, Mechthild/Hüttis-Graf, Petra (Hrsg.): Kompetenz und Leistung im Deutschunterricht. Spielraum für Muster des Lernens und Lehrens. Freiburg im Breisgau: Fillibach 2005, 142–150

Eidgenössische Erziehungsdirektorenkonferenz EDK: HarmoS. Zielsetzungen und Konzeption. Bern, 2004 (kostenloser Download: http://www.edk.ch/PDF_Downloads/Harmos/Harmos_Weissbuch_d.pdf)

Eriksson, Brigit: Bildungsstandards im Bereich der gesprochenen Sprache. Eine Untersuchung in der 3., der 6. und der 9. Klasse. Tübingen: Narr Francke Attempto 2006

Granzer, Dietlinde/Böhme Katrin/Köller, Olaf: Kompetenzmodelle und Aufgabenentwicklung für die standardisierte Leistungsmessung im Fach Deutsch. In: Bremerich-Vos, Albert/Granzer, Dietline/Köller, Olaf (Hrsg.): Lernstandsbestimmung im Fach Deutsch. Gute Aufgaben für den Unterricht. Weinheim/Basel: Beltz 2008a, 10–28

Herzog, Walter: Verändern Bildungsstandards den Lehrberuf? Referat an der PHZ Luzern 22.1.2008. (Kostenloser Download unter: www.wbza.luzern.phz.ch/content.php?link=572272163394.htm&nav=2_9)

Honnef-Becker, Irmgard/Kühn, Peter/Melan, Fernand/Reding, Pierre: Deutsch. Die standardisierten Prüfungen zum Abschluss der Primärschule. Luxembourg: Education nationale 2. Auflage 2005

Klieme, Eckhard et al.: Zur Entwicklung nationaler Bildungsstandards. Eine Expertise. Frankfurt: Deutsches Institut für internationale pädagogische Forschung 2003

Krelle, Michael/Vogt, Rüdiger/Willenberg, Heiner: Argumentative Kompetenz im Mündlichen. In: Willenberg, Heiner (Hrsg.): Kompetenzhandbuch für den Deutschunterricht. Baltmannsweiler: Schneider 2007, 96–106

Kühn, Peter: Perspektiven der Deutschdidaktik. Sprachkompetenztests im Kontext von Bildungsstandards und Deutschunterricht. Luxembourg: SCRIPT 2005

Kultusministerkonferenz Deutschland KMK: Bildungsstandards im Fach Deutsch für den Primarbereich, für den Hauptschulabschluss und für den Mittleren Schulabschluss. Luchterhand, 2005 www.kmk.org/schul/Bildungsstandards/bildungsstandards-neu.htm (kostenlose Downloads)

Martyniuk, Waldemar (ed.). Towards a Common European Framework of Reference for Languages of School Education? Krakow: Universitas 2007

Nold, Günter/Rossa, Henning: Hörverstehen. In: Beck, Bärbel/Klieme, Eckhard (Hrsg.): Sprachliche Kompetenzen. Konzepte und Messung. Weinheim/Basel: Beltz 2007, 178–196

Nold, Günter: Auf dem Weg zu Kompetenzmodellen im Bereich „Sprechen und Zuhören“ im Fach Deutsch. In: Bremerich-Vos, Albert; Granzer, Dietlinde; Köller, Olaf (Hrsg.): Lernstandsbestimmung im Fach Deutsch. Gute Aufgaben für den Unterricht. Weinheim/Basel: Beltz 2008a, 78–87

Ossner, Jakob: Kompetenzen und Kompetenzmodelle im Deutschunterricht. In: Didaktik Deutsch (2006) Heft 21, 5–19

Rösch, Heidi (Hrsg.): Kompetenzen im Deutschunterricht. Frankfurt: Peter Lang 2005

Weinert, Franz. E. (Hrsg.): Leistungsmessungen in Schulen. Weinheim/Basel: Beltz 2001

Willenberg, Heiner/Gailberger, Steffen/Krelle, Michael: Argumentation. In: Beck, Bärbel/Klieme Eckhard (Hrsg.): Sprachliche Kompetenzen. Konzepte und Messung. DESI-Studie. Weinheim/Basel: Beltz 2007, 118–129

GERHARD STAMM

# C3 Bildungsstandards für die Vorschule

Die erste Stufe des institutionalisierten Erziehungs- und Bildungssystems ist im deutschen Sprachraum bezüglich Dauer und Intensität, aber auch bezüglich der sprachlichen Voraussetzungen der Kinder sehr heterogen. Einrichtungen wie Kindergarten, Kindertagesstätte, Vorschule oder Grund- und Basisstufe unterstützen das 3–6-jährige Kind in seiner Entwicklung. Die Bildungspläne für diesen Elementarbereich sind innerhalb der deutschen Bundesländer bezüglich Struktur und Verbindlichkeit durchaus unterschiedlich (Huneke 2006). Zudem zeigen sich im gesamten deutschen Sprachraum verschiedene Bestrebungen, den Übergang zur Grundschule neu zu gestalten, damit auf die vielfältigen Lebenswelten und Erfahrungszusammenhänge der Kinder besser reagiert werden kann (Leist 2003, Jampert 2007, Leuchter/Humbel 2005).

Den Bildungsplänen dieser Stufe ist gemeinsam, dass der sprachliche Bereich durchgängig stark gewichtet wird. Dabei stehen mündliche Kompetenzen im Zentrum. Mündlichkeit dominiert den sprachlichen Alltag der Vorschule; sie bildet das entscheidende Werkzeug für die soziale Handlungsfähigkeit, die Selbst- und Fremdwahrnehmung, sie führt zum Erwerb von Weltwissen. Mündliche Fähigkeiten nehmen eine Schlüsselrolle im vorschulischen Lernen ein, sie können als zentrale überfachliche Kompetenz angesehen werden.

## 1 Beschreibung des Entwicklungsalters

Im komplexen Feld unterschiedlicher sprachlicher Prägungen – Brennpunktthema sind hier Migrantenkinder und Kinder mit bildungsfernem Hintergrund – fällt es schwer, allgemeine Entwicklungslinien für das Vorschulalter zu beschreiben. Orientiert man sich weniger an sprachimmanenten Gesichtspunkten wie Phonologie, Syntax und Semantik, so zeigen sich die Entwicklungen in der Mündlichkeit durch eine veränderte Funktionalität von Sprache (Jampert 2002, 20ff.):

- Zunehmend wird Sprache losgelöst vom unmittelbaren Handeln, sie erhält eine Eigenständigkeit, indem mit ihr zukünftige Handlungen geplant oder vergangene evaluiert werden können.
- Subjektive, konkrete Positionen und Bestimmungen werden durch objektive ergänzt. Dies zeigt sich im Bereich der Begriffsbildung, aber auch in der Fähigkeit zur Empathie, zum Rollenwechsel, zur intellektuellen Distanz.
- Die Sprache selbst wird sprachlich reflektiert. Kinder sind mehr und mehr fähig, sprachliches Verhalten zu beurteilen und Sprachvergleiche anzustellen.

Der lustvolle Umgang mit wechselnden Bedeutungen und Lautungen im Sprachspiel bildet eine Brücke zum Schrifterwerb.

Die kommunikative Funktion einer Äußerung, das Verfolgen einer Absicht steht in der kindlichen Wahrnehmung an erster Stelle, nicht das Erlernen eines Sprachsystems. So ist das Sprechen des Vorschulkindes weiterhin sehr eng mit Tätigkeiten und konkreten Vorhaben verbunden. Sätze können Handlungen ersetzen, Handlungen aber auch sprachliche Äußerungen überflüssig machen. Gerade für das Spiel ist diese Wechselwirkung konstitutiv: Die Gestik und Mimik erspart dem Kind oft die verbale Umsetzung, während andererseits beim Rollenspiel mit sprachlichem Überschuss Haltungen und Sprechhandlungen erprobt werden.

Dabei ist das Sprechen und Hören nicht immer auf das sprachlich Mitgeteilte ausgerichtet. Der stimmliche Ausdruck und die begleitenden körperlichen Zeichen werden vom Vorschulkind stark gewichtet, umgekehrt kann es beim Sprechen Gefühle nur schwer verbergen. Die Prosodie ist für das Kind zentral; dies zeigt sich auch darin, dass Wörter in handlungsbegleitender Funktion häufig nicht semantisch reflektiert werden und – wie die Unsinnspartikel in den Kinderversen – eine Begleitmusik zum Spiel bilden (Jampert 2002, 38).

Von einer kommunikativen Funktion ganz losgelöst sind die selbstvergessenen Monologe ohne Adressaten – eine auch in der Vorschule noch häufig zu beobachtende Erscheinung bei konzentrierten Tätigkeiten. Sie können als Vorform des Denkens aufgefasst werden, als eine noch nicht vollzogene „Abstraktion von der Lautseite des Sprechens“ (Wygotski 2002, 421 ff.). In dem Moment, wo sich das „Sprechen für sich“ vom „Sprechen für andere“ trennt, wird diese sprachliche Selbstvergewisserung ein stummes, schweigendes Sprechen, wird Denken.

Günstige innere Dispositionen des Kindes und stimulierende Umweltfaktoren unterstützen die Entwicklung zu einer neuen Funktionalität der Sprache im Altersbereich von 3–6 Jahren:

## Innere Entwicklungsfaktoren

- Das Kind verfügt über ein großes Potenzial für *implizite Lernprozesse* (Hesselhorn 2005, 86). Dies gilt insbesondere für den sprachlichen Bereich. Die Fähigkeit, Regularitäten im Bereich der Syntax, Morphologie und Semantik mittels unbewusst-intuitiven Strategien abzuleiten, ist hoch ausgeprägt.
- Das vorherrschende Prinzip der Selbstbildung im Spiel und in der sinnlich emotionalen Erfahrung wird dabei durch *günstige motivationale Voraussetzungen* gestützt (Buff/Nakamura/Hollenweger 2005). Kinder neigen dazu, ihre Fähigkeiten im sozialen Vergleich hoch einzustufen. Es sind dabei nicht eigene und fremde Fähigkeiten und Begabungen, die zuerst wahrgenommen werden, sondern vielmehr Anstrengungen und Wagnisse: Im Lichte eines

kindlichen Überoptimismus' scheint mit entsprechendem Aufwand vieles erreichbar.

Diese lernfreundliche Grundstimmung unterstützt die Entwicklung der Mündlichkeit entscheidend, weil sie ständig zur Erweiterung des aktiven Sprachstandes herausfordert. Fragen, Umschreibungen, Generalisierungen, eigene Wortbildungen, Transferwörter aus anderen Sprachen sind Anzeichen einer solchen unbefangenen Erweiterungsstrategie, die zwar oft fehlerhafte, aber weiterführende sprachliche Ergebnisse erzielt.

Das im Regelfall positive Selbstkonzept, die intrinsische Lernmotivation und ein effizienter impliziter Erwerb von Sprache in Handlungssituationen führen dazu, dass Kinder beim Eintritt in die Vorschule Grundelemente der mündlichen Kommunikation in der Erstsprache beherrschen.

## Äußere Entwicklungsfaktoren

Sprachliche Strukturen werden durch Sprechtätigkeit vermittelt, sie sind also in ihrer Genese sozial. Das Kind differenziert seinen Sprachgebrauch im Dialog mit seiner Umwelt. Gerade diese Umweltfaktoren ändern sich aber mit dem Eintritt in die Vorschule entscheidend:

- Das Kind verlässt den Raum familiären Vorwissens. Was innerhalb der vertrauten sprachlichen Umgebung mit wenig Aufwand kommuniziert werden konnte, muss jetzt explizit dargelegt werden.
- In der Großgruppe der Vorschule wird sprachliches Durchsetzungsvermögen, aber auch längeres, konzentriertes Zuhören wichtig. Das Kind muss Sprechregeln beachten sowie neue sprachliche Routinen zur Kontaktaufnahme und zum Dialog mit häufig unvertrauten Partnern erwerben.
- Die zahlreichen Kontakte zu Gleichaltrigen verlangen nach einem angemessenen Umgang mit unterschiedlichen Ausprägungen von Sprachbeherrschung und Sprachstilen. Kinder mit Deutsch als Zweitsprache werden zudem mit der neuen Sprache konfrontiert.

Dieser Wechsel beim Eintritt in die Vorschule hat sich innerhalb der letzten Generation verschärft, da Kinder zunehmend ohne Geschwister und häufig nur mit einem Elternteil aufwachsen. Zudem sind vielfaltige Bewegungs- und spontane Kontaktmöglichkeiten in städtischen Wohngebieten schwer zu realisieren. Die allzu oft als Ersatz angebotene Präsenz neuer Medien führt zu einseitig konsumierenden Verhaltensformen. So stellt der neue soziale Rahmen der Vorschule für viele Kinder eine Herausforderung dar.

Die Vorschule schafft mittels gemeinsamer Erlebnisse Anlässe und Inhalte für verschiedene Formen der Mündlichkeit. Thematisches Arbeiten und das Aufbauen bestimmter Sprech- und Gesprächsrituale sowie die Partizipation der Kinder an der Gestaltung des Vorschulalltags sorgen dabei für nachhaltige sprachliche Erfahrungen. „Bedeutsame Dialoge, die in sinnvollen Kommunikationssituationen stattfinden und in bedeutungsvolle Beziehungen eingebettet sind, bilden (...) das wichtigste Element der Sprach- und Kommunikationsförderung" (Kolonko 2001, 123).

## 2 Entwicklungs- und Lernbereiche vom 3. bis zum 6. Lebensjahr

Während der Vorschulzeit sind – abgesehen von einem Zweitspracherwerb mit einer eigenen Lernprogression und von spezifischen Sprachentwicklungsstörungen – Prozesse der Ausdifferenzierung von vorhandenen Grundfertigkeiten zu beobachten. Solche Prozesse sind in ihrer Feinheit nur personen- und situationsspezifisch beschreibbar. Die folgende Auflistung gibt eine grobe Übersicht über die häufigsten Entwicklungs- und Lernbereiche von Kindern im Bereich der Mündlichkeit:

### Bereich der Phonologie

Das Hören und Sprechen ist an die genaue Wahrnehmung und die verständliche Artikulation der Sprechlaute gebunden. Auditive und motorische Fertigkeiten bilden dabei das Fundament. Im Bereich der Wahrnehmung muss die Leistung des Kurz- und Langzeitgedächtnisses ausdifferenziert werden, im Bereich der Artikulation jene der Atemführung. Diese Basisfunktionen mündlicher Sprache entwickeln sich normalerweise spontan, in der sprachtherapeutischen Arbeit stehen sie aber oft im Zentrum der Bemühungen. Zum normalen Entwicklungsverlauf gehört, dass einzelne Vorschulkinder noch die lautgerechte Artikulation der Phoneme /ch/, /ts/, /s/, /sch/ stabilisieren müssen. Schwierigkeiten bereiten auch Konsonantencluster – hier geht es darum, Auslassungen (**tinken* statt *trinken*) oder Assimilisationen (**lamsam* statt *langsam*) zu überwinden (Hellrung 2006, 36f.).

Im Bereich der Perzeption wird hinsichtlich des Schriftspracherwerbs eine zunehmende phonologische Bewusstheit aufgebaut. Dieses Lernfeld führt über das Erkennen von Satz-, Wort- und Silbengrenzen zum Finden von Lautähnlichkeiten in Reimen, Anlauten und Binnenlauten (Küspert 2006).

### Bereich der Syntax/Morphologie

Einfache Sätze mit finiten Verben erweitern sich zunächst durch Reihungen, dann durch begründende und präzisierende Elemente zu finalen und konzessiven Konstruktionen, wobei sich die mündliche Umsetzung oft auf elementare Wortkombinationen beschränkt. Der deiktische Gebrauch von Pronomen wird ergänzt durch den Gebrauch von Pronomen als Mittel der Textverknüpfung (Andresen 2005, 157).

Ein großes Lernfeld – v. a. für Kinder mit Deutsch als Zweitsprache – besteht im Ausbau morphologischer Paradigmen bezüglich Genus, Kasus, Kongruenz, Tempus. Hier zeigen sich oft U-förmige Entwicklungsverläufe: In einer ersten Phase, die stark durch imitatives Sprechen geprägt ist, speichern sich richtige, aber noch unflexibel gebrauchte Wendungen. In einer zweiten Phase versucht das Kind, die gewonnenen Regularitäten in verschiedenen, aber auch unpassenden Zusammenhängen anzuwenden. Erst nach dieser stark von fehlerhaften Übergeneralisierungen geprägten Phase gelangt das Kind in eine dritte, in der es neues Wissen kompetent und flexibel gebrauchen kann (Tracy 2007, 73).

Beim Verstehen von komplex gebauten Sätzen, z. B. bei Passivsätzen oder Sätzen, bei denen die Wortreihenfolge der Ereignisreihenfolge entgegenläuft, behelfen sich Kinder mit semantischen Strategien und suchen zunächst nach der inhaltlich plausibelsten Lösung. Erst später werden zum Verständnis die syntaktischen Merkmale mit berücksichtigt (Andresen 2005, 33).

## Bereich der Lexik/Semantik

Die grammatische Form und die phonologische Umsetzung wird von Kindern kaum reflektiert. Der größte Teil des sehr spezifischen Sprachwissens ist implizit (Tracy 2007, 17 ff.). Dagegen steht der Aspekt der Bedeutung im Zentrum des Interesses und der sprachlichen Motivation der Kinder: Eine sich ausdifferenzierende Wahrnehmung und zunehmende selbständige Handlungsmöglichkeiten gehen einher mit dem Ausbau von Weltwissen. Dieser Prozess ist in der sozialen Situation an einen wachsenden Wortschatz gebunden. Wenn Kinder bis zum Ende der Vorschulzeit über einen aktiven Wortschatz von ca. 2.500 Wörtern und einen passiven von ca. 13.000 Wörtern verfügen, heißt das, dass sie jeden Tag durchschnittlichen neun Wörtern gelernt haben (Grimm 2002, 526; Textor 2006, 53).

Neben dieser graduellen Bereicherung des Wortschatzes kommt es auch zu Restrukturierungen vorhandenen Wissens: Begriffe werden semantisch ausdifferenziert und in ein Ordnungssystem von Ober- und Unterkategorien eingebaut. So tritt zum Beispiel die Bezeichnung *Leben* zwar früh im kindlichen Wortschatz auf, sie erfährt aber während der Vorschulzeit einen grundlegenden Bedeutungswandel (Szagun 2006, 164 ff.): Die elementaren Kriterien der Bewegung und Ähnlichkeit zum Menschen werden zunehmend durch biologische Kriterien des Stoffwechsels, der Fortpflanzung und des Wachstums abgelöst. Die Entwicklungslinien laufen dabei von konkreten zu abstrakten, von deiktisch zu sprachlich vermittelten Begriffen und von prototypischen Elementen einer Kategorie zur differenzierten Bezeichnung von Spezialfällen. Entgegen früherer Annahmen gibt es keine fundamentalen Unterschiede im Verständnis von Begriffen zwischen Kindern und Erwachsenen. Das semantische Wissen entwickelt sich vielmehr bereichsspezifisch, Kinder erlangen dabei oft eine erstaunliche Expertise in ihren Interessensgebieten. Ohne weiteres können präkausale

Vorstellungen und animistische Zuschreibungen neben intuitiven wissenschaftlichen Theorien stehen (Sodian 2002, 448f.), Kinder haben die Tendenz, sich diesbezüglich der jeweiligen Situation und Erwartungshaltung des Gegenübers anzupassen.

### Bereich der Pragmatik

Das Vorschulkind erwirbt sich in der Kommunikation mit Gleichaltrigen und erwachsenen Personen Vorstellungen unterschiedlicher Standpunkte und Meinungen. Im Wechselspiel von gezielter Zuwendung und Abgrenzung gewinnt es ein Bewusstsein der eigenen Identität, aber auch eine Alltagspsychologie bezüglich der Gesprächspartner. Daraus entwickelt sich zunehmend eine Fähigkeit zur Dezentrierung, zum Perspektivenwechsel und zur Empathie. Während Sprechhandlungen wie „etwas befehlen", „etwas erlauben/verbieten" diesbezüglich wenig voraussetzen, ist „etwas versprechen" bereits komplexer und wird später erworben, weil das sprechende Kind dabei eine Verpflichtung eingeht und so seine Position relativieren muss (Grimm 2002, 536f.).

Solche Entwicklungsvorgänge lassen sich in der Vorschulzeit gut beim Rollenspiel beobachten: Während in einer frühen Entwicklungsstufe das Parallelspiel mit nachahmenden Elementen vorherrscht, wird das Rollenverhalten später zunehmend komplementär. Dem Kind ist es nun möglich, die Rolle des Gegenübers auch ohne explizite Klärung mitzudenken (Andresen 2005, 128ff.). So kann es im fiktiven Raum Verhaltensmuster und Gesprächskonventionen erproben.

Mit der Fähigkeit zum Wechsel des Blickwinkels ist zunehmend altruistisches Handeln wie z. B. das Trösten oder das gegenseitige Abwägen verschiedener Meinungen möglich, auf der anderen Seite aber auch die sprachliche Täuschung. Ein solches Bewusstsein für die eigenen mentalen Zustände und die anderer Personen läuft einher mit einer Differenzierung des Gesprächsverhaltens und einer Erweiterung des Repertoires an verschiedenen Sprechhandlungen, Formen des Erzählens und Berichtens.

## 3 Sprachförderung in der Institution Vorschule

Die offenen Lern- und Unterrichtarrangements der Vorschule stehen heute zur Diskussion. Der verschärfte Druck auf die nationalen Bildungssysteme durch internationale Vergleichsstudien führt dazu, dass das Problem auch nach unten weitergereicht wird und die Vorschule vor der Frage steht, ob sie die Kinder speziell im Bereich der sprachlichen Förderung genügend auf die Schule vorbereite. Der „Schlüsselsituation Sprache" (Jampert 2002) kommt größte Beachtung zu – nicht zuletzt von politischer Seite. Mangelnde Sprachkompetenzen bleiben selten isoliert, sie metastasieren und beeinflussen die Gesamtentwicklung des Kindes. So wird ein Großteil der sprachauffälligen Kinder auch als emotional auffällig eingestuft. Zudem meiden solche Kinder tendenziell sprachliche Anforderungen, was ihre Lernmöglichkeiten wiederum einschränkt und die Situation verschärft. Es ist offensichtlich, dass hier möglichst früh interveniert werden muss und darum speziell die Elementarstufe Mittel für sprachliche Förderangebote benötigt.

Bei regen schulischen Aktivitäten und einer hohen Publikationstätigkeit im Bereich von Sprachförderprogrammen sowie von Diagnose- und Einschätzungsinstrumenten (einen Überblick gibt: Kany/Schöler 2007, Jampert 2007) ist die Frage des unterrichtlichen Settings von sprachfördernden Aktivitäten aber häufig noch ungeklärt. Wann ist ein Stopp im Unterrichtsgeschehen angebracht um einem Kind individuelle Unterstützung zu geben? Wie kann man ein Kind im Vorschulalltag gezielt in seinem individuellen Entwicklungsbereich unterstützen, aber auch sprachlich herausfordern; wie gelingt es Situationen zu schaffen, in denen es sich wiederkehrend bewähren kann? Wo ist ein Sprachtraining von Teilkompetenzen sinnvoll, wo greifen eher ganzheitliche Ansätze? Unterscheidet sich die Förderung von Kindern mit unzureichender Sprachbeherrschung grundsätzlich von der Förderung von Kindern mit einer Spracherwerbsstörung?

Mit dem Begriff „Sprachförderung" hat sich in der Vorschule eine Bezeichnung für den Umgang mit Mündlichkeit etabliert, der sich – mit etwas unklaren Rändern – zwischen Sprachunterricht und Sprachtherapie positioniert. Während Sprachunterricht ein formalisiertes, an der Schriftlichkeit orientiertes Sprachtraining intendiert, richtet sich Sprachtherapie an Kinder mit spezifischen Sprachentwicklungsrückständen und den zugrunde liegenden Verarbeitungsstörungen, welche in der Regel angeboren sind (definiert unter ICD 10, Kap. V: F80, Internationale Klassifikation psychischer Störungen WHO). Insbesondere von Seiten der Logopädie wird Wert darauf gelegt, die Begriffe Sprachförderung und Sprachtherapie, aber auch Sprachstandserhebung und Sprachdiagnostik gut zu trennen. Sprachförderung kann eine eventuelle logopädische Therapie unterstützen, jedoch nicht ersetzen. Sie unterstützt grundsätzlich den Spracherwerb bei allen Kindern einer Vorschulgruppe und umfasst ein historisch gewachsenes Repertoire an Verhaltensweisen, Methoden und Unterrichtsmodellen:

Im *Reduktions-Konzept* der 50-er und 60-er Jahre des vergangenen Jahrhunderts galt die sprachliche Vereinfachung als Königsweg zum Spracherwerb (Günther/Günther 2007, 125). Wiederkehrende Sprechhandlungen wie begrüßen, um etwas bitten, sich bedanken wurden mit standardisierten Sätzen oder Satzteilen eingeübt. Wiederholungen und Ritualisierungen in Vers und Lied prägten den Vorschulalltag, die musikalischen Elemente vertieften dabei das emotionale Erlebnis von Sprache. Bis in die heutige Zeit hat sich das Erbe dieser „Sprach-Spiel-Pädagogik" in einer Fülle von Sing-, Bewegungs-, Kreisspielen und Kinderversen überliefert. Formen des imitativen Sprechens haben zudem in verschiedenen neuen Sprachförderungsprogrammen wieder einen hohen Stellenwert: Vers und Reim bilden in ihrer gestischen Kraft einen motivierenden Zugang zu Sprachrhythmus und -klang und so zu wichtigen Vorläuferfähigkeiten der Schriftlichkeit (Penner 2003).

Die Vereinfachung und Ritualisierung von Sprache hatte allerdings ihre Kehrseite: Das freie, kommunikative Sprechen, die eigenkonstruktive Sprachleistung erhielt in diesen Konzepten nicht das entsprechende Gewicht.

Im *Funktionsansatz* der 60-er und 70-er Jahre wurden die kognitiven Aspekte der Sprachförderung betont. In einer Bildungsdebatte, die in vielen Elementen dem heutigen PISA-Diskurs entspricht (Leu 2007, 19) forderte man Programme zur kompensatorischen Sprachförderung, um Kindern der Arbeiterschicht die Überwindung soziokultureller Barrieren zu ermöglichen. So wurden den betreffenden Kindern in der Kleingruppe gezielte Förderangebote vermittelt. In nach linguistischen Kategorien entwickelten Kursen trainierten sie – vorwiegend mittels Bilderkarten – Lautbildung, Wortschatz und Syntax. Solche Konzepte konnten sich allerdings nicht über längere Zeit halten. Es zeigte sich, dass die Abkoppelung von natürlichen Situationen die Eigenaktivität und den Eigensinn der Kinder zu wenig berücksichtigte. Unverstandenes Lernen führte zu leeren Bildungsschlaufen, eine Nutzung im sprachlichen Alltag fand häufig nicht statt.

Diese Erfahrung gilt es heute erneut zu reflektieren. Strukturierte Angebote, welche einer Lernprogression folgen und sich auf eine isolierte Teilfertigkeit ausrichten, sind mit dem ganzheitlichen Lernen des Vorschulkindes durchaus vereinbar. Das Vorschulkind ist fähig zu sprachlicher Abstraktion. Es kann explizites Wissen über Sprache erwerben, allerdings muss damit ein unmittelbarer Nutzen, eine Bedeutung verbunden sein. Entscheidend ist, ob ein Transfer von der strukturierten Sprachfördersituation zur komplexen Kommunikationssituation stattfinden kann. Dies sollte auch im Umgang mit neuen funktionsbezogenen Konzepten, z. B. dem „Würzburger Trainingsprogramm" (Küspert 2006) bedacht werden.

Der *Situationsansatz* brachte Anfang der 80-er Jahre eine neue Wendung hin zum informellen Sektor des Lernens. In einem damals revolutionären Bildungskonzept wurden eine „offene Planung" und die „Orientierung des Lernens an Lebenssituationen der Kinder" proklamiert (Zimmer 1998, 21). Solche Forderungen prägen die Vorschulpädagogik bis heute: Das Kind soll nicht mehr Objekt veranstalteten Lernens sein, sondern selber als „kompetentes Kind" sein Lernen gestalten können. In der Umsetzung dieses Konzepts dominieren die sozialen Dimensionen, das dialogische Verhältnis von Lehrenden und Lernenden, die gegenseitige Hilfe der Kinder und ihre Beteiligung an der Planung weitgehend über Sachaspekte, Themen und Dinge.

Die Kommunikationsfähigkeit des Kindes und damit das Zuhören und Sprechen erhalten im Situationsansatz einen hohen Stellenwert. Die konzeptionelle und methodische Weite einer solchen sozialen Orientierung bringt aber mit sich, dass sich die Sprachförderung nicht an linguistischen Konzepten orientieren kann und nur in Ansätzen einer Lernprogression folgt. Es besteht die Gefahr von zu schnell wechselnden, uneinheitlichen Schwerpunkten ohne Nachhaltigkeit. Gerade in einer Zeit zunehmender Heterogenität und sprachlicher Vielfalt werden aber immer mehr insistierende Formen der Sprachförderung verlangt. Hier bietet der Situationsansatz zu wenig strukturelle Hilfe.

Betrachten wir den alltäglichen Sprachgebrauch eines Vorschulkindes, so liegt es auf der Hand, diese drei Ansätze von Sprachförderung nicht in einem historischen Nacheinander, sondern auch in einem aktuellen Nebeneinander zu sehen. Für den mündlichen Sprachgebrauch ergeben sich dabei folgende drei Schwerpunkte:

- *Reproduktives Sprechen,* das genaue Wiedergeben von Gehörtem in Versen, Liedern und Kreisspielen hat seinen Platz in den ritualisierten Abläufen des Vorschultages. Dazu gehören auch feststehende Wendungen der individuellen Begrüßung, des Abschieds und wiederkehrende Redemittel der Selbstorganisation, wie z. B. die Bitte um ein Spielzeug oder die Ankündigung des Toilettenbesuchs. Bei solchen Wendungen, welche in der Sprachproduktion wie Fertigteile auftreten, kann eine genaue Vorgabe gegeben und ohne weiteres auch die korrekte Wiedergabe eingefordert werden. Basale Qualifikationen der Artikulation und Lexik stehen dabei im Zentrum des Lernens. Ziel ist, dass jedes Kind über ein Repertoire an einfachen, korrekten Redemitteln verfügt. Weil diese sprachlichen Wendungen wiederkehrend gebraucht werden, sollte die Lehrperson – von Fall zu Fall auch mit expliziter Korrektur – darauf beharren, dass sie von den Kindern richtig verwendet werden (Riederer 2006, 13 f.). Kompetenten Kindern bleibt es natürlich überlassen, sie entsprechend zu variieren.

- *Gelenktes Sprechen* bezeichnet eine möglichst situativ verankerte sprachliche Übung im Rahmen des Vorschulalltags. Anknüpfend an Konzepte des Funktionsansatzes nimmt die Lehrperson Gelegenheiten wahr, in sprachlichen Teilbereichen systematisch zu arbeiten: Über einen gezielten sprachlichen Input wird z. B. ein Satzmodell beim Einzelkind bzw. bei einer Gruppe gefestigt oder ein neu erworbener Wortschatz verankert. Dies kann durch Frage- und Antwortmuster, durch sprachbegleitetes Spielen oder eine Rollen-/Figureninszenierung veranlasst werden. Die Kunst der Dialogführung besteht darin, einerseits ein sprachliches Gerüst in möglichst vielen Variationen bereitzustellen, andererseits aber sofort zurückzutreten, wenn die Eigenbeteiligung des Kindes gewährleistet ist. Der Fokus beim gelenkten Sprechen liegt im Bereich der Morphologie, der Festigung von Satzbauplänen und in der Erweiterung des produktiven Wortschatzes.

- *Kommunikatives Sprechen* nach dem Konzept des Situationsansatzes verzichtet weitgehend auf eine solche lenkende Rolle der Lehrperson. Das selbständige Berichten, Erzählen, der spontane Dialog der Kinder stehen im Zentrum und damit das Mitgeteilte selbst. Dabei könnte ohne weiteres ein Ziel darin bestehen, einem Kind auch ohne gesprochene Sprache Handlungs- und Verhaltenssicherheit zu vermitteln und nonverbale Kompetenzen weiter zu entwickeln. Rückfragen sind angebracht, wenn die Verständigung gesichert werden muss. Damit die kommunikative Motivation erhalten bleibt, sollten sprachformale Korrekturen unterbleiben. Auch das Mittel des korrektiven Feedbacks ist in diesem Zusammenhang nur dann sinnvoll, wenn es mit einer sinnvollen inhaltlichen Frage oder Erweiterung gekoppelt ist. Beim kommunikativen Sprechen stehen pragmatische Qualifikationen und die damit verbundenen Sozial- und Selbstkompetenzen im Vordergrund.

Diese drei Aspekte von Mündlichkeit in der Vorschule unterscheiden sich im Grad der Formalisierung und im Verhältnis von In- und Output zwischen den Sprechpartnern. Sie verlangen ein differenziertes Einschätzen der inhaltlichen Interessen und des sprachlichen Potenzials der Kinder, denn allzu oft lässt sich „am Umgang mit Sprache in Kindergärten ein Wechselbad von Langeweile und Überforderung feststellen“ (Jampert 2002, 129). Damit in der sensiblen „Zone der nächsten Entwicklung“ (Wygotsky 2002) gearbeitet werden kann, braucht die Lehrkraft ein genaues Wissen über den individuellen Sprachstand der Kinder: Einerseits müssen sie mit herausfordernden Aufgaben aus der „sprachlichen Komfortzone“ (Gibbons 2006) herausgelockt werden, andererseits gilt es, die Motivation zur Sprache durch vertraute, gelingende Sprechhandlungen zu stärken. Die zentrale Rolle der Sprachstandserfassung als Ausgangspunkt für sprachfördernde Aktivitäten sei hier betont, sie wird Hauptgegenstand des Kapitels F2 sein.

Neben der Gestaltung anregungsreicher Lernumgebungen müssen Situationen und Methoden definiert werden, bei denen eine gezielte individuelle Förderung möglichst nahtlos anknüpfen kann. Institutionell wird dies im Vorschulbereich meist so gelöst, dass auf einen sprachlichen Input in der Großgruppe eine binnendifferenzierende Arbeit in der Kleingruppe erfolgt. Ein solches Vorgehen wird durch Unterrichtsmodelle mit integrierter logopädischer Betreuung zusätzlich unterstützt.

Das Kind profitiert allerdings nicht allein vom Dialog mit der Lehrperson, von der didaktisierten Interaktion: Die Sprachproduktion in ungelenkten Situationen ist oft um ein Vielfaches höher als in den Arbeitslektionen und durchaus kognitiv anspruchsvoll (Lesemann et al. 2001). Kompetente kindliche Sprecherinnen und Sprecher stimulieren die Sprachproduktion in einer Kindergruppe oft entscheidend. Solche sprachfördernde Konstellationen sind natürlich stark von der sozialen Zusammensetzung der jeweiligen Kindergruppe und ihrer

Sprechkultur abhängig, sie können aber durch einen partizipierenden Interaktionsstil und eine fragend interessierte Grundhaltung der Lehrperson positiv verstärkt werden. Sprachförderung als „pädagogische Kleinkunst“ (Wiedenmann 2007, 92ff.) erhält darum immer wieder Impulse von idealistischen Vorstellungen der Reformpädagogik: „Wenn der Erzieher verstanden hat, dass die Wahrheit des Kindes von der seinen verschieden ist und dass er mit Demut und Einfachheit dieser Wahrheit zum Ausdruck verhelfen kann, dann hat er seine wirkliche soziale Rolle verstanden“ (Freinet 1997, 41).

## 4 Literacy: Mündliche Zugänge zur Schriftkultur

Kinder erleben im Idealfall die Lese-, Erzähl- und Schriftkultur lange bevor sie „formal“ lesen und schreiben können: Mit Versen, Sprachspielen, Liedern, Marchen und Geschichten lernen sie Formen konzeptioneller Schriftlichkeit zunächst im mündlichen Gebrauch kennen. Angeregt und unterstützt durch kompetente Leser betrachten sie Bilderbücher und führen Gespräche über Vorgelesenes. Der Wert einer solchen prä- oder paraliterarischen Kommunikation liegt nicht nur in der Erweiterung des Wortschatzes, der syntaktischen Mittel und in der Begegnung mit spannenden oder lustigen Inhalten. Entscheidend ist das Vertraut-Werden mit einer sprachlichen Konzeption, welche vollkommen neue raum-zeitliche Möglichkeiten eröffnet.

„Literacy“ bezeichnet grundsätzlich die Kompetenz, lesen und schreiben zu können. In einem weiteren Sinne („Emergent Literacy“) werden damit Vorläuferfähigkeiten bezeichnet, welche der Schriftkultur zugrunde liegen und die Teilhabe an ihr einleiten (Whitehurst/Lonigan 2003, Ulich 2003, Näger, 2005). Dazu gehören folgende Erfahrungen und Fertigkeiten:

- Kinder können zur erzählten Geschichte ein „Kino im Kopf“ ablaufen lassen, Gelesenes oder Erzähltes ruft bei ihnen visuelle und emotionale Vorstellungen hervor. Als Folge davon werden in der Begegnung mit Geschriebenem bedeutsame Inhalte erwartet, das Kind erlebt das Buch zunehmend als Faszinosum.
- Fertigkeiten im Gebrauch von dekontextualisierter Sprache werden über die Zwischenstufe des bildgeleiteten Erzählens aufgebaut. Am Schluss dieser Entwicklungslinie steht das unmittelbare Verstehen vorgelesener Texte. Eigene Erzählungen spiegeln Eigenschaften solcher Texte: Die Kinder sind fähig, verständlich über Geschehnisse zu sprechen, die zu einer anderen Zeit an einem anderen Ort passiert sind. Dabei orientieren sie sich an den erworbenen narrativen Strukturen. Sie können immer besser einschätzen, welche Vorinformationen die Hörer benötigen und wie eine zeitliche Abfolge, ein Spannungsaufbau gestaltet wird.

- Die Kinder gewinnen eine Einsicht in die Funktion von Schrift, was wiederum zu ihrer Verwendung motiviert. Das Wiedererkennen von Symbolen und Zeichen zeigt dem Kind, dass es sich lohnt Informationen festzuhalten, weil sie damit längerfristig zur Verfügung stehen.

Der mündlich vermittelte Weg zur Schriftkultur, das Wissen darum, wie Texte organisiert sind und welchen Zielen sie dienen, nähert sich dem geschriebenen Wort von der Aussenseite her. Bei diesen „outside – in" Prozessen (Whitehurst/Lonigan 2003, 13) steht nicht die Schrift selbst, sondern ihre Verwendung im Zentrum der Aufmerksamkeit. Gegenstück dazu bilden Fertigkeiten des Dekodierens und Enkodierens von Laut und Schrift. Solche „inside – out" Prozesse ermöglichen es, zunächst nicht sinntragende, kleinste lautliche Elemente zu etwas Ganzem zusammenzuführen. Vorschulische Schrifterfahrung umfasst beide Prozesse: Der metasprachlich-analytische Zugang führt über phonologische Bewusstheit, Buchstabenkenntnis und schreibmotorische Fertigkeiten zur Schrift, der soziokulturelle Zugang vermittelt dem Kind eine Vorstellung vom Wert des Geschriebenen, er schafft konzeptionelles Wissen, weckt Erwartungen und Neugierde. So weist das separate Training von phonemanalytischen und schreibtechnischen Komponenten wenig nachhaltige Ergebnisse auf, wenn es nicht in vielfältige Erfahrungsmöglichkeiten mit einer verschriftlichten Welt eingebettet ist (Lenel 2005).

Unterstützungsangebote, welche den Eintritt in die Schriftlichkeit erleichtern, sind in erster Linie das dialogische Betrachten von Bilderbüchern und das Vorlesen – sie bilden eine Art „Schaukelstuhl zwischen Mündlichkeit und Schriftlichkeit" (Hurrelmann 2006, 168):

- Das Bilderbuch erlaubt Verweilen, Hindeuten und Rückblättern sowie benennende, deutende und vermutende Aktivitäten. Es ermöglicht dem Kind, selbständig Wissenswertes nachzuschlagen und so elementare Fertigkeiten der sachgemäßen Handhabung von Büchern zu erwerben.
- Das Vorlesen geht noch eine Stufe weiter in Richtung Informationsdichte und Situationsabstraktheit: Verschriftlichte Sprache tönt aus vertrautem Mund – eine faszinierende Fremdheit, die allenfalls durch Zwischenfragen noch unterbrochen werden kann.

Das Verstehen von mündlich vermittelter Schriftlichkeit ist für das Kind konstruktive Arbeit in hohem Maß und damit eine ergiebige Quelle des Begrifflernens. Es wirkt sich positiv auf den Wortschatz als einer zentralen Komponente des Spracherwerbs aus (Sénéchal/LeFevre 2002). Allerdings ist die Praxis des dialogischen Erzählens und Vorlesens traditionell an die Familie gebunden, darum zeigen sich hier die soziokulturellen Unterschiede besonders gravierend.

Funktionsorientierte Programme zur phonologischen Bewusstheit haben nach PISA schnell den Weg in die Vorschule gefunden. Mindestens ebenso dringlich sind Aktivitäten, welche die mündlich vermittelte Teilhabe an Schriftkultur in den Mittelpunkt stellen. Stichworte dazu sind Lesepaten oder Leseanimatorinnen für Gruppenaktivitäten im Vorschulalltag, Konzepte von Family Literacy (Niemann 2000), die Gestaltung von schriftgeprägten Lernumgebungen (Sörensen 2005) und verschiedene Formen der Buchpräsentation, auch in Zusammenarbeit mit Bibliotheken.

Die Vorschulkinder sollen dabei erfahren, dass sie ihr sprachliches Werkzeug mittels Schrift verlängern und umfassender gestalten können. Der mündliche Zugang zur Schriftlichkeit motiviert und knüpft an Bekanntes an: So sind sie bereit, den anspruchsvollen Weg über die Lautanalyse und -synthese zu begehen.

## Literatur


Andresen, Helga: Vom Sprechen zum Schreiben. Sprachentwicklung zwischen dem vierten und siebten Lebensjahr. Stuttgart: Klett 2005

Buff, Alex/Nakamura, Yoka/Hollenweger, Judith: Selbstwahrnehmung bei Schuleintritt. In: Moser, Urs/Stamm, Margrit/Hollenweger, Judith (Hrsg.): Für die Schule bereit? Oberentfelden: Sauerländer 2005, 113–128

Freinet, Elise: Erziehung ohne Zwang. Stuttgart: Klett 1997

Gibbons, Pauline: Unterrichtsgespräche und das Erlernen neuer Register in der Zweitsprache. In: Mecheril, Paul/Quehl, Thomas (Hrsg.): Die Macht der Sprachen. Münster, New York, München, Berlin: Waxmann 2006, 269–290

Grimm, Hannelore/Weinert, Sabine: Sprachentwicklung. In: Oerter, Rolf/Montada, Leo (Hrsg.): Entwicklungspsychologie. Weinheim, Basel, Berlin: Beltz 5. Auflage 2002, 517–550

Günther, Britta/Günther Herbert: Erstsprache, Zweitsprache, Fremdsprache. Weinheim, Basel: Beltz Verlag 2007

Hellrung, Uta: Sprachentwicklung und Sprachförderung beobachten – verstehen – handeln. Freiburg im Breisgau: Herder 2006

Hesselhorn, Marcus: Lernen im Altersbereich zwischen 4 und 8 Jahren: Individuelle Voraussetzungen, Entwicklung, Diagnostik und Förderung. In: Guldimann, Titus; Hauser, Bernhard (Hrsg.) Bildung 4- bis 8-jähriger Kinder. Münster: Waxmann Verlag 2005, 77–88

Huncke, Hans-Werner: Was Kinder vor der Schule können sollen. Schriftvorbereitende Kompetenzen in Bildungsplänen der Bundesländer für Kindertageseinrichtungen – ein Vergleich. 2006 http://www.symposion-deutschdidaktik.de/cweb/cgi-bin-noauth/cache/VAL_BLOB/152/152/83/08Huncke.pdf. (kostenloser Download)

Hurrelmann, Bettina: Ein erweitertes Konzept von Lesekompetenz und Konsequenzen für die Leseförderung. In: Auernheimer, Georg (Hrsg.) Schieflagen im Bildungssystem. Wiesbaden: VS Verlag 2006, 161–178

Jampert, Karin: Schlüsselsituation Sprache. Spracherwerb im Kindergarten unter besonderer Berücksichtigung des Spracherwerbs bei mehrsprachigen Kindern. DJI-Reihe Band 10. Opladen: Leske + Budrich 2002

Jampert, Karin/Best, Petra et al.: Schlüsselkompetenz Sprache. Sprachliche Bildung und Förderung im Kindergarten. Konzepte, Projekte, Maßnahmen. Berlin: Verlag das Netz 2. Auflage 2007

Kany, Werner/Schöler, Hermann: Sprachdiagnostik. Leitfaden zur Sprachstandsbestimmung im Kindergarten. Berlin, Düsseldorf, Mannheim: Cornelsen Verlag 2007

Kolonko, Beatrice: Spracherwerb im Kindergarten. Grundlagen für die sprachpädagogische Arbeit von Erzieherinnen. Herbholzheim: Centaurus Verlag 2001

Küspert, Petra/Schneider, Wolfgang: Hören, lauschen, lernen: Sprachspiele für Kinder im Vorschulalter. Würzburger Trainingsprogramm zur Vorbereitung auf den Erwerb der Schriftsprache. Göttingen: Vandenhoeck und Ruprecht 2006

Leist, Anja: Sprachförderung im Elementarbereich. In: Bredel, Ursula/Günther, Hartmut/Klotz, Peter/Ossner, Jakob/Siebert-Ott, Gesa (Hrsg.): Didaktik der deutschen Sprache. Ein Handbuch. 2. Band. Paderborn, München, Wien, Zürich: Schöningh 2003, 674–683

Lenel, Aline: Die Entwicklung des Buchstabenkonzeptes vor der Einschulung. Weinheim, Basel: Beltz Verlag 2005

Lesemann, Paul M. et al.: Playing and working in kindergarten: cognitive co-construction in two educational situations. In: Early Childhood Research Quarterly, 16, 2001, 363–384

Leu, Hans Rudolf: Die Bildungsdebatte in Deutschland – heute und vor dreissig Jahren. In: Jampert, Karin/Best, Petra et al. (Hrsg.) Schlüsselkompetenz Sprache. Sprachliche Bildung und Förderung im Kindergarten. Berlin: Verlag das Netz 2007, 19–23

Leuchter, Miriam/Schwerzmann Humbel, Patricia: Dokumentation und Situationsanalyse mit Fokus auf Bildung vier- bis achtjähriger Kinder und auszubildende Lehrpersonen. Expertenbericht, 2005 http://www.phz.ch/seiten/dokumente/cft/Projektbeschrieb201206.pdf (kostenloser Download)

Näger, Silvia: Literacy – Kinder entdecken Buch-, Erzähl- und Schriftkultur. Freiburg im Breisgau: Herder 2005

Niemann, Heide: Family Literacy. Leseförderung in Familie und Schule. In: Von der Alphabetisierung zur Leseförderung. Stuttgart 2000, 333–337

Penner, Zvi: Neue Wege der sprachlichen Frühförderung von Migrantenkindern. Berg: Kon-lab 2003

Riederer, Eveline: Sprachprofil I Kindergarten. In: Erziehungesdepartement des Kantons Basel-Stadt (Hrsg.) Sprachprofile. Basel: Lehrmittelverlag, 2006 http://www.edubs.ch/die_schulen/schulen_bs/sprachunterricht/sprachprofile.pt (kostenloser Download), 9–35

Sénéchal, Monique/LeFevre, J.: Parental involvement in the development of children's reading skill: A five-year longitudinal study. Child Devlopment, 73, 2002, 445–460

Sodian, Beate: Entwicklung begrifflichen Wissens. In: Oerter, Rolf/Montada, Leo (Hrsg.): Entwicklungspsychologie. Weinheim, Basel, Berlin: Beltz 5. Auflage 2002, 443–468

Sörensen, Barbara: Kinder erforschen die Schriftkultur. Ein Tor zur Welt der Symbole, Buchstaben und Texte. Hölstein: Verlag KgCH 2005

Szagun, Gisela: Sprachentwicklung beim Kind: ein Lehrbuch. Weinheim: Beltz 2006

Textor, Martin R.: Bildung im Kindergarten. Münster: Verlagshaus Monsenstein und Vannerdat 2006

Tracy, Rosemarie: Wie Kinder Sprachen lernen. Und wie wir sie dabei unterstützen können. Tübingen: Francke Verlag 2007

Ulich, Michaela: Literacy – sprachliche Bildung im Elementarbereich. In: Kindergarten heute (2003) Heft 3, 6–18

Whitehurst, Grover J./Lonigan, Christopher J.: Emergent Literacy. Development from Prereaders to Readers. In: Neuman, Susan B./Dickinson, David K. (Hrsg.) Handbook of Early Literacy Research. New York, London: Guilford Press 2003, 11–29

Wiedenmann, Marianne/Holler-Zittlau, Inge: Handbuch Sprachförderung. Weinheim, Basel: Beltz Verlag 3. erweiterte Auflage 2007

Wygotsky, Lew S.: Denken und Sprechen (zuerst 1934). Weinheim, Basel: Beltz Verlag 2002

Zimmer, Jürgen: Der Situationsansatz als Bezugsrahmen der Kindergartenreform. In: Dieter Lenzen (Hrsg.): Enzyklopädie Erziehungswissenschaft. Bd. 6. Erziehung in früher Kindheit. Stuttgart: Verlag für Sozialwissenschaften 1998, 315–318

BRIGIT ERIKSSON

# C4 Bildungsstandards für die Grundschule

Die Grund- resp. Primarschule dauert je nach Bundesland oder Kanton zwischen 4 und 6 Jahren. Die Schüler/innen dieser Schulstufe treten in der Regel im 6. oder 7. Altersjahr in die 1. Klasse ein und verlassen die Grundschule im Alter von 10 oder 12 Jahren. Die Grundschule unterscheidet sich von der vorausgehenden Vorschulstufe durch drei Aspekte, die ihre Konzeptualisierung im Hinblick auf das sprachliche Lehren und Lernen stark beeinflussen: erstens durch das Sprachentwicklungsalter der Kinder, das in der Grundschule wesentlich durch den Schriftspracherwerb geprägt ist; zweitens durch den Fremdsprachenunterricht, der in den meisten europäischen Grundschulen neben der Schulsprache (Language of School Education[1]) mindestens eine, in einzelnen Staaten bereits zwei Fremdsprachen umfasst; drittens durch die in der Grundschule einsetzende Leistungsbeurteilung im Hinblick auf die anstehenden Selektionsprozesse.

Wie in der Vorschule (vgl. Stamm, C3) ist auch in der Grundschule der sprachliche Bereich in den Curricula stark ausgebaut, wobei mit der Fokussierung auf den Schriftspracherwerb die Schriftlichkeit größeren Stellenwert als die Mündlichkeit gewinnt. Auf dem Hintergrund der aktuellen Bildungspolitik (Bildungsstandards, Leistungsmessung, Mehrsprachigkeit) und der zunehmend heterogenen Bevölkerungsstruktur sind v. a. zwei Grundschulcurricula-Entwicklungen anstehend:

- Die internationalen und nationalen Leistungsstudien erfass(t)en vorwiegend die Lesekompetenzen von meist älteren Schüler/innen. Im Zusammenhang mit den durch diese Studien angeregten Entwicklungen von Bildungsstandards, von Leistungsmessungen und von diagnostischen Instrumenten für alle Schulstufen wird das sprachliche Lernfeld der Grundschule akzentuiert. Insbesondere der Bereich der Mündlichkeit muss neu konzipiert werden. Dazu gehören die Überprüfung der Gewichtung der rezeptiven und produktiven Kompetenzen, die Festlegung von entsprechenden Leistungserwartungen und die Skizzierung eines die Mündlichkeit fördernden Unterrichts. Der in den letzten 15 Jahren profiliert geführten Diskussion über Literalität (vgl. Feilke 2002) muss eine ebenso engagierte Entwicklung und Erforschung der Oralität folgen.
- Aufgrund der in einer Klasse vorkommenden diversen Erstsprachen bildet die Grundschule heute ein anspruchsvolles mehrsprachiges Lernfeld. Die Modellierung von Mehrsprachigkeitskonzepten (vgl. Hufeisen/Neuner 2003) und

[1] Die Terminologie richtet sich nach dem Projekt *Gemeinsamer Europäischer Referenzrahmen für die Schulsprachen* des Europarats (vgl. Martyniuk 2007).

das bewusste Thematisieren der Vielsprachigkeit im Unterricht (vgl. Schader 2004) sind Ansätze zur Weiterentwicklung in Richtung einer integrierten Sprachendidaktik, zu deren Fundierung es allerdings erst noch grundlegender empirischer Daten bedarf, z. B. zu den Transferwirkungen zwischen den Lernersprachen in schulischen Lernumgebungen und zu Implikationen unterschiedlicher unterrichtlicher Settings und Aufgabenstellungen auf das Lernen in den verschiedenen Sprachen.

Der nachfolgende Text gliedert sich in drei Teile. In einem ersten Teil wird das (Sprach-)Entwicklungsalter der Grundschülerinnen und -schüler beschrieben. Ein zweites Kapitel skizziert die Entwicklungs- und Lernfelder im Bereich der Mündlichkeit. Daran anschließend wird in einem dritten Teil ein Schulentwicklungsprojekt vorgestellt, das sich die Sprachförderung in der Vor- und Grundschule zum Ziel gesetzt hat.

## 1 Beschreibung des Entwicklungsalters

Wie Weinert/Helmke in der SCHOLASTIK-Studie belegen, ist „das Grundschulalter nicht nur eine Periode des Wachstums individueller Kompetenzen, (...) „sondern auch eine Stabilisierung interindividueller Differenzen" (1997, 466). Die Chance oder das Risiko, einen einmal erworbenen Entwicklungsvorsprung oder ein vorhandenes Entwicklungsdefizit beizubehalten, ist in der Grundschule groß. Für viele der interindividuellen Leistungsunterschiede ist die soziale Herkunft der Schüler/innen maßgeblich verantwortlich. Erste Resultate einer Längsschnittstudie in Primarschulen des Kantons Zürich bestätigen frühere Befunde, die zeigen, dass Kinder, die in bildungsnahen Familien aufwachsen, beim Schuleintritt in der Regel besser lesen und rechnen können und vor allem über einen viel größeren Wortschatz verfügen als Kinder bildungsferner Familien (Moser 2005). Bildungspolitische Maßnahmen, die die Einschulung flexibler gestalten (z. B. variables Einschulungsalter, bessere Koordination Kindergarten – 1. Klasse), werden einen besseren Umgang mit diesen heterogenen Voraussetzungen der Kinder ermöglichen können (vgl. Projekt EDK-Ost-4bis8).

Die Zürcher Primarschulstudie weist aber auf ein weiteres gravierendes Problem der Heterogenität in der Grundschule hin: das Problem der geringen Durchmischung von Schüler/innen unterschiedlicher sozioökonomischer Herkunft und damit unterschiedlicher Leistungsvoraussetzungen. Schulen mit einem hohen Anteil an Schüler/innen aus sozial benachteiligten Familien starten bereits zu Beginn der Schulzeit bei einem durchschnittlich tieferen Kompetenzniveau und können den Rückstand ohne besondere Maßnahmen kaum aufholen. Die unterschiedlichen Klassenleistungen erklärt sich die Studie einerseits mit diesen unterschiedlichen soziokulturellen Zusammensetzungen der Klassen. Sie geht aber auch davon aus, „dass die Leistungsunterschiede zwischen den Klassen durch den Unterricht signifikant vergrößert werden" (Moser 2005, 177). Dies bestätigt auch die SCHOLASTIK-Studie, nach der erfolgreicher Unterricht zwar auf sehr verschiedene Weise realisiert werden kann, den Merkmalen Klassenführung, Instruktionsklarheit und Motivierungsqualität aber ein hoher Stellenwert zukommt: „[...] besonders erfolgreiche Lehrer (verfügen) neben einer reichhaltigen, curricular nutzbaren Wissensbasis in dem zu lehrenden Fachgebiet auch über gute Klassenführungs-, Diagnose- und Instruktionskompetenzen. Als entscheidend erwies sich dabei die Verbindung von deklarativem und prozeduralem Können" (Weinert/Helmke 1997, 473).

Die Schüler/innen der Grundschule lassen sich entwicklungspsychologisch nicht in einer Gruppe zusammenfassen. Während die 6- bis 9-jährigen Schüler/innen (1. bis 2./3. Klasse) am Übergang vom Vorschulalter zum Schulalter stehen, sind die 9- bis 12-jährigen Schüler/innen (3./4. bis 5./6. Klasse) bereits schulisch sozialisiert, befinden sich an der Schwelle zur Pubertät und entwickeln sich Richtung Mittelschule resp. Sekundarschule. Wie neben der SCHOLASTIK-Studie auch die Zürcher Primarschulstudie zeigt, sind Schulanfänger/innen gegenüber der Institution Schule mehrheitlich positiv eingestellt: sie gehen gern zur Schule, schätzen ihre eigenen Kompetenzen hoch ein und fühlen sich sozial gut integriert (Buff et al. 2005, 127). Allerdings gehen diese hohen Werte bereits im Verlauf des ersten Schuljahres kontinuierlich zurück. Buff et al. (ebd., 127) und Halisch (1997, 77) sehen die Gründe für den Abfall des Selbstkonzepts und der Lernfreude in den ersten Schuljahren in der zunehmenden Fähigkeit der Grundschüler/innen, aufgrund der Erfahrungen im Unterricht und mit der Beurteilungspraxis realitätsgerechtere Einschätzungen hinsichtlich der eigenen tatsächlichen Leistungsfähigkeit vorzunehmen.

Was bedeuten diese entwicklungspsychologischen, soziokulturellen und unterrichtlichen Aspekte für die Entwicklung der mündlichen Kompetenzen in der Grundschule? Grundschulkinder bringen bei Schuleintritt in der Regel eine gut entwickelte Erstsprache mit, in der sie die Alltagskommunikation zumeist situationsangemessen und fließend bewältigen können. Diese basalen alltagssprachlichen Fähigkeiten – in der Spracherwerbsforschung BICS genannt (basic interpersonal communication skills) – genügen schulischen Anforderungen nicht und müssen in der Grundschule zu CALP (cognitive/academic language proficiency) ausgebaut werden. CALP steht für die Fähigkeit, anspruchsvolle Situationen und Aufgaben, wie sie die Schule einfordert, sprachlich erfolgreich bewältigen zu können. Dass Grundschüler/innen, deren Sprachgebrauch oft als spontan, wenig reflektiert und egozentrisch beschrieben wird, durchaus fähig sind, mit unterstützenden Maßnahmen auch komplexere sprachliche Aufgaben zu bewältigen, zeigen Untersuchungen zum Diskutieren in der Primarstufe (vgl. Vogt 2002). Dem Schriftspracherwerb kommt beim Aufbau neuer sprachlicher Qualitäten eine besondere Rolle zu, ist er doch Anstoß zu einer reflexiven Haltung gegenüber der Sprache, die den Bewusstheitsstatus von Sprache verändert und metasprachliches Verhalten evoziert (vgl. Gombert 1990).

Wie oben beschrieben, bestehen zwischen Grundschulkindern gleichen Alters erhebliche Sprachentwicklungsunterschiede (Wortschatz, literale Vorerfahrungen). Zwischen 25% und 30% der Kinder sind bereits im Vorschulalter mehrsprachig geworden. Ihre Zweit- oder Drittsprache – die lokale Schulsprache – gilt es unter Berücksichtigung der verschiedenen Spracherwerbsstadien ressourcen- und nicht defizitorientiert weiter zu entwickeln (vgl. Luchtenberg 2003). Die Grundschule steht vor der großen Aufgabe, die Sprachentwicklungsunterschiede einerseits auszugleichen und gleichzeitig alle Schüler/innen individuell und zielorientiert weiter zu fördern. Für eine adäquate Reaktion auf diese Anforderungen fehlen differenzierte Einsichten in die mündliche Sprachentwicklung von Grundschulkindern. Es fehlen insbesondere Quer- und Längsschnittstudien, die auf dem Hintergrund eines Kompetenzmodells für die Mündlichkeit Hinweise zur allgemeinen und individuellen Entwicklung mündlicher Sprachkompetenzen in unterschiedlichen schulischen und außerschulischen Kontexten geben könnten (vgl. Quasthoff 2003). Es ist wenig erforscht,

- welchen Einfluss unterrichtliche Bedingungen – z. B. gesteuerter und ungesteuerter Spracherwerb – auf die mündliche Sprachentwicklung haben,
- welche Rolle dem sprachlichen Input inner- und außerhalb der Schule, der Lehrperson und den unterrichtlichen Settings für die mündliche Sprachentwicklung zukommt,
- wie sich die Gesprächsfähigkeit und das Hörverstehen (auch im Vergleich zum Leseverstehen) im Kontext schulischer Gruppen entwickeln,
- welchen Lerneffekt die in den Praxisbüchern vorgeschlagenen Übungen zur mündlichen Kommunikation haben,
- wie sich Textsortenkompetenz entwickelt. Problematisiert werden muss z. B. die Vorstellung von der Entwicklung der Textsortenkompetenz, die für die Grundschule das Erzählen und Erzähltexte ins Zentrum stellt, während deskriptive, informierende, erörternde Texte erst in der Sekundarstufe angesetzt werden. Erfahrungen zeigen aber, dass z. B. bereits Grundschulkinder fähig sind, argumentativ auf Texte zu reagieren resp. argumentative Texte hervorzubringen (Feilke 2002, 12; Vogt 2002, 51),
- wie sich das Verhältnis von Mündlichkeit und Schriftlichkeit als in Teilen eigenständige, in anderen Teilen sich beeinflussende Medialitäten gestaltet,
- welche Rolle der sprachlichen Bewusstheit und dem metasprachlichen und -kognitiven Wissen bei der Weiterentwicklung der mündlichen Fähigkeit im Schulalter zukommt.

Anknüpfend an den Artikel von Stamm (C3) zur Vorschule, in dem die wichtigsten Erwerbsbereiche der Mündlichkeit für dieses Alter ausgeführt sind, kann für das Grundschulalter die weitere Entwicklung v. a. im Ausbau der semantischen und diskursstrukturellen Kompetenzen vor dem Hintergrund eines zunehmenden multimeldialen Alltags gesehen werden. Die Begriffsbildung ist ein Prozess, der sich weit ins Erwachsenenalter hinein erstreckt. Besonders wichtig für das Schulalter sind dabei der Aufbau abstrakter Begriffe und Fachbegriffe und der Erwerb formelhafter Wendungen (idiomatische Ausdrücke). Im Bereich der Diskursentwicklung ist das Erzählen das Feld, das für den Grundschulbereich am breitesten erforscht wurde (vgl. Schmidlin 1999). Mit zunehmendem Alter gelingt es den Schüler/innen immer besser, ihren Text narrativ zu strukturieren. Spezifische Entwicklungsschritte sind ablesbar am Gebrauch der Tempora, der kohäsions- und kohärenzstiftenden Mittel, der evaluativen und affektiven sprachlichen Markierungen und am Einsatz von direkter und indirekter Rede. Andere Diskursmodalitäten wie das Erklären oder das Argumentieren sind für die Grundschule leider noch kaum erforscht.

## 2 Entwicklungs- und Lernbereiche vom 6. bis zum 12. Lebensjahr

Welche Ziele setzt die Grundschule im Bereich der mündlichen Sprach- und Kommunikationskompetenzen? Ein Blick in aktuelle Vorgaben – Schweizer Lehrpläne (vgl. Bättig 2004) und KMK-Bildungsstandards (2004) – zeigt, dass die Zielvorgaben der mündlichen Kommunikation in der Regel in den beiden Teilbereichen Sprechen und Zuhören beschrieben werden. Neuere Ansätze wie etwa die Basler Sprachprofile (vgl. Koehler 2006) nehmen nach dem Vorbild des Europäischen Referenzrahmens für das Sprachenlernen eine Dreiteilung vor: mündliche Produktion, mündliche Rezeption und mündliche Interaktion. In allen curricularen Vorgaben werden für den mündlichen Bereich zusätzlich sprachreflexive und -strategische Ziele formuliert, die zumeist in einem separaten Kompetenzbereich gefasst werden (z. B. Sprache und Sprachgebrauch untersuchen, Reflexion über Sprache).

Die Grundschule knüpft an die in der Vorschule breit stattfindende mündliche Sprachförderung an und entwickelt sie weiter. Während in der Vorschule der Ausbau des sprachlichen Repertoires auf allen Ebenen (von der Phonologie bis zur Pragmatik), die Entwicklung früher literaler Kompetenzen und die kommunikative Sozialisierung im Zentrum stehen (vgl. Stamm, C3), wird der Fokus der mündlichen Sprachförderung mit den neuen schulischen Anforderungen der Grundschule verstärkt auf die Weiterentwicklung der mündlichen Interaktions- und Diskursfähigkeit, auf das Zuhören und das monologische Sprechen gerichtet.

Die nachfolgenden Ausführungen geben einen kurzen Überblick über die wichtigsten Aspekte mündlicher Interaktion, Rezeption und Produktion. Im Anschluss daran werden einzelne übergreifende Themen, die für den Bereich der Mündlichkeit in der Grundschule wichtig sind, aufgegriffen.

## 2.1 Interaktions- und Diskursfähigkeit

Die rezeptiven und produktiven mündlichen Fähigkeiten kommen in der Interaktion resp. sprachlichen Kommunikation zusammen. Die Interaktion ist als übergreifende soziale und personale Kompetenz in den Lehrplänen und Curricula wichtigstes Ziel mündlicher Sprachkompetenzen, wobei nicht außer Acht gelassen werden darf, dass sich die Unterrichtskommunikation stark von außerschulischen Kommunikationssettings unterscheidet – Fienemann/von Kügelgen (2003, 133) sprechen gar von Zwangskommunikation und fordern einen verstärkt diskursiv-reflektierenden Unterricht. In der Grundschule ist der Aufbau einer guten reflektierten Gesprächskultur besonders bedeutsam, ist das Lehren und Lernen doch an verschiedene Kommunikationssettings gebunden, wobei dem Unterrichtsgespräch als Lernkontext besondere Bedeutung zukommt (Becker-Mrotzek/Vogt 2001). Wichtig ist es, dass Schüler/innen und Lehrpersonen einen lernförderlichen Umgang miteinander pflegen. Dazu gehören auch ganz basale Kompetenzen, die die Verständigung erst ermöglichen wie z. B. „sich verständlich ausdrücken“, „mit angemessener Lautstärke und deutlich sprechen“, „aktiv zuhören“, „auf Fragen eine Antwort geben“.

Als Rahmen für die Gesprächserziehung in der Grundschule wird auch in neueren Arbeiten das Phasen-Modell von Ritz-Fröhlich hinzugezogen (vgl. Vogt 2002, 261). Demgemäß lernen Schüler/innen in Klassen-, Gruppen- oder Partnergesprächen zuerst die primären Gesprächsregeln wie z. B. die Berücksichtigung anderer Gesprächspartner/innen. In einer zweiten Lernphase richten sie die Aufmerksamkeit auf die Gesprächsbeiträge anderer, lernen nachzufragen, an andere Beiträge anzuknüpfen oder eine Rückmeldung zu geben. Die dritte Phase ist gekennzeichnet durch mehr Eigenständigkeit in der Gesprächssteuerung und durch Reflektieren des eigenen und fremden Gesprächsverhaltens. In der vierten Phase sollen Schüler/innen zunehmend selbstständig themen- und lösungsorientierte Gespräche führen und auswerten, wobei sie lernen, in Diskussionen zu argumentieren, eigene Meinungen zu vertreten und andere Meinungen einzuschätzen.

Zur Profilierung mündlicher Gesprächsfähigkeit im Unterricht gehören auch Aussagen zur Auswahl für die Grundschule relevanter Gesprächstypen und Gesprächsinhalte. Gemäß Becker (2005, 66) fehlt es an einer wegleitenden Gesprächstypologie. In den Lehrplänen der Grundschule werden am häufigsten das Erzählen[2], das Diskutieren und das unspezifische Klassengespräch oder der

[2] Das Erzählen wird als mediale Zwischenform in der fachdidaktischen Literatur eher zur mündlichen Produktion als zur Interaktion gezählt, obwohl in der Praxis die interaktiven Anteile durchaus auch gross sein können.

allgemeine Informationsaustausch, seltener, eher auf der Sekundarstufe anzutreffende Typen wie das Interview oder das Krisengespräch genannt. Da mündliche Interaktion in allen Fächern zum Tragen kommt, bietet sich eine Vielzahl von Themen zum kommunikativen Austausch an. Neben Sach- und Alltagsthemen, sprachlichen und literarischen Themen werden immer auch wieder Themen gesetzt, die mit dem Unterrichts- und Schulgeschehen direkt zu tun haben und die Schülerpartizipation ins Zentrum rücken. Hierfür haben sich besondere Gesprächsformen herausgebildet wie der Klassenrat oder das Schülerparlament.

Für unterrichtspraktische Hinweise und Materialien zur Entwicklung mündlicher Interaktionskompetenz finden sich viele Hinweise in folgenden Büchern: Barnitzky 2000, Grugeon et al. 2005, Potthoff 1995, Schuster 2001.

## 2.2 Mündliche Rezeption

Lange wurde dem Zuhören[3] sowohl in Lehrplänen wie auch im Unterricht der Grundschule wenig Beachtung geschenkt, obwohl Schüler/innen durchschnittlich über 60% der Unterrichtszeit zuhören müssen. Erst in den letzten Jahren wurde das Zuhören, angestoßen durch die Entwicklung von Standards und von diagnostischen Tests (Hörverstehenstests), zum Thema. Die Bedeutung des Hörens und Zuhörens als zentrale Lernvoraussetzung auch für den Schriftspracherwerb ist breit belegt. Eine fundierte Förderung basaler (Zu-)Hörkompetenzen muss vor allem in der Vorschule und den Anfängen der Grundschule erfolgen (Soussi et al. 1998, Wiedenmann 2000). Dabei kommt der Aufmerksamkeitssteuerung im Unterricht eine wichtige Funktion zu. Die Schülerinnen und Schüler müssen lernen, ihr Zuhören auf das Wesentliche hin zu steuern und Unwesentliches zu überhören: „Nicht die Aufmerksamkeit an sich, sondern die Fähigkeit der angemessenen Zuteilung – und Inanspruchnahme – von Aufmerksamkeit ist grundlegend für eine erfolgreiche Bewältigung der kommunikativen Anforderungen in Schule und Unterricht“ (Kahlert 2000, 8). Es versteht sich von selbst, dass bei der Schulraumgestaltung den Lärmimmissionen Beachtung geschenkt werden muss, damit alle Kinder, auch jene, deren Konzentrationsfähigkeit weniger ausgeprägt ist, eine förderliche Lernatmosphäre vorfinden.

Neben der Förderung des aufmerksamen Zuhörens sollen die Schüler/innen der Grundschule fähig werden, altersangemessene Hörtexte global und im Detail zu verstehen. Sie sollen dabei nicht nur die wichtigsten Informationen und Handlungen eines Hörtextes verstehen, sondern auch Informationslücken erkennen und bei Unklarheit nachfragen lernen. Sprechende sollen anhand von Stimme, Sprechweise und Gestik identifiziert und deren Situation und Emotionen einge-

[3] Zuhören wird als Prozess höherer Ordnung verstanden, bei dem akustische Reize nicht nur wahrgenommen und verarbeitet (d. h. gehört), sondern mit Hilfe kognitiver Operationen zusätzlich intentional weiter bearbeitet werden (z. B. Informationsintegration und -konstruktion). Imhof spricht von auditorischer Verarbeitung (2003, 11 ff.)

schätzt werden können. Zum guten Hörverstehen gehört weiter die Fähigkeit, mit Figuren und Sachverhalten von gehörten Texten in ein emotionales Verhältnis zu treten (Identifikation, Akzeptanz, Negation u.a.m.). Reflexive und metasprachliche Tätigkeiten wie das Interpretieren und Beurteilen von und das Schlüsse-Ziehen aus Gehörtem werden in der Regel in den Lehrplänen erst am Ende der Grundschulzeit resp. in der Mittelschule erwartet.

Gekonntes Zuhören verlangt weiter den Einsatz geeigneter, das Verstehen unterstützender Arbeitsmethoden wie die inhaltliche Vorbereitung auf das Zuhören oder das Notizennehmen während des Zuhörens. In Bezug auf die Textsorten der Hörtexte werden keine verbindlichen Aussagen gemacht: Schulische dialogische und monologische Formen (Unterrichtsgespräche, Unterrichtsanweisungen) sind das tägliche Übungsfeld, neben denen weitere monologische und dialogische Formen Berücksichtigung finden (Interviews, Diskussionen, Hörspiele, Reportagen, literarische Texte, Sachtexte, Vorträge, Lesungen u.a.m.), wobei in erster Linie narrative, vereinzelt deskriptive Textsorten zum Einsatz kommen. Hörverstehen soll nicht nur an vorgefertigten Hörtexten, sondern auch an authentischen Sendungen aus Radio und Fernsehen und v.a. auch in der Unterrichtskommunikation geübt werden. Authentische Hörtexte führen die Schüler/innen in echte Zuhörsituationen, in denen das Hörverstehen wenig konfektioniert ist und von den Schüler/innen erwartet wird, dass sie ihre Aufmerksamkeit auch bei Schwierigkeiten (Hintergrundgeräusche, unverständliche Wörter etc.) auf die zu entnehmende Information richten können.

Für die Gestaltung von Lernsequenzen im Zuhören gibt es auf dem Markt zunehmend mehr didaktisch-methodische Materialien (vgl. Fickler/Steinacher 2007, Grugeon et al. 2005, Hagen 2006).

## 2.3 Mündliche Produktion

Zum Lernfeld der mündlichen Produktion werden die monologischen Kommunikationsformen gezählt. In der Grundschule sind dies traditionellerweise einerseits Formen wie z.B. Vortragen, Erzählen und Berichten, andererseits alle Formen mündlicher Kommunikation, die man im weitesten Sinn unter sprachlichem Darstellen und Gestalten zusammenfassen könnte. Letztere beinhalten reproduktive (u.a. vorlesen, rezitieren, darstellendes Spiel) und produktive Formen (z.B. szenische Improvisation, Darstellendes Spiel, Rollenspiele).

*Erzählen, Vortragen, Berichten, Darstellen:* Von den vier genannten Formen ist das Erzählen die im Unterricht beliebteste, in der fachdidaktischen Diskussion die am breitesten erforschte und gleichzeitig auch umstrittene kommunikative Tätigkeit. Kritisiert wird v.a. der Erzählkreis, dessen Lernwert und diskursdidaktischer Nutzen in Frage gestellt wird (vgl. Quasthoff 2003, 117). Für das Erzählen werden folgende Ziele genannt: mit stimmlichen Mitteln und mit Gestik gestalten; spannend und interessant erzählen; sinnvoll aufbauen und gut strukturieren; einen Höhepunkt gestalten. Dass das mündliche Erzählen vorwiegend den unteren Klassen der Grundschule und der Vorschule vorbehalten ist und nach der Primarstufe eher ins Schriftliche ausgelagert wird, obwohl auch im mündlichen Erzählen in der Sekundarstufe noch Entwicklungsschritte zu erwarten sind, muss als Versäumnis betrachtet werden (Becker 2005, 63, 69). Für das Vortragen und Berichten kommen zu den oben aufgeführten Zielformulierungen der Grundschule folgende weitere dazu wie: das Vortragen vorbereiten; die Themenwahl begründen; den Inhalt mit Anschauungsmaterial verdeutlichen; Einleitung und Schluss auf Zuhörende ausrichten; abwechslungsreich vortragen; fließend, ausdrucksvoll und deutlich sprechen; Rückfragen beantworten.

*Darstellen und Gestalten:* Während die sprechsprachliche Gestaltung für jede mündliche Kommunikation wichtig ist und geübt werden muss, steht sie für die sprechgestaltenden Kommunikationsformen im Zentrum. Gestaltendes, wirkungsorientiertes Sprechen beachtet neben einer stimmigen sprachlichen Strukturierung Aspekte des nonverbalen Auftritts (Blickkontakt, Mimik, Gestik, Medieneinsatz u.a.) und der akustischen Präsentation (Atmung, Aussprache, Betonung, Tempo, Pausen etc.). Anregungen und Materialien für den Unterricht finden sich u.a. in Claussen 2000, Pabst-Weinschenk 2005, Schuster 2001, Trautmann 2001.

## 2.4 Übergreifende Aspekte

*Die Lehrperson als Vorbild:* Diverse Autor/innen weisen darauf hin, wie wichtig im Bereich der Mündlichkeit ein professionelles Modellverhalten der Lehrperson ist. Dies betrifft nicht nur die Stimme, Sprache und Gestik, sondern auch das Sprechen, Zuhören, die Aufmerksamkeitshaltung etc. (Wiedenmann 2000, 145; Abraham 2008, 37f.).

*Hochdeutsch:* Ein wichtiges Lernfeld im Bereich der Mündlichkeit ist der Hochdeutschgebrauch. Er soll möglichst früh einsetzen und konsequent durchgesetzt werden. Dies ist besonders wichtig für die Schüler/innen nicht deutscher Erstsprache. Das 2007 erschienene *Handbuch Hochdeutsch* (Neugebauer et al.) zeigt in einer gelungenen Verbindung von Theorie und Praxis auf, wie in diesem Bereich Schulentwicklung angestoßen werden kann.

*Aufgaben mit Profil:* Wie in anderen sprachlichen Bereichen fehlt es auch im Bereich der Mündlichkeit an profilierten Aufgabenstellungen und damit an Vorstellungen, wie die Schüler/innen optimal gefördert werden können und was von ihnen gefordert werden kann. Im Zusammenhang mit der *Diskussion* sagt Vogt: „Die Bearbeitung dieser Aufgaben, darin sind sich die Fachdidaktiker einig, können (sic!) von den Schülern erlernt werden, sofern sie gelehrt werden" (2002, 51). Dieses Lehren und Lernen braucht eine genauere Konturierung. Dazu gehören eine klare Situierung der Aufgabenstellung mit praktischen und attraktiven Handlungszielen, eine verbindliche und schrittweise Lenkung bei der

Problemlösung und eindeutige, explizit formulierte Vorgaben im Hinblick auf das erwartete Resultat. Wegweisend sind in diesem Zusammenhang die von der Bildungsplanung Zentralschweiz herausgegebenen Orientierungsarbeiten (vgl. Hofstetter/Wyder und Kunz/Wandeler 2001). Sie beinhalten eine Vielzahl von soliden Aufgabenstellungen mit Kriterienlisten, unterschiedlichen Niveauansätzen und Auswertungsrastern für die Selbst- und Fremdevaluation, die der Bewusstmachung und Sicherung des Lernfortschritts dienen.

## 3 Sprachförderung in der Grundschule – das Schulentwicklungsprojekt Schweikrüti

Für die Sprachförderung wesentlich sind neben passenden Lehrplänen und geeigneten Lehrmitteln die in den einzelnen Schulen anvisierten Umsetzungen. Grugeon et al. weisen dabei den Schuleinheiten als Ganzes zu Recht größte Bedeutung zu: „Arrangements that help schools come to understand and value talk as a strategy for learning include: The adoption of a whole-school approach. Supportive attitudes in individual teachers, teaching assistants, parents and other children. Careful planning and organisation of speaking and listening opportunities" (2005, 88).

Das stufenübergreifende Schulentwicklungsprojekt *Nachhaltige und wirksame Förderung der Sprachkompetenzen* der Schule Schweikrüti (Thalwil, Zürich) soll zeigen, wie mündliche Sprachförderung gestaltet werden kann. Schweikrüti ist eine Schule der Gemeinde Thalwil mit einer sozial gut durchmischten Schülerschaft. Sie umfasst drei Kindergärten, je eine 1. bis 6. Klasse und wird von einem Schulleiter geführt. Schweikrüti stellt sich auf der Homepage wie folgt vor: „... Die Schuleinheit Schweikrüti ist eine innovative Schule. Sie setzt sich mit zeitgemäßen Themen und Anforderungen auseinander und realisiert neue Entwicklungen. Im Rahmen eines Qualitätsprojektes der Bildungsdirektion arbeitete die ganze Schuleinheit vier Jahre lang intensiv am Thema Sprachförderung. Im Schuljahr 2005/2006 entwickelte das Team Sprachstandards. Dieses Instrument sichert und fördert einen qualitativ hochwertigen Sprachunterricht" (Homepage Schweikrüti). Das Schulentwicklungsprojekt Schweikrüti war Teil eines größeren Projekts der Bildungsdirektion des Kantons Zürich zur Weiterentwicklung des schulinternen Qualitätsmanagements. Dieser Rahmen konnte das für eine erfolgreiche Schulentwicklung unabdingbare professionelle Vorgehen garantieren: eine externe Steuerung und Beratung, eine unterstützende Ressourcenplanung, eine verbindliche Personal- und Organisationsentwicklung und eine laufende Evaluation (vgl. Altrichter 2006, 6ff.). Das hieß konkret,

- dass das Projekt von den Behörden finanziell und ideell unterstützt und begleitet wurde,

- dass der Schule Ressourcen zur Entwicklungsarbeit zugesprochen wurden (Entlastungsstunden für die Projektleitung, Poolstunden für das Team, finanzielle Ressourcen),
- dass das Projekt von einem Sprachdidaktiker begleitet wurde und bei Bedarf weitere Fachexpert/innen beigezogen werden konnten,
- dass die Eltern in den Prozess einbezogen wurden (Informationsordner und Merkblätter über die Schule und das Lernen der Kinder),
- dass die Schüler/innen partizipativ in den Prozess eingebunden waren (u. a. Implementation eines Schülerrats und im Zusammenhang mit der Gewaltprävention von Peacemakers),
- dass das Lehrer/innenteam im Rahmen der Projektarbeit diverse Weiterbildungen v. a. auch zur Qualitätsentwicklung und zum Hochdeutsch als Unterrichtssprache absolvierte und dass gegenseitige Hospitationen und stufenspezifische Lerngruppen eingerichtet und neben einem Schulleitbild weitere Unterlagen zum Management von Schule und Unterricht erarbeitet wurden. Dazu gehörten neben der Ausarbeitung einer Hausordnung und eines Verhaltenskodexes der Ausbau der IT für die Schulverwaltung und die Einführung jährlicher Schulevaluationstage im Team.

Nachfolgend soll aus dem ganzen Sprachentwicklungsprojekt exemplarisch das Teilprojekt *Sprechkompetenz fördern* vorgestellt werden: Ausgehend vom Grundsatz *Sprechen lernt und fördert man durch Sprechen* startete die ganze Schuleinheit konkret und unterrichtsbezogen in einen intensiven motivierenden Sprechförderungsprozess. Kick-off des Projekts bildete eine schulhausinterne Teamweiterbildung, die der Sprechkompetenz, der Gesprächskompetenz und der Gesprächskultur der einzelnen Lehrpersonen und des Lehrerteams gewidmet war – ganz nach der Überzeugung, dass Lehrpersonen Vorbilder für die Schüler/innen sein müssen und dass das Verstehen des eigenen Kommunikationsverhaltens Grundlage für das Weitergeben ist. Im Anschluss an diese Weiterbildung erarbeitete das Team einen Projektauftrag, der die Ziele, Verantwortlichkeiten und Ablaufschritte festhielt. In den Kindergärten und Schulklassen wurden individuelle Standortbestimmungen zur Erfassung der monologischen Sprechkompetenzen *Sprechtechnik und Körpersprache* und *Ausdrucksfähigkeit* durchgeführt, die Ausgangspunkt für die anschließende halbjährige Phase der Sprechförderung waren. Wöchentlich wurde in allen Klassen mindestens eine Lektion für die Sprechförderung eingeräumt. Diverse Sprechanlässe wurden durchgeführt. z. B. Gedichte vortragen, Rap einstudieren, Theater/Musical aufführen, Vorträge halten, Gruppen-, Partner- und Einzelarbeiten präsentieren. In den einzelnen Schulstufen fanden unter den Lehrpersonen und den Klassen ein regelmäßiger Erfahrungsaustausch und Standortbestimmungen statt. Folgende Ziele waren gesetzt:

- Kindergarten: Die Kinder können eine Geschichte lebendig, mit klarem Ablauf und vollständig erzählen. Die Kinder können frei sprechen und einfache mündliche Texte vortragen.
- Unterstufe und Mittelstufe (Klassen 1–6): Hochdeutsch ist in der Regel Unterrichtssprache in allen Fächern und Lernsituationen. Die Schülerinnen und Schüler verstehen Hochdeutsch und sprechen es zunehmend im Unterricht. Sie können ihre Stimme lebendig, abwechslungsreich und wirkungsvoll, ihre Körpersprache gezielt und wirksam einsetzen (Tempo, Lautstärke und Tonhöhe; Augenkontakt zu den Zuhörenden; offene Körperhaltung; unterstützende Gestik und Mimik). Diese Auftrittskompetenz zeigen Schülerinnen und Schüler sowohl in reproduktiven (z. B. Gedichtrezitation) wie in produktiven Situationen (z. B. Vortrag). Während der Fokus beim Vortragen eines altersgemäßen Gedichts ganz bei der verbalen und nonverbalen Gestaltung liegt, bekommt beim Halten eines Vortrages oder beim Vorstellen eines Buchs zusätzlich die inhaltliche Gestaltung Bedeutung.

Nach einem halben Jahr wurden in allen Klassen ein zweites Mal individuelle Standortbestimmungen durchgeführt und individuelle und klassenweise Lernfortschrittsberichte erstellt. Das Projekt wurde mit den einzelnen projektbeteiligten Parteien gesprächsorientiert evaluiert. Nachfolgend finden sich die wichtigsten Ergebnisse:

- *Lernfortschritte in den Modulen „Sprechtechnik und Körpersprache" und „Ausdrucksfähigkeit":* Abgesehen von einzelnen introvertierten oder leseschwachen Kindern erzielten die meisten Schüler/innen gemäß Selbst- und Fremdeinschätzung gute Fortschritte, die anschaulich durch die Videoaufnahmen präsentiert werden. Die meisten Schüler/innen waren sehr motiviert, vor der Kamera aufzutreten. Eine vergleichende Einschätzung verschiedener Kindergärten im Bezirk Horgen attestierte Schweikrüti sehr hohe Kompetenzen im Bereich der mündlichen Ausdrucksfähigkeit. Die größten Fortschritte wurden bei der Auftrittskompetenz und der Sprechtechnik gemacht, wobei letztere auch die Lesefertigkeit positiv beeinflusste. Durch die Entwicklung und Festlegung von Kriterien guten Sprechens konnte ein differenzierterer, bewussterer Umgang mit der Sprechförderung und bessere Hochdeutschkompetenzen erreicht werden. Die Schule spricht von einem Quantensprung nach „oben". Das Schulteam schätzt allerdings die Gefahr als groß ein, dass gute Ansätze wieder versanden, wenn das bisher Erreichte nicht in gezielter Planung gesichert werden kann.
- *Lernangebote*: Obwohl die Lernergebnisse zufrieden stellend bis sehr gut ausfielen, obwohl die Lernangebote sowohl in Bezug auf ihrem Inhalt als auch auf die gewählten Methoden als innovativ erlebt wurden und obwohl die wichtigsten Komponenten eines guten Sprechunterrichts in den Lernsequenzen zum Tragen kamen – sie waren auf einem Merkblatt mit wichtigen Tipps für alle ver-

ständlich zusammengefasst –, wurde auch Kritik angebracht: Es fehlte an gutem didaktischem Material und profilierten Aufgabenstellungen (z.B. waren die Testanlagen beim Modul Ausdrucksfähigkeit sehr einengend) und an einer zeitlich ausgedehnter angesetzten Förderung.

- *Auswirkungen auf die Schuleinheit*: Das Team pflegte insbesondere in den Stufengruppen eine intensive, gut funktionierende Zusammenarbeit (gemeinsame Auswertung der Standortbestimmungen, Einrichten eines Materialpools, Planung und Durchführung von Stufenveranstaltungen, Diskussionen über die Qualität der Lehrmittel usw.). Das Team konnte sich für eine vielseitige und lebendige, lustvolle Sprechförderung sensibilisieren und war der Meinung, dass mit der Sprechförderung ein wichtiges Kerngeschäft thematisiert wurde, das Auswirkungen auf den gesamten Sprachenunterricht und auch auf die nicht-sprachlichen Fächer hat. Das Lehrerteam nutzte den für das Projekt frei gespielten Raum für engagierte pädagogische Dialoge und schätzte die eigene Weiterbildung als zentral ein. Das Schweikrütiteam hätte gern einen breiteren Austausch – auch mit anderen Schulhausteams – gepflegt und sich eine verstärkte qualifizierte Außensicht gewünscht. Der Projektaufwand überstieg den ursprünglich geplanten Aufwand bei weitem.
- *Kompetenzen der Lehrpersonen*: Neben dem eigenen Sprechverhalten konnte auch das technische Know-How stark verbessert werden (Einsatz von audiovisuellen Geräten und entsprechenden zur Weiterverarbeitung geeigneten Computerprogrammen). Die systematische Diagnose- und Förderfähigkeit – das frühzeitige Erfassen, Beurteilen und Fördern sprachlicher Fähigkeiten – konnte stark entwickelt werden. Die von den Lehrpersonen mit sehr hohem Aufwand entwickelten Diagnoseinstrumente mochten jedoch noch nicht gänzlich zu überzeugen. Die Beurteilungsbögen sollten ergänzt und überarbeitet werden (Erweiterung und Differenzierung der Kriterien). Es stellte sich die Frage, wie die erarbeiteten Kompetenzen unabhängig von den Lehrpersonen für die Schule erhalten werden können.

Die in diesem Projekt gewonnenen Erfahrungen und Erkenntnisse sind reflektiert und weiter entwickelt worden und liegen nun als «Sprachstandards Schweikrüti» vor. Während des Projektverlaufs wurde eine Vielzahl von Materialien erstellt, die in überarbeiteter Form allen Lehrpersonen zur Verfügung stehen. Die entstandenen Unterlagen (Bsp.: Konzept Beurteilungspraxis, Verhaltenskodex, Infoordner und Infomappe, Elternmerkblatt usw.) sind zu wichtigen und wirksamen Qualitätsbausteinen der Schule Schweikrüti geworden. Aufgrund ihres Expertenstatus wurde Schweikrüti zur Partnerschule im Schweizerischen Bildungsstandardprojekt HarmoS, in dem in einer halbjährigen Zusammenarbeit mit der Pädagogischen Hochschule Zürich u.a. Testaufgaben erprobt und weiterentwickelt wurden. Aktuell nimmt Schweikrüti am Schulentwickungsprojekt *Schulen lernen von Schulen* teil. In diesem Projekt sollen innovative Schulen die Praxis von morgen („next practice“) vorwegnehmen und in Kooperation mit anderen Schulen sowie mit der Wissenschaft und der Bildungspolitik einen Wissens- und Erfahrungstransfer mitgestalten. Mit diesem Projekt bekommt Schweikrüti die Wertschätzung für seine anspruchsvolle, gut gelungene Schul- und Unterrichtsentwicklung und die Motivation für eine weitere Entwicklungsperspektive.

## Fazit

Das Projekt Schweikrüti zeigt eindrücklich, was ein starkes und motiviertes Schulteam mit der nötigen Unterstützung im Bereich der Sprachförderung erreichen kann. Die Erfahrungen der Lehrpersonen mit der mündlichen Sprachförderung weisen aber auch auf bekannte Lücken der Deutschdidaktik hin: Es gibt immer noch zu wenig profilierte Unterrichtsmaterialien fürs Sprechen und Zuhören und fast keine Testmaterialien und diagnostischen Instrumente. Hier sind wichtige Impulse von der empirischen Entwicklung der Bildungsstandards zu erwarten.

## Literatur

Abraham, Ulf: Sprechen als reflexive Praxis. Mündlicher Sprachgebrauch in einem kompetenzorientierten Deutschunterricht. Freiburg im Breisgau: Filllibach 2008

Altrichter, Herbert: Schulentwicklung: Widersprüche unter neuen Bedingungen. In: Pädagogik (2006) Heft 3, 6–10

Bättig, Brigitte: HarmoS. Lehrplanvergleich Erstsprache. Schweizerische Konferenz der Erziehungsdirektoren. Bern, 2004 http://www.edk.ch/d/EDK/Geschaefte/framesets/mainHarmoS_d.html (kostenloser Download)

Barnitzky, Horst: Sprachunterricht heute. Sprachdidaktik, Unterrichtsbeispiele, Planungsmodelle. Berlin: Cornelsen 2000

Becker-Mrotzek, Michael/Quasthoff, Uta: Unterrichtsgespräche zwischen Gesprächsforschung, Fachdidaktik und Unterrichtspraxis. In: Der Deutschunterricht (1998) Heft 1, 3–13

Becker-Mrotzek, Michael/Vogt, Rüdiger: Unterrichtskommunikation. Tübingen: Niemeyer 2001

Becker, Tabea: Mündliche Kommunikation. In: Lange, Günter/Weinhold, Swantje (Hrsg.). Grundlagen der Deutschdidaktik. Sprachdidaktik, Mediendidaktik, Literaturdidaktik. Baltmannsweiler: Schneider Hohengehren 2005, 55–72

Buff, Alex/Nakamura, Yuka/Hollenweger, Judith/Achermann, Emilie: Selbstwahrnehmung bei Schuleintritt. In: Moser, Urs/Stamm, Margrit/Hollenweger, Judith (Hrsg.): Für die Schule bereit? Lesen, Wortschatz, Mathematik und soziale Kompetenzen beim Schuleintritt. Oberentfelden: Sauerländer 2005, 113–128

Claussen, Claus: Erzähl' mal was! Materialien für das mündliche Erzählen in der Grundschule. Donauwörth: Auer 2000

EDK-Ost: Projekt Erziehung und Bildung in Kindergarten und Unterstufe. EDK-Ost-4bis8. http://www.edk-ost.sg.ch/content/edk%5Fost/home/projekte/grundstufe%5Fbasisstufe.html/

Feilke, Helmuth: Die Entwicklung literaler Textkompetenz. Ein Forschungsbericht. In: Schriftenreihe der Universität-GH-Siegen 2002, H. 10, 1–24

Fickler, Jules/Steinacher, Martin: Hörverständnis. Übungen und Tests für die Mittelstufe. Winterthur: ZKM-Verlag 2007

Fienemann, Jutta/von Kügelgen, Rainer: Formen mündlicher Kommunikation in Lehr- und Lernprozessen. In: Bredel, Ursula/Günther, Hartmut/Klotz, Peter/Ossner, Jakob/Siebert-Ott, Gesa (Hrsg.): Didaktik der deutschen Sprache. Paderborn: Ferdinand Schöningh 2003, 133–147

Gombert, Jean Emile: le développement métalinguistique. Paris: Presses Universitaires de France 1990

Grugeon, Elizabeth/Dawes Lyn/Smith, Carol/Hubbard, Lorraine: Teaching Speaking & Listening in the Primary School. London: David Fulton third edition 2005

Hagen, Mechthild: Förderung des Hörens und Zuhörens in der Schule. Edition Zuhören. Göttingen: Vandenhoeck & Ruprecht 2006

Halisch, Frank: Entwicklung lern- und leistungsbezogener Motive und Einstellungen: Kommentar. In: Weinert, Franz E./Helmke, Andreas (Hrsg.): Entwicklung im Grundschulalter. Weinheim: Beltz 1997, 77–82

Hofstetter, Judith/Wyder, Edith: Orientierungsarbeiten Deutsch. Schwerpunkt mündlicher Sprachgebrauch. 6. Klasse. Luzern: Bildungsplanung Zentralschweiz 2001

Hufeisen, Britta/Neuner Gerhard: Mehrsprachigkeitskonzept. Strasbourg: Council of Europe 2003

Imhof, Margarete: Zuhören. Psychologische Aspekte auditiver Informationsverarbeitung. Edition Zuhören. Göttingen: Vandenhoeck & Ruprecht 2003

Kahlert, Joachim: Der gute Ton in der Schule. Überlegungen zum pädagogischen Stellenwert des Zuhörens in der akustisch gestalteten Schule. Huber, Ludovica/Odersky, Eva (Hrsg.): Zuhören – Lernen – Verstehen. Braunschweig: Westermann 2000, 7–25

Koehler, Stephanie: Didaktische Anregungen. Sprachprofil II. Ein Konzept zur Sprachförderung in der Primarschule in allen Fächern. In: Erziehungesdepartement des Kantons Basel-Stadt (Hrsg.): Sprachprofile. Basel: Lehrmittelverlag 2006 http://www.edubs.ch/die_schulen/schulen_bs/sprachunterricht/sprachprofile.pt (kostenloser Download), 9–31

Kunz, Pius/Wandeler, Hanspeter: Orientierungsarbeiten Deutsch. Schwerpunkt Mündlicher Sprachgebrauch, 5. Klasse. Luzern: Bildungsplanung Zentralschweiz 2001

Kultusministerkonferenz der Bundesrepublik Deutschland: Bildungsstandards für den Primarbereich. Bonn 2004 http://www.kmk.org/schul/Bildungsstandards/bildungsstandards.htm (kostenloser Download)

Luchtenberg, Sigrid: Entwicklung mündlicher Fähigkeiten im mehrsprachigen Kontext. In: Bredel, Ursula/Günther, Hartmut/Klotz, Peter/Ossner, Jakob/Siebert-Ott, Gesa (Hrsg.): Didaktik der deutschen Sprache. Paderborn: Ferdinand Schöningh 2003, 121–132

Martyniuk, Waldemar (ed.). Towards a Common European Framework of Reference for Languages of School Education? Krakow: Universitas 2007

Moser, Urs: Lernvoraussetzungen in Schulklassen zu Beginn der 1. Klasse. In: Moser, Urs/ Stamm, Margrit/Hollenweger, Judith (Hrsg.): Für die Schule bereit? Lesen, Wortschatz, Mathematik und soziale Kompetenzen beim Schuleintritt. Oberentfelden: Sauerländer 2005, 167–185

Neugebauer, Claudia/Bachmann, Thomas/Lauterburg, Kurt/Peyer, Ann: Handbuch Hochdeutsch. Grundlagen, Praxisberichte und Materialien zum Thema Hochdeutschsprechen in der Schule. Zürich: Lehrmittelverlag des Kantons Zürich 2006

Pabst-Weinschenk, Marita: Geschichte der Sprech- und Gesprächsdidaktik. In: Bredel, Ursula/Günther, Hartmut/Klotz, Peter/Ossner, Jakob/Siebert-Ott, Gesa (Hrsg.): Didaktik der deutschen Sprache. Paderborn: Ferdinand Schöningh 2003, 93–106

Pabst-Weinschenk, Marita: Freies Sprechen in der Grundschule. Grundlagen. Praktische Übungen. Berlin: Cornelsen Scriptor 2005

Potthoff, Ulrike: Gespräche mit Kindern. Gesprächssituationen, Methoden, Übungen, Kniffe, Ideen. Berlin: Cornelsen Scriptor 1995

Quasthoff, Uta: Entwicklung mündlicher Fähigkeiten. In: Bredel, Ursula/Günther, Hartmut/Klotz, Peter/Ossner, Jakob/Siebert-Ott, Gesa (Hrsg.): Didaktik der deutschen Sprache. Paderborn: Ferdinand Schöningh 2003, 107–120

Schader, Basil: Sprachenvielfalt als Chance. Handbuch für den Unterricht in mehrsprachigen Klassen. 2., erweiterte Auflage Zürich/Troisdorf: Orell Füssli/Bildungsverlag EINS 2004

Schmidlin, Regula: Wie Deutschschweizer Kinder schreiben und erzählen lernen. Textstruktur und Lexik von Kindertexten aus der Deutschschweiz und aus Deutschland. Tübingen/Basel: A. Francke 1999

Schuster, Karl: Mündlicher Sprachgebrauch im Deutschunterricht. Denken, Sprechen, Handeln. Theorie und Praxis. Baltmannsweiler: Schneider Hohengehren 2001

Soussi, Anne/Baumann, Yves/Dessibourg, Pierre/Broi, Anne-Marie/Martin, Daniel: Comprendre l'oral n'est pas si facile! Neuchâtel: IRDP 1998

Trautmann, Thomas: Sprechen im Unterricht. Baltmannsweiler: Schneider Hohengehren 2001

Vogt, Rüdiger: Im Deutschunterricht diskutieren. Zur Linguistik und Didaktik einer kommunikativen Praktik. Tübingen: Niemeyer 2002

Weinert, Franz E./Helmke, Andreas: Theoretischer Ertrag und praktischer Nutzen der SCHOLASTIK-Studie zur Entwicklung im Grundschulalter. In: Weinert, Franz E./ Helmke, Andreas (Hrsg.): Entwicklung im Grundschulalter. Weinheim: Beltz 1997, 459–474

Wiedenmann, Marianne: Probleme beim Hörverstehen und Folgen für den Schriftspracherwerb. In: Huber, Ludovica/Odersky, Eva (Hrsg.): Zuhören – Lernen – Verstehen. Braunschweig: Westermann 2000, 137–148

Schule Schweikrüti: http://www.thalwil.ch/schule/de/schule/schuleinheit/ welcome.php?amt_id=60

PATRICK VOẞKAMP

# C5 Bildungsstandards für die Sekundarstufe I

*EINDRUCK UND AUSDRUCK*
*Laß auf dich etwas rechten Eindruck machen,*
*So wirst du schnell den rechten Ausdruck finden;*
*Und kannst du nur den rechten Ausdruck finden,*
*So wirst du schnell den rechten Eindruck machen.*
*(Franz Fühmann)*

Wäre es mit der mündlichen Kommunikation so einfach, wie es in Franz Fühmanns *Eindruck und Ausdruck* scheint, dann könnten wir uns manche Überlegungen zur Förderung mündlicher kommunikativer Kompetenzen sparen – allein der richtige Reiz, der richtige „Input" würde schon genügen, um die sprachliche Entwicklung der Schüler/innen zu fördern. Nun ist es aber nicht einfach so, dass ein „rechter Ausdruck" unmittelbar einem „rechten Eindruck" folgt, denn „[d]ie Aneignung und Verfügbarkeit sprachlicher Kompetenzen ist in hohem Maße Ergebnis der Selbststeuerung, die nicht der Formel 'input' = 'output' unterliegt" (Bredel 2005, 81).

## 1 Förderung mündlicher kommunikativer Kompetenz in der Sekundarstufe I

Unter drei Aspekten wird zunächst verdeutlicht, weshalb die Förderung mündlicher Sprachfähigkeit in der Sekundarstufe I ihren festen Platz hat bzw. haben sollte: *Erstens* handelt es sich bei der Entwicklung mündlicher kommunikativer Kompetenz – verstanden als „Erwerb mindestens von semantischen und diskursstrukturellen Fähigkeiten" (Quasthoff 2003, 116) – um einen lebenslangen, zu keinem Zeitpunkt abgeschlossenen Prozess (vgl. Fiehler 1998, 53). Daher muss folgerichtig ein Schwerpunkt des Unterrichts auf der Schulung der produktiven und rezeptiven Fähigkeiten der Schüler/innen liegen. Damit sich ein sprachlicher Kompetenzzuwachs als „Resultat der eigenaktiven Auseinandersetzung mit der umgebenden sprachlichen und nicht-sprachlichen Wirklichkeit" (Bredel 2005, 81) einstellen kann, sollte der (Deutsch-)Unterricht entsprechend gestaltet sein und den Schüler/innen häufige und unterschiedliche Gesprächsanlässe (zum Beispiel durch Gruppenarbeit) bieten. Diese Forderung, wir werden dies später noch genauer betrachten, liest sich freilich leichter, als sie sich mit Blick auf den vorherrschenden fragend-entwickelnden Unterricht mit seiner Dominanz der Lehrerin/des Lehrers umsetzen lassen dürfte. Dennoch bietet die Institution Schule „zahlreiche authentische Gesprächsanlässe, die in dieser

Weise weder die Familie noch die Peergroup aufzuweisen haben" (Becker-Mrotzek, C1).

*Zweitens* leben wir in einer Gesellschaft, in der kommunikative Fähigkeiten zu den Basisqualifikationen zählen, die dementsprechend systematisch auch in der Schule vermittelt werden müssen – gerade im Hinblick auf die für viele Schüler/innen nach Abschluss der 9. oder 10. Klasse beginnende Ausbildung ein nicht unwichtiger Aspekt. Das zeigt bereits ein Blick auf Ausbildungsstellenangebote: „Sie sind aktiv, kommunikativ und haben Spaß an Service, Verkauf und Beratung?", fragt zum Beispiel eine Bank ihre potentiellen Auszubildenden. Und auch das Profil von Verkäufer/innen im Einzelhandel – „Fit in Mathe und Deutsch (Note: 2–3), guter Hauptschulabschluss" – wird durch „Freude am Kundenkontakt, Einfühlungsvermögen, gutes Ausdrucksvermögen, die Bereitschaft, im Team zu arbeiten" geschärft[1].

*Drittens* ist zu berücksichtigen, dass der Erwerb von kommunikativen Kompetenzen schon ein Ziel für den Unterricht selbst darstellt. Denn, so Quasthoff (B4), „[e]in eingeschränkter Erwerb sprachlicher Kompetenzen führt eben nicht nur zu mangelndem Lern- und Schulerfolg in sprachlichen Domänen, sondern schränkt die Teilhabe an fortschreitenden Lernprozessen in allen Domänen ein, insoweit ihre Vermittlung und Aneignung sprachlich konstituiert ist." Ohne Gesprächskompetenz ist demnach auch kein fachliches Lernen möglich.

Der Übergang von der Grundschule in die Sekundarstufe – die spezifischen, damit einhergehenden Herausforderungen werden in Abschnitt 3 betrachtet – ist für die Schüler/innen ein wichtiger Schritt: Eine neue Schule, ein neuer Klassenverband, neue Lehrer/innen – viele Dinge ändern sich. In sprachlicher Hinsicht ist dieser Übergang in die Sekundarstufe I „eher durch Kontinuität als durch Umbruch gekennzeichnet" (Becker-Mrotzek, C1). Durch die Primarstufe schulisch und kommunikativ sozialisiert, erfolgt in der Sekundarstufe I – an die in der Grundschule stattfindende Sprachförderung anknüpfend – eine weitere Entwicklung und Förderung der mündlichen Interaktion, Rezeption und Produktion. Zugleich kommt im Bereich der Schriftlichkeit, bedingt durch die zunehmende fachliche Differenzierung, der Fachsprache eine hohe Bedeutung zu.

Was bedeuten die genannten Aspekte nun für den (Deutsch-)Unterricht in der Sekundarstufe I? Generell geht es „um eine Verbesserung der basalen phonetischen, lexikalisch-semantischen und syntaktischen Fähigkeiten, die im produktiven und rezeptiven Bereich auszubauen sind. Und zum anderen muss Unterricht auf eine Ausweitung der pragmatisch-diskursiven Fähigkeiten gerichtet sein, mit dem Ziel, mehr und komplexere Gesprächssituationen zu beherrschen" (ebd.). Für den Bereich *Sprechen und Hören* in der Sekundarstufe I hat dies konkret zur Folge, dass Schüler/innen in der Klasse 5 lernen bzw. beachten, deutlich und

[1] vgl.: http://www.ausbildungsstelle.com

artikuliert zu sprechen, dass sie Gesprächsregeln vereinbaren, auf deren Einhaltung achten und gegebenenfalls Verbesserungsvorschläge formulieren sowie aufmerksam zuhören können. Bis zur Klasse 10 soll die mündliche Kommunikationskompetenz der Schüler/innen, im Sinne von Diskurskompetenz mit ihren Teilfähigkeiten *Vertextung, Kontextualisierung* und *Markierung* (vgl. Quasthoff, B4), soweit entwickelt sein, dass sie u. a. in Auseinandersetzungen Argumente abwägen, eigene Standpunkte sprachlich differenziert und unter Beachtung von Argumentationsregeln darlegen sowie sich an Streitgesprächen, Pro- und Contradiskussionen beteiligen können.

Diese wenigen Beispiele, dem von der Fachkonferenz Deutsch erstellten Bildungsplan einer Hauptschule entnommen, machen deutlich, dass es in erster Linie um die produktive und rezeptive Dimension sprachlichen Handelns geht. „Es sind nicht bestimmte linguistische Strukturen, etwa die dem Literalen entstammenden Kategorien der Vollständigkeit, grammatische Korrektheit oder auch Explizitheit, an denen sich Gesprächskompetenz festmacht, sondern die Angemessenheit einzelner Äußerungen im Rahmen des je aktuellen Handlungsmusters“ (Becker-Mrotzek 2007, 57). Mit Bremerich-Vos ist zu ergänzen: „Hinzu kommen u. a. das Wissen um die eigene Rolle (z. B. Schüler) und die Rollen der anderen Beteiligten (z. B. Mitschüler, Lehrer), Formulierungs- und Artikulationsfähigkeit im Allgemeinen und im Besonderen das Wissen, welches sprachliche Register im gegebenen Fall angemessen ist“ (Bremerich-Vos 2005, 109).

## 2 Kernlehrpläne

Die Kernlehrpläne skizzieren, so das Schulministerium NRW, „neben einem Abschlussprofil für das Ende der Sekundarstufe I die Anforderungen, die am Ende der Klassen 6, 8 und 10 (künftig: Klasse 9 am Gymnasium) erreicht sein müssen, in Form von Kompetenzen. [...] Die Kernlehrpläne sind somit die Umsetzung der Bildungsstandards der KMK [...] auf der curricularen Ebene.“[2] Dies klingt zunächst einleuchtend und hilfreich.

### 2.1 Kernlehrpläne – Inhalte und Kritik

Schaut man sich nun die Kernlehrpläne genauer an, wird man feststellen, dass der erste Eindruck täuscht: Statt Hilfe zu bieten, finden sich umfangreiche Anforderungen, die die Schüler/innen erfüllen sollen. Dieser Anforderungskatalog birgt zahlreiche Probleme. Ursache dafür ist, dass sich die Bildungspolitik nicht auf Mindeststandards hat einigen können. Stattdessen wurden Regelstandards konzipiert, die das durchschnittliche Leistungsniveau bezeichnen (vgl.

[2] www.schulministerium.nrw.de/BP/Schulsystem/Qualitaetssicherung/ Standards/Kernlehrplaene/ index.html

Kultusministerkonferenz 2005, 14). Die widersprechen in ihrem Umfang nicht nur der Expertise von Klieme et al. (2003), sondern verhinderten daneben, dass Standards entwickelt wurden, „die für alle verbindlich und überprüfbar sind. Es wird bezweifelt, dass die Standards in dieser Form für einen großen Teil der Hauptschüler erreichbar sind" (Huber et al. 2006, 15).

Dass die Lehrpläne mit Hilfe von Zwischenstufen zeigen wollen, welche Anforderungen am Ende der jeweiligen Doppeljahrgangsstufen erreicht sein müssen, verfestigt zusätzlich den Eindruck, dass es sich hier nicht nur um Regel-, sondern um Prüfungsstandards handelt. Hinzu kommt die Problematik der Stufentheorie. Bremerich-Vos konstatiert: „Noch schwieriger als bei der Orthografie dürfte sich die Konstruktion einer empirisch gehaltvollen Stufentheorie in den Lernbereichen ‘Mündliche Kommunikation’, ‘Schreiben’ und ‘Reflexion über Sprache’ gestalten" (2003,7). Für die Ausbildung einer Stufentheorie für die Domäne *„Sprechen und Zuhören"* fehlen derzeit nämlich schlicht empirische Studien, die erst die Grundlage einer solchen Theorie bilden könnten (s. unten).

Konkret benennen die Kernlehrpläne die folgenden Punkte:

## Sprechen

- sich artikuliert, verständlich, sach- und situationsangemessen äußern,
- über einen umfangreichen und differenzierten Wortschatz verfügen,
- verschiedene Formen mündlicher Darstellung unterscheiden und anwenden, insbesondere erzählen, berichten, informieren, beschreiben, schildern, appellieren, argumentieren, erörtern,
- Wirkungen der Redeweise kennen, beachten und situations- sowie adressatengerecht anwenden: Lautstärke, Betonung, Sprechtempo, Klangfarbe, Stimmführung; Körpersprache (Gestik, Mimik),
- unterschiedliche Sprechsituationen gestalten, insbesondere Vorstellungsgespräch/Bewerbungsgespräch; Antragsstellung, Beschwerde, Entschuldigung; Gesprächsleitung.

## Gespräche führen

- sich konstruktiv an einem Gespräch beteiligen,
- durch gezieltes Fragen notwendige Informationen beschaffen,
- Gesprächsregeln einhalten,
- die eigene Meinung begründet und nachvollziehbar vertreten,
- auf Gegenpositionen sachlich und argumentierend eingehen,
- kriterienorientiert das eigene Gesprächsverhalten und das anderer beobachten, reflektieren und bewerten.

## Zuhören

- Gesprächsbeiträge anderer verfolgen und aufnehmen,
- wesentliche Aussagen aus umfangreichen gesprochenen Texten verstehen, diese Informationen sichern und wiedergeben,
- Aufmerksamkeit für verbale und nonverbale Äußerungen (z. B. Stimmführung, Körpersprache) entwickeln.

Das Hörverstehen als rezeptive Sprachkompetenz umfasst die Wahrnehmung, das Verstehen, Interpretieren und Reflektieren von sprachlichen Äußerungen (vgl. http://www.dipf.de/de/pdf-Dokumente/zdb/desi). Es ist somit die Voraussetzung für alle Formen sprachlicher Interaktion. Nun ist es aber so, dass die Akustik in deutschen Klassenzimmern das *Zuhören* und somit die Förderung des Hörverstehens erschwert. Die Lautstärke in den Klassenräumen führt nämlich zu einer negativen Beeinträchtigung der Schülerleistungen. Das Institut für interdisziplinäre Schulforschung der Universität Bremen hat in einer durch die Bundesanstalt für Arbeitsschutz und Arbeitsmedizin geförderten Studie mehr als 600 Schulstunden an Schulen in Bremen, Nordrhein-Westfalen und Niedersachen aufgezeichnet. Das Ergebnis: Kein Klassenraum erfüllte die von der Norm DIN 18041 geforderten akustischen Eigenschaften. Die Folgen: „Hallt es in einem Klassenzimmer, verdecken die abklingenden Silben jedes nachfolgende Wort. Das Sprachsignal ist verzerrt. Jedes Stühlerücken, jedes Husten bleibt als störendes Geräusch im Raum. Lehrer müssen den Unterricht unterbrechen, die Schüler sind unkonzentrierter“ (Filser 2007, 36). Der Stellenwert der Akustik an Schulen und deren Bedeutung für erfolgreiches Lernen wird aber nach wie vor als unwesentlich betrachtet. Mit zum Teil gravierenden gesundheitlichen Folgen für die Lehrer/innen, die jahrzehntelang einem zu hohen Geräuschpegel ausgesetzt sind (vgl. ebd.; Informationen unter: http://www.isf.uni-bremen.de/ISF_Forschung.htm).

Hier wird deutlich, dass der Vereinbarung von Gesprächsregeln wie „Wir lassen unsere Mitschüler/innen ausreden“, „Wir hören ruhig zu“ etc. in doppelter Hinsicht Bedeutung zukommt: Zum einen, um den schlechten räumlichen Bedingungen entgegenzuwirken, zum anderen, um grundlegende Regeln des kommunikativen Miteinanders zu lernen. Des Weiteren sind die folgenden Punkte in den Kernlehrplänen festgehalten:

## Gestaltend sprechen/szenisch spielen[3]

- Texte sinngebend und gestaltend vorlesen und (frei) vortragen,
- längere Redebeiträge leisten, Kurzdarstellungen und Referate frei vortragen, ggf. mithilfe eines Stichwortzettels/einer Gliederung,

[3] Hierbei handelt es sich um ein Feld, das im Zuge der sog. kommunikativen bzw. pragmatischen Wende Ende der 60er, Anfang der 70er Jahre des 20. Jahrhunderts vernachlässigt wurde.

- verschiedene Medien für die Darstellung von Sachverhalten nutzen (Präsentationstechniken): z. B. Tafel, Folie, Plakat, Moderationskarten,
- eigene Erlebnisse, Haltungen, Situationen szenisch darstellen,
- Texte (medial unterschiedlich vermittelt) szenisch gestalten.

## Methoden und Arbeitstechniken

- verschiedene Gesprächsformen praktizieren, z. B. Dialoge, Streitgespräche, Diskussionen, Rollendiskussionen, Debatten vorbereiten und durchführen,
- Gesprächsformen moderieren, leiten, beobachten, reflektieren,
- Redestrategien einsetzen: z. B. Fünfsatz, Anknüpfungen formulieren, rhetorische Mittel verwenden,
- sich gezielt sachgerechte Stichwörter aufschreiben,
- eine Mitschrift anfertigen,
- Notizen selbstständig strukturieren und Notizen zur Reproduktion des Gehörten nutzen, dabei sachlogische sprachliche Verknüpfungen herstellen,
- Video-Feedback nutzen [...].

(Kernlehrpläne Deutsch. NRW 2004)

Wohlgemerkt: Es handelt sich hierbei um Standards, die Schüler/innen am Ende der Klasse 10 erfüllen sollen. Standards, die, wenn man ehrlich ist, häufig nicht einmal von sämtlichen (Lehramts-)Studierenden während des Grundstudiums beherrscht werden. Dies wiegt umso schwerer, als in Nordrhein-Westfalen seit dem Jahr 2003 der Bereich „Sprachpraxis" aus den Lehramtsstudiengängen gestrichen wurde. Wie zukünftige Lehrer/innen etwa die Punkte *Lautstärke, Betonung, Sprechtempo, Klangfarbe, Stimmführung oder Körpersprache (Gestik, Mimik)* vermitteln sollen, ohne diese selbst während ihres Studiums vermittelt bekommen zu haben, erscheint mehr als fragwürdig – ganz davon zu schweigen, wie „wichtig im Bereich der Mündlichkeit ein professionelles Modellverhalten der Lehrperson ist. Dies betrifft nicht nur die Stimme, Sprache und Gestik, sondern auch das Sprechen, Zuhören, die Aufmerksamkeitshaltung etc." (Eriksson, C4). Und auch Berthold stellt fest: „Für den mangelhaften Schulunterricht in rhetorischer Kommunikation dürften in erster Linie Mängel in der Lehrerausbildung verantwortlich sein" (Berthold 2003, 155).

Die hohen Anforderungen der Standards lassen sich daraus erklären, dass a) sie ohne empirische Grundlagen gesetzt worden sind, dass hier b) versucht wird, Schulformen aufzuwerten, indem man (zu) hohe Anforderungen formuliert und c) dass die formulierten Kompetenzerwartungen mit deutlich unterschiedlichen Inhalten an den verschiedenen Schulformen gefüllt werden – was allerdings auch als Chance verstanden werden kann (s. Abschnitt 2.2). Schlimmer wäre es, würde die Domäne *Sprechen und Zuhören* gänzlich vernachlässigt werden (vgl. dazu Pabst-Weinschenk, o. J.).

## 2.2 Chancen für die Schulen

Welche Konsequenzen hat all dies für die Schulen? „Wie gut oder wie schlecht Standards auch immer formuliert sind: Sie müssen vor Ort 'ausgelegt' werden, am besten von den fachlichen Zuständigen gemeinsam“, schreibt Bremerich-Vos (2005, 108). So könnte es, trotz aller Kritik an den Lehrplänen, engagierten Schulkollegien bzw. Fachkonferenzen gelingen, statt zu resignieren für den Bereich *Sprechen und Zuhören* (Minimal-)Standards zu erarbeiten. Dass diese von Schule zu Schule differieren dürften, liegt auf der Hand „und ist ja auch – glaubt man den offiziellen Verlautbarungen – durchaus erwünscht“ (ebd.). Doch wie könnten solche Minimalstandards, verstanden als elementare Aspekte mündlicher Kommunikation, aussehen und was muss getan werden, dass sie bis zum Ende der Sekundarstufe I erreicht werden?

### Lexik

Vor allem muss während der Sekundarstufe I lexikalische Arbeit betrieben werden, um den Schüler/innen zu verdeutlichen, welches Register welcher Situation angemessen ist. Auf diesem Wege wird ein Bewusstsein für die Sprache geschaffen, dass Schüler/innen dabei hilft, zunehmend über kommunikative Sicherheit zu verfügen. So werden etwa Beleidigungen in der Kommunikation in der Peer-Group z.T. völlig anders wahrgenommen als in institutionellen Kontexten. Diese Kluft zwischen den kommunikativen Alltagsroutinen der Schüler/innen (vgl. Quasthoff, B4) und dem Gesprächsverhalten im institutionellen Kontext (z.B. Unterricht, Praktika, Bewerbungsgespräche oder Lehre) muss den Schüler/innen bewusst gemacht werden. Zur Realisierung dieses Zieles finden sich in einigen (Haupt-)Schulen etwa Vokabelhefte für den muttersprachlichen Unterricht. Daneben kommt dem Bereich der sprachlichen Differenzierung große Bedeutung zu. Statt einer generellen Aussage wie *Mir geht's scheiße* sollten die Schüler/innen befähigt werden, einen differenzierten Gefühlswortschatz zu verwenden, der es ihnen ermöglicht, ihren Gesprächspartnern deutlich zu machen, ob sie z.B. wütend, ärgerlich, frustriert o.ä. sind.

### Erzählen

Statt zu fordern, dass beim Erzählen am Ende der Sekundarstufe I verschiedene Formen mündlicher Darstellung unterschieden und angewendet werden können (s. oben), ist häufig schon viel erreicht, wenn Schüler/innen eine Perspektive während ihrer Erzählung durchhalten (und in einigen Fällen kann es sogar schon als Erfolg gewertet werden, wenn sie überhaupt einmal einen Turn übernehmen). Daneben sollten sie dazu in der Lage sein, Markierungen eines narrativen Textes (Anfang und Ende) vornehmen sowie ihren Zuhörer/innen Orientierung geben zu können. Diese sollten als Zuhörer/innen am Ende der Erzählung in der

Lage sein, die sog. W-Fragen (*was, wer, wo, wann, wie, warum*) beantworten zu können.

## Selbstmanagement

Daneben sollten Schüler/innen über ein „Selbstmanagement" verfügen. Darunter fasse ich bewusst auch psychische Aspekte. So müssen sie sich etwa bei Argumentationen oder Diskussionen (vgl. dazu Grundler/Vogt, G2) unter Kontrolle haben und lernen, konträre Positionen zu akzeptieren, sachbezogene Auseinandersetzungen zu führen und sich an Gesprächsregeln zu halten. Auch hier geht es, wie bei der lexikalischen Arbeit, darum, dass sie Formen des gesellschaftlichen Umgangs kennen lernen und ihnen gemäß interagieren. Beim Argumentieren muss ferner gewährleistet sein, dass die Schüler/innen überhaupt erkennen, was das Strittige ist, dass sie thematisch „bei der Stange bleiben" und nicht etwa das Thema unvermittelt wechseln.

Zum *Selbstmanagement* möchte ich hier auch das *Zuhören* zählen: Schüler/innen müssen am Ende der Klasse 10 dazu in der Lage sein, konzentriert längere Redebeiträge und mündliche Darstellungen zu verfolgen; eine wesentliche Fähigkeit, wenn man an Praktika oder Berufsausbildungen denkt. Schließlich werden hier Arbeitsabläufe häufig in mündlicher Form gegeben und dann gilt es, nicht nur den Ablauf zu verstehen, sondern auch damit einhergehende Arbeitsaufträge zu identifizieren (vgl. Bünner 2000).

Feedback- und/oder metakommunikative Gespräche, in denen Schüler ihr eigenes kommunikatives Handeln reflektieren und beurteilen, möchte ich unter Minimalstandards nur dann hinzunehmen, wenn es mit Hilfe von Videotechnik vorgenommen wird. Natürlich ist damit ein (zeitlicher) Aufwand verbunden. M. E. sind realistische Selbsteinschätzungen sowie nachvollziehbare Fremdeinschätzungen des eigenen kommunikativen Verhaltens nur dann möglich, wenn es noch einmal vor Augen geführt wird. Alles andere führt in einer Vielzahl von Fällen zu einem zu hohen Abstraktionsgrad.

Mit diesen Vorschlägen soll die Kritik an den Standards produktiv gewendet und ein Beitrag zur weiterführenden Diskussion geleistet werden. Dabei ist mir bewusst, dass die zentrale Frage „Was ist ein gutes Gespräch?" und die damit verbundene Definition von Gesprächskompetenz noch nicht beantwortet ist. Dies liegt allerdings in der Natur der Sache: „Dieses Paradigma, bei dem immer nach wahr oder falsch, gut oder schlecht bewertet wird, ist aber für mündliche Kommunikation unpassend. Insofern kann es gar nicht die 'guten'/'richtigen' Gesprächsverhaltensweisen, gültig für alle Situationen, geben" (Pabst-Weinschenk, o. J.). Auch Bendel hält fest: „Welche kommunikativen Verhaltensweisen 'gut' sind, kann nicht allgemeingültig definiert werden, sondern immer nur im Hinblick auf bestimmte Situationen, konkrete Ziele und spezifische Interessen, die (...) durchaus konfliktär sein können" (Bendel 2004, 82, zit. n. Bremerich-Vos 2005, 109).

# 3 Besondere Herausforderungen der Sekundarstufe I

Die Sekundarstufe hat es mit zwei zentralen Herausforderungen zu tun: Nach vier gemeinsamen Jahren in der Grundschule/Primarstufe (in Berlin und Brandenburg dauert sie sechs Jahre) erfolgt für die Schüler/innen der Bundesrepublik der Übergang in die in Schulformen differenzierte Sekundarstufe I. Hinzu kommt mit dem Eintritt in die Pubertät ein wesentlicher, den Unterricht beeinflussender Aspekt in diesem Abschnitt der schulischen Laufbahn.

## 3.1 Ausdifferenzierung der Schulformen

Mit dem Übertritt in die Sekundarstufe I ist zwingend der Eintritt in differenzierte Schularten und Bildungsgänge verbunden. Eng verbunden ist damit eine soziale Differenzierung, was erhebliche Auswirkungen auf den Unterricht hat. Spielen in der Theorie die Kriterien *Schulleistung* und *Lernmotivation* die ausschlaggebende Rolle bei der Zuweisung auf eine weiterführende Schule, so besteht in der Praxis in allen deutschen Bundesländern „ein Zusammenhang zwischen der Schulform, die ein Jugendlicher besucht, und der Sozialschichtzugehörigkeit seiner Familie“ (Stanat et al. 2003, 65; vgl. Cortina/Trommer 2003); was wiederum Auswirkungen auf die sprachliche Interaktion der Schüler/innen hat.

Hierunter leiden die Hauptschulen in besonderer Weise. Dieser Schultyp sieht sich in mehrfacher Hinsicht mit selektionsbedingten spezifischen Herausforderungen konfrontiert: Der anhaltende Prestigeverlust des Hauptschulabschlusses auf dem Ausbildungs- und Stellenmarkt ist ein Punkt (vgl. Leschinsky 2003, 421), der unmittelbare Auswirkungen auf die Lernmotivation und das Selbstwertgefühl der Schüler/innen hat. Hinzu kommt als weiteres Problem die soziale Einseitigkeit der Schülerrekrutierung: Hier sind neben ‘Rückläufern’ aus Realschule oder Gymnasium überwiegend Kinder aus Arbeiterhaushalten und Kinder mit Migrationshintergrund anzutreffen. Wobei die sog. ‘Rückläufer’, also jene Realschüler/innen oder Gymnasiasten, die aufgrund eher schwacher Leistungen der Hauptschule zugewiesen werden, zusätzlich Aufmerksamkeit verdienen. In der Hauptschule treffen sie zum Teil auf Schüler/innen, die ähnlich frustrierende Erfahrungen gemacht haben. In der Folge „lässt sich empirisch nachweisen, dass in solchen Gruppen das Anregungspotential dürftig und der Kompetenzerwerb gering ist [...]; zudem ist dort eine schul- und lerndistanzierte Haltung weit verbreitet“ (Tillmann 2007, 32f.). Die Konsequenz sind „Negativspiralen, in denen Arbeitsvermögen weniger erworben als entwertet, Selbstachtung nicht aufgebaut, sondern zerstört wird“ (Lex 1997; zit. n. Braun 2004, 46).

Verschärfend kommt der Befund Leschinskys hinzu, dass im Unterricht an Hauptschulen „an die Schüler seltener weiterführende kognitive und sprachliche Anforderungen gestellt werden“ (Leschinsky 2003, 411). Hier zeichnen sich negative Entwicklungen ab: Weil der Unterricht in einer lernunfreundlichen Umgebung stattfindet, wird er noch stärker von den Lehrenden geführt. Was wiederum dazu führt, dass die Schüler/innen noch weniger Rede- und Gesprächsanlässe geboten bekommen. Gerade vor diesem Hintergrund wird deutlich, wie wichtig es ist, sich vom fragend-entwickelnden Unterricht zu verabschieden und authentische Gesprächsanlässe zu schaffen. Die hohe Bedeutung mündlicher kommunikativer Fähigkeiten muss den Schüler/innen, vor allem mit Blick auf Ausbildung und Beruf, bewusst gemacht werden. Generell bestätigen diese Erkenntnisse die Forderung Bremerich-Vos', dass (Minimal-)Standards in der Fachkonferenz, also vor Ort, ausgehandelt werden müssen. Allgemeingültige Aussagen, selbst zu nur einer Schulform, scheinen vor diesem Hintergrund nicht Erfolg versprechend.

## 3.2 Entwicklungspsychologische Grundlagen

*Von der Playmobil-Zeit, die einem das gute Gefühl gab, die Erwachsenen, egal ob König oder Bauarbeiter, spielen zu können, schlitterte man meist völlig übergangslos in jene Zeit, die man früher Pubertät genannt hatte. (Florian Illies 2003, 20)*

Es ist alles andere als eine einfache Phase, in die Mädchen und Jungen während der Sekundarstufe I eintreten. Wobei es sich dabei streng genommen nicht um *einen* Vorgang handelt, sondern um „pubertal processes", um mehrere Teilprozessen (vgl. Fend 2005, 102). Und diese Prozesse werden zu völlig unterschiedlichen Zeitpunkten durchlaufen. „In Bezug auf die biologischen Reifungsvorgänge gibt es bedeutende interindividuelle Unterschiede und der Zeitpunkt des Einsetzens der Pubertät weist z. B. eine Streubreite von bis zu sechs Jahren auf" (Pinquart/Weichold/Silbereisen 2004, 38).

Im schulischen Kontext leiden unter der Pubertät insbesondere die Lernmotivation und die Anstrengungsbereitschaft. Daneben haben die Schüler/innen in der mittleren und späten Adoleszenz Schwierigkeiten, „Lernen instrumentell in Berufsperspektiven einzubetten und damit zum Kernpunkt der eigenen Lebensplanung und Identitätsentwicklung zu machen" (Fend 2005, 347). Es fehlt also ein Verständnis für die Sinnhaftigkeit des in der Schule Vermittelten. Allerdings handelt es sich dabei, und das ist die gute Nachricht, nicht um eine zwangsläufige Entwicklung. So hängt die Anstrengungsbereitschaft neben anderen Faktoren von der Attraktivität der Schule ab. Sowohl für die Lernfreude als auch für die Attraktivität der Schule erweisen sich nachfolgende Punkte als bedeutsam:

- ein verständlich und gut organisierter Unterricht,
- ein positives soziales Klima,
- die Gewährung von Freiheitsspielräumen durch die Lehrer,
- das Vermeiden von Überforderung und Langeweile (ebd., 359).

Hier wird deutlich, dass der lehrerzentrierte Unterricht nicht nur die sprachlichen Aktivitäten der Schüler/innen einschränkt, sondern auch deren Wunsch nach mehr Autonomie (vgl. Köller 2004, 104). Dabei kann die Sprachdidaktik helfen, stellt gerade sie doch zahlreiche Beispiele für verschiedene Settings im (Deutsch-)Unterricht bereit, die Jugendlichen „Partizipationserfahrungen – Erfahrungen der Teilnahme und der Teilhabe an gemeinsamen Projekten und an Entscheidungsprozessen" (Hascher/Althof 2004, 63) ermöglichen. Es existieren zahlreiche Möglichkeiten für authentische Kommunikationsanlässe, die eben diese Partizipationserfahrungen ermöglichen – von Diskussionen im Vorfeld der Klassensprecherwahl, über Aushandlungsprozesse in Schreibkonferenzen bis hin zur Entscheidung über das Ziel der nächsten Klassenfahrt: „Es gibt [...] zahlreiche methodisch-organisatorische Arrangements, in denen die Gesprächsfähigkeiten der Schüler dadurch gefördert werden, dass ihnen Handlungsspielräume eröffnet werden, die sie sich eigenverantwortlich erschließen können" (Vogt 2004, 94).

Diskussionen und argumentative Auseinandersetzungen leisten gleichzeitig einen wichtigen Beitrag zur Persönlichkeits- und Identitätsentwicklung der Schüler/innen: Sie müssen Positionen beziehen und verteidigen sowie andere Standpunkte akzeptieren bzw. achten. Indem die Pubertierenden in Aushandlungsprozesse einbezogen und ihre Meinungen und Ansichten ernst genommen werden – sie aber auch in verbalen Auseinandersetzungen die Chance haben, sich an anderen Positionen abzuarbeiten –, wird zugleich Hilfe zur Pubertätsbewältigung gegeben.

Durch die oben erwähnten Freiheitsspielräume lernen die Schüler/innen des Weiteren den Stellenwert von verbalen Lösungen bei Interessenskonflikten kennen. Einmal mehr zeigt dies, dass Gesprächsfähigkeit grundlegend für ein Schul- und Klassenklima ist, das angstfrei konträre Positionen darzulegen ermöglicht. Anhand von Gesprächsfähigkeit kann den Schüler/innen zugleich aber auch die Sinnhaftigkeit des Gelernten vor Augen geführt werden, handelt es sich dabei doch um Fähigkeiten, die im beruflichen Alltag bzw. in Lehre und Ausbildung beherrscht werden müssen.

## 4 Folgen für den Deutschunterricht

Halten wir zunächst fest: Will der Deutschunterricht einen Beitrag zur Pubertätsbewältigung leisten, bieten sich Verfahren an, die zugleich die personale Entwicklung wie die kommunikativen Fähigkeiten fördern. Wer etwa Pubertierenden im Unterricht mehr Frei- und Handlungsspielräume zugesteht, kann auf diese Weise auch Raum für authentische Rede- und Gesprächsanlässe geben, „die den Schüler/innen Gelegenheit zu selbständiger mündlicher und schriftlicher Kommunikation geben; lerntheoretisch kann man eine solche Konzeption mit Reinmann/Mandl (2006) dem gemäßigten Konstruktivismus zuordnen" (Becker-Mrotzek, C1).

## 4.1 Lehr-Lernformen bewusst gestalten

Einmal mehr wird an dieser Stelle deutlich, dass damit eine Abkehr vom fragend-entwickelnden Unterricht mit seiner Dominanz des Lehrers und den ritualisierten Kommunikationsabläufen (vgl. Steinig/Huneke 2007, 37) einhergehen muss. Dieses Ziel kann über kooperative Lernarrangements erreicht werden, in denen Zusammenarbeit (Stichwort 'Teamfähigkeit') eingeübt wird, die dabei einen hohen Anteil individueller Eigentätigkeit der Schüler/innen (vgl. Geist 2004, 108) ermöglichen. „Solche Formen kooperativen Lernens kommen der Aneignung in speziellen Lernzusammenhängen zugute, erweitern und verfeinern zugleich aber auch die im Deutschunterricht zu entwickelnden kommunikativen Fähigkeiten" (Baurmann 2007, 9), wie Baurmann am Beispiel des kooperativen Schreibens zeigt. So wird es ihnen ermöglicht, selber kommunikativ tätig zu werden und nicht nur einen fremden kommunikativen Vollzug zu rezipieren (vgl. Becker-Mrotzek/Vogt 2001, 36). Kooperative Lernformen tragen dabei gleichzeitig der Tatsache Rechnung, dass es sich bei schulischen Lehrsituationen um ein institutionelles Ereignis handelt. Hier sind „Lehrer und Schüler [...] nicht frei, in dem was sie tun oder lassen. Dadurch unterscheidet sich Unterricht auch mehr oder weniger klar von anderen Lehr-Lern-Situationen, wie sie etwa in der Eltern-Kind-Interaktion oder in Peer-Groups zu finden sind" (ebd., 5). Eben dieser Aspekt erklärt, weshalb die Forderung, Lehrer-Schüler-Interaktionen symmetrisch ablaufen zu lassen, kritisch betrachtet werden muss: Denn die Abhängigkeitsverhältnisse und Bedingungen der Institution Schule bleiben immer bestehen, Schüler/innen und Lehrer/innen können im schulischen Kontext nie zu völlig gleichberechtigten Kommunikationspartnern werden, sie handeln als Klienten und Agenten der Institution Schule.

Auch die Simulation der homileischen Kommunikation (= sich gegenseitig im Gespräch unterhalten) im institutionellen Kontext hat, dies zeigt Quasthoff am Beispiel des Erzählens, ihre Tücken, denn die Simulationen können „zu hochgradig ritualisierten Unterrichtsformen, deren diskursdidaktischer Nutzen zumindest zweifelhaft ist" (Quasthoff 2003, 117), werden. Auch Fienemann und von Kügelen kommen zu ähnlichen Ergebnissen und stellen fest, „dass sich die Zwecke institutioneller und homileischer Kommunikation nicht nur unterscheiden, sondern dass sie sich möglicherweise auch vollständig widersprechen" (Fienemann/von Kügelen 2003, 133). Vielmehr müssen Anlässe geschaffen werden, in denen die Schüler/innen ihre außerhalb der Schule – in Familie und Peer-Group – erworbenen interaktionalen Praktiken in den Unterricht integrieren können (vgl. Spiegel 2006, 222).

Dennoch sollte die Kommunikation im Klassenzimmer nicht als durchweg defizitär erachtet werden. Indem nicht-lehrerzentrierte Lehrformen gewählt werden, erhöht sich die Verantwortung der Schüler/innen; aus Statisten werden aktiv Handelnde. Sie sind nicht mehr Stichwortlieferanten für den Lehrer, sondern selbst dafür verantwortlich, Teilziele, Arbeitschritte etc. zu formulieren und innerhalb ihrer Gruppe auszuhandeln. Positiv sehen auch Becker-Mrotzek/ Quasthoff die Möglichkeiten, die Redebeiträge und Gesprächsanlässe der Lernenden quantitativ – und dadurch auch qualitativ – zu verbessern, wenn sie fordern: „Nutze die vorhandenen Kommunikationsanlässe für die Förderung der Gesprächskompetenz“ (1998, 8). Auch Spiegel thematisiert das Potential, das Unterricht für die Förderung der Gesprächsfähigkeit bietet und sieht zahlreiche Möglichkeiten, die Handlungsspielräume der Lernenden zu erweitern. „Die institutionell vorgegebenen Handlungsrollen Lehrende bzw. Wissensvermittelnde und Lernende sind zwar an bestimmte Personen gebunden, sie können jedoch in der Interaktion für einige Zeit in anderer Weise verteilt sein“ (Spiegel 2006, 222). Sie kommt zu dem Schluss, dass institutionelle Rahmenbedingungen in gewissen Grenzen verhandel- und veränderbar sind und urteilt, „dass institutionelle Kommunikation stärker durch zementierte Wahrnehmungs-, Interpretations- und Verhaltensgewohnheiten eingeengt ist als von institutioneller Macht gegängelt wird“ (ebd., 224). Wie dies aussehen kann, soll am Beispiel einer Schülerfirma gezeigt werden.

## 4.2 Beispiel: Gründung einer Schülerfirma

Als ein Beispiel für umfassende kooperative Lernarrangements können Schülerfirmen gelten.[4] Mit der Gründung einer Schülerfirma – in unserem Beispiel produzieren und verkaufen Schüler/innen Produkte oder bieten Dienstleistungen an – können mehrere Ziele realisiert werden: Neben Engagement, Teamfähigkeit und der Vermittlung wirtschaftlicher Kenntnisse werden vor allem authentische Gesprächs-, Rede- und natürlich auch Schreibanlässe geschaffen. Etwa wenn im Team mit den Mitschüler/innen über Arbeitsabläufe o. ä. gesprochen wird oder wenn es darum geht, mit Firmen und Kunden in Kontakt zu treten. Auf diese Weise stellt die Arbeit in einer Schülerfirma für die dort tätigen Schüler/ innen eine gute Vorbereitung auf die Berufsausbildung und -praxis dar.

Dabei sind die Firmen in den unterschiedlichsten Bereichen aktiv. Tintenpatronen und Tonerkartuschen einzusammeln, um nur ein Beispiel zu nennen, ist das Tätigkeitsfeld der Firma „Tipatoka Recycling“, 2003 an einer Hauptschule in NRW gegründet. Die Mitarbeiter/innen holen von Firmen leere Druckerpatronen und Kartuschen ab. Das Leergut wird gesammelt, sortiert, erfasst und zum

[4] http://www.schulministerium.nrw.de/BP/Schueler/Studium_und_Beruf/Beruf/Schuelerfirmen.html

Versand an eine Recycling-Firma vorbereitet, die für die gelieferte Ware zahlt. Die Gewinne der Schülerfirma kommen der Arbeit der Schule zugute. Doch nicht nur finanzieller Erfolg wirkt motivierend. So konnte die Schülerfirma 2008 einen Klimaschutzpreis in Empfang nehmen. Denn neben dem Recycling geben die Schüler/innen auf ihrer Firmenhomepage Tipps zum sparsamen Umgang mit Energie, informieren über Umwelt- und Klimaschutz.[5]

## 4.3 Kommunikation bewusst machen

Daneben kann bei der Weiterentwicklung der kommunikativen Fähigkeiten die Angewandte Gesprächsforschung mit der für sie charakteristischen Transkriptarbeit helfen. Diese sind zum einen „Erkenntnisinstrumente für die Analyse sprachlich-kommunikativer Phänomene" und zum anderen „auch als effiziente Lehr- und Lernmittel zur Verbesserung der Gesprächskompetenz verwendbar" (Brünner/Weber, D5). Mit Hilfe authentischer Materialien wird auch dem Problem der mangelnden Authentizität begegnet, wie Becker-Mrotzek/Brünner (2002, 46ff.) am Beispiel eines Streitgesprächs zeigen. Zugleich werden die Schüler/innen für sprachliche Phänomene sensibilisiert, damit zur Reflexion über Sprache angeregt und können über Handlungsalternativen nachdenken. Dazu gehört auch, dass Schüler/innen befähigt werden, ihr sprachliches Handeln aus der Distanz zu betrachten, einen Perspektivwechsel zu vollziehen (vgl. Senn 2004, 184, s. oben die Anmerkung zur Verwendung von Videotechnik).

Als hilfreich zur Verbesserung der Unterrichtskommunikation erweisen sich auch die Vorschläge von Becker-Mrotzek und Vogt. In der Form didaktischer Maximen legen sie nahe, dass sich Lehramtsstudierende, Referendar/innen sowie Lehrer/innen die Bedingungen von Unterricht bewusst machen sollen. Des Weiteren sollten sie für alle Beteiligten Transparenz herstellen: „Wenn er [der Lehrer, PV] sie zu aktiven Schülern machen will, muss er ihnen einen anderen Zugang zu den Inhalten ermöglichen, indem er die Bedingungen des eigenen Handelns explizit macht" (Becker-Mrotzek/Vogt 2001, 182). Weitere Hinweise betreffen die bewusst praktizierte Methodenvielfalt, die Thematisierung der Interaktionsverfahren der Klassengemeinschaft als Thema des Unterrichts sowie die Förderung von Kontroversen und die Hinterfragung der eigenen Beurteilungspraxis durch die Lehrenden (vgl. ebd., 182ff.).

## 4.4 Lehrerausbildung

Doch nicht nur der Deutschunterricht ist gefordert. Es geht um ein didaktisches Konzept, das auch in anderen Fächern umgesetzt werden muss. Allerdings darf sich nicht nur in den Klassenzimmern etwas ändern. Auch die Universitäten sind im Rahmen der Lehrer/innenausbildung gefordert. Wenn in den Seminaren

[5] Informationen zur Schülerfirma unter: http://www.tipatoka.ludgerusschule.de

nicht Methodenvielfalt praktiziert wird, wie sollte dann der Frontalunterricht in den Schulen verschwinden? Daher gehören Gruppenarbeit, arbeitsteilig vorbereitete Referate etc. in die Hochschule. „Ein solches Lehramtsstudium würde sicherlich stark zur Förderung der Rede- und Gesprächsfähigkeit von Lehramtsstudenten beitragen" (Berthold 2003, 155). Und somit gilt für Lehramtsstudierende genau das, was auch für ihre zukünftigen Schüler/innen gilt: „Vor der Klasse zu stehen sollte für alle Schülerinnen und Schüler eine oft wiederkehrende, selbstverständliche Kommunikationssituation sein" (Spinner 1997, 18; zu Methoden siehe auch Baurmann/Menzel 2006, 16ff. sowie Ludwig/Spinner 2000).

In der Regel sind Studierende dankbar dafür, in Seminaren selbst auszuprobieren, was sie später mit ihren Schüler/innen durchführen sollen. So bieten sich zum Beispiel Übungen zur Förderung des freien Redens (vgl. Pabst-Weinschenk 1997) oder zur Einleitung in ein mündliches Referat (vgl. Berthold 1997) an. Nebenbei helfen diese Übungen auch den Studierenden, ihre mündlichen kommunikativen Fähigkeiten selbst einzuschätzen, kritisch zu betrachten und auf diesem Wege auch zu verbessern. Bredel geht noch einen Schritt weiter und regt an, die anstehende Modularisierung der Lehramtsstudiengänge zu nutzen, um ein Modul *Beurteilung sprachlicher Leistungen* zu implementieren. Darin sollen Studierende Fragen der Messung bzw. Überprüfung von Lernleistungen sowie Fragen zur Messung von aneignungsspezifischen Kompetenzen (Sprachstand) bearbeiten (vgl. Bredel 2005, 109).

## 5 Folgen für die Sprachdidaktik

Wenngleich zahlreiche Übungen und Anregungen für den Deutschunterricht in Bezug auf die Förderung mündlicher Sprachfähigkeit existieren: Es bleibt mit Blick auf die Entwicklung von Konzepten für die Förderung standardsprachlicher bzw. fachsprachlicher Kompetenzen noch eine Menge für die Sprachdidaktik zu tun (vgl. Luchtenberg 2003, 130) – insbesondere mit Blick auf die Entwicklung mündlicher kommunikativer Fähigkeiten in den weiterführenden Schulen. Dabei müssten auch die unterschiedlichen Zusammensetzungen der Schülerschaften berücksichtigt werden.

Vor allem fehlen bis dato Untersuchungen über die pragmatischen Fähigkeiten von Schüler/innen. „Auch umfangreiche Analysen von Handlungsmustern [...] fehlen. Die Forschung beschränkt sich hierbei häufig auf vereinzelte Arbeiten zum Erzählerwerb bei Grundschulkindern" (Ehlich 2005, 41). Über die Entwicklung pragmatischer Fähigkeiten bei Jugendlichen sind so gut wie keine gesicherten Erkenntnisse vorhanden; Longitudinalstudien fehlen fast vollständig (vgl. Becker-Mrotzek 2008, 11). Ebenso hält Quasthoff fest, dass „angesichts der Dominanz der Schriftspracherwerbsforschung im Bereich der unterrichtlich gestützten Spracherwerbsforschung [...] gegenwärtig viele Fragen, die mit der Weiterentwicklung mündlicher Fähigkeiten unter den Bedingungen von Unterricht zu tun haben, noch ungeklärt" sind (Quasthoff 2003, 112). Solche Studien sind dringend erforderlich, um sowohl die KMK-Standards als auch die in den Kernlehrplänen enthaltenen Kompetenzstufen auf ein empirisch, fachdidaktisch und damit realistisch abgesichertes Fundament zu stellen.

Messungen, Studien und Kompetenzen sind das eine – vor genauso große Aufgaben werden Lehrende aller Fächer gestellt, wenn sie versuchen, eine Schule zu gestalten, die Kindern und Jugendlichen zahlreiche Gesprächsanlässe verschafft. Ergänzend ist hinzuzufügen, dass es ebenso erforderlich ist, die in den Kernlehrplänen enthaltenen Kompetenzen stets kritisch zu hinterfragen und nicht einen Deutschunterricht zu konzipieren, der zu einem Training isolierter sprachlicher Teilfähigkeiten oder zu einem „teaching to the test" verkommt.

## Literatur


Abraham, Ulf/Baurmann, Jürgen/Feilke, Helmut/Kammler, Clemens/Müller, Astrid: Kompetenzorientiert unterrichten. Überlegungen zum Schreiben und Lesen. In: Praxis Deutsch (2007) Heft 203, 6–14

Baumert, Jürgen/Trautwein, Ulrich/Artelt, Cordula: Schulumwelten – institutionelle Bedingungen des Lehrens und Lernens. In: Baumert, Jürgen et al. (Hrsg.): PISA 2000 – Ein differenzierter Blick auf die Länder der Bundesrepublik Deutschland. Opladen: Leske + Budrich 2003, 261–331

Baurmann, Jürgen/Menzel, Wolfgang: „Vorlesen – Vortragen". In: Praxis Deutsch (2006) Heft 199, 6–13

Baurmann, Jürgen: Kooperatives Lernen im Deutschunterricht. In: Praxis Deutsch (2007) Heft 205, 6–11

Becker-Mrotzek, Michael/Quasthoff, Uta (Hrsg.): Unterrichtsgespräche zwischen Gesprächforschung, Fachdidaktik und Unterrichtspraxis. Der Deutschunterricht (1998) Heft 1

Becker-Mrotzek/Michael/Vogt, Rüdiger: Unterrichtskommunikation. Linguistische Analysemethoden und Forschungsergebnisse. Tübingen: Niemeyer 2001

Becker-Mrotzek, Michael/Brünner, Gisela: Jetzt passen Se mal auf! Konflikte in Gesprächen – Erkennen und bearbeiten. In: Praxis Deutsch (2002) Heft 174, 46–50

Becker-Mrotzek, Michael: Nicht standardisieren, sondern sprachlich befähigen. In: Didaktik Deutsch (2005) Heft 19, 11–13

Becker-Mrotzek, Michael: Gesprächskompetenz vermitteln und ermitteln. Gute Aufgaben im Bereich „Sprechen und Zuhören". In: Bremerich-Vos, Albert/Granzer, Dietlinde/Köller, Olaf (Hrsg.): Lernstandsbestimmung im Fach Deutsch. Gute Aufgaben für den Unterricht. Weinheim und Basel: Beltz 2008, 52–77

Berthold, Siegwart: Einleitung in ein mündliches Referat. Eine Übung zum freien Sprechen. In: Praxis Deutsch (1997) Heft 144, 44–46

Berthold, Siegwart: Rhetorische Kommunikation. In: Bredel, Ursula et al. (Hrsg.): Didaktik der deutschen Sprache. Ein Handbuch. 1. Teilband. Paderborn, München, Wien, Zürich: Schöningh 2003, 148–159

Braun, Frank: Lehrjahre oder Leerjahre. Verschlungene Wege des Übergangs in die Arbeitswelt. In: Schüler: Aufwachsen. Die Entwicklung von Kindern und Jugendlichen. Seelze: Friedrich Verlag 2004, 44–46

Bredel, Ursula: Sprachstandsmessung – eine verlassene Landschaft. In: Bundesministerium für Bildung und Forschung (Hrsg.): Anforderungen an Verfahren der regelmäßigen Sprachstandsfeststellung als Grundlage für die frühe und individuelle Förderung von Kindern mit und ohne Migrationshintergrund (= Bildungsreform Band 11) 2005, 77–119

Bremerich-Vos, Albert: Bildungsstandards, Kompetenzsstufen, Kernlehrpläne, Parallel- und Vergleichsarbeiten. In: Deutschunterricht (2003) Heft 5, 4–10

Bremerich-Vos, Albert: „Sprechen und Zuhören". Zur Förderung der Gesprächskompetenz im Rahmen des Deutschunterrichts. In: Standards. Unterrichten zwischen Kompetenzen, zentralen Prüfungen und Vergleichsarbeiten. Seelze: Friedrich Verlag 2005, 108–110

Brünner, Gisela: Wirtschaftskommunikation. Linguistische Analysen ihrer mündlichen Formen. Tübingen: Niemeyer 2000 (=RGL 213)

Cortina, Kai S./Trommer, Luitgard: Bildungswege und Bildungsbiographien in der Sekundarstufe I. In: Cortina, Kai S. et al. (Hrsg.): Das Bildungswesen in der Bundesrepublik Deutschland. Strukturen und Entwicklungen im Überblick. Hamburg: Rowohlt vollständig überarbeitete und erweiterte Neuausgabe 2003, 342–391

Ehlich, Konrad: Sprachaneignung und deren Feststellung bei Kindern mit und ohne Migrationshintergrund: Was man weiß, was man braucht, was man erwarten kann. In: Bundesministerium für Bildung und Forschung (Hrsg.): Anforderungen an Verfahren der regelmäßigen Sprachstandsfeststellung als Grundlage für die frühe und individuelle Förderung von Kindern mit und ohne Migrationshintergrund (= Bildungsreform Band 11), 2005, 11–75

Fend, Helmut: Entwicklungspsychologie des Jugendalters. Wiesbaden: Verlag für Sozialforschung 3. Auflage 2005

Fiehler, Reinhard: Bewertungen und Normen als Problem bei der Förderung von Gesprächsfähigkeiten. In: Becker-Mrotzek, Michael/Quasthoff, Uta (Hrsg.): Der Deutschunterricht (1998) Heft 50, 53–64

Fienemann, Jutta/Kügelen, Rainer von: Formen mündlicher Kommunikation in Lehr- und Lernprozessen. In: Bredel, Ursula et al. (Hrsg.): Didaktik der deutschen Sprache. Ein Handbuch. 1. Teilband. Paderborn, München, Wien, Zürich: Schöningh 2003, 133–147

Filser, Hubert: Wie bitte? Lärm im Klassenzimmer. In: Süddeutsche Zeitung Wissen (2007) Heft 15, 34–38

Fühmann, Franz: Die dampfenden Hälse der Pferde im Turm von Babel. Rostock: Hinstorff 2. Auflage 2005

Geist, Sabine: Authentisch und aktivierend. Erfolgreich Pubertierende unterrichten. In: Schüler 2004: Aufwachsen. Die Entwicklung von Kindern und Jugendlichen. Seelze: Friedrich Verlag 2004, 106–108

Hascher, Tina/Althof, Wolfgang: Vom Egozentrismus zur Empathie. Moral und Werte in der Pubertät. In: Schüler 2004: Aufwachsen. Die Entwicklung von Kindern und Jugendlichen. Seelze: Friedrich Verlag 2004, 62–66

Huber, Christina/Späni, Martina/Schmellentin, Claudia/Criblez, Lucien: Bildungsstandards in Deutschland, Österreich, England, Australien, Neuseeland und Südostasien. Literaturbericht zu Entwicklung, Implemention und Gebrauch von Standards in nationalen Schulsystemen. Aarau: Pädagogische Hochschule, Institut Forschung und Entwicklung 2006 (Download unter: www.fhnw.ch/ph/forschung_entwicklung)

Illies, Florian: Generation Golf. Eine Inspektion. 8. Auflage. Frankfurt am Main: S. Fischer 2003

Klieme, Eckhardt: Zur Entwicklung nationaler Bildungsstandards. Bonn: Bundesministerium für Bildung und Forschung, 4., unveränderte Auflage 2003

Leschinsky, Achim: Die Hauptschule – Sorgenkind im Schulwesen. In: Cortina, Kai S. et al. (Hrsg.): Das Bildungswesen in der Bundesrepublik Deutschland. Strukturen und Entwicklungen im Überblick. Vollständig überarbeitete und erweiterte Neuausgabe. Hamburg: Rowohlt 2003, 392–428

Luchtenberg, Siegrid: Entwicklung mündlicher Fähigkeiten im mehrsprachigen Kontext. In: Bredel, Ursula et al. (Hrsg.): Didaktik der deutschen Sprache. Ein Handbuch. 1. Teilband. Paderborn, München, Wien Zürich: Schöningh 2003, 121–131

Ludwig, Otto/Spinner, Kaspar H.: Mündlich und schriftlich argumentieren. In: Praxis Deutsch 2000 (160), 16–22

Ministerium für Schule, Jugend und Kinder des Landes Nordrhein-Westfalen (Hrsg.): Kernlehrplan für die Hauptschule in Nordrhein-Westfalen. Deutsch. Frechen: Ritterbach (= Schule in NRW Nr. 3201)

Ministerium für Schule, Jugend und Kinder des Landes Nordrhein-Westfalen (Hrsg.) (2004): Kernlehrplan für die Realschule in Nordrhein-Westfalen. Deutsch. Frechen: Ritterbach 2004 (= Schule in NRW Nr. 3315)

Ministerium für Schule, Jugend und Kinder des Landes Nordrhein-Westfalen (Hrsg.): Kernlehrplan für das Gymnasium – Sekundarstufe I in Nordrhein-Westfalen. Deutsch. Frechen: Ritterbach 2004 (= Schule in NRW Nr. 3409)

Ministerium für Schule, Jugend und Kinder des Landes Nordrhein-Westfalen (Hrsg.): Kernlehrplan für die Gesamtschule – Sekundarstufe I in Nordrhein-Westfalen. Deutsch. Frechen: Ritterbach 2004 (= Schule in NRW Nr. 3107)

Pabst-Weinschenk, Marita: Stichwörter würfeln. Ein Spiel zur Förderung freien Redens. In: Praxis Deutsch (1997) Heft 144, 36–39

Pabst-Weinschenk, Marita (o.J.): Zur Konkretion der Bildungsstandards Sprechen und Zuhören. (Download unter: http://www.uni-duesseldorf.de/muendlichkeit/bildungsstandards/4-bremerich-vos.htm)

Pinquart, Martin/Weichold, Karin/Silbereisen, Rainer K.: Veränderungen und Kontinuitäten. Entwicklungen bei 11- bis 15-Jährigen. In: Schüler 2004: Aufwachsen. Die Entwicklung von Kindern und Jugendlichen. Seelze: Friedrich Verlag 2004, 36–39

Quasthoff, Uta: Entwicklung mündlicher Fähigkeiten. In: Bredel, Ursula et al. (Hrsg.): Didaktik der deutschen Sprache. Ein Handbuch. 1. Teilband. Paderborn, München, Wien Zürich: Schöningh 2003, 107–120

Sekretariat der Ständigen Konferenz der Kultusminister der Länder in der Bundesrepublik Deutschland (2006): Übergang von der Grundschule in Schulen des Sekundarbereichs I. http://www.kmk.org/schul/ueberg.htm (kostenloser Download)

Senn, Werner: „Warum bist du nicht gekommen?“ Beurteilung von mündlichen Kommunikationssituationen. In: Praxis Deutsch (2004) Heft 184, 32–23

Spiegel, Carmen: Unterricht als Interaktion. Gesprächsanalytische Studien zum kommunikativen Spannungsfeld zwischen Lehrern, Schülern und Institution. Radolfzell: Verlag für Gesprächsforschung 2006

Spinner, Kaspar H.: Reden lernen. In: Praxis Deutsch (1997) Heft 144, 16–22

Stanat, Petra et al.: PISA und PISA-E: Zusammenfassung der bereits vorliegenden Befunde. In: Baumert et al. (Hrsg.): PISA 2000 – Ein differenzierter Blick auf die Länder der Bundesrepublik Deutschland. Opladen: Leske + Budrich 2003, 51–75

Steinig, Wolfgang/Huneke, Hans-Werner: Sprachdidaktik Deutsch. Eine Einführung. Berlin: Erich Schmidt 3., neu bearbeitete und erweiterte Auflage 2007 (= Grundlagen der Germanistik, 38)

Tillman, Klaus-Jürgen: Viel Selektion – wenig Leistung. Ein Blick auf Erfolg und Scheitern in deutschen Schulen. In: Fischer, Dietlind/Elsenbast, Volker (Hrsg.): Zur Gerechtigkeit im Bildungssystem. Münster: Waxmann 2007, 25–37

Vogt, Rüdiger: Gesprächsfähigkeit im Unterricht. In: Knapp, Karlfried et al. (Hrsg.): Angewandte Linguistik. Ein Lehrbuch. Tübingen und Basel: A. Francke 2004, 78–98

## Online-Ressourcen

http://www.ausbildungsstelle.com
[letzter Zugriff am 02.04.2008]

http://www.schulministerium.nrw.de/BP/Schulsystem/Qualitaetssicherung/Standards/Bildungsstandards/index.html [letzter Zugriff am 02.04.2008]

http://www.schulministerium.nrw.de/BP/Schulsystem/Qualitaetssicherung/Standards/Kernlehrplaene/index.html [letzter Zugriff am 02.04.2008]

http://www.schulministerium.nrw.de/BP/Schulrecht/Lehrerausbildung/
[letzter Zugriff am 02.04.2008]

http://www.dipf.de/de/pdf-Dokumente/zdb/desi [letzter Zugriff am 03.04.2008]

http://www.isf.uni-bremen.de/ISF_Forschung.htm [letzter Zugriff am 04.04.2008]

http://www.tipatoka.ludgerusschule.de [letzter Zugriff am 05.04.2008]

http://www.schulministerium.nrw.de/BP/Schueler/Studium_und_Beruf/Beruf/Schuelerfirmen.html [letzter Zugriff am 05.04.2008]

INGWER PAUL

# C6 Bildungsstandards für die Sekundarstufe II

## 1 Gesprächsdidaktik in der Sekundarstufe II als fachspezifische Aufgabe

Die Didaktik der mündlichen Kommunikation ist eine fächerübergreifende und eine fachspezifische Aufgabe. Das Selbstverständnis des Faches Deutsch, repräsentiert durch die Inhalte der Deutschlehrerausbildung, die aktuellen Rahmenpläne und durch eine historisch gewachsene Praxis in den Schulen, lässt keinen Zweifel daran, dass der Deutschunterricht in diesem Bereich einen besonderen Auftrag zu erfüllen hat. Der Stellenwert des Deutschunterrichts als Leitfach für die Förderung der mündlichen Ausdrucks- und der Gesprächsfähigkeit wird von Berthold (2000, 12) zutreffend beschrieben:

> „Dass auch die anderen Schulfächer die 'Schlüsselqualifikation' Kommunikationsfähigkeit zu entwickeln haben, kann nicht die Praxis begründen, entsprechenden Unterricht im Fach Deutsch als nicht fachspezifisch auszugrenzen. Im Gegenteil: Die systematische Entwicklung der Kommunikationsfähigkeit und damit insbesondere auch die Gesprächsfähigkeit ist eine Aufgabe, die vorrangig dem Fach Deutsch zukommt, wie es ja auch die Deutschlehrpläne vorsehen. Die erreichte Gesprächsfähigkeit ist ein erstrangiges Kriterium bei der Evaluation von Deutschunterricht und bei der Beurteilung von Schülerleistungen im Fach Deutsch."

Selbstverständlich wird auch in anderen Schulfächern eine Kultur des Unterrichtsgesprächs gepflegt, in den Fremdsprachen ist die mündliche Ausdrucksfähigkeit sogar ein fachspezifisches Lernziel. Das Besondere am Deutschunterricht liegt demgegenüber in der Konzentration mehrerer Dimensionen mündlicher Kommunikation, die analytisch bei der Bestimmung der Kompetenzbereiche und Unterrichtsziele sorgfältig auseinander zu halten sind: „Im Deutschunterricht stehen im Vordergrund Methoden sprachlichen Arbeitens, die gleichzeitig Unterrichtsgegenstand, fachliche Verfahrensweisen und Lernstrategien darstellen" (Rahmenplan NRW, 6). Die Didaktik mündlicher Kommunikation zielt im Deutschunterricht nicht nur auf die kontinuierliche Förderung sozialer Kompetenz und der allgemeinen Persönlichkeitsentwicklung der Schüler, die ebenfalls an sprachvermittelte Verstehens- und Verständigungsprozesse gebunden sind, sondern insbesondere auch auf die Entfaltung einer ästhetischen, einer ethischen, einer kulturellen und einer methodischen Kompetenz im aktiven und passiven Umgang mit der gesprochenen Sprache.

Die Didaktik der mündlichen Kommunikation unterlag und unterliegt vermutlich noch stärker als die Didaktik der schriftlichen Kommunikation einem historischen Wandel. Nicht alle Ursachen für diese Entwicklung können hier ausführlich gewürdigt werden, aber um die gegenwärtige Praxis des Deutschunterrichts adäquat zu beurteilen, scheint es mir wichtig, auf wesentliche Einflüsse und einige extreme Ausschläge hinzuweisen, denen die Deutschdidaktik in diesem Bereich ausgesetzt war und zum Teil noch ist. Der Stellenwert, der der mündlichen Kommunikation im Deutschunterricht eingeräumt wird, spiegelt den jeweiligen Zustand eines komplexen Spannungsfeldes, auf den ganz unterschiedliche Interessen und Entwicklungen Einfluss haben. Wie die Didaktik der mündlichen Kommunikation durch das Zusammenwirken der aktuellen bildungspolitischen Diskussion, der sprunghaften Entwicklung in den Fachwissenschaften und in den so genannten *Hilfswissenschaften*[1] in eine gefährliche Schieflage geraten kann, zeigt in prägnanter Weise die Entwicklung in den 1970er Jahren, die durch einen starken bildungs- und gesellschaftspolitischen Bias geprägt war. Aus heutiger Sicht erscheinen einige Erwartungen der damaligen kommunikativen Deutschdidaktik unrealistisch und überzogen. Auffällig ist eine extreme Form der Schülerorientierung nach dem Vorbild des herrschaftsfreien Diskurses, wie wir sie z. B. programmatisch bei Nündel (1976, 116) finden:

> „Wenn sprachliches Handeln die Mitbestimmung über die Bedingungen dieses sprachlichen Handelns, das Aushandeln der zugrunde liegenden Beziehungen einschließt; und wenn die Fähigkeit zu solchem sprachlichen Handeln nur dadurch entwickelt werden kann, daß man es tut, können Unterrichtsziele nicht 'gesetzt' werden, sondern nur mit den Schülern entwickelt werden, und zwar in der Auseinandersetzung zwischen ihren aktuellen Bedürfnissen und ihren objektiven Interessen. Der Schüler wird zur curricularen Instanz."

Die emphatische Fokussierung des Kommunikations- oder auch des Diskussionsbegriffs behielt – allen Konsequenzen für das reale Arbeitsgespräch im Unterricht zum Trotz – etwas eigentümlich Akademisches, beispielsweise im mechanistischen Umgang mit Kommunikationsmodellen (vgl. Kochan 1974), in der Verabsolutierung des Diskussionsbegriffs (vgl. kritisch dazu Dieckmann 1981) und in einem insgesamt kognitionslastigen Verständnis von Kommunikation (vgl. z. B. Mihm 1980). Wenn man sich den aktuellen Erkenntnisstand in den Kommunikationswissenschaften ansieht, erscheinen die damaligen Erwartungen an den kommunikationsorientierten Deutschunterricht bestenfalls

[1] Als „Hilfswissenschaften" bezeichne ich jene der Fachdidaktik Deutsch benachbarten und verwandten Disziplinen, die auf den Gegenstand und die Methode des Deutschunterrichts mittelbar Einfluss nehmen. Dazu zähle ich – was die Entwicklung von mündlicher Kommunikationsfähigkeit angeht – neben der allgemeinen Didaktik, der Schulpädagogik, der Entwicklungs- und Sozialpsychologie vor allem jene Ansätze in der Interaktionslinguistik, die sich historisch und empirisch mit dem Gegenstand, auch im Hinblick auf seine Vermittelbarkeit, auseinander gesetzt haben. Gesprächsanalytische Arbeiten wurden und werden in der Deutschdidaktik sowohl unter inhaltlichen als auch unter methodischen und analytischen Gesichtspunkten rezipiert.

als idealistisch, aber eben auch als fehlgeleitet und der Sache nicht angemessen. Für die Vermittlung mündlicher Kommunikationsfähigkeit im Allgemeinen und für die Gesprächsdidaktik im Fach Deutsch im Besonderen sind neben den frühen Erkenntnissen über Form und Funktion institutionell geregelter Kommunikation (vgl. die Bibliografie von Becker-Mrotzek 1990/1991) insbesondere diejenigen Verfahren und Modelle interessant, die sich an Fragen der Lernbarkeit und Vermittelbarkeit sprachlichen Wissens anschließen lassen. Auf der Grundlage neuerer Arbeiten (vgl. u. a. Fiehler/Schmitt 2004) wird zum einen die Komplexität mündlicher Kommunikationsfähigkeit deutlich, die in der didaktischen Umsetzung vor der Versuchung einer mechanischen Einübung von Gesprächsfertigkeiten schützen sollte, zum anderen werden die gravierenden Unterschiede zum Schriftspracherwerb immer klarer heraus gearbeitet: Mündliche Kommunikationsfähigkeit ist demzufolge als eine im Kern situationsgebundene Fähigkeit anzusehen, die in wesentlichen Teilen nicht nur durch den Erwerb deklarativen Wissens oder durch die Analyse von Transkripten und Beispielen erlernt werden kann. Aus dem Spektrum neuerer Arbeiten zur linguistischen Kommunikationsanalyse scheinen mir vor allem diejenigen Ansätze erwähnenswert, die auf die Multimodalität mündlicher Kommunikation abheben (vgl. hierzu z. B. Goodwin 2000, Dausendschön-Krafft 2002, aber auch neuere Arbeiten zur intra- und interpersonalen Koordination, vgl. Schmitt 2007). Zugespitzt formuliert könnte man die Negativbilanz der kommunikativen Deutschdidaktik der 1970er Jahre aus heutiger Sicht so zusammenfassen: Die Reflexion von Kommunikationsmodellen vermittelt keine kommunikative Kompetenz, die Demokratisierung der Gesellschaft lässt sich nicht didaktisch verordnen und mündliche Kommunikation lässt sich nicht auf Zeichentransfer und Metakommunikation reduzieren.

Aus den Erfahrungen mit der kommunikativen Deutschdidaktik zu lernen, bedeutet demnach auch, die z. T. spektakulären neuen Erkenntnisse im Bereich der Erforschung mündlicher Kommunikation nicht voreilig, plakativ oder „eins-zu-eins“ auf die Anforderungen der Schule zu übertragen. Selbstverständlich ist – analog zur Entwicklung in der Schreibforschung – der neueste Stand der Erforschung mündlicher Kommunikation zu berücksichtigen, man denke z. B. an die Literalitätsforschung, die rasche Entwicklung und Diversifizierung im Bereich einer linguistisch begründeten Interaktionsanalyse und an neuere Arbeiten zur multimodalen Kommunikation (s. o.). Die Umsetzung dieser Erkenntnisse ist eine Herausforderung an die Fachdidaktik, sie bedarf aber einer kritischen Besinnung auf die spezifischen Anforderungen und die historischen Bedingungen des Deutschunterrichts.

Neuere Einsichten in den Erwerb mündlicher Kommunikationsfähigkeit deuten darauf hin, dass man mündliche Kommunikationsfähigkeit weder durch das bewusste Erlernen von Regeln oder Maximen noch durch das Studium von Kommunikationsmodellen erwerben kann (s. o.). Daher sind den Trainingsansätzen, die ausschließlich die reflexive und kognitive Seite ansprechen, eben so klare Grenzen gesetzt wie denen, die in der Tradition des Demosthenes vor allem auf mechanisches Üben von isolierbaren Bausteinen setzen.

## 2 Rahmenbedingungen für die Didaktik mündlicher Kommunikation in der Sekundarstufe II

Der Unterricht in der Sekundarstufe II soll einerseits das vorhandene Wissen und Können der Schülerinnen und Schüler festigen und vertiefen, andererseits soll der Unterricht in diesem besonderen Lebensabschnitt auf das Leben nach der Schule in Ausbildung und Arbeitswelt vorbereiten. Hervorzuheben ist daher der Berufsfeld bezogene und der wissenschaftspropädeutische Anspruch des Deutschunterrichts. Viele Lerninhalte, Methoden und Strategien ziehen sich im Bereich der mündlichen Kommunikation wie ein roter Faden durch die Jahrgänge hindurch. Allerdings verschieben sich mit zunehmender Reife der Schülerinnen und Schüler die Prioritäten. Auf diesen Zusammenhang wies schon Erika Essen in ihrer bekannten „Methodik des Deutschunterrichts" hin, die auch heute noch für den Bereich der Gesprächserziehung lesenswert ist, obwohl oder weil sie noch ohne eine explizite Linguistisierung oder Kommunikationsorientierung auskommt. Grob gesprochen sieht Essen (1972, 280) folgende Progression für den Bereich der Gesprächsdidaktik:

- Unterstufe: Erziehung zur Gesprächsgemeinschaft,
- Mittelstufe: Weiterführung der Unterstufe und Erziehung auf sachliche Darstellung,
- Oberstufe: Fähigkeit zum reflexiven Umgang mit dem Gespräch als Arbeitsmittel:

> „Nachdem wir uns auf der Unterstufe um die Beziehung des Kindes zum Partner, auf der Mittelstufe um die Beziehung zur Sache vordringlich bemüht haben, soll der Schüler der Oberstufe sich beider Beziehungen und ihrer stetigen Wechselwirkung klar bewusst werden. Er muß jetzt fähig werden, während der gemeinsamen Bemühung um eine Sache den Verlauf des Bemühens selbst zu kontrollieren, am Gespräch mitzuwirken und zugleich sich des Gesprächsverlaufs zu vergewissern. Er soll lernen, im Gespräch *planvoll* zu denken."

In der skizzierten Entwicklung wird die Verschiebung des Schwerpunktes von der kontinuierlichen Förderung der mündlichen Kompetenz im Unterrichtsalltag (Förderung des mündlichen Ausdrucks, Förderung der Gesprächsfähigkeit) hin zu einer dezidierten Förderung der Fähigkeit, das Gespräch als Medium, Strategie und Objekt des Lernprozesses eigenständig zu reflektieren und zu kontrollieren, prägnant gezeigt.

## 3 Kompetenzbereiche und Unterrichtsziele

Die Didaktik der mündlichen Kommunikation setzt auch in der Sekundarstufe II auf verschiedenen Ebenen an: In Kontinuität zur Sekundarstufe I und in Vorbereitung auf zukünftige Herausforderungen wird mündliche Kommunikation bzw. Mündlichkeit weiterhin als Unterrichtsgegenstand, als fachliche Verfahrensweise und als Lernstrategie relevant. Die Didaktik der mündlichen Kommunikation umfasst also spezifische Inhalte (deklaratives und analytisches Wissen über mündliche Textsorten und kommunikative Verfahren), prozedurales Wissen und Können (Vortrags- und Gesprächsführungskompetenz in verschiedenen Aufgabenfeldern) und Methodenwissen (mündliche Erarbeitungsstrategien, Gesprächstechniken). Anders ausgedrückt: Das zu vermittelnde Wissen und Können hat eine Wissens-, eine Vollzugs- und eine Reflexionsdimension, wobei im aktuellen Vollzug mündlicher Kommunikationskompetenz immer Verstehens- und Verständigungsleistungen, produktives und rezeptives Sprachhandeln miteinander verbunden sein müssen.

Bei den Unterrichtszielen ist zu berücksichtigen, dass einschlägige Konzepte und Leitbilder wie *Kommunikationsfähigkeit* und *kommunikative Kompetenz* einem historischen Wandel ausgesetzt waren und sind (s. o.). Mündliche Kommunikationskompetenz ist heute signifikant anders konnotiert als vor wenigen Jahrzehnten. Diese Veränderung ist zum einen dem Erkenntnisfortschritt in den zuständigen Bezugs- und Hilfswissenschaften geschuldet (vgl. hierzu Becker-Mrotzek, B3). Aber auch der gesellschaftliche Wandel machte ein Umdenken nötig. Wenn heute in Rahmenplänen von *Kommunikationsfähigkeit* die Rede ist, ist weniger die Fähigkeit zum kritischen Diskurs gemeint, als die Fähigkeit, erfolgreich an einer stark ausdifferenzierten Bildungs- und Dienstleistungsgesellschaft zu partizipieren, in der der Medien- und Informationssektor eine immer größere Rolle spielen. Kommunikationsfähigkeit lässt sich daher nicht auf mündlichen Ausdruck plus Diskussions- und Gesprächsfähigkeit reduzieren, sondern sie schließt mindestens die Kunst der Verhandlung, der Menschenführung und der Selbstdarstellung mit ein (vgl. hierzu Dieckmann 1981, 169). Die Tatsache, dass die Ratgeberliteratur im Bereich der praktischen Rhetorik boomt, könnte angesichts der z. T. abenteuerlichen Lektüre ein Ansporn für die Didaktik der mündlichen Kommunikation sein, die auffällig gestiegene Nachfrage in diesem Bereich nicht nur ernst zu nehmen, sondern die entstandene Versorgungslücke stärker als bisher durch empirisch gesicherte wissenschaftliche Erkenntnisse zu schließen. Jeder, der sich ernsthaft mit den Möglichkeiten und Grenzen des Erwerbs kommunikativer Fähigkeiten aus fachwissenschaftlicher Sicht beschäftigt hat, weiß, dass die mechanische Anwendung von vermeintlichem Regelwissen hier keine Lösung darstellt.

Die Förderung der mündlichen Kommunikation leistet einen unverzichtbaren Beitrag zur Bewältigung und zur eigenständigen Gestaltung des Lebens nach der

Schule. Im Hinblick auf die vielfältigen Anforderungen, die auf die Schülerinnen und Schüler zukommen, lassen sich vier Lebens- und Kompetenzbereiche mit je spezifischen Profilen unterscheiden, wobei die Übergänge im Hinblick auf die zu erreichenden Unterrichtsziele fließend sind: (1) Persönlichkeitsentwicklung, (2) Arbeitswelt, (3) öffentliches Leben und (4) Studium. Die einzelnen Kompetenzbereiche sind miteinander verschränkt. Persönlichkeitsentwicklung ist ein allgemeiner Bildungsauftrag, der sich auf alle Kompetenzbereiche auswirkt. Im Studium werden bereits Verfahrensweisen praktiziert, die am späteren Arbeitsplatz unmittelbar einschlägig sind. Man denke nur an Präsentationen mit und ohne Power Point, an die Koordinierung von Referaten, die Organisation und Leitung von Arbeitsgruppen usw. Öffentliches Leben schließlich gibt es nicht nur außerhalb der relativ geschützten Bildungsinstitutionen, sondern auch innerhalb der Schule und der Universität. Eine idealtypische Darstellung scheint aus systematischen Gründen trotzdem sinnvoll, da die Kompetenzbereiche mit den entsprechenden Unterrichtszielen abhängig vom Schultyp in unterschiedlicher Intensität berücksichtigt werden müssen.

## 3.1 Persönlichkeitsentwicklung

### Leitkategorie: „echtes" Gespräch

Die Didaktik der mündlichen Kommunikation im Deutschunterricht setzt in diesem Kompetenzbereich bei der individuellen sprachlichen Ausdrucksfähigkeit an. Was Erich Drach vor mehr als zwei Generationen festgestellt hat, besitzt noch heute Gültigkeit (1929, 5):

> „Wie jeglicher Arbeitsunterricht, erzieht auch die Übung und Beobachtung dieses äußeren Werkvorganges eigenen Sprechens, Redens, Lesens, Vortragens und Darstellens – zur Anregung und Verfeinerung seiner zugeordneten inneren Leistungen, trägt so zur geistigen und seelischen Persönlichkeitsbildung bei."

Die Didaktik der mündlichen Kommunikation bleibt aber nicht bei der Schulung der individuellen sprechtechnischen und rhetorischen Fähigkeiten stehen. Ziel der aktiven Auseinandersetzung mit der eigenen Sprache ist es außerdem, sie als das ausgezeichnete Mittel verstehen und einsetzen zu lernen, mit dem der Mensch sich als soziales Wesen konstituiert und mit dem er sich seine Welt und sein Leben klarmachen kann. Durch eine zunehmend methodische und eigenverantwortlich gesteuerte Auseinandersetzung mit den Fragen der Zeit werden die Schülerinnen und Schüler im Unterrichtsgespräch schrittweise befähigt, sich ihre Welt hermeneutisch fragend und im „echten" Gespräch mit anderen anzueignen. Die Leitkategorie dieses Kompetenzbereichs wird in der Literatur unterschiedlich bezeichnet. Essen (1972, 268) spricht vom „überzeitlichen Gespräch", häufig ist die Rede vom „eigentlichen" oder „echten" Gespräch, so auch bei Bollnow (1969, 17):

> „Es geht nicht nur darum, den Menschen durch das Gespräch (etwa das Unterrichtsgespräch) zu erziehen, sondern zugleich darum, ihn allererst zum Gespräch, zur Fähigkeit und zur Bereitschaft des echten Gesprächs zu erziehen, weil sich allein darin das Wesen des Menschen vollenden kann.“

Es dürfte klar sein, dass es sich beim „eigentlichen“ oder „echten“ Gespräch eher um eine pädagogische, philosophische oder ethische als um eine gesprächsanalytische oder linguistische Kategorie handelt. Phänomenologisch fassbar wird das (echte) „Gespräch“ übrigens vor allem im Kontrast zur „Lehre“. Hier könnte dann auch eine fachwissenschaftliche und fachdidaktische Operationalisierung ansetzen, denn das eigentliche Gespräch hebt per se das Gefälle von Lehrer und Schüler auf, ist auf der anderen Seite aber auch die Voraussetzung dafür, dass die Lehre auf fruchtbaren Boden fallen kann (vgl. hierzu vor allem Loch 1962).

## 3.2 Arbeitswelt

### Leitkategorie: Arbeitsgespräch (z.B. Beratungsgespräch, Besprechung, Präsentation)

Bertholds (2000, 150) Darstellung gibt einen repräsentativen Überblick über die Anforderungen, denen sich die Didaktik der mündlichen Kommunikation in diesem Kompetenzbereich zu stellen hat:

> „Besonders in Führungspositionen sind verantwortungsvolle und schwierige Gespräche abzuhalten; Vorstellungsgespräche, Zielvereinbarungsgespräche, Kündigungen, Rundfunk- und Fernsehauftritte usw. Die Heraufkunft der Dienstleistungsgesellschaft, in Deutschland und anderen Ländern zu beobachten, bringt gesteigerte Anforderungen an die mündliche Kommunikationsfähigkeit mit sich, etwa im Service-, Beratungs- und Verkaufsbereich; einen wichtigen neuen Institutionstyp stellen Callcenter dar“.

Im Hinblick auf die Aufgaben, die mit den verschiedenen Berufsfeldern assoziiert sind, muss der Unterricht im Bereich der mündlichen Kommunikation in der Sekundarstufe II neben der Vermittlung einschlägiger Kenntnisse und dem Einsatz angemessener Methoden vor allem die Voraussetzungen für die Entwicklung eines bereichsspezifischen prozeduralen Könnens schaffen. Im Unterricht werden die Schülerinnen und Schüler über die Konfrontation mit typischen Diskurstypen – auch in Schulpraktika – mit den Kommunikationsanforderungen einzelner Berufsfelder bekannt gemacht. Inhaltlich liegt der Schwerpunkt in diesem Kompetenzbereich auf der Vermittlung von Präsentationsfähigkeiten, dem Umgang mit Medien und der Analyse und Bewertung von Gesprächsstrategien. Darüber hinaus zielt der Unterricht vor allem auf die Vermittlung rhetorischer und gesprächsrhetorischer Fähigkeiten (zur Gesprächsrhetorik vgl. Geissner 1996).

Praktische Ansätze zum Erwerb von einschlägigen Kommunikationsfähigkeiten bietet vor allem die Simulation möglichst authentischer Fälle (Rollenspiele zu verschiedenen Diskurstypen wie Vorstellungs- oder Bewerbungsgespräch, Verkaufsgespräch, Verhandlung, Debatte, Podium). Analytische Kompetenz erwerben die Schülerinnen und Schüler durch die genaue Beobachtung und Protokollierung von Kommunikationsereignissen in Praktika, durch die Reflexion komplexer Kommunikationsformen, die die Arbeitswelt vor allem im Hinblick auf die Integration mündlicher und schriftlicher Kommunikation prägen und durch den ständigen Perspektivenwechsel im Unterricht selbst. Wichtig für den Erfolg des Unterrichts ist eine optimale Verbindung praktischer erfahrungsbezogener und analytischer handlungsentlasteter Arbeitsformen.

## 3.3 Öffentliches Leben

### Leitkategorien: Diskussion, Debatte

Auch die kompetente Teilnahme am kulturellen und politischen öffentlichen Leben setzt beim Einzelnen neben fundierten Kenntnissen über die einschlägigen Diskurstypen rhetorische Fähigkeiten voraus. Theoretisches und analytisches Wissen über Text- und Diskurstypen umfasst in diesem Kompetenzbereich sowohl ästhetische (Hörspiel, Film und Theater) als auch mediale und politische Formen mündlich-dialogischer Kommunikation (Rundfunk- und Fernsehdiskussion unterschiedlicher Formate, Formen der öffentlichen Debatte). Die beste Vorbereitung auf diesen Kompetenzbereich liefert das alltägliche Unterrichtsgeschehen selbst. Während die Diskussion für Essen (1972, 283) – neben dem Podiumsgespräch, dem Rundgespräch, der Englischen Debatte mit Abstimmung und der Amerikanischen Debatte – noch eher Unterrichtsgegenstand als Methode war, deren Übung sich besser in den Sozialkunde- als den Deutschunterricht fügte, hat sich inzwischen eine Unterrichtspraxis etabliert, bei der die Disputation bzw. die Diskussion – Helmers (1970, 134) sprach in diesem Zusammenhang von *Erarbeitungsgespräch* oder *freiem Gespräch* – auch als Unterrichtsmethode und als gemeinsame Lernstrategie eine tragende Rolle spielen. Im Unterrichtsgespräch können die Schülerinnen und Schüler sowohl kontinuierlich als auch durch herausgehobene Projekte lernen, wie ein Standpunkt argumentativ gestützt oder beworben werden kann, welche Verfahren des polarisierenden und konsensorientierten Meinungsaustausches es gibt und wie einzelne Strategien der mündlichen Beeinflussung zu bewerten sind. Darüber hinaus gibt der Schulalltag in fächerübergreifenden Projekten (z.B. „Jugend debattiert“) und in der Schülermitverwaltung zahlreiche Anknüpfungsmöglichkeiten zur Ausbildung einschlägiger Kenntnisse und Fähigkeiten.

Was die Teilgebiete dieses Lernbereichs zusammenfasst, könnte man als eine *Schule des Hörens* bezeichnen: Beim Theaterbesuch oder noch besser beim Darstellenden Spiel haben die Schülerinnen und Schüler eben so wie in Rollenspielen und Diskussionen die Gelegenheit eine Fähigkeit auszubilden, auf die angesichts der medialen Praxis von Talkshows, aber auch eingedenk eines nicht geringer werdenden Drucks zur Selbstdarstellung in der Schule nicht oft genug hingewiesen werden kann: die Fähigkeit dem Anderen zuzuhören. Diesen wichtigen Teil der mündlichen Kommunikationsfähigkeit erreicht man kaum durch moralische oder kommunikationsethische Appelle, sondern am besten durch die praktische und erfahrungsnahe Einsicht in die Notwendigkeit, etwa bei der Erarbeitung gemeinsamer Projekte.

## 3.4 Studium

### Leitkategorie: Diskurs

Die Didaktik der mündlichen Kommunikation soll in der Sekundarstufe II Grundlagen für die Studierfähigkeit der Schülerinnen und Schüler schaffen. Neben den bisher genannten Kenntnissen und Fähigkeiten zielt Wissenschaftspropädeutik vor allem auf die Stärkung der Eigenverantwortlichkeit und Selbstdisziplin, der Kenntnis und Anwendung wissenschaftlicher Methoden und die Fähigkeit zur fachgerechten Analyse von objekt- und metasprachlichen Texten. Leider gibt es unter den Bedingungen der Massenuniversität gerade in den Lehramtsstudiengängen viel zu wenig Gelegenheit, aktive mündliche Kompetenz – und zwar sowohl Vortrags- als auch gesprächsrhetorische Kompetenz – zu fördern oder weiter auszubilden. Auf diese Situation müssen die zukünftigen Studierenden vorbereitet werden, damit sie das fehlende „offizielle" Lernangebot durch Eigeninitiative, z. B. in studentischen Arbeits- und Diskussionsgruppen, kompensieren können. Zur wissenschaftspropädeutischen Aufgabe des Deutschunterrichts gehört neben der Anleitung zum selbständigen und methodischen Arbeiten auch die Vermittlung von aktuellen Ergebnissen der Literalitätsforschung (Vergleich Oralität-Literalität, Kulturgeschichte mündlicher Texte), der Analyse mündlich dialogischer Kommunikation (Konversationsanalyse) und der Kommunikationstheorie (multimodale Kommunikation, Körpersprache). Im Unterrichtsalltag werden mit zunehmender Selbständigkeit und Erfahrung der Schülerinnen und Schüler Gesprächsführungskompetenzen entwickelt, die für den wissenschaftlichen Alltag relevant sind. Diskursive Verfahren wie Behaupten, Begründen und Relativieren des eigenen Standpunktes sind dabei eben so wichtig wie die zunehmende Reflexionskompetenz im laufenden Gespräch, also die Fähigkeit zur Metakommunikation und die situationsadäquate Anwendung von Strategien der Verständigungssicherung.

## 4 Das „echte“ Gespräch im Deutschunterricht: Zur Paradoxie des Gegenstandes als Unterrichtsmethode

Abschließend sei noch einmal auf die notwendige Unterscheidung der eingangs beschriebenen Dimensionen im Bereich der Didaktik mündlicher Kommunikation hingewiesen. Am Beispiel der Gesprächserziehung zeigt sich deutlich, dass die Trennung von Unterrichtsgegenstand, Unterrichtsmethode und Lernstrategie keine akademische Frage ist. Ein spezifischer Unterrichtsgegenstand des Deutschunterrichts, das so genannte *eigentliche* oder *echte* Gespräch, wird vom verantwortlichen Lehrer unvermeidlich, wie jeder andere Gegenstand auch, unter den Bedingungen eines methodisch gesteuerten Gesprächs bearbeitet (zur phänomenologischen Unterscheidung von Lehre und Gespräch s.o.). Man würde die Schule als Institution der Wissensvermittlung überfordern oder fehl interpretieren, wenn man das Lernziel der Gesprächsfähigkeit voreilig mit der Methode seiner Vermittlung identifizieren würde. Nicht immer wird dieser Zusammenhang so prägnant formuliert wie von Bollnow (1969, 67) in diesem Zitat: „Das bedeutet, daß das Gespräch sich nur in einem Raum entwickeln kann, in dem jede erzieherische Absicht ausgeschlossen ist.“ Mit *Gespräch* bezeichnet Bollnow ein prinzipiell offenes Verfahren, bei dem der Aspekt der *Lehre* gänzlich ausgeklammert bleiben muss. Es ist demzufolge keine bildungspolitisch oder pädagogisch zu beantwortende Frage, ob ein *echtes Gespräch* im Deutschunterricht möglich sei, auf die man unter Hinweis auf *moderne* Konzepte wie *Schülerorientierung, Projektunterricht* oder *handlungsorientierter Deutschunterricht* reagieren könnte (vgl. z.B. Mihm 1980 92f., der sich von einem *ungezwungenen Gedankenaustausch* im Unterricht eine *Transferwirkung* auf *die gesellschaftlich typische Kommunikation* erwartet). Das Gespräch und die Gesprächsfähigkeit, zu denen der Deutschunterricht die Schülerinnen und Schüler, neben vielem anderen, befähigen soll, ist faktisch nur außerhalb der Lehr-Lern-Kommunikation möglich:

> „Wir sagen zwar, daß wir ein Gespräch ‘führen’, aber je eigentlicher ein Gespräch ist, desto weniger liegt die Führung desselben in dem Willen des einen oder anderen Gesprächspartners. So ist das eigentliche Gespräch niemals das, das wir führen wollten“ (Gadamer 1990, 389).

Aus dieser Paradoxie folgt natürlich nicht, dass das eigentliche Gespräch kein Unterrichtsziel sein kann, vielmehr sollten Deutschlehrer und Deutschlehrerinnen sich mit Bezug auf den Gegenstand mündliche Kommunikationsfähigkeit in der Sekundarstufe II insofern entlastet fühlen, als vieles von dem, was sie erreichen möchten, eben nicht – oder jedenfalls nicht nur – durch bewusste methodische Kontrolle herstellbar ist:

„Wir müssen eben erkennen, dass es allgemein viele und entscheidende pädagogische Wirkungen gibt, die vom Menschen nicht absichtlich herbeigeführt werden können. Zu diesen gehört auf einer höchsten Ebene das tiefe Gespräch dort, wo es sich von selbst entwickelt" (Bollnow 1969, 67).

## 5 Fazit

Das spezifische Profil des Deutschunterrichts ist im Lernbereich mündliche Kommunikation in der Parallelität von Medium, Methode und Gegenstand zu suchen. Daher gilt es ein Lernprogramm zu erarbeiten, das erfahrungsnahe Einsicht und Einfühlung in mündliche Kommunikationsprozesse ebenso ermöglicht wie handlungsentlastete und theoretische Zugriffsformen auf den Gegenstand. Im Deutschunterricht wird stärker als in anderen Lehr-Lernsituationen klar, dass Lernprozesse de facto interaktiv gesteuert und organisiert werden. Dies bietet auf der Grundlage neuerer Einsichten aus der Interaktionslinguistik und der Gesprächsforschung die Chance, diejenigen Vorstellungen vom Unterrichtsgeschehen zurecht zu rücken, wonach Lernen – schlicht gesagt – darin besteht, dass einer dem anderen Wissen vermittelt.

Was das Verhältnis zu den anderen Lernbereichen des Deutschunterrichts angeht, wäre zu fragen, ob die eindeutige Schriftlastigkeit in der Wahrnehmung und Evaluation von Schulbildung mehr als zufällig mit einem klassischen Verständnis von Lehr- Lernprozessen korreliert, das eigentlich – glaubt man den Aussagen von Pädagogen und Didaktikern – längst überholt sein müsste. Perspektivisch käme man zweifellos zu einer anderen Wahrnehmung der interaktiven Konstruktion der schulischen Lernprozesse, wenn man die lerntheoretisch begründete Annahme von den Vorteilen des schülerorientierten Unterrichtens und Lernens konsequent zu Ende denken würde. Was die Medialität und die Methodizität des Unterrichtens im Klassengespräch angeht, liefert die Metapher vom gemeinsamen Musizieren nach meinen Überlegungen ein zutreffenderes und didaktisch fortschrittlicheres Modell als die so genannte Rohrpost- oder Conduit-Metapher.

## Literatur

Becker-Mrotzek, Michael: Kommunikation und Sprache in Institutionen. Ein Forschungsbericht zur Analyse institutioneller Kommunikation. In: Deutsche Sprache 2 (1990), 158–190; 3 (1990), 241–259 und 3 (1991), 270–288

Becker-Mrotzek, Michael/Quasthoff, Uta: Unterrichtsgespräche zwischen Gesprächsforschung, Fachdidaktik und Unterrichtspraxis. In: Der Deutschunterricht 50 (1998) Heft 1, 3–13

Berthold, Siegwart: Rhetorische Kommunikation. In: Bredel, Ursula/Günther, Hartmut/Klotz, Peter/Ossner, Jakob/Siebert-Ott, Gesa (Hrsg.): Didaktik der deutschen Sprache, Paderborn usw.: Ferdinand Schöningh 2003, 148–159

Bollnow, Otto Friedrich: Sprache und Erziehung. Stuttgart, Berlin, Köln, Mainz: Kohlhammer 2. Auflage 1969

Boueke, Dietrich/Klein, Wolfgang: Vom „Sprachunterricht" zum „Kommunikationsunterricht". Anmerkungen zum neuen Lehrplan Sprache für die Grundschule in NRW. In: Aust, Hugo (Hrsg.): Wörter. Festgabe für Theodor Lewandowski. Tübingen: Narr 1987, 59–83

Dausendschön-Gay, Ulrich/Krafft, Ulrich: Text und Körpergesten. Beobachtungen zur holistischen Organisation der Kommunikation. In: Psychotherapie und Sozialwissenschaft 1.4, 2002, 30–60

Dieckmann, Walther: Diskussion und Demokratie – Zum Diskussionsbegriff in der schulischen Gesprächserziehung. In: Dieckmann, W.: Politische Sprache/Politische Kommunikation. Heidelberg: Winter 1981, 159–186

Essen, Erika: Methodik des Deutschunterrichts. Heidelberg: Quelle und Meyer 9. verbesserte Auflage 1972

Fiehler, Reinhard/Schmitt, Reinhold: Die Vermittlung kommunikativer Fähigkeiten als Kommunikation. Kommunikationstrainings als Gegenstand der Gesprächsanalyse. In: Becker-Mrotzek, Michael/Brünner, Gisela (Hrsg.): Analyse und Vermittlung von Gesprächskompetenz. Radolfzell: Verlag für Gesprächsforschung 2004, 113–135

Fienemann, Jutta/Rainer von Kügelgen: Formen mündlicher Kommunikation in Lehr- und Lernprozessen. In: Bredel, Ursula/Günther, Hartmut/Klotz, Peter/Ossner, Jakob/Siebert-Ott, Gesa (Hrsg.): Didaktik der deutschen Sprache, Paderborn usw.: Ferdinand Schöningh 2003, 133–147

Gadamer, Hans-Georg: Wahrheit und Methode. Grundzüge einer philosophischen Hermeneutik, Tübingen: Mohr 1990

Geissner, Helmut: Gesprächsrhetorik. In: Ueding, Gert (Hrsg.): Historisches Wörterbuch der Rhetorik, Bd. 3. Tübingen: Max Niemeyer 1996, 953–964

Goodwin, Charles: Action and embodiment within situated human interaction. In: Journal of Pragmatics 32 (2000), 1489–1522

Helmers, Hermann: Didaktik der deutschen Sprache, Darmstadt: Wissenschaftliche Buchgesellschaft 5. Auflage 1970

Kochan, Detlef C./Wallrabenstein, Wulf (Hrsg.): Ansichten eines kommunikationsbezogenen Deutschunterrichts. Kronberg: Scriptor 1974

Loch, Werner: Beiträge zu einer Phänomenologie von Gespräch und Lehre. In: Bildung und Erziehung 15 (1962), 641–661

Mihm, Arnd: Mündliche Kommunikation im Deutschunterricht. In: Sowinski, B. (Hrsg.): Fachdidaktik Deutsch. Köln: Böhlau 2. Auflage 1980, 83–103

Neuland, Eva: Mündliche Kommunikation: Gesprächsforschung – Gesprächsförderung. Entwicklungen, Tendenzen und Perspektiven. In: Der Deutschunterricht 47 (1995) Heft 1, 3–15

Nündel, Ernst: Zur Grundlegung einer Didaktik des sprachlichen Handelns. Kronberg: Scriptor 1976

Richtlinien und Lehrpläne für die Sekundarstufe II – Gymnasium/Gesamtschule in Nordrhein-Westfalen. Deutsch. Düsseldorf 1. Auflage 1999

Schmitt, Reinhold (Hrsg.): Koordination. Analysen zur multimodalen Interaktion. Tübingen: Gunter Narr 2007

PETER WEBER

# C7 Bildungsstandards für den berufsbildenden Bereich

Mehr als zwei Drittel der Schüler in Deutschland erwerben jedes Jahr einen Haupt- oder Realschulabschluss, die meisten von ihnen beginnen danach eine Berufsausbildung. Im Jahr 2000 besuchten knapp 2,7 Mio. Schüler berufliche Schulen, etwa 70% von ihnen machten eine Berufsausbildung im Rahmen des „dualen Systems“ und besuchten die Berufsschule. Diese bildet den Kern des berufsbildenden Schulwesens, sie vermittelt berufliche Grund- und Fachbildung und erweitert – unter anderem im Deutschunterricht – die vorher erworbene allgemeine Bildung.

> „Wer ernsthaft fragt, wie denn Bildung im und durch den Beruf geschieht, stößt auf sprachliche, moralische und ästhetische Anforderungen im Beruf und darüber hinaus, zu deren Bewältigung der Deutschunterricht einen eigenen, unersetzlichen Beitrag leisten kann.“ (Hebel 1983, 5)

In den einleitenden Bemerkungen zu seiner „Didaktik und Methodik des Deutschunterrichts an berufsbildenden Schulen“ – dem ersten und bisher einzigen Versuch, eine Fachdidaktik auf die besonderen Bedingungen des Deutschunterrichts an beruflichen Schulen abzustimmen – betont Hebel, dass diese Anforderungen an Schüler gestellt werden, die sich in einer ganz anderen Lebenssituation befinden als gleichaltrige Gymnasiasten und Gesamtschüler (vgl. dazu Paul, C6). In die beruflichen Schulen gehen Schüler,

> „denen die Bewältigung dieser Anforderungen eigene Schwierigkeiten bereitet, sei es, daß sie in der außerschulischen Erziehung weniger Hilfe dafür finden, sei es, daß sie aus einer Lebenswelt kommen, in der andere Orientierungen bestimmend sind als die durch die Schule vermittelten“. (Hebel 1983, 5)

Aus dem Umstand, dass viele Schüler an beruflichen Schulen aus bildungsfernen Elternhäusern stammen oder einen Migrationshintergrund haben, ergibt sich für Hebel als Aufgabe des Deutschunterrichts, Defizite auszugleichen und die sprachlichen Fähigkeiten der Schüler zu fördern, damit sie die Anforderungen der Arbeitswelt erfüllen können. Da die sprachlichen Probleme von Muttersprachlern, Zweitsprachlern und Fremdsprachlern den Unterricht vor allem in den Berufsschulklassen zunehmend erschweren, gibt es in letzter Zeit vermehrt Initiativen und Projekte zur Förderung von Lese- und Schreibfähigkeit (s. Band 9 „Deutsch als Zweitsprache“ und Band 10 „Deutsch als Fremdsprache“).

Im Folgenden wird beschrieben, unter welchen Bedingungen Deutschunterricht an berufsbildenden Schulen erteilt wird, welche Bildungsziele er verfolgt, welche Unterrichtsziele im Bereich Mündlichkeit anzustreben sind und welchen

Niederschlag sie in aktuellen Lehrplänen (Beispiel Nordrhein-Westfalen) gefunden haben.

## 1 Situation des Deutschunterrichts an berufsbildenden Schulen

Das berufliche Schulwesen ist gekennzeichnet durch eine Vielzahl unterschiedlicher Schulformen, die entweder in Teilzeitform berufsbegleitend (Berufsschule) beziehungsweise berufsvorbereitend oder in Vollzeitform organisiert sind (Berufsgrundschule, Berufsfachschule, Höhere Berufsfachschule, Fachschule, Fachoberschule). Es gibt eine Vielzahl von Bildungsgängen mit unterschiedlichen Eingangsqualifikationen und Abschlüssen. Die Berufsschulen bündeln in Schultypen mit unterschiedlichen Berufsfeldern (kaufmännisch, gewerblich-technisch, sozialpädagogisch usw.) die Ausbildungsgänge der zurzeit 344 anerkannten Ausbildungsberufe.

In den Klassen der berufsbildenden Schulen kommen Schüler zusammen, die zuvor unterschiedliche Arten von allgemein bildenden Schulen besucht haben und sich trotz gleicher Abschlüsse hinsichtlich ihrer Vorkenntnisse und Einstellungen meist erheblich voneinander unterscheiden. Das Durchschnittsalter der Schüler ist in den letzten Jahren gestiegen, die meisten sind volljährig, große Altersunterschiede in einer Lerngruppe sind nicht selten. Der Anteil der Zweitsprachler wächst.

Angesichts der Komplexität des beruflichen Schulsystems und der Heterogenität der Lerngruppen kann es den einheitlichen Deutschunterricht für alle nicht geben. Zumal häufig weitere Schwierigkeiten auftreten: Die zur Verfügung stehende Unterrichtszeit ist gering und im dualen System erwarten viele Ausbildungsbetriebe, dass in der Schule vor allem prüfungsrelevante Kenntnisse vermittelt werden. Ein Teil der Schüler mag zwar den Deutschunterricht als willkommene Abwechslung zum Fachunterricht betrachten, viele andere aber erkennen seinen Nutzen nicht. Besonders dann nicht, wenn sie viele Jahre frustrierender Bemühungen um die deutsche Sprache hinter sich gebracht haben und zudem die fehlende Aussicht auf einen Arbeitsplatz die Motivation zur Mitarbeit senkt.

## 2 Bildungsziele der beruflichen Schulen

Die Berufsschule hat laut Kultusministerkonferenz das Ziel, „eine Berufsfähigkeit zu vermitteln, die Fachkompetenz mit allgemeinen Fähigkeiten humaner und sozialer Art verbindet" (Kultusministerkonferenz 2007, 2).

> „Handlungskompetenz entfaltet sich in den Dimensionen von Fachkompetenz, Humankompetenz und Sozialkompetenz (...) Bestandteil sowohl von Fachkompetenz als auch von Humankompetenz als auch von Sozialkompetenz sind Methodenkompetenz, kommunikative Kompetenz und Lernkompetenz." (ebd., 10f.)

Diese Definition des Begriffs Handlungskompetenz geht von der Überzeugung aus, dass heute der Erwerb von Schlüsselqualifikationen im Zentrum beruflicher Bildung stehen sollte. Da aufgrund des raschen technischen und sozialen Wandels das in der Schule erworbene Wissen in immer kürzerer Zeit veraltet und niemand sagen kann, welche Kenntnisse, Fähigkeiten und Fertigkeiten Schüler erwerben müssen, um den Anforderungen des Berufslebens langfristig gewachsen zu sein, wird schon seit den 1970er Jahren gefordert, dass Schüler in beruflichen Schulen statt der bisher vorherrschenden fachbezogenen Lerninhalte in erster Linie überfachliche Qualifikationen erwerben sollen, die zum beruflichen Handeln in einer sich verändernden Umwelt befähigen (Mertens 1974). Schlüsselqualifikationen dienen sozusagen als „Schlüssel" zum Erwerb von neuem Fachwissen und ermöglichen die flexible Adaption und den selbständigen Transfer von Fachkompetenzen in unterschiedlichsten Situationen.

Als Reaktion auf die Ergebnisse der PISA-Studie sind für allgemein bildende Schulen Bildungsstandards eingeführt worden, für die ebenfalls der Kompetenzbegriff eine wichtige Rolle spielt. Er wird aber im zentralen Punkt des Fachbezuges anders als im berufsbildenden Bereich definiert. In der Expertise „Zur Entwicklung nationaler Bildungsstandards" heißt es, dass die Bildungsstandards nicht Lerninhalte vorgeben, um Bildungsziele zu konkretisieren, sondern zu erwerbende Kompetenzen beschreiben als „Leistungsdispositionen in bestimmten Fächern oder 'Domänen'" (Klieme 2003, 21 f.).

> „Durch vielfältige, flexible und variable Nutzung und zunehmende Vernetzung von konkreten, bereichsbezogenen Kompetenzen können sich auch 'Schlüsselkompetenzen' entwickeln, aber der Erwerb von Kompetenzen muss – wie Weinert (2001) hervorhebt – beim systematischen Aufbau von 'intelligentem Wissen' in einer Domäne beginnen ..." (ebd.)

Demgegenüber betont die Berufspädagogik gerade die Abkehr von der Fächerorientierung als Voraussetzung für die Entwicklung von Handlungskompetenz, was wiederum die „Expertise" veranlasst, sich ausdrücklich vom Konzept Schlüsselqualifikationen im Sinne der Berufsbildung zu distanzieren (ebd.).

In der beruflichen Bildung spielen die bisher eingeführten Bildungsstandards eine untergeordnete Rolle, nur für Teile der beruflichen Schulen gelten die Standards für den Hauptschul- und den Mittleren Abschluss. Und da es im berufsbildenden Bereich bisher keine internationalen Leistungsvergleiche gibt, beteiligt sich die Berufspädagogik noch kaum an der Diskussion. Das könnte sich aber bald ändern, da zum einen aufgrund des positiven Ergebnisses einer Machbarkeitsstudie im Auftrag des Bundesministeriums für Wirtschaft und Arbeit die Durchführung eines Berufsbildungs-PISA angestrebt wird (Baethge 2006) und zum anderen das Bundesministerium für Bildung und Forschung eine länderübergreifende Definition von Kompetenzstandards im Bereich der berufsbildenden Schulen fordert (Bundesministerium 2004, 14). Trotzdem steht der aktuellen

Tendenz zur Normierung im allgemein bildenden Schulwesen das Streben nach Differenzierung im berufsbildenden Bereich entgegen.

# 3 Unterrichtsziele im Bereich Mündlichkeit

Kommunikative Kompetenzen sind in den einzelnen Berufsfeldern (Handel, Handwerk, Gewerbe, Erziehung usw.) unterschiedlich bedeutsam und Vermittlung und Erwerb in der Schule finden auf stark differierenden Niveaus statt. Der Deutschunterricht hat dabei die Aufgabe, in die jeweiligen Lerngruppen spezielles adressatenbezogenes Wissen einzubringen.

Brünner weist darauf hin, dass es in der Sprachwissenschaft mittlerweile eine ganze Reihe empirischer Untersuchungen gibt, die berufliche Gespräche in Institutionen und ihre Probleme zum Gegenstand haben, z. B. in der Wirtschaft, im Gesundheits- und Bildungswesen, in Recht und Verwaltung (Brünner 2007, 39). Deren Ergebnisse müssen im Deutschunterricht an beruflichen Schulen viel stärkere Beachtung finden, zumal auch für einige Berufsbereiche bereits ausgearbeitete gesprächsdidaktische Konzepte vorliegen (z. B. für die Kranken- und Altenpflege und den Finanzdienstleistungsbereich).

Brünner schlägt vor, sowohl monologische (Reden) als auch interaktive Kommunikationsformen (Gespräche) im Unterricht zu bearbeiten. Zu den monologischen Formen zählt sie Vortrag, Rede i. e. S., Referat, Präsentation, Argumentation und Stellungnahme und in einem weiteren Sinne auch Moderation (Leitung von Diskussionen, Besprechungen, Konferenzen usw.). Bei den interaktiven Formen unterscheidet sie solche, die für bestimmte Berufsgruppen typisch sind, von anderen, die in verschiedenen Berufen in unterschiedlicher Ausprägung vorkommen, wie z. B. Besprechung, Übergabegespräch, Diskussion, Verhandlung, Konfliktgespräch, Beratung oder auch das Verkaufsgespräch (ebd.).

# 4 Rahmenvorgaben für den Deutschunterricht an berufsbildenden Schulen

Wie unterschiedlich die Unterrichtsziele im Bereich Mündlichkeit in den verschiedenen Formen der beruflichen Schulen sind, sollen drei Beispiele (Berufsschule, Berufliches Gymnasium, Weiterbildung) deutlich machen. Der Schwerpunkt liegt dabei auf der Berufsschule.

## 4.1 Lehrpläne der Berufsschule

Die Beobachtung, dass fachsystematisch erworbenes Wissen für Schüler in beruflichen Handlungssituationen oft nicht genügend verfügbar ist, hat in den letzten Jahren im berufsbildenden Bereich zu tiefgreifenden Veränderungen in der Unterrichtsorganisation geführt. Damit die Schüler Handlungskompetenz erwerben können, soll Handlungsorientierung zum durchgängigen Unterrichtsprinzip werden. In der Berufsschule wurden die traditionelle Fächeraufteilung weitgehend aufgehoben und die Rahmenlehrpläne nach Lernfeldern strukturiert, die an beruflichen Aufgabenstellungen und Handlungsfeldern orientiert sind (Kultusministerkonferenz 2007, 17). In einem Rahmenlehrplan gibt es 12 bis 15 Lernfelder, die mehrere Handlungsfelder zusammenfassen, und den Schülern Gelegenheit bieten nach dem Modell der vollständigen Handlung zu lernen: Informieren, Planen, Entscheiden, Ausführen, Kontrollieren und Bewerten.

Abb. 1 Die Bildungsgangkonferenz

In der Bildungsgangkonferenz entwickeln alle beteiligten Lehrer gemeinsam, sowohl die des berufsbezogenen als auch die des berufsübergreifenden Lernbereichs (zu dem der Deutschunterricht gehört), im Rahmen einer didaktischen Jahresplanung Lernsituationen, in denen die Schüler exemplarisch fachliche Inhalte erarbeiten, anwendungsbezogene Aufgaben lösen und überfachliche Kompetenzen erwerben können (s. Abb. 1; Ministerium 2000, 17). Durch die notwendigen Absprachen ist sichergestellt, dass auch der Deutschunterricht mit seinen Inhalten einen sinnvollen Berufsbezug herstellen kann.

Die Rolle des Deutschunterrichts an Berufsschulen im Spannungsfeld zwischen Berufs- und Allgemeinbildung wird im Folgenden am Beispiel der Situation in Nordrhein-Westfalen erläutert. Hier wird der Bezug des Deutschunterrichts zum Fachunterricht dadurch sichergestellt, dass er zum einen gebunden ist an den Lehrplan für das Fach Deutsch/Kommunikation (Berufsübergreifender Lernbereich), zum anderen an die Fachlehrpläne der verschiedenen Ausbildungsberufe.

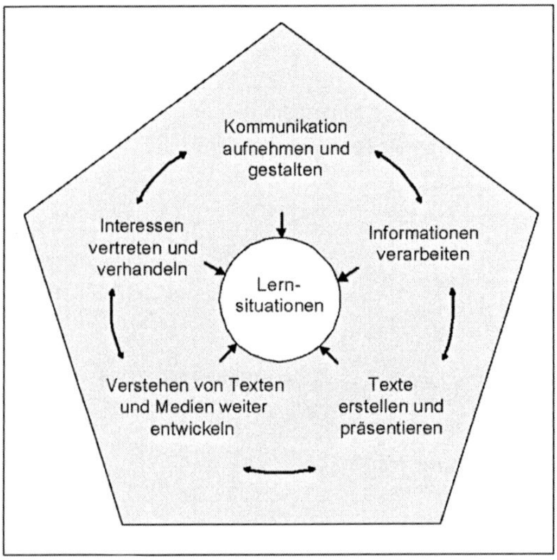


Abb. 2 Kompetenzbereiche des Deutschunterrichts

Der Deutsch-Lehrplan nennt fünf Bereiche, in denen die Schüler Kompetenzen erwerben sollen: Kommunikation aufnehmen und gestalten, Informationen verarbeiten, Texte erstellen und präsentieren, Verstehen von Texten und Medien weiter entwickeln, Interessen vertreten und verhandeln (s. Abb. 2; Ministerium 2000, 13). Die zugeordneten, hier nicht aufgeführten Teilkompetenzen machen deutlich, dass der Schwerpunkt auf berufsrelevanten Fähigkeiten liegt, die die Schüler erwerben sollen. Aber es wird ausdrücklich darauf hingewiesen, dass es darüber hinaus auch in der Berufsschule Aufgabe des Deutschunterrichts ist, Sensibilität und Kreativität bei der Rezeption und Produktion von Texten zu fördern, den kritischen Umgang mit Medien zu schulen und das kulturelle Interesse der Schüler insgesamt zu entwickeln. „Hierfür, wie für die Vertiefung der personalen und sozialen Kompetenzen, ist Literatur und sind literarische Texte unverzichtbar“ (ebd., 13).

Wie in einem Rahmenlehrplan Bezüge zu den fünf oben genannten Kompetenzbereichen des Deutschunterrichts hergestellt werden, zeigt das folgende Beispiel aus dem Lehrplan Fachverkäufer/in im Lebensmittelhandwerk. In der Zielformulierung für das Lernfeld 2.2 (Bäckerei/Konditorei) „Waren kundenorientiert verkaufen“ werden zunächst die Kompetenzen zusammengestellt, über die die Schüler in einer betrieblichen Handlungssituation – hier beim Verkaufen von Backwaren – verfügen müssen und die unterschiedliche Handlungsfelder darstellen: Präsentieren der Ware, Kassieren, Verpacken und vor allem Verkaufsgespräche führen.

„Sie informieren die Kunden bei der Auswahl der Produkte hinsichtlich Zusammensetzung, Herstellung, Eigenschaften und Qualitätserhaltung. Zusätzlich geben sie geeignete Verwendungsmöglichkeiten an. Dabei gehen sie nach den Regeln eines strukturierten Verkaufsgesprächs vor, wenden kundenorientierte Verkaufsmethoden an [. . .]“ (Ministerium 2006, 38)

Die zu behandelnden Unterrichtsinhalte Warenanforderung (Backzettel), Erzeugnisse aus Teigen und Massen, Füllungen, Fertigstellung der Waren, Portionieren, aktives Verkaufen, rechtliche Bestimmungen machen deutlich, dass hier verschiedene Fächer des berufsbezogenen und des berufsübergreifenden Lernbereichs zusammenarbeiten müssen, um den Schülern die notwendigen Kenntnisse zur Verfügung zu stellen.

Die Themen des Deutschunterrichts im Rahmen der Lernfeldarbeit sind in einer Matrix dargestellt, die Verbindungen zwischen den fünf Kompetenzbereichen des Deutsch-Lehrplans und den 15 Lernfeldern des Rahmenlehrplans herstellt (Tab. 1 zeigt als Ausschnitt die Zeile zu Lernfeld 2.2; Ministerium 2006, 50).

Tab. 1: Lehrplan Fachverkäufer/in im Lebensmittelhandwerk

| **Kompetenzbereiche Deutsch/ Kommunikation**<br>**Lernfelder** | **Kommunikation aufnehmen und gestalten** | **Informationen verarbeiten** | **Texte erstellen und präsentieren** | **Verstehen von Texten und Medien weiterentwickeln** | **Interessen vertreten und verhandeln** |
|---|---|---|---|---|---|
| **Lernfeld 2.2 B/K**<br>Waren kundenorientiert verkaufen | Phasen eines Verkaufsgesprächs kennen und Verkaufsgespräche erfolgreich führen | betriebliche Abläufe planen, reflektieren und sachgerecht dokumentieren | Angebote kundenorientiert präsentieren, den Kundennutzen verdeutlichen | | typische Maßnahmen der Verkaufsförderung skizzieren und bewerten |

Die Aufgabe der Lehrer einer Bildungsgangkonferenz ist es nun, die oben wiedergegebenen Ziel- und Inhaltsvorgaben im Hinblick auf die Lerngruppe und die schulischen Rahmenbedingungen zu konkretisieren. Als Anregung für diese Arbeit gibt der Rahmenlehrplan in der Anlage ein Beispiel für die Ausgestaltung einer Lernsituation, wie sie für das Lernfeld 2.2 formuliert werden könnte. Diese Lernsituation stellt Frau Köhler vor, die den Pflegekräften, die sich um ihren Mann im Krankenhaus gekümmert haben, eine „Teegebäckauswahl aus Mürbeteig“ schenken will (Ministerium 2006, 78). Die Situationsbeschreibung versucht die Komplexität der Wirklichkeit abzubilden und verlangt von den Schülern die selbständige Entwicklung von Strategien und Handlungsplänen und die Anwendung von Wissen unter konkreten Bedingungen, die unterschiedliche Lösungsmöglichkeiten erlauben. Auf die Situationsbeschreibung folgt eine Planung des Vorgehens der Lerngruppe in den Arbeitsphasen Analysieren,

Planen, Ausführen, Bewerten, Reflektieren, Vertiefen und schließlich eine Aufgabenverteilung für die einzelnen Unterrichtsfächer. Im Fach Deutsch/Kommunikation sollen die Schüler Fachtexte recherchieren und analysieren, Arbeitsabläufe dokumentieren und Argumentation trainieren.

An diesen Ausführungen zum Lernfeld „Waren kundenorientiert verkaufen“ wird erkennbar, wie wichtig eine gemeinsame Planung der Lernfeldarbeit für die Lehrer ist. Beim Thema Verkaufsgesprächsführung beispielsweise sind Absprachen darüber nötig, was im Fachunterricht (hier im Bündelungsfach „Beratung und Verkauf“) und was im Deutschunterricht behandelt werden soll: Der Deutschlehrer verfügt in der Regel nicht über hinreichende Branchenkenntnisse, wohl aber über Knowhow im Bereich Kommunikation, beim Fachlehrer wird es umgekehrt sein – die beiden müssen sich ergänzen. Diese Kooperation kann für den Deutschunterricht durchaus eine Aufwertung bedeuten, wenn es ihm gelingt, seine Nützlichkeit unter Beweis zu stellen. Kritische Stimmen weisen aber auch auf die Gefahr der Instrumentalisierung hin, wenn sein Beitrag reduziert wird auf Zulieferarbeit für den Fachunterricht und nur noch die Vermittlung berufsbezogener Kompetenzen gefragt ist.

Innerhalb der Fachdidaktik gehen die Meinungen darüber, in welcher Form sich der Deutschunterricht z. B. bei der Arbeit am Thema Verkaufsgespräch beteiligen soll, weit auseinander. Schrader/Trampe können sich nicht damit begnügen, den Schülern lediglich bei der Bewältigung ihrer beruflichen Alltagskommunikation zu helfen. Sie wollen einen „Reflexionsprozess über sinnbegründende Werte und Normen“ anstoßen, damit die Schüler Tendenzen einer „Kolonialisierung der Lebenswelt“ erkennen können (Schrader/Trampe 2002, 39). Wie groß die Distanz der beiden Autoren zu ihrem Thema ist, zeigt die Konzeption ihrer Unterrichtssequenz: Sie wollen zum einen ein missglücktes (!) Verkaufsgespräch analysieren und daraus Bedingungen für erfolgreiches Verkaufen erarbeiten lassen. Zum anderen soll eine „ironische Auseinandersetzung mit dem Thema in Form eines Sketches“ die „Möglichkeit des Probehandelns im sanktionsfreien Raum“ nutzen, die die Schule im Unterschied zum Ausbildungsbetrieb bietet (ebd.).

Grundmann geht noch weiter und verdammt das Verkaufsgesprächstraining in der Schule insgesamt. Seiner Meinung nach ist ein Deutschunterricht, in dem ganz praktisch Verkaufsgespräche geübt werden, nicht nur nutzlos, sondern sogar kontraproduktiv, er leiste „einen aktiven Beitrag zur Verkümmerung der Kommunikationsfähigkeit der Schüler“, weil so lediglich starre Verhaltensweisen antrainiert würden, nicht aber gelernt werden könne, effektiv zu kommunizieren, d. h. sich sprachlich situationsadäquat und adressatenbezogen auszudrücken (Grundmann 2000, 80).

Demgegenüber betont Hebel, dass vom Deutschunterricht jenseits aller Bimserei ein anspruchsvoller Beitrag zum Thema erwartet werden kann. In seinen Ausführungen kritisiert er an einem Schulbuchkapitel, das er analysiert, die klischeehafte Oberflächlichkeit des frei erfundenen Verkaufsgesprächs und die fachlich unzureichende Darstellung im Erklärungsteil. Er weist darauf hin, dass sich der Deutschunterricht nur lächerlich machen kann, wenn er das Niveau des Fachunterrichts nicht erreicht und plädiert dafür, das Thema differenziert und „nicht nur im Blick auf das berufsrollenspezifische Wissen" zu behandeln (Hebel 1983, 118 f.).

In diesem Sinne entwickeln Brünner/Weber (D5) einen Unterrichtsvorschlag, der nicht aufgesetzte Ideologiekritik sein will, sondern Förderung von Sprachkompetenz ohne Auswendiglernen von Gesprächsfloskeln. Die Ergebnisse der Gesprächsforschung eignen sich gut, um Übungen zu entwickeln, die die Fertigkeiten der Schüler zur Wahrnehmung, Analyse und konstruktiven Gestaltung von Interaktion im Verkauf fördern und sich ohne weiteres durch rhetorisches Training ergänzen lassen.

## 4.2 Beispiel 2: Lehrpläne des Beruflichen Gymnasiums

Anders als in der Berufsschule ähneln die zu erwerbenden Kompetenzen im Bereich Mündlichkeit im Beruflichen Gymnasium sehr stark denen in den allgemein bildenden Schulen der Sekundarstufe II. Allerdings ist hier der Berufsbezug deutlich stärker ausgeprägt, die Beschäftigung mit dem Thema nicht nur analytisch, sondern vor allem praktisch angelegt und die Hinweise im Lehrplan machen deutlich, dass hier Erkenntnisse der Gesprächsforschung Berücksichtigung gefunden haben. Zu den Kursthemen gehören Inhalte wie Vorgesetzten-Mitarbeiter-Gespräche, Mitarbeiter-Mitarbeiter-Gespräche, Vorbereitung, Durchführung und Auswertung einer Arbeitsbesprechung, Regelung von Gruppenarbeitsprozessen, Szenisches Darstellen als Kommunikationsschulung und Methode im Konfliktmanagement, Kundenberatung, Verhandlung, Analyse und Bewertung medialer Inszenierungen, z. B.: Unternehmenspräsentationen in Internet, Fernsehen und Hörfunk (Ministerium 2007).

## 4.3 Beispiel 3: Curriculumsentwurf Aufbaubildungsgang „Sprachförderung" für Erzieherinnen und Erzieher

Besonders starken Praxisbezug müssen schulische Weiterbildungsangebote im Bereich Mündlichkeit haben, weil hier die Teilnehmer konkrete Hilfestellung zur Bewältigung von berufsspezifischen Kommunikationsproblemen erwarten. Durch den Aufbaubildungsgang „Sprachförderung" für Erzieherinnen und Erzieher mit den Themen Erst-, Zweit- und Schriftsprachentwicklung, Sprachentwicklungsstörungen, Sprachstandsdiagnostik, Sprachförderung und Elternarbeit werden Erzieherinnen und Erzieher befähigt, die Sprachkompetenz von Kindergartenkindern und Schulanfängern so zu fördern, dass sie die Anforderungen der Schule erfüllen können (Becker o. J. a). Im Modul „Gesprächsführung und Kommunikation" wird das folgende Rollenspiel vorgeschlagen:

„Eine Studierende erklärt, dass ein Kind ihrer Gruppe starke Auffälligkeiten in der Sprachentwicklung zeige. Das Kind erhalte in der Einrichtung gezielte Sprachförderung. Die Studierende hält aber eine Unterstützung der Arbeit durch die Eltern für sehr sinnvoll und will diese dafür gewinnen. Bisher hätten die Eltern allerdings keine Notwendigkeit für eine solche Unterstützung von ihrer Seite gesehen. Daher sei noch einmal ein Gespräch mit den Eltern geplant. Allerdings ist die Studierende unsicher, wie sie die Eltern im Gespräch doch noch gewinnen könne, die Sprachförderung ihres Kindes konstruktiv zu unterstützen." (Becker o. J. b, 32)

Diese Aufgabenstellung macht deutlich, dass die Teilnehmer der Weiterbildungsmaßnahme nicht nur lernen müssen, Fachkenntnisse über Spracherwerb, -diagnostik und -förderung zielführend zu kommunizieren, sondern auch Beratungsgespräche zu einem erfolgreichen Abschluss bringen zu können.

## 5 Fazit

Die besondere Situation an berufsbildenden Schulen verlangt einen Deutschunterricht, der – auch beim Thema Mündlichkeit – der Vielfalt der Schulformen und den unterschiedlichen Bedürfnissen, Interessen und Leistungsniveaus der Lerngruppen Rechnung trägt und unter immer anderen Umständen Berufsbezug herstellt. Die Lehrplanbeispiele zeigen, wie mit Richtlinien versucht wird dafür die Voraussetzungen zu schaffen. Unterstützung von Seiten der Fachdidaktik gibt es leider wenig. Das muss sich dringend ändern, der Deutschunterricht an beruflichen Schulen muss in viel größerem Maße als bisher Forschungsgegenstand werden, damit mit neuen Erkenntnissen darüber, was hier guter Unterricht ist, den Schülern die Förderung zuteil werden kann, die sie brauchen, um im Beruf bestehen zu können.

## Literatur

Baethge, Martin/Achtenhagen, Frank/Arends, Lena/Babic, Edvin/Baethge-Kinsky, Volker/Weber, Susanne: Berufsbildungs-PISA. Machbarkeitsstudie. Stuttgart: Franz Steiner Verlag 2006

Becker, Birgit u. a. (Hrsg.): Curriculumsentwurf. Fachschulen des Sozialwesens – Aufbaustudiengang Sprachförderung o. J. a

Becker, Birgit u. a. (Hrsg.): Handreichungen zum Curriculumsentwurf Aufbaubildungsgang Sprachförderung o. J. b

Bundesministerium für Bildung und Forschung: Eckwerte Reform berufliche Bildung. 2004

Brünner, Gisela: Mündliche Kommunikation im Beruf – zur Vermittlung professioneller Gesprächskompetenz. In: Der Deutschunterricht 1, 2007, 39–48

Deisenroth, Holde: Deutsch im lernfeldorientierten Unterricht der Berufsschule. Ein Integrationskonzept im Land Nordrhein-Westfalen. In: Die berufsbildende Schule 11–12, 2001, 339–342

Deisenroth, Holde/Schindler, Frank: Ein Beispiel für Deutschunterricht in der Berufsschule. Erweitertes Verständnis des Berufsbezuges für Fächer des berufsübergreifenden Bereichs. In: Die kaufmännische Schule 1, 2000, 16–20

Frank, Irmgard/Schreiber, Daniel: Bildungsstandards – Herausforderungen für das duale System. In: Berufsbildung in Wissenschaft und Praxis 4, 2006, 6–10

Grundmann, Hilmar: Vom Deutschunterricht zum Fach 'Kommunikation' oder vom Ende der beruflichen Schule als Einrichtung der (Menschen-)Bildung. In: Grundmann, H. (Hrsg.): Zum Deutschunterricht an berufsbildenden Schulen. Frankfurt a. M.: Lang 2000, 75–98

Grundmann, Hilmar: Der gegenwärtige Umgang mit dem Deutschunterricht an berufsbildenden Schulen – Eine der größten Herausforderungen der berufsschulischen Fachdidaktiken. In: Josting, Petra/Peyer, Ann (Hrsg.): Deutschdidaktik und berufliche Bildung. Baltmannsweiler: Schneider Verlag Hohengehren 2002, 8–27

Hebel, Franz: Didaktik und Methodik des Deutschunterrichts an berufsbildenden Schulen. Frankfurt: Hirschgraben-Verlag 1983

Hebel, Franz: Grenzüberschreitungen im Deutschunterricht berufsbildender Schulen. Kritik der Verkürzung des Deutschunterrichts auf „Deutsch/Kommunikation". In: Josting, Petra/Peyer, Ann (Hrsg.): Deutschdidaktik und berufliche Bildung. Baltmannsweiler: Schneider Verlag Hohengehren 2002, 8–27

Klieme, Eckhard u. a. (Hrsg.): Zur Entwicklung nationaler Bildungsstandards. Expertise. Bonn 2003

Kultusministerkonferenz: Rahmenvereinbarung über die Berufsschule. 1991

Kultusministerkonferenz: Handreichung für die Erarbeitung von Rahmenlehrplänen der Kultusministerkonferenz für den berufsbezogenen Unterricht in der Berufsschule und ihre Abstimmung mit Ausbildungsordnungen des Bundes für anerkannte Ausbildungsberufe. 2007

Mertens, Dieter: Schlüsselqualifikationen. Thesen zur Schulung für eine moderne Gesellschaft. In: Mitteilungen aus der Arbeitsmarkt- und Berufsforschung. 1974, 36–43

Meyer, Rita: Bildungsstandards im Berufsbildungssystem – ihre Relevanz für das berufliche Lernen zwischen Anspruch und Wirklichkeit. In: Zeitschrift für Berufs- und Wirtschaftspädagogik 1, 2006, 49–63

Ministerium für Schule, Wissenschaft und Forschung des Landes Nordrhein-Westfalen (Hrsg.): Lehrplan zur Erprobung für das Berufskolleg in Nordrhein-Westfalen Deutsch/ Kommunikation. Berufsübergreifender Lernbereich. 2000

Ministerium für Schule und Weiterbildung des Landes Nordrhein-Westfalen (Hrsg.): Vorläufiger Lehrplan für das Berufskolleg in Nordrhein-Westfalen: Fachverkäufer/in im Lebensmittelhandwerk 2006

Ministerium für Schule und Weiterbildung des Landes Nordrhein-Westfalen (Hrsg.): Bildungspläne zur Erprobung für die Bildungsgänge, die zu einem Berufsabschluss nach Landesrecht und zur allgemeinen Hochschulreife oder zu beruflichen Kenntnissen und zur allgemeinen Hochschulreife führen. Fachlehrplan Deutsch 1. Leistungskurs. 2007

Schindler, Frank: Deutschunterricht in der Berufsschule: Sprachliche Kompetenzen – zwischen Fachdidaktik und Berufsbezug. In: Der berufliche Bildungsweg 4-5, 2000, 7–10

Schrader, Heinrich/Trampe, Wilhelm: Kommunikative Kompetenz als Schlüsselqualifikation im Deutschunterricht an berufsbildenden Schulen. In: Josting, Petra/Peyer, Ann (Hrsg.): Deutschdidaktik und berufliche Bildung. Baltmannsweiler: Schneider Verlag Hohengehren 2002, 28–41

Verordnung über die Ausbildung und Prüfung in den Bildungsgängen des Berufskollegs (Ausbildungs- und Prüfungsordnung Berufskolleg – APO-BK) vom 26. Mai 1999, zuletzt geändert durch Verordnung vom 14. Juni 2007

INES BOSE / NORBERT GUTENBERG

# C8 Vermittlung mündlicher Kompetenz in der Lehrerbildung

Bei der Umgestaltung der Studiengänge im Bologna-Prozess und bei der Einführung von Bildungsstandards durch die Kultusministerkonferenz (KMK) besteht unter den Beteiligten weitgehend Konsens hinsichtlich der enormen Bedeutung der mündlichen Kompetenz. Das hat Folgen für die Lehrerausbildung insgesamt, insbesondere aber für die Ausbildung von Deutschlehrer/innen, denn im Deutschunterricht ist mündliche Kommunikation nicht nur Unterrichtsform, sondern auch Unterrichtsinhalt. Lehrer/innen und insbesondere Deutschlehrer/innen müssen befähigt werden, die Bildungsstandards der KMK zur Ausbildung und Schulung der mündlichen Kompetenz der Schüler/innen umzusetzen.

## 1 KMK-Bildungsstandards für den Bereich mündliche Kommunikation

Beim Mittleren Schulabschluss verlangen die Standards z. B. für *Sprechen und Zuhören* unter den Überschriften:

- zu anderen sprechen,
- vor anderen sprechen,
- mit anderen sprechen,
- verstehend zuhören,
- szenisch spielen,
- Methoden und Arbeitstechniken

umfassende Kommunikationskompetenzen für Gesprächs- und Redeformen unter Einschluss von Medienkompetenz, ebenso Kompetenzen im Vorlesen, Rezitieren und szenischen Spiel (Beschlüsse der KMK, Bildungsstandards 2003, 10f.).

Im Vergleich zu den bisherigen Lehrplänen sehen die KMK-Bildungsstandards zwei entscheidende Neuerungen vor:

- Unterrichtsinhalt ist die mündliche Kommunikation zwar nur im Deutschunterricht. Die Bildungsstandards verpflichten aber alle Fächer zur expliziten Mitarbeit an den Schlüsselkompetenzen; Arbeitstechniken und Sozialformen des Unterrichts anderer Fächer werden methodisch zu gestaltende Lernfelder für Sprechen und Zuhören.

- Die KMK-Bildungsstandards geben ausdrücklich keine detaillierten Stoffpläne mehr vor, sondern lediglich Ziele für die Schulabschlüsse, sie geben den Schulen also eine weitgehende curriculare Autonomie. Das wiederum verlangt von den Lehrer/inne/n die Fähigkeit, Leistungs- und Lernstand der Schüler/innen zu diagnostizieren, schuleigene, klassen-, ja lerngruppenspezifische Curricula zu entwickeln, zu implementieren und zu evaluieren.

Mit der Entwicklung der Bildungsstandards ist also insgesamt eine verstärkte Orientierung am Lehr- und Lernziel kommunikative Kompetenz in der Schule zu konstatieren. Die methodisch-methodologische Umsetzung der Standards stellt spezifische Anforderungen an die Deutschlehrenden, auf die diese in Aus- und Fortbildung vorbereitet werden müssen.

## 2 Anforderungen an Deutschlehrer/innen im Bereich mündliche Kommunikation

Eigene Fähigkeiten in mündlicher Kommunikation (Eigenkompetenz) und Fähigkeiten zur Beobachtung und Einschätzung von Kommunikationsprozessen (Analysekompetenz) bilden die Voraussetzung dafür, mündliche Kommunikation lehren zu können (Lehrkompetenz). Deutschunterricht ist also u. a. eben auch *Sprecherziehung*. Wenn Lehrer/innen die Lehrpläne ernst nehmen, dann betreiben sie Gesprächserziehung, Lautbildung, Argumentationsdidaktik, Vorleselehre, Redeübungen usw.

### 2.1 Eigenkompetenz

Deutschlehrende müssen zunächst wie Lehrende aller Fächer über notwendige Eigenkompetenzen verfügen, so vor allem über

- eine physiologische Sprechstimme,
- eine der Standardaussprache angenäherte Artikulation,
- Sprechdenk-, Hörverstehensfähigkeit,
- Gesprächs- und Redefähigkeit (argumentieren, informieren, erklären, fragen),
- Kenntnisse über die häufigsten Stimm-, Sprach- und Sprechstörungen,
- Fähigkeit zum Vorlesen und Textgestalten.

Hierzu verweisen wir auf unsere Darstellung in Bose/Gutenberg (2004), Abschn. 4: *Sprecherziehung in der Lehrerbildung für alle Fächer.* Im Bereich der Eigenkompetenzen geht es zunächst um die Bewältigung der Kommunikationsaufgabe *Unterricht*, mit Ausnahme des Bereichs *Stimm-, Sprach- und Sprechstörungen*. Hier wird den Lehrenden eine Diagnosekompetenz zugeschrieben, worauf die Lehrerbildung vorbereiten muss.

## 2.2 Lehrkompetenz

Sprecherzieherische Lehrangebote für zukünftige Deutschlehrer/innen bauen auf der Sprecherziehung für alle Lehramtskandidat/innen auf und zielen darüber hinaus auf den Erwerb von Analyse- und Lehrkompetenz (zur Eigenkompetenz als Teil und Grundlage der Lehrkompetenz vgl. Kapitel 3). *Sprecherziehung im Deutschunterricht* durch die Lehrenden heißt unter anderem:

- Sprechbildung unterrichten können (speziell Lautbildung),
- rhetorische Kommunikation unterrichten können,
- ästhetische/sprechkünstlerische Kommunikation (gestaltendes Sprechen) unterrichten können.

Ausführliche Bemerkungen zur Lehrkompetenz von Deutschlehrenden finden sich in Bose/Gutenberg (2004), vor allem zur rhetorischen und sprechkünstlerische Kommunikation, und in Bose/Schwarze (2007) zur Gesprächserziehung.

Mit den Bildungsstandards ist die Lehrkompetenz um den Faktor *curriculare Kompetenz* zu ergänzen (KMK 2003, 2004): Das Konzept der Bildungsstandards, eine Art *Management by objectives*, führt dazu, dass detaillierte Stoffpläne entfallen; die saarländischen Kernlehrpläne für den Bereich *Sprechen und Zuhören* z. B. umfassen wenige DIN-A-4-Seiten und sind nicht mehr dicke Broschüren wie früher. Die Lehrerbildung auf jeder Stufe muss zusätzlich – hier für den Bereich mündliche Kommunikation – den Lehrenden eine differenzierte Diagnosefähigkeit vermitteln: Sie müssen Leistungsstand und Lernbedarf der Schüler/innen im Feld *Sprechen und Zuhören* genau erfassen und bewerten können.

Dies als Voraussetzung für die nächste Anforderung: Die Lehrerbildung muss in der didaktischen mündlichen Kommunikation mehr vermitteln als die Fähigkeit, Unterricht nach Lehrplan zu halten. Lehrende müssen schuleigene, klassenspezifische, z. T. individualisierte Curricula der mündlichen Kommunikation entwickeln, durchführen und evaluieren, also den Erfolg kontrollieren können. Beispiele für eine Operationalisierung von Bildungsstandards (z. B. Entwicklung von Kompetenzskalen zum *Bewerten und Messen mündlicher Leistung*) zeigt die Studie von Brigit Eriksson (2006).

Die zweite Neuerung, die mit den KMK-Bildungsstandards verbunden ist, gibt den Deutschlehrenden eine besondere Funktion. Zwar ist nunmehr z. B. im Fach Erdkunde außer der Kommunikationskompetenz der Lehrenden, etwa bei der Anleitung zu und der Auswertung von Referaten, auch eine kommunikations*pädagogische* Kompetenz gefordert. Die Mitwirkung der übrigen Fächer an der Entwicklung der Kommunikationskompetenz der Schüler/innen wird sich aber sinnvollerweise beziehen auf den und abstimmen mit dem Deutschunterricht, dem einzigen Fach, in dem mündliche Kommunikation nicht nur Modus, sondern auch Inhalt ist. Damit wirken die Lehrenden des Fachs Deutsch automatisch am Curriculum *Sprechen und Zuhören – Lerntechniken und Sozialformen als Übungsfelder* mit. Sie erhalten eine Multiplikatorenfunktion, möglicherweise auch eine Trainerfunktion bei Kolleg/innen in dem Maße, wie sie didaktische Reflexionen, Methoden und Übungen aus dem Lernbereich *Sprechen und Zuhören* weitergeben. Dies wiederum verlangt eine weitergehende Kommunikationskompetenz der Lehrenden im Sinne von Teamfähigkeit.

Zwar steigen mit all diesen Implikationen des Konzepts der Bildungsstandards die Anforderungen an die Lehrenden und damit an die Lehrerbildung, aber dieses Konzept bietet durchaus auch Chancen. Sie liegen nicht nur im Wachsen der Autonomie der Schule und der Schülerzentriertheit eines solchen Unterrichts, sondern auch darin, dass ein derart autonomes und schülerzentriertes Curriculum mündliche Kommunikation – anders als die bisherigen Lehr- und Stoffpläne – einer didaktisch-methodischen Sonderstellung der mündlichen Kommunikation gerecht werden kann.

Ursula Geißner (1979) hat dies für die Gesprächserziehung aufgezeigt, Analoges gilt aber für alle anderen Beispiele: *Gespräche* erlernen Schüler/innen nicht erst in der Schule, sie können immer schon Gespräche führen, im Sinne von klären und streiten, argumentieren, erzählen und berichten, Probleme analysieren und nach Lösungen suchen usw. – und das gilt auch für Schüler/innen mit Migrationshintergrund. Dass schon Vorschulkinder solche pragmatischen Universalien beherrschen, hat z. B. Ines Bose (2003) in ihren Analysen kindlicher Spielkommunikation gezeigt. Ein Curriculum mündlicher Kommunikation muss daher nicht einen Aufbau nach der Komplexität von Kommunikationstypen wählen (etwa *Diskutieren erst in der Oberstufe*), sondern nach der Altersspezifik der Kommunikationsaufgaben (*Welche Streitfragen für die Diskussion auf welcher Klassenstufe*?).

Unterricht in mündlicher Kommunikation ist weniger ein Führen von einfachen zu schwierigen Gesprächsformen, vielmehr ein Helfen beim Weiterentwickeln, Ausdifferenzieren, Transformieren einer im Prinzip schon beim Vorschulkind für seine Kommunikationsaufgaben voll ausgebildeten Gesprächsfähigkeit. Eher muss die Schule darauf achten, dass sie die kindliche Kommunikationsfähigkeit und -lust nicht frustriert.

## 3 Modul *Lernen und Reden* im modularisierten Studiengang für die Lehrämter Deutsch

Es ist selbstverständlich, dass die Lehrkompetenz nicht besser sein kann als die Eigenkompetenz, ja dass das Sprechenkönnen selber ein Teil der Lehrkompetenz ist, nicht nur im Sinne von Sprechvorbild (nicht nur in der Lautung, sondern auch in der Gesprächsführung!), sondern auch im Unterrichten selber (zuhören, fragen, erklären, vorlesen, bis hin zu einer Stimme, der Schüler/innen gerne zuhören). Das Folgende zeigt, wie diese Kompetenzen vermittelt werden können.

Tab. 1: Modulentwurf Lernen und Reden

<table>
<tr><th></th><th>Grundlagen des Sprechens und Hörens</th><th>Rhetorische Kommunikation</th><th>Sprechkünstlerische Kommunikation</th><th>Störungen mündlicher Kommunikation</th></tr>
<tr><td rowspan="2">Eigen-kompetenz</td><td colspan="3">je 2 SWS Training in Gruppen mit Einzelarbeit in Tutorien</td><td rowspan="2">S(prech) E(ignungs) T(est) stellt Störungsfreiheit bzw. Therapie- und Prophylaxe-bedarf fest</td></tr>
<tr><td>Arbeit an Standard-aussprache und Stimmprophylaxe,<br>Leselehre,<br>Sprechausdruck,<br>Sprechdenken und Hörverstehen</td><td>insbesondere Arbeit an Zuhör-, Erklär- und Argumentationskom-petenz als Teil von Gesprächs- und Redekompetenz</td><td>Arbeit am Sprechen und Spielen künstlerischer Texte</td></tr>
<tr><td>Lehr-kompetenz</td><td colspan="3">zentrale Vorlesung: Grundlagen Sprechwissenschaft und Sprecherziehung – Theorie und Didaktik der mündlichen Kommunikation;<br>je 2 SWS fachdidaktisches Seminar mit Praktika und Unterrichtsversuchen</td><td>2 SWS Grundwissen über Störungen und Übung von Diagnosefähig-keit</td></tr>
<tr><td>Curriculare Kompetenz</td><td colspan="3">1 zentrale Übung zusammen mit Erziehungswissenschaft zu Grundlagen der Curriculum- und Lehrplanentwicklung, Leistungsdiagnostik und Qualitätssicherung an Schulen am Beispiel der mündlichen Kommunikation</td><td></td></tr>
</table>

Anzustreben ist, dass von den angeführten Veranstaltungen wenigstens sechs SWS Pflicht, der Rest Angebote in einem Wahlpflichtmodul werden. In der folgenden Darstellung geht es in erster Linie um die Eigenkompetenz. Wie oben angedeutet, ist Eigenkompetenz in mehrfacher Hinsicht relevant:

- Man kann nicht lehren, was man nicht selber beherrscht.
- Gerade im Bereich Kommunikation findet mehr funktionale als intentionale Erziehung statt: Der vorgelebte Kommunikationsstil ist prägender als der gepredigte.
- Eigenkompetenz, auch in der Wahrnehmung, ist geradezu Grundlage der Lehrkompetenz des Sprechberufs Lehrer/in.

## 3.1 Sprecheignungstest

Einstieg in das Modul *Reden und Lernen* ist ein für alle Lehrämter obligatorischer Sprecheignungstest (SET) zu Beginn des ersten Semesters. Er dient in erster Linie dazu, den Stimmstatus der Lehramtskandidat/innen im Hinblick auf die stimmlichen Belastungen zu erheben.

- Die Studierenden produzieren eine freigesprochene Aufnahme zu einigen vorgegebenen Stichworten.
- Danach spricht jede/r einen standardisierten, für Testzwecke hergestellten Text.
- Auf einem Formblatt tragen die Studierenden ihre studienrelevanten Sozialdaten ein, vor allem aber ein Codewort zwecks Anonymisierung.

Diese Aufnahmen werden dann von den am universitären Zentrum für Lehrerbildung arbeitenden Sprecherzieher/innen in Arbeitsgruppen abgehört (in Arbeitsgruppen, um eine intersubjektiv abgeklärte Rückmeldung geben zu können).

- Viele Stimmen erhalten eine Prognose: Stimme unter Unterrichtsbelastung gefährdet. Bei mancher Stimme wird zwar festgestellt, dass sie keinen pathologischen Befund aufweist, keine dysphonischen Symptome, also nichts, was es nötig machen würde, einen Facharzt (Phoniater) aufzusuchen. Für den normalen Alltagsgebrauch in Gesprächen ist sie unproblematisch. Der physischen und psychischen Belastung des Sprechens im Unterricht allerdings ist sie mitunter nicht gewachsen. Warum? Viele sprechen am oberen Rand der Indifferenzlage, dem physiologisch optimalen, konstitutionell vorgegebenen Hauptsprechtonbereich; also etwas zu hoch, mit etwas zu viel Spannung, dadurch mit reduzierter Klangfülle: So klingt zum Beispiel die Stimme des Tagesschausprechers Jan Hofer (bei dem eine minimale Geräuschkomponente dazu kommt). Also: eine Stimme, mit der man Nachrichten sprechen kann, eine Stimme, die für Normalkommunikation vollkommen ausreicht (Zweiergespräche, Gruppengespräche, Telefon usw.), aber eben nicht für das Unterrichten.

Unterricht ist physischer und psychischer Dauerstress, auch für die Stimme, die etwa unruhige, lärmende 13-Jährige erreichen und ggf. übertönen muss, in akustisch ungünstig konstruierten Räumen, mitunter fünf- bis sechsmal 45 Minuten ununterbrochen redend. Untrainierte Sprecher/innen werden unter diesen Umständen Lautstärke durch noch mehr Sprechspannung herstellen, noch enger klingen, die Stimme wird schnell ermüden, Heiserkeit immer häufiger auftreten.

Nach einem Jahr Unterricht zeigen solche Stimmen das Vollbild einer Berufsdysphonie: empirischen Untersuchungen zufolge mindestens eine Woche Unterrichtsausfall pro Jahr, Arztkosten, Medikation, ggf. Operation. Komplettrehabilitationen gelingen meist nur nach monatelangen Stimmheilkuren. Mindestens 30% aller Angehörigen von Sprechberufen, darunter auch die Lehrer/innen, entwickeln solche Dysphonien (vgl. z. B. Berger 1989a, b und 1991, Gutenberg/Pietzsch 2003 und 2004). Abgesehen vom persönlichen Leiden der Symptomträger – auch die Schüler/innen leiden unter überanstrengten und kranken Stimmen: sie können nicht zuhören, weil sie sich innerlich wehren müssen, eine zu dünne, zu hohe, fiepsige Stimme nehmen sie nicht ernst usw. Z. B. könnte die

Stimme Jan Hofers kommunikativ-psychologisch folgendermaßen wirken: Die beschriebenen physiologischen Voraussetzungen reduzieren die Klangfülle der Stimme so, dass die Klangfarbe das dadurch fehlende Stimmvolumen resonatorisch kompensiert. Im Rachenraum entsteht eine Enge, die zusammen mit der Nasenresonanz die hohen, hellen Teiltöne verstärkt: Der Klang wirkt eng, fast metallisch. Zusammen mit einer durch den Klassenraum bedingten größeren Lautstärke und – zwecks akustischer Deutlichkeit – viel schärferen Artikulation der Konsonanten entsteht der Sprechausdruck, der von den Schüler/innen als schneidend, scharf, apodiktisch bis autoritär, auch aggressiv, zumindest als sehr streng empfunden werden muss – eine emotionale Beeinträchtigung des Kommunikationsprozesses, die Zuhörbereitschaft und die Offenheit der Zuhörenden zumindest nicht fördert (vgl. U. Geißner 1985).

Bei der Prognose *Stimme unter Unterrichtsbelastung eventuell gefährdet* wird empfohlen, zur Prophylaxe eine Übung zur Atem- und Stimmbildung zu besuchen; Studierende, bei denen die Aufnahme bereits dysphonische Symptome aufzeigt, werden gleich zum Phoniater geschickt, der ihnen dann eine phoniatrisch-logopädische Therapie verschreibt. Welche sonstigen Diagnosen bringt der SET noch?

- Dialekt und Aussprache: Mitunter ist deutlich ein Dialektakzent zu hören. Doch gilt heute die Standardaussprache als Norm für die Öffentlichkeit, wozu außer den Medien auch Katheder, Kanzel und die Schule zählen.
- Formulieren: Andere haben erhebliche Formulierungsschwierigkeiten: Wortfindungsprobleme, Grammatikfehler, Gedankensprünge, Durcheinander in der Themenentwicklung usw. Wenn eine elementare Sprechdenkfähigkeit nicht grundlegend entwickelt wird, kann es einem um diejenigen nur Leid tun, die solchen Ausführungen folgen müssen, die Schüler/innen.
- Zuhören: Während manche Gesprächspartner/innen im SET glasklar formulieren, Äußerungen gut aufbauen (keine Abschweifungen und Gedankensprünge), semantisch und syntaktisch gut verständlich sind, auch sprecherisch keine Merkmale aufweisen, die Verstehensbarrieren bilden könnten, haben andere extreme Schwierigkeiten mit dem sog. Kontrollierten Dialog: Sie sind kaum in der Lage, das Gehörte vollständig und ohne sehr eigenwillige Veränderungen wiederzugeben, so dass die Partner sich rundum missverstanden fühlen müssen. Sie sind egozentrische Hörer – eine schlechte Voraussetzung für die Empathiefähigkeiten, die Lehrer/innen nun einmal brauchen.
- Vorlesen: Unkommunikativ, d. h. nicht sinnvermittelnd und nicht partnerorientiert, dadurch unverständlich ist oft die Art, wie Studierende den Standardtext im SET ablesen. Hier stimmt keine Pausengliederung, keine Akzentuierung. Die Lesefassung wirkt zerhackt, willkürlich, unsensibel, als ob die Vorlesenden von dem Text selber überhaupt nichts verstanden hätten. Da Zitate einen gar nicht so geringen Teil des Lehrervortrags ausmachen, ist die Prognose für den Unterricht ungünstig.

## 3.2 Teilmodul Grundlagen des Sprechens und Hörens

Deutschlehrer/innen beeinflussen die Motivation der Schüler/innen nicht nur durch die Unterrichtsziele, -inhalte und -methoden, sondern auch durch die Gesprächsführung sowie durch ihren Umgang mit ihrer Stimme. Eine gesunde, resonanzreiche Stimme der Lehrenden motivieren Schüler/innen zum Zuhören und erleichtern ihre Konzentration auf die Lerninhalte und -ziele. Deshalb bilden sie den Gegenstand des Teilmoduls *Grundlagen des Sprechens und Hörens.*

### Atem- und Stimmbildung

Ziel von Sprecherziehung im Lehramtsstudium (Deutsch) ist u. a., die Eignung von künftigen Pädagogen mit professionellen Methoden zu erkennen und zu entwickeln (aktuelle Hinweise unter: http://www.sprewi.de/). Durch Atem- und Stimmbildung sollen Störungen vermieden bzw. überwunden werden; angestrebt werden angemessene Atemführung als Voraussetzung sinnrichtiger Pausierung und Akzentuierung, ebenso physiologische Stimmführung als Voraussetzung von wirkungsbezogener Melodieführung und Klangfarbendifferenzierung beim Vorlesen und Freisprechen. Dysphonien, die durch unbewusstes oder bewusstes Lernen von fehlerhaften Phonationsabläufen erworben werden und durch Gewohnheit bedingt sind, sollen mit Hilfe sprecherzieherischer Stimmbildung verhindert werden. Atmung, Bewegung und Spannung, Stimme, Artikulation und Prosodie bilden hierbei eine Einheit. Ziel ist es, die Stimmfunktion und die mit ihr zusammenhängenden muskulären Funktionssysteme und Regelkreise in Einklang zu bringen, unphysiologische Körperspannungen und -haltungen zu vermeiden und so eine resonanzreiche, tragfähige, belastbare Stimme herauszubilden (Spiecker-Henke 1997, Wendler/Seidner/Kittel/Eysoldt 1996, Wirth 1994, 1995).

Atem- und Stimmbildung lenken zwar die Aufmerksamkeit auf spezifische Teilfunktionen des Sprechens, indem Einzelheiten, die der Ausbildung bedürfen, gesondert geübt werden. Es geht aber nicht darum, isolierte Sprechtechniken zu lehren, sondern Ziel ist die Optimierung der Kommunikationsfähigkeit. Jegliche Übung führt deshalb umgehend zur Ganzheit der kommunikationsbezogenen Sprechleistung (stellvertretend Fiukowski 1992).

### Ausspracheschulung

Aussprachestörungen und zu starke Dialektaussprache sollen vermieden bzw. überwunden werden; angestrebt werden Standardaussprache und hörer- und medienangemessene Deutlichkeit beim Vorlesen und Freisprechen. Ausspracheschulung umfasst nicht nur die Lautbildung, denn die Artikulation wird entscheidend von der rhythmisch-melodischen Gestaltung der Sprecheinheit beeinflusst. Es geht deshalb vorrangig um die Vermittlung und Bildung von situativ und expressiv variablen Mustern und ihre Festigung bis zur Automatisierung. Angestrebt wird die sowohl grundsätzlich als auch individuell günstigste Haltung und Bewegungsform der Artikulationsorgane bei der Lautbildung. Vorhandene automatisierte und gewohnte audio-motorische Muster sollen gegebenenfalls gelöscht, stattdessen andere Regulative aufgebaut werden. Das bedeutet aber nicht mechanistisches Aussprachetraining ohne funktionalen Bezug, sondern die Ausspracheübungen werden den Bedingungen realistischer Kommunikation angepasst. Ziel ist die jeweils angemessene Verwendung der Standardaussprache in verschiedenen Kommunikationssituationen.

Voraussetzung für alle Korrekturen des Sprechprozesses ist das analytische Hören. Damit wird die Fertigkeit bezeichnet, Sprechereignisse mit Hilfe des Gehörs segmental und suprasegmental in Merkmale und Merkmalskomplexe zu zerlegen und durch inneres Mitvollziehen der physiologischen Abläufe auf die Art und Weise ihrer Erzeugung zu schließen. Das analytische Hören verweist auf die enge synästhetische Verknüpfung der auditiven Perzeption mit kinästhetischen Sinnesqualitäten.

Stimm- und Artikulationsschulung beinhalten deswegen immer auch Trainingsprozesse zum analytischen Hören. Trainierte Hörer können die Segmente von Sprechereignissen und ihre Merkmale auf ihre phonetische *Norm* hin abfragen. Diese Norm ist allerdings keine konstante und eindeutige Größe, denn sie hängt ab von und ist wesentlich durchsetzt mit anderen Aspekten des kommunikativen Inhalts der sprachlichen Äußerung (Lemke 2006b).

## Sprechdenken und Hörverstehen

Die Termini *Sprechdenken* und *Hörverstehen* fassen *Hören* und *Verstehen* und *Meinen* und *Sagen* zusammen, indem sie die Gleichzeitigkeit, das Ineinandergreifen, die Interdependenz der Prozesse von Sinn-Intendieren, Sprachlich-Formulieren und Sprechschall-Erzeugen, von Schall-Hören und Sinn-Deuten akzentuieren (vgl. Gutenberg 2001, 91). Bei der sprecherzieherischen Arbeit am Sprechdenken und Hörverstehen stehen zwei Fragen im Mittelpunkt: *Wie sage ich, was ich meine, so, dass andere es hören und verstehen können?* und *Wie verstehe ich, was ich höre, so, wie der/die andere es meint?* (vgl. H. Geißner 1960).

Sinnvollerweise sind Übungen zum Sprechdenken und Hörverstehen immer *gleichzeitig* solche zum Sprechdenken *und* Hörverstehen. Das reflektiert die dialogisch begründete Komplementarität beider Dimensionen. Geübt werden kann zum Beispiel im kontrollierten Dialog: Der Sprecher orientiert sich bei seinen Formulierungen an der vom Hörenden mit Hilfe der fünf Finger der Hand demonstrierten Sinnschrittwahrnehmung; der Hörende orientiert sich an den – im Verlauf der Übung deutlicher wahrzunehmenden – Gliederungssignalen des Sprechenden. Die Abzählung von Sinnschritten an den fünf Fingern wiederum folgt der Einsicht, dass Äußerungskomplexe, die ca. 30 Sekunden nicht überschreiten, als gedankliche Einheit wahrgenommen und reproduziert werden können. Das Fünf-Finger-Merksystem kommt bereits in der Memoria-Lehre (memoria: Gedächtnis) der antiken Rhetorik vor.

### Sprechausdruck

Sprechausdruck wird als Oberbegriff für situations- und stimmungsadäquat konventionalisierte Gestaltungsweisen und -muster im Sprechschall verstanden, mit denen unter anderem Rollen- und Handlungsmuster realisiert werden. Er umfasst Merkmale wie Stimmhöhe, Lautheit, Stimmklang, Sprechgeschwindigkeit, Artikulation (und ihre jeweiligen Veränderungen), Merkmalskomplexe wie Akzentuierung, Gliederung, Rhythmus, Sprechspannung und andere.

Im Gegensatz zum angeborenen stimmlichen Ausdrucksverhalten (bei Basisemotionen wie z.B. Wut, Angst) ist der situations- und stimmungsabhängige, (intendiert) gestaltete Sprechausdruck nicht vorrangig biologisch, sondern sozial determiniert und wird durch kommunikative Vorbilder gelernt. In konkreten Kommunikationsereignissen werden Sprechausdrucksweisen produziert und rezipiert. Wenn bestimmte Sprechausdrucksweisen sich regelmäßig wiederholen und an ähnliche Bedingungen geknüpft sind, wenn sie also geordnet, regelhaft erscheinen, liegt die Vermutung nahe, dass es dafür Sprechausdrucksmuster in den Köpfen der Kommunizierenden gibt (vgl. z.B. Gutenberg 2001). Diese Muster sind in Prozessen gesellschaftlicher Kooperation entstanden und prägen das Verhalten und Handeln der Mitglieder sozialer Gemeinschaften. Es handelt sich überwiegend um implizite Kenntnisse über und Fähigkeiten zur situations- und stimmungsabhängigen Variation von Sprechausdrucksweisen, die als Regulationsbasis für Kommunikationstätigkeit dienen. Sie sind mit interiorisierten Erwartungsvorstellungen über die Adäquatheit konkreter Sprechausdrucksgestaltungen verbunden, haben also Bezug zur jeweiligen Kommunikations- und Kulturgemeinschaft. Sprechausdrucksgestaltungen sind historisch bedingt, eng verbunden mit der kulturellen Tradition und leicht wandlungsfähig (vgl. Krech/Richter/Stock/Suttner 1991; Gutenberg 2001; Bose 2003). Man denke an den Wechsel im männlichen Stimmideal im 20. Jahrhundert vom schnarrenden preußischen Leutnant über die schmalzigen Tenöre der Vor- und Nachkriegszeit zu den rauen Bässen seit ‚Bonanza'. Sprechausdruck ist immer Ausdruck *am* Sprechen und kann daher nicht isoliert geübt werden. Seine Variabilität ist Voraussetzung für emotionale und situative Differenzierung in Gespräch und Rede. Seine Übung erfolgt daher als integraler Bestandteil von Gesprächs- und Redeerziehung bzw. von Sprechkunst-Erziehung (siehe dort).

### Leselehre

Sprechwissenschaftliche Leselehre umfasst die Theorie und Didaktik des Vorlesens (ausführlich vgl. z. B. Ockel 2000; Gutenberg 2001). In der Theorie geht es darum, Regeln für mögliche sprecherische Realisierungen zu formulieren, die sich aus einer gegebenen Textstruktur ergeben. Das betrifft den sprachbezogenen und textbildenden Teil des Sprechausdrucks, also die Prosodie, hierbei vor allem die Gliederung in Sprecheinheiten, die Signalisierung ihrer Abgeschlossenheit/Nichtabgeschlossenheit, die Akzentuierung sinnwichtiger Wörter. In der Didaktik der Leselehre wird die Fähigkeit zum sinnfassend-sinnvermittelnden, hörerbezogenen Vorlesen ausgebildet. Dazu gehört die Vermittlung von Regelkenntnissen über den Zusammenhang zwischen Aussageabsicht, Text- und Prosodiestruktur ebenso wie die Vermittlung von Fähigkeiten und Fertigkeiten zum Anwenden dieser Regeln. In einer Untersuchung zur Lese-, Rede- und Gesprächsfähigkeit mit über fünftausend Lehramtskandidat/innen (Lemke 2006a) war ein Viertel der Studierenden nicht in der Lage, einen Text so vorzulesen, dass Hörer – künftig also Schüler/innen – zum Zuhören angeregt werden und mühelos folgen können (Lemke/Bielfeld/Voigt-Zimmermann 2006, 90 mit Bezug auf die Studie von Lemke 2006a).

Die zukünftigen Deutschlehrer/innen sollen befähigt werden, die immer noch nicht überwundene Tradition des mechanistischen Flüssiglesens endgültig zu verlassen und stattdessen authentische Vorlesesituationen zu finden bzw. zu schaffen, um das Vorlesen zum gemeinsamen Vergnügen von Lehrenden und Lernenden, von Vorlesenden und Zuhörenden zu machen.

Zunächst machen die Studierenden methodische Erfahrungen zur Textarbeit (Erarbeitung von Sprechfassungen), indem sie z. B. Vorlesetexte prosodisch durcharbeiten. Aus der Erkenntnis von regelhaften Zusammenhängen zwischen Sprachgestalt, Sprechgestalt und Hörverstehen folgt, dass bestimmte Texteigenschaften eine hörverständliche sprecherische Realisierung erleichtern, dass andere sie erschweren können. Deswegen gehört zur Leselehre auch, Kriterien zur Textauswahl (Sprechbarkeit von Texten) zu erarbeiten. Mit einer solchen Konzeption von Leselehre sind Anknüpfungspunkte zur Eigen- und Lehrkompetenz im Schreiben von leseverständlichen und sprechbaren Texten gegeben.

Dieses Prinzip *sprechnaher Schriftlichkeit* (vgl. H. Geißner 1988) gilt nicht nur für das Produzieren künstlerischer Texte, sondern vor allem für das Produzieren alltagsnaher Gebrauchstexte wie Vorträge, Aufsätze, Reden. Eine so verstandene Leselehre kann nicht nur dem Deutschunterricht, sondern darüber hinaus allen Fächern dienen. Leselehre in der Schule umfasst demnach das Vorlesen fremder und eigener Texte

- als Vorstufe einer Didaktik sprechkünstlerischer Textinterpretation,
- als Teil der muttersprachlichen Ausbildung und der Ausbildung im Deutschen als Fremdsprache,
- vor allem aber als Teil der Vorbereitung auf Schreib-Sprech-Berufe (ausführlich vgl. Bose 2004).

## 3.3 Teilmodul Rhetorische Kommunikation

In der oben genannten Untersuchung (Lemke 2006a) zeigten sich auch deutliche Defizite in der Rede- und Gesprächsfähigkeit, so konnte etwa die Hälfte der untersuchten Lehramtsstudierenden keine freie Rede nach Stichwortkonzept folgerichtig gegliedert, inhaltlich, sprachlich und sprecherisch gut verständlich halten und ein Fünftel sprach in Übungen zum Lehrervortrag ohne Hörer- und Situationsbezug (Lemke/Bielfeld/Voigt-Zimmermann 2006, 90). Die Notwendigkeit zur Ausbildung in diesen Bereichen steht also außer Frage. Im Bereich der rhetorischen Kommunikation sollen Anwärter/innen für das Lehramt Deutsch befähigt werden,

- Redeformen zu beherrschen und didaktisch-methodisch zu reflektieren,
- Gesprächsformen zu beherrschen und didaktisch-methodisch zu reflektieren,
- Möglichkeiten des Umgangs mit Konflikten zu kennen.

Diese Zielformulierungen führen zu folgenden Inhalten:

- Arbeit an Gesprächsformen wie Besprechungen, Konferenzen, Verhandlungen, Teamgesprächen, Debatten, Konflikt- und Beratungsgesprächen usw.,
- Arbeit an Redeformen wie Vorträgen, Präsentationen, Meinungsreden, Ansprachen, Referaten usw.,
- Arbeit an Basisformen wie Argumentieren, Informieren, Erzählen, Unterhalten.

Rhetorisch betrachtet sind Deutschlehrende Redner/innen, Gesprächsleiter/innen und Gesprächsführer/innen im beratenden und konfliktbearbeitenden Zweiergespräch. Rede- und Gesprächserziehung, die Deutschlehrende als Basis ihrer didaktisch-methodischen Kompetenz erfahren müssen, wird darum alle Gesprächs- und Redeformen des Kommunikationsraums Schule thematisieren mussen. Dies geschieht in zweierlei Formen von Selbsterfahrung:

- in Selbsterfahrungsseminaren an der Universität,
- in den Orientierungs- und fachdidaktischen Praktika an den Partnerschulen unter Supervision.

In beiden Formen entwickeln die Studierenden ihr kommunikatives Können weiter in einem Rhythmus von Selber-Tun – Rückmeldung erhalten (z. T. videounterstützt) – Selbstreflexion mit Formulierung von Aufgaben (woran jetzt arbeiten?) – Selber-Tun – Rückmeldung usw. Dass in solchen Prozessen ein besonderes Augenmerk auf Kommunikativität und Variabilität des Sprechausdrucks (s. o.) gelegt wird, ist angesichts der Psychodynamik von Erziehung und Unterricht selbstverständlich.

Kennzeichnend für die methodische Gestaltung der Sprecherziehung ist ihr übungsintensiver Charakter. Die Studierenden im Lehramt Deutsch sollen nicht nur Kenntnisse über Grundlagen der Sprechbildung und der rhetorischen Kommunikation erlangen, sondern sie sollen Fähigkeiten und Fertigkeiten entwickeln, die ihnen helfen, den stimm- und sprechintensiv belasteten Lehrerberuf gesund und wirksam ausüben zu können. Sie sollen außerdem ihre vorbildhafte Verantwortung für das kommunikative Verhalten ihrer Schüler/innen und damit auch für das kommunikative Klima in den Klassen erkennen und wahrnehmen können. Nur auf diese Weise kann der/die Lehrer/in den vielfältigen kommunikativen Anforderungen an den Lehrberuf gerecht werden und ihn für sich selbst und für die Schüler/innen befriedigend ausfüllen. Genau genommen sind die oben skizzierten Übungen zu Sprechdenken und Hörverstehen propädeutisch für rhetorische Kompetenz, da sie die Elemente des Gesprächs und selber nur als dialogische zu erarbeiten sind.

## Feedback

Im Feld rhetorischer Kommunikation wird besonders deutlich, wie sehr die Eigenkompetenz Teil der Lehrkompetenz ist, unter anderem am Beispiel Feedback: Das Feedback-Nehmen-Können ist entscheidend im Training der Eigenkompetenz. Dabei werden die Grundlagen gelegt für Feedback-Geben-Können – nicht nur in Prozessen von Gesprächserziehung. Feedback bewirkt:

- Reduzierung des eigenen blinden Flecks, eine realistische Einschätzung des eigenen kommunikativen Könnens, insbesondere der Wirkung des eigenen Sprechausdrucks.
- Eine gute Beobachtungs- und Analysefähigkeit für Gesprächsprozesse, für (auch prosodische) Mikrostrukturen in Gespräch und Rede. Um diese zu trainieren, sind gesprächsanalytische Arbeiten, insbesondere das Studium der Aufzeichnungen und Transkripte, hervorragend geeignet. Eine systematische Aufarbeitung, zielend auf ihre methodische Integration in die Lehrerbildung, steht allerdings noch aus.
- Darauf aufbauend wird der Lehramtskandidat in Methodik-Seminaren und im fachdidaktischen Praktikum unter Supervision lernen, seine Beobachtungen und Analysen folgendermaßen mitzuteilen:

  Regel 1: Welche Rückmeldung ist jetzt dran? Aus dem vielen, was zu beobachten ist, gilt es auszuwählen, was primär wichtig ist, was dem Schüler/der Schülerin jetzt nützlich ist, was er/sie akzeptieren kann, woran er/sie als nächstes arbeiten kann.

  Regel 2: Rückmeldungen sind Beschreibungen von Wirkungen. Der Rückmeldende beschreibt, welche Reaktionen eine Aktivität, Aussage etc. bei ihm auslöst. Dabei kann er bei dem bleiben, was er selber an Reaktionen gespürt hat, er kann auch Fremdperspektiven einnehmen und mutmaßliche Wirkungen bei anderen formulieren. Verboten sind Charakteranalysen und Spekulationen über Motive und Ziele der Sprechenden.

Regel 3: Wirkungen werden erklärt. Dazu gehört auf der Seite der Rückmeldenden eine Explikation ihrer habituellen und situativen Voraussetzungen, die dazu beitragen, dass genau diese Wirkung jetzt eingetroffen ist. Auf der Seite der Adressaten/innen gehört dazu eine präzise Beschreibung auf der Merkmalsebene, welches konkrete Vorkommnis für die beschriebene Wirkung verantwortlich ist (z. B. Wortwahl, Lautheit, Unterbrechungen, fehlender Blickkontakt, Satzabbrüche, Wortfindungsschwierigkeiten usw.).

## Gesprächs- und Redeerziehung

Gesprächsfähigkeit ist eine komplexe Fähigkeit, die sich aus dem Zusammenspiel verschiedener Fähigkeiten zusammensetzt: z. B. angemessen, zielorientiert und effektiv sprechhandeln, situationsangemessen die Gesprächsorganisation regeln, Themen zielbezogen bearbeiten und die Beziehung zum Gesprächspartner so gestalten, dass Verständigung erreicht werden kann (vgl. Hannken-Illjes 2004, Lepschy 2002). Als Lernziel umfasst Gesprächsfähigkeit in Anlehnung an Lepschy (2002, 52 f.) mehrere Dimensionen:

- Die Lernenden sollen von einem intuitiven zu einem analytischen Problembewusstsein gelangen (Sie wissen etwas.).
- Sie sollen eigene kommunikative Handlungsspielräume erweitern (Sie können etwas.).
- Sie sollen selbst davon überzeugt sein, etwas zu wissen und zu können, und sich deshalb auch trauen, dies anzuwenden (Sie wollen etwas.).
- Sie sollen kommunikative Normen und Anforderungen erkennen und in der Folge angemessen und flexibel darauf reagieren, d. h. gegebenenfalls konfligierende Anforderungen an Sach- und Zielbezug sowie an Selbst- und Partnerbezug im Gespräch aushalten und damit umgehen (Die Lernenden sind flexibel.) (ausführlicher hierzu Bose/Schwarze 2007).

Erstens müssen die Studierenden diejenigen Fähigkeiten, die die Voraussetzungen für das Führen von Gesprächen sind, differenziert ausbilden und reflektieren lernen. Zweitens bedarf es des methodischen Grundprinzips der Gesprächserziehung, des erfahrungsorientierten Lernens, das an die Lehrenden besondere Anforderungen stellt. Gesprächsfähigkeit zu vermitteln ist also kein Unterricht im üblichen Sinne, keine kondensierte Informationsvermittlung in Form von kleinschrittigen, fertigkeitszentrierten Übungen.

Als Konsequenz der veränderten Methodik sind die Rahmenbedingungen zu verändern, wie z. B. ein anderer Zeitrahmen (Unterricht in den üblichen 45-Minuten- oder 90-Minutentakten ist angesichts des komplexen Gegenstandes nicht sinnvoll, sondern es sind größere Zeiteinheiten vorzusehen). Aber vor allem sind Organisationsformen des sozialen Lernens sowie ein entsprechendes Selbstverständnis der Rolle der/s Lehrenden angemessen. Das ist nötig, weil die

Vermittlungssituation reflexiv ist, denn Gesprächsfähigkeit kann nur kommunikativ vermittelt werden (Fiehler/Schmitt 2004, 118). Die Art der Kommunikation im Unterricht wirkt also normsetzend für die Lernenden, denn sie schafft einen praktischen, (kommunikations)ethischen und (diskurs)kulturellen Rahmen. Dem Umstand, dass Lernende Kommunikationsfähigkeiten mitbringen – Fiehler/Schmitt (2004, 123) sprechen von *partiell geteilter Expertise* für den Gegenstand – muss Rechnung getragen werden. Die Lehrenden sind in stärkerem Maß als Moderator/innen von Gruppenprozessen gefordert denn als Vermittler/innen von Wissen. Deshalb müssen Lehrende Kenntnisse und Fähigkeiten in Moderationsmethodik als einer Prozessbegleitung von Gruppen haben (vgl. Lüschow/Zitzke/Pabst-Weinschenk 2004). Besonders hier wird deutlich, wie sehr die Gesprächsfähigkeit der Lehrenden identisch wird mit ihrer Gesprächsfähigkeits-Lehrfähigkeit. Beide beinhalten auch Redefähigkeit im Sinne von:

- Sachverhalte systematisch darstellen können,
- auf Fragen auch längere Erklärungssequenzen klar und grammatisch elaboriert liefern können,
- Impuls-Referate vorbereiten und ggf. (bei Fragen der Schüler/innen) auch variieren können usw.

Alle diese Formen der Rede (inklusive einer auch leicht den Schüler/innen weiter zu vermittelnden Stichwortmethode) werden in übungsintensiven Trainingsseminaren in einer grundsätzlich dialogischen Haltung vermittelt: Rede initiiert Gespräch, bündelt es, ersetzt es, wenn eine Gruppe so groß ist, dass nicht mehr alle eingreifen können.

## 3.4 Teilmodul Sprechkünstlerische Kommunikation

Es ist dieser Bereich, in dem die Arbeit an der Eigenkompetenz der Deutschstudierenden weiter geht als die an der Eigenkompetenz der anderen Lehramtskandidat/innen. Es geht um Prozesse ästhetischen Sprechens und Hörens,

- mit und ohne literarische Texte,
- darstellend und nicht darstellend,
- in unterschiedlichen Formen von Spiel und ästhetischer Aktion,
- innerhalb und außerhalb der Medien (z.B. Berthold 1985; Krech 1987; Gutenberg 2001, Kapitel 6.2 ).

Die Basis für den Erwerb eigener sprechkünstlerischer Fähigkeiten und Fertigkeiten bilden die erworbenen Fähigkeiten und Fertigkeiten in Sprechausdruck und Leselehre. Für künftige Deutschlehrer/innen zentral ist im Literaturunterricht – wie es in manchen Lehrplänen hieß – das *ausdruckstarke und ausdrucksrichtige* Sprechen literarischer Texte, insbesondere Lyrik. Nun geht es nicht darum, dass Deutschlehrer/innen literarische Texte professionell rezitieren können auf einem Niveau, wie es für Hörbücher gefragt ist. Das wäre möglicherweise für die Schule sogar kontraproduktiv. Angesichts der fast vollständigen Literaturabstinenz in vielen Bevölkerungsschichten muss der Literaturunterricht versuchen, möglichst lebendig und direkt einen spielerischen, unterhaltend-bewegenden Einstieg in alles anzubieten, was mit Sprache, Spiel und Kunst zu tun hat. Die Deutschlehrenden müssen dazu in ihrer Eigenkompetenz einige Voraussetzungen mitbringen:

- Einen Sprachstil im Spontanformulieren, der in Wortwahl, Idiomatik und Grammatik deutlich über den Nachlässigkeiten der Alltagskommunikation liegt (hierbei trägt sehr stark die regelmäßige Lektüre schöner Literatur bei, was bei Deutschlehrenden ja eine Selbstverständlichkeit sein sollte).
- Freude an jeder Form von spielerischem Umgang mit Sprache und Texten. Z. B. sollten Deutschlehrende gern und gut erzählen können, Sinn für Wortspiele und Witze haben, Sprechfassungen von Literatur (Hörbücher) und Theaterinszenierungen gut erklären können, die sprechkünstlerische Leitung analysieren und bewerten können.
- Einen lebendigen Sprechausdruck beim Spontansprechen und Vorlesen, also eine normale, nicht reduzierte Stimme und eine gewisse Beweglichkeit und Variabilität des sprecherischen Ausdrucks in Melodie, Tempo, Lautstärke und Artikulation, die zum Zuhören einladen.
- Schließlich sollten sie selber literarische Texte, auch Dramen, auf einem Niveau rezitieren, spielen und inszenieren können, das dem guter Amateurtheateraufführungen entspricht. Das muss keineswegs den (im Übrigen auch nicht immer perfekten) Sprechfähigkeiten der Berufskünstler entsprechen, aber ein Minimum an Gestaltungswillen und -kraft erkennen lassen, das vor allem deutlich macht, dass Sprechen und Spielen eine genussvolle, sehr persönliche Form ist, sich Literatur im Wortsinne anzueignen. Dieser Könnensgrad ist in intensiven Trainings in Kleingruppen für die meisten Studierenden durchaus erreichbar.

## 4 Schluss

Sechs SWS Arbeit an der Eigenkompetenz, acht SWS Arbeit an der Lehr- und der curricularen Kompetenz, zwei SWS Wissensvermittlung – das gibt es an keiner Universität im Lehramtsstudium. Die Regel sind zwei SWS, die noch nicht mal für alle Lehrämter obligatorisch sind, allenfalls Wahlpflicht. Allen, die sich mit kommunikationspädagogischen Bildungsprozessen egal welcher Art auskennen, ist aber klar, dass die Veränderung personaler Kommunikationsmuster ein langwieriger, intensiver Prozess von Erfahrungslernen in Kleingruppen ist. Die Zahlen, die sich aus unserer Skizze ergeben, sind noch sehr niedrig gegriffen. Lehrerbildung, die nicht – ob im Rahmen der Sprecherziehung oder mit anderen kommunikationspädagogischen Zugriffen – ein solches Curriculum realisiert, wird weiterhin Lehramtsanwärter/innen in die Schulen schicken, die kommunikativ unzureichend ausgebildet sind (was wirklich notwendig wäre, dazu stellvertretend Gutenberg (Hrsg.) (2004).

## Literatur

Berger, Roswitha: Berufsunfähigkeit bei Pädagogen – eine phoniatrische Analyse aus Berlin-Leipzig-Dresden. In: HNO-Praxis 14 (1989a), 153–158

Berger, Roswitha: Phoniatrische Tauglichkeitsentscheidungen der Jahre 1979 bis 1985 in Leipzig. In: HNO-Praxis 14 (1989b), 217–220

Berger, Roswitha: Analyse von Stimmerkrankungen in sprechintensiven Berufen. In: Otorhinolaryngol. Nova 1, 1991, 305–308

Berthold, Siegwart (Hrsg.): Gedichte sprechen und interpretieren: Konzepte und Beispiele für den Deutschunterricht ab 5. Schuljahr. (= Schriften zur Deutsch-Didaktik). Bonn-Bad Godesberg: Dürr 1985

Beschlüsse der Kultusministerkonferenz: Bildungsstandards im Fach Deutsch für den Mittleren Bildungsabschluss. Beschluss vom 4.12.2003. Hrsg v. deutsche Minister für Bildung, Wissenschaft und Kultur Neuwied: Luchterhand 2003

Beschlüsse der Kultusministerkonferenz: Bildungsstandards im Fach Deutsch für den Hauptschulabschluss. Beschluss vom 15.10.2004. Hrsg v. deutsche Minister für Bildung, Wissenschaft und Kultur. Neuwied: Luchterhand 2004

Bose, Ines: Kindlicher Sprechausdruck im sozialen Rollenspiel. Frankfurt am Main: Peter Lang 2003

Bose, Ines: Sprechwissenschaftliche Leselehre und Schule. In: Gutenberg, Norbert (Hrsg.): Sprechwissenschaft und Schule. (= Sprache und Sprechen 45). München, Basel: Reinhard 2004, 54–61

Bose, Ines/Gutenberg, Norbert: Sprechwissenschaft und Sprecherziehung in der Lehrerbildung. In: Knapp, Karlfried/Antos, Gerd/Becker-Mrotzek, Michael/Deppermann, Arnulf/Göpferich, Susanne/Grabowski, Joachim/Klemm, Michael/Villiger, Claudia (Hrsg.) Angewandte Linguistik. Ein Lehrbuch. Tübingen, Basel: Francke 2004, 56–77

Bose, Ines/Schwarze, Cordula: Lernziel Gesprächsfähigkeit im Fremdsprachenunterricht Deutsch. In: Zs. Für interkulturellen Fremdsprachenunterricht 12:2, 2007 http://zif.spz.tu-darmstadt.de/

Eriksson, Brigit: Bildungsstandards im Bereich der gesprochenen Sprache. Eine Untersuchung in der 3., der 6. und der 9. Klasse. (Basler Studien zur deutschen Sprache und Literatur, Band 85) Tübingen/Basel: Francke 2006

Fiehler, Reinhard/Schmitt, Reinhold: Die Vermittlung kommunikativer Fähigkeiten als Kommunikation. Kommunikationstrainings als Gegenstand der Gesprächsanalyse. In: Becker-Mrotzek, Michael/Brünner, Gisela (Hrsg.): Analyse und Vermittlung von Gesprächskompetenz. Frankfurt am Main: Peter Lang 2004, 113–135

Fiukowski, Heinz: Sprecherzieherisches Elementarbuch. Tübingen: Niemeyer 1992

Geißner, Hellmut: Wie sag ich, was ich meine? In: Deutsche Landjugend 3,4,5,6, 1960

Geißner, Hellmut: Sprecherziehung. Didaktik und Methodik der mündlichen Kommunikation. Königstein: Scriptor 1986

Geißner, Hellmut: mündlich:schriftlich. Sprechwissenschaftliche Analysen 'freigesprochener' und 'vorgelesener' Berichte. Frankfurt/M.: Scriptor 1988

Geißner, Ursula: Gespräche lernen. In: Praxis Deutsch (1979) Heft 33, 41–44

Geißner, Ursula: Lehrerreaktionen und sprecherischer Ausdruck. Zur Relevanz von suprasegmentalen Merkmalen in Unterrichtsprozessen. Gießen: Schmitz 1985

Gutenberg, Norbert: Einführung in Sprechwissenschaft und Sprecherziehung. Frankfurt am Main: Peter Lang 2001 (dort auch systematische Auswahlbibliographie)

Gutenberg; Norbert (Hrsg.): Sprechwissenschaft und Schule: Sprecherziehung – Lehrerbildung – Unterricht. Sprache und Sprechen Bd. 43, München, Basel: Reinhardt 2004

Gutenberg, Norbert/Pietzsch, Thomas: Pilotstudie zur Karriere von Lehrerstimmen mit stimmpathologischem Befund bzw. Prognose eines stimmpathologischen Risikos unter Unterrichtsbelastung: Zwischenergebnisse. In: Anders, Lutz Christian/Hirschfeld, Ursula (Hrsg.): Sprechsprachliche Kommunikation. Probleme, Konflikte, Störungen. Frankfurt am Main: Peter Lang 2003, 111–120

Gutenberg, Norbert/Pietzsch, Thomas: Pilotstudie zur Karriere von Lehrerstimmen mit stimmpathologischem Befund, bzw. Prognose eines stimmpathologischen Risikos unter Unterrichtsbelastung. Ein Forschungskonzept. In: Helmut Geißner (Hrsg.): Das Phänomen der Stimme. St. Ingbert: Verlag Röhrig 2004, 207–212

Hannken-Illjes, Kati: Gute Gründe geben. Ein sprechwissenschaftliches Modell argumentativer Kompetenz und seine didaktischen und methodischen Implikationen. Frankfurt am Main: Peter Lang 2004

Krech, Eva-Maria: Vortragskunst: Grundlagen der sprechkünstlerischen Gestaltung von Dichtung. Leipzig: VEB Bibliographisches Institut 1987

Krech, Eva-Maria/Richter, Günther/Stock, Eberhard/Suttner, Jutta: Sprechwirkung. Grundfragen, Methoden und Ergebnisse ihrer Erforschung. Berlin: Akademie-Verlag 1991

Lemke, Siegrun: Die Funktionskreise Respiration, Phonation, Artikulation – Auffälligkeiten bei Lehramtsstudierenden. In: Sprache-Stimme-Gehör 30 (2006a), 24–28

Lemke, Siegrun: Sprechwissenschaft/Sprecherziehung. Ein Lehr- und Übungsbuch. (Leipziger Skripten). Frankfurt a.M.: Peter Lang 2006b

Lemke, Siegrun/Bielfeld, Kurt/Voigt-Zimmermann, Susanne: Initiative: Sprecherziehung im Lehramt. Forderungskatalog zur sprecherischen Ausbildung zukünftiger Lehrerinnen und Lehrer. In: Die Sprachheilarbeit. Jg. 51 (2) (2006), 88–91

Lemke, Susanne/Thiel, Susanne/Zimmermann, Susanne: Zur Notwendigkeit der Überprüfung stimmlich-sprecherischer Eignung für den Lehrerberuf. In: Gutenberg, Norbert (Hrsg.): Sprechwissenschaft und Schule. Sprecherziehung – Lehrerbildung – Unterricht. München/Basel: Reinhardt 2004, 164–171

Lepschy, Annette: Lehr- und Lernmethoden zur Entwicklung von Gesprächsfähigkeit. In: Brünner, Gisela/Fiehler, Reinhard/Kindt, Walter (Hrsg.): Angewandte Diskursforschung. Bd. 2: Methoden und Arbeitsbereiche. Radolfzell: Verlag für Gesprächsforschung 2002, 50–71

Lüschow, Frank/Zitzke, Elke/Pabst-Weinschenk, Marita: Gesprächsleitung und Moderationsmethodik. In: Pabst-Weinschenk, Marita (Hrsg.): Grundlagen der Sprechwissenschaft und Sprecherziehung. München: Reinhardt 2004, 143–152

Ockel, Eberhard: Vorlesen als Aufgabe und Gegenstand des Deutschunterrichts. Baltmannsweiler: Schneider 2000

Spiecker-Henke, Marianne: Leitlinien der Stimmtherapie. Stuttgart, New York: Thieme 1997

Wendler, Jürgen/Seidner, Wolfram/Kittel, Gerhard/Eysoldt, Ulrich: Lehrbuch der Phoniatrie und Pädaudiologie. Stuttgart, New York: Thieme 1996

Wirth, Günter: Sprachstörungen, Sprechstörungen, kindliche Hörstörungen: Lehrbuch für Ärzte, Logopäden und Sprachheilpädagogen. Köln: Dt. Ärzte-Verlag 1994

Wirth, Günter; Stimmstörungen: Lehrbuch für Ärzte, Logopäden, Sprachheilpädagogen und Sprecherzieher. Köln: Dt. Ärzte-Verlag 1995

# D

# Methoden und Medieneinsatz

MARIANNE POLZ

# D1 Methodenübersicht

*Mündliches auch als Mündliches behandeln*, das sollte ein Leitgedanke im Lernbereich *Mündliche Kommunikation* sein. Der Beitrag geht von einem weiten Methodenbegriff aus, der auch die innere Seite der Methode und somit die Komplexität kommunikativen Handelns, die Interaktion, Selbstständigkeit und Mitbestimmung der Schülerinnen und Schüler erfasst. Bei Methodenüberlegungen, die auf mündliche Kommunikationsbefähigung im Deutschunterricht abzielen, zeichnen sich Prozesse und Teilprozesse in gegenseitiger Überlagerung von Logik des Aneignungsgegenstandes und Logik des Aneignungsprozesses auf der Zielebene, der Inhaltsebene, der Zeitebene, der Ebene der Methoden und Mittel, der Ebene der Interaktionsformen ab. Deshalb wird eine erste Entscheidung davon bestimmt, ob mündliches Sprachhandeln Aneignungsgegenstand im Lernbereich *Mündliche Kommunikation* und/oder vor allem Medium des Deutschunterrichts sein soll (vgl. dazu den Beitrag von Becker-Mrotzek, C1). Weitere Einflussfaktoren auf die Methodenwahl betreffen z. B.:

- die von den Kultusministerien in den Lehrplänen vorgegebenen Lernziele und Lerninhalte, neuerlich die Kompetenzvorgaben der KMK (vgl. dazu auch den Beitrag von Eriksson, C2),
- die Prozesse der Produktion, Perzeption/Rezeption gesprochener Sprache und der Reflexion über sie in ihrer Verwobenheit und Wechselwirkung,
- die Merkmale der Mündlichkeit (vgl. dazu auch den Beitrag von Fiehler, B1), die in Teil- und Komplexübungen zu berücksichtigen sind,
- die Spielräume zur Kommunikationsbefähigung im Lehr-Lernprozess, die innerhalb der Institution Schule durch unterschiedliche didaktische Konzepte für den Lernbereich und für den Zugang zur Unterrichtskommunikation bestehen, deren Nutzung bzw. Ignorierung förderlich bzw. hemmend auf die Fähigkeitsentwicklung der Lernenden wirken kann,
- das Alter und den Entwicklungsstand der Lernenden und die damit gegebenen Möglichkeiten vs. Grenzen der Thematisierung mündlichen Sprachhandelns,
- die Persönlichkeitsmerkmale von Lehrenden und Lernenden, die im Unterrichtsprozess interagieren und kommunizieren, insbesondere die Kompetenzen der Lehrpersonen (vgl. dazu auch den Beitrag von Bose/Gutenberg, C8).

Methodische Entscheidungen setzen Wissen über den komplexen Prozess mündlicher Kommunikation im Deutschunterricht voraus. Im Lernbereich sind die vielseitigen Beziehungen und Teilprozesse unterschiedlicher Ordnung, die aufeinander einwirken, entsprechend dem fachdidaktischen Erkenntnisstand in ihrer Verlaufsqualität zu erfassen, um anschließend die Geschlossenheit des Unterrichtsprozesses wiederherstellen zu können. Der Methodenüberblick erfolgt mehrdimensional, vorrangig bezogen auf den *Lernbereich Mündliche Kommunikation*, unter folgenden Perspektiven:

1. Teilsysteme innerhalb der Komplexität mündlichen kommunikativen Handelns und Verhaltens und ihr Einfluss auf die Methodenwahl,
2. Grundprozesse mündlicher Kommunikation und ihr Einfluss auf die Methodenwahl,
3. Sprachlich-kommunikative Verfahren und ihr Einfluss auf die Methodenwahl,
4. Formen mündlicher Kommunikation,
5. Formen sekundärer Mündlichkeit in der ästhetischen Kommunikation.

## 1 Teilsysteme innerhalb der Komplexität mündlichen kommunikativen Handelns und Verhaltens und ihr Einfluss auf die Methodenwahl

Das im methodologischen Sinne Systembildende wird in der fachdidaktischen Literatur unterschiedlich benannt – als *das sprachlich-kommunikative Können und Verhalten, die Kommunikationsfähigkeit, die kommunikative Kompetenz* – und aus unterschiedlichen Perspektiven erklärt (vgl. dazu auch den Beitrag von Becker-Mrotzek, B3). Wichtig ist vor allem der Begriffs*inhalt*: Geht es in diesem Lernbereich vorrangig um produktiven, zweckmäßigen Sprachgebrauch in intentionaler und situativer Verwendung der Sprache oder umfasst er über das Sprachliche im engeren Sinne hinausgehend mehr, nämlich das *interagierende Individuum*? Letztere, also eine weite Fassung wird durch die Eigenschaften gesprochener Sprache (Fiehler/Barden/Elstermann/Kraft 2004, 56; vgl. auch den Beitrag von Brünner, B2) gestützt, die für den Lernbereich konstitutiv sind. Demzufolge ist Kommunikationsfähigkeit nicht allein auf sprachliche Voraussetzungen zurückführbar und auch nicht aus ihnen voll erklärbar, wenngleich ihnen eine hervorragende Bedeutung zukommt. Vielmehr wirken mehrere Subsysteme in komplizierter Weise zusammen. Sie müssen nicht bei jedem Sprecher qualitativ gleich ausgeprägt sein, um dennoch von Bedeutung zu sein. Das heißt, dass von interindividuellen Unterschieden bei Schüler/innen in jeder Phase der Befähigung auszugehen ist.

In dieser Sicht auf Kommunikationsbefähigung vollziehen sich Teilprozesse in mindestens den folgenden Subsystemen unterschiedlicher Dimensionalität: das interaktionale, das sprachliche, das perzeptive, das kognitive, das affektive, das motivationale Subsystem (vgl. dazu Polz 1992, 1994, 2006). In der Übersicht 1 soll grob umrissen werden, welche Aspekte darin aufgegriffen werden (sie musste aus Platzgründen erheblich verknappt werden). Eine zeitweilige Vereinzelung der ansonsten komplex wirkenden Gesichtspunkte bietet auch für Methodenentscheidungen Antworten auf die Fragen: Welche Teilfähigkeiten (kognitive, sprachliche, interaktive etc.) werden durch die gewählte Kommunikationsform (z. B. pantomimisches Spiel bzw. Rollenspiel, Gespräch, Kurzvortrag u. a.) bei der Themenbearbeitung besonders gefördert, welche spielen eine begleitende oder eine untergeordnete Rolle, wann werden sie komplex zusammengeführt? Welche Medien sollten in Verbindung mit der Kommunikationsform gewählt werden, weil sie geeignet sind, Eigenschaften des Mündlichen zu verdeutlichen (Ton- bzw. Videoaufnahmen, Transkriptausschnitte, Situationsbilder etc.)? Welche Themen sind für Schülerinnen und Schüler sowohl motivierend als auch sinnvoll, um Teil- bzw. komplexe Fähigkeiten mündlichen Sprachhandelns zu fördern? Welche Motivationsfaktoren wirken außerdem? Denn ein verbreitetes Problem der unterrichtlichen Praxis besteht beispielsweise in dem Irrtum, dass ein interessantes Thema schon alles richten wird. Häufig geschieht das Gegenteil: Lehrende und Lernende „steigen aus der Lernsituation aus" und im Fokus steht plötzlich nur noch das Thema, die Weiterentwicklung von Teilfähigkeiten innerhalb der mündlichen Kommunikation rückt aus dem Zentrum der Aufmerksamkeit.

## 2 Grundprozesse mündlicher Kommunikation und ihr Einfluss auf die Methodenwahl

Im Folgenden sollen die Grundprozesse mündlichen Sprachhandelns im Zusammenhang mit der Methodenwahl betrachtet werden. Zu den fachspezifischen Grundprozessen im Lernbereich *Mündliche Kommunikation* innerhalb des Deutschunterrichts gehören *Sprachproduktion*, *Sprachrezeption* und *Sprachreflexion*, die durch die Kombination der dominierenden Grundtätigkeiten konstituiert werden. Im Mittelpunkt der Befähigung stehen Sprechen und Sprechdenken, Hören und Hörverstehen, para- und nonverbales Agieren und dessen Wahrnehmung sowie die Herausbildung eines *rhetorischen Bewusstseins* (Polz 1992, 1994, 2006).

| Elemente und Teilprozesse im kognitiven Subsystem | Elemente und Teilprozesse im interaktionalen Subsystem | Elemente und Teilprozesse im sprachichen Subsystem |
|---|---|---|
| **1. Orientierung in der kommunikativen Situation, Erfassen ihrer Elemente, Festlegen der Textfunktion, der Kommunikationsabsicht, -form und -strategie**<br>• Generierung bzw. Rezeption gesprochener Äußerungen;<br>• Strategieentscheidungen innerhalb von K.formen;<br>• Berücksichtigung der Partnerperspektive.<br><br>**2. Herstellung der thematischen Kohärenz**<br>• Auswahl geeigneter Bewusstseinsinhalte in der Planungsdimension;<br>• Bearbeitung des Themas in der inhaltlich-theamtischen Dimension;<br>• Strukturierungsentscheidungen bei Partnerberücksichtigung;<br>• Textaufbauprinzipien und mögliche Wirksamkeit.<br><br>**3. Metakommunikative Reflexion**<br>Thematisieren von<br>• typischen Sprechsituationen und Formen;<br>• Wirksamkeit der Kommunikationsstrategie;<br>• inhaltlich-thematischer Entfaltung, K.strategien;<br>• Schwierigkeiten und Konflikten;<br>• Wirkung sprachlicher und nonverbaler Mittel.<br><br>**4. Mitgestaltung und Mitverantwortung der Schüler/innen**<br>• in verschiedenen Situationen und bei unterschiedlichen Themen;<br>• Entwickeln von Selbstständigkeit inn Analyse, Vergleich und Wertung von Äußerungen u. a. m. | **1. Beziehungsdimension durch Partnerreflexion**<br>• Bewertungsrahmen zwischen Partnern sichern (Einschätzung der Kenntnisse, Interessen etc.);<br>• kooperatives Verhalten gewährleisten;<br>• Evidenzerleben auslösen und kognitive Dissonanz beheben.<br><br>**2. Beziehungsdimension durch verbales, para- und nonverbales Handeln aufbauen**<br>• Inhalt für Zuhörer rhetorisch aufbereiten;<br>• Aufbau von Beziehungen durch Tongebung;<br>• Rückmeldeverpflichtung einhalten.<br><br>**3. Interaktionsbeziehungen in den monologischen und dialogischen Formen entwickeln**<br><br>**4. Metakommunikative Reflexion**<br>Thematisieren von<br>• Verständigungsbarrieren und ihres Abbaus;<br>• Gefahren eines zu geringen Kräfteeinsatzes;<br>• Varianten der Gestaltung des Verhältnisses Inhalt – Partner und ihrer Wirkung;<br>• Möglichkeiten der Partnerberücksichtigung und Verständnissicherung;<br>• Bedingungen für das Gelingen/Misslingen von Formen der Kommunikation;<br>• Regeln zum Verhalten in Kommunikationsformen und Situationen.<br><br>**5. Mitgestaltung und Mitverantwortung der Schüler/innen**<br>• bei Wahl der K.form, der Aufgaben- und Funktionsverteilung; | **1. Formulierungsdimension in Verbindung mit Befähigungsprozessen zu sprachlichem Gestalten**<br>• Aneignen von sprachlichen Repräsentationen, Mustern, Regeln, Prinzipien bei der Produktion und Rezeption gesprochener Äußerungen;<br>• Kenntnisse zu Arten von monologischen und dialogischen Äußerungen und ihren sprachlichen Repräsentationen;<br>• Strategien und Muster zur Realisierung von Kommunikationsverfahren, zur angemessenen semantisch-syntaktischen Kodierung;<br>• Aneignen ausgewählter rhetorischer Figuren.<br><br>**2. Formulierungsdimension in Verbindung mit der inhaltlich-thematischen Entfaltung in allen mündlichen Formen**<br>• zweckmäßige Wahl der Lexik und der Stilebene;<br>Bemühen um grammatische Richtigkeit;<br>• erkennbare Kohärenz bei Themenbearbeitung.<br><br>**3. Vetragsdimension**<br>Herausbilden der Fähigkeit zu angemessenem Vortragen und zum freien Sprechen (mit Stichpunkten).<br><br>**4. Metakommunikative Reflexion über**<br>• Wirksamkeit von 1–3;<br>• Sequenzialisierung;<br>• kontaktfördernde Mittel.<br><br>**5. Mitgestaltung und Mitverantwortung der Schüler/innen**<br>Kommunikationserfahrungen ermöglichen. |

| Elemente und Teilprozesse im perzeptiven Subsystem | Elemente und Teilprozesse im motivationalen Subsystem | Elemente und Teilprozesse im affektiven Subsystem |
|---|---|---|
| **1. Dimensionen der akustischen und visuellen Wahrnehmung der Situation, des Darstellungsobjekts und der interpersonellen Wahrnehmung**<br>• Sinneswahrnehmungen beim Beobachten/Betrachten schulen;<br>• Beginn/Ende und Gelingen eines Gesprächs aus der Situationswahrnehmung, ableiten;<br>• Entwickeln der Partnerreflexion durch Aufbau eines Erwartungsprogramms und Hörgewohnheiten; durch Annäherung an Bewusstseinsinhalte;<br>• polysensorisches Erfassen von Äußerungsinhalt, Situation, Grundstimmung;<br>• Entwickeln von Sprechausdruckswahrnehmung beim Hörer.<br><br>**2. Metakommunikative Reklexion**<br>Thematisieren<br>• äußerer Merkmale der K.situation;<br>• nonverbalen Verhaltens in Situationsbildern, bei Videomitschnitten etc.;<br>• des Verhältnisses von verbalem und paraverbalem Handeln;<br>• sprechsprachlicher Realisierungen;<br>• Sensibilisieren hinsichtlich der Körpersprache.<br><br>**3. Mitplanen, Mitgestalten, Mitverantworten**<br>• Herstellen visueller Mittel (Grafiken, Ton- bzw. Videoaufzeichnungen u. a. m.);<br>• Handeln im pantomimischen Spiel etc. | **1. Dimension der situativen Motivation**<br>Motivationen<br>• aus der Wirkung der sozialen Grundbeziehung der Beteiligten;<br>• aus dem Bemühen um Bedeutungsverstehen, unabhängig von Sympathie und Antipathie, Unterlassen von Unterstellungen, Zurückführen von Missverständnissen auf den rationalen Kern;<br>• aus dem Gebrauch von Zuhörerrechten;<br>• aus der Qualität des Wertungsverhaltens in der Gemeinschft;<br>• aus dem eigenen Erfolgserlebnis.<br><br>**2. Dimension der thematischen Motivation in Verbindung mit monologischen und dialogischen Grundsituationen**<br>• Reiz des Themas;<br>• Motivation durch Informationsvorsprung;<br>• duch Erwerb von Kenntnissen und Einsichten, durch Auseinandersetzung, durch Erreichen gemeinsamer Ergebnisse;<br>• Möglichkeiten des Sich-Einbringens, Andere-Teilhaben-Lassens, des Herstellens von Gemeinschaft/Konsens/Dissens.<br><br>**3. Metakommunikative Reflexion**<br>• Thematisierung der Art der Zusammenarbeit;<br>• Thematisierung von 1–2.<br><br>**4. Möglichkeiten des Mitplanens, Mitgestaltens, Mitverantwortens in allen mündlichen Formen nutzen.** | **1. Entwicklung von Eigensprache und Eigenaktivität in Sprechsituationen der Dimension des Vortragens**<br>• verbales, para- und nonverbales Handeln wirkungsvoll einsetzen;<br>• sich um engagiertes Sprechen bemühen;<br>• Grundton finden;<br>• Textinhalt und Art der Darstellung in Einklang bringen;<br>• Zuhörer einbeziehen;<br>• Improvisationsmöglichkeiten im aktuellen Sprechablauf nutzen.<br><br>**2. Prozesse in Verbindung mit der Situation und ihrer affektiven Besetzung**<br>• Identifikation bzw. Distanzierung (thematisch);<br>• Art und Weise des Kontaktherstellens, der Konfiktbewältigung.<br><br>**3. Prozesse der metakommunikativen Reflexion (1,2,4)**<br><br>**4. Prozesse des Mitgestaltens und Mitverantwortens**<br>• Verantwortung für das zu Sagende und die Art und Weise der Übermittlung übernehmen;<br>• das richtige Maß zwischen Selbstdarstellung und Zurückstellen der eigenen Meinung bzw. des eigenen Standpunktes finden;<br>• Bereitschaft zum Sprechen, zum Zuhören, zum Akzeptieren anderer Meinungen zeigen;<br>• Vorbehalte bzw. Ablehnung gegenüber anderen Sichtweisen relativieren. |

Weitere wichtige Tätigkeiten sind eng damit verknüpft, sie werden umso vielfältiger, je komplexer die Anforderungen an die mündlichen kommunikativen Fähigkeiten beschaffen sind, und sie schließen Übergänge und Vergleiche zwischen Mündlichkeit und Schriftlichkeit ein (z. B. das Erschließen eines Themas über das Recherchieren, Lesen und Auswerten von Texten, das Notieren von Stichpunkten für einen Vortrag oder einen Diskussionsbeitrag, das Schreiben eines Manuskripts u. a. m.). Aufgabe des Deutschunterricht ist es, die in der realen Kommunikation eng miteinander verbundenen Grundprozesse methodisch zeitweilig mit dem Ziel zu vereinzeln, die Qualität der Teilleistungen zu verbessern und die Schüler/innen durch entsprechende Sprachhandlungen zunehmend besser zum freien und zusammenhängenden Sprechen zu befähigen, über Reflexion bewusstseinsfähig zu machen und angemessen zu üben. Dabei ist zu beachten, dass den Bedingungen der Mündlichkeit in der Kommunikationssituation auch durch die Methodenwahl Rechnung getragen wird. Damit verbinden sich Fragen wie:

- Was wird als Sprechanlass oder als Anlass zum Hören bzw. zum Reflektieren genommen?
- Welche Intentionen sollen geübt, verstanden, erkannt werden?
- Welche äußeren Bedingungen der Situation sind für Produktion, Rezeption/Perzeption, Reflexion zu beachten? (Dabei wirkt die doppelte Determiniertheit der Situation als kommunikative Aufgabe und als Lehr-Lern-Situation.)
- Wie wird methodisch das Pendeln zwischen Reflexions- und Übungsprozessen gelöst?
- Von welchem Gewicht sind die inneren Bedingungen der handelnden Subjekte (intellektuelles Niveau, Grad der Sprachbeherrschung, Fähigkeitsentwicklung im Bereich der Wahrnehmung, charakterliche Besonderheiten u. a.)?
- Welche Formen der Kommunikation eignen sich für die Situation besonders und welche Medien werden zum Konservieren der mündlichen Kommunikation gewählt?

## 2.1 Produktion mündlicher Äußerungen und Überlegungen zur Methodenwahl

Zum Grundprozess der Produktion mündlicher Äußerungen liegen Grobeinteilungen von Phasen vor, die von den einzelnen Autoren – je nach theoretischem Hintergrund (Rhetorik, Sprecherziehung, Psycholinguistik, kognitive Psychologie etc.) – terminologisch unterschiedlich gefasst werden. Es geht im Wesentlichen um drei miteinander verflochtene Phasen, die von didaktisch-methodischem Belang sind:

1. die konzeptuelle Vorbereitung (Entscheiden, welche grundlegenden Inhalte zum „Sprechen für den anderen“ ausgewählt, wie sie aufgebaut und ausgestaltet werden sollen, d. h. das innere Programm entsteht).

2. die Realisierung (die Äußerung wird generiert, das innere Programm wird syntaktisch, lexikalisch und phonologisch-phonetisch kodiert, die konkrete Formulierung entsteht und wird artikuliert, das Ergebnis ist die lautliche Äußerungsform).
3. der Vergleich/die Gegenüberstellung (die tatsächlich realisierte Rede wird mit unterschiedlichem Bewusstseinsgrad durch Selbstreflexion in Beziehung zum inneren Programm gesetzt).

Dabei handelt es sich um einen dynamischen Prozess, dessen Phasen durch Selbstkontrolle begleitet werden (vgl. Levelt 1998; Anderson 1989; Leont'ev, A. A. 1975). Der enge Zusammenhang zwischen Denken und Sprechen und der Begriff des *Sprechdenkens* ist seit Drach mehrfach fachdidaktisch beschrieben worden. Dabei geht es darum, dass die Produktion mündlicher Äußerungen weitgehend simultan mit dem Denken erfolgt, wobei an inneres Sprechen gebundene kognitive Prozesse ablaufen. Die Basis für die Entfaltung der Äußerung bilden die so genannten *kontextuellen Blöcke*, die im Gedächtnis gespeichert sind. Dabei dient der *Sinn* dem Sprecher während des Sprechens als Denkkonzept, zu dem er sich bestimmte Stützen als Sinnkonzentrate (vgl. Leont'ev, A. A. 1975, 186; Wygotski 1993) schafft. Im Prozess der Verbalisierung sind sie der entscheidende Ausgangspunkt für das syntaktische Schema der Äußerung (ebd., 189), das dann in eine sukzessiv ablaufende und gleichzeitig von nonverbalen Merkmalen begleitete Äußerung gebracht wird. Kontrollprozesse überprüfen die Wirksamkeit der Äußerung und können zur Konkretisierung, Ergänzung und Weiterführung, Korrekturen auch zu ihrem Abbruch führen. Das generelle Problem besteht für Sprecher darin, das innersprachliche Nebeneinander des Denkaktes in ein lautsprachliches Nacheinander zu bringen (Wygotski 1993), das inhaltlich, semantisch, syntaktisch und akustisch gut verständlich und hinsichtlich des Kommunikationsziels wirksam ist.

Hier müssen didaktische Schlussfolgerungen und Methodenüberlegungen hinsichtlich zeitweiliger Vereinzelung von Übungen ansetzen, um sie dann für die Befähigung zur zusammenhängenden mündlichen Rede wieder zusammenzuführen. Da Schüler beim zusammenhängenden Sprechen eine sehr komplexe Leistung vollbringen müssen, werden am Anfang des Befähigungsprozesses solche Redegegenstände und kommunikativen Verfahren gewählt, die den Schülern inhaltlich geläufig sind und sie zum Reden motivieren (z.B. erlebtes Geschehen wiedergeben). Im Laufe der Schulzeit kommen kompliziertere Themen und komplexere Verfahren hinzu. Da sich die Produktion gesprochener Sprache im Deutschunterricht bei Präsenz der Partner in der Situation, bei Hör- und Sichtkontakt vollzieht, werden auch der Einsatz und die Wahrnehmung verbaler, para- und nonverbaler Mittel in die Übungen einbezogen. Grundlegende didaktische Ziele sind bei *monologischem Sprachgebrauch* vor allem, *Motiv und Zweck der kommunikativen Aufgabe im Auge zu behalten*, außerdem

- die *Befähigung zur Planung*, sie betrifft z. B.: Übungen zur Analyse des Themas, zum Herausfinden von Teilthemen und Teilproblemen; zum Sichern des Darstellungsinhalts durch Techniken der Informationsgewinnung und -verarbeitung (einschließlich Zitieren und Angaben zu Quellen), aber auch zum Beobachten von Vorgängen, zum Reaktivieren von Kenntnissen und Erfahrungen; zum Ordnen des Materials nach kognitiven und kommunikativen Gesichtspunkten; Übungen zum rationellen Finden und zweckmäßigen Formulieren von Gedankenstützen unter Berücksichtigung der Partnerperspektive für einen individuellen Stichpunktzettel, der die Gliederung und Schrittfolge erkennen lässt; Übungen zur Entscheidung für Formen der Darstellung (Vortrag mit/ohne Anschauungsmittel; mit/ohne anschließende Aussprache u. a. m.),
- die *Befähigung zum Sprechdenken und zum sprachlichen Gestalten*, sie betrifft z. B.: Übungen zum freien zusammenhängenden und partnergerechten Sprechen bei Kurzreden bzw. Stegreifreden (bei minimaler Planung Gedanken und Formulierungen während des Sprechens entwickeln); zum Fünfsatz (vgl. Geißner 1968); zum partnergerechten Entwickeln von Themeninhalten nach Gedankenstützen in Kurzvorträgen, Reden, Referaten u. a. Formen,

  Übungen zum situationsangemessenen Formulieren bei Berücksichtigung der kommunikativen Bedingungen; zur Anwendung von sprachlichen Mitteln im Hinblick auf Klarheit, Verständlichkeit, Zweckmäßigkeit, Bildhaftigkeit etc.; zur Überwindung von „Wortfindungsnöten"; zur Nutzung sprachlicher Mittel für die Aufnahme und Aufrechterhaltung des Kontaktes zu den Zuhörern (rhetorische Fragen, Verdeutlichen des eigenen Vorgehens u. a. m.); zum Erproben der Wirkung von Nominal- und Verbalstil; zur hörergerechten Formulierung von Äußerungen,

  Übungen zur Vortragstechnik, um den Einsatz der prosodischen Mittel vom Sachinhalt her zu bestimmen (Klanggestalt, Hervorhebung des Sinnwichtigen, Gliederung in Sprecheinheiten, Kennzeichnung als Frage, Aussage, Aufforderung etc., Wiedergabe der Gefühle und Expressivität der Rede u. a. m.).

Es ist einsichtig, dass solche Übungen mit Metagesprächen einhergehen müssen.

Für dialogische Formen gelten die allgemeinen Merkmale des Gesprächs, *kontextgebunden, interaktiv, regelhaft* und *multimodal* zu sein (Hartung 2004, 49) und einer *sequentiellen Ordnung* zu unterliegen. Sequenzialität als „die genuine Strukturebene der Interaktion schlechthin" (Hausendorf 2007, 224) ermöglicht es, das Prinzip der Wechselrede zu beschreiben, für die Sprechdenken und Hörverstehen grundlegend sind. Der Rollenwechsel von Sprecher und Hörer in oft kürzester Zeit beeinflusst die Verlaufsqualität der Themenentfaltung, bringt Zufälligkeiten und unvorhergesehene Wendungen mit sich, äußert sich in der Kontinuität/Diskontinuität der Themenentfaltung und auch in den sprachlichen Formulierungen (Umformungen, Einschüben, Korrekturen u. a. m.) (vgl. dazu auch den Beitrag von Fiehler, B 1). In der Vereinzelung von Übungen beim dialogischen Sprachgebrauch im Lernbereich kommt es didaktisch z. B. darauf an,

- bei einzelnen Dialogformen (z. B. dem Rollenspiel, dem Interview u. a.) unterschiedliche Grade der Partnerbezogenheit in der Interaktion einzusetzen, Möglichkeiten des inhaltlichen und sprachlichen Anschlusses an Vorhergesagtes bzw. der Verknüpfung des eigenen Beitrages damit sinnvoll (nicht nur formal) zu erproben,
- schnelles und angemessenes Reagieren auf der Ebene von Sequenzen (Frage-Antwort-Spiele) bzw. eine begründete Meinungsbildung auf der Grundlage bekannter vs. vorbereiteter Inhalte zu üben (z. B. im Pro-Kontra-Dialog),
- integrativ themengebunden am Wortschatz zu arbeiten, um die Zugriffssicherheit auf Lexik zu verstärken, weil aus der Situation heraus langes Nachdenken über die Wortwahl häufig nicht möglich ist; Wortimprovisationen gehören dennoch zum dialogischen Sprechen,
- je nach gewählter Kommunikationsform kann auch Mimik und Gestik isoliert werden (pantomimisches Spiel, dialogisches Erzählen etc.).

## 2.2 Rezeption gesprochener Äußerungen und Überlegungen zur Methodenwahl

Der Grundprozess der Sprachrezeption steht in engem Zusammenhang mit der Sprachproduktion. Während der Prozess des Generierens mündlicher Äußerungen das Umsetzen der Sprechabsicht, die Konstituierung des Sinns der Mitteilung und Kodierung als Übersetzung in das sprachliche Zeichensystem umfasst, bildet der Rezeptionsprozess dieser Äußerungen die Aufnahme des Textinhalts, die Dekodierung aus dem sprachlichen Zeichensystem, das Erfassen des Sinns der Mitteilung durch „Resubjektivierung“ ab. Je nach Zugang (Psycholinguistik, kognitive Psychologie etc.) lassen sich Phasierungen unterscheiden, die im Wesentlichen folgendes erfassen (vgl. Cutler/Clifton 1999; Anderson 1989; Leont'ev, A. A. 1975):

1. *das Dekodieren*: Sprache wird wahrgenommen, akustisch analysiert und in eine abstrakte Repräsentation überführt,
2. *das Segmentieren*: die Äußerungen werden in sprachliche Einheiten gegliedert, zugleich werden suprasegmentale Merkmale verarbeitet,
3. *das Erkennen*: Wörter werden durch Aktivierung und Zugriff auf lexikalische Information erkannt (bei mehrdeutigen Wörtern auf die zutreffende Bedeutungsvariante) und es kommt zur Äußerungsinterpretation (über syntaktische Analyse und thematische Verarbeitung),
4. *Integrieren*: die Äußerungsinterpretation wird in das Gesprächsgeschehen und den Erfahrungshintergrund des Hörers integriert.

Geht es um das Verstehen einer Äußerung in einer gemeinsamen Situation, kommt zum Sprachverstehen das Verstehen nonverbaler Zeichen hinzu. Hörverstehen ist als eine Komplementärhandlung zum Sprechdenken anzusehen, beide stehen in wechselseitiger Beziehung zueinander, und meint den Ablauf und das Ergebnis eines Prozesses, in dem der Hörer die Äußerung akustisch wahrgenommen und die gemeinten Gedankengebilde rekonstruiert hat, um deren Bedeutung zu erschließen. Treten Fehler in der Rezeption beim Vergleich zwischen der Vermutung über das Eingangssignal und dem erzeugten inneren Vergleichssignal auf, dann kommt es zur Korrektur, die die Grundlage für den neuen Vergleich bildet (Leont'ev, A. A. 1975, 141). Voraussetzung ist, dass der Rezipient in seinem Gedächtnis bestimmte Muster für den Vergleich heranziehen kann. Der Begriff des Verstehens mündlicher Äußerungen ist aber weiter als das Hörverstehen gefasst und schließt außer dem Sprachverstehen auch das Verstehen nonverbaler Elemente ein. Die Hauptaufgabe des akustischen Analysators besteht in der *Rezeption* lautsprachlicher Zeichen, es folgen Aufgaben *der Überwachung der eigenen Sprachproduktion* sowie die Beobachtung und Optimierung des gesamten Kommunikationsprozesses, wobei es darum geht, der emotionalen Grundstimmung Rechnung zu tragen.

Didaktische Überlegungen zur Rezeption gesprochener Äußerungen beziehen sich zum einen auf das allgemeine Ziel von Rezeptionshandlungen in der Schule, nämlich das sprachliche Verstehen zum Zwecke des Lernens, zum anderen auf die Ausbildung von Hörinteressen und -gewohnheiten, auf sprachästhetische Genussfähigkeit und die Entwicklung von Hörbereitschaft. Die Rezeptionsqualität wird von einer Reihe von Faktoren bestimmt, die einerseits von der Äußerung (von ihrem Inhalt, ihrer sprachlichen Gestaltung, von der Sprechweise des Darbietenden, von der visuellen Unterstützung des Dargebotenen) und andererseits von der Person des Hörers (Stand der Rezeptionsbefähigung, Vorwissen des Hörers) und vor allem von der Aktivität des Empfängerbewusstseins abhängig sind (Kainz 1954), so dass elementare und komplexe Übungen einen unterschiedlichen *Grad des Sprachverstehens* erfordern. Stufenspezifisch gezielte und pädagogisch-methodisch wirkungsvolle Hörübungen befördern die Fähigkeit zum Zuhören-Können. Teilübungen bei der Rezeptionsbefähigung in Bezug auf gesprochene Texte betreffen:

- in den unteren Klassen Übungen zur Unterscheidung von Geräuschen und Lautäußerungen, Spielformen, (stille Post, Kofferpacken, Kettenwörter, Mikrofonspiel u. a.), Zuhören-Wollen im Erzählkreis, das Einschieben von Konzentrationsphasen, Zuhören als Basis für das Weiterfabulieren (Kettengeschichten, Kofferreime u. a.) (vgl. Spinner 1988; Bergk 1988; Ockel 1988 u. a.), Höraufgaben für Vorleseabschnitte u. a. m.,
- das Hörverstehen beim Aufnehmen monologischer Äußerungen, um in der Reflexion Maßstäbe über zusammenhängendes Sprechen bilden zu können,

- das Erkennen von Elementen des Rezeptionsobjekts wie Motiv, Zweck, Sinn der Äußerung, das Unterscheiden der Glieder des Sinnganzen; das Erkennen der sprachlichen und sprecherischen Mittel, die dazu dienen, die Beziehungen zwischen den Gliedern des Sinnganzen zum Ausdruck zu bringen,
- den Erwerb von Fixierungstechniken, bspw. das Festhalten von Stichpunkten oder das Mitschreiben bei umfangreicheren Äußerungen,
- die Sprechausdruckswahrnehmung in monologischen und dialogischen Formen, die als Lerngegenstand behandelt werden, da die Schüler umso sensibler auf Sprechmerkmale reagieren, je genauer und einfühlsamer sie zuhören können; das ist auch eine Voraussetzung dafür, dass Schüler ihre Äußerungen als Reaktion passend an die von Mitschülern anfügen, Schwierigkeiten beim Formulieren von Mitschülern heraushören und helfend eingreifen bzw. Rückmeldungen geben können; dass sie zugleich Versuche, zur Sprache zu kommen, hören und entsprechend darauf zu reagieren lernen.

Unverzichtbar ist aus didaktischer Sicht auch das Zuhören in monologischen und dialogischen Formen innerhalb der Unterrichtskommunikation (einschließlich bei einem inhaltlich wie rhetorisch guten und methodisch begründeten Lehrervortrag), bei laut gelesenen oder bei auditiven bzw. audiovisuell konservierten Texten, um den wirksamen Einsatz von Sprechmerkmalen zu objektivieren. Nach ihrer kritischen Sichtung können auditive und audiovisuelle Medien zur Unterstützung dieses Prozesses herangezogen werden (vgl. z.B. *Sprechen und Zuhören* mit CD 2006 des Cornelsen Verlages oder die der Zeitschrift „Deutschunterricht" 5/2006 beigefügte CD).

## 2.3 Die metakommunikative Reflexion über mündliche Kommunikation und Überlegungen zur Methodenwahl

Der Grundprozess der metakommunikativen Reflexion ist die unverzichtbare Basis für das Lernen. Er erfasst bewusst gewordene, bewusst gemachte und metakommunikativ thematisierte Prozesse der Produktion und Rezeption mündlichen Sprachgebrauchs vor allem im curricular angelegten Lernbereich *Mündliche Kommunikation*, aber auch punktuell in der Unterrichtskommunikation anderer Fächer. Das Problem im Deutschunterricht besteht häufig in der Diskrepanz zwischen den Erkenntnissen, die im Lernbereich *Mündliche Kommunikation* erarbeitet werden, und ihrer Überführung in die Unterrichtskommunikation innerhalb seiner anderen Lernbereiche. Die Reflexion über mündliche Kommunikation fördert das *rhetorische Bewusstsein* von Schüler/innen, ermöglicht ihnen Einsichten in das Funktionieren bzw. Scheitern von Kommunikation in bestimmten Formen, bildet die Voraussetzung für den Wissenserwerb (vgl. Lehrpläne und Bildungsstandards) und die Fähigkeitsentwicklung entsprechend den individuellen Besonderheiten der Lernenden. Wegen der *Flüchtigkeit des gesprochenen Wortes* sind Sprecher-Hörer beim Produzieren gesprochener Äußerungen in starkem Maße auf den simultanen Denk-Sprech-Vorgang, beim Verstehen auf das Kurzzeitgedächtnis angewiesen. Daraus ergeben sich auch Probleme bei der Bewertung und der Korrektur der mündlichen Rede. Zum Zwecke der metakommunikativen Reflexion können gesprochene Äußerungen mit Video- oder Audiorekorder konserviert und – wo es für die weiterführenden Ziele nötig ist – transkribiert und rekonstruiert werden. Bei der Verwendung auditiver bzw. audiovisueller Aufzeichnungen müssen die Möglichkeiten und Grenzen hinsichtlich der Partnerwahrnehmung berücksichtigt werden. Um Kriterien für die bewusste Anwendung sprachlicher und sprecherischer Mittel zu entwickeln, erweisen sich Beobachtungsaufgaben und die gemeinsame Auswertung als zweckmäßig. Bei der Reflexion ist jedoch pädagogisch sehr behutsam vorzugehen, damit die Freude aller Beteiligten am und der Wille zum Sprechen erhalten bleiben, sonst bleiben alle methodischen Überlegungen wirkungslos. Das Bewusstmachen von Schwierigkeiten und die Anleitung zum Bessermachen verlangen Übungen analytischer und synthetischer Art, und zwar unter den verschiedenen Gesichtspunkten. Dazu gehören z. B.

- die Beurteilung und Wertung von gesprochenen Äußerungen nach vorgegebenen, erarbeiteten oder vereinbarten Kriterien inhaltlicher, sprachlicher und sprecherischer Art auf der Grundlage von Beobachtung oder technischer Aufzeichnung (über Video- oder Kassettenrecorder); Vorbehalte sind gegenüber „Mustergesprächen" aus Lehrbüchern angebracht,
- das Thematisieren von Planungs- und Realisierungsprozessen (Inhalt, Vertextung, Satzbau, Wortwahl, Sprechweise) bei Kommunikationsformen und ihnen zugrunde liegenden sprachlich-kommunikativen Verfahren,
- das Besprechen der Merkmale und die Eignung des Stichwortzettels, der Vergleich von Darstellung anhand von Videoaufzeichnungen und der Visualisierung des Stichwortzettels, die Einschätzung der Gesamtwirkung,
- Verdeutlichung der Interaktion in Verbindung mit der Arbeit an einer Kommunikationsform (z. B. im Gruppengespräch, im Rollenspiel, in der Diskussion), die Art der Partnerzuwendung, der Verständnissicherung, des sozialen Umgangs, das Ermitteln von Faktoren, die sich positiv oder hemmend ausgewirkt haben etc.,
- metakommunikative Reflexionen sind auf Einzelaspekte zu konzentrieren, da nicht alle Gesichtspunkte gleichzeitig bewusst beachtet werden können. Schüler/innen müssen es lernen, ihre eigenen und die sprachlichen und nonverbalen Leistungen ihrer Mitschüler angemessen und konstruktiv zu beurteilen und Kritik überlegt zu üben (vgl. dazu den Beitrag von Mönnich/Spiegel, F1). Zur metakommunikativen Reflexion gehören zugleich koordinative Überlegungen zwischen Literatur- und Sprachunterricht in Verbindung mit Formen sekundärer Mündlichkeit sowie zwischen mündlichem und schriftlichem

Sprachhandeln beim Erschließen von Textinhalten, dem Fixieren und Weiterverwenden von Rezeptionsergebnissen in mündlichen Kommunikationsformen.

## 3 Sprachlich-kommunikative Verfahren und ihr Einfluss auf die Methodenwahl

Dem mündlichen Sprachgebrauch liegen sowohl in seiner Funktion als Lerngegenstand als auch innerhalb der Unterrichtskommunikation in monologischen, dialogischen und kombinierten Formen des Deutschunterrichts (und anderer Fächer) kommunikative Verfahren zugrunde. Da nicht alle Verfahren als Leitlinien über mehrere Schuljahre verfolgt werden, ist es sinnvoll, sich auf die *narrativen, deskriptiven* und *argumentativen* Grundverfahren, die damit verbundenen Strukturierungsmuster (vgl. Heinemann/Viehweger 1991, 238 ff., vgl. auch Rehbein 1984), die kognitiven und sprachlichen Anforderungen zu konzentrieren. Ein weiteres wichtiges Verfahren, das insbesondere für dialogische Formen und für die Unterrichtskommunikation unverzichtbar ist und den Schülern Schwierigkeiten bereitet, ist das *Fragen*. Darauf kann im Beitrag jedoch nur immanent eingegangen werden.

Zu den in den Lehrplänen fest etablierten, in der didaktischen Diskussion aber kontrovers diskutierten Verfahren gehört das *Erzählen* als erlebnisorientierte Form mündlichen Sprachgebrauchs. Unterschiedliche didaktische Zugänge seit der kommunikativ-pragmatischen Wende im Deutschunterricht (vgl. dazu Polz 2006) führen zur Klassifizierung von Arten und Funktionen mündlichen Erzählens aus verschiedenen Perspektiven und zu unterschiedlichen didaktisch-methodischen Schlussfolgerungen (vgl. Quasthoff 1980; Boueke/Schülein 1988, 1991; Hoffmann 1984; Wagner 1986; Wagner/Steinsträter 1989; Ludwig 1981; Frommer 1992). (Vgl. hierzu insgesamt den Beitrag von Ohlhus/Stude, G1.) Als eine spezielle Bedingung beim Erzählen gilt, dass das Ereignis für Sprecher wie Hörer *erzählwürdig* sein muss, weil erst diese Bewertung das Ereignis zum Erlebnis macht (vgl. Wagner/Steinsträter 1989, 49). Darin liegt zugleich ein zentrales Problem für das individuelle Erzählbedürfnis, die Hörbereitschaft und die metakommunikative Reflexion.

Lehnt man das Erzählen und den Erzählkreis in der Schule aus der Analyse von Negativbespielen und der berechtigten Kritik an rigiden Eingriffen von Lehrpersonen heraus ab (vgl. Fienemann/von Kügelgen 2003, 133 ff.; vgl. Ehlich/Rehbein 1986), fehlen im Lernbereich wichtige Sprechanlässe. Spricht man sich für das Verfahren und die Formen aus, dann muss man damit Ziele, qualitative Bedingungen und Formen deutlich benennen (Merkelbach 1997, 18 f.). Als Konsequenz aus Praxiserhebungen erscheint es wesentlicher, nicht generalisierend die Institution für das Misslingen mündlichen Erzählens verantwortlich zu machen, sondern die Bildungsbedingungen zu reformieren sowie die fachliche Kompetenz, das methodische Geschick und das Maß an Sozialkompetenz der Lehrpersonen einzufordern, das für Erzählsituationen, in denen auch gelernt wird, erforderlich ist (Claussen 1991). Das muss sich bereits in der Ausbildung von Lehramtsstudierenden widerspiegeln.

Für das Erzählen kommen mehrere Arten und Formen infrage: das freie, spontane Erzählen (Klein 1980; Flader/Hurrelmann 1984), das Erzählen erlebter oder erfundener Geschichten, Erzählstunden und Erzählspiele (Wintgens 1980, 45; Dehn 1986 u. a.), Erzählen als gesellige Praxis mit dem Ziel einer *narrativen Kultur* im Unterricht (Claussen 1991). Ein ausbaufähiger Ansatz kann in einer *ressourcenorientierten Erzähldidaktik* gesehen werden, wie sie Stude/Ohlhus im vorliegenden Band für die Grundschule beschreiben. Sie unterscheiden Produktions- und Reflexionsprozesse, berücksichtigen monologische und dialogische Formen und konzentrieren sich vor allem auf den Aspekt der Interaktion. Unter dem Aspekt der Orientierung, Planung und Realisierung bei der Produktion sollten Schüler/innen das Erzählenlernen mit Teilübungen verbinden wie z. B.:

- das Thema selbst zu finden (z. B. aus einem Rahmenthema) und zu zentrieren, d. h. Abgrenzung, Abfolge, Aufbau des Ereignisses und die Ausgestaltung einzelner Teile konzeptionell für die Zuhörer zu überdenken; die Erzählstrategie zu wählen,
- den Ereigniskern zu entfalten und subjektive Erfahrungen zu verdeutlichen (vgl. dazu auch Dehn 1986, 19),
- aus der Situation heraus die „Körperlichkeit" beim Erzählen erproben, die Kunst des Nachmachens (Tonfall, Gesichtsausdruck u. a.) zu nutzen, die szenische Sprechweise, die pantomimische Darstellung und das Nachspielen einzusetzen (Frommer 1992, 23); als Medien, die die Strukturierung des Erzählten unterstützen, können Bilder, eine Erzählkiste aus den Ferien u. a. m. (Claussen 1991, 20 ff.) hinzugezogen werden,
- Formulierungsübungen zur Relativierung von „Wortfindungsnöten" im Denk-Sprech-Prozess und bei der Versprachlichung von Emotionen einzubeziehen und dementsprechend behutsam zu dosieren; als Muster für Anregungen und Variationen eignen sich besonders gesprochene Beispiele (Übungen im Wortfeld *sagen* können bspw. wirkungsvoll mit der wörtlichen Rede und dem Erproben des jeweiligen Stimmklangs verbunden werden).

Bei dialogischen Formen des Erzählens werden Erzählsituationen für die Grundschule wie das Reihum-Erzählen, der Erzählbaukasten u. a. m., für die Sekundarstufe I die offene Erzählwerkstatt, das Entwickeln von Erzählpartituren genannt (vgl. ebd.). Solche und weitere Formen können unter günstigen Bedingungen Erzähl- und Zuhörfähigkeiten fördern. Die Reflexion ist prozessbegleitend von Bedeutung.

Berichten und Beschreiben sind weitere Grundverfahren, die als *Lerngegenstand* für mündlichen monologischen Sprachgebrauch von Belang sind, wie bei dem *anleitenden*, dem *informierenden Kurzvortrag* und dem *Kurzvortrag zum Nachweis erworbenen Wissens*. Häufig ist in diese Formen das *Erklären* integriert. Die genannten Vorträge stehen neben weiteren charakteristischen Aufgabenstellungen für alltägliche Situationen mündlichen Sprachgebrauchs wie den Wegbeschreibungen mit und ohne Nutzung von Skizzen oder Karten, den Verlustmeldungen bzw. den Personenbeschreibungen, anhand derer z. B. Phantombilder angefertigt werden können.

Anders als in anderen Fächern (z. B. bei Anleitungen zu einem naturwissenschaftlichen Experiment) werden im Lernbereich die deskriptiven Strukturen von Äußerungen in Verbindung mit den für die Zuhörer anschaulichen sprachlichen Mitteln bewusst gemacht. Sollen die Schülerinnen und Schüler beispielsweise in unteren Klassen einfache (wie die Anleitung zu Bastelarbeiten oder zu Zauberkunststücken) oder in höheren Klassen komplexere Anleitungen vor Zuhörern verfassen (z. B. die Anleitung zu Techniken selbstständigen Arbeitens wie dem Auffinden von Büchern in einem Sach- oder alphabetischen Katalog oder das Vorgehen beim Recherchieren zu einem Thema im Internet, die Anleitung zum Herstellen eines Videoclips u. a. m.), so müssen die Äußerungen zwar einem temporalen Grundverhältnis der Abfolge der Teilvorgänge folgen, häufig aber zugleich mit dem exemplarischen Vorführen von Teilvorgängen gekoppelt werden. Zu erwartende Schwierigkeiten und Probleme sind sprachlich zu verdeutlichen, Termini altersgemäß zu erklären.

Mit der Entwicklung der Lesekompetenz im Hinblick auf Sachtexte geht die Frage der Weiterverwendung dabei gewonnener Informationen und Erkenntnisse einher und damit wächst die Bedeutung informierender Kurzvorträge. Sachtexte zu ausgewählten Themen (z. B. zu Entwicklungsprozessen in der Natur, zur Tier- und Pflanzenwelt, zu konkreten Maßnahmen des Naturschutzes, zu Mode früher und heute u. v. a. m.) bieten ein breites inhaltliches Spektrum, um mündlich über eigene Leseaktivitäten zu informieren, Wissen weiterzugeben, Mitschüler zu interessieren und anzuregen. Deskriptive Fähigkeiten werden mit dem Vergleichen, Verallgemeinern, dem Abwägen von Wesentlichem und Unwesentlichem verbunden und eingängig formuliert. Aus Platzgründen kann auf notwendige Teilübungen hier nicht weiter eingegangen werden.

Ein deutlicher Entwicklungsschub der Lernenden ist vom 12–14. Lebensjahr beim **Argumentieren** zu konstatieren. Heinemann/Viehweger (1991, 249) charakterisieren das Verfahren für die kommunikative Praxis als

> „jede Art der Beweisführung, die als Begründung für Thesen, Motive und Interessen gehandhabt wird. Beweise im logisch strengen Sinne bilden bei der Abwägung von Argumenten in der Kommunikation eher die Ausnahme; den Argumentierenden geht es nicht so sehr um logische Implikationen, sondern um das pragmatische Ein-

sichtigmachen von Wahrscheinlichkeiten, um das 'Überzeugen' des Partners bei der Suche nach angemessenen Lösungen, meist in sehr verkürzter Form".

Hinsichtlich des mündlichen Argumentierens als Lerngegenstand kommt die Nutzung des Verfahrens in monologischen und dialogischen Formen infrage, kontinuierlich ist es Bestandteil der Unterrichtskommunikation. Anders als beim schriftlichen Argumentieren verlangt die wechselseitige Wahrnehmung der Beteiligten in der Interaktion, dass Argumente so ausgewählt und formuliert werden, dass sie für den Kommunikationspartner überzeugend sind, dass eine „sozialkognitive Fähigkeit der Perspektivenübernahme" (Ludwig/Spinner 2000) auszubilden ist, Einstellungen, Grundüberzeugungen und Gefühle eingeschätzt werden können. Die Schwerpunkte der kognitiven Arbeit betreffen vor allem Operationen wie das Analysieren und das Synthetisieren, das Vergleichen und Ordnen, das Abstrahieren und Konkretisieren, das Verallgemeinern und Spezifizieren. Teilübungen beziehen sich z. B. auf

- Planungsprozesse: auf die Themaanalyse, das Erfassen, Klären, Abgrenzen der Begriffe und ihren themenbezogenen Umgang damit, auf die Entscheidung für eine Argumentationsstrategie entsprechend der Intention (Pro-Kontra-Strategie, Nachweisstrategie, Problemlösungsstrategie usw.), auf die Ordnung der Argumente nach logischen und kommunikativen Gesichtspunkten,
- Realisierungsprozesse: das Formulieren oder Bezweifeln von Standpunkten und Behauptungen, das Begründen von Aussagen, das Einbeziehen von Beweisen, das Prüfen der Schlüssigkeit von Argumenten durch Verwendung sprachlicher Mittel, das Nutzen von sprachlichen Mustern, das Erproben para- und nonverbaler Mittel unter interaktionalem Gesichtspunkt,
- Reflexion hinsichtlich der Angemessenheit, Treffsicherheit bzw. Schlagfertigkeit von Äußerungen, das Überprüfen von sprachlichen Mustern und alternativen sprachlichen Mitteln, das Erkennen von und Reagieren auf unfaire Techniken u. a. m.

Didaktisch-methodisch können zur Produktion, Rezeption und Reflexion für Teilleistungen weiterhin Fünfsatzübungen (vgl. Geißner 1982, 126ff.; Berthold 1993, 42ff. u. a.), der kontrollierte Dialog, die Pro-Kontra-Debatte (Klippert 1999); die amerikanische Debatte (Rode-Florin 2000) hinzugezogen werden.

Komplexere Leistungen sind bei Kurzvorträgen, Rollen- und Planspielen, der Diskussion und der Debatte zu erbringen. *Argumentierende Kurzvorträge* erfordern das Abwägen des Für und Wider, das Beweisen, Begründen, Widerlegen, Schlussfolgern und Verallgemeinern in einem Problemaufriss oder in einer Aspektbetrachtung, wobei der eigene Standpunkt zu verdeutlichen ist. **Erörtern** verlangt, das Problem abzuleiten, klar zu formulieren und den kognitiven Prozess der Erkenntnisgewinnung zu einem kommunikativen Prozess der Teilhabe werden zu lassen. *Kurzvorträge erörternden Charakters* haben die Funktion, den Prozess der Erkenntnisgewinnung bei Problembearbeitungen sichtbar zu machen. In beiden Arten können weitere Verfahren (Appellieren, Auffordern u. ä.) von Belang sein.

Angestrebte Fähigkeiten für monologische Formen sind: der Aufbau eines gegliederten, geradlinigen Gedankenganges, das Beachten des Prinzips der Folgerichtigkeit und der Steigerung für den Redeaufbau, die Berücksichtigung des „roten Fadens“ durch Haupt- und Nebenargumente, das schöpferische Problematisieren, das produktive Infragestellen von Bekanntem und von Denkgewohnheiten in partnerbezogener Weise. In dialogischen Formen wird die Wirksamkeit von Argumentationstechniken und -mustern in Sprecherbeiträgen erprobt, der Grad kooperativen Handelns erfahren und thematisiert, Konfliktlösungen werden reflektiert. Als Grundlage für die Analyse und die metakommunikative Reflexion sind Videoaufnahmen sinnvoll, um außer den Argumentationsstrukturen auch die Wirkung erfassen zu können.

## 4 Mündliche Kommunikationsformen

Formen mündlicher Kommunikation besitzen einen interaktiven Eigenwert für die Herausbildung und Weiterentwicklung von Teil- und Komplexleistungen bei der Kommunikationsbefähigung. Dabei spielt eine Reihe von Formen nicht nur für die tägliche Unterrichtskommunikation eine Rolle, sondern zieht sich curricular in Verbindung mit entsprechenden Inhalten über mehrere Schuljahre durch den Lernbereich und wird dort thematisiert. In Verbindung mit identitätsorientierten und sprecherzieherisch-rhetorischen Ansatzen ermöglicht das eine kontinuierliche Entwicklung ausgewählter Formen, die stufen- und schulartspezifisch zu modifizieren und zu beachten sind. Leitlinien ergeben sich daraus, dass sich mit der Form didaktisch-methodische Teilübungen auf interaktive, kognitive, sprachliche, sprecherische und körpersprachliche Gesichtspunkte konzentrieren.

### 4.1 Formen monologischen Sprachgebrauchs

Die Formen monologischen Sprachgebrauchs sind vielfältig (vgl. auch den Beitrag von Berkemeier/Pfennig zum Präsentieren und Mönnich zum Reden, G5 bzw. G4). Sie sind unverzichtbarer Aneignungsgegenstand im Lernbereich *Mündliche Kommunikation* und Methode innerhalb der Unterrichtskommunikation: Unter dem Aspekt der dominierenden Funktion und der zugrunde liegenden sprachlich-kommunikativen Verfahren unterscheidet man Formen des Erzählens und Nacherzählens, die Stegreifrede, Formen des informierenden, anleitenden, argumentierenden bzw. erörternden Kurzvortrags und des Kurzvortrags zum Nachweis erworbenen Wissens (Polz 2006). Sprecherzieherisch-rhetorische Konzeptionen unterscheiden traditionell die Informations-, die

Meinungs- oder Überzeugungs-, die Feier- oder Gelegenheitsrede (vgl. Pabst-Weinschenk 1995 mit Bezug auf Drach 1932). Redenlernen unter identitätsorientiertem Aspekt (Spinner 1997, S. 17) bringt keine Beschränkungen hinsichtlich der Formen der Kommunikation mit sich. Powerpoint-Präsentationen unterliegen weniger einer Beschränkung der zugrunde liegenden Verfahren, vielmehr dem Kriterium der Anschaulichkeit über Visualisierungen mit dem Computer zum jeweiligen Thema und der Koordinierung des partnerbezogenen Sprechens mit dem angemessenen Verweis auf die Folien. In einem didaktisch weiten Ansatz werden identitätsorientierte und sprecherzieherisch-rhetorische Ansätze mit dem Erwerb von Grundformen für das Lernen in allen Unterrichtsfächern verbunden. Didaktisch-methodische Teilübungen können sich auf die o.g. Gesichtspunkte des Sprechens und des akustischen und visuellen Wahrnehmens beziehen, wobei die Fähigkeiten in den jeweiligen Formen in unterschiedlicher Weise gefordert und entwickelt werden. Da auch monologischer Sprachgebrauch immer auf Interaktion ausgerichtet ist, haben entsprechende Formen ebenso die Verständnissicherung, das Einbeziehen der Partner und das Rückmeldeverhalten der Hörer im Blick zu behalten (vgl. Polz 1992, 212f.).

- *Die Manuskriptrede* folgt inhaltlich und sprachlich weitgehend den Textproduktionsbedingungen des schriftlichen Sprachgebrauchs, hat allerdings von der Konzeption bis zur Präsentation die mündliche Kommunikationssituation und die Partnerperspektive zu berücksichtigen, was sich vor allem in der hörergerechten sprachlichen Ausformung, der sprecherischen und körpersprachlichen Umsetzung zeigen muss. Dazu sind Teilübungen sinnvoll (vgl. dazu auch Berthold 1993; Pabst-Weinschenk 1995).
- *Kurzvorträge auf der Grundlage von Gedankenstützen* ermöglichen zwar eine Planungsphase, in der das Material zum Thema des Vortrags gesammelt bzw. bereitgestellt wird, eine partner- und situationsgemäße Ordnung des Materials erfolgt und Stichwörter formuliert werden. In der Phase der Realisierung spielt dann das Sprechdenken eine große Rolle, um die Stichwörter in die entsprechende Formulierung und eine sprechsprachlich wirkungsvolle und auf Interaktion ausgerichtete Äußerung zu überführen. Das Gewinnen geeigneter Stichwörter, die zweckmäßige Anlage eines Stichwortzettels, das Sprechen danach sind Gegenstand der produktiven, rezeptiven und reflexiven Teilübungen nach den o.g. Kriterien.
- Das *Referat* ist eine Darbietungsform, der, entsprechend der Intention, im Vergleich zum Kurzvortrag komplexere inhaltliche, sprachliche und sprecherische Leistungen zugrunde liegen müssen, was sich auch in der Planungs- und Realisierungsphase zeigt. Ansonsten gelten vergleichbare Kriterien.
- Bei der *Stegreifrede* und dem spontanen *Statement* sind die Planungsprozesse minimal. Sprechen und Denken verlaufen weitgehend parallel, die Merkmale des Sprechdenkens spiegeln sich in den Äußerungen unmittelbar wider. Sie

können sinnvoll in den Dienst der Interaktion gestellt werden und fördern dabei das Selbstbewusstsein der Sprechenden.

Es herrscht Konsens darüber, dass Reden als eine komplexe Fähigkeit nur über Teilfähigkeiten entwickelt werden kann (vgl. Berthold 1993; Mündliches Darstellen 1988; Spinner 1997; Pabst-Weinschenk 2000; Polz 1992, 2006 u. a.). Dazu sind einfache und komplexe Übungen für unterschiedliche Klassenstufen entwickelt worden, bei denen die produktiven, rezeptiven und metakommunikativen Fähigkeiten miteinander verknüpft werden können. Dazu gehören bspw. die „Ideenfindung" für das Gewinnen von Zielvorstellungen beim Reden durch Brainstorming, Clustering oder Mind-Mapping (Spinner 1997, 19), das Sprechen auf einen Anrufbeantworter (Berthold 1993, 22), Übungen zum Formulieren von Redeeinleitungen (ebd., 52 f.) bzw. in ein mündliches Referat; Übungen für Gelegenheitsreden, Übungen zum Anleiten, Sprechen nach vorgegebenem Redemanuskript (Berthold 1993, 24 ff.), Übungen zu nonverbalem Verhalten und angemessener Sprechweise (Pabst-Weinschenk 1997, 36 ff.), Übungen nach einem Fünfsatzschema (Drach 1932, Geißner 1968), ab dem 7. Schuljahr auch argumentative Kurzreden, spielerische Formen und Nonsensreden sowie Streitfälle aus dem Alltagsleben zur Förderung rhetorischer Fähigkeiten (Berthold 1997, Pabst-Weinschenk 1995), Übungen zur Stimmbildung (Pabst-Weinschenk 2000, 58 ff.), zur Atmung und Artikulation in spielerischer Weise, um Schüchternheit, Hemmungen und Minderwertigkeitsgefühle abzubauen und Sprechen mit ganzheitlicher Körpererfahrung zu verbinden (Schiller 1997; Metzger 1997; Biederbick 1997) u. a. m.

## 4.2 Formen dialogischen Sprachgebrauchs

Zu den Formen dialogischen Sprachgebrauchs zählen sowohl einfache Sprachhandlungen als Paarsequenzen wie das Einholen von Informationen oder die Kontaktaufnahme (z. B. Anfragen formulieren, Fragen stellen), Dialoge in typischen Alltagssituationen (bspw. sich vorstellen, Wünsche, Forderungen vortragen, um Auskunft bitten bzw. Auskünfte einholen, das Austragen von Meinungsverschiedenheiten zwischen zwei Kontrahenten) als auch Partner-, Gruppen- und Plenumsgespräche, die spontane und die vorbereitete Diskussion, das Rollen- oder Planspiel u. a.

Bei dialogischem Sprachgebrauch als Lerngegenstand sollen die Schüler solche Kenntnisse und Fähigkeiten erwerben und anwenden, die es ihnen gestatten, sich in ausgewählten mündlichen Kommunikationssituationen inhaltlich, sprachlich, sprecherisch und mit nonverbalen Mitteln zunehmend differenzierter auf Gesprächspartner einzustellen, die sprachlichen Äußerungen mit zweckangemessenen sozialen Verhaltensweisen zu verbinden, ihre Kommunikationserfahrungen einzubeziehen und über eigenes und fremdes sprachlich-kommunikatives Handeln nach vorgegebenen und selbst erarbeiteten Maßstäben zu reflektieren. Wichtige Teilleistungen werden im Wechsel von Bewusstmachen und Anwenden von Gesprächs(teil)-techniken gefördert.

Die Besonderheiten von Formen dialogischen Sprachgebrauchs bestehen darin, dass sie aufgrund des Sprecherrollenwechsels den Verlauf und das Ergebnis eines Gesprächs zu einer *Gemeinschaftsleistung* machen, für die die Qualität der Interaktionsleistung der einzelnen Teilnehmer sowohl in kooperativen als auch in konfliktären Formen (vgl. auch den Beitrag von Spiegel, G3) grundlegend ist. In letzteren werden über metakommunikative Reflexion Ursachen für das Scheitern der Kommunikation ermittelt. In kooperativen Formen werden Meinungsverschiedenheiten zum Nutzen für die Zielrealisierung ausgetragen (sie sind dann metakommunikativ abgesichert), eigene Ziele aktiv realisiert, die mit so genannten Initialvorstellungen anderer Teilnehmer nur teilweise identisch sein müssen (Polz 1992, 147). Die gemeinsame thematische Bindung in den dialogischen Formen erfordert es, eigene Ideen, Vorschläge, Meinungen, Standpunkte einzubringen und im Meinungsaustausch zu überprüfen. Stufenspezifisch werden die Anforderungen erhöht, einige Formen curricular verfolgt.

In der Grundschule erlernen die Schüler klares und verständliches Formulieren in Grundformen dialogischer Sprachverwendung, wie z. B. Fragen stellen und beantworten, Ergänzen, Zusammenfassen, Vorschlagen, Bitten, Sich-Entschuldigen, auf Partner eingehen, die eigene Meinung, dem Entwicklungsstand entsprechend, vortragen. Erste Fähigkeiten im Reflektieren und in der Gesprächsführung werden bereits angebahnt. Didaktisch-methodische Schritte betreffen das Zusammenwirken von Bewusstmachen von Merkmalen des Dialogischen im Sprachunterricht und Anwenden von Gesprächssituationen in der Unterrichtskommunikation der Grundschule (vgl. Potthoff u.a. 1995): dazu gehören *Gespräche im Montagmorgen-Kreis*, Gespräche *in Planungsphasen, bei Zwischenberichten*, bei *Abschlussbesprechungen*, bei sog. *Schreibkonferenzen* (vgl. dazu Spitta 1992, 13), erste *Pro-Contra-Gespräche* als Vorübungen zum Argumentieren u.a.m. Entscheidend sind anschließende *Metagespräche* (Potthoff u.a. 1995, 64). Die Formen, die für die Anwendung genutzt werden, hängen von den Funktionen ab und betreffen *Kreisgespräche* (ebenda, 32ff.), *das Gruppengespräch* zur Erprobung von Gesprächsfähigkeit, das *Partnergespräch* als effektiven Zugang für spielerische Möglichkeiten. Ritualen wird dabei eine durchaus positive Bedeutung zuerkannt. Die verschiedenen Arten des Gesprächs bleiben über die gesamte Schulzeit hinweg von Bedeutung und werden ausgebaut. Das Erarbeiten von Gesprächsregeln ist erforderlich. In der Praxis wird es in der Grundschule begonnen, in den nachfolgenden Klassenstufen mehrfach wiederholt, das Einhalten aber gelingt in unterschiedlicher Weise, was vor allem mit der Lehrperson und der sozialen Atmosphäre in der Klasse zusammenhängt.

Ab Klasse 5 kommen weitere Formen hinzu, die vorwiegend dem Herstellen des Partnerkontakts und dem Klären von Problemen dienen, Zuhören und Bewertungen erfordern. Formen wie das *Interview* z. B. sind wichtig für projektorientiertes Arbeiten. Hier wird insbesondere die Befähigung im Fragenstellen (einem Defizit in der Schülersprache) weiterentwickelt. In der Reflexionsphase kann herausgefunden werden, ob die Eröffnung, die Fragen, der Abschluss hinsichtlich der Teilleistungen wie geplant abgelaufen sind, ob es sich um eine Frage-Antwort-Abfolge oder ein Gespräch handelte, welche sprachlichen Auffälligkeiten zu bemerken waren, eingeschlossen Mimik, Gestik, Körperhaltung u. a. m. (vgl. Mayor 1987, 39 f.). Interviewspiele können diese Leistungen vorbereiten helfen.

Unter Beachtung der kommunikativen Normen können Teilübungen auf die Phasen Anfang – Verlauf – Abschluss eines Gesprächs bezogen und mit Beobachtungsaufgaben verbunden sein (vgl. dazu auch Werlen/Werlen 1987, 59 f.). Zur Gesprächsbefähigung gehört z. B.:

- Kommunikationssituationen zu durchschauen und sich darauf einzustellen, Ziele zu erkennen und zu benennen, kommunikative Absichten wahrzunehmen und zu realisieren, Sachverhalte zu klären, Probleme und Ansprüche geltend zu machen,
- Gesprächsstrategien und sprachliche Verknüpfungsmuster kennen zu lernen und zu verwenden, Gesprächsleitung in Ansätzen zu praktizieren (vgl. Polz 1994), Formen des Brainstorming als Form der gleichberechtigten Ideenfindung zu praktizieren, Vorleistungen für die Diskussion zu entwickeln und nicht zuletzt laut, deutlich und wirksam zu sprechen u. a. m.,
- auf der Basis vereinbarter Gesprächsregeln miteinander zu reden, d. h. zum Schüler-Schüler-Gespräch zu kommen, die Meinung anderer respektieren zu lernen, sozial angemessenes Verhalten zu praktizieren,
- explizit das aufmerksame Zuhören zu schulen, nonverbales Verhalten einzuschätzen,
- Ursachen kommunikativer Fehlleistungen zu ermitteln, im Gespräch mit eigenen Emotionen und denen der Mitschüler umgehen zu lernen, Empathie zu entwickeln, Gesprächsverhalten hinsichtlich gruppendynamischer Prozesse zu thematisieren.

Dazu können verschiedene Formen wie *Kreis-* oder *Rundtischgespräche* mit der Möglichkeit der Face-to-Face-Kommunikation, aber auch *Gruppen-* und *Partnergespräche* genutzt werden, wobei die letzteren Formen, wenn sie nicht von *Kooperationsbereitschaft* der Beteiligten ausgehen, noch keine Qualität von Kommunikation und Interaktion garantieren (vgl. dazu auch den Beitrag von Haag/Diegritz, E3), im positiven Fall aber erhebliche Potenzen für geistige Kooperation, kommunikatives Handeln und Sozialverhalten besitzen.

Das *Rollenspiel* stellt seit den 1970er Jahren vor allem dank der didaktischen Aufarbeitung durch Barbara Kochan (1974) eine wichtige didaktische Kommunikationsform dar, die sehr unterschiedlichen Funktionen beim dialogischen Darstellen dienen kann. Fähigkeiten der Spieler wie *Empathie, Ich-Identität, Ambiguitätstoleranz* (vgl. Krappmann 1973) werden im Rollenspiel vorausgesetzt, gleichzeitig aber auch darin entwickelt. Situationen aus der Erfahrungswelt der Schüler werden sanktionsfrei im *Probehandeln* durchgespielt. Unterschieden werden hinsichtlich der Ausgangssituation des Spiels Typen des geschlossenen und des offenen Rollenspiels, die jeweils unterschiedliche didaktische Potenzen besitzen. Offene Rollenspiele fördern Problembewusstsein, Entscheidungskompetenz, Rollenidentifizierung und -distanzierung, geschlossene Rollenspiele beeinflussen Sprachverhalten und Kommunikationsfähigkeit für stark konventionalisierte Situationen (z.B. Vorstellungsgespräch). Rollenspiele thematisieren eigenes und fremdes Sprachverhalten und erweitern produktive, rezeptive und metakommunikative sprachliche Fähigkeiten und nonverbales Verhalten der Schüler. Methodisch ist die Vollständigkeit der Phasengestaltung zu beachten, die von Barbara Kochan (vgl. Bünting/Kochan 1973, 172) explizit beschrieben worden ist:

1. die *Motivationsphase*: Spielanlass, Rollenübertragung für die Spielergruppe, Beobachtungsaufträge für die Beobachtergruppe
2. die *Aktionsphase*: das eigentliche Rollenspiel und dessen Beobachtung
3. die *Reflexionsphase*: Auswertung und Diskussion, Generalisierung.

Zu diesen Phasen gibt es zahlreiche methodische Variationsmöglichkeiten. In der Realisierung werden verschiedenartige Sprachhandlungen erforderlich: z.B. Bitten, Fragen, Appellieren, Argumentieren, Kontakt mit verschiedenen Partnern aufnehmen u. a. m. Bereits von den unteren Klassen an wird diese Form genutzt, um differenziert an sprachlichen, sprecherischen, körpersprachlichen Ausdrucksmitteln zu arbeiten, die auch in oberen Klassen variantenreich für typische Situationen genutzt werden können. In der didaktischen Literatur gibt es eine Reihe von Vorschlägen für Teilübungen zu dialogischen Formen. Bei ihnen ist zu prüfen, welchen Platz sie bei einer systematischen Befähigung einnehmen oder ob sie nur punktuell nutzbar sind (vgl. auch Lepschy 1997, 163).

Die *Diskussion* ist eine in besonderer Weise verfahrensgeregelte dialogische Form. Sie erfordert komplexe kommunikative Fähigkeiten der Schülerinnen und Schüler und setzt eine systematische Arbeit über mehrere Jahre hinweg voraus, weil damit auch Verfahren des Argumentierens und Erörterns vertiefend verbunden, Schüler-Schüler-Interaktionen und Kooperativität für ihr Gelingen unverzichtbar sind (vgl. dazu und zu entsprechenden Teilübungen sowie zur *Debatte* den Artikel von Grundler/Vogt, G2).

Häufig werden auch monologische und dialogische Formen gekoppelt, dabei ist die Verbindung von Kurzvortrag und Diskussion ein Aufgabentyp mit einem hohen Maß an argumentierenden und erörternden Elementen. Der Kurzvortrag hat dann *Beitragscharakter* und kann unterschiedlich platziert sein, ist nicht auf

Vollständigkeit ausgerichtet, sondern bereits unter dem Aspekt der „Lücke“ und der Anknüpfungspunkte zu planen.

Für monologische wie dialogische Formen ist die *Befähigung zur Entscheidungskompetenz* von Belang. Sie betrifft zunehmende Mitbestimmungsmöglichkeiten der Lernenden bei der Wahl der *geeigneten Form* monologischen und dialogischen Sprachgebrauchs entsprechend der Intention und Funktion innerhalb komplexer Lernsituationen wie dem projektorientierten Arbeiten: die Kurzrede (um sich oder andere vorzustellen), das Brainstorming zur Ideenfindung, Gruppengespräche, Interviews, das Statement zu einem Problem, die Rede zur Würdigung einer Person, Formen zur Ergebnisdarstellung u. a. m.

Entscheidende Konsequenzen betreffen die Lehrpersonen, die es den Schülern durch ihr didaktisch-methodisches Handeln und eigenes Sprachverhalten ermöglichen müssen, diese Kompetenzen im Deutschunterricht zu erwerben und in der Unterrichtskommunikation zu praktizieren.

## 5 Formen sekundärer Mündlichkeit in der ästhetischen Kommunikation

Sprechen literarischer Texte gehört unverzichtbar in den Deutschunterricht: Vorlesen, Vortragen, Rezitieren können demnach als Teil der Didaktik mündlicher Kommunikation angesehen werden, auch wenn der Text nicht entwickelt, sondern reproduziert wird. Die Fähigkeiten dazu sind systematisch auszubilden. Einerseits sind Vortragen und lautes Lesen für die Unterrichtskommunikation unverzichtbar, andererseits gehören sie auch zu den Schlüsselqualifikationen von Schülerinnen und Schülern im Deutschunterricht und ermöglichen es ihnen, wirkungsvollen Sprachgebrauch zu praktizieren. Seit einiger Zeit wird eine Rückbesinnung unter den Stichworten, *ausdrucksvolles Lesen* (Ockel 2000), *gestaltendes Sprechen* (Ertmer 1996), *Sprechtechnik* (vgl. Spinner 1997, 17), *Sprechkunst* und *sprechgestaltende Interpretation* (Neuber; Naumann 2003, 160), *Sprechhaltung* (Geißner 1982, 148 f.) *Vorlesen und Vortragen* (Baurmann/ Menzel 2006, 6 ff.; Claussen 2006, 14 ff.) deutlich, weil durch den sprecherischen Nachvollzug Bedeutungsvorstellungen entwickelt und durch den Dialog zwischen Text und Sprecher Grundlagen für Reflexion gelegt werden. Traditionell gehört das Ausdruckslesen zur „höheren Leselehre“ (Drach 1922; Winkler 1969). Mit Bezug auf Kopfermann (2004, 4) sind didaktisch die nachfolgenden Positionen, das Sprechen von Dichtung betreffend, zu nennen:

- das Sprechen von Texten ist kommunikatives Handeln,
- Sprechen von Text ist eine Form der Interpretation des Textes,
- Sprechen von Literatur ist nicht nur Mittel, sondern auch ein Ziel des Literaturunterrichts,

- ein ästhetischer Text kommt erst gesprochen zur vollen Wirkung,
- Sprechen als kommunikatives Handeln erfasst die Gesamtpersönlichkeit von Sprecher und Hörer,
- Sprechen bedeutet Sinnkonstitution durch Sprecher und Hörer als „(sozialisierte) Subjekte",
- Sprechen braucht „wissende Subjektivität" (Geißner) bei Lehrern und Schülern,
- Sprechen bedeutet sowohl Auseinandersetzung mit dem Text als auch Auseinandersetzung mit sich selbst,
- Sprechen vermittelt Sprechern und Hörern ästhetische Erfahrungen.

Da die „Partitur" des Textes über Sinnschritte, Artikulation, Betonung, Lautstärke, Sprechtempo, Pausengestaltung und Melodieführung erschlossen werden muss, mitunter auch über Mimik, Gestik und Kinesik, bedarf die diesbezügliche Fähigkeitsentwicklung der expliziten Übung. Texte können in Rollenspielsituationen eingebettet, aus unterschiedlichen Perspektiven nacherzählt oder nachgespielt werden. Bei Formen des Erzählens kann z. B. auch Sprechdenken geübt werden, so beim Nacherzählen, Weitererzählen, beim Erzählspiel, beim Spielen von Erzählvorlagen und beim szenischen Erzählen. Überhaupt kann szenisches Gestalten literarischer Texte den Weg zur Sensibilisierung für poetische Sprache und zum analysierenden Diskurs bereiten. Weitere Übungen können sich z. B. beziehen

- auf das Experimentieren mit Tonfall, Lautstärke und Betonung, mit Sinneinheiten und dem sozialen Gestus von Äußerungen beim szenischen Spiel (Scheller 2002, 45 f.), das in Verbindung mit der metakommunikativen Reflexion Sinnzuschreibungen und alternative Deutungsmöglichkeiten eröffnet, das Nutzen dieser Form bereits in der Grundschule (Thurn 2000; Nix 2006, 23 ff.),
- auf Stegreifspiele zu Märchen, Sagen, Fabeln, Kurzgeschichten, Erzählungen u. a., Identifikation/ironische Distanzierung/Übertreibung bei Figuren,
- auf das literarische Rollenspiel als eine interpretative Spielform dramatisch und medial vermittelten produktionsorientierten Literaturunterrichts (Waldmann 1984).

## Literatur

Abraham, Ulf: Sprechen als reflexive Praxis. Mündlicher Sprachgebrauch in einem kompetenzorientierten Deutschunterricht. Freiburg im Breisgau: Fillibach 2008

Anderson, John R.: Kognitive Psychologie. Heidelberg: Spektrum der Wissenschaft Verlagsgesellschaft 1988

Baurmann, Jürgen/Menzel, Wolfgang: Vorlesen – Vortragen. In: Praxis Deutsch (2006) Heft 199, 6–13

Becker-Mrotzek, Michael/Vogt, Rüdiger: Unterrichtskommunikation. Linguistische Analysemethoden und Forschungsergebnisse. Tübingen: Niemeyer 2001

Becker-Mrotzek, Michael/Brünner, Gisela (Hrsg.): Analyse und Vermittlung von Gesprächskompetenz. Frankfurt a.M.: Lang 2004

Bergk, Marion: Aktives Zuhören beim Vorlesen. In: Praxis Deutsch (1988) Heft 88, 33–37

Berthold, Siegwart: Reden lernen. Übungen für die Sekundarstufe I und II. Frankfurt/M.: Cornelsen Scriptor 1993

Berthold, Siegwart (1997): Redeübungen für das 5.–13. Schuljahr (und Erwachsene). Sprecherziehung im Unterricht. In: Pabst-Weinschenk, Marita/Wagner, Roland/ Naumann, Carl Ludwig 1997, 38–50

Biederbick, Dankwart C. A.: Sich frei sprechen. In: Praxis Deutsch (1997) Heft 144, 47–49

Boueke, Dietrich/Schülein, Frieder: Von der Lehr- und Lernbarkeit des Erzählens. In: Der Deutschunterricht (1988) Heft 102, 386–403

Boueke, Dietrich/Schülein, Frieder: Beobachtungen zum Verlauf der Entwicklung kindlicher Erzählfähigkeit. In: Eva Neuland/Helga Bleckwenn (Hrsg.): Stil – Stilistik – Stilisierung. Linguistische, literaturwissenschaftliche und didaktische Beiträge zur Stilforschung. Frankfurt a. M. u. a.: Lang 1991

Bredel, Ursula/Günther, Hartmut/Klotz, Peter/Ossner, Jakob/Siebert-Ott, Gesa (Hrsg.): Didaktik der deutschen Sprache. Ein Handbuch. Paderborn: Schöningh 2003

Bünting, Karl-Dieter/Kochan, Detlef C.: Linguistik und Deutschunterricht. Kronberg/Ts: Scriptor 1973

Claussen, Claus/Merkelbach, Valentin: Erzählwerkstatt. Mündliches Erzählen. Braunschweig: Westermann 1991

Claussen, Claus: Tipps fürs Vorlesen. In: Praxis Deutsch (2006) Heft 199, 14

Cutler, Anne/Clifton jr., Charles: Comprehending Spoken Language: A Blueprint of the Listener. In: Brown, Colin M./Hagoort, Peter (Hrsg.). The Neurolinguistics of Language. Oxford: Oxford University press 1999, 123–165

Dehn, Mechthild: Literarisches Erzählen – Erzählen im Alltag. In: Der Grundschulunterricht (1986) Heft 1, 15–21

Deppermann, Arnulf: Gespräche analysieren. Opladen: Leske + Budrich 2001

Drach, Erich: Sprecherziehung. Die Pflege des gesprochenen Wortes in der Schule. Frankfurt a. M.: Diesterweg 1922

Drach, Erich: Redner und Rede. Methodisches Hilfsbuch für Übungen in freier Rede, Verhandlungs- und Versammlungstechnik. Berlin: Bott 1932

Ehlich, Konrad/Rehbein, Jochen: Muster und Institution. Untersuchungen zur schulischen Kommunikation. Tübingen: Narr 1986

Ertmer, Cornelia: Gestaltendes Sprechen in der Schule. Münster: LIT 1996

Fiehler, Reinhard/Barden, Birgit/Elstermann, Mechthild/Kraft, Barbara: Eigenschaften gesprochener Sprache. Tübingen: Narr 2004

Fienemann, Jutta/van Kügelgen, Rainer: Formen mündlicher Kommunikation in Lehr- und Lernprozessen. In: Bredel, Ursula/Günther, Hartmut/Klotz, Peter/Ossner, Jakob/ Siebert-Ott, Gesa (Hrsg.): Didaktik der deutschen Sprache. Paderborn: Ferdinand Schöningh 2003, 133–147

Flader, Dieter/Hurrelmann, Bettina: Erzählen im Klassenzimmer – eine empirische Studie zum 'freien' Erzählen im Unterricht. In: Ehlich, Konrad (Hrsg.): Erzählen in der Schule. Tübingen: Narr 1984, 223–249

Frommer, Harald: Erzählen. Eine Didaktik für die Sekundarstufe I und II. Frankfurt/M.: Cornelsen Scriptor 1992

Geißner, Hellmut: Der Fünfsatz. Ein Kapitel Redetheorie und Redepädagogik. In: Wirkendes Wort (1968) Heft 4, 258–278

Geißner, Hellmut: Sprecherziehung. Didaktik und Methodik der mündlichen Kommunikation. Königstein/Ts.: Scriptor 1982

Hartung, Martin: Wie lässt sich Gesprächskompetenz wirksam und nachhaltig vermitteln? In: Becker-Mrotzek, Michael/Brünner, Gisela (Hrsg.): Analyse und Vermittlung von Gesprächskompetenz. 2004, 47–66

Hausendorf, Heiko (Hrsg.): Gespräch als Prozess. Linguistische Aspekte der Zeitlichkeit verbaler Interaktion. Tübingen: Narr 2007

Heinemann, Wolfgang/Viehweger, Dieter: Textlinguistik. Eine Einführung. Tübingen: Niemeyer 1991

Hoffmann, Ludger: Zur Ausbildung von Erzählkompetenz. Eine methodische Perspektive. In: Ehlich, Konrad (Hrsg.): Erzählen in der Schule. Tübingen: Narr 1984, 202–222

Hohenberger, Annette: Psycholinguistik. In: Steinbach, Markus et al.: Schnittstellen der germanistischen Linguistik. Stuttgart, Weimar: Metzler 2007

Hoppe, Almut (Hrsg.): Wissen und Können. Standard Deutsch. Sprechen und Zuhören 5/6. Berlin: Cornelsen 2006

Kainz, Franz: Psychologie der Sprache. Bd. 3. Stuttgart: Enke 1954

Klein, Klaus-Peter: Erzählen im Unterricht. Erzähltheoretische Aspekte einer Erzähldidaktik. In: Ehlich, Konrad (Hrsg.): Erzählen im Alltag. Frankfurt/M.: Suhrkamp 1980, 263–295

Kliewer, Heinz-Jürgen: Texte für Hörer – im Deutschunterricht vernachlässigt. In: Praxis Deutsch (1988) Heft 88, 20–23

Kliewer, Heinz-Jürgen/Pohl, Inge (Hrsg.): Lexikon Deutschdidaktik. Baltmannsweiler: Schneider Hohengehren 2006

Klippert, Heinz: Kommunikationstraining. Übungsbausteine für den Unterricht. Weinheim, Basel: Beltz 1999

Kochan, Barbara (Hrsg.): Rollenspiel als Methode sozialen Lernens: ein Reader. Kronberg/Ts.: Cornelsen 1974

Kopfermann, Thomas: Lesen – Sprechen – Lesen. In: Deutschunterricht (2004) Heft 2, 4–11

Krappmann, Lothar: Entwicklung und soziales Lernen im Spiel. In: Flitner, Andreas (Hrsg.): Das Kinderspiel. München: Piper 1973, 168–183

Leont'ev, Aleksej A.: Psycholinguistische Einheiten und die Erzeugung sprachlicher Äußerungen. Berlin: Akademie Verlag 1975

Lepschy, Anette: Ein analytisches und didaktisches Modell für die Situations- und Prozesssteuerung in Gesprächen – 'Der Beginn einer wunderbaren Freundschaft' zwischen linguistischer Gesprächsforschung und Sprechwissenschaft. In: Pabst-Weinschenk, Marita/Wagner, Roland W./Naumann, Carl-Ludwig (Hrsg.): Sprecherziehung im Unterricht, München, Basel: Reinhardt 1997, 159–173

Levelt, Willem J. M.: Producing Spoken Language: A Blueprint of the Speaker. In: Brown/Hagoort, 1999, 83–122

Lindner, Gerhard: Hören und Verstehen. Phonetische Grundlagen der auditiven Sprachperzeption. Berlin: Akademie Verlag 1977

Linke, Angelika/Sitta, Horst: Gespräche. Miteinander reden. In: Praxis Deutsch (1987) Heft 83, 29–51

Ludwig, Otto: Die Schulerzählung oder Erzählen in der Schule. In: Praxis Deutsch (1981) Heft 49, 15–21

Ludwig, Otto/Spinner, Kaspar H.: Mündlich und schriftlich argumentieren. In: Praxis Deutsch (2000) Heft 160, 16–22

Mayor, Guy André: Gespräche führen, Interviews zu Schulproblemen vor- und nachbereiten. In: Praxis Deutsch (1987) Heft 83, 39–41

Metzger, Klaus: Stimmpflege – Spiele – Situationen. In: Praxis Deutsch (1997) Heft 144, 23–24

Mündliches Darstellen. Von einem Autorenkollektiv unter Leitung von Theodor Heidrich. Berlin: Volk und Wissen, 1988

Neuber, Baldur/Naumann, Carl Ludwig: Sprechbildung/Orthoepie. In: Bredel, Ursula/Günther, Hartmut/Klotz, Peter/Ossner, Jakob/Siebert-Ott, Gesa (Hrsg.): Didaktik der deutschen Sprache. Paderborn: Ferdinand Schöningh, 2003, 160–167

Nix, Daniel: Das Lesetheater. In: Praxis Deutsch (2006) Heft 199, 23–29

Ockel, Eberhard: Hör-Erziehung. In Praxis Deutsch (1988) Heft 88, 38–39

Ockel, Eberhard: Vorlesen als Aufgabe und Gegenstand des Deutschunterrichts. Baltmannsweiler: Schneider Hohengehren, 2000

Pabst-Weinschenk, Marita: Reden im Studium. Ein Trainingsprogramm. Frankfurt/M.: Cornelsen Scriptor, 1995

Pabst-Weinschenk, Marita/Wagner, Roland W./Naumann, Carl-Ludwig: Sprecherziehung im Unterricht. München, Basel: Reinhardt, 1997

Pabst-Weinschenk, Marita: Die Sprechwerkstatt. Sprech- und Stimmbildung in der Schule. Braunschweig: Westermann, 2000

Polz, Marianne: Zur Prozesskonzeption mündlichen Darstellens im Ausdrucksunterricht unter besonderer Berücksichtigung der Subjekt-Objekt-Dialektik. Egelsbach u. a.: Hänsel-Hohenhausen, 1992

Polz, Marianne: Mündlicher Sprachgebrauch. Sprachlich-kommunikatives Können komplex ausbilden. In: Deutschunterricht (1994) Heft 1, 13–21

Polz, Marianne (2006) in Kliewer/Pohl 2006: Ästhetische Kommunikation, 22–25; Dialogischer Sprachgebrauch, 79–83; Entwicklung gesprochener Sprache beim Schulkind, 101–107; Grundprozesse mündlicher Kommunikation, 205–211; Kommunikative Verfahren mündlichen Sprachgebrauchs, 320–326; Mündlicher Sprachgebrauch, 523–530; Mündlicher Sprachgebrauch als Lerngegenstand, 530–535; Schülersprache, 675–678; Unterrichtskommunikation, 773–778; Wirkungsvoller mündlicher Sprachgebrauch, 808–811. In: Kliewer, Heinz-Jürgen/Pohl, Inge (Hrsg.): Lexikon Deutschdidaktik Band 2. Baltmannsweiler: Schneider 2006

Potthoff, Ulrike/Steck-Lüschow, Angelika/Zitzke, Elke: Gespräche mit Kindern. Gesprächssituationen, Methoden, Kniffe, Ideen. Frankfurt/M.: Cornelsen Scriptor 1995

Quasthoff, Uta: Erzählen in Gesprächen. Tübingen: Narr, 1980

Rehbein, Jochen: Beschreiben, Berichten und Erzählen. In: Ehlich, Konrad (Hrsg.): Erzählen in der Schule. Tübingen: Narr 1984, 67–124

Rode-Florin, Uwe: Kooperativ streiten. In: Praxis Deutsch (2000) Heft 127, 50–53

Scheller, Ingo: Szenisches Spiel. Handbuch für die pädagogische Praxis. Berlin: Cornelsen Scriptor 2002

Schiller, Wolfgang: Atmung – Körper – Sprache. In: Praxis Deutsch (1997) Heft 144, 30–31

Schuster, Karl: Mündlicher Sprachgebrauch im Deutschunterricht. Denken – Sprechen – Handeln, Theorie und Praxis. Baltmannsweiler: Schneider Hohengehren 2001

Seidler, Burkhard/Grau, Herwig: Hörst du auch, was ich höre? In: Praxis Deutsch (1998) Heft 88, 52–53

Spinner, Kaspar: Zuhören. Ein Alltagsproblem in der Schule. In: Praxis Deutsch (1988) Heft 88, 16–17

Spinner, Kaspar: Zuhören lernen. Hinweise für den Unterricht in der Grundschule. In: Praxis Deutsch (1988) Heft 88, 26–27

Spinner, Kaspar H.: Reden lernen. In: Praxis Deutsch (1997) Heft 144, 16–22

Spitta, Gudrun: Schreibkonferenzen in Klasse 3 und 4. Ein Weg vom spontanen Schreiben zum bewußten Verfassen von Texten. Frankfurt/M.: Cornelsen Scriptor 1992

Thurn, Bernhard: Mit Kindern szenisch spielen. Frankfurt/M.: Cornelsen Scriptor 2000

Wagner, Klaus R.: Erzähl-Erwerb und Erzählungs-Typen. In: Wirkendes Wort (1986) Heft 2, 142–156

Wagner, Klaus R./Steinsträter, Christiane: Individuelle Profile beim Erzählerwerb. In: Ehlich, Konrad/Wagner, Klaus R. (Hrsg.): Erzählerwerb. Frankfurt/M.: Lang 1989

Waldmann, Günther: Grundzüge von Theorie und Praxis eines produktionsorientierten Literaturunterrichts. In: Hopster, Norbert (Hrsg.): Handbuch Deutsch: Für Schule und Hochschule. Sekundarstufe I. Paderborn: Schöningh 1984, 98–141

Werlen, Erika/Werlen, Iwar: Gespräche anfangen. In: Praxis Deutsch (1987) Heft 83, 53–60

Winkler, Christian: Deutsche Sprechkunde und Sprecherziehung. Mit Beiträgen von Erika Essen. Düsseldorf: Schwann 1969

Wintgens, Hans-Herbert: Motive und Strategien für das Erlernen des mündlichen Erzählens im Unterricht. In: Der Deutschunterricht (1980) Heft 2, 34–48

Wygotski, Lew: Denken und Sprechen. Frankfurt/M.: Fischer 1993

THEODOR DIEGRITZ / LUDWIG HAAG

# D2 Gruppenunterricht

„Gruppenarbeit? Das bringt doch nichts!“ Ein immer noch verbreitetes Vorurteil. Während Theoretiker gern die Vorzüge des Gruppenunterrichts predigen, sind Praktiker eher skeptisch (vgl. Meyer 2004, 81). Zu lange wurde Gruppenunterricht propagiert, ohne dass ihm in der didaktisch-empirischen Forschung genügend Aufmerksamkeit gewidmet wurde. Die erfolgreiche Durchführung von Gruppenunterricht ist kein Selbstläufer. Wie wir wissen, gehen viele ungünstige Erfahrungen über die Leistungsfähigkeit von Gruppenunterricht darauf zurück, dass ganz bestimmte methodische Aspekte unbeachtet geblieben sind.

In unserem Forschungsprojekt (vgl. E3) gingen wir der Frage nach, welche Kompetenzen Lehrer brauchen, um erfolgreichen Gruppenunterricht durchführen zu können. Aufgrund des von uns z. T. mikroskopisch angelegten Untersuchungsdesigns können hierzu begründet folgende konkrete Hilfestellungen gegeben werden. Die hier mitgeteilten Befunde beziehen sich auf jahrelange detaillierte Feldforschungen, bei denen authentischer Gruppenunterricht im Klassenzimmer untersucht wurde. Hier werden nur Sachverhalte referiert, die durch eigene qualitative und quantitative empirische Forschungen belegbar sind. Untersucht wurde der traditionelle Gruppenunterricht. Dabei geht es um vergleichsweise kurze Gruppenunterrichtssequenzen, die in Plenumsarbeit bzw. Frontalunterricht eingelagert sind. Das Klassenplenum wird dabei vorübergehend in einzelne Gruppen von 3–5 Mitgliedern eingeteilt, die weitgehend selbständig eine vom Lehrer gestellte Aufgabe bearbeiten.

## 1 Praktische Vorüberlegungen: Methodische Hinweise zum Gruppenunterricht

### 1.1 Veränderte Rollen von Lehrenden und Lernenden, oder „Weniger Kontrolle, mehr Eigenverantwortlichkeit“

Der Einsatz generell offener Lernformen impliziert ein verändertes Rollenverständnis auf Seiten der Lehrenden und Lernenden. Während in traditionellen Unterrichtskonzepten Lehrende als Wissensvermittler gesehen werden, die Wissensinhalte möglichst gut strukturiert präsentieren, Lernenden dabei eine eher passive und rezeptive Rolle zugeschrieben wird, wird im Gruppenunterricht Lernen als aktiv-konstruktivistischer Prozess betrachtet, werden Lernende als Konstrukteure ihres eigenen Wissens betrachtet. Dies bedeutet für alle Beteiligten eine neue Rolle: Lehrende müssen lernen, sich im Lernprozess ihrer Schüler nicht mehr für alles verantwortlich zu fühlen, beispielsweise nicht in die laufende Gruppenarbeit „reinzuplatzen“ und ihren Schülern das Arbeiten abzunehmen (vgl. 3). Umgekehrt ergeben sich dadurch für die Lehrer Freiräume, die sie in pädagogische Arbeit investieren können. So bietet sich hier die Möglichkeit individueller Lernberatung, für die in lehrerzentrierten Unterrichtsformen kein Platz ist.

Lernende benötigen geeignete Hilfestellungen durch die Lehrenden, die immer mehr zu Beratern für Lernprozesse werden (Reimann-Rothmeier/Mandl 2001). So ist es sinnvoll, wichtige interpersonale Fertigkeiten, wie einander zuzuhören, die Perspektive des anderen zu verstehen und positive Rückmeldung zu geben, und Arbeitstechniken, wie unterschiedliche Informationsquellen selbständig zu nutzen, Ergebnisse zusammenzufassen und geschickt zu präsentieren, speziell zu trainieren und Regeln für die Zusammenarbeit einzuführen. Dabei zeigen unsere Ergebnisse, dass die Regularitäten während der Gruppenarbeit keineswegs mit den Regeln des Frontalunterrichts identisch sind, das gilt insbesondere für die Gesprächsregeln. Ein klar, insbesondere durch den Lehrer reglementierter Sprecherwechsel, wie z. B. den anderen grundsätzlich nicht unterbrechen, warten, bis man an der Reihe ist etc., mag für den Frontalunterricht angebracht sein, wirkt während der Gruppenarbeit aber eher kontraproduktiv. Je intensiver die Gruppenmitglieder den Arbeitsauftrag erledigten, so unsere Ergebnisse, desto impulsiver und spontaner agierten sie; dabei bedienen sie sich eher der alltäglichen Regeln des Sprecherwechsels, die auch ein Unterbrechen oder gemeinsames Formulieren erlauben.

Hier ein Wort zur Sprache der Schüler während der Gruppenarbeit: Immer muss der Lehrer in Rechnung stellen, dass die Schüler in der Gruppenarbeit andere Sprachvarietäten benutzen als im Frontalunterricht. Hier, in dieser informellen Situation, verständigen sich die Schüler viel stärker umgangssprachlich bis mundartlich geprägt als in der Öffentlichkeit der offiziellen Kommunikation vor Lehrer und Klassenplenum. Hier können sich Schüler in ihrer authentischen und spontanen Sprache äußern, ohne Angst vor Sanktionen haben zu müssen. Dadurch kommen in der Gruppenarbeit auch Schüler mit von der Hochsprache abweichenden, sozial oder regional bedingten Sprachvarietäten viel leichter zu Wort als im Klassenplenum. Die als Lernziel grundsätzlich berechtigte Angleichung der Schülersprache an die Standardsprache sollte auf andere Weise erreicht werden. Das Reglementieren in Richtung Hochsprache liefe zentralen Funktionen von Gruppenarbeit zuwider.

## 1.2 Vorbereitetes Lernumfeld oder „Rahmenbedingungen sind keine Nebensache“

Das Lernumfeld, zu dem räumliche und zeitliche Rahmenbedingungen, die vorhandenen Materialien und die Gruppenbildung gehören, ist ein wichtiger Faktor für erfolgreichen Gruppenunterricht. Freilich sollten ungünstige Rahmenbedingungen bei gutem Willen kein Hindernis sein, doch frei verschiebbares Mobiliar ist von Vorteil, ebenso kann ein notwendiges Verschieben mit der Klasse vereinbart werden, so dass solche Aktionen nicht zu einem unnötigen Zeitverlust führen. Die Lerneinheiten sind auf das begrenzte Zeitangebot hin zu planen, damit nicht die Auswertungsphase zu kurz kommt. Für ein Schuljahr Doppelstunden zugeteilt zu bekommen, ist sicherlich von Vorteil. Ein vielfach vorgetragener Hinderungsgrund für den Einsatz von Gruppenarbeit ist das fehlende Material. Zum einen gilt hier, dass sich Anfangsinvestitionen auszahlen können, zum anderen sind Kooperationen mit Kollegen sinnvoll.

Die entscheidende Vorüberlegung nach der Gruppenbildung und -zusammensetzung soll zu Beginn von Gruppenunterricht angesprochen werden. Es gibt gute Gründe, die Gruppen sich selbst bilden zu lassen wie etwa nach Freundschaft, Sympathie oder Neigungen. Da die Gefahr besteht, dass diese Entscheidungsfindung lange dauert und eventuell Außenseiter übrig bleiben, gibt es genauso gute Gründe, dass der Lehrer nach eigenen Kriterien die Gruppen selbst bildet. In jedem Fall sollte im Sozialisationsfeld Schule ganz klar sein, dass grundsätzlich erwartet wird, dass jede Person mit jeder zusammenarbeitet.

Den Schülern muss auch die Sinnhaftigkeit von Gruppenunterricht, nämlich die Verwirklichung von Selbständigkeit, Kooperationsfähigkeit und Kreativität, bewusst sein. Die Startphase der Gruppenarbeit wird erheblich erleichtert und beschleunigt, wenn vorab oder in routinemäßigem Wechsel die Verteilung der Funktionsrollen in den Gruppen, wie z.B. Gruppensprecher und Gruppenschreiber, geregelt ist. Da sich Gruppen mit einer autoritären Führungsstruktur (vgl. Haag/Diegritz, E3) als problematisch darstellen, sollte alles getan werden, dass im Gruppenunterricht, dessen Potenzial nicht zuletzt auch im sozialen Lernen gesehen wird, die Statusungleichheit innerhalb der Gruppen abgebaut wird. Ein erster Weg besteht darin, dass ein Lehrer eine Gruppe umstrukturieren sollte, wenn es sich zeigt, dass ein Schüler in der Gruppe dauerhaft als autoritäre Führungsfigur fungiert. Weiterhin ist es sinnvoll, dass wichtige interpersonale Fertigkeiten, wie einander zuzuhören, die Perspektive des anderen zu verstehen und positive Rückmeldung zu geben mit der Klasse eingeübt werden. Gruppenarbeit setzt eine produktive Zusammenarbeit mit anderen voraus, d.h. dass gewisse Regeln und Normen eingehalten werden müssen. Beispielsweise sollen alle dafür Sorge tragen, dass alle Gruppenmitglieder bei der Gruppenarbeit miteinbezogen werden.

Freilich gibt es immer wieder Schüler, die, auch bei regelmäßiger Reflexion über die Schwierigkeiten während der Gruppenarbeit, kaum oder nur schwer dauerhaft in einer Gruppe integriert werden können. „Hier stößt man“, wie sich eine Lehrerin äußert, „an eine von den vielen Grenzen, die man als Pädagoge zu akzeptieren lernen muss.“ Konkret kann dies bedeuten, dass ein Schüler separiert und zur Einzelarbeit „verdonnert“ wird, während seine Mitschüler Gruppenarbeit machen.

## 2 Didaktische Folgerungen für den Arbeitsauftrag oder „Auf die Arbeitsaufträge kommt es an“

Unsere Ergebnisse zeigen, dass der Arbeitsauftrag in seiner Wichtigkeit nicht hoch genug veranschlagt werden kann. Die geeignete Wahl und Formulierung des Arbeitsauftrags durch den Lehrer trägt ganz entscheidend zum Gelingen der folgenden Gruppenarbeit bei. Durch ihn werden nicht nur die Handlungen und Ergebnisse der Schüler, sondern auch die weiter folgenden Handlungen des Lehrers während der Gruppenarbeit und Auswertungsphase beeinflusst und vorstrukturiert. Vom Arbeitsauftrag hängt z. B. in hohem Maße ab, ob die Schüler anschließend aufgabenorientiert arbeiten oder desorientiert ins Nebenengagement abgleiten und ob der Lehrer die Gruppen ungestört arbeiten lassen kann oder sich veranlasst sieht zu intervenieren. So soll im Folgenden ein Plädoyer dafür gegeben werden, dass auch Arbeitsgruppen wohlüberlegte Instruktionen brauchen, um effektiv arbeiten zu können. Im Folgenden sollen in einer Art Checkliste konkrete Anhaltspunkte zur Gestaltung von Arbeitsaufträgen gegeben werden.

*Ein Arbeitsauftrag muss vorab klar durchdacht und konzipiert sein*

- Schon bei der Stellung des Arbeitsauftrags wird darauf geachtet, dass es bei jeder Gruppenarbeit um bestimmte Lernziele und Lerninhalte geht, dass bestimmte Handlungen ausgeführt werden müssen und dass Ergebnisse erzielt werden sollen.
- Die Lerninhalte sind dem Leistungsstand der Schüler angemessen.
- Die notwendigen Arbeitsmaterialen liegen bereit.
- Schwierigkeiten, auf die Schüler bei der Bearbeitung stoßen könnten, werden vorab bedacht.
- Für besonders schnelle Gruppen werden Zusatzaufgaben bereitgestellt. Zumindest wird dieses Problem gesehen, so dass auch andere Regelungen für schnelle Gruppen getroffen werden.

*Ein Arbeitsauftrag benötigt eine kooperative Aufgabenstruktur*

- Gerade in kurzen Gruppenunterrichtssequenzen, bei denen der Klassenverband zeitlich begrenzt in Kleingruppen aufgeteilt wird, die selbständig eine vom Lehrer gestellte Aufgabe bearbeiten, ist es gut möglich, dass ein Gruppenmitglied die Arbeit für alle übernimmt. Deshalb wird die Aufgabe so gestaltet, dass sie in Gruppenarbeit sinnvoller als in Einzel- oder Partnerarbeit erledigt werden kann. Im Idealfall gilt: Arbeitsaufträge, die auch in Einzelarbeit geleistet werden können, sind keine Arbeitsaufträge für Gruppenarbeit.
- Der Arbeitsauftrag wird so gestellt, dass er die Schüler explizit zu zweckmäßiger Kooperation in der Gruppe veranlasst.
- Wo es sachlich sinnvoll ist, wird die Anweisung zur Einigung in der Gruppe gegeben.

*Ein Arbeitsauftrag muss präzise gestellt sein*

- Die auszuführenden Handlungen werden den Erwartungen entsprechend erklärt.
- Es wird sichergestellt, dass den Schülern klar ist, was sie tun und wie, d. h. in welcher Quantität und Qualität die Handlungen ausgeführt werden sollen.
- Die Reihenfolge der auszuführenden Handlungen wird präzise gegeben, dies gilt umso mehr bei jüngeren Schülern.
- Es wird eindeutig benannt, welche Medien und Hilfsmittel verwendet werden sollen.
- Es werden klare Anweisungen gegeben, wie die Ergebnisse in der Auswertungsphase dargestellt werden sollen, d. h. wie ausführlich und in welcher medialen Form, ob auf Overheadfolie, als Wandzeitung, Rollenspiel, Collage [...].
- Es wird angekündigt, wie lange die Gruppenarbeit dauern soll.
- Gerade Anfänger in Gruppenunterrichtspraxis formulieren und fixieren den Arbeitsauftrag schriftlich schon in der häuslichen Vorbereitung.

*Ein Arbeitsauftrag muss verständlich sein*

- Es werden einfache, kurze Sätze und den Schülern geläufige Wörter verwendet.
- Eingesetzte Fachbegriffe werden auf ihre Richtigkeit überprüft. Wichtige Fachbegriffe oder Schlüsselwörter werden erklärt.
- Der Arbeitsauftrag wird konkret und anschaulich formuliert sowie sinnvoll und übersichtlich gegliedert.
- Wesentliches wird deutlich hervorgehoben. (z. B. durch Fettdruck oder mündliche Zusatzerklärungen).

Generell zeigen unsere Ergebnisse, dass Arbeitsaufträge, die in mündlicher und schriftlicher Form erteilt werden, für die Gruppen effizienter als nur mündlich formulierte sind.

*Das Verständnis eines Arbeitsauftrages muss sichergestellt werden*

- Nach Erteilung des Arbeitsauftrags sollte der Lehrer auch sicherstellen, dass die Gruppen den Arbeitsauftrag auch verstanden haben. Folgende Maßnahmen können dabei helfen:
- Der Arbeitsauftrag wird von Schülern mit eigenen Worten wiederholt.
- Der Lehrer fragt nach, ob alles verstanden wurde oder stellt gezielte Fragen, um zu überprüfen, ob alles verstanden wurde.
- Der Lehrer überprüft durch Blickkontakte, ob alles verstanden wurde (Anzeichen des Nichtverstehens sind aufkommende Unruhe, Stirnrunzeln, fragendes Umherschauen, Kopfschütteln).
- Eine vorlaufende Gruppenarbeit wird konsequent unterbunden, bevor die Verständnissicherung abgeschlossen ist.

## Anleitung und Freiheit schließen sich nicht aus

Ergibt das Vorgetragene nun wirklich Sinn? Es ergibt sich der paradoxe Sachverhalt, dass der Lehrer durch einen gut geplanten und bedacht formulierten Arbeitsauftrag, also durch ein hohes Maß an reflektierter Steuerung und Lenkung, die Schülergruppen zu einem hohen Maß an Selbständigkeit, Kooperation und Kreativität während der Gruppenarbeit veranlasst. Unsere Ergebnisse zeigen, dass durch präzise und verständliche Arbeitsaufträge ganz entscheidend dazu beigetragen werden kann, dass bei der Gruppenarbeit befriedigende Ergebnisse zustande kommen. Zu wenig bedachte Arbeitsaufträge hingegen führen in der Regel zur Desorientierung, geringem inhaltlichen Fortschritt und evtl. Nebenengagement während der Gruppenarbeit.

## Von eher geschlossenen zu eher offenen Arbeitsaufträgen

Unsere Studien zeigen, dass eigentlich bei der ganzen Palette an Kategorien, die es bei Arbeitsaufträgen zu beachten gilt, die Lehrer ihren Schülern wenig Handlungsspielräume lassen, so bei den Lerninhalten, den auszuführenden Handlungen, den einzusetzenden Arbeitsmitteln und bei der Ergebnisdarstellung. Allein der Faktor Arbeitszeit bleibt meist offen. Diese Freiheit bezüglich der Arbeitszeit wird allerdings durch implizite, aufgabenbedingte Zeitbegrenzungen oder spätere Lehrerinterventionen, bei denen die Lehrer konkrete Vorstellungen zur Straffung der Arbeitszeit äußern, häufig wieder aufgehoben.

Wird Gruppenarbeit als Unterrichtsform neu eingeführt, sind geschlossene Arbeitsaufträge sinnvoll, die genau festlegen, was die Schüler zu tun haben. Im Laufe der Zeit sollten allerdings die Entscheidungs- und Handlungsfreiräume der Schüler erweitert werden. Durchaus sinnvoll erscheint, die Arbeitsaufträge nach und nach mehr zu öffnen, d. h. zunächst immer nur eine Kategorie bewusst zu öffnen.

Freilich, Vorsicht ist geboten. Offenheit darf nicht mit mangelnder Präzision verwechselt werden. Dies bedeutet, dass dem Lehrer und den Schülern bewusst sein muss, wo sie Handlungsspielräume bzw. Entscheidungsfreiheiten haben und wo nicht. In 83 % der von uns untersuchten Fälle machten die Lehrer z. B. keinerlei Angaben zur Arbeitszeit. Während der Gruppenarbeit brachten sie die Schüler dann allerdings häufig unter Zeitdruck, indem sie konkrete Wünsche zur Arbeitszeit äußerten. Dies ist eine falsch verstandene Offenheit!

### Differenzierung – auch eine Forderung in der Gruppenarbeit

Sind in der Gruppenarbeit differenzierende Maßnahmen möglich und sinnvoll? Bei welchen Kategorien des Arbeitsauftrags sollen die Unterschiede zwischen den Gruppen konkret liegen? Zu den beiden Fragen ist zu bemerken, dass klar unterschieden werden muss zwischen themengleichem vs. themendifferenziertem Gruppenunterricht und arbeitsgleichem vs. arbeitsteiligem Gruppenunterricht. Gleiche Themen nämlich sind nicht dasselbe wie gleiche Handlungen. Manchmal liegen die Differenzen zwischen den Gruppen weder beim Thema noch bei den auszuführenden Handlungen, sondern z. B. bei der Arbeitszeit oder der Darstellung der Ergebnisse. Man muss sich also schon genauer fragen, wo denn nun im Einzelnen die Unterschiede zwischen den Gruppen liegen sollen.

## 3 Didaktische Folgerungen für die Gruppenarbeitsphase oder „So wenig eingreifen wie nötig!“

Wie in Kap. E3 (Haag/Diegritz) aufgezeigt, sehen sich Lehrer während der Gruppenarbeit dem Konflikt zwischen Eingreifen und Nicht- Eingreifen ausgesetzt. Den Lehrern fällt es häufig schwer, den Schülergruppen das Maß an Selbständigkeit und Eigenverantwortlichkeit zuzugestehen, das für gelingende Gruppenarbeit unerlässlich ist. Grundsätzlich bedeutet ein Eingreifen während der Gruppenarbeit eine Unterbrechung der Intragruppenkommunikation durch den Lehrer. Wenn man den Schülern Gruppenarbeit zutraut, darf es eigentlich dem Lehrer nicht darum gehen, in den einzelnen Gruppen eigene Vorstellungen über die Aufgabenbearbeitung durchzusetzen. Lehrer meinen es gut, wenn sie von Gruppentisch zu Gruppentisch gehen und vielleicht sogar noch neue Impulse in die Gruppen tragen. Allzu leicht passiert es, dass sie sich nicht am aktuellen Diskussionsstand in der Gruppe orientieren, sondern eher „hineinplatzen“ und neue Gedanken vortragen, was, so unsere Beobachtungen, nicht selten zu Desorientierung in den Gruppen und anschließenden „Abstürzen“ bei der Arbeitshaltung führt. So konnten wir Nachschübe zum Arbeitsauftrag beobachten, bei denen die Lehrer Ergänzungen, Änderungen oder Zusätze zum

Arbeitsauftrag äußerten, die die Anweisungen im urspr. Arbeitsauftrag relativierten, erweiterten oder ihnen gar widersprachen.

Grundsätzlich erweist es sich eher als ungünstig, wenn der Lehrer häufig und zu lange interveniert. Also: Wenn sich der Lehrer um einen klaren Arbeitsauftrag kümmert, sollte es zunächst für ihn keinen Grund geben, von sich aus ohne Aufforderung durch die Gruppe ins Gruppengeschehen einzugreifen. Unpräzise und unverständliche Arbeitsaufträge freilich können zwei verschiedene Typen von Lehrerinterventionen zur Folge haben.

### *(1) Invasive Interventionen*

Der Lehrer beobachtet in den Gruppen Desorientierung und greift ein, um den Arbeitsauftrag nochmals zu präzisieren, nachzubessern oder sogar zu erweitern, um eben die Desorientierung zu beseitigen. Folgende Argumente sprechen gegen invasive Interventionen:

- Sie unterbrechen die Arbeit in den Gruppen und verkürzen die Arbeitszeit der Schüler.
- Sie gehen vom Lehrer aus. Durch Zurückhaltung der Lehrkraft können am ehesten Störungen der Gruppenarbeit vermieden werden.
- Invasive Interventionen, an die ganze Klasse gerichtet, unterbrechen die Arbeit aller Gruppen. Deswegen nur in Notfällen anwenden!
- Durch vorschnelles Eingreifen kann ein Lehrer den Schülern allzu leicht das eigenständige Nachdenken abnehmen.
- Selbsttätigkeit und Selbständigkeit sind wichtige Erziehungsziele des Gruppenunterrichts. Deswegen soll der Lehrer Geduld haben und seine Schüler möglichst alleine und ungestört arbeiten lassen.

### *(2) Responsive Interventionen*

Der Lehrer wird von den Schülern wegen Desorientierung gerufen und greift erst nach Aufforderung ein. Folgende Ratschläge helfen bei responsiven Interventionen:

- Der Lehrer soll seine Hilfe verweigern, wenn er den Eindruck hat, dass die Schüler auch selbständig zurechtkommen müssen.
- Der Lehrer soll erst dann auf Fragen reagieren, wenn die Schüler nach längerem Bemühen offenkundig nicht weiterkommen.
- Der Lehrer soll den Schülern klar machen, dass sie die Chance haben, ohne seine Hilfe Lösungen zu finden.
- Der Lehrer soll vorab vereinbaren, dass er während der Gruppenarbeit nur in Notfällen hinzugezogen werden kann.

Bei unvermeidlichen Lehrerinterventionen sind folgende Punkte zu beachten:

- Orientierung: Der Lehrer hört aufmerksam zu, er hört sich in das Gruppengespräch ein. Er informiert sich über den aktuellen Stand der jeweiligen Gruppe.
- Lenkung: Der Lehrer hält sich mit seinen Gedanken und Wünschen zurück. Er hilft nur so viel wie unbedingt nötig. Ein kurzer Hilfsimpuls tut es auch. Er redet wenig, übernimmt nicht die Gesprächsführung. Er inszeniert vor allem keinen Mini-Frontalunterricht. Er löst nicht die Probleme der Schüler. Wenn es freilich nötig ist, kann ein Lehrer auch mit einer Gruppe intensiv weiterarbeiten.
- Umgangsqualität: Der Lehrer ermutigt seine Schüler. Er geht mit ihnen freundlich und herzlich um. Er lobt sie situationsangemessen. Unangemessenes Lob wirkt eher kontraproduktiv!
- Aufgabenbezug: Der Lehrer bleibt eng an der gestellten Aufgabe. Er gibt keine zusätzlichen Anweisungen, die die Anweisungen im Arbeitsauftrag relativieren oder ihnen gar widersprechen.
- Zeit: Die Interventionen sind so kurz wie möglich zu gestalten.
- Auffordernde Sprechhandlungen: Der Lehrer verlässt die Gruppe nicht mit neuen Anweisungen oder Fragen, ohne die Reaktion der Schüler abzuwarten und zu bewerten. Sonst verwirrt er eher die Gruppe, der inhaltliche Fortschritt der Gruppenarbeit wird dadurch unnötig verzögert oder gar gestört.

Um leidige Interventionen zu vermeiden, ist folgendes Lehrerverhalten während der Gruppenarbeit zu empfehlen:

- Der Lehrer zieht sich nach Beendigung des Arbeitsauftrages bewusst zurück (z. B. am Pult arbeiten oder Tafelanschrift vorbereiten).
- Der Lehrer beobachtet die Gruppen nur aus der Ferne.
- Der Lehrer läuft nicht ständig durch die Klasse. Sonst provoziert er nur unnötige Interventionen.

## Beendigung als Übergang zur Auswertung

Das geschickte Beenden der Gruppenarbeit ist keine leichte Aufgabe. Generell gilt, dass die Gruppen nicht abrupt aus der Gruppenarbeit herausgerissen werden sollten, sondern eine Übergangszeit zur Verfügung haben sollten, um die laufenden Arbeiten abschließen zu können und sich auf die Auswertungsphase einzustimmen. Zu empfehlen ist die Vereinbarung nonverbaler Zeichen zur Beendigung der Gruppenarbeit, etwa der Einsatz eines Lichtsignals, einer Tischglocke oder einer Spieluhr.

## 4 Didaktische Folgerungen für die Auswertungsphase oder „Bei der Präsentation der Ergebnisse nur keine Monotonie!“

Im Grunde genommen beginnt die Auswertungsphase schon in der häuslichen Vorbereitung. Eine abwechslungsreiche Auswertung der Ergebnisse ist zum großen Teil schon durch die Art des Arbeitsauftrags mit bestimmt, vor allem durch Art und Umfang seiner Differenzierung und seiner Einbettung im Unterrichtsablauf. So zeigen unsere Ergebnisse beispielsweise, dass bei Transferaufgaben im Gegensatz zu Vertiefungsaufgaben die Aufmerksamkeit bei den Schülern höher ist. Auf folgende Punkte ist zu achten:

### *Schülerhandlungen*

Eine interessante Ergebnispräsentation erhöht den Aufmerksamkeitsgrad der Klasse. Als die Aufmerksamkeit besonders hemmend erweist sich, wenn in der Gruppenarbeit Texte zu verfassen sind und diese dann einfach vorgelesen werden, oder wenn der Versuch unternommen wird, das eigene Geschriebene vor der Klasse zu entziffern. Besonders kontraproduktiv erweist sich das Ablesen vorgefertigter Texte bei Rollenspielen. Wenn ein Rollenspiel eingeplant ist, dann ist hierfür Zeit einzuräumen, nicht nur zur Anfertigung, sondern auch zu einem ersten Einüben. Im Folgenden sind Präsentationsformen der Gruppenergebnisse aufgelistet. Dabei sollen die Gruppen selbst animiert werden, sich sinnvolle Varianten zu überlegen. Dies können beispielsweise sein:

- freier Vortrag,
- Referat mit Notizen (evtl. durch Folien unterstützt),
- Varianten von Spielen: Szenisches Spiel, Rollenspiel, Puppenspiel, Pantomime, Standbild [...],
- Grafiken, Tabellen,
- Bilder, Zeichnungen, Skizzen,
- Wandzeichnung,
- Musikalischer Vortrag.

### *Zeitbudget*

Die Auswertungsphase ist kein Anhängsel, sondern braucht Zeit. Deshalb sollte hier auch genügend Zeit eingeplant werden. Ein von uns vielfach beobachteter Fehler ist, dass die Lehrer während der Gruppenarbeit mehr Zeit als geplant gewähren, doch dann meinen, diese wieder in der Auswertung einsparen zu können. Ein ökonomischer Umgang mit dem vorhandenen Zeitbudget trägt dazu bei, dass alle Gruppen zu Wort kommen und somit für ihre Tätigkeit während der Gruppenarbeit gewürdigt werden. Wenn die Arbeit bei jeder Gruppe gewürdigt wird, werden die Schüler eher zu weiterer Gruppenarbeit in der Zukunft motiviert. Dazu ist es gelegentlich auch nötig, die Auswertung oder notfalls Teile davon in der nächsten Unterrichtsstunde, evtl. am nächsten Schultag, zu Ende zu bringen. Insgesamt ist die Zeit für die Auswertung nicht zu knapp einzuplanen, damit der Lehrer die Balance zwischen straffem Durchziehen der Auswertung und dem Gebot, alle Gruppen dranzunehmen, findet.

### *Abrufen der Gruppenergebnisse*

Eine bloße gleichförmige Aneinanderreihung der Ergebnisse der einzelnen Gruppen ist zwar in der Praxis häufig anzutreffen, sollte aber unbedingt vermieden werden. Abwechslung beim Abrufen der Einzelergebnisse ist ein wichtiges Mittel, um Langeweile nicht aufkommen zu lassen. Es ist zu vermeiden, dass die erste Gruppe schon alles referiert und die restlichen Gruppen mehr oder weniger leer ausgehen. Falls der Arbeitsauftrag verschiedene Teilaspekte enthält, sollte der Lehrer diese verschiedenen Aspekte dann auch nacheinander von verschiedenen Gruppen einfordern.

Unabhängig davon, ob arbeitsgleiche oder arbeitsteilige Arbeitsaufträge gegeben wurden, ist es zunächst am wichtigsten, so unsere Beobachtungen, dass der Lehrer Gruppen und nicht Einzelschüler zum Vortrag der Ergebnisse aufruft. Der häufig beobachtete Fehler, dass der Lehrer einzelne Schüler zum Ergebnisbericht auffordert, entwertet zwangsläufig die kooperative Tätigkeit der Gruppen, die ja zu den Ergebnissen geführt hat. Auch in dieser Phase ist die Gefahr groß, wie oben hingewiesen, dass der Lehrer zu lehrerhaft auf die Präsentationen eingeht. Zwar sollten Lehrer wohl Fehler ansprechen, ohne jedoch die ganze Präsentation zu bestimmen, sie unnötigerweise zu unterbrechen oder zu zerreden.

### *Integration der Gruppenergebnisse*

Die schwierigste und entscheidende Aufgabe des Lehrers ist die Integration bzw. Vernetzung der Einzelergebnisse zu einem Ganzen. Je besser die Integration gelingt, so unsere Ergebnisse, desto aufmerksamer sind die Schüler. Was die Integration besonders schwer macht, ist, die richtige Balance zwischen Eingreifen und Nicht-Eingreifen zu finden. Weder sollte sich der Lehrer mit einer bloßen, unkommentierten Reihung der einzelnen Gruppenbeiträge abfinden – eine in der Praxis häufig anzutreffende Fehlform der Auswertung! – noch darf er durch zu starkes Eingreifen, Korrigieren, Lenken und Kritisieren die Schüler entmutigen und demotivieren. Diese schwierigste Teilstation innerhalb der Auswertungsphase erfordert besonders hohe Sach- und eine besonders entwickelte Sozialkompetenz des Lehrers. Rezepte zu geben erscheint hier unmöglich. Fingerspitzengefühl, pädagogischer Takt, didaktisches Geschick sind nur Stichworte, mit denen angedeutet werden kann, worauf es ankommt.

### *Sicherung der Gruppenergebnisse*

Mit der Integration der Einzelergebnisse ist auch der erste Schritt in Richtung Ergebnissicherung getan. Bei den Lehrern, die eine Ergebnissicherung unterlassen, zeigen unsere Ergebnisse, dass die Schüler in der Auswertungsphase weniger aufmerksam sind, wohl im Bewusstsein, dass dieser Stoff schon nicht so wichtig ist. Im Idealfall entsteht während der Auswertung eine aus der Integration der Einzelergebnisse hervorgehende Sicherung des Gesamtergebnisses (an der Tafel, auf Overhead, als Wandzeitung, als gemeinsamer Hefteintrag, als audiovisuelle Aufzeichnung ...). Eine solche Gesamtsicherung übersteigt aber in der Regel eine Unterrichtseinheit; sie ist häufig zweckmäßig (z. T. auch durch Hausaufgaben vermittelt) auf den nächsten Tag zu verschieben.

### *Metakommunikation*

Während und nach der Auswertungsphase sollte die Gelegenheit zu Metakommunikation über Inhalts- und Beziehungsaspekte der Kommunikation zwischen den Schülern während der Gruppenarbeit häufig genutzt werden. Gerade im Anfangsstadium von Gruppenarbeit ist es besonders wichtig, über Vorgehensweisen und Probleme der einzelnen Gruppen zu sprechen, so dass ein fruchtbarer Erfahrungsaustausch einsetzen kann. Die Gruppenmitglieder lernen hier, wie man in Gruppen mit Konflikten umgehen kann, die natürlicherweise auftreten. Einsetzen kann man hier beispielsweise Blitzlichtrunden, Fragebögen mit Feedbackskalen oder Skalen, bei denen Punkte auf Flip-Chart bzw. Tafel geklebt bzw. gemalt werden.

## 5 Desiderat

Die Beachtung und Beherrschung der hier aufgezeigten didaktischen Folgerungen dürften in der Umsetzung von Gruppenunterricht sehr hilfreich sein und damit vermutlich zu seiner Verbesserung beitragen. Doch die naive Vorstellung, neu angelesenes Wissen würde direkt handlungssteuernde Prozesse und Strukturen beeinflussen, erweist sich als unzutreffend. Die Wechselwirkung zwischen Theorie und Praxis bzw. zwischen Wissen und Handeln ist kompliziert, es darf nicht von einer Vorstellung der bloßen Übernahme oder auch Anwendung des wissenschaftlichen Wissens in die Praxis ausgegangen werden (vgl. Wahl 2006).

Bleibt also die theoretisch wie auch praktisch interessante Frage, wie eine solche Implementationsphase aussehen kann, in der Lehrkräfte neu oder auch umlernen müssen, sich möglicherweise von alten Vorstellungen über Gruppenunterricht verabschieden müssen, wie dem ständigen Kontrollieren der Schülertätigkeiten. Ein Satz wie „Über gezielte Trainingsmaßnahmen der Lehrer sollten Defizite im Umgang mit Gruppenunterricht abgebaut werden“ schreibt sich leichter als getan.

In einer Studie, in der kontrolliert verschiedene Trainingsformen zur Implementierung von Gruppenunterricht bei unterschiedlichen Lehrergruppen eingesetzt wurden, ging Haag (2002) dieser Frage nach. Am wirksamsten hat sich folgende Form erwiesen: Lehrern wurden elaborierte subjektive Theorien vorgelegt, die im Rahmen eines Forschungsprojektes erhoben wurden und mithilfe derer kognitive Handlungsstrukturen bei Gruppenunterricht rekonstruiert wurden (Dann/Diegritz/Rosenbusch 1999; vgl. Haag/Diegritz E3). Die „Lektüre" der Subjektiven Theorien sei spannend gewesen, so der Grundtenor. „Ich hätte gar nicht gedacht, dass man bei Gruppenunterricht auf so viel achten muss", oder „Ich hätte gar nicht gedacht, dass man bei der Durchführung von Gruppenunterricht so viel falsch machen kann", so lauteten zwei repräsentative Stimmen.

Diesen Ansatz könnte man in der Weise ausbauen, dass man den Trainingsteilnehmern videobasierte Aufnahmen gelungener wie auch weniger gelungener Unterrichtssequenzen vorspielt. Hierzu sind noch authentische Fälle zu generieren, sicher eine lohnende Aufgabe. Dies ist als Plädoyer für eine vermehrte fallbezogene pädagogisch-didaktische Lehrerausbildung zu betrachten (Dick 1994), die sich auf praktisches Wissen von aufgezeichneten Einzelfällen stützen könnte, auf deren Grundlagen offenbar das eigene Wissen reflektiert, restrukturiert und neu geformt werden kann. Damit sollte der von uns eingeschlagene Weg weiter fortgesetzt werden, Gruppenarbeit empirisch zu bearbeiten, um einerseits die Praxis näher zu beleuchten, andererseits auch diese Sozialform theoretisch weiter zu fundieren.

## Literatur

Dann, Hanns-Dietrich/Diegritz, Theodor/Rosenbusch, Heinz Siegfried (Hrsg.): Gruppenunterricht im Schulalltag. Realität und Chancen (Erlanger Forschungen Reihe A, Bd. 90). Erlangen: Universitätsbund Erlangen-Nürnberg e. V. 1999

Dick, Andreas: Vom unterrichtlichen Wissen zur Praxisreflexion. Bad Heilbrunn: Klinkhardt 1994

Haag, Ludwig: Kompetenzerwerb im Gruppenunterricht: Eine Trainingsstudie. In: Mutzeck Wolfgang/Schlee, Jörg/Wahl, Diethelm (Hrsg.): Psychologie der Veränderung. Weinheim: Beltz 2002, 79–89

Huber, Anne A. (Hrsg.): Kooperatives Lernen – kein Problem. Stuttgart: Klett 2004

Meyer, Hilbert: Was ist guter Unterricht? Berlin: Cornelsen Scriptor 2004

Nürnberger Projektgruppe: Erfolgreicher Gruppenunterricht. Stuttgart: Klett 2001

Reinmann-Rothmeier, Gabi/Mandl, Heinz: Unterrichten und Lernumgebungen gestalten. In: Krapp, Andreas/Weidenmann, Bernd (Hrsg.): Pädagogische Psychologie. Weinheim: Beltz 2001, 601–646

Wahl, Diethelm: Lernumgebungen erfolgreich gestalten. Vom trägen Wissen zum kompetenten Handeln. Bad Heilbrunn: Klinkhardt 2006

DIETLINDE H. HECKT

# D3 Kooperatives Lernen

In den letzten Jahren spielen in der didaktischen Diskussion zunehmend solche Unterrichtskonzepte eine Rolle, die sich zusammenfassend als *kooperatives Lernen* bezeichnen lassen. Verstanden wird unter diesem Sammelbegriff gemeinschaftliches wie auch wechselseitiges Lernen in und von Gruppen. Während das anglo-amerikanische *Cooperative Learning (Collaborative Learning, Peer Assisted Learning),* dem die aktuelle deutschsprachige Diskussion entscheidende Impulse verdankt, seit den 1970er Jahren intensiv erforscht wird, erfolgt dies bei uns erst seit Ende der 1990er Jahre. Da sich Menschen ihre Denk- und Wissensstrukturen überwiegend in Austausch- und Interaktionsprozessen aneignen, ist kooperatives Gruppenlernen neben Einzelarbeit und Klassenunterricht die dritte zentrale Grundform schulischen Lernens. Die inzwischen große Zahl an Forschungsarbeiten zum kooperativen Lernen belegt überwiegend positive Effekte auf verschiedene affektive, kognitive, motivationale und soziale Verhaltensmerkmale – wenn die Gruppenarbeit in geeigneter Form organisiert wird (zusammenfassend Webb/Palincsar 1996, Dann/Diegritz/Rosenbusch 1999). Nachfolgend wird die Bezeichnung kooperatives Lernen für solche Lernarrangements verwendet, die eine koordinierte und methodisch strukturierte, ko-konstruktive Lerneraktivität im Sinne einer positiven Abhängigkeit der Gruppenmitglieder (bzw. Partner) von einander verlangen.

Für die Lehrenden – in diesem Fall für die Deutschlehrerinnen und -lehrer – bedeutet dies, dass sie bei der Vorbereitung ihres Unterrichts inhaltliche und gruppenmethodische Überlegungen gleichzeitig und gleichrangig vornehmen. Die Organisation des Unterrichts ändert sich, wobei das Ausmaß der Veränderungen wiederum davon abhängt, ob wir es zu tun haben mit:

- informellem, kurzfristigem kooperativem Lernen: wenige Minuten bis zu einer Unterrichtsstunde, mögliche Methoden sind z. B. *Placemat, Think – Pair – Share, Mini Jigsaw,* Gruppengrößen meist zwischen drei und fünf Teilnehmern, vom Lehrenden bestimmtes Gruppenbildungsverfahren wie z. B. *Numbered Heads Together,*
- formalem, längerfristigem kooperativem Lernen: einige Stunden oder Wochen in vom Lehrenden vorgeschlagenen Gruppen, gemäß der eingeführten kognitiven und sozialen Kriterien, der zugewiesenen Rollen im Lernteam, der erläuterten gegenseitigen positiven Abhängigkeit und gegenseitigen Unterstützung, der begleitenden Feedback- und Reflexionsregeln; hier können sämtliche Methoden zum Einsatz kommen (u. a. Green/Green 2005,

126ff.), z. B. *Three Step Interview oder Team Interviews, Expert Group Jigsaw, Case Study, Fishbowl, One Stay – Three Stray),*

- kooperativen Stammgruppen (bzw. *Tribes*): heterogen zusammengesetzte Gruppen, die mindestens ein Schulhalbjahr hindurch immer wieder gemeinsam lernen und arbeiten, zunächst mit Methoden zur Bildung von Gruppenidentität beginnen und gemäß der vereinbarten kognitiven und sozialen Lernziele zunehmend selbständig arbeiten, unter Lehreranleitung eine Feedback-Kultur aufbauen und auf die Gruppenkohäsion wie auf die Ergebnisqualität achten.

Die positive Abhängigkeit der Gruppenmitglieder von einander wird von den Lehrenden explizit und implizit initiiert, d. h. den Lernenden erläutert und durch die Struktur der vorbereiteten Arbeitsaufgaben, durch Rollenzuteilungen, durch methodische Settings, durch regelmäßige kurze Gruppenfeedbacks, gemeinsame Leistungsbeurteilung usw. vermittelt.

## 1 Pädagogische, psychologische und didaktische Begründungen für kooperatives Lernen

Im Fokus pädagogischer Begründungen stehen vor allem sozial-kognitive Aspekte wie die Selbstlernkompetenz von Schülerinnen und Schülern, kommunikative und soziale Kompetenzen, das Vermögen, verantwortlich, gemeinschaftlich, problemlösend und zielerreichend zu handeln, das eigene Denken zu reflektieren und zu elaborieren. Seltener finden sich Aspekte von Qualitätsentwicklung und kooperativem Lernen innerhalb des Kollegiums (Green/Green 2005). Psychologische Begründungen fokussieren überwiegend die kognitiven und motivationalen Aspekte. Im Kontext einer konstruktivistischen Auffassung von Lernprozessen wird die Bedeutung kooperativen Lernens in einer aktiven und interaktiven, vertieften Auseinandersetzung mit Lerninhalten und Sachverhalten betont (Brown 1997).

In allgemeinen didaktischen Begründungen steht das aktive, gemeinsame, durch entsprechende Methoden strukturierte und durch multikriterialen Kompetenzerwerb gekennzeichnete Lernen von Schülerinnen und Schülern im Vordergrund. Lehrerhandeln wird überwiegend auf einer unterrichtsorganisatorischen Ebene reflektiert (Pauli/Reusser 2000). Insgesamt geht es vor allem um das Beschreiben von lerneffektiven Unterrichtsmethoden und -konzepten, die sowohl kognitive als auch soziale Kompetenzen fördern, die das Lernen heterogener Gruppen unterstützen und das Erreichen fachdidaktischer Ziele ermöglichen.

Nach den eher ernüchternden Erfahrungen mit einer idealistischen, individuelle Emanzipation mittels kollektiver Kognition versehenden kommunikativen Didaktik in den 1970er Jahren wird derzeit vor allem die Komplexität mündliche

Kommunikationsfähigkeit hervorgehoben (Fiehler/Schmitt 2004). Dies spricht auf der unterrichtlichen Ebene gegen eine eher mechanische Einübung kommunikativer Verfahren, auf der wissenschaftlichen Ebene spricht es für interdisziplinäre Bezüge. Die angestrebte mündliche Kommunikationsfähigkeit wird – zugespitzt formuliert – weder durch das Verinnerlichen von Kommunikationsmodellen, das Erlernen von Regeln oder Formaten noch durch eine unreflektierte kommunikative Alltagskultur im Sinne eines heimlichen Lehrplans *(Hidden Curriculum)* erworben. Gleichwohl dominiert beides die schulische wie auch wissenschaftliche Diskussion über mündliche Kommunikation bis in die jüngste Zeit. Das ist insofern überraschend, als die Bedeutung von Unterrichtskommunikation – als Medium – zwischen Lehrern und Schülern sowie der Schüler/innen untereinander wesentlich für die Qualität des Unterrichts überhaupt ist und u. a. entscheidend dafür, in welchem Maße sich Schüler auf Lernarbeiten einlassen, wie lange und wie erfolgreich sie sich damit auseinandersetzen (De Lisi/Golbeck 1999).

Angesichts der skizzierten Situation ist es wenig überraschend, dass sich Artikel zum kooperativen Lernen im Deutschunterricht bisher vorwiegend auf methodische Arrangements und deren Umsetzung beziehen. In der umfangreichen Literatur zum Kooperativen Lernen wird Kommunikation als Medium verstanden, das grundlegend für die Lerneffektivität kooperativen Lernens ist (Johnson/Johnson/Holubec 2005) ist, und zwar neben der vom Lehrer bzw. der Lehrerin arrangierten positiven Abhängigkeit der Gruppenmitglieder voneinander sowie den Methoden, die das gemeinsame Denken und Arbeiten strukturieren. In dieser Sicht sind Lehrer/innen in und mit ihrem eigenen Sprachhandeln Modelle kooperativer unterrichtlicher Kommunikation, die zudem explizite Regeln etablieren für die arbeitsbezogene Kommunikation zwischen den Lernpartnern oder Kleingruppenmitgliedern, für Diskussionen, Feedbacks, strukturierte Kontroversen, Präsentationen von Ergebnissen, für eine Unterstützungskultur, konstruktive Kritik usw. Implizit sorgen Lehrer/innen durch ihre eigene Akzeptanz und Wertschätzung von gemeinschaftlichen wie individuellen Lernanstrengungen der Schüler, durch geeignete Arrangements zum kognitiven und sozialen Lernen, durch entsprechende Frage- und Feedbacktechniken für ein kommunikationsförderndes Klassenklima. In der Tradition Vygotskys unterstützen sie damit das sozial konstruierte und geteilte Verständnis eines Problems bzw. einer Situation und ermöglichen so einen Lernzuwachs, der durch das Entwickeln eines gemeinsamen Verständnisses auf der Basis je unterschiedlichen Vorwissens und verschiedenen Perspektiven differenzierter, nachhaltiger und umfangreicher ausfällt als das individuelle Vorverständnis (Vygotsky 1978).

## 2 Spontane versus strukturierte Kommunikation

Es ist hinreichend bekannt, dass die spontane, nicht strukturierte Kommunikation von Lernenden in Partner- und Gruppenarbeiten bezüglich der verwendeten Muster wie auch bezogen auf den Lerngegenstand nicht das erforderliche Qualitätsniveau aufweist (Meloth/Deering 1999). Häufig beschrieben werden eine oberflächliche, auf rasches Erledigen fokussierte Problemwahrnehmung, unzureichende Verstehens- und Verarbeitungstiefe, eine auf den Austausch von knappen Aufforderungen, Aussagen und Satzfragmenten reduzierte Kommunikation, das Ausgrenzen schwächerer oder weniger selbstbewusster Gruppenmitglieder, das Umgehen unterschiedlicher Sichtweisen oder Meinungsverschiedenheiten bis hin zu Konflikten durch soziales Aushandeln anstelle inhaltsbezogenen Argumentierens (Pauli 1998). Erfolg versprechendes kooperatives Lernen – dies gilt für alle Schulfächer – verlangt daher nach Lehrer/innen, die in der Lage sind, ein hohes sprachliches Niveau von Lerndialogen in möglichst vielen Lerngruppen zu erreichen, und zwar bezogen auf die kognitiven und soziokognitiven Aspekte des Unterrichts.

Bei einem so konzipierten kooperativen Lernen entstehen nicht nur vielfältige Gesprächssituationen, sondern diese werden zudem im Sinne eines spiralformigen Kompetenzaufbaus strukturiert und von Schülern und Lehrern unterrichtsbegleitend evaluiert. Ziele beziehen sich dabei auf einzelne Kompetenzen – wie das Vorbereiten und Leiten einer Debatte durch Schüler/innen – ebenso wie auf das Etablieren einer elaborierten Kommunikationskultur. Die auf diese Art etablierten mündlichen Kommunikationsmuster geraten einerseits in die Nähe konzeptioneller Schriftlichkeit und wirken durchaus formelhaft. Andererseits ist die Methoden- und Strukturorientierung von Kommunikation beim kooperativen Gruppenlernen – wie angedeutet – die Erfolgsbasis dieses vor allem in längerfristiger Perspektive zu überdurchschnittlichen Lernleistungen führenden Unterrichtskonzepts (Johnson/Johnson/Holubec 2005).

Die Methoden kooperativen Lernens sind so angelegt, dass viele bzw. alle Schüler/innen sich mündlich wie schriftlich beteiligen können und müssen, da jede und jeder beispielsweise Teilaufgaben erhält, den Wissensstand der eigenen Gruppe an die nächste Gruppe weitergeben muss, seine eigene Meinung mit der seines Partner abgleichen, eine konsensfähige Gruppenantwort finden und ggf. das Gruppenergebnis vor der Klasse präsentieren muss. Beispiele für geeignete Methoden sind etwa:

- *One Stay – Three Stray,* d. h. einer verlässt die Gruppe, um Informationen für die einzuholen, drei arbeiten inzwischen weiter und fügen später ein, was noch durch den zurückgekehrten „Vierten" ergänzt werden kann,
- *Jigsaw,* das sog. Gruppenpuzzle, bei dem Expertengruppen jeweils aufeinander abgestimmte Aufgabenaspekte bearbeiten und jeder Schüler „Experte" für seinen Teilbereich wird,
- *Gallery Tour,* eine Ausstellung und Präsentation sämtlicher visualisierter Gruppenergebnisse für die gesamte Klasse,

- *Team Games Tournament,* eine Art Wettbewerb der Gruppen untereinander um die überzeugendste Präsentation, das beste Arbeitsergebnis.

Insbesondere bei der Einführung der Methoden, des Feedbacks, der Sozialziele benutzen die Lehrenden feste Formulierungen, die anfangs durchaus etwas Formelhaftes haben können, und bieten damit Muster und Modelle zur Orientierung an, z. B.: *Du hast Deine Gruppe dadurch unterstützt, dass du; überzeugt hat mich an eurer Präsentation; fraglich ist für mich geblieben, wozu* ... So entsteht nach und nach eine Kommunikationskultur, auf die allerdings auch immer wieder im Sinne einer gemeinsamen Reflexion des Erreichten wie der Problembereiche eingegangen werden muss (vgl. auch den Beitrag von Becker-Mrotzek, C1). Dies ist auch vonnöten, da die Qualität der Redebeiträge von Schülerinnen und Schülern innerhalb der Gruppe ein geringeres Gefälle aufweist, d. h. ausgeglichener ist, wenn die Gruppe in sich sozio-emotional und nicht autoritär (durch ein Gruppenmitglied) geführt wird. Sozio-emotional geführte Gruppen erzielen auch deutlich bessere Arbeitsergebnisse (Dann/Diegritz/Rosenbusch 1999), führen bei den einzelnen Gruppenmitgliedern zu höheren Leistungsbemühungen, zur Verwendung übergeordneter Argumentations- und Denkstrategien und Transferleistungen sowie bei allen Schüler/innen unabhängig von deren Gruppenstatus und Lernstand zu einer Erhöhung von Selbstwertgefühl, Kommunikations- und Kontaktbereitschaft, gegenseitiger Akzeptanz und Perspektivübernahme, gegenseitiger Unterstützung bei Lernproblemen und zu einer positiven Einstellung gegenüber Schule und Lernen (Johnson/Johnson 2008, 17 ff.). Kooperatives Lernen effektiv zu strukturieren stellt eine komplexe Aufgabe für Lehrerinnen und Lehrer dar, bei der fünf Elemente grundlegend sind:

- positive Abhängigkeit der Gruppenmitglieder von einander,
- Individuelle Verantwortlichkeit: jede/r übernimmt Verantwortung für die gemeinsame Arbeit und für das Ergebnis,
- gegenseitige Unterstützung: explizit und implizit, unterstützt durch Methoden und Kommunikationsformen,
- Entwicklung und Einsatz sozialer Kompetenzen: u. a. Verzicht auf herabsetzende Bemerkungen, gemeinsame Regeln für gelingende Kommunikation, Blickkontakt beim Sprechen, aufnehmendes Zuhören usw.,
- Reflexion der Gruppenprozesse: regelmäßig, strukturiert und bezogen auf kognitive und soziale Prozesse.

Das Einbeziehen aller Schüler/innen wie auch das Einfordern ihrer mündlichen und schriftlichen Beiträge erfolgt beispielsweise durch zugewiesene Teilaufgaben oder Methoden, bei denen man den Wissensstand der eigenen Gruppe an die nächste Gruppe weitergeben *(One Stay – Three Stray, Jigsaw, Gallery Tour, Team Games Tournament),* seine eigene Meinung mit der des Partners abgleichen oder eine konsensfähige Gruppenantwort finden und ggf. das Gruppenergebnis vor der Klasse präsentieren muss, wie bei *Think – Pair-Share.*

## 2.1 Gestaltung von Lern- und Gruppendialogen

Im Vergleich von strukturierter und unstrukturierter Kommunikation erweisen sich solche Anleitungen und Arrangements als qualitätssteigernd, die man als Handlungsmuster bezeichnen könnte, die allerdings in der Fachdiskussion zum kooperativen Lernen als Methoden aufgeführt werden. Dabei werden den Lernenden bestimmte Aufgaben oder Rollen zugewiesen, die wiederum mit spezifischen Strategien verbunden sind, wie beispielsweise bei der *Konstruktiven Kontroverse* (Johnson/Johnson 1992), *Talking and thinking together* (Littleton et al. 2005), *Think – pair – share* (Lyman 1981) bzw. die anspruchsvollere Variante *Formulate – share – listen – create* (Johnson/Johnson/Smith 1991) oder *Three step interview* (Kagan 1985). Strukturiert wird die Kommunikation aber nicht nur themenbezogen, sondern auch mit Blick auf die angestrebten sozial-kommunikativen Ziele. Dies geschieht zumindest in der Phase des Einübens kooperativer Lernsituationen vielfach mittels formalisierter Feedbacks und Reflexionen. Anzutreffen sind Formulierungen wie: *Ich habe meine Gruppe beim Problemlösen dadurch unterstützt, dass ich ...; Mein Beitrag zum Gruppenergebnis ist ...; Bei der nächsten Teamarbeit werde ich stärker darauf achten, dass ...* oder *Weniger gelungen an unserer Präsentation erscheint mir ...*

Sprechdenken wird ausdrücklich unterstützt (vgl. den Beitrag von Polz, D1). Den Schüler/innen wird einerseits veranschaulicht, was beispielsweise aufnehmendes Zuhören bedeutet, woran sie feststellen können, ob sie oder andere es tun oder eben auch nicht, wozu es im Rahmen von Gruppenarbeitsprozessen dient, was geschieht, wenn man sich nicht gegenseitig zuhört, wie Missverständnisse entstehen, welche Bedeutung nonverbale Signale dabei haben usw. Andererseits stellt der Lehrer bzw. die Lehrerin durch eigenes Sprachhandeln Modelle vor, würdigt gelingendes kommunikatives Schülerhandeln, stellt geeignete Reflexions- und Feedback-Methoden vor (*T-Charts*, vorbereitete Feedback-Bögen) und erklärt ggf. „aufnehmendes Zuhören" zum Sozialziel der Woche. Die nachfolgenden Vorschläge zur Kommunikationsgestaltung verdeutlichen den gemeinschaftsstiftenden Sinn solcher und anderer Formalisierungen (Green/Green 2005, 90ff.):

- mit ruhiger Stimme sprechen,
- Unterstützung ausdrücken,
- nachfragen, ob man verstanden wurde,
- sich mit Namen ansprechen,
- unterschiedliche Meinungen nicht in verletzender Weise ausdrücken,
- die Antwort eines anderen erweitern,
- nach Gründen fragen,
- nonverbale Ermutigung ausdrücken,
- zusammenfassen.

Kommunikation im hier beschriebenen Sinne ist sowohl auf Seiten der Schüler/innen als auch der Lehrer/innen gekennzeichnet durch eine Systematik, die üblicherweise beginnt mit dem Bilden von Gruppenidentitäten, dem Einüben von individuellem und kooperativem Feedback zu den Gruppenprozessen, von gegenseitiger Unterstützung und positiver Abhängigkeit, dem angeleiteten Aufbau von Selbst-, Sozial- und Sachkompetenz und mit der gelebten und geteilten Verantwortung für die je eigenen und gemeinsamen Lernprozesse und Lernleistungen endet. Dazu gehört, dass die Beteiligten in einem von vornherein methodisch strukturierten Prozess so miteinander und voneinander lernen, dass jeder Wissen einbringen kann, niemand ausgegrenzt wird und alle für den Prozess wie für das Ergebnis Verantwortung übernehmen.

## 2.2 Diskutieren, Evaluieren, Präsentieren

Es sollte inzwischen deutlich geworden sein, dass kooperatives Lernen im Deutschunterricht mündlichen Sprachgebrauch anregt, fördert, in gewisser Weise einübend formalisiert, strukturiert und weiterentwickelt, indem es vielfältige Gesprächsanlässe generiert. Dies gilt auch für die hier nicht erwähnten halbschriftlichen und schriftlichen Arbeitsmethoden wie *Placemate, One Stay – Three Stray, Concept Map* usw. Offenbar kann schon durch minimale Strukturierungen (Situation mit Aufforderungscharakter, methodische Anweisung) ein angemessenes argumentatives und strategisches Verhalten evoziert und modelliert werden, etwa indem Entscheidungssituationen so gestaltet werden, dass sie von den Lernenden verlangen, sich über metakognitive Aktivitäten zu verständigen (Pauli 1998). Nicht zu vernachlässigen ist auch der Aspekt, dass die Arbeitsergebnisse kriterienorientiert bewertet und ggf. korrigiert werden. Auch die damit häufig verbundenen bzw. dem vorausgehenden Präsentationen sind keine einfachen Ergebnisdarstellungen, sondern berücksichtigen neben den inhaltlich-thematischen auch sozialkognitive und Wirkungsaspekte.

Diskussion, Evaluation und Präsentation sind zugleich Unterrichtsgegenstand. Schüler/innen lernen explizit, was eine adäquate Präsentation – bezogen auf ihr Kompetenzniveau – ausmacht, in welchem Maße sie den Anforderungen entsprochen haben, was ggf. bei der nächsten Präsentation zu berücksichtigen ist, sie lernen aus den Präsentationen der anderen Gruppen und aus dem gemeinsamen Gespräch darüber. Zudem lernen sie, gelassen und geläufig zu präsentieren und sich die dafür erforderlichen Kompetenzen Schritt für Schritt anzueignen (vgl. den Beitrag von Berkemeier/Pfennig, G5). Lerntheoretisch betrachtet unterstützen die Auseinandersetzung mit und die Kommunikation über einen Sachverhalt aus verschiedenen Perspektiven sowie das Verknüpfen mit ähnlichen Sachverhalten die sog. *Deep Processing Strategies* (Entwistle 1995), also das Bemühen der Lernenden, die tiefere Bedeutung eines Sachverhaltes zu verstehen und Beziehungen zu anderen Wissens- oder Erfahrungsbereichen herzustellen, anstatt sich mit Oberflächenstrategien, den sog. *Surface Level Strategies* und damit dem Einprägen von deklarativem Wissen o.ä. zu begnügen (Wild/Krapp/Winteler 1992).

## 3 Methodisch strukturierte Kommunikation

Studien zur Unterrichtspraxis in Deutschland haben wiederholt ergeben, dass Gruppenlernen wesentlich seltener durchgeführt wird als Klassenunterricht oder Einzelarbeit (u.a. Nuhn 1995). Das gilt auch für den Deutschunterricht und hat vermutlich einerseits damit zu tun, dass die meisten Lehrer/innen damit vor allem affektive und soziale Lernziele verbinden, andererseits damit, dass sie sich selbst nicht hinreichend kompetent fühlen, um kooperatives Lernen im hier beschriebenen Sinn ergebnisorientiert und Erfolg versprechend auch hinsichtlich kognitiver Lernziele zu strukturieren. Seit Ende der 1990er Jahre ist – wie schon erwähnt – ein deutlich zunehmendes Interesse zu verzeichnen. Häufig erfolgt eine Annäherung zunächst über Einzelmethoden, die von den Lehrer/innen in ihr unterrichtliches Repertoire übernommen werden.

Betrachtet man andersherum das im Kontext kooperativen Lernens entstandene Methodenrepertoire hinsichtlich seiner Brauchbarkeit für den Deutschunterricht, zeichnen sich für den mündlichen wie für den schriftlichen Bereich vielfältige Einsatzmöglichkeiten ab. Das Jigsaw bzw. Expertenpuzzle zum Durchdringen und Einprägen von Zeichensetzungsregeln oder für eine gemeinschaftliche Gedichtinterpretation, die Konstruktive Kontroverse zum Einüben von Argumentationsfähigkeit oder das Placemat als strukturiertes Lernplakat und Ausgangspunkt für eine Personenbeschreibung. Und *Think – Pair – Share* schließlich als nahezu universell einsetzbare Erschließungs- und Vertiefungsmethode erweist sich als eine unaufwändige, die Lernenden aktivierende und motivierende, alltägliche Struktur kooperativen Lernens.

### 3.1 Das Basismodell Think – Pair – Share

*Think – Pair – Share* stellt zugleich eine Art kommunikatives Basismodell dar. Im Einzelnen bedeutet dies:

- *Think:* Jeder denkt – angeregt durch eine vom Lehrer an die Klasse gerichtete Frage oder Aufgabe – für einen kurzen Zeitraum von einer bis höchstens fünf Minuten allein nach, notiert sich ggf. Stichworte. Anschließend findet er oder sie einen Partner.
- *Pair:* Die Schüler/innen stellen jeweils kurz, wiederum wenige Minuten, ihre Antworten, Ansichten, Ergebnisse o.ä. vor, ggf. notiert sich der gerade zuhörende Schüler einige Stichworte, dann tauschen sich beide darüber aus, was sie gemeinsam (!) für die angemessene Antwort halten.

- *Share:* Es finden sich jeweils zwei Paare zu Vierergruppen zusammen und tauschen – wie vorher die Einzelpaare – ihre Erkenntnisse aus und kommen zu einer von allen vier Schüler/innen verantworteten und nachfolgend dem Plenum präsentierten Ergebnis, das ebenfalls nach dem Prinzip des vom Lehrer organisierten Zufalls erfolgt. Think – Pair – Share wurde von Lyman als nahezu jederzeit einzusetzende Methode kooperativen Lernens vorgeschlagen. Er ging davon aus, dass Think – Pair – Share ein hohes Maß an Schüleraktivitäten auslöst und ermöglicht, besonders dann, wenn die Lehrer/innen herausfordernde oder offene Fragen an die Schüler stellen (Lyman 1981).

### 3.2 Variationen und strukturierte Vielfalt

Inzwischen wurden diverse Varianten ausprobiert und veröffentlicht, beispielsweise

- *Write – Pair – Share:* Die Antworten werden individuell aufgeschrieben, mit dem Partner diskutiert und anschließend mit den anderen ausgetauscht (Share) oder die gemeinsamen Ergebnisse werden ebenfalls aufgeschrieben und anschließend in einer Vierergruppe diskutiert (Write – Pair – Square).
- *Formulate – Share – Listen – Create* wurde Anfang der 90er Jahre als anspruchsvollere Variante von Think – Pair – Share entwickelt (Johnson/Johnson/Smith 1991). Ausgangspunkt sind Probleme oder Fragen, die auf sehr unterschiedliche Art und Weise bearbeitet werden könnten. Im ersten Schritt formuliert jeder Schüler eine individuelle Antwort. Diese wird mit einem Partner ausgetauscht. *Listen* bedeutet, dass jeweils ein Partner aufmerksam zuhört und das Gesagte bezüglich der vorhandenen Unterschiede und Gemeinsamkeiten mit seinen eigenen Ergebnissen vergleicht. Create verlangt, dass die Lernenden gemeinsam eine neue Antwort finden, die die überzeugendsten Aspekte beider Antworten aufnimmt. Dies wird anschließend wiederum dem Plenum präsentiert.

## 4 Kooperatives Lernen und fachsprachliche Kompetenz

Kommunikation prägt eine Lernkultur entscheidend, nicht nur bezüglich der Qualität von Lerndialogen und deren Wirkungen auf den Lernzuwachs in den jeweiligen Unterrichtsfächern, sondern insbesondere auch bezüglich der Sprachkompetenz in der Fachsprache. Angesichts der nach den PISA-Ergebnissen seit 2000 unter Bildungswissenschaftlern wie in einer breiteren Öffentlichkeit geführten Diskussion um eine chancengerechtere Schulbildung und die effizientere sprachliche Förderung von Schüler/innen und Schülern, deren Familien diese wegen ihre ethnischen oder sozialen Herkunft nicht leisten können, rücken Konzepte kooperativen Lernens erneut in den didaktischen Fokus.

Betrachtet man die Lernarrangements und Methoden des formalen kooperativen Lernens genauer, dann zeigt sich, dass die Anweisungen und Anleitungen der Lehrenden zwar medial mündlich erfolgen, ihrer Struktur aber eher konzeptionell schriftlich sind (vgl. Koch/Österreicher 1996). Damit werden fachsprachliche Ausdrucksweisen auch in solchen Lern- und Gesprächssituationen etabliert, die im herkömmlichen Unterricht eher alltagssprachlich und auf der Grundlage des je unterschiedlichen Sprachvermögens der Schüler/innen erfolgen, ohne dies systematisch und vor allem auch in gemeinsamen Arbeitsphasen zu fördern. Zudem findet beim formalen kooperativen Lernen ein methodisch vorgegebener Wechsel zwischen Monolog und Dialog, Nähe und Distanz, Vertrautheit und Öffentlichkeit statt, der Schülerinnen und Schüler zunehmend dazu befähigt, „alle auftretenden Kommunikationssituationen zu meistern" (Watzke 1998, S. 10), und dies flexibel und interaktiv als Hörer und Sprecher. Damit kann beispielsweise die Fachsprache in der Partner- oder Kleingruppenarbeit auch von solchen Schüler/innen als Sprache der Nähe erfahren werden, denen dies bisher aufgrund ihrer sprachlichen Sozialisation nicht möglich war.

## 4.1 Fachsprache in der Gruppenarbeit: Die Konstruktive Kontroverse

Zu den Methoden, die Nähe und Distanz, Monolog und Dialog, Vertrautheit und Öffentlichkeit in eine Wechselwirkungsbeziehung sowie in Beziehung zur Fachsprache bringen und zudem geeignet scheinen, komplexe, kontroverse Themen zu bearbeiten, zählt die *Konstruktive Kontroverse.* Die damit verbundenen unterrichtlichen Zielvorstellungen reichen von Rhetoriktraining über das Vorbereiten von Erörterungen und Essays bis zur Förderung kommunikativer Rollenflexibilität und metakognitiven Reflexionsvermögens. Bei der *Konstruktiven Kontroverse* (Johnson/Johnson 1992) geht es darum, zu einer Streitfrage nacheinander jeweils zwei gegensätzliche Sichtweisen einzunehmen, Argumente für beide Seiten zu sammeln und vorzustellen. Nachfolgend wird auf dieser Basis ein eigener Standpunkt begründet und vorgetragen. Konstruktive Kontroversen bieten sich für ein weites Spektrum literarischer, historischer, politischer Themen an, um einerseits aus der Fülle an Standpunkten ein vielschichtigeres Bild etwa von einem in der Klasse zu lesenden Roman zu erhalten. Andererseits verlangt die Konstruktive Kontroverse von den Schüler/innen, ihre Denkgewohnheiten zu reflektieren, vorübergehend zu verlassen, eigene Standpunkte sorgfältig und aspektreich zu formulieren, in einer Diskussionsrunde vorzutragen, aber auch anderen interessiert zuzuhören.

Für eine Konstruktive Kontroverse werden zunächst Vierergruppen gebildet, die wiederum in Paare aufgeteilt werden. Es wird also zunächst eine nahe, vertraute Sprechsituation angebahnt. Zu der vorgegebenen Streitfrage sollen das eine

Paar möglichst viele Pro- und das andere möglichst viele Contraargumente finden – ungeachtet ihrer eigenen Position. Im ersten Schritt sammeln alle individuell Argumente für die vom Lehrer zugeteilte Position. Im zweiten Schritt erläutern sich die beiden Partner der jeweiligen Pro- oder Contra-Paare ihre Ergebnisse – in fachsprachlichen Formulierungen – und erarbeiten gemeinschaftlich eine überzeugende Argumentation. Jedes Paar stellt diese dem anderen Paar vor, das zuhört und sich die Argumente notiert. Es darf zunächst nicht unterbrochen und rückgefragt werden.

Jedes Schülerpaar bedenkt und bespricht dann Widersprüche und problematische Aspekte in der Position der anderen und formuliert Gegenargumente. Die Paare stellen sich gegenseitig die gefundenen Probleme und Widersprüche vor. Dabei dürfen Verständnisfragen gestellt werden. Anschließend tauschen die Paare die Plätze und damit auch die Positionen. Wer also bisher Pro-Argumente gesucht hat, muss nun Contra-Argumente finden und vertreten. Dann wird erneut und dieses Mal für die vorherige Gegenseite eine schlüssige Argumentation entwickelt. Wenn das erfolgt ist, kann die Gruppe frei über das Problem diskutieren. Abschließend stellen sämtliche Gruppenmitglieder nacheinander ihre persönlichen Positionen vor, ohne von den anderen unterbrochen zu werden.

Ehe die Schüler/innen mit einer Konstruktiven Kontroverse beginnen, sollte ihr Vorwissen zu dem Problem aktiviert bzw. eine Wissensbasis erarbeitet werden, auf die sie beim Argumentieren zurückgreifen können. Dies ist für die Schüler/innen auch insofern bedeutsam, damit sie nachfolgend ihren Wissenszuwachs bzw. den höheren Komplexitäts- und Vernetzungsgrad ihres Wissens ermessen können. Es bietet sich außerdem an, vorab ein Meinungsbild zu erstellen und mit den abschließend vorgestellten Positionen zu vergleichen. Die Schüler/innen lernen dabei zunehmend, Argumente zu finden und zu bewerten anstatt vorwiegend ihre ursprüngliche Position beizubehalten und zu verteidigen. Dies fördert ihre Diskussions- und Dialogfähigkeit. Zudem wird ihnen abverlangt, sich in eine Position und sich in eine Denkweise hineinzuversetzen, die sie nicht per se vertreten.

Methoden kooperativen Lernens scheinen geeignet, durch strukturierte Kommunikationssituationen im Deutschunterricht einen systematischen sprechsprachlichen Kompetenzaufbau bei den Schüler/innen zu erreichen. Dies wiederum unterstützt deren Lernprozesse insgesamt, da Wissensstrukturen überwiegend interaktiv erworben werden. Damit rückt die Qualität der Interaktionsstrukturen selbst in den didaktischen Fokus (Dann/Diegritz/Rosenbusch 1999). Ko-konstruktive Lerneraktivitäten und eine positive Abhängigkeit der Gruppenmitglieder voneinander scheinen die Gelingensbedingungen solcherart Deutschunterrichts zu sein.

## 4.2 Schülerkommunikation im kooperativen Unterricht

Eine vom Lehrer oder der Lehrerin dominierte Kommunikationskultur vermag dies auch unter Berücksichtigung des Modelllernens kaum. Weiterhin ist in einer allgemeineren Sicht auf den Deutschunterricht zu berücksichtigen, dass vieles, was in einem fragend-entwickelnden Unterricht lediglich vom Lehrer und einigen Schüler/innen mündlich erarbeitet wird, auch in Kleingruppen erreicht werden kann – bei deutlich ausgeprägterem Aktivitäts- und Motivationsgrad aller Schüler/innen sowie höherem Lernzuwachs und kohärenterem Wissenserwerb (Johnson/Johnson/Holubec 2005). Das hat u. a. damit zu tun, dass lernstärkere Gruppenmitglieder ihre Denkprozesse z. B. bei Problemlösungen verbalisieren und ihre kognitiven wie metakognitiven Strategien für die lernschwächeren explizit machen (Reusser 2000). Letztere wiederum tragen durch ihre Fragen, ihren Erklärungsbedarf, ihre Vorschläge und Vorgehensweisen zum überdurchschnittlichen Lernzuwachs der lernstärkeren Gruppenmitglieder bei, indem sie diese fordern. Durch die immer wieder anfallenden Kurzvorträge, Präsentationen und Erklärungen von und zu Gruppenergebnissen für das Plenum entwickeln die Schüler/innen Darstellungskompetenz und Selbstbewusstsein, durch die mit dem kooperativen Lernen einhergehende Feedback-Kultur eine respektvolle, kritisch-konstruktive Haltung den Leistungen anderer gegenüber sowie eine realistische Einschätzung ihrer eigenen. Dies ermöglicht eine Art des Miteinander-Redens, die nicht ausgrenzt, herabsetzt, mutlos macht – unabhängig vom aktuellen Kompetenzniveau. Kooperatives Lernen im Deutschunterricht ist zudem geeignet, eine Kultur gegenseitiger Unterstützung und ein dauerhaft hohes Niveau von aufgabenbezogenen Schüleraktivitäten sowie abnehmende Niveauunterschieden zwischen den Schüler/innen bei insgesamt hohem Leistungszuwachs zu erreichen (Johnson/Johnson 2008).

Das von Karen Littleton et al. vorgestellte und viel beachtete Konzept des *Talking and Thinking together* (Littleton et al. 2005) lässt sich zugleich als Grundmuster kooperativen Lernens im Deutschunterricht verstehen. Kreiert werden dabei komplexe, aber strukturierte und oft zunächst auch formalisierte Kommunikationsprozesse, die einen schrittweisen Kompetenzaufbau bewirken und insgesamt dazu beitragen, dass Schüler/innen alle auftretenden Kommunikationssituationen zu meistern lernen. Erziehung zur Mündlichkeit bedeutet ja immer auch Erziehung zur Mündigkeit.

## Literatur


Aronson, Edward (Hrsg.): The Jigsaw Classroom. Beverly Hills 1978

Bennett, Barrie/Rolheiser, Carol: Beyond Monet. The Artful Science of Instructional Integration. Toronto: Bookation Inc. 2001

Brown, Arthur L.: Transforming schools into communities of thinking and learning about serious matters. In: American Psycologist 52 (1997) Heft 4, 399–413

Dann, Hanns-Dieter/Diegritz, Theodor/Rosenbusch, Heinz S. (Hrsg.): Gruppenunterricht im Schulalltag. Realität und Chancen, Erlanger Forschungen Bd. 90. Erlangen: Universitätsverlag 1999

De Lisi, Richard/Golbeck,, Susan. L.: Implications of Piagetian theory for peer learning. In: A.M. O'Donnell/A. King (Hrsg.): Cognitive perspectives on peer learning, Mahwah: Lawrence Erlbaum 1999, 3–37

Entwistle, Noel J.: The use of research on student learning in quality assessment. In: Gibbs, G. (Hrsg.): Improving Student Learning through Assessment and Evaluation. Oxford: Oxford Brookes University 1995

Fiehler, Reinhard/Schmitt, Reinhold: Kommunikationstraining als Kommunikation. Kommunikationstrainings als Gegenstand der Gesprächsanalyse. In: Becker-Mrotzek, Michael/Brünner, Gisela (Hrsg.): Analyse und Vermittlung von Gesprächskompetenz. Frankfurt/M: Lang 2004, 113–135

Geissner, Helmut K.: Kommunikationspädagogik. Transformationen der „Sprech"-Erziehung, In: Schriften zur Kommunikationstheorie und Kommunikationspädagogik 17. St. Ingbert: Röhrig 2000, 49–67

Green, Norm/Green, Kathy: Kooperatives Lernen in Klassenraum und Kollegium. Das Trainingsbuch, Seelze: Kallmeyersche Verlagsbuchhandlung 2005

Heckt, Dietlinde Hedwig: Kooperatives Lernen. In: Jürgens, E./Standop, J. (Hrsg.): Taschenbuch Grundschule. Grundlegung von Bildung, Bd. 3, Baltmannsweiler: Schneider 2008, 77–88

Johnson, David W./Johnson, Roger T.: Cooperative learning methods. A metaanalysis. In: Journal of Research in Education 12 (2002) Heft 1, 5–14

Johnson, David W.: Social interdependence. The interrelationship among theory, research and practice. In: American Psychologist 58 (2003) Heft 11, 931–945

Johnson, David W./Johnson, Roger T./Holubec, Edith: Kooperatives Lernen – Kooperative Schule. Tipps – Praxishilfen – Konzepte. Mülheim a.d. Ruhr: Verlag a.d. Ruhr 2005

Johnson, David W./Johnson, Roger T.: Wie kooperatives Lernen funktioniert. Über die Elemente eine pädagogischen Erfolgsgeschichte. In: Friedrich Jahresheft Individuell lernen – kooperativ arbeiten, Seelze/Velbert: Friedrich Verlag 2008, 16–20

Johnson, David W./Smith, Kenneth A.: Cooperative Learning. Increasing College Faculty Instrucional Productivity. In: ASHE-ERIC Higher Education Report, 1991

Kagan, Spencer: Cooperative Learning Resources for Teachers. Riverside, 1985

Koch, Peter/Österreicher, Wulf: Sprache der Nähe – Sprache der Distanz. Mündlichkeit und Schriftlichkeit im Spannungsfeld von Sprachtheorie und Sprachgeschichte. In: Romanisches Jahrbuch 36 (1985), 15–43

Littleton, Karen/Mercer, Neill/Dawes/Lyn, et al.: Talking and thinking together at Key Stage 1. Early Years. In: International of Research and Development 25 (2005) Heft 2, 167–182

Lyman, Frank T.: The responsible classroom: The inclusion of all students. In: Anderson, A. (Hrsg.): Mainstreaming Digest, College Park, 1981, 109–113

Meloth, Michael S./Deering, Paul Davis: Task Talk and Talk Awareness under Different Cooperative Learning Conditions. In: American Educational Research Journal 31 (1994) Heft 1, 138–165

Nuhn, Hans E.: Partnerschaft als Sozialform des Unterrichts, Weinheim und Basel: Beltz 1995

Pauli, Christine: Computergestützte Schülerzusammenarbeit im Mathematikunterricht (Diss.), Zürich 1998

Reusser, Kurt: Co-constructivism in educational theory and practice. In: Smelser, N.J./ Baltes, P./Weinert, F.E. (Hrsg.): International Encyclopedia of the Social and Behavioral Sciences. Oxford 2000

Slavin, Robert E.: Cooperative Learning: Theory, research and practice. 2nd ed. Boston, 1995

Vygotsky, Lev. S.: Mind in Society. The development of higher psychological processes, Cambridge 1978

Watzke, Oswald: Kommunikative Kompetenz. In: Lernchancen (1998) Heft 2, 10–12

Webb, Arnold W./Palincsar, Annemarie S.: Group processes in the classroom. In: Berliner, D.C./Calfee, R.C. (Hrsg.): Handbook of Educational Psychology. New York: Macmillan 1996, 841–873

Weidner, Margit: Kooperatives Lernen. Das Arbeitsbuch, Seelze/Velbert: Kallmeyer 2003

Wild, Klaus-Peter/Krapp, Andreas/Winteler, Adolf: Die Bedeutung von Lernstrategien zur Erklärung des Einflusses von Studieninteressen auf Lernleistungen. In: Krapp, A./ Prenzel, M. (Hrsg.). Interesse, Lernen, Leistung. Neue Ansätze einer pädagogisch-psychologischen Interessenforschung. Münster: Aschendorf 1992

JÜRGEN BELGRAD

# D4 Szenisches Spiel

In diesem Beitrag soll die Bedeutung des szenischen Spiels, oder allgemeiner ausgedrückt, der szenischen Kommunikation für die Entwicklung der Kommunikationskompetenz behandelt werden (vgl. Becker-Mrotzek, C3). Szenisches Spiel kann als Teil der konzeptionellen mündlichen Kommunikation begriffen werden, auch wenn Teile davon, wie z. B. Inszenierungsentwürfe oder Rollenparts, schriftlich vorliegen. Zunächst soll das szenische Kommunikationsmodell expliziert werden, um daran den Spiel- und Szenenbegriff zu erläutern (Abschn. 1 und 2). Danach werden die Dimensionen des szenischen Spiels kategorial erfasst (Abschn. 3), welche die Grundlagen der Kompetenzen und Beurteilungskriterien szenischer Kommunikation (Abschnitt 4) bilden. Anmerkungen zum Forschungsstand beschließen den Beitrag (Abschnitt 5).

## 1 Szenisches Kommunikationsmodell

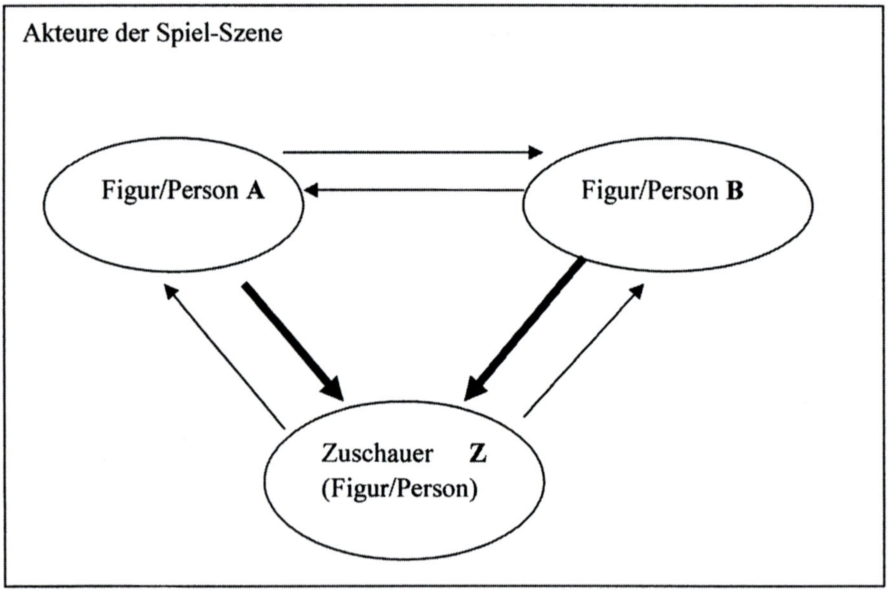


Abb. 1 Szenisches Kommunikationsmodell

Wenn beim szenischen Spiel idealtypisch Figur A *und* Figur B interagieren, handeln beide als Rollenspieler (Figuren) und als Subjekte (vgl. dazu Hentschel 2007, 219 ff.). Zum einen agieren die Protagonisten des Spiels in dieser Doppelperspektive. Unter dem Schutz der Rolle werden Erprobungen von Teilen unterschiedlicher Lebensentwürfe möglich, die sonst eher unwahrscheinlich wären oder in utopische Ferne rückten. Darin steckt ein nicht zu unterschätzendes Potenzial. Aber die Beschreibung der szenischen Kommunikation griffe zu kurz, würde nicht die dritte Figur, der Zuschauer, mit einbezogen. Auch dieser teilt sich seinen Part als Rollenspieler (Figur) einer bestimmten Zuschauerhandlung, z. B. als aktiver Zuhörer eines szenischen Spiels zu einer Textvorlage *und* als Subjekte (Person) dieses von ihm geschätzten Textes oder eines Improvisationsspiels. Dabei handeln die Protagonisten (Figuren/Personen) so, *als ob* sie für sich interagieren, in Wirklichkeit aber agieren sie für den Zuschauer (Figur/Person). Auf ihn sind alle Handlungen und Ausdrucksformen gerichtet. Die Spieler verhalten sich so, als ob der Zuschauer nicht vorhanden wäre, achten aber peinlich genau darauf, dass sie sehr gut verstanden werden und positionieren sich so, dass sowohl ihre Sprache wie auch ihre Körpersprache die größtmöglichste Wirkung auf die Zuschauer und weniger auf den angesprochenen Interaktionspartner ausüben kann. Die Körpersprache lässt sich als „überstrukturiert", überbetont, ja als fast artifiziell bezeichnen, weil ihre Wirkung das Sprechen verstärken soll. Sprechen, Zuhören, szenisches Spielen in der Verklammerung von Verbal- und Körpersprache sind die maßgeblichen Konstituenten dieser mündlichen Kommunikation (vgl. Belgrad u. a., 2008, 20 ff.) (vgl. Abb. 1).

Die Zuschauer wiederum verhalten sich reaktiv (z. B. Beifall), hören aber aktiv zu. Nur bei Mitspielformen greifen die Zuschauer direkt in die Handlung ein (z. B. beim Forumtheater von Augusto Boal). Es ist genau die Hinzufügung des dritten Parts, der dieses Kommunikationsmodell von der Alltagskommunikation unterscheidet. In der schulischen Praxis wechseln die Parts der Spieler ständig. Wer in der einen Szene noch Protagonist A war, ist in der nächsten vielleicht schon Zuschauer Z und umgekehrt. Auch insofern ist diese Triade konstitutiv für das szenische Spiel. In der Spiel-Szene interagieren alle Beteiligten, alle Spieler, nicht nur die Protagonisten.

## 2 Spiel und Szene

Roger Caillois unterscheidet vier Spielformen: 1. Wettkampfspiele, 2. Glücksspiele, 3. Verkleidungsspiele und 4. Rauschspiele (1982, 18ff, bes. 27ff.). Die Verkleidungsspiele kommen dem szenischen Spiel am nächsten; insofern wird der Spielbegriff nur unter diesem besonderen Gesichtspunkt betrachtet (Ausführlich finden sich die unterschiedlichen Spielbegriffe bei Anz, 1998, 33 ff. und bei Scheuerl, 1991. Zur Unmöglichkeit einer genauen Spieldefinition vgl. Anz,

1998, 47 und zur Auflösung scheinbarer Oppositionen von „real-fiktiv“, „simuliert-echt“ usw. ebd. 41; Belgrad, 1992, 194).

Anz fasst Caillois’ Nachahmungs- und Verwandlungsspiele so zusammen: „Caillois führt als Beispiele der ‘mimikry’ neben relativ ungeregelten Formen von Imitations-, Puppen-, Masken- oder Verkleidungsspielen (Travestien) die höherentwickelten ludischen Spiele des Theaters und der Schaukünste an“ (1998, 53). Szenische Spiele haben *Simulationscharakter,* die Spieler tun so, *„als-ob“* sie diese oder jene Person wären und verwandeln sich dabei in Figuren. Dabei vermischen sich reale mit fiktiven, auch klischierten Formen und Inhalten (Anz, 1998, 41). Hier könnte der Nachahmungsbegriff als *Mimesis* von Aristoteles Anschluss finden (Aristoteles, 1982, 7). In der Simulation steckt immer auch eine Art *Erprobung,* es ist ein versuchsweises Ertasten neuer Formen tatsächlicher, zukünftiger, auch unrealistischer Lebensweltgestaltung. Dabei wissen alle Beteiligten, dass sie nur so tun, „als-ob“ sie real handeln. Protagonisten und Zuschauer halten sich an den *Fiktionsvertrag,* ähnlich dem zwischen Autor und Leser (vgl. Eco, 1994, 103). Die Spieler orientieren sich an der Abmachung der Fiktion. Sie tun so, als ob sie nicht spielten, sondern als sei alles tatsächlich so, wohl wissend, dass es eine Simulation ist. Auch die Zuschauer halten sich an den Fiktionsvertrag und greifen nur durch Applaus und Zurufe in das Geschehen ein, meist die *Person* und nicht die Figur bestätigend oder ablehnend. Das kleine Kind hingegen, das beim Kasperl-Spiel nach vorne geht und das Krokodil empört angreift, verletzt den Fiktionsvertrag.

Da sich das Spiel immer auf eine reale oder fiktionale Lebenswelt bezieht und diese darstellend inszeniert, verweist der Spielbegriff auf die *Szene,* ist Spielen szenisches Spielen. Im Spiel werden Lebenswelten erprobend gestaltet und verpönte, utopische, schablonisierte, kreative Lebensentwürfe in Szene gesetzt. Dabei bezieht sich das Spiel immer auf äußere Realitäten (Lebenswelten) und innere Realitäten (Wünsche und Fantasien) gleichermaßen, inszeniert im Vollzug sowohl fantasierte Realitäten als auch reale Fantasien. In der Szene bilden die Spieler, d. h. die Protagonisten *und* die Zuschauer, ein Interaktionsgeflecht, seien es textbasierte Szenen oder improvisierte, situative Szenengestaltungen. Wenn nicht nur einzelne Szenen gespielt werden, bestimmt die Szenenabfolge den Rhythmus, wobei die Gestaltungsformen wie beim Drama von traditionell geschlossen bis offen, collagenartig frei wechseln können. Die Spiel-Szene ist gleichzeitig der *Raum,* in dem sich die szenische Kommunikation vollzieht, wobei die „Bühne“ in der Schule oft eine kaum abgetrennte Fläche vom „Zuschauerraum“ darstellt. Immer handelt es sich um eine zeitlich begrenzte Abfolge von Als-ob-Handlungen der Protagonisten und der Reaktionen der Zuschauer, die dabei keiner alltagsweltlichen Handlungslogik, sondern einer inszenierten, dramaturgisierten folgen; inszeniert, weil die Protagonisten in der Szene etwas zeigen, zu verdeutlichen versuchen, um Verstehensprozesse zu inszenieren und/oder um auf bestimmte Gestaltungsprozesse aufmerksam zu machen. Die Kommunikation ist eine intendierte, auch wenn sie improvisiert ist; sie ist eine vorstrukturierte Kommunikation. Diese kann selbstverständlich auch Teile schriftlicher Kommunikation enthalten, sie ist aber immer konzeptionell mündlich.

„Szenisches Spiel" lässt sich demzufolge als inszeniertes Simulationsspiel zwischen den Protagonisten A und B fassen, die so tun, als ob sie ausschließlich für sich, die aber tatsächlich für den Zuschauer Z interagieren. Alle beteiligten Akteure, also alle Spieler bilden die triadische Szenenkonstellation und halten sich im Regelfall an den Fiktionsvertrag.

# 3 Kategorien der szenischen Kommunikation

## 3.1 Repräsentierte und imaginierte Szene

Im szenischen Kommunikationsmodell können wir dargestellte, d.h. präsentierte Szenen beobachten. Gleichzeitig machen sich Protagonisten und Zuschauer ein *Bild* von der Szene, in die sie eigene Vorstellungen, ihre eigenen Erfahrungen usw. projizieren, d.h. sie imaginieren wie beim Leseprozess zusätzliche Fantasien und Bilder zu den präsentierten (vgl. Iser, 1994, 253ff.). Wir haben zwei Szenenkonstellationen: einmal die *Präsentations-Szene,* welche die Handlungen beobachtbar in der Szene zeigt und zum anderen die *Imaginations-Szene,* die die Handlungen mit eigenen Vorstellungsgebilden vermengt, ja im Extremfall sich sogar gänzlich von der beobachtbaren Handlung in einer Art Tagtraum davon lösen kann und eigene Fantasieprodukte schöpft (vgl. dazu Freud, 1969).

Wichtig dabei ist, das hat uns die Rezeptionsästhetik gezeigt, dass wir über die rezipierte Szene nur in Annäherungen etwas sagen können (s.o.). Zudem sind die Imaginationsvorgänge nur zum Teil bewusst und nur zum Teil versprachlichbar. Aber wir könnten die Imaginationen als (veränderte) Präsentationen in der Schule szenisch spielen lassen und uns so jenen nähern. Die Imaginations-Szene ist kein Abbild der Repräsentations-Szene, sondern deren Assoziationsgrundlage. Beide Szenen decken sich nicht, korrespondieren aber miteinander. Damit verknüpft sich die Wahrnehmung des szenischen Spiels zutiefst mit der Subjektivität. Statt von „Wahrnehmungen" müsste man von *Rezeptionsformen* des präsentierten szenischen Spiels in den Imaginations-Szenen sprechen. Geprägt sind diese subjektiven Rezeptionsformen sowohl durch individuelle als auch soziale Muster. Dabei differieren die Imaginationen der Protagonisten und die der Zuschauer, obwohl die Präsentations-Szene die gleiche ist. Die Protagonisten erleben die Szene direkter und unmittelbarer, auch leiblicher, wenn auch inszenierter. Die Zuschauer erleben die Szene distanzierter, weniger inszeniert, dafür jedoch stärker illusionsgeladen.

## 3.2 Diskursive und präsentative Symbolisierungen

Im szenischen Spiel klassifizieren wir, ebenso wie in der Alltagskommunikation, normalerweise „verbale“ und „nonverbale“ Ausdrucksformen (vgl. zu den prinzipiellen Differenzen Fiehler, B1, v. a. Abschn. 6.). Bei der Inszenierung im Spiel kommt es darüber hinaus zu einer verstärkten *symbolischen* Vermittlung der szenischen Kommunikation. Denn die Sprache, die Stimme, die Körperhaltungen, Gestik, Mimik usw. produzieren Sinn, haben also *Bedeutungen,* die entzifferbar sind. In diesem allgemeinen Sinn sind sie *Symbole* (vgl. Lorenzer, 1981, 30, 230). Und diese Symbole lassen sich in zwei unterschiedliche Symbolsysteme differenzieren, die unterschiedliche Rezeptionen aufweisen und die in der traditionellen Unterscheidung von verbalen und nonverbalen Zeichen nicht enthalten sind. Den verbalen Zeichen korrespondieren die *diskursiven Symbole,* die wir nach und nach wie Wäschestücke an einer Wäscheleine, also *sequentiell* rezipieren (vgl. dazu und zum Folgenden Langer, 1992, 86ff., bes. 103ff.). Körpersprachliche Zeichen (Mimik, Gestik, Bewegungen, Körperfiguren) rezipieren wir gleichzeitig, also *simultan.* Es sind *präsentative Symbole.* Während diskursive Symbole durch das Nadelöhr der sequentiellen Wahrnehmung erst langsam hindurch müssen, werden die präsentativen Symbole schneller rezipiert, da sie simultan wahrgenommen werden. In dieser *Zeitdifferenz* des Verstehens werden auf der Folie der präsentativen Symbole die diskursiven interpretiert. Jene verstärken oder unterminieren den sprachlichen Ausdruck. Zugleich vertrauen wir den präsentativen mehr als den diskursiven, weil diese nicht so bewusst beeinflussbar und manipulierbar sind. Die Zeitdifferenz wird zu einer *Gewichtungsdifferenz.* Wenn Faust Gretchen im Kerker seine Liebe verbal bezeugt, reagiert Gretchen nicht auf diese diskursiven Symbolisierungen, sondern auf die präsentativen. Sie bezweifelt seine Liebe, weil er sie nicht küsst. Für das szenische Spiel ist diese Gewichtungs- und Rezeptionsdifferenz zentral, weil damit der Schwerpunkt der textlichen oder improvisierten Inszenierung sich in Richtung der präsentativen Symbolisierung verlegt. Die verkürzte Interaktionszeit im Spiel braucht schnell wahrnehmbare Indikatoren: Körpersignale werden vor Sprachsignalen wahrgenommen (vgl. dazu Bertolt Brecht, 1964, 80f.: „... die Sprache sollte ganz dem Gestus der sprechenden Person folgen.“). Diese Rezeptionsdifferenzen betreffen vor allem die Zuschauer und weniger die Protagonisten, da diese den Vorgang ja nur spielen, während die Zuschauer die sequentielle und simultane Rezeption als real erleben. Die Reaktion der Zuschauer richtet sich aber nicht auf die Figur, sondern auf die Person, wenn diese die Figur gut darstellt. Auch hier dominieren präsentative Symbolformen (Applaus, Buh-/Bravorufe usw.). Diskursive Symbolisierungen finden eher in anschließenden Gesprächsformen über die gesehenen Szenen oder auch in einer Art institutionalisierter Aufführungskritik statt. In der eigentümlichen Form der szenischen Kommunikation reagiert der Hauptadressat, der Zuschauer, auf der Handlungsebene zurückhaltender, auf der Erlebnisebene aber stärker. Bei den Protagonisten, den Hauptakteuren, die doch alles nur wegen der Zuschauer spielen, dreht sich dieses Verhältnis um. Die in der Präsentations- oder auch bloß in der Imaginations-Szene enthaltenen Angebote von Lebensentwürfen werden indirekt zur Diskussion gestellt. Der Zuschauer kann aus der reflexiven Distanz die Folgen des Probehandelns der Protagonisten verfolgen und damit Folgen eigener Lebensentwürfe vergleichend betrachten, diese akzeptieren, modifizieren oder ablehnen. Szenische Kommunikation erlaubt in der Verschränkung von Symbolverschachtelungen präsentativer und diskursiver Symbole Bildungsprozesse in Form von Identitätsbildungen *aller* Mitglieder der szenischen Triade. Hier liegen Potenziale von szenischen Lernarrangements durch eine Intensivierung präsentativer Symbolisierungen, z. B. durch eine Verstärkung körperliche Spielanteile, eine Unterstützung mithilfe von Requisiten, sowie visueller oder akustischer Formen usw.

## 3.3 Realitätsbereiche der szenischen Kommunikation: Erlebnisse, Handlungen, Lebenswelten

In freier Annäherung an Habermas lässt sich die triadische Spiel-Szene in unterschiedliche *Realitätsbereiche* gliedern. In diesen werden unterschiedliche *Weltbezüge* thematisiert (1981, 83 ff.). Zunächst kann man die *Innenwelt* (subjektive Welt) von der *Außenwelt* (soziale Welt) abgrenzen. Diese wiederum lässt sich in die intersubjektive Welt der Beziehungen und die soziale Welt der Kultur und Gesellschaft differenzieren. Dabei sind die Realitätsbezüge der Protagonisten (Figur/Person) und der Zuschauer (Figur/Person) in der Imaginations-Szene zu unterscheiden, auch wenn die Präsentations-Szene die gleiche ist.

*Erlebnisse (subjektive Welt der Expressionen):* Die Beobachtung der Handlungen der Protagonisten lösen beim Zuschauer, aber auch bei den Protagonisten, Gefühle aus. Die Reaktionen der Zuschauer, z. B. Beifall, lösen wiederum Erlebnisse bei den Protagonisten aus, z. B. eine erhöhte Spiellust. Die Erlebnisse und die daraus wieder folgenden Handlungen aller Mitglieder der szenischen Triade befeuern die Imaginations- *und* die Präsentationsprozesse aller. Bei den Protagonisten entstehen während der Präsentation oft Hochgefühle, ein Erlebnis, das wahrscheinlich den Rausch-Spielen von Caillois sehr nahe kommt (1982, 32). Diese besondere Erlebnisqualität (immer mehr bei den Protagonisten als bei den Zuschauern) macht die Faszination des szenischen Spielens aus, weil sie den Erlebnissen des Alltags einerseits stark gleichen, zugleich aber vielfältig darüber hinausgehen (vgl. hierzu die Katharsis-These von Aristoteles, 1982, 19). Figur und Person agieren in und reagieren ebenso auf aktuelle *und* wiederkehrende Erlebnisformen (z. B. Erlebnisschablonen).

*Handlungen (intersubjektive Welt der Beziehungen):* Die Protagonisten interagieren untereinander, die Zuschauer ebenfalls und sie reagieren auf die Protagonisten und diese auch mäßig auf die Zuschauer. Es sind beobachtbare Handlungen. Die Beteiligten interagieren in ihrer Intersubjektivität und bilden und verändern ihre Beziehungen (Person/Figur): Dabei entwickeln sie sowohl aktuelle Verhaltensweisen als auch bestimmte Muster von Interaktionen (z. B. Handlungsklischees). Die Zuschauer sehen die Handlung (Präsentation) und stellen sie sich gleichzeitig vor (Imagination). Die Geschichte wird in der Imagination weiter erzählt, und zwar sowohl von den Zuschauern als auch von den Protagonisten. Meist wissen diese, wie sich die Interaktion entwickeln wird. Aber auch sie erproben in ihren Imaginationen alternative Handlungs- und Beziehungsmöglichkeiten.

*Lebenswelten (soziale Welt der Kultur und Gesellschaft):* Die Handlungen und Erlebnisse sind eingebettet in inszenierte soziale und kulturelle Milieus mit bestimmten Strukturen. Obwohl Luckmann und Schütz (vgl. 2003) den Ausdruck „Lebenswelt" für die intersubjektive Situation der Alltagswelt benutzen, soll er hier für die *inszenierte Situation einer vorgestellten Alltagswelt* verwendet werden. Die Strukturen der Lebenswelt sind die Strukturen der Interaktionen und der beteiligten Subjekte. Über diese Strukturen von Erlebnissen und Handlungen hinaus können sowohl aktuelle als auch übergreifende gruppenspezifische, kulturelle oder auch gesellschaftliche Muster identifiziert werden, in deren sozialen Räumen die Subjekte handeln (z. B. verfestigte Lebensweltstrukturen). Da die Strukturen darin enthalten, aber für Protagonisten wie Zuschauer kaum sichtbar sind, z. B. andeutungsweise durch Requisiten oder Kulissen, sondern imaginiert werden müssen, agiert die „Lebenswelt" in der prekären Zwischenstellung zwischen Alltagswelt und gesellschaftlichen Strukturen. Die Bandbreite bewegt sich zwischen alltäglichen bis hin zu besonders fiktionalen (z. B. bei Phantasy-Szenarien) Lebenswelten, von gruppenspezifischen Mustern bis hin zu gesellschaftlich überformenden Strukturen. Auch wenn diese im szenischen Spiel oft nur rudimentär präsentiert werden (können), spielen sie in der Imagination der Spieler ein große Rolle: Die Protagonisten können nur gut spielen, wenn die Imagination ihrer Lebenswelt gut funktioniert und die Zuschauer können das Illusionsangebot der Protagonisten nur annehmen, wenn diese die Imaginationen stark anregen.

Die Bedeutung der Weltbezüge liegt in der Verbreiterung des expliziten Wahrnehmungspotenzials der Akteure. Während im naiven Verständnis von szenischem Spiel nur die Handlungen in den Blick gerückt werden, erweitert sich der Horizont der bewussten Wahrnehmung und Beschreibung der Szenerie durch die Differenzierung in Weltbezüge: Erlebnisse, Handlungen, Lebenswelten bilden die Realitätsbereiche einer szenischen Kommunikation ab. Da Präsentations- und Imaginations- Szene verschmelzen und eine Rezeptionsform bilden, können wir unsere Subjektivität nicht ausschalten. Anstatt sie aber zu verleugnen, können wir sie als Erkenntnismittel benutzen, um über die Subjektivität nicht bloß die beobachtbaren Handlungen zu erkennen, sondern ebenso die nur über unsere eigenen Erlebnisse zugänglichen Erlebnisse der anderen. Damit hätten wir einen Erkenntnisgewinn, der allerdings um den Anteil des bloß Subjektiven noch zu bereinigen wäre. Damit das Illusionsarrangement im szenischen Spiel wirkt, müssen alle drei Weltbezüge sichtbar (gemacht) werden. Mithilfe dieser Weltbezüge lassen sich auch die Inszenierungen beurteilen: Wie und in welchem Maße werden Erlebnisse, Handlungen und Lebenswelten in die Präsentation aufgenommen? Welche präsentativen und diskursiven Symbolisierungen werden inszeniert? Wie kann dieses Geflecht von Weltbezügen und Symbolisierungen die Imaginationen anregen? In welcher Wechselwirkung bewegen sich Figur und Person in den drei Welten?

## 3.4 Rezeptions- und Produktionsorientierung der szenischen Kommunikation: Verstehen und Gestalten

Die triadisch angelegte szenische Kommunikation kann unterschiedlich rezipiert werden. Zunächst einmal versuchen die Zuschauer das Gesehene und Gehörte zu *verstehen,* die Erlebnisse, die Handlungen, die Lebenswelten. Welche Handlungen spielen die Protagonisten, wie werden diese erlebt und was erfährt man dabei über die Lebenswelten der Figuren? Und auch die Protagonisten versuchen sich in die Figur einzufühlen, deren Erlebnisse, Handlungen und wie diese beiden in die Lebenswelten eingebettet sind. Alle Akteure rezipieren das Spielgeschehen unter einem *analytischen Aspekt des Verstehens* (analytische Dimension).

Gleichzeitig – und das lässt sich vom ersten Aspekt nicht trennen – beobachten die Zuschauer wie das Geschehen *gestaltet* ist, wie die Erlebnisse, Handlungen, Lebenswelten von den Protagonisten im Spiel realisiert werden. Der Applaus hängt zum großen Teil von der Art der Gestaltung der Szenerie durch die Protagonisten ab. Und die Protagonisten bemühen sich die Weltbezüge so darzustellen, dass diese gut inszeniert und ästhetisch befriedigend gestaltet sind. Alle Akteure rezipieren das Spielgeschehen auch unter dem *ästhetischen Aspekt des Gestaltens* (ästhetische Dimension). (Zu den Aspekten Verstehen und Gestalten als Grundkategorien der Literaturdidaktik vgl. Belgrad, 1996.)

Dabei kann das Verstehen eher als rezeptionsorientiert und das Gestalten eher als produktionsorientiert beschrieben werden, wobei die Protagonisten eher produktionsorientiert und die Zuschauer eher rezeptionsorientiert handeln. Insgesamt lässt sich das gesamte triadische Szenenarrangement nach den beiden Dimensionen 'Verstehen' und 'Gestalten' beurteilen: Welche *Verstehensprozesse* werden durch die Arrangements der Protagonisten initiiert? (z. B. Improvisationsspiel zu prototypischen Konfliktlösungen). Und welche *Gestaltungsprozesse* ermöglichen das Verstehen der Erlebnisse, Handlungen und Lebenswelten in der dargestellten Szenerie? (Statuen bauen im Textspiel oder Mitspielformen durch eine Art von Zirkusbühne).

## 3.5 Elementare Spielformen der szenischen Kommunikation: Situationsspiele und Textspiele – Rollenspiele und darstellende Spiele

Alle Spielformen des szenischen Spiels erfassen zu wollen, würde einen eigenen Artikel notwendig machen. Hier sollen die basalen Unterschiede der Spielformen gezeigt werden, anhand derer die Unterscheidung der jeweils konkret anzutreffenden Spielform möglich wird. Gemeinhin wird eine Grobunterteilung in „Konfliktrollenspiel" und „literarisches Rollenspiel" vorgenommen (Abraham, 2008, 81 ff.). Dieses zweidimensionale Modell vermengt aber prinzipielle Differenzen. Stattdessen soll ein vierdimensionales Modell vorgeschlagen werden.

Bei den KMK-Bildungsstandards wird Mündlichkeit bei „szenisch spielen" als Teil von „Sprechen und Zuhören" in zwei Bereiche gegliedert: 1. „eigene Erlebnisse, Haltungen, Situationen szenisch darstellen" und 2. „Texte (medial unterschiedlich vermittelt) szenisch gestalten" (2004, 11). Für die ersten Spielformen soll der Ausdruck *Situationsspiele* verwendet werden, da Erlebnisse, Handlungen und Lebenswelten situationsbasiert in Szene gesetzt werden. Hierzu zählen alle Formen, die situationsorientiert, Konflikte und Konstellationen mehr oder weniger frei improvisierend, ohne Textvorlage gespielt werden (z. B. das Improvisationstheater von Keith Johnstone). Für die zweite Form soll der Ausdruck *Textspiele* verwendet werden, da Erlebnisse, Handlungen und Lebenswelten textbasiert in Szene gesetzt werden. Grundlage dabei sind Textvorlagen, die unverändert bzw. mehr oder weniger stark verändert gespielt werden (z. B. Szenencollagen basierend auf literarischen oder sonstigen Textformen). Situations- und Textspiele bilden die Pole auf einer kontinuierlichen horizontalen Achse. So lassen sich Zwischenformen bestimmen, die sowohl situations- als auch textbasiert sind (z. B. die improvisierte Szenencollage zu einem literarischen Text).

Gleichsam vertikal dazu gelagert lassen sich Spielformen unterscheiden, die sich entweder stärker am Aspekt Verstehen oder stärker am Aspekt Gestalten orientieren. Bei den ersten Spielformen, den *Rollenspielen,* geht es wesentlich um das *Verstehen* von Subjekt- und Interaktionsstrukturen und weniger darum, dass sich die Protagonisten dabei gut ausdrücken, sondern dass sie verstehbar spielen. Es sollen vor allem die Erlebnisse, Handlungen und Lebenswelten verstanden werden. Hier sind eher *analytische Kompetenzen* gefordert. Die andere Gruppe von Spielen, bei denen es wesentlich auf das *Gestalten* des Ausdrucks der Situation oder der Textvorlage ankommt, sollen *darstellende Spiele* genannt werden. Hier kommt es darauf an, die Erlebnisse, Handlungen und Lebenswelten ästhetisch befriedigend und ausdrucksstark darzustellen. Die Zuschauer wollen sehen, *wie gut* die Protagonisten spielen und die Protagonisten haben den Anspruch möglichst interessant und ideenreich zu spielen. Hier werden eher *ästhetische Kompetenzen* gefordert. Beide Spielformen sind zwar nicht trennscharf zu separieren. Bei den analytischen Kompetenzen werden auch ästhetische Kompetenzen gefordert und umgekehrt. Aber es dominiert jeweils ein

Aspekt, entweder eher Verstehen oder eher Gestalten (vgl. dazu auch die Beschlüsse der KMK 2003, 20). Rollen- und gestaltende Spiele bilden die Pole auf einer kontinuierlichen vertikalen Achse. So lassen sich auch hier Zwischenformen bestimmen, die sowohl am Rollenspiel ausrichten, aber auch darstellend orientiert sind (z. B. wird in einer Szenenfolge eine Konfliktsituation als Statuentheater realisiert).

Um diese vier unterschiedlichen Spielformen vor allem in ihrer gegenseitigen Abhängigkeit zu zeigen, lässt sich eine Matrix aus Situations- und Textspielen einerseits und aus Rollenspielen und darstellenden Spielen andererseits aufstellen, aus der sich beliebige Kombinationen mit jeweiligen Schwerpunkten und Graden der Ausdifferenzierung herstellen lassen. Die jeweils konkrete Spielform lässt sich damit sowohl auf der horizontalen als auch auf der vertikalen Achse zugleich verorten und bildet dort eine bestimmte Kombination aus Spielformen. Z. B. kann eine konkrete Szene stärker rollenspiel- und textorientiert sein, eine andere wiederum eher darstellend und situationsorientiert, eine dritte wieder darstellend und textorientiert oder auch eher situations- und rollenspielorientiert. Die Spielformen werden beim szenischen Spiel in der Schule oft wechseln. Die Praxis zeigt, dass die häufigste Kombination von Spielformen eher collagenartig gestaltet als einheitlich inszeniert wird.

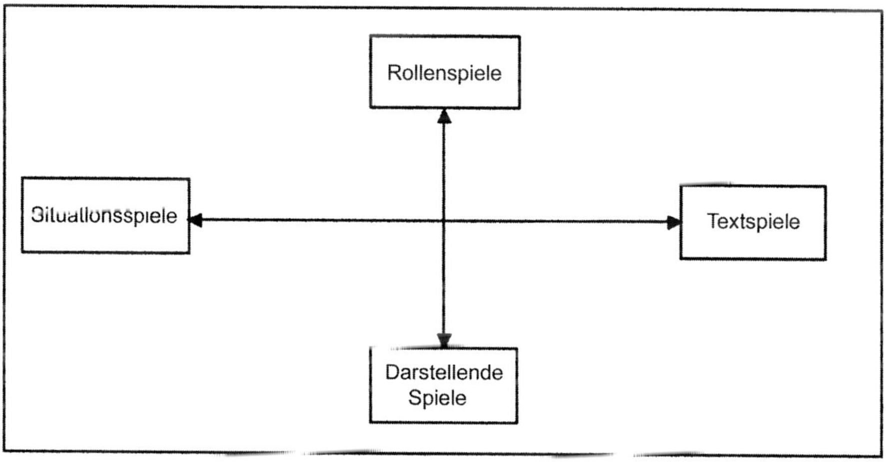


Abb. 2 Spielformen der szenischen Kommunikation

# 4 Kompetenzen und Beurteilungskriterien der szenischen Kommunikation

Im Folgenden sind die Teilkompetenzen aller vier Spielformen enthalten, auch wenn diese noch formenspezifisch auszudifferenzieren wären. Die hier vorgeschlagenen Teilkompetenzen der szenischen Kommunikation sind zwar zunächst für die *Protagonisten* formuliert, werden aber für die *Zuschauer* gleichermaßen relevant, da die *Kompetenzen der Protagonisten* zugleich *Beurteilungskriterien der Zuschauer* sind. Gleichzeitig gibt es beim szenischen Spiel in der Schule keine dauerhafte Rollenverteilung zwischen Protagonisten und Zuschauern. Sind in der einen Szene einige die Protagonisten, sind es in der nächsten Szene schon wieder andere. Protagonisten und Zuschauer komplettieren sich als Akteure im szenischen Spiel. Es sind *Zeitrollen,* die im Verlauf der Szenenfolge dauernd wechseln können. Was auf der einen Seite als *aktive* Kompetenzen der Protagonisten formuliert wird, die diese im Verlauf des Spielprozesses entwickeln sollen, gilt für die Zuschauer als *rezeptive* Komplementäreigenschaft. Die Zuschauer sehen, ob diese Kompetenzen im Spiel verwirklicht werden und müssen diese deshalb bei sich *virtuell* verwirklicht haben *(Komplementärfunktion der Kompetenzen als Beurteilungskriterien).* Und auch für die Protagonisten sind die Beurteilungskriterien der Zuschauer komplementäre Eigenschaften. Zwar beurteilen die Zuschauer die Szene nach diesen Kriterien, aber auch für die Protagonisten sind es Kriterien, inwiefern sie die entsprechenden Kompetenzen schon erreicht haben. Insofern bilden Kompetenzen und Beurteilungskriterien eine Einheit im szenischen Spiel.

Hier fließen auch alle vorigen Überlegungen zu den *Symbolisierungen* (3.2) *Weltbezügen* (3.3), der *Rezeptions- und Produktionsorientierung* (3.4.) und den *prinzipiellen Spielformen* (3.5) in einer kompetenzorientierten und beurteilungsorientierten Dimension mit ein.

Wenn man gewisse Vereinfachungen nicht scheut, können die Kompetenzen nach dem Ossnerschen Kompetenzmodell (2006, 10ff.) in die strukturellen Komponenten *deklaratives Wissen, Problemlösungswissen, prozedurales Wissen, metakognitives Wissen* ausdifferenziert werden. Daraus ergeben sich die nachfolgend beschriebenen Kompetenzbereiche, auch wenn sie sich nicht immer genau dem Ossnerschen Modell zuordnen lassen.

## 4.1 Inszenierungs- und dramaturgische Kompetenzen (Inszenierungsideen, Raumdramaturgie)

Bei der ersten Teilkompetenz muss das Augenmerk innerhalb der szenischen Kommunikation auf die prinzipiellen Inszenierungsideen und dramaturgischen Handlungen, also auf die grundlegenden Ideen der Verwirklichung innerhalb eines Spielkonzepts (Inszenierung) und auf die Gestaltung von Spannungsbögen

(Dramaturgie) und der dafür notwendigen Mittel gelegt werden. Auch die Entscheidung, in welcher Kombination z. B. Text- und Situationsspiele verflochten werden, gehört hierzu. Wie könnte man die Szene realisieren? In welcher Zeit spielt die Situation? Wird der Text wortwörtlich wiedergegeben oder wird zum Inhalt improvisiert? In welche Teilsegmente wird die Szene zerlegt? In welcher Reihenfolge kann die Szenenfolge gespielt werden? Welche Raumdramaturgie sollte dafür gewählt werden?

Tab. 1: Inszenierungs- und dramaturgische Kompetenzen

| **Inszenierungs- und dramaturgische Kompetenzen** | | | |
|---|---|---|---|
| Die Spieler können Textvorlagen oder Improvisationsanweisungen Figuren zuordnen und diese in einer Szenenfolge planersich so realisieren, dass die Szene anschließend auch räumlich spielbar wird. | | | |
| Deklaratives Wissen | Problemlösungswissen | Prozedurales Wissen | Metakognitives Wissen |
| • Kenntnis unterschiedlicher Aufbaustrukturen dramatischer Texte,<br>• Kenntis von historischen Gesellschaftsstrukturen,<br>• Kenntnis unterschiedlicher Figurenkonstellationen. | • Durchspielen der Figuren auf passende Interaktionsstrukturen,<br>• inszenatorische Ideengenerierung durch Veränderung bereits genutzter Ideen,<br>• planerisch-mentales Durchspielen der Szenenfolge (Übungsmethoden dazu). | • Mögliche Einstiege in die Szene (Was geht voraus?),<br>• Abschluss der Szene; trainierte Spielfähigkeit von Szenen. | • Umstellungen bei ungenügender Szenenreihenfolge (z. B, durch Nachschlagen in der Lektüre),<br>• Benutzung von Sekundärliteratur,<br>• Ansetzen von Übungseinheiten zum Trainieren von Szenenabläufen. |

## 4.2 Sprecherische Kompetenzen (Lautstärke, präzise Artikulation, Stimmführung)

Die zweite Teilkompetenz liegt im Zentrum der mündlichen Kommunikation: Sprechen. Die Inszenierung aller Sprechhandlungen im weitesten Sinne, d. h. auch die diskursiven Symbolisierungen, sind wesentlich für diese Kompetenzbeschreibung. Zunächst geht es um das Verstehen des Gesprochenen, also um präzise Artikulation und um die richtige Lautstärke, besser um die resonanzreiche Stimmkraft. In zweiter Linie geht es um charakteristische Merkmale der Figuren-Stimmen und um den reibungslosen Wechsel der Figurenrede: Wie werden die einzelnen Stimmen intoniert? Wie muss gesprochen werden, damit auch die

Zuhörer in der letzten Reihe den Text verstehen? Durch welche stimmlichen Veränderungen (Stimmlage, sprachliche Kennzeichen wie Lispeln) können die Figuren charakterisiert werden?

Tab. 2: Sprecherische Kompetenzen

| **Sprecherische Kompetenzen (Lautstärke, präzise Artikulation, Stimmführung)** Die Spieler können anhand von Textvorlagen oder anhand der Improvisationsanweisungen Figuren mit unterschiedlichen Lautstärken, deutlicher Aussprache, verschiedenen Stimmlagen und sprachlichen Besonderheiten spielen. | | | |
|---|---|---|---|
| Deklaratives Wissen | Problemlösungswissen | Prozedurales Wissen | Metakognitives Wissen |
| • Kenntnis der unterschiedlichen Stimmlagen<br>• Verknüpfung von Charaktermerkmalen der Figuren, Lautstärken und Stimmlagen. | • Allgemeine Übungen zum Stimmtraining,<br>• Kenntnis von Übungen zur Lautstärkeregulierung und differenziertem Figurensprechen,<br>• Realisierung unterschiedlicher Satzmelodien,<br>• Improvisieren fehlender Figurenrede. | • Unterschiedliche Charaktere artikulatorisch realisieren können,<br>• Improvisieren von Textrealisierungen,<br>• Fließende Übergänge zwischen den Figurenreden. | • Bei stockenden Figurenreden Hilfsmittel verwenden (Souffleur, Textblatt, Improvisieren) oder Textlernen verbessern,<br>• Stimmtrainingsmethode bei unzureichender Stimmgestaltung (Deutlichkeit, Flüssigkeit Lautstärke) verwenden,<br>• Stärkere Charakterdifferenzierung der Figurenrede. |

## 4.3 Körperliche Kompetenzen (Raumgestaltung, Spielöffnung, Körperhaltung, Gestik, Mimik)

Die körperlichen Kompetenzen (präsentative Symbolisierungen) ergänzen die sprecherischen (diskursive Symbolisierungen). Wegen der Zeit- und Gewichtungsdifferenz (s. 3.2) sind sie das Fundament des szenischen Spiels. Wenn die Teilkompetenzen gewichtet werden müssten, stünden diese im Vordergrund.

Raumgestaltung als Positionierung der Figuren auf der Bühne und ihrer deutlichen Spielabstände voneinander ist die Voraussetzung für das Spiel. Die Spielöffnungen, d. h. die Hinwendung zum Publikum beim Spielen – trotz der Interaktion mit den anderen Figuren – erlaubt erst, dass die Präsentation der Körper gesehen und die Sprache der Figuren gehört werden können. Die einzelne Figur muss eine charakteristische Körperhaltung, Gestik und Mimik entwickeln. Diese soll die sprecherische Kompetenz unterstützen, ja die Körpersignale sollen vor der Rede sichtbar werden, damit die unbewusste Wahrnehmung die sprachliche Rezeption erleichtert. Dabei müssen alle Körpersignale überdeutlich sein, damit Mimik, Gestik und Körperhaltung über die Entfernung hinweg von allen Zuschauern wahrgenommen werden können.

Tab. 3: Körperliche Kompetenzen

| **Körperliche Kompetenzen (Raumgestaltung, Spielöffnung, Körperhaltung, Gestik, Mimik)** Die Spieler können hinsichtlich der Raumgestaltung, der Spielöffnung, der überdeutlichen Körperhaltung, Gestik und Mimik die sprachliche Präsentation unterstützen, ergänzen oder auch konterkarieren. | | | |
|---|---|---|---|
| Deklaratives Wissen | Problemlösungswissen | Prozedurales Wissen | Metakognitives Wissen |
| • Wissen um Bedeutung von Raumgestaltung, Spielöffnung, überdeutlicher Körperhaltung, Gestik und Mimik,<br>• Wissen um Bedeutung „Bewegung von Sprache". | • Übungen zur Verstärkung der überdeutlichen Körperhaltung, Gestik und Mimik einsetzen,<br>• Methoden zur Verbesserung der Raumgestaltung und Figurenverteilungsübungen kennen,<br>• Übungen zur verstärkten Körperpräsenz einsetzen können,<br>• nonverbale Verständigung mit den Mitspielern, damit die Handlungsabfolge im Fluss bleibt,<br>• bei intendierten Differenzen zwischen Sprechen und Gefühl muss die Körperhaltung dies zeigen. | • Körperpräsenz zeigen und charakteristische Körperhaltung entwickeln,<br>• zur Figur sprechen und trotzdem Spielöffnung beibehalten,<br>• auch als passiver Akteur immer mitspielen (nicht der sprechenden Figur bloß zuschauen),<br>• Reaktion auf Textfehler improvisierend überspielen. | • Raumgestaltung, überdeutliche Körperhaltung, Gestik und Mimik steuernd kontrollieren (Selbst- oder Fremdbeobachtung),<br>• bei mangelnder Bühneninteraktion kontrollieren, ob dies zur Rolle gehört. |

### 4.4 Mediale Kompetenzen (Requisiten, Kostüme, Licht, Ton, audiovisuelle Elemente, Bühne)

Dabei lassen sich die medial-technischen von den medial-ästhetischen Kompetenzen unterscheiden. Die *medial-technischen Kompetenzen* beschreiben die richtige Handhabung und adäquate, sachgerechte Verfügung der Medien. Die *medial-ästhetischen Kompetenzen* beschreiben die ästhetische Angemessenheit und Ausdrucksstärke, aber auch Verfremdung, Kontrapunktion bis hin zu Provokationen beim Einsatz der Medien.

Die medialen Kompetenzen haben vor allem spielunterstützende Funktion und sind nach der Wichtigkeit (in aufsteigender Reihenfolge) genannt. Je nachdem, ob im Unterricht gespielt oder für eine Theateraufführung geprobt wird, steigt der Bedarf an medialen Kompetenzen. Dabei kommt den charakteristischen Requisiten eine Schlüsselstellung zu. Sie sind am besten geeignet, die Rollenfindung zu unterstützen. Dies gilt auch für Kostüme, die aber z. T. sehr aufwändig in die Spielhandlung einzubringen sind. Sie unterstützen nochmals die Requisiten in ihrer Funktion zur Rollenfindung. Durch Licht wird eine Szene erst aufführungsreif. Der Ton hat eher unterstützende Wirkung, die audiovisuellen Elemente (Film, Bilder) ebenso. Eine noch aufwändigere Form findet sich in verschiebbaren oder stapelbaren Bühnenelementen (Kulissen). Einfache Formen von Bühnenteilen können mit einer Overheadfolie projiziert werden.

Tab. 4: Mediale Kompetenzen

| **Mediale Kompetenzen (Requisiten, Konstüme, Licht, Ton, audiovisuelle Elemente, Bühne**<br>Die Spieler können mit charakteristischen Requisiten, Kostümen, Licht, Ton und Bühnenelementen ihre Szene wirksamer gestalten. | | | |
|---|---|---|---|
| Deklaratives Wissen | Problemlösungswissen | Prozedurales Wissen | Metakognitives Wissen |
| • Kenntnis der Wirksamkeit von Requisiten, Kostümen, Licht, Ton und Bühnenelementen,<br>• Charakter der Rolle kann mit Requisiten und Kostümen betont werden,<br>• Licht erzeugt Grundstimmungen einer Szene,<br>• Raumtiefe und -illusion wird mit Bühnenelementen erzeugt. | • Requisiten selbstständig bestellen und verändern, um den Charakter der Rolle zu verstärken,<br>• Stimmung der Szene mit unterschiedlichen Lichtintensitäten verstärken,<br>• Szenenübergänge mit Licht regulieren. | • Üben des Zusammenspiels von Sprech- und Körperausdruck mit medialen Mitteln,<br>• Darstellung des Figurencharakters mit Requisiten und Kostümen,<br>• Szenenbeginn mit Licht regulieren,<br>• Einbeziehung von Bühnenelementen ins Spiel. | • Rückmeldungen (über Spielleiter oder Selbstwahrnehmung) über Grad des Gelingens von Personenspiel mit medialer Unterstützung;<br>• Steigerung der Charakteristik der Figur durch Überbetonung eines Requisiten- oder Kostümteils,<br>• Reduktion der Bühnenteile auf aussagekräftigste Elemente. |

# 5 Forschung im Bereich der szenischen Kommunikation

Das szenische Spiel scheint in den deutschen Schulen fest verankert zu sein. Nimmt man die empirische Studie „Theater und Schule in Hessen“ als Orientierung, dann zeigt sich, dass an knapp 80% der Schulen das szenische Spiel im Unterricht verwendet wird (Deutsch, Religion, Fremdsprachenunterricht). Theaterbesuch und -spiel praktizieren 95% der Gymnasien. Die Grundschulen haben zu 89% Aktivitäten im Bereich des Theaterspiels (davon 50% Theater-AGs). 80% der Lehrkräfte setzen das szenische Spiel als Unterrichtsmethode ein (ASSITEJ, 2007). Zwischen der Akzeptanz des szenischen Spiels, die überall sehr hoch zu sein scheint, und der Untersuchung der Wirksamkeit klafft eine Differenz, wie sie größer nicht sein könnte. „In den Fächern des ästhetischen Lernbereichs besteht ein Mangel an empirisch gesicherten Wirkungsaussagen, die ‘Versprechungen des Ästhetischen’ sind legendär“ fasst Ulrike Hentschel die

Forschungssituation zusammen (Hentschel, 2008, 12). Im Bereich des szenischen Spiels innerhalb der Literatur- oder Sprachdidaktik finden sich kaum empirische Untersuchungen zum „Rollenspiel“, allenfalls im Bereich der Fremdsprachenentwicklung, in der Sozialpädagogik und der Psychiatrie. Beispielhaft kann an der Untersuchung Eugen Jürgen Müllers gezeigt werden, dass sich Rollenspiele zur gezielten Förderung der Sprechfertigkeit eignen; im Bereich der Persönlichkeitsentwicklung steigern sie das Selbstbewusstsein (2006, 99–110). Die qualitative Studie von Romi Domkowsky stellt resümierend fest, dass Theaterspielen nachhaltigen Einfluss auf die Entwicklung der Persönlichkeit in ihren verschiedensten Bereichen zeigt (2008, 68). Hinzu kommen Studien wie z. B. die von Anne Bamford (2006), die die positiven Auswirkungen einer anspruchsvollen künstlerischen Förderung feststellt. Die Studie von Keuchel/Wiesand (2006) wiederum gewährt einen Einblick in die künstlerischen Interessen von Jugendlichen. Diese eher allgemeinen und unscharf formulierten Ergebnisse haben ihren Ursprung darin, dass die Messbarkeit in diesem Bereich an ihre Grenzen stößt. Hentschel formuliert die Problematik sehr zugespitzt: „Zwar beziehen sich künstlerische Fächer einerseits auf praktische Fähigkeiten, auf ein handwerkliches Können, das durchaus messbar ist. [...] Anders als beim Rad fahren oder Schwimmen ist dabei einmal Gekonntes nicht unbedingt immer abrufbar, es muss neu evoziert werden, wird womöglich nur ein einziges Mal in einer bestimmten Qualität erreicht und entzieht sich der Verfügbarkeit“ (2007, 12). Die Gefahr der Reduktion auf das Messbare ist dabei nicht von der Hand zu weisen. Ob die Einführung von Mindest(Bildungs)standards das Problem aus der Welt schafft, scheint mehr als fraglich, solange der Bereich nicht genügend erforscht ist.

Wünschenswert wären sowohl quantitative Studien zu den praktizierten Formen szenischen Spiels und evtl. Interventionsstudien, die den herkömmlichen Deutschunterricht mit einem stark auf szenischen Formen basierenden vergleichen. Wünschenswert wären auch qualitative Studien, die über bloße Explorationen zu Verhaltensänderungen im Bereich mündlicher Kommunikation hinausgehen (z. B. Fallanalysen mit videografierten Untersuchungen), oder Untersuchungen, die der Frage nachgehen, wie Gestaltungs- und Verstehenskompetenzen der Protagonisten und Zuschauer zustande kommen und wie sie zu fördern wären. Auch neuere Forschungsmethoden im Bereich des Ästhetischen, wie das von Ledger (2006) vorgeschlagene „artistic research“ kämen vielleicht in Frage. Als allgemeine Forschungsperspektive schlägt Hentschel vor, die Bereiche der Vermittlung des (Theater)Spielens in ihrer gegenseitigen Vernetzung und Abstützung zu untersuchen (2006, 14).

Zusammenfassend formuliert: Die Forschungen haben bislang eher den Status von perspektivischen Überlegungen erreicht und weniger den von konkreten Projekten.

# Literatur


Abraham, Ulf: Sprechen als reflexive Praxis: Mündlicher Sprachgebrauch in einem kompetenzorientierten Deutschunterricht. Freiburg: Fillibach 2008

Anz, Thomas: Stichwort „Spiel". In: Müller, Jan-Dirk (Hrsg.): Reallexikon der Literaturwissenschaft, Bd. III. Berlin: de Gryter 2003, 469 ff.

Anz, Thomas: Literatur und Lust. Glück und Unglück beim Lesen. München: Beck 1998

Aristoteles: Die Poetik. Ditzingen: Reclam 1982

ASSITEJ Bundesrepublik Deutschland: Theater und Schule in Hessen. Frankfurt (CD-ROM), 2007

Bamford, Anne: The Wow factor. Global Reserch Compendium on the Impact of the Arts in Education. Münster: Waxmann 2006

Belgrad, Jürgen: Identität als Spiel. Zur Kritik des Habermasschen Identitätsbegriffs. Wiesbaden: Opladen 1992

Belgrad, Jürgen: Analytische, ästhetische und mimetische Qualitäten. Kategorien einer Didaktik des Literaturunterrichts. In: Belgrad, Jürgen/Melenk, Hartmut (Hrsg.): Literarisches Verstehen – Literarisches Schreiben. Positionen und Modelle zur Literaturdidaktik. Baltmannsweiler: Schneider 1996, 83–98

Belgrad, Jürgen/Eriksson, Brigit/Pabst-Weinschenk, Marita/Vogt, Rüdiger: Die Evaluation von Mündlichkeit. Kompetenzen in den Bereichen Sprechen, Zuhören und szenisch Spielen. In: Didaktik Deutsch Sonderheft (2008) Beiträge zum 16. Symposion Deutschdidaktik „Kompetenzen im Deutschunterricht" (herausgegeben von Böhnisch, Martin). Baltmannsweiler: Schneider 20–45

Beschlüsse der Kultusministerkonferenz: Bildungsstandards im Fach Deutsch für den Mittleren Schulabschluss. München: Luchterhand 2003

Beschlüsse der Kultusministerkonferenz: Bildungsstandards für den Hauptschulabschluss. Neuwied: Luchterhand, 2004 (http://www.kmk.org/schul/Bildungsstandards/Hauptschule_Deutsch_BS_307KMK.pdf; 11.9.2007)

Boal, Augusto: Theater der Unterdruckten: Übungen und Spiele für Schauspieler und Nicht-Schauspieler. Frankfurt/M: Suhrkamp 2007

Brecht, Bertolt: Über Lyrik. Frankfurt/M: Suhrkamp 1964

Caillois, Roger: Die Spiele und die Menschen. Maske und Rausch. Berlin: Ullstein, 1982

Domkowsky, Romi: Entwicklungspsychologische Auswirkungen des Theaterspielens. Eine qualitative Untersuchung – Auf Spurensuche. Saarbrücken: VDM Verlag Dr. Müller 2008

Eco, Umberto: Im Wald der Fiktionen. Sechs Streifzüge durch die Literatur. Hanser: München 1994

Freud, Sigmund: Der Dichter und das Fantasieren. Studienausgabe Bd. X. Frankfurt/M: Fischer 1969, 169 ff.

Habermas, Jürgen: Theorie des kommunikativen Handelns, Bd. 1. Frankfurt/M: Suhrkamp 1981

Hentschel, Ulrike: Theaterspielen als ästhetische Bildung. Über einen Beitrag produktiven künstlerischen Gestaltens zur Selbstbildung. Weinheim: Beltz 1996

Hentschel, Ulrike: Ästhetische Bildung im Spiegel empirischer Forschung. Brauchen wir ein Kultur-PISA? In: Zeitschrift für Theaterpädagogik: Korrespondenzen (2007) 51, 11–15

Huizinga, Johan: Homo Ludens. Vom Ursprung der Kultur im Spiel. Reinbek: Rowohlt 1965

Iser, Wolfgang: Der Lesevorgang. In: Warning, Rainer (Hrsg.): Rezeptionsästhetik. Theorie und Praxis. München: Wilhelm Fink 1994, 253–324

Keuchel, Susanne/Wiesand Andreas (Hrsg.): Das 1. Jugend-Kulturbarometer. Zwischen Eminem und Picasso. Bonn: Arcult Media 2006

Koch, Gerd (Hrsg.): Theatralisierung von Lehr-Lernprozessen. Berlin: Schibri 1995

Kunz, Marcel: Spiel-Raum. Literaturunterricht und Theater. Überlegungen, Annäherungen und Modelle. Zug: Klett und Balmer 1989

Langer, Susanne K.: Philosophie auf neuem Wege. Das Symbol im Denken, im Ritus und in der Kunst. Frankfurt/M: Fischer 1992

Ledger, Adam: „Knowledge-in-action". In: Zeitschrift für Theaterpädagogik: Korrespondenzen (2006) 49, 41–46

Lorenzer, Alfred: Das Konzil der Buchhalter. Die Zerstörung der Sinnlichkeit. Eine Religionskritik. Frankfurt/M: Fischer 1981

Luckmann, Thomas/Schütz, Alfred: Strukturen der Lebenswelt. Stuttgart: UTB 2003

Müller, Eugen Jürgen: Sprachförderung mit ganzheitlichen Lehr- und Lernmethoden – Theaterpädagogik und Suggestopädie in der Fortbildung von Lehrkräften. In: Heints, D./Müller, J.E./Reiberg, L. (Hrsg.): Mehrsprachigkeit macht Schule. KöBeS, Reihe A. Duisburg: Gilles & Francke 2006, 99–110

Ossner, Jakob: Kompetenzen und Kompetenzmodelle im Deutschunterricht. In: Didaktik Deutsch (2006) Heft 21, 5–19

Praxis Deutsch (2001) Heft 166: Spielszenen. Seelze: Erhard Friedrich

Praxis Deutsch Sonderheft: Drama – Theater – Szenisches Spiel. Seelze: Erhard Friedrich 2005

Schafhausen, Helmut (Hrsg.): Handbuch Szenisches Lernen. Theater als Unterrichtsform. Weinheim: Beltz 1995

Scheurl, Hans (Hrsg.): Das Spiel. Bd. 2. Theorien des Spiels. Weinheim: Beltz 1991

Schuster, Karl: Das Spiel und die dramatischen Formen im Deutschunterricht. Baltmannsweiler: Schneider 1994

Sonderegger, Ruth: Für eine Ästhetik des Spiels. Hermeneutik, Dekonstruktion und der Eigensinn der Kunst. Frankfurt/M: Suhrkamp 2000

Welscher-Forche, Ursula: Lernen fördern mit Elementen des szenischen Spiels. Baltmannsweiler: Schneider 1999

Zeitschrift für Theaterpädagogik: Korrespondenzen 33 (1999), Authentizität – Theater und Deutschunterricht

Zeitschrift für Theaterpädagogik: Korrespondenzen 52 (2008), Theater machen – spielen – lehren

GISELA BRÜNNER / PETER WEBER

# D5 Gesprächsdidaktik: Gespräche im Unterricht transkribieren und analysieren

## 1 Gesprächsdidaktik auf gesprächsanalytischer Grundlage

Gespräche, von Angesicht zu Angesicht geführt oder medial vermittelt, bestimmen unsere Kommunikation in Alltag und Beruf mindestens genauso wie Texte, die wir produzieren oder rezipieren. Gespräche angemessen und besonders in schwierigen Situationen souverän führen zu können, stellt eine Schlüsselqualifikation dar. Deshalb sollte es ein besonderes Anliegen des Deutschunterrichts sein, die *Gesprächskompetenz* (s. Becker-Mrotzek, B3) der Schülerinnen und Schüler zu fördern. Bisher ist in der Schule das Gespräch zwar immer Medium des Unterrichts, aber selten Reflexions- und Lerngegenstand.

Das Ziel der Förderung von Gesprächskompetenz soll laut *Richtlinien und Lehrplänen* in den verschiedenen Schulstufen und -formen durch Analyse und aktive Gestaltung mündlicher Kommunikation verfolgt werden, beispielsweise in den Lernbereichen „Reflexion über Sprache" und „Sprechen und Zuhören" (Kernlehrpläne für das Fach Deutsch SI NRW). Als Unterrichtsgegenstände werden hier vor allem innerschulische Gesprächsformen (z. B. Diskussion) genannt, wiederholt aber auch (vor allem in den Abgangsklassen) Alltagsgespräche der außerschulischen Realität, wie das Bewerbungsgespräch, das analysiert und im Rollenspiel simuliert werden soll. Besonders im Berufskolleg hat die Beschäftigung mit Formen und Merkmalen beruflicher Gespräche (z. B. Verkaufs-, Verhandlungs-, Beratungsgespräche) im Fach Deutsch zunehmend in die Lehrpläne Eingang gefunden (s. z. B. www.Schulministerium.NRW.de).

Jedoch fällt bei der Durchsicht der *Unterrichtskonzepte und Lehrmaterialien* zum Thema Gesprächsanalyse und Gesprächsführung auf, dass die dort wiedergegebenen Gespräche in der Regel erfunden, vereinfacht und modellhaft schematisiert sind. Aussagen über Gesprächsmerkmale bleiben meist sehr allgemein und bieten kaum weitergehende Erklärungen. Anleitungen zum sprachlichen Handeln sind in der Regel normativ-instruktiv, das heißt, sie geben das – u. U. bewährte, aber nicht wissenschaftlich belegte – Rezeptwissen der Ratgeberliteratur unreflektiert weiter. Wie Lektionen über Verkaufsgespräche in Lehrbüchern für den Unterricht an berufsbildenden Schulen häufig aussehen, verdeutlicht *Abbildung 1*:

**Einwände ausgleichen**

**Im Einrichtungshaus MOBILIA**

*Kunde:* „Die Entspannungs-Liege nach Corbusier ist doch recht schmal."

*Simon:* „Sie haben Recht: Die Corbusier-Liege ist schmäler als andere Liegen. Ihr Vorteil ist aber: Sie können die Liege überall unterbringen, denn sie nimmt wenig Platz in Anspruch."

***Produktvorteile nennen – Nachteile ausgleichen***

Einen berechtigten Kundeneinwand können Sie durch Hinweis auf einen Vorteil des Produktes *ausgleichen*. Weil hierbei der vom Kunden genannte Nachteil der Ware durch den Hinweis auf einen Vorteil des Produktes aufgewogen wird, nennt man dies auch die *Vorteil-Nachteil-Methode* der Einwandbehandlung.

➔ Wie können Sie bei Produkten Ihrer Branche die Vorteil-Nachteil-Methode der Einwandbehandlung anwenden? Suchen Sie nach Beispielen.
➔ Weshalb ist die Formulierung „Sie haben Recht" am Anfang der Einwandbehandlung nach der Vorteil-Nachteil-Methode besonders wichtig?
➔ Außer „Sie haben Recht" gibt es noch andere Formulierungen, mit welchen Sie dem Einwand des Kunden zustimmen können. Suchen Sie nach Beispielen.

Abb. 1 Verkaufsgespräche in Lehrbüchern (Lachenmann 2003, 141)

Zwar kann der fingierte Dialog in pointierter Form Verkäuferverhalten in einer heiklen Situation (Kundeneinwand) illustrieren. Die Reaktion des Verkäufers auf die Kritik der Kundin an der Ware („Sie haben Recht ... Ihr Vorteil ist aber ...") wird allerdings nur ansatzweise analysiert und zum Anlass genommen, eine äußerst knappe Handlungsanweisung zu formulieren: „Produktvorteile nennen – Nachteile ausgleichen". Die Arbeitsaufträge regen vordergründig zu Transfer, Nach- und Weiterdenken an, legen aber den Gedanken nahe, dass das Auswendiglernen von Formeln die beste Vorbereitung auf die Verkaufspraxis sei. Dieses Konzept der Förderung von Gesprächskompetenz leistet einem schematisch-rezeptgeleiteten sprachlichen Handeln Vorschub.

Im Folgenden stellen wir ein Konzept dar, das der komplexen kommunikativen Wirklichkeit besser gerecht zu werden versucht. Schüler sollen sich mit tatsächlich geführten Gesprächen beschäftigen, selbst solche Gespräche aufnehmen, verschriften und analysieren. Dahinter steht die Überlegung, dass durch den Erwerb von Fähigkeiten zur genauen Wahrnehmung und Interpretation von kommunikativen Phänomenen sich besonders gut Strukturwissen über alltagsweltliche und institutionelle Gespräche aufbauen lässt. Dies ist Voraussetzung dafür, das eigene Gesprächsverhalten reflektieren und kontrollieren zu können.

Dazu gehört auch, Kommunikationsprobleme rechtzeitig zu erkennen und angemessen auf sie zu reagieren, also gleichzeitig soziale Sensibilität und Perspektivenübernahme wie auch Zielstrebigkeit und Durchsetzungsvermögen zu zeigen.

Theoretischer Hintergrund ist die linguistische *Gesprächsforschung* (Brünner, B2; Fiehler, B1), die authentische Gespräche empirisch auf die verschiedenen Formen und Funktionen des sprachlichen Handelns hin untersucht. Die Gesprächsforschung analysiert die kommunikativen Aufgaben, die die Gesprächsteilnehmer in einem Gespräch zu erfüllen haben, die sprachlichen Handlungsmuster und sprachlichen Mittel, die dabei eingesetzt werden. Sie rekonstruiert die Probleme, die in Gesprächen typischerweise auftreten, und die Lösungen, die dafür gefunden werden. Ihre Ergebnisse lassen sich für die Entwicklung gesprächsdidaktischer Konzepte und die Förderung von Gesprächskompetenz in Aus- und Fortbildung verwenden.

## 2 Unterrichtsmodell: Arbeit mit Gesprächen im Deutschunterricht

Wir wollen nun vorstellen, wie im Deutschunterricht (am Ende der Sek. I und in der Sek. II) mit authentischen Gesprächen gearbeitet werden kann – ein Modell, das z. T. schon in der Praxis erprobt ist. Die dafür geeigneten Fragestellungen und methodischen Verfahren erläutern wir an einem konkreten Beispiel (Kap. 3). Eine ausführlichere Darstellung der Dokumentations- und Analysemöglichkeiten mündlicher Kommunikation gibt Brünner (B2).

Mit dem vorgestellten Unterrichtsmodell lassen sich besonders folgende *Unterrichtsziele* verfolgen:

- Zugang und Einblick gewinnen in relevante Formen kommunikativer Praxis (auch in solche, mit denen die Schüler noch nicht vertraut sind),
- sprachanalytisch-methodische Fähigkeiten entwickeln (Sensibilisierung und genaue Wahrnehmung bzw. Interpretation von Gesprächssituationen und kommunikativen Phänomenen),
- Einsichten gewinnen in die Funktionsweisen der mündlichen Kommunikation (Merkmale von Mündlichkeit erkennen, Verlauf von Gesprächen bewusst wahrnehmen, kontrollieren und gestalten, Kommunikationsprobleme rechtzeitig erkennen und angemessen bearbeiten),
- eigene Gesprächskompetenz verbessern durch die Entwicklung und Anwendung von Kriterien für sach- und situationsangemessene Gesprächsführung.

### 2.1 Wie kann man Gespräche aufnehmen?

Die Gesprächsforschung arbeitet mit *Ton- und Video-Aufnahmen* authentischer Gespräche, von denen genaue Verschriftungen (Transkripte) angefertigt werden.

Gespräche müssen aufgenommen, damit konserviert und reproduzierbar gemacht und anschließend verschriftet werden, um sie detailliert und gründlich analysieren zu können. Denn das gesprochene Wort ist flüchtig, nur aus der Erinnerung heraus sind Gespräche nicht angemessen zu bearbeiten.

Bevor man Aufnahmen macht, ist zu überlegen, mit welchem *Typ von Gesprächen* man sich beschäftigen möchte. Erste Fragestellungen und Ziele der Untersuchung sind zu formulieren. Besonders relevant für die Schülerinnen und Schüler sind z. B. Bewerbungs- und Prüfungsgespräche, jedoch ist der Zugang zu Daten hier schwierig. Leicht aufzuzeichnen sind dagegen Gespräche im privaten Bereich oder in den Massenmedien. Für die Behandlung in der Schule eignen sich besonders auch institutionelle, berufsübergreifende Gesprächstypen. Zu nennen sind etwa: Besprechung, Übergabegespräch, Diskussion, Verhandlung, Konfliktgespräch oder Beratung. Sie kommen in vielen ganz unterschiedlichen Berufen vor, wenn auch in verschiedenartigen Ausprägungen und Variationen (Brünner 2007).

Die folgenden *Vorschläge für Gesprächsaufnahmen* lassen sich mit einiger Aussicht auf Erfolg mit Schülern realisieren:

- Auskünfte und Beratungen (anonym), ggf. telefonisch (z. B. Bundesbahn, Reisebüro, Call-Center, Computer-Hotline, Läden),
- Instruktionen/Handlungsanleitungen (z. B. im privaten Bereich: Computerprobleme, technische Reparaturen, Anleitungen zu Tätigkeiten in Sport und Spiel),
- mediale Gespräche (TV und Radio; z. B. Streitgespräche, Interviews mit Politikern oder Experten, Call-in Sendungen, in denen Anrufern Auskunft oder Rat gegeben wird),
- diverse berufliche Gesprächstypen unter Nutzung von Praktika, Nebenjobs, privaten Firmenkontakten usw. (z. B. Reparaturannahme in der Autowerkstatt, Arbeitsbesprechungen, Übergabegespräche, Verkaufs- und Reklamationsgespräche, Beschwerden, Verhandlungen auf dem Flohmarkt oder Gebrauchtwagenmarkt).

Verfügbare Tonaufnahmen mit zugehörigen Transkriptionen findet man z. B. in Becker-Mrotzek/Brünner (2006), in verschiedenen Aufsätzen der Online-Zeitschrift Gesprächsforschung (www.gespraechsforschung-ozs.de) sowie im Deutschen Spracharchiv und der Datenbank Gesprochenes Deutsch des IDS (http://dsav-oeff.ids-mannheim.de/DSAv).

Welche Gespräche auch immer aufgenommen werden, von zentraler Bedeutung ist, dass sie *natürlich* (authentisch) sind, also nicht für die Aufnahme inszeniert wurden. Zwar kann das Wissen, aufgenommen zu werden, u. U. das Äußerungsverhalten der Gesprächsteilnehmer beeinflussen. Das schmälert aber in der Regel nicht den Wert der Aufnahmen, weil die meisten Sprecher nach kurzer

Zeit die Aufnahmesituation nicht mehr beachten. Wissen sie nichts von der Aufnahme, verhalten sie sich meist ungezwungener. Aber das gesprochene Wort unterliegt, sofern es nicht an die Öffentlichkeit gerichtet ist, dem Datenschutz und eine Aufnahme bedarf der Einwilligung der Betroffenen. Namen und andere identifizierende Hinweise werden in Aufnahme und Transkript anonymisiert.

Im Vorfeld der geplanten Aufnahmen sind *praktische Fragen* zu klären: Wo und unter welchen Umständen lassen sich Gespräche am besten so aufzeichnen, dass sie ergiebige und repräsentative Untersuchungsgegenstände werden können? Eventuell müssen Widerstände der Sprecher überwunden werden. Ist es sinnvoll, wenn man als teilnehmender Beobachter selbst die Aufnahmen macht, oder hat es Vorteile, wenn man nicht anwesend ist? Sollen Audio- oder Videogeräte eingesetzt werden? Audioaufnahmen sind unauffälliger zu bewerkstelligen, die Gespräche damit natürlicher; Videoaufnahmen erfassen hingegen auch die nonverbale Kommunikation und die räumlichen Konstellationen und erleichtern die Identifizierung der Sprecher.

Eine *technisch gute Qualität* der Aufnahmen ist wichtig und wird durch ein externes Mikrofon unterstützt. Sind Störgeräusche zu stark, lässt sich das im Nachhinein kaum korrigieren und führt zu Problemen beim Transkribieren. Ideal sind digitale Aufnahmen, weil sie am einfachsten auf den PC übertragen und dort direkt bearbeitet werden können. Mit dem freien Audio-Editor Audacity (http://audacity.sourceforge.net) lassen sich Audioaufnahmen bequem schneiden, in der Lautstärke verändern und durch das Einfügen von Signaltönen anonymisieren. Ausführliche Informationen zu Hard- und Software, die in der Gesprächsforschung Verwendung finden, bietet das IDS unter http://gais.ids-mannheim.de/technik.html.

## 2.2 Wie kann man Gespräche transkribieren?

*Transkribieren* heißt verbale (und ergänzend u. U. auch intonatorische und nonverbale) Phänomene aufgenommener Gespräche so originalgetreu wie möglich – d. h. objektiv registrierend, nicht interpretierend – zu notieren. In sogenannter „literarischer Umschrift" können artikulatorische Besonderheiten der Aussprache (z. B. dialektale Färbung) wiedergegeben werden. Besonderheiten mündli cher Kommunikation werden nicht geglättet und nicht den grammatischen Normen angepasst. Zweck und Nutzen dieser Arbeit ist es, eine schriftliche Grundlage für die detaillierte Untersuchung von Gesprächen zu schaffen. Das genaue Abhören und Transkribieren einer Aufnahme vermittelt – gerade für Anfänger – oft schon gute Einblicke in Eigenschaften der gesprochenen Sprache und in das Gesprächsverhalten.

*Transkripte* dokumentieren die sprachlich-kommunikative Praxis. Sie wirken wie ein Mikroskop oder eine Zeitlupe und machen viele Phänomene erst für die Analyse zugänglich. Sie bewahren die genauen Formen des Gesprochenen, schaffen Distanz und erleichtern so erheblich die genaue Analyse von Gesprächen. Transkripte lassen sich auch als effiziente Lehr- und Lernmittel einsetzen (Fiehler/Schmitt 2004; Becker-Mrotzek/Brünner 2006). Transkripte sind Erkenntnismittel für kommunikative Strukturen und sprachliche Mittel. Sie tragen bei zur Sensibilisierung für Sprache im Allgemeinen und Gesprächsprozesse im Besonderen, unterstützen eine kritische (Selbst-)Reflexion und stellen eine Ressource sprachlich-kommunikativer Verfahren dar, die zur Lösung kommunikativer Aufgaben und Probleme in Gesprächen eingesetzt werden können.

Es gibt verschiedene *Transkriptionssysteme*, d. h. normierte Verfahren zur Darstellung gesprochener Sprache (s. dazu Brünner B2; EGon – Einführung in die Gesprächsforschung online). Die im deutschen Sprachraum am häufigsten benutzten Systeme *HIAT (Halbinterpretative Arbeitstranskriptionen)* und *GAT (Gesprächsanalytisches Transkriptionssystem)* bedienen sich entweder der Partitur- (HIAT) oder der Zeilenschreibweise (GAT). Bei der Partiturschreibweise, die im folgenden Beispiel „Glanzmispel" zur Anwendung kommt, werden die gleichzeitigen Kommunikationsereignisse in untereinander angeordneten Zeilen notiert. Das ermöglicht eine übersichtliche Darstellung von Sprecherwechseln und Phasen parallelen Sprechens. Bei der Transkription sollte man sich an den existierenden Transkriptionskonventionen orientieren, die die Umsetzung mündlicher Sprache in Schrift regeln (s. Abb. 2).

Liegt die Gesprächsaufnahme als Datei vor, leisten spezialisierte Player für die Transkriptionsarbeit gute Dienste, z. B. *Ton und Text* (www.ton-und-text.de) oder *f4* (www.audiotranskription.de).

Die erste Transkriptionssoftware (www.ehlich-berlin.de/HIAT/HIAT.htm) ist auch heute noch auf Windows-PCs verwendbar und erzeugt durch Partiturklammern gekennzeichnete Flächen mit mehreren Zeilen für Sprecher, verbale Daten, intonatorische Daten, nonverbale Kommunikation und Kommentare. Die neue Transkriptionssoftware *EXMARaLDA* (www.exmaralda.org) ist zugleich Transkriptionseditor, Datenverwaltungs- und Analyseprogramm. Transkriptionen können in gängige Präsentationsformate (RTF, HTML) überführt und gemäß den verschiedenen Transkriptionssystemen (HIAT, GAT u. a.) ausgegeben werden.

| **Transkriptionszeichen in HIAT (Auswahl)** | |
|---|---|
| **Basiszeichen:** | |
| () | Wortlaut unverständlich |
| (Steuer) | vermuteter Wortlaut |
| ((lachend)) [ham das] | Kommentar (()) und Erstreckung des Kommentierten [] |
| Ich will/ ich bin | Wort- oder Konstruktionsabbruch |
| . | kurze Pause in einer Äußerung |
| . . | längere Pause in einer Äußerung |
| (4 sec) | 4 Sekunden Pause |
| ((Knacken)) | knackendes Geräusch |
| **Intonationszeichen:** | |
| gewa:rtet | auffällige Dehnung des Vokals |
| bei <u>bei</u>den | auffällige Betonung von Silben oder Wörtern |
| <u>Nee!!</u> | besonders emphatische Betonung |
| hm̀ | fallende Intonation |
| hḿ | steigende Intonation |
| hm̌ | fallend-steigende Intonation (zweisilbig gesprochen: hmhm̌) |
| hm̄ | gleichbleibende Intonation |

Abb. 2 Die wichtigsten Transkriptionskonventionen nach HIAT

## 2.3 Transkriptausschnitt „Glanzmispel"

Das folgende Transkript gibt einen kurzen Ausschnitt (1:52 min.) eines Verkaufsgesprächs in einem Gartencenter wieder (Download der Tonaufnahme unter http://home.edo.uni-dortmund.de/~bruenner/Publikationen.html).
Das Gespräch wurde von dem Verkäufer mithilfe eines MiniDisc-Rekorders und eines Krawattenmikrofons aufgenommen. Das Transkript wurde mit EXMARaLDA gemäß den HIAT-Konventionen erstellt.

*Situation*: Die beiden älteren Kundinnen hatten im Selbstbedienungsbereich des Gartencenters Kübelpflanzen selbständig (vor-)ausgewählt und dann den Verkäufer gebeten, deren Eigenschaften zu beschreiben. Daraufhin stellt der Verkäufer die Vorzüge der Pflanzen dar und gibt Pflegehinweise.

**Transkriptausschnitt „Glanzmispel“**

Inhalt: Verkaufsgespräch im Gartencenter. Aufnahme: Gorissen 2003. Transkription: Adam 2003. Korrektur: Weber 2008.

Sprecher/innen: V = Verkäufer, Kin1 = Kundin 1, Kin2 = Kundin 2

[117]

| | |
|---|---|
| V1 | richtig rot, sondern so kupferfarben. Son bisgen/ |
| Kin2 | Jă. Jā. . Sò. Jetzt ham wer/ . Jetzt |

[118]

| | |
|---|---|
| V1 | Jà, das is erst mal die Sache, erst mal, äh |
| Kin2 | ham Sie uns alles empfohlen, . alles. |

[119]

| | |
|---|---|
| V1 | sagen wer mal. Jà, . das |
| Kin1 | Jà, und dann kommt noch die Glanzmispel. . Die kommt auch noch dabei. |

[120]

| | |
|---|---|
| V1 | wär jetzt wieder en anderer Charakter. |
| Kin1 | Und welches/ Also welche würden Sie jetzt nehmen? Sagen wer |

[121]

| | |
|---|---|
| Kin1 | mal jetzt nicht äh von der/ von der/ erst mal von der Pf/ äh Pflegeleichtigkeit? |

[122]

| | |
|---|---|
| V1 | Es is ja kein |
| Kin1 | Also und/ Im Topf und im Schatten. |
| Kin2 | Von der Pflege im/ im Topf. Da man sie nicht/ |

[123]

| | |
|---|---|
| V1 | Schatten. Halbschatten. |
| Kin1 | Jā, doch. Es is aber/ Drei |
| Kin2 | Nee, es is/ es is/ Drei Stunden is Sonne. |

[124]

| | |
|---|---|
| Kin1 | Stunden Sonne. Was is das denn schon für so ne Pflanze? Stellen Se mal vor, Sie |

[125]

| | |
|---|---|
| V1 | Nein, Sie müssen/ Nee, nee! |
| Kin1 | kriegten nur drei Stunden Sonne am Tag. . Würden Se eingehn wie ne Primel. |

[126]

| | |
|---|---|
| V1 | D/ das/ Nee, das muss ich Ihnen sagen, das müssen Sie andersrum sehen. Stellen |
| Kin1 | |

[127]

| | |
|---|---|
| V1 | Sie sich mal vor, Sie würden als Pflanze den ganzen Tag in der Sonne schmoren |

[128]

| | |
|---|---|
| V1 | im Kübel. Jā! Sehen Sie, wenn Ses so betrachten, ist der |
| Kin1 | Jà, das is natürlich auch nich (so gut) |
| Kin2 | Genau. |

[129]

| | |
|---|---|
| V1 | Halbschatten gut. . Der ist nicht so stressig für die Pflanze, . weder im Hochsommer, |
| Kin2 | Jà, genau. |

[130]

| | |
|---|---|
| V1 | noch im Hochwinter, wenn der Boden gefroren is und die Sonne knallt auf die |
| Kin1 | ((putzt sich die |
| Kin2 | Genau. Jà. |

[131]

| | |
|---|---|
| V1 | Pflanze. . Sehen Sie? |
| Kin1 | Nase)) (...) (wird alles) (...) (...) Já, jà, ich weiß. |
| Kin2 | Ich kann die Pflanze verstehen. Ich kann auch nicht |

[132]

| | |
|---|---|
| V1 | Das ist für die Pflanze viel ausgeglichener. Also so gesehen/ |
| Kin1 | ((lacht)) Na, gut. Also welche würden Sie dann |
| Kin2 | so viel Sonne haben. Genau. Já. |

[133]

| | |
|---|---|
| V1 | Áh, die Frage natürlich/ Verstehen Sie, was ich nehmen würde, das is |
| Kin1 | nehmen? Jà. |
| Kin2 | Das is jetzt natürlich (...) |

[134]

| | |
|---|---|
| V1 | Geschmacks/ Das beantworte ich auch nie direkt. Wenn Se sagen: |
| Kin1 | Können Se aber doch. |
| Kin2 | Nee. |

[135]

| | |
|---|---|
| V1 | Mensch, was is am robustesten, ja? Das wär jetz hier/ |
| Kin1 | Jà, was is am robustesten? Das wär ne gute/ |
| Kin2 | Jà. |

[136]

| | |
|---|---|
| V1 | Ähm Jáhà. ((lacht)) Am robustesten wäre jetzt oben die rote Glanzmispel. |
| Kin1 | das is ne gute Frage. Jǎ. |

[137]

| | |
|---|---|
| V1 | Der Kirschlorbeer. .. So mal zu sagen . hundert, äh hundertzehn Prozent robust, ja? |

[138]

| | |
|---|---|
| V1 | Ähm recht robust ist dann hier ähm die/ ähm dieser Kletterjasmin, ähm der |
| Kin1 | Jà. |

[139]

| | |
|---|---|
| V1 | Pittosporum und äh . der Lorbeer. . Jà, an sich die/ die/ ähm ähm der Berglorbeer |
| Kin2 | Jà. |

[140]

| | |
|---|---|
| V1 | auch. |
| Kin1 | Guck dir den Busch mal an und denk dir die Blüte weg. |
| Kin2 | Já, jà, dann is nich mehr |

[141]

| | |
|---|---|
| Kin1 | Da/ der/ der is nich attraktiv. Die is/ die Blüte, die geht jetzt auf. . |
| Kin2 | viel, ne? Hm̌. Hm̌. |

[142]

| | |
|---|---|
| V1 | Das is das Los von Blütensträuchern, sehen Sie, wie bei |
| Kin1 | Drei Wochen und weg is se. |

[143]

| | |
|---|---|
| V1 | Forsythien auch. |
| Kin1 | Deshalb nehm ich/ Ich nehm zum Beispiel auch Stauden. Das is das |
| Kin2 | Jà. |

[144]

| | |
|---|---|
| Kin1 | gleiche von Stauden. Die blühen drei Wochen, man hat viel Arbeit damit. Ich pflanz |
| Kin2 | Jàhá. |

[145]

| | |
|---|---|
| V1 | Das is eine (..) |
| Kin1 | mir lieber Sommerblumen, da hab ich den ganzen Sommer was. |
| Kin2 | Sò. Ich/ Meine |

[146]

| | |
|---|---|
| V1 | Ahà. Jà, dann haben Sie hier/ |
| Kin1 | Das wäre auch (gut) |
| Kin2 | engere Wahl is der oder die Glanzmispel. |

[147]

| | |
|---|---|
| V1 | Das sind zwei verschiedene Charaktere. Das is schon mal en . Fortschritt. |
| Kin1 | Jă, wir |
| Kin2 | Jă. |

[148]

| | |
|---|---|
| V1 | Ähm Hier is es so das etwas Verspielte und Blühende, trotzdem |
| Kin1 | kommen schon näher. |
| Kin2 | Jă. |

[149]

| | |
|---|---|
| V1 | farblich Akzentuierte, mit Herbstfärbung Versehene. Ja? Und da oben das auch, |
| Kin2 | Jā. Jă. |

[150]

| | |
|---|---|
| V1 | ähm . sagen wer, etwas Akkuratere, Formalere. |
| Kin1 | Deshalb würd ich jetz kein Hoch/ |
| Kin2 | Jă. . Sie is/ |

[151]

| | |
|---|---|
| Kin1 | Wenn ich bei ner Glanzmispel/ wenn ich ne Glanz/ . würd ich kein Hochbäumchen |
| Kin2 | Kein Hochbäumchen. |

[152]

| | |
|---|---|
| V1 | Das is wieder Geschmackssache. |
| Kin1 | nehmen. Ich würde nen Busch nehmen. Die |
| Kin2 | Die Buschen sind aber nich schön. Die |

## 2.4 Wie kann man Gespräche analysieren?

An Transkripten lassen sich strukturelle und funktionale Besonderheiten mündlicher Kommunikation herausarbeiten, z. B.: Was sind die Zwecke bestimmter Gespräche oder Handlungsmuster? Erfüllen diese hier ihre Funktionen? Welche einzelnen kommunikativen Aufgaben stellen sich den Beteiligten? Wie bearbeiten sie diese und mit welchem Erfolg? Welche Probleme entstehen dabei? Mit welchen Konsequenzen? Welche Lösungsversuche unternehmen die Beteiligten und wie gelingen diese? *Methoden* der Arbeit mit Transkripten und leitende Fragestellungen sind in Brünner (B 2) dargestellt. Für Unterrichtszwecke besonders geeignet sind – als primär analytische Zugänge – die Einzelfallanalyse und die fragegeleitete Transkriptanalyse.

Bei der *Einzelfallanalyse* wird die Entwicklung des Gesprächs sequenziell von seinem Beginn bis zu seinem Ende Äußerung für Äußerung, Einheit für Einheit nachgezeichnet. Für jede Äußerung wird eine inhaltliche Paraphrase gegeben und bestimmt, wie sie das Gespräch thematisch fortführt, was für eine Handlung mit ihr vollzogen wird, welche Funktion(en) sie an dieser Stelle des Gesprächs hat und welche (grammatischen, stilistischen, prosodischen usw.) Besonderheiten die Form der Äußerung u. U. aufweist. Auf diese Weise können die Gliederung, die wesentlichen Themen und Handlungseinheiten des Gesprächs rekonstruiert werden, und es lassen sich aus den im Datenmaterial beobachteten Auffälligkeiten heraus Analysefragen entwickeln.

Bei der *fragegeleiteten Transkriptanalyse* (Becker-Mrotzek/Brünner 2002) orientiert man sich an bereits vorformulierten Fragestellungen und richtet einen entsprechenden Fokus auf bestimmte Transkriptstellen, Phänomene oder Problemlagen im Transkript (z. B.: Wie gestalten Verkäufer und Kunde ihre Beziehung? oder: Wie wird mit Einwänden des Kunden umgegangen? oder: Wie werden Scherzen und Lachen für die Bearbeitung von Gesprächsproblemen eingesetzt?). Es werden für die Leitfrage relevante Belegstellen gesucht, detailliert analysiert und in Beziehung zueinander gesetzt, oder es werden unterschiedliche Beispiele für ein Phänomen gesammelt, verglichen und nach verschiedenen Fällen typisiert. Dabei ist die Arbeit mit mehreren Transkripten von Vorteil, weil sie Kontrastierungen und Verallgemeinerungen über den Einzelfall hinaus erlaubt.

Anwendungsbezogene Fragestellungen lassen sich anschließen, indem z. B. Kommunikationsprobleme identifiziert und in ihren Konsequenzen beschrieben werden, indem Lösungsversuche der Beteiligten im Gespräch rekonstruiert, in ihren Auswirkungen, Vor- und Nachteilen bewertet und auch alternative Lösungsmöglichkeiten diskutiert werden. Solche alternativen Lösungen kann man Schüler im Nachspielen des Gesprächs konkret ausprobieren lassen und dabei beobachten, wie sich das Gespräch dann entwickelt. Auf diesem Wege lassen sich auch *Handlungsempfehlungen* für Gespräche bzw. bestimmte Gesprächstypen oder -situationen ableiten.

Ein primär handelnder Zugang, der sich in Ergänzung zu den analytischen Methoden sinnvoll einsetzen lässt, ist die *Simulation authentischer Fälle* (Becker-Mrotzek/Brünner 2002). Es handelt sich um eine besondere Art des Rollenspiels, bei der die Rollen und Handlungsbedingungen nach der Vorlage eines authentischen Gesprächs vorgegeben werden, so dass die Gefahr von unrealistischen „Theater-Effekten" reduziert wird. Die Schüler versuchen, die gemeinsam erarbeiteten Handlungsempfehlungen in der Simulation authentischer Fälle praktisch umzusetzen und auszuprobieren, und erfahren dabei die in einer konkreten Interaktion mit ihnen verbundenen Chancen und Schwierigkeiten. Sie können ihre Versuche aufzeichnen und anschließend mit den im zugrunde liegenden authentischen Gespräch vorkommenden kommunikativen Handlungsweisen vergleichen, sie kontrastiv diskutieren, bewerten usw. Hier zeigt sich dann, dass es in der Regel nicht nur die eine optimale Form gibt, die immer passt und die rezeptartig gelernt werden kann. Interaktion bedeutet vielmehr flexibles Handeln, das sich nicht nur an den eigenen Zielen und Möglichkeiten, sondern auch am Handeln des Gesprächspartners orientieren muss.

Wie sich mit Transkripten im Unterricht arbeiten lässt, demonstrieren die Unterrichtsreihen Becker-Mrotzek/Brünner (2002 und 2006). Fiehler/Schmitt (2004) geben eine methodisch gut nutzbare Analyse eines Anrufs bei einem Bauunternehmen; sie zeigen an diesem Beispiel, wie sich die in der Wirtschaft oft beschworene Kundenorientierung im konkreten Gesprächsverhalten zeigt – bzw. eben nicht zeigt.

Eine Reduktion der Komplexität von Gesprächen kann für den Unterricht manchmal nützlich oder notwendig sein. Dann bietet sich an, bestimmte wiederkehrende Gesprächsaufgaben oder Elemente aus den Gesprächen für die Analyse auszuwählen. Dazu gehören *sprachliche Handlungsmuster*, d.h. standardisierte Ablaufformen zur Verwirklichung bestimmter gesellschaftlicher Zwecke (Ehlich/Rehbein 1986), wie z.B.: Frage-Antwort, Auskunft einholen/geben, Anliegen vorbringen/explorieren, Erklären (der Funktionsweise eines Gerätes, des Sinns einer Maßnahme), Begründen, Anleiten oder Rat suchen/geben (zum Handlungsmuster „Einwand behandeln“ s.u.). Sprachliche Handlungsmuster sehen bestimmte (mentale und sprachliche) Handlungen in einer bestimmten sequenziellen Abfolge und Verteilung auf die Interaktanten vor; sie stellen eine Art inneres Drehbuch für die Gesprächsteilnehmer dar und beinhalten bestimmte Erwartungen an ihr sprachliches Handeln.

## 3 Beispielanalyse des Verkaufsgesprächs „Glanzmispel“

Der folgende Abschnitt gibt mit der Analyse des Transkripts „Glanzmispel“ ein Beispiel dafür, wie Gespräche mit den Mitteln der Gesprächsforschung in einer Form untersucht werden können, die auch im Unterricht praktikabel ist.

*Verkaufsgespräche* bieten sich als Untersuchungsgegenstand an, weil es sich um einen gut bekannten und zugleich gesellschaftlich und beruflich bedeutsamen Gesprächstyp handelt, der in vielen Variationen existiert (face-to-face oder am Telefon, unter Nutzung von Gesprächsleitfäden, differierende Produkte usw.) und oft unterschiedliche Muster umfasst (z.B. Argumentieren, Beraten, Präsentieren, Erklären, Einwandbehandlung). Das im Folgenden verwendete Beispiel stellt somit einerseits Besonderheiten beruflicher Kommunikation vor; andererseits berücksichtigt es die Erfahrungswelt der Schülerinnen und Schüler (als Kunden oder auch schon als junge Verkäufer).

### 3.1 Welche Merkmale von Mündlichkeit weist der Gesprächsausschnitt auf?

Bevor im Rahmen der fragegeleiteten Transkriptanalyse der Individualität des Gesprächsausschnitts Rechnung getragen wird, dient er zunächst als Beispiel, an dem sich viele Merkmale von Mündlichkeit aufzeigen lassen (ausführlich dazu Fiehler 2009). Schon in den ersten Äußerungen sind eine Reihe von Auffälligkeiten in Formulierung und Satzbau festzustellen, die typisch für mündliche Kommunikation sind. Die Ziffern verweisen auf die Partiturflächen des Transkripts. Die genaue Betrachtung soll Schüler auf die Besonderheiten gesprochener Sprache aufmerksam machen und für die Unterschiede zur Schriftsprache sensibilisieren.

*„Jā. . So. Jetzt ham wer/ . Jetzt ham Sie uns alles empfohlen, . alles.“* [117] Die Sprecherin leitet ihre Äußerung mit den Partikeln *ja* und *so* ein, die hier eine Gliederungsfunktion übernehmen. Sie macht kurze Pausen und produziert einen Abbruch, was beides auf Planungsprobleme bei der Formulierung hinweist. Durch Wiederholung des betonten *alles* macht sie deutlich, dass für sie die vorangegangene Informationsvermittlung durch den Verkäufer abgeschlossen ist. *Jà, das is erst mal die Sache, erst mal, äh sagen wer mal.* [118 f.] Die Emphase der Kundin beantwortet der Verkäufer seinerseits mit einer Wiederholung. Mit seinem zweifachen *erst mal,* verstärkt durch die abschließende Redewendung *sagen wer mal,* zeigt er, dass er die Wissensvermittlung und Warenpräsentation noch ausdehnen könnte. Auch Kundin 1 unterstreicht die Bedeutung ihres Beitrags in besonderer Weise: Sie produziert eine reformulierende Erweiterung im Nachsatz: *Jà, und dann kommt noch die Glanzmispel. . Die kommt auch noch dabei.* [119] Woraufhin der Verkäufer seine eher abschwächende Zustimmung durch die Verwendung des Konjunktivs und der Füllwörter *jetzt* und *wieder* ausdrückt: *Jà, . das wär jetzt wieder en anderer Charakter.* [119]

All dies sind Mittel, mit denen die Sprecher spontan deutlich machen, wie sie ihre Äußerungen verstanden wissen wollen. In den folgenden Partiturflächen finden sich weitere Merkmale gesprochener Sprache in den Bereichen Lautlichkeit, Lexik und Syntax. Typisch für mündliche Alltagskommunikation sind umgangssprachliche Abweichungen von der Standardlautung, wie sie an den folgenden und vielen anderen Stellen zu beobachten sind: *Würden Se eingehn wie ne Primel* [125] (Abschwächung des *Sie* zu *Se*, Wegfall des Diphthongs /eI/ beim unbestimmten Artikel), *das is* [118] (Wegfall des auslautenden Konsonanten /t/), *Jetzt ham wer* [118] (Assimilation bei *ham*, Abschwächung bei *wer*), *wenn Ses so betrachten* (Verschmelzung von *Sie* und *es*). An einer Stelle fällt auch als besondere Lautform eine regional gefärbte Aussprache auf: *Son bisgen* [117].

Weitere Merkmale von Mündlichkeit im Transkript sind Verzögerungspartikeln *äh* [121], *ähm* [138], unwillkürliche Wiederholungen *im/ im Topf* [122], Rückversicherungspartikeln *ja?* [135], *ne?* [141] und paralinguale (d.h. sprachbegleitende stimmliche) Phänomene, z.B. *((lacht))* [136]. Die Bedeutung der Partikeln *ja* und *nee* hängt von der Art der Aussprache (Intonation = Tonhöhenverlauf) ab. Ist die Intonation steigend, werden sie als Frage verwendet, ist sie das nicht, drücken sie Zustimmung bzw. Ablehnung aus. Um diese Unterschiede deutlich zu machen, können Satzzeichen (Punkt, Frage- oder Ausrufezeichen) oder Striche über dem Wort (rechts- bzw. linksseitiger Schrägstrich) verwendet werden.

Mit Kurzkommentaren wie *Genau* [130] und den Interjektionen *Já* [132] und *Hm̌* [141] zeigt vor allem Kundin 2, dass sie aufmerksam zuhört. Da *hm* sehr unterschiedlich gemeint sein kann, ist es hier besonders wichtig, die Intonation zu notieren (Bedeutungen: fallend: *das ist ja merkwürdig*; steigend: *wieso das denn*?; fallend-steigend: *einverstanden*; gleichbleibend: *vielleicht, aber*). Solche

Höreraktivitäten, die keine eigenen Redebeiträge sind und auch nonverbal realisiert werden können, sind wichtig für den Sprecher, da sie ihm zeigen, ob sein Gegenüber versteht und akzeptiert und wie er emotional Anteil nimmt.

Mit deiktischen Formulierungen (vermutlich in Verbindung mit Zeigegesten in Blickrichtung der Sprecherin) wird auf in Rede stehende Gegenstände verwiesen: *Guck dir* ***den*** *Busch mal an* [140], *Ich/ meine engere Wahl is* ***der*** [145]. Da diese Aussagen ohne optische Zusatzinformationen nicht interpretierbar sind, kann der Transkriptleser nicht nachvollziehen, welche Pflanzen gemeint sind.

Die Äußerung *Im Topf und im Schatten.* [122] stellt eine Ellipse dar, die nur verständlich ist, weil die Sprecherin bei der Satzkonstruktion auf ihre Vorrednerin Bezug nimmt. Diese hatte den Verkäufer gefragt, welche Pflanzen er empfehlen könne hinsichtlich Pflegeleichtigkeit *im/ im Topf* [122]. Daran kann die Sprecherin anknüpfen, ohne selbst einen vollständigen Satz bilden zu müssen.

Abbrüche wie *Da man sie nicht/* [122] (ohne Fortsetzung) oder *Nee, es is/ es is/ Drei Stunden is Sonne.* [123] (mit Fortsetzung) sind als Formulierungsverfahren genauso normal wie Korrekturen: *an sich die/ die/ ähm ähm der Berglorbeer auch* [139].

Die genannten Erscheinungen sind insgesamt Beispiele für typische Merkmale des Mündlichen und in ihrer Abweichung von der Schriftsprache nicht als negativ zu bewerten. Sie sind kontextspezifische Anpassungen an die Gesprächssituation und in der Regel funktional.

## 3.2 Fragegeleitete Transkriptanalyse

Im Rahmen der (hier nicht wiedergegebenen) Sequenzanalyse (= Schritt-für-Schritt-Analyse) des Gesprächsausschnitts wurden die sprachlichen Handlungen bestimmt und Auffälligkeiten auf den verschiedenen Ebenen bzw. Dimensionen des Gesprächs (s. Brünner, B2) festgestellt. Auf dieser Grundlage wurden die im Folgenden behandelten Analysefragen entwickelt.

### Welche kommunikativen Aufgaben bearbeiten die Gesprächsteilnehmer?

Die Sequenzanalyse legt nahe, den Gesprächsabschnitt in fünf Phasen aufzuteilen, in denen die Gesprächsteilnehmer unterschiedliche *kommunikative Aufgaben* bearbeiten: Kundin 1 wünscht eine persönliche Empfehlung des Verkäufers (Phase 1: 117–122), der aber korrigiert zunächst die Fehleinschätzung der Wachstumsbedingungen am Standort durch die Kundin (Phase 2: 122–132). Nachdem die Kundin den Verkäufer noch einmal um eine persönliche Empfehlung gebeten hat, lehnt dieser das ab und gibt stattdessen Wareninformationen (Phase 3: 132–140). Auf einen Wareneinwand, den Kundin 1 äußert, geht der Verkäufer nur kurz ein (Phase 4: 140–145). Als Kundin 2 die Zahl der für sie in Frage kommenden Pflanzen auf zwei eingrenzt, gibt der Verkäufer diesbezügliche Wareninformationen (Phase 5: 145 ff.).

| | Kundin | Verkäufer |
|---|---|---|
| 1 | wünscht persönliche Empfehlung | |
| 2 | schätzt Lichtverhältnisse falsch ein | korrigiert Fehleinschätzung |
| 3 | wünscht wiederum persönliche Empfehlung | charakterisiert Pflanzen |
| 4 | wertet Pflanze ab | behandelt Einwand |
| 5 | grenzt Auswahl ein | charakterisiert Pflanzen |

Abb. 3 Kommunikative Aufgaben im Gesprächsabschnitt

*Handlungsstruktur*: Phase 1, 3 und 5 stehen miteinander in Beziehung und bilden den Haupthandlungsstrang, der durch zwei Einschübe (Phase 2 und 4) (schattiert dargestellt) unterbrochen ist. Der Gesprächsabschnitt zeigt also einen geschachtelten Aufbau: In die Bemühungen der Kundin 1, zu einer Kaufentscheidung zu finden, sind sowohl die Intervention des Verkäufers (Begriffszuschreibung „Halbschatten“) als auch der Kundeneinwand (Unattraktivität der abgeblühten Pflanze) eingebettet. Es stoßen unterschiedliche Gesprächsanliegen aufeinander, sie können aber verknüpft werden, weil die Gesprächspartner zum Teil kooperativ aufeinander eingehen. Die Kundin lässt sich belehren, sie nimmt das Informationsangebot des Verkäufers an, dieser wiederum akzeptiert den Einwand.

Da in der Gesprächssequenz verschiedene kommunikative Aufgaben ineinander verflochten sind, ist die Situation vielschichtig und mit erhöhten Anforderungen an die Reaktionsfähigkeit des Verkäufers verbunden. Er muss in rascher Folge unterschiedliche Handlungsmuster realisieren: Informieren, Korrigieren, Erklären, Argumentieren, Einwand behandeln. Bei der Darstellung des Aufbaus von Verkaufsgesprächen in den Verkaufskunde-Schulbüchern wird meist der Eindruck erweckt, dass Phasen deutlich getrennt aufeinander folgen und von den Gesprächspartnern der Reihe nach abgearbeitet werden. Die Wirklichkeit stellt sich aber in der Regel komplexer dar.

**Welche Maßnahmen zur Gesprächsorganisation und Kooperation führen die Gesprächsteilnehmer durch?**

| | Kundin | Verkäufer |
|---|---|---|
| 1 | **Thema 1**<br>*Entscheidungsfindung (durch Kaufempfehlung)* | |
| 2 | | **Thema 2**<br>*Standorteinschätzung* |
| 3 | **Thema 1**<br>*Entscheidungsfindung (durch Kaufempfehlung)* | |
| 4 | **Thema 3**<br>*Wareneinwand* | |
| 5 | **Thema 1**<br>*Entscheidungsfindung (durch Eingrenzung der Warenauswahl)* | |

Abb. 4 Themensteuerung im Gesprächsschritt

*Themensteuerung:* Zentraler Gegenstand des Gesprächsausschnitts ist die Kaufentscheidung der Kundin 1. In Phase 1 führt sie als Thema 1 ihren Wunsch nach einer persönlichen Kaufempfehlung durch den Verkäufer hinsichtlich der in Frage kommenden Pflanzen ein. Sie bringt ihr Anliegen in Frageform vor: *Und welches/ Also welche würden Sie jetzt nehmen?* [91]. Die Reaktion des Verkäufers in Phase 2 ist aber nicht responsiv, denn er kommt der Aufforderung der Kundin, die eine spezifische Folgehandlung erwartbar macht, nicht nach. Er wird stattdessen selber initiativ, wenn er unvermittelt Thema 2 (Standorteinschätzung) einführt.

In Phase 3 kehrt Kundin 1 zurück zu Thema 1, sie insistiert auf einer Empfehlung, worauf der Verkäufer teilresponsiv antwortet: Er bietet als Ersatz für eine Empfehlung eine Sachinformation und Metakommunikation. Das heißt, er verhält sich nicht völlig unkooperativ, aber auch nicht so, wie die Kundin es erwartet hat.

Ohne Übergang führt Kundin 1 in Phase 4 Thema 3 neu ein, sie erhebt vehement einen Einwand gegen eine zur Auswahl stehende Pflanze, indem sie sie als unattraktiv bezeichnet, wenn sie verblüht ist. Die Vermutung liegt nahe, dass diese Äußerung nicht eine Nebensequenz ist, sondern als Ausgrenzung nicht in Frage kommender Ware einen Schritt bei der Entscheidungsfindung der Kundin darstellt. Der Verkäufer verhält sich responsiv und akzeptiert den Einwand. In Phase 5 kehrt Kundin 2 zurück zu Thema 1, grenzt von sich aus die Warenauswahl ein und gibt so dem Verkäufer die Möglichkeit, darauf mit zusätzlichen Wareninformationen einzugehen (ohne einen Ratschlag geben zu müssen).

Bei der Themensteuerung ist also vor allem Kundin 1 initiativ, in geringerem Maße aber auch der Verkäufer, Kundin 2 spielt hier eine untergeordnete Rolle.

*Sprecherwechsel:* Da in einem Verkaufsgespräch keine besonderen Regeln zur Rederechtsverteilung zu beachten sind, können sich hier die Gesprächspartner gleichberechtigt am Gespräch beteiligen. Meistens melden sie sich mittels Selbstwahl zu Wort [Kundin: 117, Verkäufer: 118 und öfter], aber auch nach Fremdwahl, wenn sie zum Beispiel auf Fragen reagieren [Verkäufer: 133].

Die Wechsel von einem zum anderen Sprecher sind meistens glatt. Sogar bei einem abrupten Themenwechsel wartet Kundin 1 geduldig den Übernahmepunkt (Satzende) ab [140]. Kleine Überlappungen gibt es zwar, sie sind aber nicht Ausdruck von Ärger und Konfrontation, sondern von eifriger Zustimmung und engagierter Gesprächsbeteiligung [Verkäufer – Kundin 2: 119; Verkäufer – Kundin 1: 120 und öfter]. Auch bei anderen Parallelsprechphasen zeigt sich eher kooperatives Überlappen, das heißt die Turnübernahme wird nicht beansprucht [stützende Kommentare zu den Aussagen des Verkäufers durch Kundin 1: 131, 135; Kundin 2: 133]. In [145] setzt Kundin 2 allerdings ihren Beitrag durch, obwohl der Verkäufer auf Kundin 1 antworten wollte. Höreraktivitäten (Rezeptionspartikeln, häufig *ja*, aber auch *hm̌*: 141; *genau*: 128–132) erscheinen meist passgenau nach Sinnabschnitten und als Reaktion auf Rückversicherungssignale (z. B. *ja? – ja*: 135-138). All das deutet darauf hin, dass die Sprecher sich gut verstehen.

Gleichzeitiges Sprechen ist nur an einer Stelle auffällig: In [125] beginnt der Verkäufer zu reden, weil er glaubt, Kundin 1 habe ihren Beitrag beendet. Kundin 1 spricht aber weiter, woraufhin der Verkäufer zurückzieht. Seine Turnübernahme ist also aufgrund eines Irrtums gescheitert. Da er aber kurz darauf zu Wort kommt, stellt diese Situation kein Problem für das Gespräch dar. Unterbrechungen, bei denen sich die Sprecher gegenseitig das Rederecht streitig machen, oder längere Pausen als Anzeichen für Dissens kommen nicht vor. Insgesamt zeigt sich der Gesprächsausschnitt unter diesem Aspekt als dynamische, aber geordnete und konfliktfreie Phase.

*Kooperativität:* Alle drei Gesprächsteilnehmer erfüllen grundsätzliche kommunikative Verpflichtungen (Folgeerwartungen), wenn sie zum Beispiel Fragen beantworten und Bitten erfüllen oder begründet zurückweisen. Sie schaffen mit dieser Bereitschaft zur Kooperation die Voraussetzung, dass das Gespräch überhaupt funktionieren kann. Es fällt aber auf, dass Kundin 2 hier noch weiter geht als der Verkäufer und Kundin 1, die mit ihren zum Teil widerstreitenden Interessen vor allem die thematische Entwicklung des Gesprächsabschnitts beeinflussen. Kundin 2 unterstützt Kundin 1, wenn sie deren Empfehlungswunsch ergänzt: *Von der Pflege im/ im Topf.* [122] und die Abwertung der Ware unterstreicht: *Já, jà, dann is nich mehr viel, ne?* [140]. Sie unterstützt aber auch den Verkäufer, dessen Ausführungen sie häufig mit zustimmenden Hörerreaktionen wie *genau, jă* und *hm̌* versieht. Bei der Beurteilung der Lichtverhältnisse am

Standort übernimmt sie die Deutung des Verkäufers. Und schließlich greift sie das von Kundin 1 initiierte und vom Verkäufer fortgesetzte Spiel mit der Vorstellung, sich in eine Pflanze zu versetzen, auf: *Ich kann die Pflanze verstehen. Ich kann auch nicht so viel Sonne haben.* [131].

Dass der Verkäufer Kundin 1 eine persönliche Empfehlung verweigert, ist ungewöhnlich. Er verstößt damit gegen die Maxime der Kooperativität in der Interaktion (gibt bzw. sagt dem Kunden nicht das, was er haben beziehungsweise hören will). Möglicherweise bestimmen Überlegungen sein Verhalten, die in einem Verkaufskundebuch so formuliert werden:

*Achten Sie immer darauf, daß Sie dem Kunden nie sagen, welchen Artikel Sie persönlich für sich kaufen würden. Der Kunde kauft dann möglicherweise einen Artikel, der ihm selbst nicht besonders zusagt, wird unzufrieden damit und kommt u. U. beim nächsten Kauf nicht mehr zu Ihnen.* (Collins 1994, 50)

Der Verkäufer orientiert sich also in diesem Sinne an einer Handlungsmaxime der Professionalität. Sich so entschieden der Bitte der Kundin zu verweigern, ohne dass diese es als Unhöflichkeit empfindet, ist nur möglich, weil die Beziehung zwischen Verkäufer und Kundin hier gut ausgebaut ist. Zwischen den Forderungen nach Professionalität und Kooperativität besteht hier offenbar ein Maximenkonflikt. Der Verkäufer bearbeitet den Maximenkonflikt durch Metakommunikation zu seiner professionellen Haltung: *Verstehen Sie, was ich nehmen würde, das is Geschmacks/ das beantworte ich auch nie direkt.* [133] und durch Liefern eines „Ersatzes“: *Wenn Se sagen: Mensch, was is am robustesten, ja? Das wär jetz hier/* [134]. Er reformuliert die Frage der Kundin unter einem sachlichen Kriterium und beantwortet sie dann.

## Wie werden Selbstdarstellung und Beziehungsgestaltung der Gesprächsteilnehmer realisiert?

Bei den Gesprächsbeiträgen des Verkäufers steht Wissensvermittlung im Vordergrund, sowohl bei der Standortbeurteilung, die er unverlangt einbringt, als auch bei seinen Pflanzencharakterisierungen. Er praktiziert hier eine Form von Beratungstätigkeit, die auf einer Weitergabe von Waren- und Sortimentskenntnissen beruht und die sachgerechte Bedarfsermittlung zur Grundlage hat. Er unterstreicht damit seine Kompetenz und Glaubwürdigkeit als *Experte*.

Subjektivität in der Beratung lehnt der Verkäufer ab. Er ist emotional unbeteiligt, besteht auf Fachlichkeit und *Objektivität* und handelt routiniert: Die Hilfestellung, die er der Kundin bieten will, besteht darin, ihre Entscheidung durch Vermittlung notwendigen Wissens zu unterstützen, nicht sie ihr abzunehmen.

Der Verkäufer bemüht sich, seine Informationen besonders *sachlich* erscheinen zu lassen, indem er zur Strukturierung des Angebots an einer Stelle eine Art Skala mit fiktiven Prozentangaben entwirft, was die Objektivität der Aussagen besonders deutlich machen soll: *Ähm já hà . ((lacht)) Am robustesten wäre jetzt oben die rote Glanzmispel. Der Kirschlorbeer, . so mal zu sagen, . hundert, hundertzehn Prozent robust, ja? Ähm recht robust ist dann hier ähm die/ ähm dieser Kletterjasmin, der Pittosporum und äh der Lorbeer. . Jà, an sich die/ die/ ähm ähm der Berglorbeer auch.* [136]

Kundin 1 als *Laiin* hat dagegen eine andere Perspektive: Sie hat ein Entscheidungsproblem, ist persönlich betroffen. Sie will, dass sowohl ihre Orientierungs- und Entscheidungsschwierigkeiten als auch ihre Bedenken ernst genommen werden, und erwartet von der Beratung das sichere Gefühl, die richtige Wahl getroffen zu haben.

Kundin 1 räumt ein, dass am geplanten Standort drei Stunden lang die Sonne scheint, weist aber trotzdem die positive Deutung des Verkäufers mit einer rhetorischen Frage zurück: *Es is aber . drei Stunden Sonne. Was is das denn schon für so ne Pflanze?* [123] Sie erläutert ihre Perspektive durch eine Aufforderung zur Imagination. Und zwar verlangt sie scherzhaft vom Verkäufer, er solle sich in die Lage der Pflanze versetzen. *Stellen Se sich mal vor, Sie kriegten nur drei Stunden Sonne am Tag. Würden Se eingehn wie ne Primel.* [124] Diese Form der Veranschaulichung, die den Verkäufer mit der Pflanze bzw. einer Primel vergleicht, wirkt in dem thematischen Zusammenhang neckisch.

Die Identifikation von Mensch und Pflanze ist als sprachliches Mittel auffällig und offenbar so ansprechend, dass sie, von Kundin 1 eingeführt, sowohl vom Verkäufer als auch von Kundin 2 aufgegriffen wird. Sie wird von allen dreien gemeinsam dazu benutzt, eine humorvolle Art der *Beziehungsgestaltung* zu realisieren: Spott und Selbstironie verbinden sich ausgewogen und auf Sympathie ausdrückende Weise. Die Gesprächssituation wird durch Humor aufgelockert, ein positiver Grundton auf der Beziehungsebene angeschlagen und die gegenseitige Aufnahmebereitschaft gefördert, weil sich die Gesprächsteilnehmer als Personen und nicht nur als Träger einer Rolle (Verkäufer, Kunde) ansprechen.

Das Aufnehmen des Scherzes erlaubt dem Verkäufer, sich entschieden gegen die Annahme der Kundin, der Verwendungsort sei ungeeignet für viele Pflanzen, zu wenden, ohne dass diese ihm das übel nimmt. Er spiegelt in seiner Replik ihren Vergleich so, dass er die gegenteilige Bedeutung erhält. *Nein, Sie müssen/ Nee, nee! . . . Nee, das muss ich Ihnen sagen, das müssen Sie andersrum sehen. Stellen Sie sich mal vor, Sie würden als Pflanze den ganzen Tag in der Sonne schmoren im Kübel.* [125]. So gelingt es ihm, die Akzeptanz der Kundin zu erreichen.

Brünner (2000) hat in ihrer Untersuchung von Verkaufsgesprächen herausgearbeitet, dass Verkäufer unterschiedliche Strategien verwenden, mit denen sie die im Grundsatz anonyme und gleichgültige Beziehung zum Kunden positiv gestalten, um die Verkaufschancen zu erhöhen: *Auf persönliche Nähe gerichtete Selbst- und Beziehungsdarstellungen werden also für ökonomische und institutionelle Zwecke instrumentalisiert.* (ebd. 79)

**Wo ist strategisches Verhalten des Verkäufers erkennbar?**

*Es is ja kein Schatten.* [122]. Mit dieser Aussage widerspricht der Verkäufer ganz entschieden der negativen Bewertung der Lichtverhältnisse am Verwendungsort durch Kundin 1. Da dort immerhin drei Stunden die Sonne scheine, dürfe nicht von Schatten, sondern nur von Halbschatten die Rede sein. Durch diese unmissverständliche Korrektur verstößt der Verkäufer gegen die gängige Gesprächsregel „Der Kunde hat immer Recht" und riskiert den Unmut der Kundin. Das ist ungewöhnlich, denn eine offene Konfrontation mit ihr könnte den Erfolg des Verkaufsgesprächs gefährden. Die Situation im Gartencenter lässt sich ökonomisch gesehen als Käufermarkt beschreiben, in dem sich der Käufer in einer verhandlungstaktisch günstigeren Position als der Verkäufer befindet: Das Angebot übersteigt die Nachfrage (Angebotsüberhang) und der Bedarf ist nicht dringlich, da zeitlich verschiebbar. Der Verkäufer ist also darauf angewiesen, dass der Kunde sich entschließt, bei ihm zu kaufen, und wird folglich alles unterlassen, was einen positiven Verlauf des Verkaufsgesprächs gefährden könnte.

Warum dann trotzdem dieser offene Widerspruch? Die Fehleinschätzung der Standortbedingungen durch die Kundin führt unweigerlich dazu, dass die Angebotsauswahl unnötigerweise erheblich eingeschränkt ist. Die Wissensvermittlung durch den Verkäufer soll deshalb vielleicht bewirken, dass sich die Erfolgsaussichten des Verkaufgeschehens erhöhen. Er besteht also auf der Zuschreibung des Begriffs „Halbschatten", weil das strategische Folgen hat.

Der Verkäufer bearbeitet den Dissens, indem er seine abweichende Perspektive verdeutlicht, argumentiert und zu überzeugen versucht. Er erläutert die Vorzüge des Halbschattens für die Pflanzen: *Sehen Sie, wenn Ses so betrachten, ist der Halbschatten gut. . Der ist nicht so stressig für die Pflanze, . weder im Hochsommer, noch im Hochwinter, wenn der Boden gefroren is und die Sonne knallt auf die Pflanze. .* [128] Der Verkäufer macht damit einen Umstand, den der Kunde als Nachteil ansieht, als Vorteil deutlich und bedient sich so der in der Ratgeber-Literatur oft genannten *Bumerang-Strategie* (s. z. B. Collins 1994, 46).

Auch die Ablehnung einer Geschmacksempfehlung hat strategische Bedeutung und soll vermutlich den Erfolg des Verkaufsgesprächs sicher stellen: Eine subjektive Empfehlung des Verkäufers könnte nachteilig für das Gespräch sein, wenn sie eine ebenso subjektive Ablehnung des Kunden provoziert. Eine solche formuliert Kundin 1 auch tatsächlich gegen Ende des Gesprächsausschnitts: *Guck dir den Busch mal an und denk dir die Blüte weg. Da, der / der is nich attraktiv. Die is / die Blüte, die blüht jetzt auf. . Drei Wochen und weg is se.* [140] Kundin 1 erhebt hier vehement einen *Einwand* gegen eine zur Auswahl stehende Pflanze, indem sie sie als unattraktiv bezeichnet, wenn sie nach drei Wochen verblüht ist. Da diese Tatsache offensichtlich ist, kann der Verkäufer nicht widersprechen. Er versucht aber den Einwand dadurch zu relativieren, dass er die Eigenschaft als gattungsspezifisch bezeichnet: *Das is das Los von Blüten-*

*sträuchern, sehen Sie, wie bei Forsythien auch.* [142] Ob er so den Widerstand der Kundin abbauen kann, ist nicht ersichtlich.

Hier zeigt sich, dass die Rezepte der Berufsschulbücher nicht in jeder Situation erfolgreich anwendbar sind:

„Einen berechtigten Kundeneinwand können Sie durch Hinweis auf einen Vorteil des Produktes *ausgleichen.*“ (s. Beispiel Abb. 1) Kann der Verkäufer bei der Fehlerkorrektur erfolgreich eine gängige Gesprächstaktik (Bumerang-Strategie) anwenden, gelingt ihm dies hier bei der Einwandbehandlung weniger gut.

## Das sprachliche Handlungsmuster „Einwand behandeln“

Will man die vorangegangene Transkriptuntersuchung in einen größeren Zusammenhang stellen und wissen, wie sich andere Verkäufer in ähnlichen Fällen verhalten, muss man von der Einzelfall- zur Korpusanalyse übergehen und den analysierten Gesprächsausschnitt mit weiteren Beispielen seines Typs vergleichen. Aus einer Sammlung von Verkaufsgesprächen werden dann weitere Gesprächsausschnitte zur Analyse herangezogen, in denen Käufer Einwände erheben. Es werden sich Gemeinsamkeiten und Unterschiede darin zeigen, wie die Gesprächspartner miteinander umgehen. Man kann dann die Belegstellen isolieren, Zusammengehöriges sortieren und vergleichen, schließlich ein allgemeingültiges zugrunde liegendes Handlungsmuster „Einwand behandeln“ rekonstruieren und die individuell unterschiedlichen sprachlichen Realisierungen als Repertoire beschreiben.

*Abbildung 5* gibt das sprachliche Handlungsmuster „Einwand behandeln“ in grafischer Form als Praxeogramm wieder. Es stellt die Handlungsmöglichkeiten dar, die Sprecher in bestimmten situativen Konstellationen standardmäßig haben. Das Praxeogramm positioniert nebeneinander jeweils die mentalen und interaktionalen Handlungen von Sprecher und Hörer und verbindet sie im Hinblick auf ihren Ablauf mit Pfeilen, gegebenenfalls über Verzweigungs- bzw. Entscheidungsknoten. (Siehe als weiteres Beispiel für ein Handlungsmuster: „Anliegen formulieren/explorieren“ in Becker-Mrotzek/Brünner 2007.)

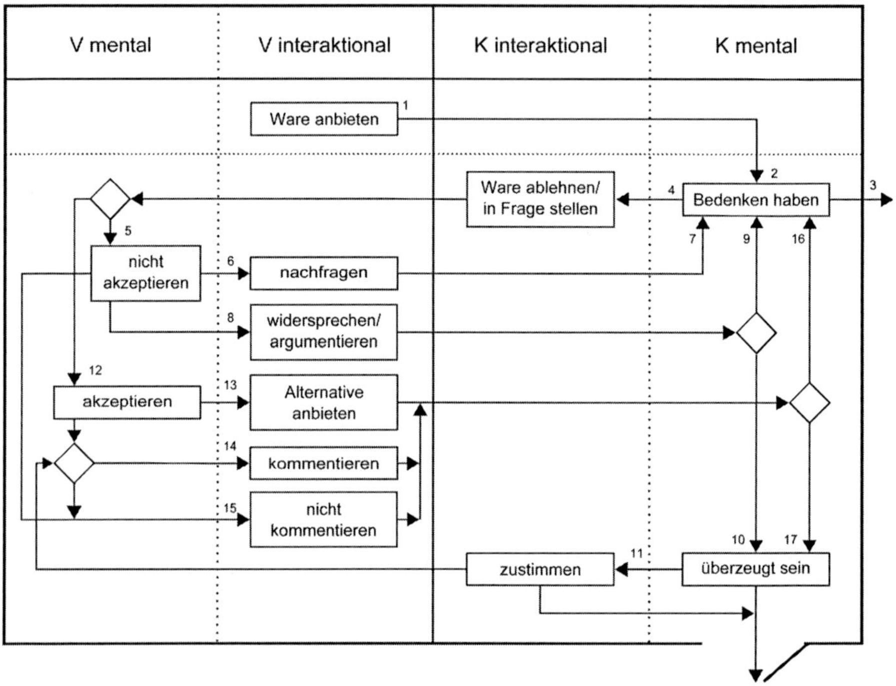


Abb. 5 Das sprachliche Handlungsmuster „Einwand behandeln“

Hat der Verkäufer eine bestimmte Ware angeboten [1], kann der Käufer dagegen Bedenken haben [2] und entweder sofort das Muster verlassen [3], das heißt, sich gar nicht auf Verkäuferreaktionen einlassen, oder die Ware ausdrücklich ablehnen beziehungsweise in Frage stellen [4]. Der Verkäufer steht dann vor der Alternative, den Einwand nicht zu akzeptieren [5] oder zu akzeptieren [12]. Er kann durch Nachfragen [6] versuchen, mehr über den Widerstand des Kunden zu erfahren, oder durch Widerspruch – gegebenenfalls mit stützender Argumentation [8] – den Kunden davon zu überzeugen, dass die Ware für ihn geeignet ist [10]. Ist der Käufer überzeugt, verlässt er das Muster, eventuell mit einem Ausdruck seiner Zustimmung [11]. Ist er nicht überzeugt [9], kann er weiterhin Einwände vorbringen [4]. Hat der Verkäufer dem Kundeneinwand nichts entgegenzusetzen, so kann er sofort alternative Ware anbieten [13], die Äußerung des Kunden zustimmend kommentieren [14] oder auch einfach stehen lassen [15]. Bleibt der Käufer bei seiner Ablehnung bzw. seinen Bedenken [16], kann er diese noch einmal äußern [4] oder das Muster nun verlassen [3], das heißt sich nicht weiter mit der betreffenden Ware befassen. Möglich ist aber auch ein Sinneswandel, der zum Überzeugtsein führt [17].

Das Handlungsmuster „Einwand behandeln“ wird in der Grundform in vier Schritten durchlaufen. Dabei ist der erste Schritt (Ware anbieten durch den Verkäufer) nicht mustertypisch, da er auch in konfliktfreien Beratungsphasen des Verkaufsgesprächs auftaucht. Konstitutiv für das Muster ist der zweite Schritt, die Ablehnung der Ware durch den Kunden. Auf diese konfrontative Position des Kunden muss der Verkäufer reagieren, um einen erfolgreichen Fortgang des Gesprächs zu sichern. Ihm steht zu diesem Zweck eine Reihe von Handlungsalternativen zur Verfügung. Wenn es dem Verkäufer gelingt, den Widerstand des Kunden zu überwinden, wird das Muster mit der Zustimmung des Kunden verlassen, der Kunde entschließt sich, die Ware zu kaufen. Konnte der Verkäufer den Kunden nicht überzeugen, kann das Muster erneut durchlaufen werden oder der Kunde steigt aus dem Muster aus.

### Weitere Untersuchungsaspekte

Als weitere mögliche Untersuchungsaufgaben bieten sich an:

- verwandte Handlungsmuster vergleichen (z. B. „Einwand behandeln“ mit „Vorwurf – Rechtfertigung“),
- Besonderheiten der Diskursart herausarbeiten (z. B. Beratung in Verkaufsgesprächen anderen Beratungssituationen gegenüberstellen),
- thematische Fragestellungen entwickeln und verfolgen (z. B. Besonderheiten fachlich-beruflicher oder institutioneller Kommunikation, Experten-Laien-Kommunikation),
- Kommunikationsprobleme und -störungen analysieren und typisieren,
- Wirkungen von Strategien anhand von Reaktionen der Gesprächspartner ermitteln,
- die Beziehungsgestaltung von Verkäufern in anderen Verkaufssituationen untersuchen.

Die Beispielanalyse zeigt, dass auch an einem kleinen Gesprächsausschnitt gut zu sehen ist, wie Gespräche funktionieren, wie komplex die Anforderungen an die Gesprächsteilnehmer auf unterschiedlichen Ebenen sind, wie vor allem die Themenbehandlung unlösbar mit der Beziehungsgestaltung verbunden ist. Für das Lehren von Verkaufsgesprächen in der Berufsschule wird deutlich, dass die Beschäftigung mit authentischen Gesprächen zukünftigen Verkäufern einen realistischeren und intensiveren Zugang zur Wirklichkeit verschaffen und damit eine bessere Vorbereitung auf den Beruf bieten kann als das Auswendiglernen von Verhaltensrezepten.

## 4 Verknüpfungsmöglichkeiten von Transkriptarbeit mit anderen Unterrichtsformen und -inhalten

Die Verfahren der Gesprächsanalyse sollten nicht nur im Sinne einer einmaligen, geschlossenen Unterrichtsreihe Verwendung finden; vielmehr können und sollen sie immer wieder als Methoden in unterschiedlichen Zusammenhängen aufgegriffen und für verschiedene Zwecke eingesetzt werden. Im Sinne eines induktiven Vorgehens lassen sich bei der Analyse von Gesprächs- bzw. Transkriptausschnitten sacherschließende Beobachtungen formulieren und Fragestellungen entwickeln, die dann genauer verfolgt, theoretisch und begrifflich untermauert und anwendungsbezogen ausgewertet werden können. Transkripte können aber ebenso gut eingesetzt werden, um für zuvor bereits eingeführte Gesprächsphänomene, kommunikative Aufgaben oder Probleme illustrierende Beispiele, Belege oder Lösungsformen zu finden.

Die Analyse von Gesprächen im Deutschunterricht sollte im *Ergebnis* dazu führen, dass Schüler die Zwecke, Anwendungsbereiche und Besonderheiten für sie relevanter Gesprächstypen und Handlungsmuster kennen und dass sie Gesprächssituationen und -prozesse einschätzen und beurteilen können. Analytische Fähigkeiten, Bewusstheit und Sensibilität für kommunikative Prozesse sind notwendige, jedoch noch keine hinreichenden Bedingungen für gute produktive Fähigkeiten zur Gesprächsführung, für die angemessene Verwendung sprachlicher Muster, Mittel und Strategien in eigenen Gesprächen. Deshalb sollte Transkriptarbeit mit der gezielten Förderung *produktiver Kommunikationskompetenz* kombiniert werden. Dazu können wir hier nur kurze Hinweise geben.

Bereits angesprochen wurde die Verknüpfung von Transkriptanalyse mit der *Simulation authentischer Fälle*. Eine Erweiterung dazu könnte z. B. zum Thema *Beratungsgespräche* folgendermaßen aussehen: Nachdem im Unterricht Beratungsgespräche in einer Experten-Laien-Konstellation analysiert wurden (z. B. Verbraucher-, Ernährungs-, Berufs-, Rechts- oder Kaufberatung), kann man eine Experten-Beratung praktisch durchführen. Dabei sollte für die jeweilige Beraterrolle jemand ausgewählt werden, der zu einem Thema wirklich über ein besonderes, vertieftes Wissen oder Können verfügt (z. B. ein Hobby, eine Sportart, ein Reiseland, ein politischer, sozialer oder technischer Bereich). SchülerInnen, die auf dem betreffenden Gebiet ein echtes (Beratungs-)Interesse haben, wenden sich damit an den Experten/die Expertin. Die Durchführung des Gesprächs wird aufgezeichnet (Ton oder Video) und ausgewertet. Spezielle Problemlagen und Fragestellungen, die sich dabei ergeben, können anschließend auch durch Vergleich mit Transkripten anderer Experten-Beratungsgespräche bearbeitet werden.

Bei der Simulation authentischer Fälle handelt es sich, wie bei anderen Formen des Rollenspiels auch, um eine komplexe Übungsform, bei der vielfältige Fähigkeiten gleichzeitig gefordert sind. Dies mag im Unterricht manchmal eine Überforderung der Schüler darstellen. In diesem Fall empfiehlt es sich, zur Unterstützung strukturierte *Übungen kommunikativer Teilfähigkeiten* durchzuführen. Auch solche Übungen lassen sich sinnvoll mit Transkriptarbeit verknüpfen. Beispielsweise kann man die Aufgabe stellen, ein authentisches Gespräch von einer bestimmten Stelle an *fortzusetzen* – an einer Stelle, an der im Kontext des bisher Gesagten spezifische kommunikative Aufgaben erfüllt oder Probleme gelöst werden müssen. Für ausgewählte (auffällige, fragwürdige, problematische o. ä.) Äußerungen oder Äußerungssequenzen im Transkript können Schüler verschiedene *Alternativen* (alternative Formulierungen oder Sprechhandlungen) entwickeln und sodann praktisch erproben, welche Wirkungen diese Alternativen in dem gegebenen Kontext jeweils haben, wie sie den weiteren Verlauf des Gesprächs verändern usw.

Hilfreich für solche unterrichtlichen Verfahren sind Analysen dazu, welche *Teilfähigkeiten* bei bestimmten Gesprächsformen überhaupt als konstitutiv anzusehen sind. Z. B. rekonstruiert Berkemeier (2006) (s. auch Berkemeier/Pfennig, G5) die kommunikativen Aufgaben, die mit der kommunikativen Handlungsform des Moderierens von Besprechungen verbunden sind und die beim Erwerb von Moderationsfähigkeiten durch die Schüler geübt werden müssen. Sie nennt als Aufgaben: Themen strukturieren, Beiträge und Positionen der Teilnehmer in Beziehung setzen, Gesagtes zusammenfassen und auf den Punkt bringen, Entscheidungen vorbereiten, Abstimmungen durchführen, das Rederecht organisieren.

Auch Übungen solcher Teilfähigkeiten lassen sich unterstützen und ihr Erfolg evaluieren, indem die Übungsgespräche aufgezeichnet, relevante Sequenzen transkribiert und gemeinsam untersucht und beurteilt werden.

Reizvoll und instruktiv könnte eine Verknüpfung mit dem Literaturunterricht sein, indem z. B. Vergleiche zwischen authentischen und *literarischen Gesprächen* vorgenommen werden. Fiktive Gespräche aus Romanen, Dramen, Filmen usw., ihre epochenabhängige literarische Gestaltung (z. B. Naturalismus) bzw. ihre Inszenierung lassen sich unter verschiedenen Aspekten (z. B. Merkmale gesprochener Sprache) mit wirklichen und aktuellen Gesprächen kontrastieren, so dass die verglichenen Formen sich in ihren Eigenschaften gegenseitig zu erhellen vermögen. Auch z. B. Loriot-Texte können hier Verwendung finden (von Kügelgen 2007).

*Intermediale und interkulturelle Vergleiche* zwischen Gesprächen können ebenfalls im Unterricht vorgenommen werden. Z. B. lassen sich medienbedingte charakteristische Unterschiede zwischen face-to-face-Gespräch, Telefonat, Chat und Fernseh-Gespräch herausarbeiten. Auch vergleichbare Gesprächsformen hinsichtlich (sub-)kultureller, sozialer oder altersbezogener Unterschiede zu analysieren wäre eine interessante Aufgabe.

Eine weiterreichende Möglichkeit besteht darin, *Unterrichtsprojekte* (u.U. fächerübergreifend/-verbindend) durchzuführen, in denen die Gesprächspraxis und die erforderlichen Kommunikationsfähigkeiten in bestimmten Berufsfeldern untersucht werden. Die Schüler führen dazu mit den Professionellen Interviews (z. B. zu kommunikativen Formen und Anforderungen), machen strukturierte Beobachtungen (z. B. zu Interaktionsaufgaben), werten Texte aus (z. B. Gesprächsleitfäden, Schulungsmaterialien), nehmen Gespräche auf, transkribieren und analysieren interessante Passagen. Die Projektergebnisse werden schließlich – unter Beteiligung der Professionellen – in mündlicher Präsentation vorgestellt und mit ihnen diskutiert. Ein solches Unterrichtsprojekt ist anspruchsvoll, bietet aber außergewöhnliche Lernchancen.

## Literatur

Becker-Mrotzek, Michael/Brünner, Gisela: Anliegensklärung: Anliegen formulieren und explorieren. In: Redder, Angelika (Hrsg.): Diskurse und Texte. Festschrift für Konrad Ehlich zum 65. Geburtstag. Tübingen 2007, 665–682

Becker-Mrotzek, Michael/Brünner, Gisela: *Jetzt passen Se mal auf!* Konflikte in Gesprächen – Erkennen und bearbeiten. In: Praxis Deutsch (2002) Heft 174, 46–50

Becker-Mrotzek, Michael/Brünner, Gisela: Simulation authentischer Fälle (SAF). In: Brünner, G./ Fiehler, R./Kindt, W. (Hrsg.): Angewandte Diskursforschung. Bd. 2: Methoden und Anwendungsbereiche. Radolfzell: Verlag für Gesprächsforschung 2002, 72–80 (Download: www.verlag-gespraechsforschung.de)

Becker-Mrotzek, Michael/Brünner, Gisela: Gesprächsanalyse und Gesprächsführung. (Aktualis. Neupubl. von: RAAbits Deutsch/Sprache. Impulse und Materialien für die kreative Unterrichtsgestaltung. 13. Ergänzungslieferung. II/C.6. Heidelberg 1997: Raabe). Radolfzell: Verlag für Gesprächsforschung 2006 (Download: www.verlag-gespraechsforschung.de)

Becker-Mrotzek, Michael/Brünner, Gisela (Hrsg.): Analyse und Vermittlung von Gesprächskompetenz. Frankfurt: Lang & Radolfzell: Verlag für Gesprächsforschung 2004 (Download: www. verlag-gespraechsforschung.de)

Berkemeier, Anne: Präsentieren und Moderieren im Deutschunterricht. Baltmannsweiler: Schneider 2006

Brünner, Gisela: Wirtschaftskommunikation. Linguistische Analyse ihrer mündlichen Formen. Tübingen: Niemeyer 2000

Brünner, Gisela: Mündliche Kommunikation im Beruf – zur Vermittlung professioneller Gesprächskompetenz. In: Der Deutschunterricht (2007) Heft 1, 39–48

Brünner, Gisela/Fiehler, Reinhard/Kindt, Walther (Hrsg.): Angewandte Diskursforschung. Bd. 1: Grundlagen und Beispielanalysen. Bd. 2: Methoden und Anwendungsbereiche. Radolfzell: Verlag für Gesprächsforschung 2002 (Download: www.verlag-gespraechsforschung.de)

Collins, Edith et al.: Rollen spielen – Verkaufen lernen. Darmstadt: Winklers 1994

EGon – Einführung in die Gesprächsforschung online (mit Übungen und Beispielen). Germanistische Sprachwissenschaft, TU Chemnitz (www.tu-chemnitz.de/phil/gf/index.html)

Ehlich, Konrad/Rehbein, Jochen: Halbinterpretative Arbeitstranskriptionen (HIAT). In: Linguistische Berichte 46 (1976), 21–41

Ehlich, Konrad/Rehbein, Jochen: Muster und Institution. Untersuchungen zur schulischen Kommunikation. Tübingen: Narr 1986

Fiehler, Reinhard: Gesprochene Sprache. In: Duden. Die Grammatik. 8. Auflage. Mannheim: Dudenverlag 2009, 1165–1244

Fiehler, Reinhard/Schmitt, Reinhold: Gesprächstraining. In: Knapp, Karlfried et al. (Hrsg.): Angewandte Linguistik. Ein Lehrbuch. Tübingen/Basel: Francke 2004, 341–362

Lachenmann, Gerhard: Gutes Verkaufen. Lern- und Arbeitsbuch für den handlungsorientierten Unterricht in Warenkunde. Darmstadt: Winklers 2003

Rehbein, Jochen et al.: Handbuch für das computergestützte Transkribieren nach HIAT, 2004 (= Arbeiten zur Mehrsprachigkeit Folge B, Nr. 56. Sonderforschungsbereich Mehrsprachigkeit Universität Hamburg) (Download: www.uni-hamburg.de/fachbereiche-einrichtungen/sfb538/azm.html)

von Kügelgen, Rainer: Loriots „Ei“ – Eristik in Filzpantoffeln. In: Bührig, K./Matras, Y. (Hrsg.): Sprachtheorie und sprachliches Handeln. Tübingen: Stauffenburg 2007, 171–185

# E

# Zum gegenwärtigen Stand empirischer Unterrichtsforschung

KONRAD EHLICH

# E1 Unterrichtskommunikation

## 1 Aufbau des Artikels

Der Ausdruck „Unterrichtskommunikation" scheint für sich selbst zu sprechen. Verwendet man diesen Alltagsausdruck, so ergeben sich jedoch schnell Fragen, wenn er für Zwecke wissenschaftlicher Untersuchung eingesetzt werden soll. Dafür ist es unumgänglich, Unterrichtkommunikation in ihrer Spezifik innerhalb all der Formen und Erscheinungsweisen von Kommunikation zu bestimmen, die mit unterrichtlichen Tätigkeiten verbunden sind. Deshalb wird es im Folgenden zunächst darum gehen, die Unterrichtskommunikation als einen herausragenden Kommunikationstyp der Schulkommunikation näher zu erörtern und andererseits Unterrichtskommunikation außerhalb der Schule kurz in den Blick zu nehmen. Um schulische Kommunikation zu verstehen, ist eine Bestimmung der Schule als Institution und der Kommunikation in ihr als institutioneller Kommunikation erforderlich (§ 3). Dem schließt sich eine nähere Charakterisierung zentraler Kennzeichen von Unterrichtskommunikation an, indem das Verhältnis von Lehr-Lern-Diskursen und Unterrichtsdiskursen untersucht wird (§ 4). Die Unterrichtskommunikation geschieht unter den Bedingungen akzelerierten Wissenserwerbs (§ 5). In § 6 wird exemplarisch der Lehrervortrag, in § 7 werden weitere, für die Unterrichtskommunikation charakteristische sprachliche Handlungsmuster beschrieben. § 8 betrachtet sprachliche Organisationsformen des Unterrichts in der sprachlichen Gestaltung des Stundenaufbaus (§ 8.1) und mit Bezug auf den Gruppenunterricht (§ 8.2). Die propositionale Dimension der unterrichtlichen Kommunikation wird in § 9 angesprochen. § 10 behandelt die Ein- bzw. Mehrsprachigkeit von Unterrichtskommunikation. Dem geht ein kurzer Blick auf die wissenschaftliche Analyse von Unterrichtskommunikation voraus (§ 2).

## 2 Unterrichtskommunikation als Gegenstand linguistischer Analyse

Unterrichtskommunikation kann für unterschiedliche wissenschaftliche Disziplinen zu einem interessanten Forschungsgegenstand werden. Zuerst ist selbstverständlich an die Pädagogik i. w. S., insbesondere an die Erziehungswissenschaft, zu denken (vgl. u. a. Gaudig 1909, Spanhel 1971, Aebli 1994, Ritz-Fröhlich 1997. Für die Psychologie kann Unterrichtskommunikation mit Blick auf die

Lern-, Entwicklungs- wie Sozialpsychologie von Interesse sein. Die Soziologie (vgl. z. B. Mehan 1971) bis hin zur Bildungsökonomie und zur Bildungspolitik könnte Unterrichtskommunikation zum Gegenstand nehmen. Unterrichtskommunikation als Kommunikation betrifft die Linguistik (vgl. zusammenfassend Becker-Mrotzek/Vogt 2001 und – unter anderem – Ramge 1980, Ehlich/Rehbein 1983, Herrlitz 1983, Ehlich/Rehbein 1986, Hundsnurscher 1989, Wieler 1989, Merkelbach 1990, Becker-Mrotzek 1995, Becker-Mrotzek/Quasthoff 1998, Nürnberg 1999) und die Kommunikationswissenschaft. Die Breite dieser möglichen wissenschaftlichen Interessenfelder entspricht freilich nicht oder nur rudimentär der tatsächlichen Untersuchungspraxis der Forschung im vergangenen Halbjahrhundert. Allerdings zeichnet sich in diesem Zeitraum ein zunächst stetig wachsendes Interesse gerade der Lingustik für die Unterrichtskommunikation ab, und pädagogische Fragestellungen nehmen linguistische Kategorien und Methoden auf (Bellack u. a. 1974, Flanders 1970, Hanke/Mandl/Prell 1973). Das wachsende Interesse der Linguistik an der Unterrichtskommunikation seit den 70er Jahren des 20. Jahrhunderts steht in engem Zusammenhang mit deren innerdisziplinären Entwicklungen, von denen zwei für den hiesigen Zusammenhang besonders wichtig sind: die Hinwendung der Linguistik zur gesprochenen Sprache und die sog. „pragmatische Wende“ der Disziplin. Die Untersuchung gesprochener Sprache erfordert die Gewinnung von empirischen Sprachdaten, die weder durch Intuitionen eines „kompetenten Sprecher-Hörers“ beliebig, aber fern von der tatsächlichen kommunikativen Realität ausgedacht werden können, noch als schriftliche Texte immer schon in einer für die Methoden der Linguistik leicht zugänglichen Form vorliegen. Durch die Entwicklung der technischen Aufnahmemedien ergab sich die Möglichkeit, hier gegenüber bloßen Beobachtungs- bzw. ad hoc-protokollarischen Daten neue Zugänge zur Authentizität authentischer Kommunikation zu schaffen (Redder 1982, Redder 2001). Im selben Zusammenhang wurden Transkriptionsverfahren entwickelt, die geeignet sind, solche Daten der weiteren wissenschaftlichen Analyse in einer Form zugänglich zu machen, die die Nutzung eigener Methodologien ermöglicht (das Verfahren der Halbinterpretativen Arbeitstranskriptionen (HIAT) wurde, u. a. im Zusammenhang mit der Verschriftlichung schulischer Kommunikation erarbeitet, s. Ehlich/Rehbein 1976, 1979, 1981, Redder 2002).

Die „pragmatische Wende“ bedeutete eine Abkehr von isolierten syntaktischen oder semantischen Systemen, wie sie zuvor meist im Mittelpunkt linguistischen Forschungsinteresses standen, und eine Hinwendung zur gesellschaftlichen Kommunikationswirklichkeit (Ehlich 2007 (Bd. 1), Ehlich/Rehbein 1983). Von unterschiedlichen Ausgangspunkten her entwickelte sich so ein breites Erkenntnisinteresse für Sprache in ihren gesellschaftlichen Handlungszusammenhängen.

Unterrichtskommunikation bietet eine komplexe gesellschaftliche Kommunikationsform, die für die Aufnahme entsprechender Daten – etwa im Unterschied zur betrieblichen oder medizinischen Kommunikation – vergleichsweise gut zugänglich ist. Die Unterrichtskommunikation ist zugleich ein gesellschaftliches Kommunikationsfeld von hoher Relevanz und mit Blick auf die Ausbildung von Lehrer/innen sowie deren unterrichtliche Praxis von großer Bedeutung. Trotz dieser unterschiedlichen, z.T. sehr starken Interessenlagen erlahmte seit dem Beginn der neunziger Jahre das wissenschaftliche Interesse an Unterrichtskommunikation. Dies hat ohne Zweifel und nicht zuletzt damit zu tun, dass die Ausarbeitungen der Forschungsprogramme einen deutlich weit über die anfänglichen Annahmen hinausgehenden Umfang an Forschungsarbeit erfordern – ein Umstand, der mit den herrschenden Organisationsformen der Forschung und ihrer Finanzierung nur schwer in Übereinstimmung zu bringen war. Insbesondere die aufwendigen Transkriptionserfordernisse erwiesen sich als im Rahmen der üblichen Forschungsmöglichkeiten nicht finanzierbar. Neben diesem erlahmenden Forschungsinteresse behindert die ausgesprochen schwache Datenlage die Untersuchung. Die Analyse von Unterrichtskommunikation stellt sich – nach ersten, zum Teil weitreichenden Erkenntnisgewinnen – also gegenwärtig als ein Feld von Desideraten dar, die unter Nutzung der bisher erzielten analytischen und methodologischen Ergebnisse dringend weiterer Bearbeitung bedürfen (zur Gesamtsituation s. Becker-Mrotzek/Vogt 2001).

## 3 Unterrichtskommunikation als herausragender Kommunikationstyp in der Institution Schule

### 3.1 Schulkommunikation und Unterrichtskommunikation

Die Unterrichtskommunikation ist ohne Zweifel eine Kernstruktur der Kommunikation in der Institution Schule. Gleichwohl erschöpft sich diese institutionelle Kommunikation nicht in der Unterrichtskommunikation. Vielmehr ist diese eingebettet in andere, für Institutionen charakteristische kommunikative Strukturen. Das hängt sowohl mit dem Institutionencharakter von Schule wie mit der lebensweltlichen Bedeutung zusammen, die ihr für die darin Tätigen zukommt.

Kommunikation in der Schule ist eine exemplarische Erscheinungsweise von Kommunikation in Institutionen. In entwickelten Gesellschaften bestimmt Schule einen Lebensabschnitt von nahezu allen ihren Mitgliedern. Mit der sogenannten Schulpflicht wird die Teilhabe an der Kommunikation in der Institution in vielen gegenwärtigen Gesellschaften geradezu erzwungen. Die Institution Schule gehört also zu den zentralen kommunikativen Erfahrungsbereichen, die die Mitglieder solcher Gesellschaften im positiven wie im negativen Sinn prägen.

Eine nähere analytische Bestimmung von Unterrichtskommunikation erfordert also den Einbezug der Analyse von Kommunikation in der Institution Schule, und diese wiederum ist als Kommunikation in Institutionen (vgl. Koerfer 1994, Becker-Mrotzek 1993) zu erfassen.

## 3.2 Kommunikation in Institutionen als widersprüchliche Kommunikation

Institutionen (vgl. Rehbein 1977) sind gesellschaftliche Formen und Strukturen, die der Prozessierung je spezifischer Bündel gesellschaftlicher Zwecke dienen. Diese gesellschaftlichen Zwecke realisieren sich in den Gesellschaften repetitiv, so dass sich für die Mitglieder die Ausarbeitung verlässlicher und nutzbarer Formen und Strukturen lohnt. Institutionen bieten Möglichkeiten zur Bearbeitung solcher repetitiver Zwecke durch eine Verdauerung von Handlungsressourcen. Institutionen kommt also aus sich heraus das Charakteristikum der Nachhaltigkeit einer gesellschaftlichen Handlungsressource zu.

Gesellschaften sind nicht zuletzt durch ihre innere Widersprüchlichkeit charakterisiert. Wie die Geschichte gerade auch religiöser Institutionen zeigt, ergeben sich derartige Widersprüche selbst in den dem Frieden am meisten verpflichteten institutionellen Strukturen. Institutionen bieten Bewegungsformen für die Widersprüche der Gesellschaft. Dies tun sie in unterschiedlicher Weise. Die verschiedenen Institutionen, die von Gesellschaften ausgebildet werden und die sich in ihnen vorfinden, bilden ein dichtes Netz, dessen innere Relationen vielfältig sind. Zugleich lassen sich die Institutionen jeweils für sich betrachten, weil sie in den Gesellschaften im Allgemeinen gut sichtbar sind. Dies macht sich besonders in ihren materiellen Erscheinungsformen, also Gebäuden wie Gerichten oder eben auch Schulen, bemerkbar.

Institutionen sind Ensembles von in sich strukturierten Handlungsressourcen. Dazu gehört beinahe in allen Gesellschaften notwendig eine spezifische Menge kommunikativer, insbesondere sprachlicher Ressourcen. Institutionen als Handlungsressourcen werden von Mitgliedern der Gesellschaft genutzt. Diese, die Aktanten der Institutionen, gebrauchen die gesellschaftlich ausgearbeiteten Möglichkeiten für ihre je individuellen Zwecke und Ziele. Zugleich realisieren sich die Zwecke der Institution in den Handlungen der Aktanten und durch sie sowie in den Resultaten dieser Handlungen, die wiederum das bestimmen, was die jeweilige Institution ausmacht. In diesen Wechselprozessen rekonstituieren sich die Institutionen permanent und verändern sich dabei zugleich. Dies geschieht meist in langwährenden Prozessen. Freilich kann es gerade auch im Bereich der Institutionen zu plötzlichen Veränderungen – etwa im Gefolge oder als Ausdruck von Revolutionen – kommen. Die Formen und Strukturen von Institutionen sind also durch ein Wechselspiel von Dauer und Umbruch charakterisiert. Die jüngere Schulgeschichte in Deutschland erlebt solche Umbrüche zum Teil in der Form einer schnellen Folge von sogenannten „Schulreformen“.

Die Aktanten der Institutionen zerfallen im Allgemeinen in zwei Gruppen, die Agenten und die Klienten der Institution (Ehlich/Rehbein 1977, § 1). Die Agenten sind Handlungsträger der Institution als Institution. Die Klienten treten in den Handlungsraum der Institution ein oder werden in ihn durch die gesellschaftliche Verbindlichkeit institutionellen Handelns hineingezogen. Die Gruppe der Agenten und der Klienten ist je in sich differenziert. Die Handlungen der Gruppe der Agenten sind im Allgemeinen professionalisiert. Die Agenten verfügen über ein professionelles Handlungswissen, das sie sich in komplexen Prozessen der Initiierung aneignen und das sie routinisiert verwenden. Das Handlungswissen der Klienten ist demgegenüber von ganz anderer Art. Agentenwissen und Klientenwissen müssen gleichwohl aufeinander bezogen sein, damit institutionelles Handeln gelingen kann. Die notwendige Reziprozität des Wissens beider Gruppen führt zu wechselseitigen Abbildungsprozessen, in denen – als Teil des Wissens – die jeweiligen Bilder der beiden Aktantengruppen voneinander aufeinander bezogen werden.

Die Institutionen stellen den Aktanten Handlungsressourcen zur Verfügung. Zugleich begrenzen sie auch die Handlungsspielräume der Aktanten. Institutionelles Handeln ist also durch eine Engführung von Handlungsmöglichkeiten bestimmt. Nur so lassen sich die Zwecke der Institution als für die Gesellschaft erforderliche Strukturen erreichen. Nicht zuletzt diese Restriktionen sind von den Widersprüchen, die die Gesellschaft als ganze und die Handlungen der Aktanten im Einzelnen bestimmen, geprägt.

Auch die für die jeweilige Institution charakteristischen Zwecke sind häufig in sich widersprüchlich. Veränderungen von Institutionen sind das Ergebnis unterschiedlicher Schwerpunktsetzungen in Bezug auf das Gewicht einzelner dieser widersprüchlichen Zwecke. Für die Schule zeigen sich solche Widersprüche z. B. in Zielkonflikten zwischen Bildungsqualifizierung und Selektion oder zwischen der „Aufbewahrung“ von Kindern oder deren Lernorganisation usw.

## 3.3 Die Schule als Institution

Die Institution Schule befindet sich am immer fließenden Übergang der Generationen ineinander. Schulen sind vergesellschaftete Formen vor allem des Übertrags des gesellschaftlich vorhandenen Wissens an die je nächste Generation. Das Wissen von Gesellschaften ist nicht nur differenziert, sondern in Bezug auf die einzelnen Aktantengruppen auch fragmentiert. Der Übertrag des Wissens sowie dessen permanente Veränderung und Innovation überträgt zugleich die Fragmentierungen des Wissens. Beide Aspekte sind häufig inkompatibel. Dies schlägt sich in den Formen der Institution direkt und indirekt nieder.

Komplexe Gesellschaften weisen eine hochgradige institutionelle Differenzierung auf. Für die meisten Institutionsbereiche ergeben sich neben primären Institutionen wie Gerichten, Familien, Kirchen oder Schulen sekundäre, tertiäre usw. Institutionen, deren Zwecke die zweckgemäße Prozessierung in den primären Institutionen sind. Dazu gehören Institutionen, die die Professionalisierung der Agenten betreiben, also z. B. Lehrerakademien oder Pädagogische Hochschulen bzw. erziehungswissenschaftliche und fachdidaktische Universitätsfakultäten. Dazu gehören ebenso Institutionen, die das Funktionieren der primären Institutionen überwachen und ggf. über Sanktionen usw. durchsetzen wie Schulämter. Es gehören dazu zugleich rahmensetzende Institutionen, die häufig Ausdruck der institutionellen Vernetzung sind. Insbesondere die Systemtheorie (vgl. exemplarisch Luhmann) und neuerdings wieder die soziologische Institutionentheorie (s. Rehberg 2002) befassen sich mit diesen Strukturzusammenhängen.

Die Agenten der Institution Schule sind das Lehrpersonal. Die Klienten der Institution Schule sind die Schülerinnen und Schüler. Die Institution, in der sie tätig sind, ist eine weitgehend versprachlichte Institution. Dies ergibt sich aus den Zwecken der fraktionierten Wissensweitergabe, da in komplexen Gesellschaften große Teile des Wissens praxisentbunden sind. (Der versprachlichte Charakter der Schule macht sich auch dort bemerkbar, wo der Unterrichtsgegenstand in der körperlichen Tätigkeit der Lernenden besteht, also im Sportunterricht, s. Friedrich 1991.) Die dadurch bedingten Anforderungen an die mentalen Leistungen der Interaktanten sind erheblich – und bilden häufig ein Problem, aus dem eine Gefährdung der gesellschaftlichen Gesamtstruktur erfolgen kann. Die Wissensweitergabe ist aber nicht der einzige Zweck der Institution Schule, wenn auch ein zentraler. Ein anderer Zweck ergibt sich aus der gesellschaftlichen Fraktionierung des Wissens und aus dem kontrollierten Übertrag dieser Fraktionierung.

Die Schule als Handlungsraum ist nicht nur aufgrund der Professionalität der Agenten, also der Lehrenden, sondern auch durch die Verpflichtung zur langjährigen Teilnahme der Klienten ein wesentlicher Teil individueller Lebenswelten. Durch ihren Charakter der Versprachlichung ist diese Lebenswelt durch und durch kommunikativ bestimmt. Auch die Lebensweltlichkeit schulischen Handelns geht bestimmend in die Strukturen schulischer Kommunikation ein.

## 3.4 Kommunikation in der Institution Schule

Die Kommunikation in der Institution Schule als einer weithin versprachlichten Institution mit hoher lebensweltlicher Präsenz und Bedeutung gliedert sich in eine Reihe von unterschiedlichen Kommunikationsformen und Kommunikationstypen auf. Im Allgemeinen ist die kommunikative Struktur der schulischen Kommunikation bestimmt durch die Beteiligungsstrukturen von Agenten und Klienten. Die Agenten sind in dieser Kommunikation, wie sich aus deren Zweckbestimmung ergibt, weitestgehend notwendig präsent – doch nicht überall. Die Klienten erfahren die schulische Kommunikation keineswegs immer als eine Kommunikation, die von ihnen aus freiwillig erfolgt, steht hinter ihr doch die Drohung der Durchsetzung der Teilnahme durch Zwang (Schulpflicht). Sie ist also gegebenenfalls eine Zwangskommunikation. Lebensweltlich ergibt sich aus dieser konfliktären kommunikativen Situation eine Drift zur Entfernung aus der agentenbestimmten Kommunikation in einen lebensweltlich eigenen kommunikativen Raum, der den Klienten und nur ihnen zugehört. Dieser Tendenz wird durch die Institution selbst Rechnung getragen durch kommunikative Zeitabschnitte, die – ganz aus der Sicht der Institution – „Pausen“ genannt werden, also Unterbrechungen des institutionell gesteuerten, von den Agenten organisierten Kommunikationsbetriebes darstellen. Die genannte Tendenz drängt auf Ausdehnung der „Pausen“ durch das klientenseitige Handeln. Die Überführung aus dem kommunikativen „Pausen“-Raum in den Unterricht wird durch eine Reihe von kommunikativen Routinen sichergestellt.

Die Tendenz zur kommunikativen Entfernung aus dem Unterricht auf Seiten der Klienten beschränkt sich freilich nicht auf diese institutionell zugestandenen Kommunikationsbereiche. Sie setzt sich vielmehr in das unterrichtliche Geschehen in zweierlei Weise fort. Die eine ist der kommunikative Rückzug, eine „kommunikative Emigration“ des einzelnen Schülers, die den Ausstieg aus dem Gesamtdiskurs durch Schweigen und „Abschalten“ bedeutet. Dies wird durch ein zentrales Merkmal der schulischen Kommunikation nicht nur erleichtert, sondern geradezu ermöglicht: In der schulischen Kommunikation zeigt sich eine ungleiche Verteilung der daran beteiligten Aktantengruppen. Die Agentenseite ist im Allgemeinen durch eine Person (seltener durch zwei, kaum je durch mehr) vertreten. Demgegenüber ist die Klientenseite durch eine Vielzahl von Aktanten vertreten. Diese Asymmetrie der Partizipanten bestimmt schulische Kommunikation und insbesondere Unterrichtskommunikation zentral.

Auch eine andere Form der kommunikativen Emigration ist in der Mehrseitigkeit der Klientenseite in der Kommunikation bedingt. Schüler/innen errichten innerhalb der Unterrichtskommunikation eigene Kommunikationsräume. Es kommt zu einer Kommunikation in der Institution Schule, die – wiederum aus der Sicht der Institution und ihrer Zwecke – eine „Nebenkommunikation“ ist (Baurmann/Cherubim/Rehbock 1981, Rehbock 1981). Sie steht im Allgemeinen konfliktär zur Unterrichtskommunikation. Die Errichtung eines eigenen Raumes der Nebenkommunikation erfolgt insofern instabil und fast notwendig subkutan. Sie ist „Geheimkommunikation“, die insulär in die Unterrichtskommunikation eingelagert ist. In ihr werden lebensweltliche Interessen der Schüler/innen prozessiert, die nicht solche der Kommunikation der Institution selbst sind.

Zwischen den unmittelbaren lebensweltlichen Interessen der Klienten und denen der Institution und ihrer Agenten als deren Repräsentanten kann es also zu erheblichen Divergenzen kommen. Auch deren Bearbeitung charakterisiert schulische Kommunikation und bestimmt ihre Strukturen. Insbesondere in der

Unterrichtskommunikation ergibt sich hier ein erhebliches kommunikatives Konfliktpotential. Dieses prägt sich auf unterschiedliche Weise aus, indem unter anderem ein Alternativdiskurs zu dem agentenseitig gesteuerten Unterrichtsdiskurs entsteht (Nagi 2009). Auch die Lebenswelt der Agenten wird von einem, freilich durch die Professionalisierung gezähmten vergleichbaren Konfliktpotential charakterisiert. Die „Pause“ bietet auch ihnen Möglichkeiten, nicht von der Institution bestimmte kommunikative Inseln innerhalb der institutionell bestimmten Handlungsräume zu realisieren.

Zur schulischen Kommunikation gehören weiter solche kommunikativen Strukturen, die durch die Institutionen zweiter Stufe wie Schulaufsicht, Visitationen, Hospitationen, Evaluierungen, Disziplinierungen und Sanktionierungen bestimmt sind. Allerdings realisieren sie sich im Allgemeinen eher punktuell innerhalb der schulischen Kommunikation – freilich als Ausdruck von Bürokratisierungsintensität mit zum Teil erheblich steigender Tendenz. Für die schulische Kommunikation der Agenten macht sich weiter in Form von stark bürokratisierten kommunikativen Anteilen die Wirkung der rahmensetzenden Institutionen, also insbesondere der Bildungsbürokratie, bemerkbar. Eine deutliche kommunikative Ausprägung dafür ist die sogenannte Lehrerkonferenz. Gleichfalls zur schulischen Kommunikation gehören kommunikative Kontaktstellen mit der außerschulischen Lebenswelt wie Elternsprechtage, community work, Tage der offenen Tür, Schulfeste usw.

# 4 Grundbestimmungen von Unterrichtskommunikation

## 4.1 Zur Bedeutung der Unterrichtskommunikation in der Institution

Innerhalb der Vielfalt von Kommunikationsformen, die sich in der Institution Schule vorfinden, nimmt nun die Unterrichtskommunikation einen zentralen Platz ein. In ihr gelingt – oder misslingt – die Umsetzung der Hauptzwecke der Institution Schule. Als solche ist sie direkt oder indirekt von Agentenseite her gesteuert. Die deutlichste Ausprägung der direkten Steuerung ist der sogenannte Frontalunterricht. Eine Ausprägung der indirekten Steuerung ist der Gruppenunterricht (vgl. E3). Alternative Schulformen tendieren dazu, die Steuerung möglichst weitgehend zurückzunehmen, jedenfalls sie aber nicht direkt sichtbar werden zu lassen. Rousseauistische Konzepte hoffen darauf, dass solche Steuerung gar nicht nötig sei.

## 4.2 Lehr-Lern-Diskurs

Der Unterrichtsdiskurs als kommunikative Form ist eine spezifische Erscheinungsweise einer allgemeineren Diskursform, des Lehr-Lern-Diskurses (Ehlich 1981). Die Ausgangskonstellation für den Lehr-Lern-Diskurs ist die ungleiche Verteilung von Wissen. Dieses Wissen kann sich auf die unterschiedlichsten Zusammenhänge menschlicher Praxis beziehen. Durch die ungleiche Wissensverteilung werden Aktantengruppen in zwei Teilgruppen differenziert, die Gruppe der Wissenden und die Gruppe der Nicht-Wissenden. Zweck des Lehr-Lern-Diskurses ist der Abbau oder jedenfalls die Verminderung des Wissensgefälles. Der Lehr-Lern-Diskurs tendiert also zur Nivellierung der Wissensunterschiede und darin zu einer Aufhebung seiner Voraussetzungen. Im gelingenden Fall ist er also eine temporäre Erscheinung. Für den Lehr-Lern-Diskurs ist für beide Aktantengruppen charakteristisch, dass sie die Wissensübertragung freiwillig, sozusagen im wechselseitigen Einvernehmen, vornehmen. (Dies unterscheidet ihn von Formen der Übertragung von Wissen durch Zwang, wie sie im Extremfall durch materielle Gewalt, ja durch Folterung des Wissensträgers herbeigeführt werden soll.) Das wechselseitige Einvernehmen hat eine ebensolche wechselseitige Anerkennung der Zugehörigkeit zur eigenen und anderen Aktantengruppe zur Folge: Der Wissende erkennt den Lernenden als Lernenden an; der Lernende erkennt den Wissenden als solchen und als Wissensüberträger an.

Der Lehr-Lern-Diskurs kann sowohl empraktisch wie im Kern propositional zentriert erfolgen. Die Anteile des sprachlichen Handelns unterscheiden sich entsprechend. Sie erreichen ihr Maximum im rein propositional orientierten Lehr-Lern-Diskurs. Damit ein Lehr-Lern-Diskurs als Diskurs erfolgen kann, ist die Möglichkeit für die Versprachlichung des Wissens auf der Seite des Lehrenden ebenso vorausgesetzt wie die Möglichkeit auf der Seite des Lernenden, das versprachlichte Wissen zu internalisieren. Die gemeinsame Sprache als kommunikative Ressource bietet diese Möglichkeit.

Im Lehr-Lern-Diskurs verfügen die Aktanten in unterschiedlicher Weise über die einzelnen Voraussetzungen und über die Durchführung des Diskurses. Der Lernende, der sich zum gleichwissenden Wissensträger ausbilden soll, verfügt über ein Wissen zur Entwicklung seines Wissens und zu dessen Entwicklungsmöglichkeiten. Der Lehrende verfügt über die Versprachlichungsprozesse des Wissens und die Möglichkeiten ihrer Umsetzung im Diskurs. In Bezug auf die je andere Seite unterhalten Lehrende und Lernende Vorstellungen von den komplementären Möglichkeiten des je Anderen, und diese werden bei der Ins-Werk-Setzung des Lehr-Lern-Diskurses antizipativ und in den begleitenden Monitorprozessen eingesetzt. Die ungleiche Verteilung des Wissens, ihre im Prozess angestrebte und ins Werk gesetzte Aufhebung sowie die Anerkennung von beidem und darin die wechselseitige Anerkennung der am Diskurs Beteiligten sind die Kernelemente des Lehr-Lern-Diskurses.

## 4.3 Die Umsetzung des Lehr-Lern-Diskurses in den Unterrichtsdiskurs

Der Lehr-Lern-Diskurs ist institutionell unspezifisch, kann also in verschiedenen Institutionen auftreten. Für die Institution Schule wird er unter spezifischen institutionellen Bedingungen in Anspruch genommen. Diese Institution mit ihrem zentralen Zweck der Übertragung des Wissens, insbesondere im Generationenübergang, teilt eine der Grundvoraussetzungen des Lehr-Lern-Diskurses. Sie entwickelt sich erst dann und dort, wenn die Wissensübertragung einen Wissensumfang betrifft, der über die Möglichkeiten einer einfachen empraktischen Wissensübertragung erheblich hinausgeht. Dies ist mit der Ausbildung komplexerer Organisationsformen der Gesellschaft und der im Zusammenhang damit sich entwickelnden quantitativen und qualitativen Struktur des gesellschaftlichen Gesamtwissens der Fall. Gruppen, die in der Form von Großfamilien oder vergleichbaren Strukturen organisiert sind, haben das Bedürfnis zur Ausbildung der Institution Schule im Allgemeinen nicht. Die frühesten bekannten Erscheinungsformen der Institution liegen bei den Anfängen der schriftlich-textuell überlieferten Gesellschaften und begleiten deren weitere Geschichte mit einer insgesamt erheblich zunehmenden und sich ausweitenden Tendenz. (Nicht alle Gesellschaften sind also schulfähig.)

Die Komplexität des Wissens in schulfähigen Gesellschaften geht einher mit einer Arbeitsteilung, die unter anderem die Herausbildung spezieller Gruppen zur Folge hat, die dieses Wissen verantwortlich für die gesamte Gesellschaft übertragen. Es ist freilich nicht als Gesamtwissen individuell inkorporierbar. Dies ergibt sich aus seiner Komplexität, die die Möglichkeiten Einzelner notwendig übersteigt. Die gesellschaftlich für die Wissensübertragung Verantwortlichen sind die Agenten der Institution, die Lehrer/innen. Sie treten in die Position der Lehrenden im Lehr-Lern-Diskurs ein. Die Mitglieder der jeweiligen neuen Generation nehmen entsprechend die Positionen der Lernenden im Lehr-Lern-Diskurs ein. Diese Übernahmen sind ihrerseits strikt institutionell geregelt durch die Institutionen weiterer Stufen, die sich unter anderem in der sogenannten Schulpflicht oder auch in der systematischen Professionalisierung der Lehrenden bemerkbar machen.

Die Menge des gesellschaftlichen Gesamtwissens verlangt dessen Fraktionierung und Portionierung im Übertragungsprozess. Zugleich gilt: Da nicht das Gesamtwissen als solches individuell übertragen werden kann, erfolgt die Fraktionierung der Gruppe der Lernenden. Im Übertragungsprozess des Gesamtwissens auf die nächste Generation geschieht also zugleich deren für die jeweilige Gesellschaft charakteristische Aufteilung der gesellschaftlichen Aktanten. Hier liegt der Grund für die – pädagogisch oft und wenig folgenreich beklagte – „Selektionsfunktion“ der Institution Schule.

Die Tätigkeit der Lernenden in der institutionellen Kommunikation weist ein charakteristisches Schwanken in Bezug auf die Freiwilligkeit der Teilnahme am Diskurs auf. Das Wissen-Wollen gerät angesichts der Fülle des potentiell zu Wissenden leicht in eine immer erneute Krise. Sie wird durch eine andere Modalität der Wissensübertragung bearbeitet, das Wissen-Sollen (vgl. Redder 1984).

Hinter dieser steht die Transformation des Lehr-Lern-Diskurses aus einem Diskurs der Freiwilligkeit in eine Verpflichtungs- oder gar in eine Zwangskommunikation. Solcher Zwang, der im Rechtsinstitut der Schulpflicht legalisiert ist, wird im Allgemeinen nicht unmittelbar umgesetzt. Er steht aber im Hintergrund als Partizipationsgarantie auf der Seite der Lernenden. Der Unterrichtsdiskurs steht vor der Aufgabe, Bewegungsformen für diese Widersprüche zu schaffen, die sich auf der Seite der Lernenden aus dem Kontrast zwischen anzueignendem Wissen und ihren Aneignungsmöglichkeiten ergeben.

Auch die Lehrenden befinden sich in einer tendenziell anderen Situation als beim Lehr-Lern-Diskurs. Sie haben sich biographisch für die Tätigkeit als Agent der Institution entschieden. Die Zugangsmöglichkeit dafür unterliegt strikten Regulierungen, die sich insbesondere in der spezifischen Qualifizierung für die später zu verantwortenden Teilbereiche des Wissens ausdrücken (Studium).

Für den Lehr-Lern-Diskurs bedeuten diese institutionellen Veränderungen, dass das Merkmal der Freiwilligkeit in Bezug auf beide Aktantengruppen problematisch wird. Dies hat Konsequenzen für das zweite zentrale Charakteristikum des Lehr-Lern-Diskurses in seiner Transformation in den Unterrichtsdiskurs, die wechselseitige Anerkennung der Aktanten. An die Stelle dieser Anerkennung tritt tendenziell die Institution selbst als Garant für die Fortsetzung des Diskurses. Diese wechselseitige Anerkennung ist als innerer Motor für die in sich problematische Grundkonstellation des Lehr-Lern-Diskurses, die unterschiedliche Wissensverteilung, von einer erheblichen Bedeutung. Der Unterrichtsdiskurs ist von seiner inneren Struktur her permanent vom Versuch des Ausbruchs aus diesem Diskurs gekennzeichnet. Dies nimmt mannigfaltige Formen an – im Extrem in der Verweigerung zur Partizipation. Zwischen dieser und der Verweigerung liegt auf Seiten beider Aktantengruppen ein breites Spektrum von offenem oder unterschwelligem Absentismus. Er ist also ein – auf eine diesem Diskurs selbst inhärente Weise – gefährdeter Diskurs.

Der Unterrichtsdiskurs teilt mit dem Lehr-Lern-Diskurs die gemeinsame konstellative Voraussetzung der ungleichen Wissensverteilung und die Tendenz zu deren Aufhebung. Diese Tendenz setzt sich freilich aufgrund der Komplexität des gesellschaftlichen Gesamtwissens ihrerseits nur fragmentarisiert um. Die Freiwilligkeit der Interaktanten zur Beteiligung am Diskurs verliert sich, und darin verliert sich auch die wechselseitige Anerkennung. Dies hat vielfältige Konsequenzen für die Realisierung des Unterrichtsdiskurses.

Innerhalb der Institution Schule zeigt sich also an einer zentralen Stelle eine aufgrund ihrer inneren Charakteristik gefährdete Diskursform. Das Handlungswissen beider Aktantengruppen enthält eine – häufig freilich nicht bewusste – Menge von Bearbeitungsweisen für diese innere Widersprüchlichkeit, die nicht einfach „wegdeklariert“ werden kann (obwohl es auch dazu vielfältige Versuche der Institutionen zweiter Stufe gibt).

Die Realität unterrichtlicher Kommunikation, soweit sie in den Formen des Unterrichtsdiskurses erfolgt, lässt sich als ein tendenzielles, immer erneutes Changieren zwischen Unterrichtsdiskurs und Lehr-Lern-Diskurs beschreiben. Beide Aktantengruppen haben ein Interesse daran, dass das kommunikative Geschehen eher in der Form des Lehr-Lern-Diskurses sich ereignet. Insbesondere die Wissensfülle einerseits, die Selektionsaufgabe der Institution und die dadurch bedingte permanente Konkurrenz der Schüler/innen andererseits bringen den Lehr-Lern-Diskurs aber immer wieder zum Scheitern und bewirken seine Umsetzung in den Unterrichtsdiskurs. Dies hat nicht zuletzt erhebliche emotionale Konsequenzen für beide Aktantengruppen, Lehrer/innen wie Schüler/innen. Da der Unterrichtsdiskurs ein inhärent tendenziell widersprüchlicher Diskurs ist, wird er von den Aktanten als belastend erfahren. Die Belastungen verlangen psychische Bearbeitung, die für beide Seiten nicht immer zu leisten ist. Das „Burn-out"-Syndrom bei Lehrer/innen, die „Schulmüdigkeit" bei Schüler/innen sind Konsequenzen, die sich nicht zuletzt aus der inneren Struktur des Unterrichtsdiskurses selbst ergeben. Umso wichtiger sind Vorkehrungen der Institutionen zweiter Stufe und insbesondere der Bildungspolitik, um diese Belastungen so gering wie möglich zu halten.

Da der Unterrichtsdiskurs eine spezifische Transformation des Lehr-Lern-Diskurses ist, teilt er viele Kennzeichen mit diesem. Diese Gemeinsamkeit ermöglicht den leichten Übergang von der einen in die andere Form. An der Oberfläche des kommunikativen Geschehens erscheinen beide als kommunikative Mischform, und es ist nicht immer leicht, im Einzelnen zu bestimmen, wo sich die Aktanten jeweils befinden, und es kann durchaus zu einer Aufspaltung der Partizipation am Unterrichtsdiskurs einerseits, am Lehr-Lern-Diskurs andererseits kommen.

## 5 Akzelerierter Wissenserwerb und die Unterrichtskommunikation

Die Wissensumfänge komplexer Gesellschaften sind derart, dass sie die Fassungskraft jedes Einzelnen übersteigen. Die Weitergabe des Wissens an die nächste Generation erhält dadurch eine notwendig komplexe Struktur. Die weitgehende Loslösung der Wissensweitergabe, aber auch großer Teile des Wissens selbst von empraktischen Einbindungen macht Wissen zudem abstrakt. Die Umsetzung des Wissens in schriftliche und postschriftliche (IT-)Formen, die Speicherung des Wissens in umfänglichen Archiven (Bibliotheken, Netz usw.) ermöglichen eine Tradierung, die als unabhängig von personalen Vermittlungen erscheint. Diese ist aber nicht wirklich obsolet geworden. Die Tätigkeit der Institution Schule bedient sich der Umsetzung des Wissens in Sprache und der Prozessierung des Wissens als Sprache, um ihren gesellschaftlichen Auftrag zu realisieren. Für die einzelnen Lehr-Lern-Prozesse bedeutet dies, dass der Wissenstransfer einerseits enorm akzeleriert wird, dass diese Akzeleration andererseits sich auf einen erheblichen biographischen Abschnitt der Beteiligten bezieht. Der akzelerierte Wissenserwerb hat Sprache und die in Sprache gefasste und auf Sprache angewiesene mentale Verarbeitung und Bearbeitung zur Voraussetzung. Das im Prozess der akzelerierten Wissensweitergabe individuell angehäufte Wissen ist andererseits kein Wissen an sich, sondern es bleibt auf zukünftige Praxen hin ausgerichtet. In der Hoffnung auf die Möglichkeit taxonomischer Ordnungsstrukturierungen des Wissens werden spezifische Formen der Progression im Lernprozess angenommen und didaktisch als Strukturen der Lehrprozesse umgesetzt. Dies gelingt für die unterschiedlichen Wissensdomänen aufgrund von deren je anderer inneren Systematik in unterschiedlichen Formen. Sehr stark durchstrukturierte Wissens-Teilsysteme wie die mathematischen (vgl. von Kügelgen 1994) bieten sich dafür eher an als Teilsysteme, die in sich diffus strukturierte Einzel-Wissenseinheiten enthalten (z. B. geschichtliche Ereignisse oder literarische Texte). Für das Gelingen des akzelerierten Wissenserwerbs sind solche didaktisch bestimmten Progressionen für den Gesamtverlauf der Unterrichtskommunikation von großer Bedeutung. Sie setzen sich in deren thematischen Strukturierungen um.

Die Akzeleration des Wissenserwerbs und damit der Wissensvermittlung stößt aber immer wieder an die Grenzen der Verarbeitungsmöglichkeiten zunächst bei den Lernenden. Die konkreten Lehrpläne und Curricula fußen zum Teil auf einem praktisch gewonnenen Erfahrungswissen in Bezug auf die Möglichkeiten der angestrebten Wissensvermittlung. Der Kampf um die Anteile an der Stundentafel (beziehungsweise, wenn andere Formen gewählt werden, um die Anteile, die auf sonstige Weise den einzelnen Wissensbereichen zugestanden werden) ist Ausdruck der ungeklärten Selektionsverfahren und der nur schwer klärbaren Proportionen in Bezug auf die Weitergabe der unterschiedlichen Wissensdomänen. Diese Konflikte werden in großräumigen öffentlichen Diskursen unter intensiver Beteiligung der Institutionen zweiter und weiterer Stufen entschieden. Dass dabei häufig die Möglichkeiten der Kinder – insbesondere aller Kinder jeder Jahrgangskohorte – aus dem Blick geraten, ist zwar verständlich, aber kaum entschuldbar.

Für die lernenden Aktivitäten der Schüler/innen ergeben sich also je nach Individuum und Gruppe sehr unterschiedliche Begrenzungen. Wenn das angebotene Wissen die Lernenden sozusagen überflutet, werden „die Schotten dicht gemacht“. Es kommt dann, sei es individuell, sei es in Bezug auf Gruppen oder ganze Schülergenerationen, zu sogenannten Lernverweigerungen, jedenfalls aber zu den oben benannten Emigrationen aus der Unterrichtskommunikation. Gerade für die akzelerierte Wissensweitergabe haben sich spezifische unterrichtliche Kommunikationsformen herausgebildet.

## 6 Der Lehrervortrag

Eine davon ist der Lehrervortrag. Kommunikativ handelt es sich dabei um eine Verkettung von Assertionen, die als optimale Form für die strukturierte Weitergabe komplexerer Wissenselemente geeignet erscheint. Konträr zur Einfachheit und scheinbar leichten Praktikabilität dieser Form steht die schwere Prozessierbarkeit auf der Seite der die Assertionen Verarbeitenden. Der Frontalunterricht hat im Lehrervortrag eine seiner zentralen Formen.

Den Schwierigkeiten, die sich auf der Bearbeitungsseite ergeben, wurde über Jahrhunderte durch spezifische Strukturierungsformen für den Vortrag Rechnung getragen. Diese Formen verschieben das Rezeptionsgeschehen aus der eigentlich propositionalen Dimension in Richtung auf eine Veräußerlichung der Rezeption, d. h. vom Verstehen hin zum Auswendiglernen. Diese Veräußerlichung kann so weitgehend sein, dass lediglich die äußere sprachliche Form memoriert wird. In modernen Lehr-Lern-Prozessen sind solche Formen weitgehend diskreditiert. Dadurch wird die Kluft zwischen Lehrenden und Lernenden in Bezug auf diese kommunikative Form verstärkt aufgerissen. Eine Bearbeitung der sich so bietenden Problematik liegt in der Verteilung der einzelnen Assertionselemente auf die systematischen Positionen Sprecher S und Hörer H. Es ergibt sich als Form der „Lehrervortrag mit verteilten Rollen“ (Ehlich/Rehbein 1986, §4, Becker-Mrotzek/Vogt 2001, §3.1). Der propositionale Gesamtplan, der dem Lehrervortrag zugrunde liegt, wird durch eine Reihe von Nutzungen unterschiedlicher sprachlicher Handlungen zur Delegierung der Wissensproliferation an die Schüler weitergegeben. Ein dafür besonders intensiv eingesetztes Mittel ist die Regiefrage (vgl. Nagi 2009) – eine erste und zentrale Nutzung der sprachlichen Basishandlung Frage für die Zwecke der Unterrichtskommunikation (vgl. weiter unten §7). Durch die Frage wird Wissen in einen thematischen und einen rhematischen Teil zerlegt. In der Regiefrage wird diese Zerlegung benutzt, um die Schüler dazu zu bewegen, die erforderlichen mentalen Prozesse bei sich selbst in Gang zu setzen, die üblicherweise erforderlich sind, um die in der Frage angeforderten Wissenselemente mental zu finden und in der Antwort verbal umzusetzen. Andere Möglichkeiten der Bearbeitung des Handlungsmusters Lehrervortrag liegen bei der medialen Diversifizierung. Durch den Einsatz visueller (weniger akustischer) Mittel greift der Rezeptionsvorgang auf unterschiedliche Wahrnehmungsmöglichkeiten des Rezipienten zurück. Es erfolgt eine Zerlegung in visualisierbare und nicht visualisierbare propositionale Anteile der propositionalen Gehalte der Assertionen, aus deren Verkettung der Lehrervortrag besteht. Diese Zerlegung wird auch jenseits des Lehrervortrags und für andere Formen der Vermittlung von Wissen intensiv genutzt (Berkemeier 2006).

## 7 Andere sprachliche Handlungsmuster der Unterrichtskommunikation

Neben den bereits genannten Kommunikationsformen sind einige sprachliche Handlungsmuster der unterrichtlichen Kommunikation genauer untersucht worden. Dies gilt insbesondere für das Muster Aufgabenstellen-Aufgabenlösen (s. Ehlich/Rehbein 1986, Brünner 1987). Auch hier handelt es sich um die institutionsspezifische Transformation eines außerhalb der Schule eingeübten und bewährten Musters, nämlich des Musters des Problemlösens. Durch die Übernahme in die Schule werden freilich – wie bei der Umwandlung des Lehr-Lern-Diskurses zum Unterrichtsdiskurs insgesamt – charakteristische Elemente des Musters institutionsspezifisch verändert. Während die Gesamtproblemstellung beim Problemlösen den Antrieb für alle am Problemlösungsprozess Beteiligten darstellt, wird beim Aufgabe-Lösungsmuster das, was dem Problem entspricht, lediglich von der Lehrperson „verwaltet". In der Aufgabenstellung wird der Versuch unternommen, diese Problemstellung zu einer Sache auch der Schüler/innen zu machen; sie soll also gleichsam im Schülerbewusstsein induziert werden. Die Sprunghaftigkeit der Wissensportionierungen, wie sie sich in der Stundentafel ausdrückt, macht eine Kontinuität in der Befassung mit Wissensgegenständen schwer. Die Induktion einer – didaktisch erzeugten – Problemstellung auf Seiten der Schüler erscheint als Motivationsaufgabe bzw. als Motivationsproblem für die Lehrperson.

Das Problemlösen, das im Fall der kollektiven Bearbeitung des Problems eine gemeinsame Tätigkeit aller daran Beteiligten ist, wird als Aufgabe dissoziiert. Der Aufgabensteller verfügt sowohl über die Problemkonstellation wie über die Zielsetzung. Zudem kennt er die sinnvolle Zerlegung der Problematik und die Lösung sowie die Wege, die zu ihr führen. Für die Schüler/innen heißt das, dass zentrale Elemente des Problemlösungsmusters ausgelagert sind; besonders das fehlende Zielbewusstsein wirkt sich als Ausfall des Steuermechanismus für das Muster als ganzes auf ihrer Seite aus. Konsequenterweise beschränken sich die Lösungen gern darauf, Lösungsversuche sozusagen „abzuliefern" – ohne Blick auf das Problem als ganzes. Es erfolgt also im didaktischen Einsatz eine Zerlegung des Musters in Einzelteile, die es den Schülern nicht nahelegt, ja es ihnen schwer macht, größere Zusammenhänge tatsächlich zu begreifen. Besonders bei sehr systematisch aufgebauten Wissensbeständen wie der Mathematik wirkt sich das problematisch für die Lernerfolge aus (s. von Kügelgen 1994, Kügelgen, E 2; Bauersfeld 1983). Die Bewertungen der vorgetragenen Lösungen bzw. Lösungsfragmente subsumieren zugleich das Muster als ganzes der Selektionsfunktion der Institution – was „die Motivation" der Schüler/innen wiederum, und zwar häufig negativ, beeinflusst.

Alternative Schulformen haben diese Problematik im Blick, wenn in ihnen darauf abgehoben wird, potentielle Aufgaben tatsächlich als Probleme für die Kinder erkennbar werden zu lassen und so zugleich ein Stück weit den Lehr-Lern-Diskurs aus dem Unterrichtsdiskurs zurückzugewinnen. Wenig untersucht scheint für diesen Zusammenhang freilich die Frage zu sein, wie sich dies zu den Anforderungen des akzelerierten Wissenserwerbs verhält.

Angesichts der sprachlichen Struktur von Wissen und Wissensübertragung in der Unterrichtskommunikation kommt insbesondere den propositionszentrierten sprachlichen Handlungen ein hoher Stellenwert zu. Dies betrifft vor allem die Assertion und die Frage (vgl. Rehbein 1985). Die Assertion wird im Lehrervortrag (s. o. § 6) in ihrer Verkettung zum zentralen sprachlichen Mittel der Wissensübertragung – einem Mittel, dessen Einsatz freilich häufig am fehlenden Mitvollzug auf der Seite der Rezipienten scheitert. So ökonomisch diese Form in ihrer gesellschaftlichen Ausarbeitung erscheint, so unergiebig ist sie häufig in der Unterrichtskommunikation. Erst wenn die Adressaten der Assertion ihrerseits ein langanhaltendes Erwerbsinteresse haben, gewinnt die Assertion die Möglichkeit, ihre kommunikative Leistungsfähigkeit tatsächlich zu entfalten.

Dies führt in der Unterrichtskommunikation zu einer Reihe von kompensatorischen Formen. Der bereits dargestellte „Lehrervortrag mit verteilten Rollen“ ist eine davon. In ihm spielt die „Regiefrage“ eine besondere Rolle, die zugleich außerhalb vielfältige Verwendung findet. Während bei der charakteristischen Verteilung von Wissen und Nicht-Wissen in der alltäglichen Frage der Fragende über ein bestimmtes Nicht-Wissen verfügt (d. h. etwas nicht weiß und weiß, dass er dieses etwas nicht weiß) und diesen Wissensmangel durch den Rückgriff auf unterstellte Wissensressourcen des Adressaten seiner Frage sich aneignen will, verfügt der Lehrer über das entsprechende fragliche Wissen durchaus selbst, und zugleich geht er von der Unterstellung aus, dass der Schüler dieses Wissen nicht hat. Er sieht zudem die Wissensstruktur, um deren Übertragung es ihm geht, als eine systematische an, deren einzelne Strukturelemente aufgrund ihres inneren Zusammenhangs sozusagen fehlende Teile aus sich heraus generieren können. Durch den Einsatz des sprachlichen Handlungsmittels Frage versucht der Lehrer, diese Systematizität unter Rückgriff auf beim Schüler vorhandenes Wissen so einzusetzen, dass auf Seiten des Schülers die Wissensergänzung als dessen kognitiver Prozess in Gang und zustande kommen kann. Es handelt sich also bei der Regiefrage des Lehrers um eine sehr spezifische taktische Nutzung von wissensbezogenen Handlungsressourcen, über die Lehrer wie Schüler verfügen.

Im Unterschied zur Regiefrage ist die Lehrerfrage (vgl. Petersen/Sommer 1999) wesentlich weniger spezifisch. Bei ihr wird zwar gleichfalls – und zwar insofern, als der Lehrer das fragliche Wissen bereits weiß – das Handlungsmuster Frage taktisch verwendet, hier aber so, dass lediglich überhaupt ein Suchprozess in den Wissensbeständen des Schülers nach einem fraglichen Wissenselement in Gang gesetzt werden soll.

Von beiden schulischen Nutzungen des Frage-Antwort-Musters unterscheidet sich die Prüfungsfrage, die dazu genutzt wird, festzustellen, ob das auf Seiten des Befragten üblicherweise als vorhanden unterstellte Wissen tatsächlich vorhanden ist und sprachlich interaktiv kommuniziert werden kann. Hier ist das Fragen weithin den Zwecken von Evaluation und damit tendenziell von Selektion untergeordnet.

Die kommunikative Subsumption außerschulischer sprachlicher Handlungsmuster unter die Zwecke der Institution erfasst eine ganze Reihe dieser Muster. Dazu gehören insbesondere solche des sprachlichen Umgangs mit Sprache wie das Begründen oder Erläutern, das Reformulieren, das Rephrasieren oder Zusammenfassen, aber auch disziplinierende sprachliche Formen wie das Ermahnen (Füssenich 1981). Sie im einzelnen zu untersuchen, würde eine ausführliche, auf breite Datenkorpora gestützte Analyse von schulischer Kommunikation erforderlich machen. Die noch immer sehr schwache Datenlage behindert dies ebenso wie die Komplexität der Aufgabe und die Mühe einer die Fächergrenzen übersteigenden tatsächlichen interdisziplinären Kooperation. Doch damit wird die Wichtigkeit eines solchen Vorhabens nicht geringer.

## 8 Sprachliche Organisationsformen des Unterrichts

Unterrichtskommunikation in der Schule ist durch das quantitative Ungleichgewicht der Agenten und Klienten gekennzeichnet (vgl. oben) und unterscheidet sich dadurch z. B. vom Institut des Hauslehrers. Die gemeinsame Fokussierung einer größeren Zahl von Kommunikationsteilnehmern erfordert in den meisten Fällen eine explizite kommunikative Organisation, die wiederum sprachlich vorgenommen wird. Zentral ist dafür die Vergabe des Rederechts (Redder 1984, Mazeland 1983). Die Turnübergabe vollzieht sich nicht naturwüchsig wie in der Alltagskommunikationen. Das Recht zur Turnzuteilung gehört zu den Prärogativen der Agentenseite. Wie von diesem Recht Gebrauch gemacht wird, unterscheidet sich sowohl nach Schultyp und -form wie nach den individuellen Handlungsmöglichkeiten und Handlungsmaximen der einzelnen Lehrer/innen. Im Prinzip ist aber der Rückgriff auf dieses Prärogativ selbst im Fall der Delegierung an einzelne Aktanten in der Unterrichtssituation jederzeit möglich. Diese Turnorganisation lässt ein ähnlich komplexes Bild erkennen wie in der Alltagskommunikation. Die direkte Form der Turnzuteilung durch den Aufruf bzw. durch nonverbale Identifizierung einzelner Schüler an einer Turnübergabestelle stellt dabei nur eine Form dar. Detaillierte empirische Untersuchungen (Redder 1984) zeigen, dass die Lehrenden ein reiches und komplexes Arsenal sprachlicher Verfahren einsetzen, um die Organisation des Diskurses in der Unterrichtskommunikation zu realisieren. Besonders das System der Modalverben wird dabei gebraucht.

Die Organisation des Diskurses geschieht aber nicht nur agentenseitig. Auch die Schüler tragen dazu aktiv bei, indem sie ihre Redebeiträge in den erkennbar gemachten oder vermuteten Verlauf explizit einbringen („Ich wollt' sagen“, „ich würde sagen“). In Bezug auf die Widersprüchlichkeit des Diskurses macht sich gerade auch in dessen Organisation vielfältig erkennbar, in welcher Weise diese Widersprüche in einem Kampf um die Diskursgestaltung münden. Formen wie die Abduktion (Ehlich 1981, Nagi 2009) im Unterrichtsdiskurs sind subtile Mittel der Schüler unter Nutzung verbaler Vorgaben des Lehrers, nicht dessen Diskursorganisation, sondern eine eigene durchzusetzen.

Anders stellt sich die systematische und über längere Diskursabschnitte laufende Suspendierung der Turnvergaberechtes an die Schüler in Gestalt des Gruppenunterrichts dar. Dieser Form wird zunehmend in der Unterrichtspraxis wie in der Analyse (s. Diegritz/Rosenbusch 1977, Diegritz/Haag, D 2, Dann/Diegritz/Rosenbusch 1999, Haag/Diegritz, E3, Vogt 2002) Aufmerksamkeit gewidmet. Wenn nicht explizit ein einzelner Schüler die Diskursleitung übertragen erhält, so spielt sich die Turnverteilung innerhalb der Gruppe nach ähnlichen Strukturen ab, wie dies in der außerschulischen Kommunikation, besonders im homileischen Diskurs, dem Sich-Unterhalten, geschieht. Dies eröffnet einerseits eine vergleichsweise freie kommunikative Atmosphäre. Es steht andererseits aber auch in der Gefahr, dass sich charakteristische Verteilungsmechanismen durchsetzen zwischen den Redenden und den Schweigenden: Schüler, die in der Peergroup sich auf vorwiegend rezipierendes Handeln beschränken, können innerhalb des Gruppenunterrichts gleichfalls leicht in eine entsprechende Position geraten.

Der Gruppenunterricht bleibt Unterricht, und dies bedeutet, dass insbesondere die thematische Organisation des Diskurses auf subtile Weise durch die strukturierende Arbeit des Lehrers mit Blick auf die zu erreichenden Lernziele gestaltet werden muss. Die Anforderungen an dessen kommunikatives Handeln wachsen gegenüber den herkömmlichen Formen der Unterrichtskommunikation nicht unerheblich.

## 9 Die propositionale Dimension der Unterrichtskommunikation

Sprachliches Handeln hat neben den Äußerungsakten, in denen es „laut wird“, und den illokutiven Akten eine propositionale Dimension. Diese steht dort, wo es im Kern um (akzelerierte) Wissensübertragung geht, an herausgehobener Stelle. Die Umsetzung der gesellschaftlichen Wissensbestände in rezipierbare Teile und Proportionen ist eine erhebliche gesamtgesellschaftliche Aufgabe, die sich unmittelbar in das propositionale Handeln der Interaktanten hinein auswirkt. Bildung ist in komplexen Gesellschaften wesentlich sprachvermittelt. Je stärker diese zu Wissensgesellschaften werden, desto größer wird der Stellenwert von Sprache. Schule ist also auch und nicht zuletzt Sprachschule. Die Zeit der Adoleszenz hat das Hineinwachsen in die sprachlichen Möglichkeiten der Gesellschaft, zu der die einzelnen gehören, zum Ziel. Die Komplexität der heutigen gesellschaftlichen Wissenssysteme erfordert weit über den Kreis einzelner Spezialisten hinaus umfassende wissensbezogene sprachliche Handlungsmöglichkeiten, die sich nicht mit einem geringen Wortschatz von 1.000 oder 2.000 Ausdrücken und einer rudimentären Syntax bearbeiten lassen. Die hohe Bedeutung, die kompetentem sprachlichen Handeln gerade in demokratisch organisierten Gesellschaften zukommt, macht die Sprachvermittlung zu einer zentralen Aufgabe der Institution Schule, die in und durch die Arbeit an den verschiedenen Wissensbereichen geschieht. Jenseits eines Schulfaches „Deutsch" (beziehungsweise „Spanisch" oder „Italienisch" etc.), dessen Gegenstände die jeweilige Landessprache ist, ist die Sprachlichkeit der Vermittlung von Wissen in allen Unterrichtsfächern präsent. Unterrichtskommunikation ist also immer zugleich Fachkommunikation, und Fachkommunikation ist immer zugleich weitere Sprachqualifizierung. Dem Unterricht in der Landessprache kommen hier gerade in Bezug auf die propositionale Dimension des sprachlichen Handelns zentrale integrative Funktionen zu. Dies wird in der Isolierung eines einzelnen Schulfaches (oder einzelner Schulfächer, nimmt man die Fremdsprachen hinzu), bisher zu wenig gesehen. Die schnellen sprachlichen Veränderungen, die mit den exponentiellen Veränderungen der Wissensbestände und Wissensstrukturen einhergehen, verlangen eine lebenslange Sprachaneignungsqualifikation, die zu einem der wichtigsten Lernziele für die je neue Generation wird.

## 10 Einsprachigkeit und Mehrsprachigkeit der Unterrichtskommunikation

Die Unterrichtskommunikation in Gesellschaften, die durch komplexe Migrationsprozesse gekennzeichnet sind, kann sich nicht mehr auf eine strukturelle Einsprachigkeit verlassen und zurückziehen. Auch die Berücksichtigung von einer oder mehreren Fremdsprachen wird der differenzierten Sprachlichkeit insbesondere der Klientenseite, der Schülerinnen und Schüler, nicht mehr gerecht. Diese bringen – sprachtypologisch zum Teil weit divergierende – sprachliche Ressourcen in die schulische Kommunikation mit ein. Diese Ressourcen werden für die Unterrichtskommunikation bisher nur ganz unzureichend genutzt. Die zur Fiktion geratene Monolingualität der an der Unterrichtskommunikation beteiligten Interaktanten hat schwerwiegende Konsequenzen für deren kommunikatives Handeln. Wenn eben auf die Notwendigkeit einer sprachlichen Qualifizierung durch die Ermöglichung der Aneignung komplexer sprachlicher Handlungsmittel hingewiesen wurde, so gilt dies ebenso in Bezug auf die faktische Multilingualität in der Institution Schule der Gegenwart. Diejenigen Agenten der Institution, die sich spezifisch mit Sprache befassen, erhalten hier eine fächerübergreifende Aufgabe. Die Befassung mit Kommunikation und ihrer Vermittlung in Kommunikation erfordert neue Konzepte für den Sprachunterricht, neue, linguistische Qualifikationen für die Lehrenden und veränderte kommunikative Lernziele für die Schüler/innen. Die Stellenwertbestimmung jeweiliger Landessprachen in modernen Wissensgesellschaften ergibt sich aus der Antwort auf die Frage, wie die Zukunft der Weltwissensgesellschaft gestaltet werden soll. Dafür bietet eine differenzierte, multilinguale Struktur eine gute Option.

## Literatur

Aebli, Hans: Zwölf Grundformen des Lehrens. Eine allgemeine Didaktik auf psychologischer Grundlage. Medien und Inhalte didaktischer Kommunikation, der Lernzyklus. Stuttgart: Klett-Cotta 1994

Baurmann, Jürgen/Cherubim, Dieter/Rehbock, Helmut (Hrsg.): Neben-Kommunikationen. Beobachtungen und Analysen zum nichtoffiziellen Schülerverhalten innerhalb und außerhalb des Unterrichts. Braunschweig: Westermann 1981

Bauersfeld, Heinrich: Kommunikationsverläufe im Mathematikunterricht. Diskutiert am Beispiel des 'Trichtermusters'. In: Ehlich, Konrad/Rehbein, Jochen (Hrsg.) 1983, 21–28

Becker-Mrotzek, Michael: Kommunikation und Sprache in Institutionen. Ein Forschungsbericht zur Analyse institutioneller Kommunikation. Bd. IV: Arbeiten zur schulischen Kommunikation. In: Deutsche Sprache (1993) Heft 3, 264–282

Becker-Mrotzek, Michael: Angewandte Diskursforschung und Sprachdidaktik. In: Der Deutschunterricht 47 (1995) Heft 1, 16–24

Becker-Mrotzek, Michael/Quasthoff, Uta: Unterrichtsgespräche zwischen Gesprächsforschung, Fachdidaktik und Unterrichtspraxis. In: Der Deutschunterricht 50 (1998) Heft 1, 3–13

Becker-Mrotzek, Michael/Vogt, Rüdiger: Unterrichtskommunikation. Linguistische Analysemethoden und Forschungsergebnisse. Tübingen: Niemeyer 2001

Bellack, Arno A./Kliebard, H.M./Hyman, R.T./Smith, F.L.: Die Sprache im Klassenzimmer. Düsseldorf: Pädagogischer Verlag. Schwann, 1974 (Originalausgabe: The language of the classroom. New York: Teachers College Press, Columbia University 1966)

Berkemeier, Anne: Präsentieren und Moderieren im Deutschunterricht. Baltmannsweiler: Schneider 2006

Brünner, Gisela: Kommunikation in institutionellen Lehr-Lern-Prozessen. Diskursanalytische Untersuchung zu Instruktionen in der betrieblichen Ausbildung. Tübingen: Narr 1987

Coulthard, Malcolm (ed.): Advances in spoken discourse analysis. London/New York: Routledge 1992

Dann, Hanns-Dieter/Diegritz, Theodor/Rosenbusch, Heinz S. (Hrsg.): Gruppenunterricht im Schulalltag. Realität und Chancen. Erlangen: Universitätsbibliothek 1999

Diegritz, Theodor/Rosenbusch, Heinz S.: Kommunikation zwischen Schülern. Schulpädagogische und linguistische Untersuchungen. Didaktische Konsequenzen. München usw.: Urban & Schwarzenberg 1977

Ehlich, Konrad: Schulischer Diskurs als Dialog? In: Schröder, Peter/Steger, Hugo (Hrsg.): Dialogforschung. Jahrbuch des Instituts für deutsche Sprache 1980. Düsseldorf: Schwann 1981, 334–369

Ehlich, Konrad: Sprache und sprachliches Handeln (3 Bd.). Berlin/New York: de Gruyter 2007

Ehlich, Konrad/Rehbein, Jochen: Halbinterpretative Arbeitstranskriptionen (HIAT). In: Linguistische Berichte 45, 1976, 21–41

Ehlich, Konrad: Wissen, kommunikatives Handeln und die Schule. In: Goeppert, Herma C. (Hrsg.): Sprachverhalten im Unterricht. München: UTB 1977, 36–114

Ehlich, Konrad: Erweiterte halbinterpretative Arbeitstranskriptionen (HIAT 2): Intonation. In: Linguistische Berichte 59, 1979, 51–75

Ehlich, Konrad: Die Wiedergabe intonatorischer, nonverbaler und aktionaler Phänomene im Verfahren HIAT. In: Lange-Seidl, Annemarie (Hrsg.): Zeichenkonstitution, Band II. Berlin: de Gruyter 1981, 174–186

Ehlich, Konrad (Hrsg.): Kommunikation in Schule und Hochschule. Linguistische und ethnomethodologische Analysen. Tübingen: Narr 1983

Ehlich, Konrad/Rehbein, Jochen: Muster und Institution. Untersuchungen zur schulischen Kommunikation. Tübingen: Narr 1986

Flanders, Ned A.: Analyzing teacher behavior. Reading, Mass.: Addison-Wesley 1970

Friedrich, Georg: Methodologische und analytische Bestimmungen sprachlichen Handelns des Sportlehrers. Frankfurt/Bern: Lang 1991

Füssenich, Iris: Disziplinierende Äußerungen im Unterricht – eine sprachwissenschaftliche Untersuchung. Düsseldorf (Diss. phil.) 1981

Gaudig, Hugo: Didaktische Präludien. Berlin/Leipzig, 1909

Hanke, Barbara/Mandl, Heinz/Prell, Siegfried: Soziale Interaktion im Unterricht. Darstellung und Anwendung des Interaktionsanalyse-Systems von N.A. Flanders. München: Oldenbourg 1973

Herrlitz, Wolfgang: Pragmatische Schemata der Unterrichtskommunikation. Sprachliche Bedingungen der Konstitution von Lernsituationen in der Institution Schule. In: Ehlich, Konrad/Rehbein, Jochen (Hrsg.) 1983, 186–202

Hundsnurscher, Franz: Typologische Aspekte von Unterrichtsgesprächen. In: Hundsnurscher/Weigand (Hrsg.) 1989, 237–256

Hundsnurscher, Franz/Weigand, Edda (Hrsg.): Dialoganalyse II. Referate der 2. Arbeitstagung Bochum 1988, Bd. I. Tübingen: Niemeyer 1989

Koerfer, Armin: Institutionelle Kommunikation. Zur Methodologie und Empirie der Handlungsanalyse. Opladen: Westdeutscher Verlag 1994

Kügelgen, Rainer von: Diskurs Mathematik. Kommunikationsanalysen zum reflektierenden Lernen. Frankfurt/Bern: Lang 1994

Mazeland, Harrie: Sprecherwechsel in der Schule. In: Ehlich/Rehbein (Hrsg.) 1983, 77–101

Mehan, Hugh: Learning lessons. Social Organization in the Classroom. Cambridge (Mass.)/London: Harvard University Press 1979

Merkelbach, Valentin: Zur Theorie und Didaktik des literarischen Gesprächs. In: Christ, Hannelore et al.: „Ja aber es kann doch sein ...“. In der Schule literarische Gespräche führen. Frankfurt/M. usw.: Lang 1995, 12–52

Nagi, Abdelrahman Mohamed: Frage, Wissen und Institution. Eine linguistische Untersuchung der Sprechhandlung 'Frage' im Unterrichtsdiskurs aus kulturvergleichender Perspektive. Kairo: Diss. Ain Schams Universität 2009

Nürnberg, Gabriele: Das Unterrichtsgespräch als Textsorte und Methode. Frankfurt/M. usw.: Lang 1999

Petersen, Jörg/Sommer, Hartmut: Die Lehrerfrage im Unterricht. Ein praxisorientiertes Studien- und Arbeitsbuch mit Lernsoftware. Donauwörth: Auer 1999

Ramge, Hans (Hrsg.): Studien zum sprachlichen Handeln im Unterricht. Gießen: Schmitz 1980

Redder, Angelika (Hrsg.): Schulstunden I. Transkripte. Tübingen: Narr 1982

Redder, Angelika: Modalverben im Unterrichtsdiskurs. Pragmatik der Modalverben am Beispiel eines institutionellen Diskurses. Tübingen: Niemeyer 1984

Redder, Angelika: Aufbau und Gestaltung von Transkriptionssystemen. (HSK-Artikel) In: Brinker, K. et al. (Hrsg.): Text- und Gesprächslinguistik. Ein internationales Handbuch. Bd. 2, Berlin: de Gruyter 2001, 1038–1059

Rehbein, Jochen: Komplexes Handeln. Elemente zur Handlungstheorie der Sprache. Stuttgart: Metzler 1977

Rehbein, Jochen: Institutionelle Veränderungen. Fokustätigkeit, Fragen und sprachliche Muster am Beispiel einer Geschichts- und Biologiestunde. In: Kokemohr, Rainer/ Marotzki, Winfried (Hrsg.): Interaktionsanalysen in pädagogischer Absicht. Frankfurt/ Bern: Lang 1985, 11–45

Rehberg, Karl-Siegbert: Institutionen, Kognitionen und Symbole. In: Maurer, Andrea/ Schmid, Michael (Hrsg.) Neuer Institutionalismus. Frankfurt/New York: Campus 2002, 39–56

Rehbock, Helmut: Nebenkommunikationen im unterricht. funktionen, wirkungen, wertungen. In: Baurmann, J./Cherubim, D./Rehbock, H. (Hrsg.): Neben-Kommunikationen. Beobachtungen und Analysen zum nichtoffiziellen Schülerverhalten innerhalb und außerhalb des Unterrichts. Braunschweig: Westermann 1981, 35–88

Ritz-Fröhlich, Gertrud: Das Gespräch im Unterricht. Anleitung – Phasen – Verlaufsformen. Bad Heilbrunn: Klinkhardt 1977

Sinclair, John McH./Coulthard, Malcolm: Analyse der Unterrichtssprache. Ansätze zu einer Diskursanalyse dargestellt am Sprachverhalten englischer Lehrer und Schüler. Übersetzt, bearbeitet u. herausgegeben v. H.-J. Krumm. Heidelberg: Quelle & Meyer 1977 (Originalausgabe: Towards an analysis of discourse. London: Oxford University Press 1975)

Spanhel, Dieter: Die Sprache des Lehrers. Grundformen des didaktischen Sprechens. Düsseldorf: Pädagogischer Verlag Schwann 1971

Vogt, Rüdiger: Lehrer Macht Unterricht. Zur Normalitätskonstitution im Klassenzimmer. In: Gloy, Klaus/Januschek, Franz (Hrsg.): Sprache und/oder Gewalt. Osnabrücker Beiträge zur Sprachtheorie (1998) Heft 57, 117–136

Vogt, Rüdiger: Im Deutschunterricht diskutieren. Zur Linguistik und Didaktik einer kommunikativen Praktik. Tübingen: Niemeyer 2002

Wieler, Petra: Sprachliches Handeln im Literaturunterricht als didaktisches Problem. Frankfurt/M. usw.: Lang 1989

RAINER VON KÜGELGEN

# E2 Die Frage im Lehr-Lerndiskurs: Geschichte einer Funktionalisierung – Perspektiven einer Überwindung

## Einleitung

In drei historischen Schlaglichtern (Quadratverdopplung im Menon-Dialog, Problem des vom Mast eines fahrenden Schiffes fallenden Steines aus Galileis Discorsi, Bearbeitung der Menon-Szene durch Wagenschein) wird die Entwicklung der Frage als Hauptinstrument der schulischen Wissensvermittlung untersucht. Wenn es darum geht, die Qualität des im Unterricht erarbeiteten Wissens in Richtung Kreativität und Transferkompetenz zu steigern, vor allem aber *Verstehen* statt bloßer Reproduktion zu erzeugen, erscheint auf der Grundlage der Analyse folgender Prozess unverzichtbar: Die Überwindung der historisch bedingten Funktionalisierung der Frage verlangt zunächst die Meisterung des Lehr-Lerndiskurses durch die Lehrer selbst. Ohne Einsicht in die Verfahren und Risiken der Wissenserarbeitung, ohne Bewusstsein über die Qualitäten des erzeugten Wissens und seiner Lücken wird es keine Überwindung der pädagogischen Illusionen und der didaktischen Wahnsysteme geben können, die das gegenwärtige Schulsystem nach wie vor prägen. Die Verfahren des Lehr-Lernprozesses im Unterricht selbst zum Gegenstand zu machen, also eine geeignete und altersangemessene, unbedingt aber gleichzeitig zum Prozess selbst (in actu) ablaufende, auf das sprachliche Handeln im Unterricht bezogene Erkenntniskritik wird als zentrale Kompetenz des Lehrerberufs deutlich.

Mit dem sprachlichen Handlungsmuster der REGIEFRAGE[1] (erstmals analysiert von Ehlich/Rehbein 1986) gelang es, die befürwortete Selbsttätigkeit der Schüler über das Maß hinaus zu entwickeln, das ihnen die EXAMENSFRAGE oder die (sokratische) EVIDENZ-AFFIRMATIONS-FRAGE abverlangt. Gleichzeitig erscheint in Analogie zur einfachen (Informations-) FRAGE auch bei der REGIEFRAGE die Antwort als das Wesentliche, allein Wissen Enthaltende. Die Gehalte, die im Thema und Rhema (der Bezeichnung des Erfragten) der REGIEFRAGE festgelegt sind, erscheinen ebenfalls in Analogie zur FRAGE als Bereiche des Nichtwissens. Die REGIEFRAGE veranlasst die Schüler – vermittelt über die Suchprozedur nach der Antwort – diese Gehalte nachzuvollziehen und (meist geringfügig) zu verarbeiten, um die Antwort zu

[1] Ich verwende Versalien, wenn von sprachlichen Handlungsmustern die Rede ist.

finden. Dieses Nachvollziehen und Verarbeiten der inhaltlichen Setzungen des Lehrers ist der *Zweck* der REGIEFRAGE, die Suche nach der Antwort ist das Mittel[2]. Im Bewusstsein der Interagierenden sind diese Verhältnisse jedoch verkehrt. Diese Verkehrung ist derzeit in der Lehreraus- und -fortbildung ideologisch festgeschrieben: Die Illusion der schülerseitigen Wissenserzeugung erscheint als Realität, die Steuerung durch die Lehrer wird nicht erkannt und/oder ausgeblendet. Gleichzeitig wird die methodisch-erkenntnistheoretische Verarbeitung des Lehr-Lernprozesses von den Lernenden getrennt und tritt ihnen als geheimes Institutionswissen zweiter Stufe gegenüber. Im Unterricht erarbeitete Einsicht darüber, wie das Wissen im Diskurs erzeugt wird, kann hier Abhilfe schaffen und Verstehen fördern.

Das dominierende sprachliche Handlungsmuster des Lehr-Lerndiskurses ist das AUFGABE-STELLEN-/AUFGABE-LÖSEN, das von Ehlich/Rehbein (1986) analysiert und von von Kügelgen (1994) präzisiert und mit dem Handlungsmuster SCHULISCHES PROBLEMLÖSEN konfrontiert wurde. Mit dem Aufgabe-Lösungs-Muster werden die Schüler in die diskursive Wissenserarbeitung eingebunden, indem ihnen lösbare Anteile eines Problems zugewiesen werden. Damit wird das Problem ihrer mentalen Beteiligung besser gelöst, als durch einen *Vortrag* (Monolog) des Lehrers. Jedoch verfügen sie weder über den *Gesamtplan*, nach dem das Problem zerlegt und seine Lösung sukzessive vorangetrieben wird, noch über das Wissen um die systematische Bedeutung der jeweils erarbeiteten Wissensfragmente (Aufgaben). Im nicht-kritischen (nicht analytischen) Bewusstsein der Beteiligten spiegeln sich die Verhältnisse dieser Arbeitsteilung jedoch verkehrt wider, nämlich als Erfassung des Gesamtzusammenhangs und dessen selbstständige Erarbeitung durch die Schüler unter diffuser (nicht analytisch spezifizierter) Anleitung des Lehrers. Es kommt *systematisch* zu *Illusionen* bei Lehrern und Schülern hinsichtlich der *Qualität des Wissens und seiner Urheberschaft.* Diese Illusionen treten regelmäßig in Situationen an die Oberfläche, in denen die Stützkonstruktionen der Unterrichtskommunikation entfallen (sog. „Ernstsituationen", oft: Prüfungen) und werden dann hilflos als „Katastrophen" („Blackout") gesehen, d.h. nicht-konzeptuali-

[2] Mit dieser Bestimmung nehme ich eine Änderung der Blickrichtung der Analyse gegenüber Ehlich/Rehbein 1986 vor, die als *Zweck* der Regiefrage noch die *Steuerung* der Schüler-Antwort durch den Lehrer im Sinne von dessen Plan angeben. Möglicherweise ist diese Analyse selbst noch in gewisser Weise im funktionalisierenden Potential der Regiefrage befangen, da sie auf die *Antwort* fokussiert und nicht vollständig erkennt, dass die Antwort, verglichen mit den vom Lehrer im Thema der Regiefrage zur Verfügung gestellten Gehalten quantitativ und qualitativ nebensächlich ist. Der eigentliche Zweck ist demgegenüber das Durchlaufen und Aneignen der thematischen Gehalte, das für das Finden der Antwort erforderlich ist. Bei diesem Durchlaufen werden die thematischen Gehalte vom Schüler quasi in eigener Initiative verarbeitet und dabei ungleich wirksamer angeeignet als bei einer einfachen Assertion. Die *Funktionalisierung* besteht in der gleichzeitigen trickreichen Ausblendung dieser Verkehrung der Verhältnisse gegenüber der Verteilung der Aktivitäten bei der Informationsfrage im Bewusstsein von Lehrern und Schülern.

siert. In dem Maße nun, in dem es *im Unterricht selbst* gelingt, die negativen Folgen dieser kurz angerissenen *Arbeitsteilung des Aufgabenlösens* rückgängig zu machen, wird dieses in *schulisches Problemlösen* (v. Kügelgen 1994) transformiert. Dabei geht es in inhaltlicher Sicht zentral um die Verortung der Teilergebnisse im Gesamtlösungsprozess (*Vernetzung*). In methodischer Sicht geht es zentral um die Erarbeitung eines adäquaten Bewusstseins der Lehrenden und Lernenden bezüglich der entgegenstehenden *Aporien* (Ausweglosigkeiten) einerseits und um die Erarbeitung ihres adäquaten Bewusstseins bezüglich der eigenen Erkenntnis-Leistungen (und -Nicht-Leistungen) bei der Überwindung dieser Aporien andererseits. Auf eine kurze Formel gebracht geht es darum, den Lehr-Lernprozess auf einer methodisch-erkenntnistheoretischen Metaebene *im Unterricht selbst transparent zu machen.*

Für den gezielten Eingriff in den Lehr-Lerndiskurs im dargelegten Sinne müssen die Lehrenden über elementares Rüstzeug für eine *in-actu-Analyse*, d. h. eine zeitgleich zum Geschehen selbst ablaufende Analyse des sprachlichen Handelns verfügen. Hier stellt sich die Frage nach der Handlungsqualität („Bedeutung") einzelner Sprechhandlungen und Sprechhandlungssequenzen. Nach Ansicht der funktionalen Pragmatik gibt sich die Handlungsqualität des Diskurses nur in einem aufwändigen hermeneutischen Verfahren zu erkennen und ist nicht eins-zu-eins an der Oberfläche zu identifizieren. Die aus Transkriptanalysen gewonnenen Erkenntnisse werden rekursiv-spiralförmig wieder aufs Material angewendet. So werden die theoretischen Begriffe und Kategorien in Auseinandersetzung mit den empirischen (authentischen) Daten überprüft, verfeinert und entwickelt. Empirische Verfahren (vgl. die Kritik am Kodierverfahren von Bellack in Mazeland/Rehbein 1991), in denen „Datenmengen" nach ihrer Oberflächenbeschaffenheit unreflektiert klassifiziert werden, verfälschen bereits im elementaren Gegenstandsbereich das Forschungsobjekt ebenso unerkannt wie qualitativ und eröffnen einen Fehlerkreis, der am Ende bestätigt, was zu Beginn vorausgesetzt wurde.

Demgegenüber rekonstruiert die funktionale Pragmatik das sprachliche Geschehen als ein *'komplexes Handeln'* (Rehbein 1977), dessen *Formen* als gesellschaftlich ausgearbeitete Verfahren Niederschlag *vorgängiger Problemlösungsprozesse* sind, in denen die Interaktanten einander – im weitesten Sinne die Psyche bzw. ihr Wissen bearbeiten. Dieses Handeln wird von der funktionalen Pragmatik bis auf die elementare Ebene der *Prozeduren* analysiert und von dort aus bis zu den komplexen Großformen der Kommunikation wie *sprachlichen Handlungsmustern* und schließlich *Diskursarten* und *Apparaten* rekonstruiert. Dabei kommt es zu mehrfachen qualitativen Umschlägen hinsichtlich der Gesamtillokution des Handelns. Indem die Handelnden von den gesellschaftlichen Formen selbstverständlichen Gebrauch machen, ist gerade in dieser Selbstverständlichkeit die Problemlösungsqualität der sprachlichen Formen dem nicht reflektierenden Bewusstsein *unzugänglich* gemacht. Will man gezielt Einfluss auf den Lehr-Lerndiskurs nehmen, muss daher – so die These – ein analytischer *Reproblematisierungsprozess* stattfinden; zunächst auf Seiten der Forschenden, dann aber auch in geeigneter Form in actu durch die Handelnden im Lehr-Lernprozess selbst. Dies ist sozusagen das Novum der funktionalen Pragmatik für die Kommunikation im Lehr-Lerndiskurs.

## 1 Die Unterrichtsszene im Menon-Dialog: Ursprung abendländischer Pädagogik

In der Unterrichtsszene in Platons Menon-Dialog[3] geht es um das Problem der Quadratverdoppelung, genauer gesagt darum, wie groß die Seite des doppelt so großen Quadrates, gemessen an der ursprünglichen, sei. Sokrates macht sich anheischig, dem Menon, seinem eigentlichen Gesprächspartner, zu demonstrieren, wie ein unwissender Sklavenjunge ganz ohne Hilfe des Lehrers aus sich selbst heraus das genannte Verdoppelungsproblem löst. In dieser berühmten Unterrichtsszene treten wesentliche, bis heute gültige Elemente des Lehr-Lern-Dialogs zu Tage: Dazu gehören vor allem:

*(i)* Ausbildung, Zerlegung und schrittweise Abarbeitung eines Lehrer-Gesamtplans.

*(ii)* Die spezifisch 'maieutische' Prozessierung der Problemlösung.

*(iii)* Das Durchlaufen der Phase der Aporie (= Erleben des Scheiterns mit den eigenen, verfügbaren Mitteln).

*(iv)* Die Zusammenfassung des Gelernten in einem Terminus.

*(v)* Die Dissoziierung von Sachverhaltsbearbeitung und methodisch-erkenntnistheoretischer Auswertung.

*(vi)* Die Illusionen über die Qualität des erzeugten Wissens und die ideologische Verblendung der Urheberschaft des Wissens.

### (i) Ausbildung, Zerlegung und schrittweise Abarbeitung eines Lehrer-Gesamtplans

Die Systematik des zu Grunde liegenden Gesamtplans wird deutlich, indem die Unterrichtsszene ohne nennenswerte Hinzufügungen oder Tilgungen in einen VORTRAG mit identischem Gehalt umgesetzt werden kann, wenn man die Fragen des Sokrates als Aussagen behandelt (vgl. B3). Bekanntlich erfordert der Nachvollzug eines Vortrages vom Hörer fortgesetzte Konzentration – schon das

[3] Platon schildert, wie Sokrates gegenüber Menon einen Lehr-Lerndialog zwischen sich und einem Sklavenschüler demonstriert, so dass das Gespräch zu Teilen zwischen Sokrates und dem Schüler, zu anderen Teilen aber zwischen Sokrates und Menon stattfindet, vgl. auch. Abschnitt 1 *(v)*

Nichtverstehen weniger Aussagen kann das weitere Verfolgen der Darlegungen unmöglich machen. Die sokratische Methode bietet scheinbar einen Ausweg aus diesem Dilemma an, indem sie die Vorteile der Diskursart VORTRAG (schlüssige Abarbeitung eines propositionalen Gesamtplans) verknüpft mit den Vorteilen der Diskursart DIALOG. Worin bestehen diese Vorteile? Die kennzeichnende dialogische Form der Sokratischen Maieutik ist vermittelt über das sprachliche Handlungsmuster der FRAGE:

*(B 1)*
*Sokrates: Er ist doch ein Hellene und spricht hellenisch?*
*Menon: Sehr gut; er ist im Hause aufgezogen.*

| **Sprachliches Handlungsmuster der (Informations-)FRAGE** | |
|---|---|
| **ZWECK**<br>**Beseitigung Wissensdefizit bei S** | **MITTEL**<br>**Suchprozedur im Wissen von H** |
| SPRACHLICHE UMSETZUNG:<br>Thema-Setzung und<br>Rhema-Umreißung durch S (Frager) | SPRACHLICHE UMSETZUNG:<br>Rhema-Lieferung<br>durch H (Antwortender) |

Abb. 1 Zweck-Mittel-Verhältnis und Aktivitätsverteilung bei der FRAGE

Analysiert man die in der Unterrichtsszene vorkommenden Fragen nach ihrem Fragetyp, so erkennt man, dass allerdings nur äußerst selten vom Typ der (Informations-)FRAGE Gebrauch gemacht wird. Vielmehr zeigen sich zunächst einige wenige EXAMENSFRAGEN (vgl. Abb. 2):

*(B 2)*
*Sokrates: Vier aber ist von zwei was doch?*

| **Sprachliches Handlungsmuster der EXAMENSFRAGE** | |
|---|---|
| **ZWECK**<br>**Überprüfung des Vorhandenseins von Wissen bei H (Prüfling)** | **MITTEL**<br>**Thematisierung eines unvollständigen Wissens durch S (Prüfer)** |
| SPRACHLICHE UMSETZUNG:<br>Vervollständigung des Wissens über<br>Rhema-Lieferung durch H (Prüfling) | SPRACHLICHE UMSETZUNG:<br>Einbettung des zu prüfenden Wissens<br>in ein Thema und Umreißung<br>des Rhemas durch S (Prüfer) |

Abb. 2 Examensfrage

Der Großteil der verwendeten Fragen, der gleichzeitig das Charakteristische der Unterrichtsszene ausmacht, gehört jedoch zu einem noch nicht beschriebenen Typ: Das Rhema dieser Fragen, d.h. der als unbekannt gekennzeichnete Teil, besteht in einer *Affirmation der Evidenz*, d.h. in der Bestätigung der (meist sinnlichen) Offensichtlichkeit der in der Proposition der Frage zur Verfügung gestellten Gehalte (etwa durch Zeigen oder Bestätigen).

*(B 3)*

*Sokrates: Schneidet nun nicht diese Linie, welche aus einem Winkel in den anderen geht, jedes von diesen Vierecken in zwei gleiche Teile?*

*Knabe: Ja.*

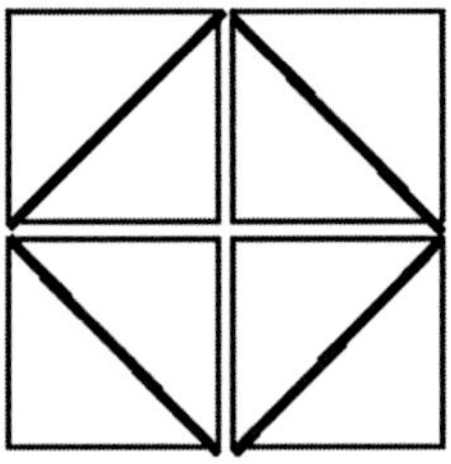

Die pädagogische Kunst des Sokrates besteht in einer spezifischen Fragmentarisierung des propositionalen Gesamtgehalts des anstehenden Sachverhalts. Die Qualität dieser Fragmente erweist sich nämlich als die von Entitäten (im Sinne ihres existentiellen und wirklichen Daseins). Die Entitäten werden von Sokrates zeigend im gemeinsamen Wahrnehmungsraum präsentiert, während gleichzeitig ihr So-Sein fragend in Abrede gestellt wird. Der Schüler des Maieuten Sokrates hat die Aufgabe, die Abrede zurückzuweisen, d.h. die Evidenz der präsentierten Entität zu affirmieren.

| **Sprachliches Handlungsmuster der EVIDENZ-AFFIRMATIONSFRAGE** | |
|---|---|
| **ZWECK**<br>**mentale Übernahme des Sachverhalts durch H (Klient)** | **MITTEL**<br>**Präsentation eines Sachverhalts als Entität durch S (Maieut)** |
| SPRACHLICHE UMSETZUNG:<br>Bestätigung der Entitätsqualität der Assertion durch H (Klient) | SPRACHLICHE UMSETZUNG:<br>Transformation der Assertion in ein Frage durch S (Maieut) |

Abb. 3 Zweck-Mittel-Verhältnis und Aktivitätsverteilung bei der EVIDENZ-AFFIRMATIONS-FRAGE

Auf Seiten des Lernenden kommt es zu keinerlei Verarbeitungsprozessen, wie z. B. Anwendungen, Konfrontationen, Vergleichen, Transferprozessen, methodischen Auswertungen oder anderen Metaüberlegungen. Bei der Unterrichtsszene im Menon-Dialog dreht es sich also nicht wirklich um sprachlich vermittelte Wissensprozessierung, sondern um die Präsentation von Sachverhalt und dessen passive, mentale Abbildung nach der Art eines 'Nürnberger Trichters'.

Zwar kommt es auch durch die EVIDENZ-AFFIRMATIONS-FRAGEN-Verkettungen zu einer Vergrößerung des passiven Wissensbestandes des Klienten – der Junge kann schließlich Quadrate verdoppeln – es kommt dazu jedoch nicht durch die Präsentation der einzelnen Entitäten oder ihrer Summe, wie es der folgende scheiternde Versuch der Auswertung des in (B 4) von Sokrates gelieferten Lösungselements der Diagonalen belegt, der sich unmittelbar an (B 4) anschließt:

*(B 4)*

*Sokrates: Und werden nicht dieses vier gleiche Linien, welche dieses Viereck einschließen*? (Sokrates zeigt hier (vgl. *„dieses"*) offensichtlich auf das Quadrat, das von den vier fettgedruckten Diagonalen aus (B 3) gebildet wird.)
*Knabe: Allerdings.*
*Sokrates: So betrachte nun, wie groß wohl dieses Viereck ist?*
*Knabe: Das verstehe ich nicht.*

Vielmehr muss Sokrates im Anschluss an (B 4) auch noch den Abstraktionsprozess der synthetischen Zusammenfassung der Lösungsfragmente vorgeben, indem er dem Knaben in weiteren sieben Einzelschritten die Größe des von den Diagonalen eingeschlossenen Quadrats herleitet. Dieser Abstraktionsprozess wird allein vom Maieuten durchgeführt. Seine Ergebnisse werden im Anschluss vom Schüler übernommen, der sie dabei in einem unbewussten Analogieprozess mit derselben Wahrhaftigkeitsqualität ausstattet, die den präsentierten Entitäten eignet.

## (ii) Die spezifisch 'maieutische' Prozessierung der Problemlösung

Hanke definiert 1986 die

> „Maieutik (Hebammenkunst) (als) diejenige Kommunikationsform, bei der der Maieut den Gesprächspartner elenktisch (durch Aufzeigen von Widersprüchen prüfend) in Aporie (das Gewahr werden des eigenen Nichtwissens) führt, und daraufhin protreptisch (Hilfestellung leistend) die Doxa (das bloße Meinen) zur Episteme (dem Wissen) entwickelt. Wissen kann dabei sowohl 'positiv' (im Sinne einer formulierbaren Erkenntnis oder These) als auch 'negativ' (aporetisch) die Erkenntnis einer nicht überschreitbaren Wissensgrenze umfassen."

Möglicherweise liegt bei der gängigen Übersetzung von *episteme* als *Wissen*, der sich auch Hanke anschließt, eine folgenreiche Unschärfe vor: Gemoll 1954 leitet demgegenüber *episteme* von *epistamai* ab, in der Bedeutung und nahe der etymologischen Wurzel unseres deutschen *verstehen*. Daraus schließe ich, dass das Konzept von *episteme* einen höheren Handlungsanteil enthält, als dies im Terminus *Wissen* niedergelegt ist. Der Handlungsanteil des *Verstehens* ist noch weiter in Richtung des (erfolgreichen) Anwendens des Wissens anzusetzen (vgl. Kluge/Götze 1953, 835) als der des *Erkennens* in seiner Bedeutung als *Erfassen von etwas als Etwas* (vgl. Rehbein 1994). Ich schlage daher folgende Bestimmung vor: *Verstehen* ist die Fähigkeit, bei der Übernahme der Nachgeschichte einer Handlung, die in der geistigen Verarbeitung von etwas Gesagtem besteht, kognitiv, performativ und natürlich akustisch-rezeptiv zu Ende gehen zu können. Wenn dem so ist, wäre der Charakter der Dialektik als *Erkenntnismethode* m. E. schärfer abgetrennt vom Konzept des Wissens als eines passiven Bestandes von Einsichten. Indem Sokrates selbst unablässig beteuert, dass er nichts wisse, dass er nicht im Besitz des Richtigen sei und gleichzeitig angibt, dass es ihm darauf ankomme, die Menschen in Aporie zu versetzen, betont er m. E. gerade diesen Handlungsaspekt.

Die maieutische Prozessierung der Problemlösung gliedert sich in eine *elenktische* und eine *protreptische* Phase (vgl. Hanke 1986). Die elenktische, d. h. wörtlich *widerlegende, prüfende, verwerfende* Phase orientiert sich entlang der Antizipation und Diskussion naheliegender aber untauglicher Lösungsweg-Versuche. Die protreptische, d.h. wörtlich *vorantreibende, ermunternde* Phase besteht faktisch im geradlinigen Aufbau und in der Präsentation der Lösung. Das sprachliche Mittel dieser Prozessierung ist die EVIDENZ-AFFIRMATIONS-FRAGE. Die konkurrierenden Lösungsansätze, deren Untauglichkeit nachgewiesen werden soll, werden genauso wenig vom Jungen vorgetragen, wie die Ansätze zur angestrebten Lösung: Beides wird durch Verkettungen von EVIDENZ-AFFIRMATIONS-FRAGEN geradlinig von Sokrates präsentiert. Am maieutischen Klienten werden sozusagen ein negativer und ein positiver Sachverhalt mental vollstreckt. Wir haben es mit einer Form der Wissensweitergabe zu tun, bei der der Empfänger des Wissens eine ausschließlich passive Rolle spielt, d.h. mit der paradoxen Form einer nahezu hörerunabhängigen Kommunikation. Aus diesem Grund spreche ich auch von einer *Verkettung*, nicht von einer *Sequenz* von EVIDENZ-AFFIRMATIONS-FRAGEN.

## (iii) Das Durchlaufen der Phase der Aporie

Ein entscheidender Fortschritt der sokratischen Methode besteht in der Erkenntnis der Rolle der *Aporie*.

*(B 5)*

*Sokrates: Auch nicht aus der dreifüßigen Seite also wird uns das achtfüßige Viereck.*
*Knabe: Freilich nicht.*

*Sokrates: Von welcher also, das versuche doch uns genau zu bestimmen; und wenn du es nicht durch Zählen willst,* so zeige *uns nur von welcher.*
*Knabe: Aber beim Zeus, Sokrates, ich weiß es nicht.*

Die Beschwörung des Göttervaters und die namentliche Anrufung des Maieuten unterstreichen, in welchem Ausmaß der Junge mit seinem Wissen am Ende ist. Wissen hat (ursprünglich und eigentlich) eine untrennbare Beziehung zu Prozessen des Problemlösens. Man kann Wissen als *Kondensat vorgängiger Problemlösungen* beschreiben. Allerdings ist dieses Kondensat *situationsentbunden*, d.h. es steht nicht mehr im unmittelbaren Bezug zu dem Problem, zu dessen Lösung es entwickelt wurde. Um 'totes', handlungsirrelevantes Wissen von lebendigem zu trennen, kommt es daher darauf an, seine Problemlösungsqualität zu reaktualisieren. Was macht nun ein *Problem* aus?

Zunächst gibt es ein *Handlungsinteresse*, das auf den *Widerstand der Sache* stößt. Das Handlungsinteresse erzeugt das *Zielbewusstsein*, das den Problemlösungsprozess steuert. Der Widerstand der Sache führt zu dem Erlebnis des *Scheiterns.* Dies Scheitern führt zum Aussondern aller bislang verfügbaren Mittel, die als untauglich kenntlich werden. Dadurch setzt es verstehensmäßig kreative Kräfte frei. Die *Aporie* ist nun das *schulische* – weil nicht unmittelbar erfahrene, sondern selbst im Lehr-Lerndiskurs vermittelte – *Korrelat des Scheiterns* am Handlungswiderstand einer Sache. Die Aporie ist entscheidend für die (Re-)-Konstruktion des Handlungsinteresses und für die Generierung des Zielbewusstseins, weil sie die Untauglichkeit vorhandener Problemlösungsmittel erkennen lässt und damit den Blick auf die eigentlich unzugänglichen Teile des Problems (*konkrete Negation*) frei macht.

Ohne die Aporie würde durch die spezifisch sokratische Form der Sachverhaltsvermittlung eine bloße *Summe*, eine *Liste isolierter Wissensfragmente* erzeugt. Die Aporie, die den Lernenden vor die Notwendigkeit stellt, mit seinem Wissen ein Problem zu lösen, lässt Inkompatibilitäten zwischen den vorhandenen mentalen Bausteinen und ihren gewünschten Anwendungen erkennen. Dadurch trägt die Aporie eine gewisse Systematik in die ansonsten zusammenhangslose Summe der Entitätenabbildungen. Diese Systematik ist durch eine *starre Zuordnung* bestimmter mentaler Bausteine zu ihren jeweiligen Anwendungen gekennzeichnet. (Im Beispiel: „Wenn du ein Quadrat verdoppeln willst, kannst du nicht einfach das Doppelte oder anderthalbfache der alten als neue Seite nehmen.").

## (iv) Die Zusammenfassung des Gelernten in einem Terminus

Der Maieut präsentiert in seiner Frage nicht nur zeigend, zeichnend oder verweisend einen Sachverhalt, sondern er *benennt* ihn auch zugleich in der Proposition seiner Frage. Diese Benennung ist nun aber keineswegs ein zu vernachlässigender Vorgang. Das Benennen hat vielmehr die Qualität der Zuordnung eines (nonverbalen) Sachverhalts zu einem Terminus und darüber vermittelt zu einem

*Begriff*, also zu bestimmten Vorstellungen und Konzepten. Mit dieser Zuordnung wird etwas (ein präsentierter Einzelsachverhalt) als Etwas (Begriff vom Sachverhalt) *erkannt* – es handelt sich also um einen Erkenntnisprozess (vgl. Rehbein 1994). Dieser Erkenntnisprozess wird vom Maieuten *vollständig* (ohne erkenntnismäßige Lücken für den Klienten) dargeboten und vom Klienten als solcher *zur Kenntnis genommen*. Die Tätigkeit des Knaben in der Unterrichtsszene kann also (bis auf die genannten Ausnahmen) in diesem Sinne folgendermaßen gekennzeichnet werden: Ich nehme zur Kenntnis, dass der Sachverhalt x als y zu benennen ist (… dass x ein y ist). Das Zurverfügungstellen eines Terminus (*Diagonale*) stellt eine mächtige Ökonomisierung dar:

*(B 6)*

*Sokrates: Diese nun nennen die Gelehrten die* Diagonale*; so dass, wenn diese die Diagonale heißt, alsdann aus der Diagonale, wie du behauptest, das zwiefache Viereck entsteht.*
*Knabe: Allerdings, Sokrates.*

Die Ökonomisierung besteht darin, dass unter dem betreffenden Terminus der durchlaufene Prozess der Begriffsbildung niedergelegt und wieder aufgerufen werden kann. Dieser Prozess weist jedoch eine folgenschwere Ambivalenz auf: Denn der Terminus allein ist nichts als die sprachliche Oberfläche eines Begriffs. Er ist verfügbar, auch ohne den zu Grunde liegenden Prozess der Begriffsbildung durchlaufen zu haben. Das Ergebnis wird in diesem Fall zur Schein-Problemlösung: Das erzeugte Wissen wird zum *Fassadenwissen* und gestattet bestenfalls *operatives Handeln.*

### (v) Die Dissoziierung von Sachverhaltsbearbeitung und methodisch-erkenntistheoretischer Auswertung

Die Unterrichtsszene lässt sich durchgängig in zwei scharf getrennte Stränge scheiden: Zum einen handelt es sich dabei um die *Prozessierung des Sachverhalts*, d.h. des Problems der Quadratverdoppelung. In diesem Strang wendet sich Sokrates als Lehrer an den Sklaven als Schüler. Bei dem zweiten Strang handelt es sich um die *methodisch-erkenntnistheoretische Auswertung* der Demonstration zum Zwecke des Beweisens der Anamnesis-Theorie ('Es gibt kein Lernen, lediglich Wiedererinnern. Die unsterbliche Seele hat Anteil am unveränderlichen Wissen, das allerdings in Vergessenheit geraten ist und vom Maieuten wiedererweckt werden muss.'). Diesen Strang verfolgt Sokrates ohne jede Beteiligung des Jungen und über dessen Kopf hinweg allein mit Menon, dem eigentlichen Adressaten des Dialogs, wobei die Meisterung des Sachproblems vorausgesetzt ist. Auf Grund dieser Dissoziierung sind in der Szene zwei ganz verschiedene Handlungsmuster ineinander verflochten: Zwischen Sokrates und dem Jungen findet eine fragmentarisierte, über die Abarbeitung von Aporien gegliederte INSTRUKTION mit dem Ergebnis des *Könnens* statt[4], mit Menon dagegen wird ein philosophisch-erkenntnistheoretisches PROBLEM bearbeitet, in dessen Verlauf verschiedene Lösungsvorschläge des Menon diskutiert werden, indem Einzelfälle untersucht, abstrahiert und immer wieder verworfen werden und dessen Ergebnis eine Problemlösung oder, wie im vorliegenden Falle eine Aporie, auf jeden Fall aber ein *Verstehen* ist.

Wie im weiteren zu zeigen sein wird, knüpft die pädagogisch-didaktische Tradition verhängnisvollerweise nicht am PROBLEM, sondern an der INSTRUKTION an, allerdings im unreflektierten Selbstverständnis der Szene, diese INSTRUKTION als selbständige Wissenserarbeitung, als Verstehen auszugeben.

### (vi) Die Illusionen über die Qualität des erzeugten Wissens und die ideologische Verblendung der Urheberschaft des Wissens

Bei Platon dient die gesamte Unterrichtsszene zur Demonstration der Anamnesis-Theorie, nach der die Seele des Menschen auf Grund ihrer Unsterblichkeit a priori Anteil an den Ideen hat. Diese Theorie erscheint gleichermaßen Ursache wie Folge der im Dialog von Sokrates vertretenen These, dass es keine Lehrer der Tugend gibt, sondern nur ein Wiedererinnern (anamnesis). Diese These wird zu Beginn der Demonstration von Sokrates verallgemeinernd zu der Behauptung ausgeweitet, 'es gebe keine Belehrung, sondern nur Erinnerung'. Während die Frage der Herkunft und der Definition der Tugend wohl bis auf den heutigen Tag offen geblieben ist, so gilt dies nicht mit der Verabsolutierung der sokratischen Demonstration in folgende Richtung:

*(B 7)*

*Sokrates (zu Menon): Sieh nun aber auch zu, was er von dieser Verlegenheit aus mit mir suchend auch finden wird, indem ich ihn immer nur frage und niemals lehre. Und gib wohl Acht, ob du mich je darauf betriffst, dass ich ihn lehre und ihm vortrage, und nicht seine eigenen Gedanken nur ihm abfrage.*

Hier formuliert Sokrates zwei zentrale, bis heute unvermindert gültige, didaktische Maximen: „*DOZIERE NICHT!*“ und: „*DIE SCHÜLER SOLLEN ES SELBST RAUSKRIEGEN!*“ Die Einlösungsversuche dieser Maximen erweisen sich – ebenfalls bis auf den heutigen Tag unvermindert gültig – allerdings ganz im Gegensatz zu den interessierten Eindrücken der Beteiligten zumeist als Illusion. Bei Platon wird diese Illusion nach dem erfolgreichen Abschluss der Demonstration in ihrer methodisch-didaktischen Auswertung formuliert:

[4] Diese Ausführungen sollen keine Diffamierung der Instruktion darstellen und schon gar nicht des Könnens, das oft – z. B. bei motorischen Fähigkeiten wie etwa dem Geigespiel – erheblich längere Zeit und größeren Aufwand für seine Beherrschung verlangt, als das Wissen oder das Verstehen. Die Kritik richtet sich gegen das Ersetzen des einen durch das andere.

*(B 8)*

*Sokrates: Was dünkt dich nun, Menon? Hat dieser irgendeine Vorstellung, die nicht sein war, zur Antwort gegeben?*
*Menon: Nein, nur seine eigenen.*
*Sokrates: Und doch wusste er es vor kurzem noch nicht, wie wir gestanden?*
*Menon: Ganz recht.*
*Sokrates: Es waren doch aber diese Vorstellungen in ihm. Oder nicht?*
*Menon: Ja.*

Die heutige Pädagogik schließt an diese Ausführungen an, ohne zu erkennen, dass es der Adressat der sokratischen methodisch-theoretischen Überlegungen, Menon, ist, bei dem ein Überzeugungs- oder Verstehensprozess angestrebt wird, und nicht der Knabe, dessen Zugewinn in keiner Weise im *Verstehen*, kaum im *Wissen*, als vielmehr im *Können* besteht: er kann in Zukunft Quadrate verdoppeln. Dieses Können wird erzeugt durch in wohlüberlegter Sukzession dargebotene Wissensfragmente, die vermittelt über ihre Frageform vom Lernenden als solche nachvollzogen werden (EVIDENZ-AFFIRMATIONS-FRAGE). Die Illusion hinsichtlich der Qualität des Wissens besteht darin, dass die Erzeugung von Können mit der Erzeugung von Wissen oder gar Verstehen gleichgesetzt wird.

Gleichzeitig wird die funktionalisierte Form der EVIDENZ-AFFIRMATIONS-FRAGE unbewusst gleichgesetzt mit dem ursprünglichen sprachlichen Handlungsmuster der FRAGE. In der FRAGE liegt auf der Seite des Fragenden ein im Rhema der FRAGE umrissenes Unwissen über ein Thema vor. Von dieser Konstellation wird in einem ebenfalls unbewussten Analogieprozess die Tatsache des Unwissens übernommen, absolut gesetzt und auf die in ihrer Funktionalisierung nicht erkannte Frageform der EVIDENZ-AFFIRMATIONS-FRAGE ausgeweitet. Im Akt seiner Bestätigung durch den Schüler erhält der propositionale Gehalt der EVIDENZ-AFFIRMATIONS-FRAGE die gleiche Qualität wie die Antwort auf die FRAGE, nämlich etwas vom Fragenden nicht Gewusstes zu sein. Ja, in einem Oberflächenbewusstsein, das analytisch unbelastet ist und insbesondere keinerlei Vorstellung von der Existenz des *Musterwissens* hat, erhält die *gesamte* FRAGE die Qualität von nicht Gewusstem, nicht nur die Antwort. Daher erscheint die Antwort dann als vom Gefragten erzeugtes Wissen.

Wer die Unterrichtsszene im Menon in ihrem Selbstverständnis als Beweis der Möglichkeit von nicht-belehrender Wissenserzeugung durch geschicktes Fragen akzeptiert, der verkennt die mächtigen Instrumente der Hörersteuerung, die schon in der einfachen FRAGE liegen. Gleichzeitig identifiziert er sein Handlungsinteresse als Fragender, den lediglich die Beseitigung der eigenen Wissenslücke interessiert, mit der Qualität der gesamten Sprechhandlungssequenz und bildet dies theoretisch als Verabsolutierung des Nichtwissens und Dethematisierung seiner Themasetzung und Rhema-Umreißung ab. So gesehen stellt die

Szene und ihre theoretische Auswertung die Verallgemeinerung eines radikalen *Sprecherstandpunkts* dar.

Der Mechanismus der scheinbaren Wissenserzeugung ohne Zutun des Maieuten beruht also auf der Verkennung der im sprachlichen Handlungsmuster der FRAGE durch den Fragenden geleisteten Hörersteuerungen und Wissensvorgaben und in der Ausweitung dieser Verkennung auf die Form der EVIDENZ-AFFIRMATIONS-FRAGE. (Wir werden später den gleichen Mechanismus im Fall der REGIEFRAGE erleben.) Die Festschreibung dieses Scheins und seine Erhebung zur Wissenschaft bezeichne ich als ideologische Verblendung der Pädagogik.

## 2 Galilei's Discorsi – streitbarer Auftakt aufklärerischer Naturwissenschaft

### (i) Integration von Sachverhaltsprozessierung und methodisch-erkenntnistheoretischen Metaüberlegungen

Ohne Verlagerung von Syntheseleistungen (Themasetzungen und Zusammenfassungen) sowie methodischen Auswertungen und Metaüberlegungen auf die Handlungsseite der Schüler führt die Fragmentarisierung zu Desorientierung, die Aporie zur Verwirrung, zur Sprach- und Hilflosigkeit. Es wird ein vom Prozess seiner Gewinnung isoliertes Faktenwissen erzeugt, *das sich handlungsmäßig im Operieren (operativer Unterricht) erschöpft*. Ohne den prozessierenden Helfer gibt es keinen Transfer, keine Kreativität, keine Möglichkeit, Probleme zu lösen.

Wer, wie Galilei, abgelehnt wird, weil er sich konträr zu den herrschenden Lehrmeinungen verhält, der muss bei Strafe des Untergangs Methoden der Wissensbearbeitung entwickeln, die sich auch gegen eine bereits verfestigte Überzeugung durchzusetzen vermögen. Mit Überredung, Druck oder dem Verweis auf Mehrheitsansichten kann der wissenschaftliche Außenseiter keine Erfolge erzielen. Aus der Notwendigkeit heraus, die scholastischen Beschränkungen und Denkverbote zu überwinden, macht Galilei im Diskurs selbst in erheblichem Ausmaß allgemeine Prinzipien problemlösenden Denkens zum Gegenstand der Erörterung und des Lernprozesses. Er legt die ideologischen und erkenntnistheoretischen Grundlagen der falschen Ansichten bloß, ja, er widmet dem Aufbrechen, Infragestellen, Abräumen und Ersetzen hartnäckig, weil interessiert verteidigter Gang-und-Gäbe-Vorstellungen mehr Raum als der reinen Überwindung des Unwissens. Damit werden die zwei Stränge des Lehr-Lerndiskurses zusammengeführt, die sich im Menon-Dialog in dissoziierter (zerlegter) Form finden. Bei Galilei sehen wir nun, wie sich der Lehr-Lernprozess aus einer innigen Vernetzung dieser beiden Stränge entfaltet.

Galilei lässt Simplicio die Funktion einer *Zusammenfassung* benennen. Eine Zusammenfassung ist zunächst als integrierte Aufführung zentraler Wissenselemente eines Sachverhalts *und ihres logisch-systematischen Verhältnisses zueinander* beschreibbar (vgl. Ehlich/Rehbein 1986, 84). Die Zusammenfassung erfordert aber nicht nur den Gesamtüberblick, sondern geht, indem sie diesen sprachlich niederlegt, auch wissensmäßig (in Gültigkeit, Breite und Tiefe der Erkenntnis) über das Zusammengefasste hinaus. Man kann sie als die *vorletzte Stufe der Begriffsbildung* bezeichnen: Im nächsten Schritt schnurrt die Darlegung zum Terminus zusammen, der als Symbol des Begriffs funktioniert. Eine Zusammenfassung macht einen komplexen Sachverhalt als Ganzen im Diskurs bearbeitbar, sie ist unerlässlich, um kritische Distanz zum Sachverhalt zu gewinnen oder von ihm zu abstrahieren sowie um Transferprozesse einzuleiten. Zusammenfassen kann nur, wer sich im Sachverhalt souverän bewegt. Für Schüler ist die Zusammenfassung eine äußerst schwere Aufgabe, da ihnen die Wissensprozessierung im Unterricht als *additive Reihung qualitativ ununterschiedener Wissenselemente* erscheint.

Galilei *verweist die Schlussfolgerung* – entgegen der üblichen Arbeitsteilung im Aufgabenlösen – *an den Schüler* und nötigt ihn damit zu einer Synthese der zuvor im Lehr-Lerndiskurs erzeugten Wissensbestandteile. Die Arbeit an der Schlussfolgerung (ebenso wie an Zusammenfassungen und Gliederungen) wirkt der Fragmentarisierung des Schülerwissens entgegen, die durch die additive Reihung der Wissenselemente verursacht wird. Galilei *kritisiert den scholastischen Umgang mit Wissen*, indem er das Konzept in Abrede stellt, Wissen begründe sich auf der kompilatorischen Übernahme kanonisierter Texte. Dem wird ein auf Empirie und Experimenten gegründetes Wissenskonzept gegenübergestellt. Diese Ausführungen Galileis lassen sich zu der These verallgemeinern, dass Schüler ihr Wissen auf der Grundlage und in den Grenzen bestimmter, wenn auch unbewusster Wissenskonzepte entwickeln. Das *Bewusstmachen dieser Konzepte* und die kritische Arbeit an ihnen erweist sich als mächtige Hilfe im Lernprozess.

Galilei *verwirft ausdrücklich ein empiristisches Theorieverständnis* (eine Auffassung, die angesichts bestehender positivistischer Denkverbote aktuell ist). Das Experiment erzeugt (im Gegensatz zum Ersinnen des Experiments) keine Erkenntnis, es kann lediglich zeigen, was passieren kann. Der Erkenntnisprozess selbst ist kognitiv-mentaler Art und baut auf der *Interpretation* der Empirie auf. Galilei stellt ein Überzeugungskonzept vor, das, auf unstrittigen Erfahrungen (*gesundem Menschenverstand*) aufbauend, durch logisches Schlussfolgern, durch Abstraktion und Transfer vom Phänomen zur Erkenntnis des Wesens vordringt. Damit wird der (diskursiv vermittelte, kognitiv-mentale) *Verstehensprozess* in den Mittelpunkt gerückt. Demgegenüber herrschen in der Schule gerade in den naturwissenschaftlichen Fächern oft Konzepte vor, die darauf basieren, dass sie durch geschickte Datenarrangements und Versuchsanordnungen auch hochabstrakte Erkenntnisse scheinbar evident machen. Damit werden unersetzbare Verstehensprozesse in trügerischer Erleichterung umgangen und dethematisiert.

### (ii) Steuerung des Wissenserwerbs über REGIEFRAGEN-Sequenzen

Für die Vermittlung des Sachverhalts greift Galilei mit der REGIEFRAGE (vgl. Ehlich/Rehbein 1986) zu einem neuen, bis heute dominierenden Muster der schulischen Wissensprozessierung. Galilei setzt seinen Plan zur Widerlegung der ptolemäischen Beweisführung für das Stillstehen der Erde systematisch mit einer Sequenz von REGIEFRAGEN um: Mit ihrer Hilfe prozessiert er, kurz gesagt, Ableitung und Anwendung des Gesetzes der Trägheit der Masse in folgenden fünf Schritten:

(1) Galilei thematisiert (B 9) gemeinsam als evident akzeptierte Erfahrungsgrundlagen des Verhaltens eines Balles auf der schiefen Ebene.

*(B 9)*

*SALVIATI: Sagt mir also: wenn Ihr eine ebene, völlig glatte, spiegelähnliche Fläche habt, von stahlhartem Stoffe, die nicht horizontal, sondern etwas geneigt ist, und Ihr legt einen vollkommen kugelförmigen Ball darauf, aus schwerem, sehr hartem Stoffe, etwa aus Bronze, was würde er, sich selbst überlassen, Euerer Ansicht nach tun? Meint Ihr nicht auch, wie ich, er würde ruhig liegen bleiben?*

*SIMPLICIO: Und die Fläche soll geneigt sein? (...) Keineswegs glaube ich, dass er liegen bleibt, im Gegenteil, ich bin völlig gewiss, dass er sich von selbst nach der geneigten Seite bewegen würde. (...)*

Galilei lässt (2) seinen Schüler von diesen Erfahrungen auf das Verhalten des ruhenden und in Bewegung gesetzten Balles auf der Horizontalen abstrahieren. Galilei lässt (3) einen Transfer auf die Gegebenheiten vornehmen, die der ptolemäischen Beweisführung zu Grunde liegen. Galilei vervollständigt (4) in einer Kombination aus Zusammenfassung und Schlussfolgerung den Transfer auf den von der Mastspitze des fahrenden Schiffes fallenden Stein und lässt sich den Transfer vom Schüler bestätigen. Galilei lässt dann (5) den Schüler den „letzten Schluss", der die ptolemäische Beweisführung als nicht stichhaltig erweist, selber ziehen.

Mit der REGIEFRAGE stellt der Lehrer in strategischer Absicht relevante Teile des Wissens im Thema seiner Frage zur Verfügung, deren Berücksichtigung durch die Schüler Fortschritte für die Problemlösung verspricht. Diese Berücksichtigung kann z. B. in Prozessen des Konkretisierens und/oder der Steuerung der mentalen Suchtätigkeit der Schüler etwa durch Nennung oder Setzung von Schlüsselbegriffen bestehen. Der spezifische Kunstgriff der REGIEFRAGE besteht nun darin, dass dieses Wissen nicht in Form einer Assertion (Behauptung) an den Schüler herangetragen wird. Damit wird die Problematik der assertiven Form der Wissensvermittlung (Vortrag) erfolgreich ausgeklammert. Vielmehr tritt die Vorgabe dieses eigentlich einschlägigen Wissens in den *Hintergrund.* In den *Vordergrund* stellt die REGIEFRAGE das in ihrem Rhema als konkretes Nichtgewusstes Bezeichnete. Gleichzeitig wird das einschlägige Wissen aber vom Schüler zur Vervollständigung eben dieser rhematischen Lücke (Wissenslücke) *verarbeitet* und damit umso wirksamer *angeeignet.* Die Aneignung des Wissens wird durch den spezifischen Kunstgriff der REGIEFRAGE also im gleichen Maße effektiviert wie Schwerpunkt und Steuerung der Aneignung verkehrt und verborgen bleiben. Dieses Verborgensein liegt im Guten wie im Schlechten jenseits dessen, was den subjektiven Absichten der Beteiligten zugänglich ist. Es stellt sich her über den Vollzug der sprachlichen Handlungen selbst, ist nichts anderes als die Beschreibung derjenigen Anteile dieses Handelns, die, weil im Musterwissen verankert, automatisch und selbstverständlich ablaufen und deren Thematisierung sprachwissenschaftliches Wissen und simultane Analyse des eigenen Handelns zur Voraussetzung hätte.

<table>
<tr><th colspan="2">Sprachliches Handlungsmuster der REGIEFRAGE</th></tr>
<tr><td>ZWECK<br>H (Schüler) verankert die (vorgegebenen) propositionalen Gehalte der Frage in seinem Wissen, indem er sie geringfügig so verarbeitet, wie es die hinsichtlich Richtung und Ziel in Gang gesetzte Suchprozedur vorschreibt.</td><td>MITTEL<br>Strategische Setzung eines (Teil-)Wissens, das relevant für die Lösung der anstehenden (Teil-)Aufgabe ist, durch S (Lehrer)</td></tr>
<tr><td>SPRACHLICHE UMSETZUNG:<br>rhematische Vervollständigung der als Frage behandelten Regiefrage/Anwendung des Wissens auf die anstehende Aufgabe durch H (Schüler)</td><td>SPRACHLICHE UMSETZUNG:<br>Vorgabe des einschlägigen propositionalen Gehalts in unfertiger, Richtung und Ziel ihrer rhematischen Unvollständigkeit jedoch bezeichnender Form durch S (Lehrer)</td></tr>
<tr><td colspan="2">Die Konkretisierung/Rhema-Lieferung durch die Schüler gilt als Nachweis des erfolgreichen Wissenserwerbs. Aber: Die Vorgabe entscheidender propositionaler Gehalte sowie die Prozessierung der Problemlösung und die Steuerung der Suchtätigkeit werden nicht versprachlicht und bleiben unreflektiert. Erworben wird lediglich die Fähigkeit des Nachvollzuges einer Aufgabenlösung. Durch Routine werden Lösungsschemata erzeugt. Transfer- und Problemlösungskompetenz sind (systematisch) weder Gegenstand noch Resultat der Interaktion.</td></tr>
</table>

Abb. 4 Zweck-Mittel-Verhältnis und Aktivitätsverteilung bei der REGIEFRAGE

Obwohl das wesentliche an der REGIEFRAGE also keineswegs in ihrer Antwort liegt, ist damit die Selbsttätigkeit der Schüler entscheidend über das Maß hinaus weiterentwickelt worden, das ihnen in der EXAMENSFRAGE oder in der EVIDENZ-AFFIRMATIONS-FRAGE abverlangt wird. Galileis Weiterentwicklung des Lehr-Lerndiskurses besteht demnach aus REGIEFRAGE-Sequenzen, in denen parallel zueinander das jeweilige Sachproblem und seine methodisch-erkenntnistheoretisch-ideologischen Implikationen und Konsequenzen erarbeitet werden. Die REGIEFRAGE-Sequenzen gestatten die schrittweise Abarbeitung des Galileischen Planes durch den Schüler. Die Überzeugungskraft dieses Vorgehens wird entscheidend verstärkt durch die methodischen Überlegungen, die es abstrahierend auf der Metaebene begleiten. Bestimmte methodische Grundpfeiler des scholastischen Denkens werden so erst einmal in Frage gestellt und dann durch Elemente wissenschaftlich-logischen Schlussfolgerns ersetzt. Die revolutionierte Erkenntnistheorie löst im weiteren Ableitungsgang eine Lawine produktiver Transferprozesse aus.

## (iii) Irrtümer über das Zustandekommen des Verstehens

Galilei geht in Übertragung der Verhältnisse bei der FRAGE davon aus, dass auch bei seinen REGIEFRAGEN das wesentliche in der Antwort bestünde: „Meint Ihr nicht auch, wie ich, er würde ruhig liegen bleiben?“ (vgl. B 9). Bei dieser die komplexe Regiefrage (B 9) abschließenden Äußerung handelt es sich um einen Versuch, die im Thema der Frage enthaltenen Vorgaben zu depotenzieren, die die Antwort ja weitgehend evident (selbstverständlich) machen. Zum Zwecke dieser Depotenzierung erschwert Galilei künstlich die Antwort, statt die thematischen Vorgaben zumindest teilweise inhaltlich oder in ihrer Funktion als unverzichtbar für den geplanten Transfer auf die Verhältnisse beim fahrenden Schiff herausarbeiten zu lassen. Galilei setzt das Verstehen in enge Beziehung zum selbstständigen Erkennen und Überwinden falscher Ansichten. Als Kriterium der Selbstständigkeit sieht er es an, wenn sich der Schüler mit seiner Ansicht auch gegen eine in taktischer Absicht falsch aufgestellte Lehrerthese durchsetzt. Dass die geforderte Selbstständigkeit jedoch durch das mächtige Steuerungsinstrument seiner REGIEFRAGEN viel weitergehend behindert wird, als sie durch den leicht durchschaubaren „Kunstgriff“ gefördert wird, entgeht Galilei allerdings.

*(B 10)*

*SALVIATI: Ich wünsche nicht, dass Ihr sagt oder antwortet, Ihr wüsstet irgendetwas, was Ihr nicht völlig sicher wisst. (…)*

*SALVIATI: Und Ihr haltet das für feststehend, nicht, weil ich es Euch gelehrt hätte – ich suchte Euch ja das Gegenteil einzureden –, sondern aus freiem Antrieb, nach euerem gesunden Menschenverstande.*

*SIMPLICIO: Jetzt verstehe ich Eueren Kunstgriff; Ihr habt nur so geredet, um mich kirre zu machen, wie das Volk sagt, nicht, weil Ihr selbst so dächtet.*

Im Triumph der von ihm entfesselten argumentativen Kräfte kennzeichnet Galilei das von ihm entwickelte Verfahren in einer Ehrlichkeit, die von vielen Lehrern heute als schockierend empfunden wird, da sie die Handlungsqualität eines

Werkzeugs paraphrasiert, über dessen Wirkungsweise lieber der Mantel der Illusion gebreitet wird:

*(B 11)*

*„Ich verstehe aber das Handwerk, mit Gehirnen umzugehen, so meisterlich, dass ich Euch gewaltsam ein Geständnis entreißen werde.“*

Die Qualität eines durch REGIEFRAGEN-Sequenzen bestimmten Lehr-Lerndiskurses besteht in der Tat insofern mehr in einem ‘gewaltsamen’ inquisitionsähnlichen ‘Handwerk’(!) als in einem Verstehensprozess. Denn der ‘Überzeugte’ weiß nicht, wie ihm geschieht und das ‘entrissene’ Wissen fällt bei Abwesenheit des ‘Meisters’ vom Schüler ab, es ist nicht neu erzeugbar bzw. es bleibt ohne jedes kreative Potential.

## 3 Anspruch und Dilemma rezenter Pädagogik

Doch auch mit der institutionellen Funktionalisierung der FRAGE zur REGIEFRAGE bleiben bis auf den heutigen Tag die für die Problemlösung wesentlichen Vorgänge, die in der Prozessierung (Steuerung) des Problemlösungsprozesses bestehen, allein auf der Lehrerseite. Sie *bleiben* dort als unbewusste, weil sie unbewusst *sind*: unerkannt, unreflektiert und vor allem unversprachlicht. Das zeigt sich beispielhaft daran, wie ein hervorragender Didaktiker wie Martin Wagenschein (1965) die Unterrichtsszene aus dem Menon-Dialog verarbeitet. Wagenschein sieht die Unterrichtsszene als grandioses Dokument didaktisch-pädagogischer Prinzipien wie dem „Hineinlocken“ der Schüler in den „Kraftfluss eines Problems“, insofern die Schüler mit der sokratischen Methode in „größtmöglicher Selbsttätigkeit“ der „Zucht und Freiheit“ des mathematischen Verfahrens „inne werden“ (vgl. Wagenschein 1965, 138).

### (i) trickreiche Überbrückungen der aporetischen Konfrontation mit dem Unwissen

Die Wagenschein'sche Bearbeitung der Unterrichtsszene besteht zum einen in einer Veränderung der Aufgabenstellung:

*(B 12)*

*„Da ist ein kleines Quadrat, und ich habe es in* zwei *Exemplaren, etwa ausgeschnitten, aus Papier.“ (ebd., 144)*

Es ist nicht mehr die Seitengröße eines verdoppelten Quadrates zu bestimmen, sondern es sind zwei Papierquadrate zu einem zusammenzufügen. Nur für den Mathematiker ist die erste Aufgabe in der zweiten aufgehoben – für den Schüler sieht die Sache anders aus: Die ursprüngliche, sokratische Aufgabe verlangt von ihm die algebraisch-symbolische bzw. algebraisch-numerische Bestimmung einer irrationalen Zahl (Quadratwurzel aus zwei) und damit die Ausweitung seines Zahlenverständnisses. Die Aufgabe ist in dieser Form innerhalb der ihm bekannten Vorstellungswelt unlösbar. Die Erfahrung dieser Unlösbarkeit, bei Sokrates in der Form der Aporie ein Elementarbestandteil der maieutischen Methode, verwehrt Wagenschein seinem Schüler zunächst und setzt in seiner Bearbeitung der Unterrichtsszene erst nach der Aporie ein: Er beginnt mit einem entscheidenden Schwenk in der Aufmerksamkeitssteuerung des Jungen. Dieser Schwenk, der die Aufgabe erst prinzipiell lösbar macht, besteht in der Ausrichtung aufs handelnde Herstellen („*Tun*"):

*(B 13)*

„*Diese zwei quadratischen Stücke soll ich zu einem* einzigen *neuen großen Quadrat* zusammenfügen." (ebd.)

Damit greift er die entsprechende Umfokussierung des Sokrates aufs *Zeigen* auf und entwickelt sie weiter. Die dadurch angesteuerte mathematisch-zeichnerische Lösung hat jedoch eine völlig andere Qualität als die ursprünglich markierte algebraisch-symbolische bzw. algebraisch-numerische, sie ist nämlich produzierbar auch ohne den Begriff der irrationalen Zahl (über den auch Sokrates nicht verfügte). Mit dieser Wandlung der Aufgabenqualität wendet Wagenschein exemplarisch das Repertoire der modernen Didaktik an, die durch immer ausgeklügeltere Darbietungsformen und Materialzurichtungen die Maxime „REDUZIERE SCHWIERIGKEITEN!" zu realisieren versucht.

### (ii) Verdunkelung und Verkehrung der Urheberschaft des Wissens

Indem Wagenschein diese Reduktion jedoch in ihrem theoretischen Selbstverständnis darin erfasst sieht, lediglich „die Frage noch etwas anders zu formulieren" (ebd., 143), wird simultan zur Verfeinerung der Didaktik die ideologische Abbildung der *Urheberschaft* der Wissenserzeugung im Bewusstsein des Lehrenden an der sprachlichen Oberfläche verkehrt. Die Beschreibung der didaktischen Technik geschieht außerdem nicht im Lehr-Lerndiskurs selbst, sondern auf der Ebene seiner methodischen Reflexion in der pädagogischen Theorie. Sie besteht in der Benennung der sprachlichen Oberfläche der vorgenommenen Umwandlung – eben als „Formulierung", obwohl es sich doch um eine qualitative Reduktion der Aufgabe handelt. Wenn in einem weiteren Schritt erfolgreich das verlangte Wissen produziert wird, bleibt die *Evokation des Wissens* in dem Maße verborgen, wie die didaktische Reduktion im Selbstverständnis des Lehrers zur Formulierungstechnik *umdefiniert* wurde. Ohne ein klares Bewusstsein der noch nicht durchlaufenen Stadien der Begriffsbildung[5] erschöpft sich der Lehr-Lernprozess so in einer Kombination von Evokation und operativem Handeln.

[5] Wagenschein selbst ist eine solche kognitive Reduktion des Unterrichts nicht unterlaufen, seine vorzüglichen didaktischen Zurichtungen waren ihm i. w. Einstieg in und unerlässliche Grundlage für die eigentliche (mathematische) Begriffsbildung, für deren Notwendigkeit er klar eintrat, wenn auch sein didaktisch-pädagogischer Ansatz im Sinne der sog. 'Handlungstheorie' zur Verdunkelung dieser Notwendigkeit herangezogen werden kann, indem auf diese, die wesentliche zweite Phase des Lernprozesses verzichtet wird.

## (iii) Ersatz von Begriffsbildung durch operatives Handeln

Wagenschein führt uns neben dem Mittel der REGIEFRAGE noch eine weitere Entwicklung der Pädagogik vor, mit der diese den Nachteilen entgegenwirken will, die mit der Steuerung der Schüler durch REGIEFRAGEN und Wissensfragmentarisierung verbunden sind. Dieses Mittel ist kennzeichnend dafür, wie die Pädagogik zwar die Auswirkungen von Steuerung und Wissensfragmentarisierung durch die Lehrer erkannt hat, aber nicht weiß, wie sie im Einzelnen im sprachlichen Handeln im Lehr-Lerndiskurs selbst erzeugt werden. Es handelt sich um die Betonung des bei Wagenschein bedeutungsschwer kursiv gesetzten „*Tuns*“, – eines in gegenwärtiger didaktisch-pädagogischer Terminologie unter „Handlungsorientierung“ geführten Konzeptes: „(weil wir ja am besten verstehen, wenn wir *tun*)“ (ebd.). Dass durch „Tun“ allein die Gefahr einer Ersetzung von Begriffsbildung durch operatives Handeln erzeugt wird, hat Wagenschein schon (1950) klar gesehen, der in diesem Zusammenhang ausdrücklich vor der Ersetzung von Mathematik durch „Schreinerei“ warnt[6].

Wir können also festhalten, dass die Wagenschein'sche Bearbeitung der Unterrichtsszene, die wiederum exemplarisch für das ist, was Wagenschein unter „sokratischer Methode“ versteht, bis hierher in einer ausgeklügelten didaktischen Zurichtung des Materials und in einer ‘handlungsorientierten’ Veränderung der Aufgabenstellung besteht, wobei gleichzeitig das Durchlaufen der Phase der Aporie aus dem Lehr-Lernprozess ausgeschlossen wird.

## (iv) Verkennung REGIEFRAGEN-gesteuerten Handelns als Schüler-Selbsttätigkeit

Unter Ausnutzung der aufs handwerkliche Betätigen verlagerten Aufgabenstellung gelingt es Wagenschein, den Knaben zur Lösung zu führen, indem er den Rest der Szene lehrerseitig in eine Sequenz von vier REGIEFRAGEN umsetzt (gegenüber siebzehn EVIDENZ-AFFIRMATIONS-FRAGEN bei Sokrates):

*(B 14)*

*(1) Es wird nicht verlangt, dass du die Form der zwei Quadrate ganz lässt, nur die Fläche soll erhalten bleiben.*

*(2) Schneide nur zu! Hier ist die Schere.*

[6] In Wirklichkeit liegt sowohl dem Wagenschein‘schen Begriff vom ‘Tun’ als auch dem moderneren Konzept der ‘Handlungsorientierung‘’ ein reduzierter Begriff von Handlung im Sinne von physischer Aktion zu Grunde. (Radikale Verfechter dieser Konzepte versteigen sich gar zu der etymologisch und erkenntnistheoretisch abwegigen Behauptung, ‘Begriff’ im Sinne von ‘verstehen’ komme von ‘begreifen’ im Sinne von ‘anfassen–.) Mit diesen didaktischen Theorien wird die Erkenntnis, dass der Mensch von dem, was er selber macht, wesentlich mehr behält, als von dem, was er lediglich sieht, hört oder liest, unglücklich aufgegriffen. Die Erkenntnis muss gegen ihr reduziertes Verständnis auf die Ebene einer sprachlichen und mentalen Handlungstheorie gehoben werden, um zu sich selbst zu kommen.

*(3) Du kannst vielleicht auch anders schneiden!*
*(4) Man kann auch* ganz *anders schneiden!*[7] *(ebd.)*

Damit hat er aber nicht etwa nur, wie von ihm behauptet, eine „geringfügige Variation“ vorgenommen, sondern die Handlungsqualität selbst verändert, allerdings ohne den qualitativen Unterschied des von ihm angewandten Handlungsmusters der REGIEFRAGE zur sokratischen Methode zu erkennen: „Es gibt kein geeigneteres Verfahren als die *sokratische Methode*, um die Schüler in Zucht und Freiheit des mathematischen Verfahrens ‘inne werden’ zu lassen. Dabei soll hier unter ‘Arbeitsunterricht’ jede Lehrweise verstanden werden, die den Lernenden (allein oder als Glied der Gruppe) zu größtmöglicher *Selbsttätigkeit* (Spontaneität) gelangen lässt, indem sie ihn in den Kraftfluss eines Problems, einer ’Aufgabe’ hineinlockt.“[8] (Wagenschein ebd. 138). Dieses Nichterkennen des qualitativen Unterschiedes ist ein Beleg dafür, dass Wagenschein zwar in der Steuerung der mentalen Tätigkeit des Schülers weiter fortgeschritten ist als Sokrates, sich dieses Fortschritts aber nicht bewusst ist, ja, darüber hinaus weder bei Sokrates noch bei sich selbst eine Steuerung überhaupt erkennt.

Zu Beginn der Unterrichtsszene vergewissert sich Sokrates des Sprachwissens des Sklaven (vgl. B 1). Im Sprachwissen des Jungen sind nämlich, wie wir heute wissen, nicht nur die Wörter und die allgemeine Kommunikationsfähigkeit niedergelegt, sondern darüber hinaus gewaltige Schätze konzeptionellen Wissens. Sie enthalten nicht nur Konzepte von Verhältnissen wie *doppelt* oder *halb*, sondern auch Fähigkeiten allgemeinen Schlussfolgerns etc., – kurzum den Apparat des *gesunden Menschenverstandes*, der Probleme auf einer gewissen Stufe der Entfaltung als evident erkennt. Auf diesen Wissensbeständen operiert Sokrates mit seinen EVIDENZ-AFFIRMATIONS-FRAGEN. Während Platon diese unerlässliche Voraussetzung für das Gelingen der sokratischen Demonstration zumindest noch anführt, scheint sie in der philosophisch-pädagogischen Rezeption der Szene gegenüber den Erfolgen der sokratischen Evokation keine Rolle mehr zu spielen.

## (v) Festschreibung von Illusionen im Institutionswissen zweiter Stufe

Während Galilei die Dissoziierung der beiden Stränge des Lehr-Lerndiskurses, – den der Prozessierung des Sachverhalts und den seiner methodisch theoretischen Auswertung und Verallgemeinerung – mit dem Ergebnis mächtiger Erfol-

[7] Interessanterweise gibt Wagenschein seinen REGIEFRAGEN genau die sprachliche Form, die ihrer didaktischen Funktion entspricht, nämlich die von Hinweisen. Was Aussage, Fokussierung oder Thematisierung ist, kommt auch als Assertion daher. Er versucht nicht, den Ursprung seiner Eingriffe an der sprachlichen Oberfläche etwa dadurch zu verleugnen, dass er sie in Fragen umsetzt oder als spontane Einfälle ausgibt, wie es einer verbreiteten pädagogischen Taktik entspräche.

[8] Nebenbei gesagt hat die metaphorische Qualität von Wagenscheins Analysebegriffen nicht nur den Vorteil der Plastizität, sondern auch den Nachteil, die zu analysierenden Vorgänge in den Bereich der Intuition zu verlagern.

ge überwindet, verlagert die moderne Pädagogik ihre Metaüberlegungen auf methodischem Gebiet in eigene Institutionen[9], pädagogische Institute und Lehrerfortbildungsanstalten. Methodisch-theoretische Auswertungen werden nicht einmal mehr, wie noch bei Sokrates, in Kopräsenz der Versuchspersonen (Schüler) angestellt, sondern verwandeln sich diesen gegenüber in *Geheimwissen*. Diese Verschärfung der Dissoziierung wird komplettiert durch die Modernisierung der sokratischen Illusionen bezüglich Wissensqualität und Urheberschaft des Wissens und durch ihre ideologische Festschreibung.

Bei der REGIEFRAGE ist die Funktionalisierung nicht mehr an der sprachlichen Oberfläche der Frageform erkenntlich, sondern erschließt sich nur durch die kritische Offenlegung von Musterwissen. Der Mechanismus der unbewussten Gleichsetzung des (ja bereits falschen) Bewusstseins von der FRAGE als etwas insgesamt nicht Gewusstem mit dem (nicht vorhandenen) Bewusstsein von der funktionalisierten REGIEFRAGE wäre zu durchschauen. Die Illusionen bezüglich Wissensqualität und -urheberschaft sind schwerer durchdringbar und gleichzeitig ideologisch fester abgesichert worden.

Die Gleichsetzung der sprachlichen Oberflächenqualität (die REGIEFRAGE kommt als FRAGE daher) mit dem Wesen des zu erklärenden Phänomens (Steuerung der Schülertätigkeit durch Nachvollzug der thematischen Setzungen) ist ein typisches Merkmal des *Institutionswissens zweiter Stufe*, das sich auf die Effektivierung und praktizistische Erfassung der Vorgänge in der Bezugsinstitution beschränkt (vgl. Ehlich/Rehbein 1976). Insofern dieser Vorgang charakteristisch für die pädagogische Theoriebildung ist, erweist sich die Pädagogik damit als solches Institutionswissen zweiter Stufe mit all seinen Illusionen, Beschränkungen und reziproken Ausblendungen.

Das Verlassen des im Institutionswissen erster und zweiter Stufe festgeschriebenen Sprecherstandpunktes und die Rekonstruktion des Lehr-Lernprozesses aus der Hörersicht – oder mit soziologischen Worten: die Subjektsetzung des Lehrobjekts durch die Lehrenden – erweist sich als Zentralproblem einer Pädagogik, die sich trotz aller Bemühungen um 'Schülerorientierung' etc. durch Dethematisierung des sprachlichen Handelns den Zugang zur kritischen Weiterentwicklung ihrer ureigenen Instrumente verstellt hat. Diese These stößt verständlicherweise auf den erbitterten Widerstand jener pädagogischen Schulen, die dadurch charakterisiert sind, dass sie an der Oberfläche des Verhaltens und der sprachlichen Formen einen demokratischen Umgang gleichberechtigter Partner simulieren oder die sich resigniert aus dem Lehr-Lerndiskurs zurückziehen und das Heil in Kombinationen immer ausgeklügelterer Motivierungen und Materialzurichtungen sowie in Organisationsformen geschickt gelenkter Pseudo-Selbsttätigkeit suchen.

---

[9] Wagenschein separiert seine methodischen Metaüberlegungen zur Didaktik – quasi als vertraulich und nicht für Augen und Ohren der Schüler bestimmt – in Klammern gebunden von der Bearbeitung der Unterrichtsszene.

## 4 Elemente eines diskursiv-reflektierenden Unterrichts

Vor diesem Hintergrund erweisen sich – weit vor der Beherrschung der Lernstoffe – zwei Fähigkeiten als die eigentlich entscheidenden Qualifikationen des Lehrberufs:

- ein nicht verkehrtes Bewusstsein der Lehrenden dessen, was die Rahmenbedingungen und Instrumente des eigenen sprachlichen Handelns und seine notwendigen Folgen sind und
- eine elementare Fähigkeit, das aktuelle sprachliche Handeln zeitgleich elementar zu analysieren (in-actu-Analyse).

Die systematische Ausbildung einer solchen Qualifikation, die in der gegenwärtigen Lehrerausbildung noch nicht einmal im Ansatz ins Bewusstsein oder auf die Agenda der Verantwortlichen gerückt ist, stellt sich als vordringliches Desiderat dar. Es kommt darauf an, im sprachlichen Handeln selbst Instrumente zu entwickeln, die die Vorteile der REGIEFRAGE darin aufheben und ihre Nachteile überwinden. Die Vorteile bestehen gegenüber dem Vortrag einerseits und der EVIDENZ-AFFIRMATIONS-FRAGE andererseits in erhöhter Selbsttätigkeit. Die Nachteile bestehen im Verbleiben der Prozessierung der Problemlösung auf der Handlungsseite des Lehrers bei gleichzeitiger Verblendung und scheinbarer Umkehrung dieses Verhältnisses im Bewusstsein der Interagierenden. Aus der bisherigen Analyse zeichnen sich in dieser Hinsicht folgende Konturen eines neuen sprachlichen Handlungsmusters ab: EXAMENS-EVIDENZ-AFFIRMATIONS- und REGIEFRAGE sind Funktionalisierungen (Mittel wird zum Zweck) des sprachlichen Handlungsmusters der (Informations-)FRAGE. Diese Funktionalisierungen werden im sprachlichen Handlungsmuster SCHULISCHES PROBLEMLÖSEN rückgängig gemacht, indem Thema-Setzungen und Rhema-Lieferungen in ihrer Funktion für die Problemlösung diskutiert werden.

REGIEFRAGEN werden als REGIEFRAGEN, d.h. in ihrer Bedeutung für die Prozessierung der Problemlösung, analysiert. Dadurch wird die Fragmentarisierung des Wissens ihrer desorientierenden Wirkung enthoben und in einen Analyseprozess transformiert. Eine einseitige Konzentration auf den Lernstoff wird aufgegeben, indem die Prozessierung und die Methode des Problemlösens in den Mittelpunkt des Unterrichts rücken. Dadurch kommt es zu einer wechselseitigen Förderung der beiden Stränge des Lernprozesses (Überwindung der Dissoziierung). Der Lernprozess selbst wird in mehrfacher Hinsicht zum Gegenstand der Diskussion: Im misslingenden Fall durch die Herausarbeitung und Kritik der Wissenskonzepte, die dem Scheitern zu Grunde liegen, z. B. der Konzepte der Beschränkung auf Fassadenwissen oder der Funktionalisierung von Musterwissen (vgl. v. Kügelgen 1994, 101 ff.); im gelingenden Fall durch das Vertrautwerden mit der Methodik der Abstraktions-, Analyse- und Syntheseprozesse des Problemlösungsweges. Auf Seiten des Lehrers können methodisch-erkenntnistheoretische Hinweise oder Stellungnahmen an die Stelle von REGIEFRAGEN-Sequenzen treten, mit dem Ziel, dass in ihrem Gefolge die erforderlichen Thematisierungen von den Schülern selbst vorgenommen werden. Insgesamt entsteht ein neuer Unterrichtstyp: problemlösendes Lernen.

Im problemlösenden Lernen ist nicht die Übernahme von Inhalten im Sinne passiver Wissenseinträge die Endstufe des Lehr-Lernprozesses. Inhalten wird in Anlehnung an die nicht-illusorischen Anteile des Wagenschein'schen Konzepts vom 'exemplarischen Lernen' die Bedeutung und Qualität von Beispielen zugewiesen – nicht mehr, aber auch nicht weniger. Das Bewusstmachen der Verstehensprozesse in ihrem Ablauf und in ihren Bedingungen wird dagegen zentral gestellt. *Das verlangt die explizite Thematisierung der Verstehensprozesse im Diskurs.* Damit werden die elenktischen und aporetischen Anteile der Maieutik und die erkenntnistheoretischen Metaüberlegungen Galileis kritisch wieder aufgenommen und im Sinne des oben Dargelegten weiterentwickelt. Als entscheidendes Instrument für eine solche Bearbeitung lebendiger Verstehensprozesse stellt sich allerdings die Meisterung der Gesetzmäßigkeiten des Lehr-Lerndiskurses durch die Schulmeister selbst heraus, genauer gesagt die Analyse, Kritik und Weiterentwicklung eines Verstehens, das seine eigene diskursive Vermitteltheit konkret zum Thema macht.

Im Folgenden werden einige Beispiele aus einer Mathematikstunde einer 12. Klasse Fachoberschule vorgestellt, die illustrieren sollen, was unter einem diskursiv-reflektierenden Unterricht zu verstehen sein könnte. Aus Platzgründen müssen wir auf die Dokumentation des Materials in der Originaltranskription verzichten. Es geht um die Darstellungsformen quadratischer Funktionen. In Analogie zu der zuvor behandelten Summen- und Produktform soll nun die Scheitelform untersucht werden.

## 4.1 Aktive Konfrontation mit dem Unwissen

*(B 15)*

*„L: So und diese Zeile, die jetzt an der Tafel steht ((Tafelanschrieb: $y=f(x)=(x-0{,}4)^2-3{,}61$)), die hat äh eine ganz besondere Qualität. In dieser Zeile kann man nämlich etwas unmittelbar ablesen. (…) Hieraus folgert unmittelbar: E ((schreibt: E ( | ))). Warum? und: Wie? ((33 Sekunden Pause))" (v. Kügelgen 2002)*

Nach dieser Leitfrage der Stunde folgt eine ungewöhnlich lange Denkpause von 33 Sekunden. Dann interpretiert eine Schülerin (S1) die außerhalb der Klammer stehende Zahl als „Verschiebung auf der y-Achse" der Parabel. Dies wird von L als falsch bewertet und S1 soll die Begründung dafür geben, warum es falsch sei. Stattdessen korrigiert sie sich und gibt den Wert nun als „Verschiebung auf der Symmetrieachse der Parabel" und damit (korrekt) als y-Wert des Extrempunkts (E) an.

*(B 16)*

*„L: Ja, aber warum is das der Schnittpunkt auf der Symmetrieachse? Mit anderen Worten, warum ist das der y-Wert des Extrempunkts? Warum?*
*S1: Das ist der tiefste Punkt.*
*L: Warum? Warum folgert das aus dieser Zeile, dass das der tiefste Punkt ist?“ (ebd.)*

## 4.2 in-actu-Analyse (1) Abkehr vom Plan-Exekutieren, Exkurse

*(B 17)*

*„S1: Weil das q is. ((S1 bezieht sich auf die Summenform $y=x^2+px+q$, in der q den Schnittpunkt mit der y-Achse angibt.))“ (ebd.)*

Mit dieser Angabe greift S1 ihren Irrtum von oben wieder auf, der ja nicht behoben, sondern nur aufgegeben und durch die richtige Antwort ersetzt wurde. Hier wird das unterschiedslose Weiterbestehen des Falschen neben dem Richtigen vom Lehrer *als Problem erkannt* und veranlasst ihn zu einem klärenden *Exkurs*, in dem das Zustandekommen des y-Werts des y-Achsenschnittpunkts und seine Verschiedenheit zum y-Wert des Extrempunkts nachgewiesen wird. Nach Abschluss des Exkurses greift der Lehrer das eigentliche Problem wieder auf:

## 4.3 Problematisierung von Konzepten des Lernens

*(B 18)*

*„L: Warum sollt ich irgendjemand glauben, dass minus drei Komma sechs eins der tiefste Punkt ist? Den diese Parabel haben kann. Der tiefste, der kleinste y-Wert, nicht der tiefste Punkt, also der kleinste y-Wert. ((3 Sekunden Pause))“ (ebd.)*

Mit der Formulierung „Warum sollt ich irgendjemand glauben, dass …“ wendet der Lehrer sich gegen einen möglichen Abschluss des Problems durch das Reduzieren des Unterrichts auf die Erzeugung der Fähigkeit, nach formelhaften und unverstandenen Vorgaben numerische oder algebraische Operationen durchzuführen (*operativer Unterricht* vgl. v. Kügelgen 1994). Das Ausprägen von ‘Bauernregeln’ etwa für das Auffinden der richtigen Werte in Gleichungen ist ein typisches Kennzeichen eines solchen operativen Unterrichts. Daher kennzeichnet der Lehrer das entsprechende Vorgehen als Element des „Glaubens“ und damit als unzulässig.

## 4.4 Methodisch-erkenntnistheoretische Metaüberlegungen

Hier beginnt der dritte Zyklus der Bearbeitung der Leitfrage des Unterrichts. Da sich auch nach einer dreisekündigen Pause keine Lösung ankündigt, ergreift L die Gelegenheit, die anstehende Erkenntnisleistung für die Schüler klarer zu kennzeichnen.

*(B 19)*

*„L: Wir sind jetzt an einer Stelle, wo wir wieder mal Gleichungen interpretieren müssen. Sie merken, wie schwer das ist, ne. Ja? S steht alles schon an der Tafel. In drei Minuten werden Sie sagen: „Ja ist doch klar. Sieht man ja unmittelbar." Und jetzt sehn Sies gar nicht. Já? Ähm/" (ebd.)*

Methodisch betrachtet handelt es sich bei dem, was L mit „Gleichungen interpretieren" umschreibt, um eine spezifische *Vernetzungsleistung*, d.h. um die Überführung des Verständnisses eines Sachverhalts, der zunächst auf allgemeinbegrifflicher, mathematisch-zeichnerischer und -begrifflicher Ebene zu erarbeiten ist, in seine algebraisch-symbolische Repräsentation (vgl. v. Kügelgen 1994). Die Schülerin S2 macht nun einen mehrfach falschen Lösungsversuch, bei dem sie die in der Diskussion befindlichen Zahlen mehr oder weniger willkürlich so kombiniert, dass die Werte des Scheitelpunkts dabei herausschauen. Auf die Aufforderung, ihren Lösungsversuch durch Erklärung nachvollziehbar zu machen, gibt sie eine interessante Begründung:

*(B 20)*

*„S2: Ja, weil drei komma sechs eins unser Tiefpunkt is und ähm/" (ebd.)*

### 4.4.1 Regeln logischen Folgerns pointieren

Die Bereitschaft, das Problem mit der bloßen Bekanntgabe bestimmter Zahlen als gelöst zu betrachten, drückt sich in diesem Beitrag in zweierlei Weise aus: Zum einen in der Umkehrung der logischen Richtung des Beweisganges und zum andern, indem für die betreffende Zahl die Lösungsqualität „Tiefpunkt" in Beschlag genommen wird. Dies geschieht mit Hilfe der Deixis „unser", die etwas als bekannt und mit demjenigen gemeinsamen Wissen bereits versehen auszeichnet, um dessen Entwicklung es doch geht. Dass hier ein methodisch-erkenntnistheoretisches Problem *und kein mathematisches* vorliegt, wird von L erkannt und in einem weiteren Exkurs zu vermitteln versucht:

*(B 21)*

*„L: Na ja, was heißt/Das wissen wir noch nicht, das* ***vermuten*** *Sie. Okay? Deswegen können Sie nicht sagen „weil". Sie können sagen „****wenn*** *das der y-Wert ist". So können Sie anfangen, aber nicht mit „weil". Verstehn Sie, dass das nicht geht? Es ist ne Vermutung, die hatte (S1) aufgebracht, minus drei komma sechs eins ist der y-Wert des Extrempunkts. Solange das ne Vermutung ist, dürfen wir nicht anfangen mit „weil". Das ist nicht erlaubt, ne? Wenn wir vermuten, dass das Licht der Sonne parallel kommt, dann können wir nicht sagen „weil es parallel kommt". Das müssen wer erst beweisen." (ebd.)*

L pointiert auf die Restriktionen für einen Beweisgang, die damit gegeben seien, ob eine Angabe eine Vermutung und erst noch zu beweisen und damit nur unter konditionalem Vorbehalt zu verwenden sei. Zur Erläuterung bedient er sich eines Beispiels (Parallelität des Sonnenlichts), das im vorherigem Unterricht eine zentrale Rolle für einen Beweisgang gespielt hat. Im nächsten Lösungsversuch zeigt der Schüler S3, wie der y-Wert des Extrempunkts sich aus der quadratischen Ergänzung und dem Wert für q zusammensetzt:

*(B 22)*

*„S3: (...) und indem wir dies tun, kommen wir zu dem Endpunkt, beziehungsweise dem Scheitelpunkt irgendwie, nur wie's wirklich konkret zusammenhängt, warum wir dahin kommen, so, – da is mir nur klar, dass wir jetzt die quadratische Ergänzung wieder zu/ zu Hilfe nehmen." (ebd.)*

### 4.4.2 Frustrieren operativen Lösungen-Ablieferns

L reformuliert den Lösungsversuch zunächst und qualifiziert ihn dabei, indem er ihn in eine Matrix einbettet:

*(B 23)*

*L: „Ja, okay, Sie haben jetzt mir nur, Sie haben mir einfach gesagt, wie (...)"
„(...) Dafür muss man kein/nicht Adam Riese heißen." (ebd.)*

Erneut wendet L sich gegen das hier von S3 wenn auch etwas verschämt verfolgte Konzept eines operativen Unterrichts, bei dem eine Aufgabe durch das *Abliefern der (richtigen) Lösung* (Ehlich/Rehbein 1986, 21 ff.) – egal unter welchen Umständen diese beschafft wurde – erledigt ist:

*(B 24)*

*„L: Sehn Sie, das is äh, äh sozusagen die/Zu sagen, wie man **gerechnet** hat, ist nicht gleich mit der **Begründung**, warum etwas von der Qualität so und so ist. Verstehn Sie, das sind zwei verschiedene Paar Schuhe, ne." (ebd.)*

Mit dem Versuch sich zu rechtfertigen legt S3 ein weit verbreitetes Verständnis von „interpretieren" offen, nämlich im Sinne von „einfach seine Meinung über eine Sache dahinstellen". Gleichzeitig sollen seine zahlreichen Markierungen der Unsicherheit in scheinbar vorauseilender Selbstkritik weitere Reflexion und systematische Berücksichtigung einer Nachweispflicht überflüssig machen:

*(B 25)*

*„S3: Nur von/von den Werten n bisschen wegzukommen irgendwie und einfach mal, also die zu interpretieren, die Gleichungen irgendwann, aber der Sprung fehlt mir gerade eben noch auf wie/" (ebd.)*

## 4.5 In-actu-Analyse (2) Planrevision und Ausweitung des Problems

L erkennt, dass die Aufgabe schwieriger ist, als angenommen und versucht zunächst das geforderte Interpretieren der Gleichung durch Modifikation mit zusätzlichen Erklärungen näher einzugrenzen:

*(B 26)*

*„L: Sie müssen das äh vielleicht das mal so lesen, die Zeile drei, ähm, tja wie müssen wir die lesen? Äh, als ne Handlungsanweisung oder irgendwie so, oder oder machen Sie mal n Wenn-dann-Satz daraus. Na ja ... ((drei Sekunden Pause))" (ebd.)*

L wird zum Ende seines Beitrags klar, dass diese zusätzlichen Hinweise wenig wert sind *((Na ja ...))*, da die zentrale Überlegung „Welchen Wert muss man für x einsetzen, damit das Ergebnis der gesamten Gleichung den kleinsten möglichen Wert annimmt?" noch in ihrem Vorfeld entwickelt werden muss und eine weitere komplexe Überlegung voraussetzt, nämlich dass der Wert einer quadrierten Klammer immer größer oder gleich null ist aber nie negativ. Damit steht er vor der Alternative, die Konfrontation mit dem Unwissen entweder abzubrechen oder aber zu vertiefen. Er entscheidet sich akut für Letzteres und damit für eine Revision seines Plans:

*(B 27)*

*„L: Oder noch mal: Schwamm drüber. Alles weg: Was is n Scheitelpunkt? ((vier Sekunden Pause)) Welche Eigenschaft hat n Scheitelpunkt? Einer Parabel." (ebd.)*

Der dokumentierte Ausschnitt von etwa sechs Minuten einer Unterrichtsstunde ist von den Elementen eines diskursiven Reflektierens so durchgängig geprägt, dass es berechtigt erscheint, von einer Weiterentwicklung des Lehr-Lerndiskurses zu sprechen.

## Literatur

Becker-Mrotzek, Michael: Mündliche Kommunikation in der Schule. In: Becker-Mrotzek, Michael/Hein, Jürgen/Koch, Helmuth H. (Hrsg.): Werkstattbuch Deutsch – Texte für das Studium des Faches. Münster: LIT-Verlag 1997, 358–370

Bührig, Kristin: Reformulierende Handlungen. Zur Analyse sprachlicher Adaptierungsprozesse in institutioneller Kommunikation. Tübingen: Narr 1996

Ehlich, Konrad/Rehbein, Jochen: Wissen, kommunikatives Handeln und die Schule. In: H. C. Goeppert (Hrsg.): Sprachverhalten im Unterricht. München: Fink 1976, 36–114

Ehlich, Konrad/Rehbein, Jochen: Muster und Institution. Untersuchungen zur schulischen Kommunikation. Tübingen: Narr 1986

Galilei, Galileo: Dialog über die beiden hauptsächlichsten Weltsysteme, das ptolemäische und das kopernikanische. In: Mudry, Anna (Hrsg.): Galileo Galilei. Schriften, Briefe, Dokumente. Berlin: Rütten & Loening 1985, 179–328

Galilei, Galileo: Unterredungen und mathematische Demonstrationen. In: Mudry, Anna: (Hrsg.): Galileo Galilei. Schriften, Briefe, Dokumente. Berlin: Rütten & Loening 1985, 329–408

Gemoll, Wilhelm: Griechisch-Deutsches Schul- und Handwörterbuch. München/Wien: Freytag 1962

Hanke, Michael: Der maieutische Dialog: kommunikationswissenschaftliche Unters. zur Struktur und Anwendbarkeit eines Modells. Aachen: Rader 1986

Kluge, Friedrich/Götze, Alfred: Etymologisches Wörterbuch der deutschen Sprache. Berlin: de Gruyter, 16. Auflage 1953

Krecher, Fritz: Die Entstehung der sokratischen Unterrichtsmethode. Ein Beitrag zur Geschichte der Didaktik. Kulmbach: Schuhmann 1929

v. Kügelgen, Rainer: Diskurs Mathematik: Kommunikationsanalysen zum reflektierenden Lernen. Frankfurt am Main etc.: Lang 1994

Mazeland, Harrie/Rehbein, Jochen: Kodierentscheidungen. Zur Kontrolle interpretativer Prozesse bei der Kommunikationsanalyse. In: Flader, Dieter (Hrsg.): Verbale Interaktion. Studien zur Empirie und Methodologie der Pragmatik. Stuttgart: Metzler 1991

Platon: Menon. Frankfurt am Main: Insel 1991

Redder, Angelika: Konjunktionen, Partikeln und Modalverben als Sequenzierungsmittel im Unterrichtsdiskurs. In: Weigand, E./Hundsnurscher, F. (Hrsg.): Dialoganalyse II, Tübingen: Niemeyer 1989, 393–407

Rehbein, Jochen: Komplexes Handeln. Elemente zur Handlungstheorie der Sprache. Stuttgart: Metzler 1977

Rehbein, Jochen: Ärztliches Fragen. In: Löning, Petra/Rehbein, Jochen (Hrsg.): Arzt-Patienten-Kommunikation. Analysen zu interdisziplinären Problemen des medizinischen Diskurses. Berlin: de Gruyter 1993, 523–574

Rehbein, Jochen: Theorien, sprachwissenschaftlich betrachtet. In: G. Brünner/G. Graefen (Hrsg.): Texte und Diskurse. Wiesbaden: Westdeutscher Verlag 1994

Wagenschein, Martin: Ursprüngliches Verstehen und exaktes Denken. Stuttgart: Klett 1965

LUDWIG HAAG / THEODOR DIEGRITZ

# E3 Gruppenarbeit im Unterricht

In der Unterrichtsforschung dominiert die Aufforderung, Verbindungslinien und Integrationsmöglichkeiten zwischen quantitativen und qualitativen Methoden zu suchen. Schon Lee Cronbach verlangt in seinem berühmten Artikel „Beyond the two disciplines of scientific psychology“ (1975) ein grundsätzliches Überdenken der Sozialwissenschaften, die sich in ihren unterschiedlichen methodologischen Zugangsweisen zu sehr ausschließen. So schlägt Salomon (1991) vor, von komplementär-systemischen statt von alternativen Methoden der Sozialwissenschaften zu sprechen. Das so oft gegensätzlich gebrauchte Begriffspaar quantitativ – qualitativ möchte er mit Begriffen wie analytische und systematische Ansätze ersetzen: „The analytic approach capitalizes on precision while the systematic approach capitalizes on authenticity. But none is particularly good as a basis for generalization“ (16).

In einem eigenen Forschungsprojekt konnten wir eine fruchtbare Verzahnung beider Ansätze zuwege bringen (Dann/Diegritz/Rosenbusch 1999). Gruppenunterricht (GU) wurde in seiner traditionellen Form verwendet und untersucht. Bei dieser Sozialform des Unterrichts wird der Klassenverband zeitlich begrenzt in Kleingruppen aufgeteilt, die selbstständig mehr oder weniger festgelegte Themen oder Aufgaben bearbeiten und deren Arbeitsergebnisse in weiteren Phasen des Unterrichts im Klassenverband nutzbar gemacht werden können. Auf Grund der Analyse des vorhandenen Unterrichtsmaterials gehen wir von folgendem an der Praxis orientierten Phasenmodell aus (vgl. Abb. 1):

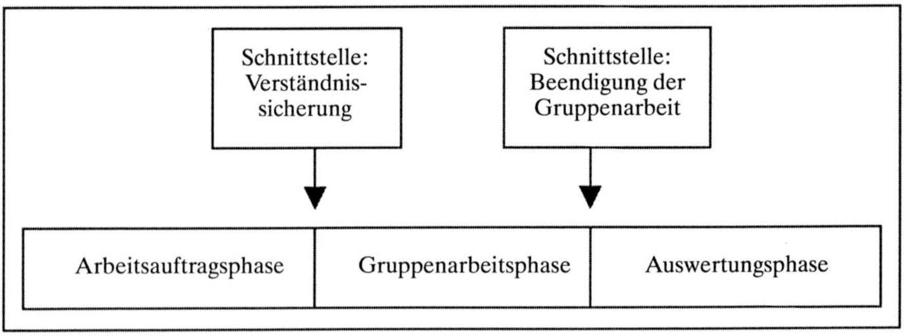


Abb. 1 Die drei Phasen des traditionellen Gruppenunterrichts mit ihren beiden Schnittstellen.

Zunächst soll das Untersuchungsdesign (1) vorgestellt werden. Nach einer kurzen Charakterisierung der Datenerhebung (1.1) sollen die beiden zentralen Methodeninventare die pragmatisch-dynamische Methodenkombination (1.2) und die Interview- und Legetechnik zur Rekonstruktion kognitiver Handlungsstrukturen (1.3) dargestellt werden. Anschließend sollen zentrale Ergebnisse vorgestellt (2) und Schlussfolgerungen sowie Forschungsdesiderate (3) aufgezeigt werden.

# 1 Untersuchungsdesign

## 1.1 Datenerhebung

Im Rahmen einer Felduntersuchung wurden 40 Gruppenunterrichts-sequenzen von Schüler-Vierergruppen bei zehn Lehrkräften audio-visuell aufgezeichnet. Die berücksichtigten Unterrichtsstunden betreffen überwiegend das Fach Deutsch (viermal Geschichte, je zweimal Biologie und Erdkunde). Alle Erhebungen wurden bei Lehrern und ihren Klassen der fünften und sechsten Jahrgangsstufen an städtischen und ländlichen Hauptschulen im nordbayerischen Raum durchgeführt. Zum durchgeführten Zeitpunkt repräsentiert dieser Schultyp mit den einbezogenen Klassenstufen zwar eine breite Schülerschaft (auch künftige Realschüler, insgesamt ca. 70 % des Altersjahrgangs). Jedoch können die vorliegenden Ergebnisse nicht ohne weiteres gerade auf höhere Jahrgangsstufen übertragen werden. Die Lehrer sind gleichmäßig auf beide Geschlechter verteilt, darunter vier junge (max. zwei Dienstjahre) und sechs erfahrene Lehrer (mind. elf Dienstjahre). Der Unterricht (pro Tag im Schnitt etwa drei Stunden) wurde jeweils eine Woche lang im Klassenzimmer der betreffenden Hauptschulklassen, in einigen Fällen in den Räumen der Erziehungswissenschaftlichen Forschungs- und Demonstrationsanlage der Otto-Friedrich-Universität Bamberg abgehalten und aufgezeichnet, wobei zwei Videokameras zum Einsatz kamen: Eine war fest auf eine der Schülergruppen gerichtet (ohne dass diese Gruppe bemerkte, dass sie speziell im Fokus war), die andere folgte der Lehrkraft. Um die Auswirkungen von Reaktivitätseffekten (Beobachter-Paradoxon) möglichst gering zu halten, wurden die Aufnahmen des ersten Tages i. d. R. von den weiteren Auswertungen ausgeschlossen. Um verbale, körpersprachliche und paralinguistische Aspekte der unterrichtlichen Kommunikation für weitere Auswertungsschritte verfügbar zu machen, wurden die ausgewählten Sequenzen in einem sehr aufwendigen Verfahren in Partiturschreibweise von Zweierteams transkribiert. Dazu wurde eine modifizierte Form der Halbinterpretativen Arbeitstranskription (HIAT) nach Ehlich und Rehbein (1976) eingesetzt. Ergänzt wurden die Aufnahmen durch ausführliche Lehrerinterviews, Schülerinterviews mit den Schülern der Beobachtungsgruppe sowie durch Lehrerinformationen über diese Gruppen. Mit Ausnahme der Bitte an die Lehrer, ein- bis zweimal täglich eine GU-Sequenz von etwa 10 bis 15 Minuten Länge einzufügen (Mittelwert: 18:16 Minuten, Standardabweichung: 7:43, Minimalwert: 7:25, Maximalwert: 38:00), wurde kein weiterer Einfluss auf das Unterrichtsgeschehen genommen. Mit dieser zeitlichen Begrenzung wurde ganz gezielt traditioneller GU untersucht, der vergleichsweise beliebt ist, weil er im normalen Schulalltag gut eingesetzt werden kann.

In der Regel wurden eine Woche später nach neuen realen Handlungssituationen (postaktional) die Subjektiven Theorien der zehn Lehrkräfte mit dem dialoghermeneutischen Verfahren der ILKHA (vgl. 1.3) erhoben. Es ist also wichtig zu betonen, dass die Subjektiven Theorien an anderem als dem aufgezeichneten GU validiert wurden. Zur Erforschung des Gegenstandes waren folgende Methodeninventare zentral, die in den Untersuchungen eingesetzt wurden (vgl. Dann et al. 1999).

## 1.2 Die pragmatisch-dynamische Methodenkombination (PDMK) zur Rekonstruktion der Außensicht von Gruppenunterricht

Sie dient der Sinngebung der Handlungsabläufe aus der Außenperspektive des geschulten externen Beobachters. Die PDMK, von Diegritz und Rosenbusch (1977; 1995) konzipiert und im Projektrahmen weiterentwickelt, stellt ein methodisches Mittel dar, um Interaktionssequenzen kommunikativer Äußerungen als Sequenzen sprachlicher Handlungen explizit zu machen. Sie besteht aus einer Kombination qualitativer und quantitativer Forschungszugänge, die nicht nur die Gewinnung von Produkt-, sondern auch von Prozessdaten erlaubt.

Die Intragruppenkommunikation in den Schülerarbeitsgruppen bleibt, wegen des Beobachter-Paradoxons (Labov, 1971), den Lehrern zwangsläufig verborgen. Aber nicht zuletzt unter didaktischen Aspekten ist es interessant zu untersuchen, unter welchen Prozessbedingungen Gruppenarbeit gelingen und auch scheitern kann. So formuliert Sader (1991) folgende These: „Anstelle einer ergebniszentrierten Sichtweise – Wann ist was besser? – sollten wir uns dem Geschehen selbst zuwenden und die Prozesse selbst näher ansehen. (...) Die reine Beschränkung auf Ergebnisse, die unter bestimmten Bedingungen gewonnen worden sind, ist vermutlich noch ein Überbleibsel aus behavioristischen Zeiten, als es tabu war, die subjektiven Phänomene während eines Prozesses ernst zu nehmen" (75).

In einem ersten Schritt wird mit dem Interaktogramm eine quantitative Grobanalyse des Intragruppengeschehens durchgeführt. Mit der Schülerprofilanalyse werden Inhalts-, Beziehungs- und Prozessaspekte analysiert. Besonders interessante oder schwierige Stellen des Interaktionsgeschehens werden schließlich mit der Qualitativen Verlaufsanalyse mikroanalytisch untersucht. Zentrales Instrumentarium zur Analyse der Intragruppenkommunikation ist die von Rosenbusch und Diegritz (1995) entworfene und im Projekt weiterentwickelte Schülerprofilanalyse. Diesem analytischen Verfahren liegt die Annahme zugrunde, dass jede Äußerung einen inhaltlichen, einen beziehungsbestimmten und einen Prozessregelungsaspekt enthält. Diese „Triade der Grundfunktionen unterrichtlicher Kommunikation" (Rosenbusch 1995, 173ff.) muss bei der Analyse schwerpunktmäßig ermittelt werden. Zur Operationalisierung wurden insgesamt sieben fünfstufige Ratingskalen entwickelt (Tab. 1).

Tab. 1: Die Skalen der Schülerprofilanalyse

| **1. Inhaltliche Progression** | **2. Beziehungsentwicklung** | **3. Prozessregelung** |
|---|---|---|
| 1.1 Aufgabenorientierung<br>1.2 Beitragsqualität<br>1.3 Kooperation<br>1.4 Arbeitsorganisation | 2.1 Umgangsqualität<br>2.2 Dirigierung/Lenkung | 3.1 Gesprächsregelung |

Anmerkung: Bei der Skala Arbeitsorganisation wird nur die Gruppe insgesamt eingeschätzt, bei allen anderen auch die einzelnen Gruppenmitglieder. Mit diesen Skalen wurden sämtliche Gruppenarbeitssequenzen in Minutenintervallen eingeschätzt. Die theoretisch postulierte Triade ließ sich auf der Basis unserer Daten mit einem datenreduzierenden statistischen Verfahren, der Faktorenanalyse, bestätigen. Es ergab sich folgende dreifaktorielle Lösung:

- Faktor 1 „Inhaltliche Progression": Bei den vier Variablen (vgl. Tab. 1) geht es um eine fachlich-inhaltliche und gemeinsame Bewältigung des Arbeitsauftrags.
- Faktor 2 „Beziehungsentwicklung": Dieser Faktor drückt den sozialen Umgang der Gruppenmitglieder untereinander aus.
- Faktor 3 „Prozessregelung": Die Variable „Gesprächsregelung" beinhaltet modale Gesichtspunkte des Gesprächs (v. a. den turn-taking-Mechanismus).

Um Feinheiten des Interaktionsgeschehens und möglichen Ursache-Wirkungs-Zusammenhängen intensiver nachgehen zu können, wurde für ausgewählte Kommunikationsabschnitte die von Diegritz entwickelte Qualitative Verlaufsanalyse (QVA) (vgl. Diegritz/Fürst 1999), durchgeführt. Mit deren Hilfe wird in zehn durch Sprechakttheorie und Ethnomethodologie fundierten Schritten jede kommunikative Äußerung einer systematischen Mikroanalyse unterzogen, die auf die Erschließung der Intention(en) des jeweiligen Sprechers (der Illokutionen) ausgerichtet ist. Die QVA hat die Funktion, Kommunikationssituationen als einen Zusammenhang von sprachlichen und nichtsprachlichen Handlungen zu untersuchen und den Prozess der Zuordnung von authentischen Äußerungen zu Sprechakttypen vorzubereiten, im Detail zu explizieren und nachvollziehbar zu machen.

Während die Schülerprofilanalyse auf einem mittleren Abstraktions- bzw. Genauigkeitsniveau arbeitet, werden mit der qualitativen Verlaufsanalyse auf sehr niedrigem, materialnahem Abstraktionsniveau kontrollierte Einzelfallanalysen möglich. Wegen des hohen Forschungsaufwands ist dies nur für ausgewählte Kommunikationsabschnitte durchführbar. Um die Sprechaktanalyse der QVA zu präzisieren, ist von Fürst ein eigenes Sprechakttypeninventar zur Analyse von Lehrerinterventionen im Gruppenunterricht (SALG) entwickelt worden (vgl. Diegritz/Fürst 1999).

## 1.3 Die Interview- und Legetechnik zur Rekonstruktion kognitiver Handlungsstrukturen (ILKHA)

Sie dient der Sinngebung von Handlungsabläufen aus der Innenperspektive der handelnden Person selber. Die ILKHA (Dann/Barth 1995) stellt ein methodisches Mittel dar, um Subjektive Theorien über interaktives Handeln im Rahmen eines dialog- hermeneutischen Vorgehens zu rekonstruieren und darzustellen. Die Subjektive Theorie einer Lehrkraft beschreibt deren persönliche Sichtweise vom typischen Ablauf des Unterrichtsgeschehens und bringt damit die innere Logik oder Sinngebung des Lehrerhandelns zum Ausdruck. Mit diesem postaktionalen Strukturlegeverfahren werden handlungsnah, und zwar im Anschluss an die Beobachtung und Protokollierung der Handlungssituation durch nachträgliches lautes Denken im strukturierten Dialog zunächst die inhaltlichen Konzepte erhoben. Im zweiten Schritt werden die Inhalte und Relationen der Konzepte in eine graphische Strukturdarstellung überführt.

Subjektive Theorien von Lehrern über ihr eigenes Handeln im GU (Herstellungs- und Handlungswissen) werden postaktional, d. h. nach realen Handlungssituationen, rekonstruiert und dargestellt. Im einzelnen soll erfasst werden, welche Handlungen bzw. Handlungsschritte dem Akteur zur Verfügung stehen, welche Ziele er damit verfolgt, von welchen Entscheidungsbedingungen er die Handlungs(teil)schritte abhängig macht, welche Ergebnisse und Folgen seines Handelns er berücksichtigt und wie diese Konzepte kognitiv miteinander verknüpft sind.

Das forschungsmethodische Vorgehen besteht in einem wiederholten Durchlaufen folgender Schritte an mehreren aufeinander folgenden Tagen:

a) Aufsuchen der Handlungssituation: Zunächst besucht der Untersucher den Unterricht, in dem der Lehrer nach Absprache GU einsetzt. Der Verlauf des Unterrichts wird in einem Beobachtungsprotokoll festgehalten.

b) Interview: Möglichst direkt im Anschluss an den Unterricht, spätestens jedoch am Nachmittag desselben Tages, werden mit Hilfe eines leitfadengestützten Interviews möglichst vollständig die in der aktuellen Situation aufgetretenen Kognitionen, Emotionen und Motivationen des Lehrers erfragt und von nachträglichen Gedanken abgegrenzt. Die Ergebnisse dieses Interviews werden als Konzepte auf Kärtchen notiert und unmittelbar für den nächsten Schritt verwendet.

c) Strukturlegen: Diese Konzepte (Kärtchen) werden durch ein Strukturlege-Verfahren unter Verwendung eines normierten Regelsystems verknüpft. Die Rekonstruktion der Subjektiven Theorie wird vom Untersucher und des Lehrers mit Hilfe der Legetechnik gemeinsam durchgeführt. Hierbei geht es darum, die für die jeweiligen Situationsklassen möglichen Handlungsklassen in ihrem zeitlichen Verlauf darzustellen.

Das dreischrittige Verfahren (Handlungssituation – Interview – Strukturlegen) wird grundsätzlich bei jedem Termin erneut durchlaufen, wobei das Interview fortschreitend auf die zentralen Kernfragen verkürzt werden kann und sich das Strukturlegen zunehmend auf die Prüfung beschränkt, ob der Verlauf der neu beobachteten Handlungssituation schon in der bisherigen Struktur enthalten ist oder ergänzt werden muss. Dies geschieht so oft (vier bis fünf Tage), bis Lehrer und Untersucher mit dem erarbeiteten Produkt zufrieden sind (kommunikative Validierung im Dialog-Konsens).

Mit den beiden Methodeninventaren zur Bestimmung der Außensicht (PDMK) und der Innensicht (ILKHA) soll also ein systematischer und vertiefter Einblick in das dynamische Interaktionsgeschehen des Gruppenunterrichts gewonnen werden.

# 2 Zentrale Ergebnisse

## 2.1 Befunde zur Intragruppenkommunikation

Uns war wichtig, die Gruppenstrukturen, die Führungsstile und die Gruppenprozesse zu analysieren und deren wechselseitiges Beziehungsgeflecht aufzudecken (Dann/Haag/Diegritz 2000). Die Analysen zeigen, dass Statusunterschiede in den Gruppen regelmäßig auftreten, d. h. in den autonom arbeitenden Schülergruppen erfolgt eine erhebliche Hierarchisierung. Dabei fällt auf, dass die Statuspositionen bei denselben Schülergruppen von Gruppenarbeit zu Gruppenarbeit Schwankungen unterliegen, also von Konstanz des Statusgefälles keine Rede sein kann. Doch das Statusgefälle hat keine Bedeutung für die Gruppenprozesse und die Arbeitsergebnisse. Auch kann ein regelmäßiges Ausklinken der statusniedrigen Schüler aus der Gruppenarbeit nicht beobachtet werden, erst recht nicht bei den übrigen Schülern. Das Phänomen der „Trittbrettfahrer" kommt also in den hier untersuchten Schülerarbeitsgruppen nicht vor. Schüler, die den höchsten Status in ihrer Gruppe einnehmen, werden vom Lehrer signifikant häufiger angesprochen als Schüler mit einem niedrigeren Status.

Die Frage nach den Führungsstilen lässt sich eindeutig beantworten: 40 % (N = 16) der untersuchten Schülerkleingruppen sind autoritär geführt, 45 % (N = 18) freundlich-bestimmend und 15 % (N = 6) sozio-emotional. In mehr als der Hälfte aller Gruppen gibt es einen „Ko-Führer“ (mit ebenfalls hohem Status). Meist zeigt er das gleiche Führungsverhalten wie der Gruppenführer. Insbesondere Gruppen mit einer autoritären und starren Führungsstruktur stellen sich als problematisch dar. Autoritäre Führer können zwar die Gruppenarbeit voran bringen und eventuell über Krisen hinweg führen, doch geraten die übrigen Gruppenmitglieder leicht in zu große Abhängigkeit, so dass sie eigenständig keine substantiellen Beiträge zustande bringen. Besonders negativ wirkt sich aus, wenn der autoritäre Gruppenführer von der gestellten Aufgabe abweicht, weil dadurch leicht die gesamte Gruppe in Nebenaktivitäten abdriftet. Die übrigen Gruppenmitglieder agieren dann hilflos und sehen sich nicht in der Lage, den dominanten Führer in die Schranken zu weisen, sondern sie akzeptieren bedingungslos dessen Führerrolle. Schülergruppen, in denen es keine starre Rangordnung gibt, sondern wo sich die Gruppenfunktionen und Führungsrollen situations- und themenspezifisch abwechseln, erweisen sich als erfolgreicher. Als günstig erweist sich ein ausgewogenes Beziehungsgeflecht zwischen den Gruppenmitgliedern aufgrund wechselseitiger Freundschaftsbeziehungen und gegenseitiger Akzeptanz, ebenso eine flexible, sich den jeweiligen Situationen und Themen anpassende, nicht-autoritäre Führungsstruktur der Gruppe. Die Gruppenführer wechseln sich dabei von Sequenz zu Sequenz ab und tragen so dazu bei, dass es kein Gefälle zwischen starr festgelegten Führerfiguren auf der einen und Außenseitern bzw. Trittbrettfahrern auf der anderen Seite gibt.

Mit Hilfe von Schülerprofilanalyse und QVA wurden verschiedene Verlaufstypen von Intragruppenkommunikation eruiert und auf ihren ursächlichen Zusammenhang hin untersucht. Drei Grundtypen von Gruppenarbeitsprozessen haben sich, gemessen am Niveau der Aufgabenorientierung der Gruppe, herausgestellt: Absturz, Einbruch und gleichbleibend hohes Niveau der Orientierung an der gestellten Aufgabe. Abstürze können z. B. durch unangemessene invasive Lehrerinterventionen oder durch das Abschweifen eines dominanten Gruppenmitglieds von der Aufgabe verursacht sein. Zu einem Einbruch der Aufgabenorientierung kommt es z. B., wenn diese zunächst absackt, dann aber aufs Neue ansteigt, z. B. aufgrund einer situationsorientierten responsiven Lehrerintervention oder des Engagements eines führenden Gruppenmitglieds. Auf gleichbleibend hohem Niveau bleibt eine Gruppe an der gestellten Aufgabe, wenn eine ganze Reihe günstiger Momente zusammenwirken: auf Seiten der Schüler ein stabiles Beziehungsgeflecht, eine nicht autoritäre Führungsstruktur sowie Konfliktfähigkeit und Kooperationsbereitschaft, auf Seiten der Lehrkraft z. B. ein motivierender, verständlicher Arbeitsauftrag mit kooperativer Aufgabenstruktur und ein hohes Maß an Zurückhaltung während der Gruppenarbeit.

Gruppenprozesse wirken sich positiv auf die Arbeitsergebnisse aus. Zwischen der Ausprägung der Inhaltlichen Progression (vgl. Tab. 1) und der Qualität der Arbeitsergebnisse besteht ein sehr signifikanter positiver Zusammenhang ($r = .45$, $p < 0.1$). Eine gute Inhaltliche Progression in der Gruppe lässt begründete Erwartungen zu, dass in dieser Gruppe qualitativ hochwertige Arbeitsergebnisse erzielt werden.

## 2.2 Innere Konflikte bei der Durchführung

Insgesamt lässt sich sagen (vgl. auch Meyer 1990, 248f.), dass Lehrer im GU genau das unterlassen sollen, was ihnen in den Jahren von Studium und vor allem Referendariat in Fleisch und Blut übergegangen ist, nämlich sich für alles verantwortlich zu fühlen, ständig in Aktion zu sein, den Geräuschpegel niedrig zu halten und das Lernen der Schüler im Detail vorzuplanen und zu überwachen. So gesehen dürfte Lehrern die Entscheidung, GU in ihren Klassen durchzuführen, nicht leicht fallen. Im Forschungsprojekt interessierte, inwieweit die eben skizzierten widersprüchlichen Erwartungen auch im Erleben der Lehrer selbst zu Konflikten führen. Und wenn ja, wie sehen diese inneren Konflikte im Einzelnen aus (vgl. Hanffstengel 1999)?

Konflikte wurden definiert als zwei sich widersprechende Handlungsmaximen, die es zu identifizieren galt. Zu ihrer systematischen Erhebung wurde bei Lehreräußerungen, die auf Maximen hindeuten, gezielt nachgefragt, um diese zu sichern und ggf. herauszuarbeiten. Lehrern wurden bestimmte Teile ihres Unterrichts vorgespielt. An den jeweils interessierenden Stellen wurde das Band angehalten, und die Lehrer wurden gefragt, was ihnen in dieser Situation durch den Kopf gegangen ist. Die Interviews mit den Lehrern wurden an einem bzw. zwei Terminen geführt und dauerten zwischen drei und fünf Stunden.

Insgesamt wurden die zehn Lehrer nach 290 ausgewählten Unterrichtssituationen befragt. Dabei unterlag die Anzahl der pro Interview erfragten Stellen großen Variationen (zwischen 15 und 65). Die absolute Anzahl der Maximen beträgt für den Arbeitsauftrag 55, für die eigentliche Gruppenarbeit 208 und für die Auswertung 150.

Alle Lehrer haben im GU in irgendeiner Form mit einem Grundkonflikt bzw. Dilemma zu kämpfen, einerseits die Selbstständigkeit der Schüler fördern zu sollen, aber andererseits alles unter Kontrolle haben zu müssen, d. h. in der konkreten Situation nicht zu wissen, ob sie eingreifen sollen oder nicht. Unter diesem Aspekt lässt sich GU darstellen als eine Abfolge von Entscheidungspunkten, an denen die Lehrer immer wieder „Farbe bekennen" müssen, ob sie eingreifen oder Freiraum lassen wollen. Die am häufigsten genannten Entscheidungen sind für jede Phase des GU in Tabelle 2 dargestellt.

Tab. 2: Maximenkonflikte bei der Organisation von Gruppenarbeit

| Phase | Maximenkonflikte | |
|---|---|---|
| Arbeitsauftrag | Gruppen gezielt bilden! | Die Gruppen sich selbst zusammenraufen lassen! |
| Gruppenarbeit | Disziplin, Mitarbeit und Ergebnisse kontrollieren!<br>Den vorgefassten Zeitplan einhalten! | Gruppen selbstständig arbeiten lassen!<br>Den Gruppen Zeit nach Bedarf geben! |
| Auswertung | Auswertung nach meinen Vorstellungen! | Den Schülern Freiraum lassen! |

## 2.3 Befunde zum Verhältnis zwischen Lehrerwissen und Lehrerhandeln

Empirische Untersuchungen, die den komplexen Zusammenhängen zwischen Lehrerhandeln, Lehrerwissen und Unterrichtserfolg nachgehen, sind vergleichsweise selten und wurden vorher ausschließlich für die Lehrmethode der direkten Instruktion durchgeführt. Im vorliegenden Forschungsprojekt wurden diese Zusammenhänge über rekonstruierbare Wissensstrukturen („Innensicht“) und beobachtbare Unterrichtsvariablen („Außensicht“) untersucht (vgl. Haag 1999).

### „Innensicht“

Für jede Subjektive Theorie wurden ein formales und ein inhaltliches Qualitätsmaß bestimmt. Zur Bestimmung der formalen Qualität des Lehrerwissens wurden folgende drei Einzelmaße verwendet:

- Differenziertheit der Entscheidungsbedingungen: Je höher dieser Wert ist, desto mehr Bedingungen fasst die Lehrkraft zu komplexen Gefügen zusammen, bevor sie eine Handlung ausführt. Beispielsweise erteilt ein Lehrer nur unter den Bedingungen einen Arbeitsauftrag schriftlich, (1) wenn es für die einzelnen Gruppen unterschiedliche Arbeitsaufträge gibt und (2) wenn außerdem der Arbeitsauftrag eher umfassend ist.
- Organisation der Gesamtstruktur: Je höher dieser Wert ist, desto kürzer und gleichzeitig parallel verzweigter ist die Subjektive Theorie, d. h. desto mehr alternative Varianten des Verlaufs werden gleichzeitig gesehen. Beispielsweise kann sich ein Lehrer gleichzeitig mehrere Alternativen bei der Erteilung des Arbeitsauftrages vorstellen: Entweder gibt er ihn für alle Gruppen mündlich oder schriftlich oder schriftlich und mündlich.
- Komplexität: Je höher dieser Wert ist, desto mehr Bedingungs- und Handlungskonzepte hat der Lehrer insgesamt für sein Handeln zur Verfügung. Beispielsweise verfügt ein Lehrer über ein reiches Repertoire an Darbietungs-

möglichkeiten in der Auswertungsphase und macht dieses Repertoire auch abhängig von vorausgehenden Bedingungen, ob z.B. der Arbeitsauftrag arbeitsgleich oder arbeitsteilig ist, ob mehrere Gruppen den selben Arbeitsauftrag bearbeitet haben oder ob die Klasse eher groß oder klein ist.

Zur Bestimmung der inhaltlichen Qualität des Lehrerwissens wurden anhand der vorliegenden zehn Subjektiven Theorien die einzelnen Bedingungen bzw. Handlungen im Kontext des Handlungsablaufs von acht Experten nach dem Bewertungsschlüssel 'negativ, neutral, positiv' eingeschätzt. Bei der Suche nach Qualitätsmerkmalen ließ man sich insbesondere von theoretischen Überlegungen und allgemeinem empirischen Wissen über Unterricht leiten. Als Qualitätsmerkmale für die einzelnen Lehrer wurden die als positiv beurteilten Inhalte als Pluspunkte und die als negativ beurteilten als Minuspunkte verrechnet. So konnte pro Lehrer ein Wert berechnet werden. Wenn beispielsweise ein Lehrer nach Erteilen des Arbeitsauftrages sich erstmal bewusst zurückzieht, so ist dies nach unserem Verständnis ein positives Qualitätsmerkmal, macht er sofort einen Kontrollgang durch die Gruppen, ist dies eher ein negatives Merkmal.

## „Außensicht"

In formaler Anlehnung an die Tradition des Prozess-Produkt-Paradigmas werden Lehrervariablen untersucht, die für „guten" Unterricht gelten können. Die Logik dieses Ansatzes ist, dass ein erfolgreicher Lehrer Unterrichtsbedingungen realisiert bzw. Maßnahmen ergreift, die zu Unterrichtserfolgen bei den Schülern beitragen. In früheren Untersuchungen galt als Kriterium für den Unterrichtserfolg i.d.R. der Lernzuwachs bei den Schülern. Der Nachteil dieses Vorgehens ist allerdings, dass der Lehrer keinen direkten Einfluss auf die Lernprozesse und deren Ergebnisse bei den Schülern hat, sondern er kann nur Lerngelegenheiten schaffen, die dann von den Schülern unterschiedlich genutzt werden. Deshalb werden hier als Kriterien für den Erfolg des Lehrerhandelns Prozessvariablen und Arbeitsergebnisse des GU verwendet, die als Indikatoren für die Nutzung der Lerngelegenheiten durch die Schüler gelten können (vgl. Bromme 1997). Um Qualitätsmerkmale im Lehrerhandeln empirisch bestimmen zu können, werden also zunächst wünschenswerte Auswirkungen bei den Schülern im GU bestimmt, die dann mit Lehrervariablen in Beziehung gesetzt werden. Zusammenfassend gelten die folgenden Bewertungsindikatoren für erfolgreichen GU in zeitlicher Abfolge der GU-Phasen:

a) Geringes Ausmaß an Desorientierung der Schüler nach dem Arbeitsauftrag: Indizien für Desorientierung sind beispielsweise, ob die Schüler bei dem Lehrer nachfragen oder untereinander erst diskutieren, was getan werden soll; geringe Desorientierung liegt vor, wenn die Schüler sofort wissen, was zu tun ist.

b) Während der Gruppenarbeit ablaufende Intragruppenprozesse: Indizien hierfür sind die Werte der Skalen der Schülerprofilanlayse (vgl. Tab. 1 in 1.2).

c) Arbeitsergebnisse der Gruppenarbeit: Zwei erfahrene Lehrer beurteilten nachträglich die vorhandenen Arbeitsergebnisse, inwieweit sie dem Arbeitsauftrag ausgeführt wurden.

d) Aufmerksamkeit der Schüler in der Auswertungsphase: Anhand einer Skala wurde geprüft, ob die Schüler konzentriert zuhören, aufmerksam bei der Sache sind und sich am Gespräch beteiligen, soweit es die Situation zulässt.

Erfolgreicher Gruppenunterricht sollte sich bei den Schülern also sowohl in bestimmten Prozessvariablen als auch in der Leistung als Produktvariable niederschlagen. Folgende fünf Lehrervariablen konnten identifiziert werden und wurden zu einem Gesamtmaß aufaddiert, die mit positiven Auswirkungen bei den Schülern zusammenhängen (zur Operationalisierung dieser Variablen vgl. Abschn. 2 in D 2):

- Präzision/Verständlichkeit des Arbeitsauftrags,
- Verständnissicherung nach dem Arbeitsauftrag,
- geringer Zeitanteil der Lehrerinterventionen während der Gruppenarbeit bei unumgänglichen Lehrerinterventionen: Situationsbezug und Umgangsqualität (Situationsbezug meint, inwieweit sich die Lehrer vor einer Intervention in der Gruppe orientieren und anschließend aufgabenbezogen intervenieren; Umgangsqualität meint, in welcher Weise Lehrer in den Intragruppenprozess eingreifen.),
- Integration und Sicherung der Ergebnisse in der Auswertungsphase.

Diese drei Maße der Innen- und Außensicht (formale und inhaltliche Qualität des Lehrerwissens, Qualität des Lehrerhandelns) werden aufeinander bezogen. Sie interkorrelieren signifikant miteinander. Lehrer, die erfolgreichen GU halten, verfügen in stärkerem Maße über entsprechende formale und inhaltliche kognitive Voraussetzungen. Umgekehrt sind Lehrer ohne diese Voraussetzungen weniger in der Lage, einen qualitativ hochwertigen GU zu praktizieren.

## 2.4 Empirische Modellierung erfolgreichen Gruppenunterrichts

Auf der Basis beobachteten Lehrerhandelns und beobachteter Prozesse auf Schülerseite konnte eine empirische Modellierung vorgenommen werden. In der Abbildung 2 werden zentrale Ergebnisse mithilfe einer Pfadanalyse modelliert: Je präziser Arbeitsaufträge erteilt werden, desto besser sind die Arbeitsergebnisse (positive Beziehung), desto weniger häufig kommt es zu Lehrerinterventionen und zur Desorientierung in der Gruppe (negative Beziehungen). Durch präzise und verständliche Arbeitsaufträge kann also entscheidend dazu beigetragen werden, dass die Desorientierung in den Gruppen gering bleibt oder erst gar nicht auftritt, dass Lehrerinterventionen vermieden werden können und dass gute Arbeitsergebnisse zustande kommen.

Weiter ist ersichtlich, dass auch der Verständnissicherung hohe Bedeutung zukommt. Je höher die Verständnissicherung ist, desto positiver fallen in den Gruppen die inhaltliche Progression und die Ergebnisse aus (positive Beziehungen) und desto seltener kommt es zur Desorientierung in der Gruppe (negative Beziehungen). Prüft der Lehrer also, ob die Gruppen den Arbeitsauftrag auch verstanden haben, kann er Desorientierung vermeiden und die Inhaltliche Progression forcieren.

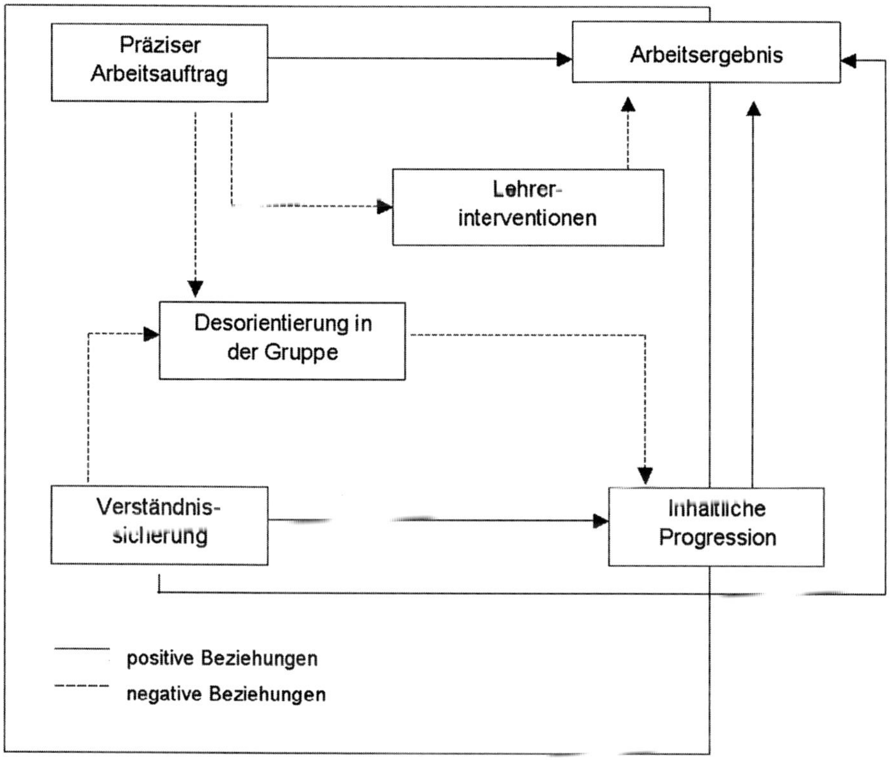


Abb. 2 Elemente gelingenden Gruppenunterrichts

## 3 Schlussfolgerungen zum Forschungsprozess und Forschungsdesiderat

Die untersuchten Lehrer werden im Forschungsverlauf als Subjekte gesehen und gleichzeitig nehmen sie eine Objektrolle ein: Die Untersuchung findet im natürlichen Ablauf in der pädagogischen Situation des Klassenzimmers statt, und gleichzeitig werden die aufgezeichneten Bänder im Labor weiterbearbeitet (über konstruierte Ratingskalen). Nomothetische Ausrichtung der Forschung und einzelfallorientiertes Vorgehen greifen ineinander. Über einzelfallorientiertes Vorgehens sollen dennoch allgemeine Gesetzmäßigkeiten im Gruppenunterricht abgeleitet werden.

Zusammenfassend können wir konstatieren, dass die quantitativen Analysen erst auf der Basis qualitativ begründeter Variablen zu brauchbaren Erkenntnissen führen. Umgekehrt können mittels interpretativer Feinanalysen die quantitativen Ergebnisse veranschaulicht und vertieft werden. Letztlich kontrollieren und ergänzen sich beide Vorgehensweisen gegenseitig.

Hier sowie in der Literatur werden unbefriedigende Beziehungen zwischen dem Interaktionsverhalten und Gruppenleistungen gefunden. So haben entgegen unseren Annahmen Beziehungsentwicklung und Prozessregelung nur wenig Einfluss auf die Ergebnisse. Dies könnte damit zusammenhängen, dass im vorliegenden sowie in den gängigen Untersuchungsdesigns Vorstellungen von Erwachsenen über 'richtiges' Kommunizieren den Jugendlichen sozusagen 'übergestülpt' werden. Eine Anpassung der Instrumente sensu Tausch und Tausch (1991, z. B. Umgangsqualität, Lenkung) an die Gesprächsgepflogenheiten heutiger Jugendlicher wäre ein Desiderat zukünftiger Forschung.

Abschließend wollen wir auf die zentrale Problematik hinweisen, die im Zusammenhang gerade mit qualitativen Forschungselementen in der Literatur immer wieder genannt wird und die auch für unser Projekt so zugetroffen hat, nämlich die Frage nach der Forschungsökonomie. Doch gleichzeitig wollen wir gerade damit auch zeigen, dass auf diese Weise ein neues Potential an Erkenntnis gewonnen werden kann.

Die hier verwendete Art der Datengewinnung und -auswertung ist mit erheblichem Zeitaufwand verbunden, der über das in den empirischen Sozialwissenschaften übliche Maß weit hinausgeht. Allein die Datenerhebungen nehmen sowohl für die Außensicht als auch für die Innensicht jeweils eine ganze Woche pro Lehrkraft bzw. Schulklasse in Anspruch. Die Datenaufbereitungen dauern pro ‚Fall' mehrere Monate. Hierher gehört auch die Frage, inwieweit unsere Aussagen aufgrund der relativ kleinen Stichprobe generalisierbar sind. Somit scheint ein Ungleichgewicht zwischen Forschungsaufwand und -ertrag zu bestehen, eine Spannungssituation, die sich offenbar nicht auflösen lässt. Wir haben uns von vorneherein für die ‚kleine Zahl' entschieden, da quantitative Zusammenhänge zwischen der Sozialform GU und vielfältigen positiven Auswirkungen bereits relativ gut erforscht sind, während über die Prozesse, die zu diesen Effekten führen, relativ wenig bekannt war. Und bei diesem Vorgehen haben wir wertvolle Hinweise erhalten, wie GU konkret in den Unterrichtsalltag implementiert werden kann. Dieses Ergebnis hebt das Problem der Forschungsökonomie gleichsam wieder auf. Fragen der Implementierung von GU fanden bisher in der Literatur kaum Beachtung, obwohl sie angesichts der vorliegenden Befunde zur Effektivität der Unterrichtsform GU von erheblicher Bedeutung sind.

# Literatur

Bromme, Rainer: Kompetenzen, Funktionen und unterrichtliches Handeln des Lehrers. In: Weinert, Franz (Hrsg.): Psychologie des Unterrichts und der Schule (Enzyklopädie der Psychologie, Pädagogische Psychologie, Bd. 3). Göttingen: Hogrefe 1997, 177–212

Cronbach, Lee: Beyond the two disciplines of scientific psychology. In: American Psychologist (1975) Heft 30, 116–127

Dann, Hanns-Dietrich/Barth, Anne-Rose: Die Interview- und Legetechnik zur Rekonstruktion kognitiver Handlungsstrukturen (ILKHA). In: König, Eckard/Zedler, Peter (Hrsg.): Bilanz qualitativer Forschung, Bd. II: Methoden. Weinheim: Deutscher Studien Verlag, 1995 31–62

Dann, Hanns-Dietrich/Haag, Ludwig/Diegritz, Theodor: Statusgefälle und Intragruppenprozesse in Schülerarbeitsgruppen. In: Gruppendynamik (2000) Heft 31, 339–356

Dann, Hanns-Dietrich/Diegritz, Theodor/Rosenbusch, Heinz Siegfried (Hrsg.): Gruppenunterricht im Schulalltag. Realität und Chancen (Erlanger Forschungen Reihe A, Bd. 90). Erlangen: Universitätsbund Erlangen-Nürnberg e. V. 1999

Diegritz, Theodor/Fürst, Carl: Empirische Sprechhandlungsforschung. Ansätze zur Analyse und Typisierung authentischer Äußerungen (Erlanger Forschungen Reihe A, Bd. 88). Erlangen: Universitätsbund Erlangen-Nürnberg e. V. 1999

Diegritz, Theodor/Rosenbusch, Heinz Siegfried: Kommunikation zwischen Schülern. Schulpädagogische und linguistische Untersuchungen. Didaktische Konsequenzen. München: Urban & Schwarzenberg 1977

Diegritz, Theodor/Rosenbusch, Heinz Siegfried: Die pragmatisch-dynamische Methodenkombination (PDMK) zur Erforschung von Kommunikationsprozessen. In: König, Eckard/Zedler, Peter (Hrsg.): Bilanz qualitativer Forschung, Bd. II. Methoden. Weinheim: Dt. Studienverlag 1995, 435–461

Ehlich, Konrad/Rehbein, Jochen: Halbinterpretative Arbeitstranskriptionen (HIAT). In: Linguistische Berichte (1976) Heft 45, 21–41

Haag, Ludwig: Die Qualität des Gruppenunterrichts im Lehrerwissen und Lehrerhandeln. In: Dann/Diegritz/Rosenbusch (Hrsg.): Gruppenunterricht im Schulalltag: Realität und Chancen, Erlangen: Universitätsverbund Erlangen-Nürnberg e. V. 1999, 301–329

Hanffstengel, Ulrike von: Innere Konflikte der Lehrkräfte im Gruppenunterricht. In: Dann/Diegritz/Rosenbusch (Hrsg.): Gruppenunterricht im Schulalltag: Realität und Chancen, Erlangen: Universitätsverbund Erlangen-Nürnberg e. V. 1999, 273–300

Labov, William: Das Studium der Sprache im sozialen Kontext. In: Klein, Wolfgang/Wunderlich Dieter (Hrsg.): Aspekte der Soziolinguistik. Frankfurt/M.: Athenäum 1971, 111–194

Meyer, Hilbert: Unterrichtsmethoden. Bd. 2: Praxisband. Frankfurt/M.: Cornelsen Scriptor 1999

Rosenbusch, Heinz Siegfried: Nonverbale Kommunikation im Unterricht. Die stille Sprache im Klassenzimmer. In: Rosenbusch, Heinz Siegfried/Schober, Otto (Hrsg.): Körpersprache in der schulischen Erziehung. Baltmannsweiler: Schneider 1995, 166–206

Salomon, Gavriel: Transcending the qualitative-quantitative debate: The analytic and systematic approaches to educational research. In: Educational Researcher (1991) Heft 20, 10–18

Sader, Manfred: Psychologie der Gruppe. Weinheim: Beltz 1991

Tausch, Reinhard/Tausch, Anne-Marie: Erziehungspsychologie. Göttingen: Hogrefe, 10. erg. und überarb. Auflage 1991

EVA NEULAND / PETRA BALSLIEMKE / ANKA BARADARANOSSADAT

# E4 Schülersprache, Schulsprache, Unterrichtssprache

## 1 Einführung

„*Das ist voll ohne Sinn*!" Diese spontane Äußerung einer Schülerin als Kommentar zu der Äußerung einer Mitschülerin im Unterricht kann unterschiedliche Reaktionen auslösen: Zustimmung oder Widerspruch durch die Mitschüler/innen, Verständnis oder Ablehnung durch die Lehrkraft. Wenn Schüler/innen sich am Unterrichtsgespräch beteiligen, so stehen spontane Äußerungen und institutionelle Rahmenbedingungen für das sprachliche Handeln im Unterricht mitunter in einem Spannungsverhältnis zueinander: In der Regel wird zwar im Unterricht die Standardsprache als Unterrichtssprache verwendet, und in der Regel von Lehrkräften mit ihrem berufbedingten Register der Unterweisungs- und Anweisungssprache stärker als von Schüler/innen, doch greifen diese insbesondere dann, wenn sie emotional angesprochen werden und ihren Gefühlen Nachdruck verleihen wollen, stärker zur Umgangssprache oder auch zur Jugendsprache. Wie aber reagiert eine Lehrkraft angemessen auf eine Situation, in der Schüler/innen sich nicht der geforderten Standardsprache bedienen? Und welche Reaktion ist angebracht, wenn ein Schüler den Beitrag eines anderen im Unterricht kommentiert mit einer Äußerung wie: „*Du redest Kacke, du Penner!*", und wie wäre diese Äußerung zu beurteilen, wenn sie in der Pause auf dem Schulhof oder auf einem Klassenausflug fällt?

An solchen Beispielen lässt sich das Gegenstandsfeld des Beitrags veranschaulichen: Die institutionellen Rahmenbedingungen und Gepflogenheiten sind zunächst bestimmend dafür, wie eine Lehrkraft reagiert, wobei noch zusätzlich nach Unterrichtsphasen und Unterrichtsmethoden differenziert werden kann: Handelt es sich um ein Gespräch zwischen Schülern während der Gruppenarbeit, eine spontane Äußerung im Plenum oder den Vortrag eines Referates? Die jeweilige Sprechsituation und Diskursart können unterschiedliche Sprachstile erforderlich machen, und schließlich spielen für die Reaktion der Lehrkraft auch pädagogische Überlegungen eine Rolle: Zurückweisungen und Tadel einer umgangs- oder jugendsprachlichen Äußerung können individuell von den Schüler/innen sehr unterschiedlich verarbeitet werden und unterschiedliche Folgen, auch für weitere Mitarbeit und Leistungsbereitschaft mit sich bringen. Wir wollen das Problemfeld wie folgt strukturieren:

- Zunächst sei unter dem Stichwort *Schülersprache* ein Sprachgebrauch charakterisiert, den Jugendliche im Schulalter vor allem außerhalb der Schule ausgebildet haben.

- Sodann seien unter dem Stichwort *Schulsprache* die institutionellen Rahmenbedingungen für Sprechweisen innerhalb der Institution Schule exemplarisch vorgestellt.
- Sodann wird unter dem Stichwort *Unterrichtssprache* diese als ein Interaktionsfeld skizziert, in dem schulische Rahmenbedingungen, unterrichtliche Erfordernisse und außerschulische Spracherfahrungen der Lernenden eine Rolle spielen.

# 2 Schülersprache

## 2.1 Schülersprachen als Jugendsprachen

In der sondersprachlichen Tradition zu Anfang des 20. Jahrhunderts wurden zahlreiche Beispiele für die Schülersprache bzw. „Pennälersprache“ oft von einer ganz bestimmen Schule gesammelt. Die Forschungen zur Schülersprache wurden dann erst in den 60er und 70er Jahren durch Heinz Küpper wiederbelebt, der den Schülerwortschatz in die folgenden Bereiche untergliederte:

- Schule und Lehre (Arschpauker, Poofstunden),
- Lernen (pauken, fuschen, spicken, ponzen),
- Autorität: ein Phänomen, das erst in den 70er Jahren thematisiert wurde (Autoriätsbonze, Mecker-Monster),
- Ferien- und Freizeit (Partys, Heulbojen),
- die Gruppe: eine Kategorie mit sozialen Typisierungen und Wertungen von Jugendlichen (dufter Kumpel, Streberleiche),
- Englisches Schülerdeutsch (stress, homework, kumpellike, actionmäßig).

Anhand dieser Beiträge lässt sich auch das ehemalige Verständnis von „Schülersprache“ besonders deutlich rekonstruieren. Es ist im Wesentlichen durch folgende Merkmale gekennzeichnet:

- durch eine *Homogenität* der Sprachbenutzer und des Sprachgebrauchs
- sowie durch einen themengebundenen *Sonderwortschatz*, der hauptsächlich auf dem Erfahrungsbereich der Schule, sodann auch des Elternhauses und der Freizeitaktivitäten zugeschnitten ist.

Die Entwicklung der linguistischen Jugendsprachforschung seit den 80er Jahren des 20. Jahrhunderts hat entscheidende innovative Veränderungen auch für die Erforschung der Schülersprache mit sich gebracht:

- das linguistische Spektrum wurde von der Wortschatzebene auf weitere Sprachebenen, Handlungsmuster und Textsorten ausgeweitet,
- die Themengebundenheit auf den zentralen Erfahrungsraum Schule wurde aufgehoben,

- und die Homogenitätsannahme wurde durch das Postulat der Heterogenität jugendsprachlicher Erscheinungsweisen ersetzt.

Der Terminus Schülersprache ist zwar heute kaum mehr gebräuchlich, doch kann man diese in einem mehrdimensionalen Klassifikationsmodell der Jugendsprache (Neuland 2006) als Sprachgebrauch von Jugendlichen im Schulalter gegenüber dem Sprachgebrauch von Lehrlingen, jungen Arbeitern und Angestellten oder auch von Studierenden unterscheiden. Grundschüler sind jedoch als noch Nicht-Jugendliche davon auszunehmen. Innerhalb dieser Klassifikationsdimensionen lässt sich die Heterogenität durch Faktoren wie Alter, Geschlecht, Bildungsgang, soziale und regionale Herkunft, Subkultur- und Gruppenzugehörigkeit, aber auch Mediennutzung noch weiter soziolinguistisch differenzieren.

## 2.2 Gruppentypische Gesprächsformen und -funktionen Jugendlicher

Wie lassen sich nun Schülersprache und Schülergespräche linguistisch genauer bestimmen und von anderen Gesprächsformen anderer Sprecher/innen abgrenzen? Wie die Jugendsprachforschung hervorhebt und durch Sprachgebrauchsbeobachtungen und durch Befragungen belegt, dient Jugendsprache der sozial und situativ gebundenen, gruppeninternen Verständigung von Jugendlichen untereinander. Sie ist stark an die Domäne der Freizeit gebunden und wird weit seltener in den Domänen Familie und Schule verwendet (vgl. Neuland 2006). An den folgenden drei Beispielen von Gesprächen jugendlicher Schüler/innen außerhalb von Schule und Unterricht sollen drei wesentliche Charakteristika solcher Gespräche aufgezeigt werden: kreative Sprachstil-Bastelei, sozial vergewisserndes Lästern und affektive Entlastung:

*J3: Schulsachen hab ich alle dabei (...) ((UNDEUTLICH))*
*J1: Hol ma raus!*
*J3: Hab ich alle ausge(...)/im Kofferraum heute.*
*J1: Ah. ((UNVERSTÄNDLICHES DURCHEINANDER))*
*Dann brauchsté nämlich immer nur rausnehmen, je nach dem wassé gerade brauchss.*
*((UNVERSTÄNDLICHES REDEN))*
*J2: Aah! Sommerbrise aus der Dose! ((ALLE LACHEN))*
*J3: ((RÜLPSTLAUT))*
*J2: Huhuhuhu!*
*J3: Guck ma hier!*
*J2: Was da für´ne Wolke kommt! (3sec)*
*J3: Das is Physik.*
*J1: Is Physik, (5sec) das is voll Scheiße ((LEISE))*

*Beispiel 1: Hausaufgaben: Kreative Sprachstil-Bastelei (Neuland nach Chovan (2006) 2003, 133)*

Wie das Beispiel eines Gesprächs zwischen Schülern eines Gymnasiums demonstriert, ist dieser Sprachgebrauch nicht unbedingt durch einen besonderen jugendtypischen Wortschatz charakterisiert; vielmehr handelt es sich um einen bestimmten Interaktionsmodus und Sprachstil in dieser Peergroup, der sich durch Stimmenvielfalt, Durcheinanderreden, gemeinsames Gelächter über gelungene Wortspiele und Anspielungen auszeichnet. Nothdurft/Schwitalla haben dies als „gemeinsam Musizieren" (1995) charakterisiert, Deppermann/ Schmidt (2000) sprechen vom Gesprächsprinzip: „Hauptsache Spaß". Schlobinski u. a. (1993) und Neuland (2003) beschreiben einen solchen Sprachstil nach dem Bricolage-Prinzip, indem z. B. Werbesprüche, Slogans und Zitate aus Rundfunk, Film und Fernsehen neu und verändert rekontextualisert werden. In diesem Fall wird der Werbespruch („*Sommerbrise aus der Dose*") über die Assoziationen: (Duft)Wolke, Unterrichtsgegenstand in Physik mit dem schulischen Erfahrungskontext verbunden und aus Schülerperspektive bewertet. Ein Sprachspiel demonstriert auch das folgende Beispiel:

„*J: Mein Name ist Hinz ((lacht)) Hans Hinz ((lacht)).*
*A: Hinz und Kunz.*
*N: Und ich hab die Lizenz zum Töten ((lacht)).*
*A: Mit schlechten Zensuren! ((lachen)).*"

*Beispiel 2: James Bond: Sozial vergewisserndes Lästern (Schlobinski/Kohl/ Ludewigt nach Wachau (1990) 1993, 58)*

Das Sprachspiel speist sich aus der innovativen Verbindung des James Bond-Slogans: *Mein Name ist Bond* u. a. aus dem Film: *Die Lizenz zum Töten* in Verbindung mit dem Phraseologismus: *Hinz und Kunz* und schließlich dem „Töten" durch schlechte Zensuren in der Schule. Es steht im weiteren Kontext eines jugendtypischen Handlungsmusters, und zwar das Lästern, in diesem Fall über schulbezogene Themen und speziell das Aussehen des Ehemanns einer Lehrer/ in. Beim Lästern, so Schubert (i. E. 2008), werden von den Jugendlichen Ansichten über kritikwürdiges Aussehen/Verhalten einer nicht anwesenden Person ausgetauscht, sodass zugleich durch die vergewissernde Übereinstimmung der Meinungen und Wertungen das Gemeinschaftsgefühl der Gruppe gestärkt wird.

Das dritte Beispiel zeigt noch eine weitere Funktion schulbezogener Schülergespräche auf:

*J2: (unverständlich) – Aufgabe zwei: (3 sec)*
*Bestimme die Gleichung der Tangente zum Kreis «nanananana» (schnell gesprochen)*
*in diesem «nananana» (schnell gesprochen) berührt.*
*J1: Ihr kricht gleich den tollen Zettel!*
*J2: Mmh, ich muss die ganze Scheiße noch aufschreiben.*

*J3: Die Frau XY ((LEHRERIN)), die hat auch irndwie den fetten Arsch auf/*
*J2: Die hat'n Arsch!*
*J1: Die hat irgendwie den fettesten Arsch denś gibt! (unverständlich)*
*J2: Aber sieht haargenau aus wie WQ fast!*

*Beispiel 3: Fetter Arsch: Affektive Entlastung (Chovan 2006, 143)*

Dieses Beispiel stellt die Fortsetzung des ersten Beispiels dar, in dem sich eine Gruppe von Gymnasiasten über eine bevorstehende Klassenarbeit und über Hausaufgaben unterhält. Dabei fallen auch Fäkalausdrücke (*Die ganze Scheiße*), und die Lehrkraft, die die Hausaufgaben erteilt hat, wird mit der obszönen Bemerkung (*fetter Arsch*) verunglimpft. Dieses Freizeitgespräch der Jugendlichen untereinander dient der affektiven Entlastung des sozialen Zwangs, den die Schule ihnen auferlegt; durch die gemeinschaftliche hyperbolische Diffamierung der Lehrerin (Abgrenzung nach außen) dient das Gespräch zugleich der Stärkung des Zusammengehörigkeitsgefühls innerhalb der Schülergruppe.

## 2.3 Kommunikation in Jugendgruppen als sozialisatorische Interaktion

Schüler- wie Jugendsprachen sind in besonderer Weise Gruppensprachen, die zwar situativ außerhalb der Domäne Schule stattfinden können, inhaltlich wie funktional aber vielfältig auf den Erfahrungsraum Schule und die soziale Identität der Schülerrollen bezogen sind. Die Beispiele, in denen sich Schüler/innen außerhalb der Schule über schulbezogene Themen unterhalten, zeigen einerseits, dass das Schulleben eine bedeutsame thematische Ressource auch für das außerschulische soziale Leben der Jugendlichen darstellt und dass die Thematisierung wichtige subjekt- und gruppenbezogene Funktionen für die Jugendlichen ausübt. Die Gespräche in den Peergroups können dabei auch kompensatorische Funktionen übernehmen, indem sie zur Entlastung von sozialem und affektivem Druck beitragen und das Gemeinschaftsgefühl innerhalb der Gruppe stärken. Zugleich weisen die Beispiele aber auch jugendtypische Stilmerkmale auf, wie z. B. den Gebrauch von Anspielungen, das Ironisieren und das Karikieren, das sich gegenseitige Überbieten im Rahmen einer Angebotskommunikation. Kommunikation in Jugendgruppen dient mithin als ein wesentliches Medium sozialisatorischer Interaktion, in der sich sowohl personale als auch soziale Identitätsbildung vollzieht. Die Peergroup-Kommunikation bildet ein Übungsfeld für Selbstdarstellung und für Rollenzuschreibungen sowie -abgrenzungen. Gerade dabei spielt der schulische Erfahrungsraum eine besondere Rolle.

# 3 Schulsprache[1]

## 3.1 Institutionsgebundene Kommunikation

Die oben erwähnten Beispiele zur Schülersprache sind Äußerungen, die in außerschulischen Situationen entstanden sind, sie widersprechen den sprachlichen Gepflogenheiten innerhalb der Schule. Mit Eintritt in die Schule wird die familiäre Sozialisation durch die schulische ergänzt. Auch wenn die Kinder sich bereits im Kindergarten an institutionelle Regeln, wie z.B. das Verhalten in Gruppen und festgelegte Zeiten, gewöhnt haben, so liegt die Veränderung zur Schule in der noch strikteren Handhabung der Gesprächsregeln (besonders beim Melden), der zunehmenden Distanz zu der Bezugsperson (Duzen der Kindergärtner/innen, oftmals ein Siezen der Grundschullehrer/innen) sowie in der durchgängigen Benotung und Bewertung, mit denen auch der Leistungsdruck steigt. Die Kinder lernen, sich an einen Stunden- und Pausenrhythmus zu gewöhnen, Regeln des sozialen Miteinanders zu akzeptieren, Lehrer sowie ältere Schüler zu respektieren und auch die „asymmetrische Interaktionsstruktur“ zu akzeptieren. Mit diesen „schulinstitutionellen Anforderungen“ (Ulich 1998, 386f.) werden die Schüler/innen einer gewissen Konformität überführt, die sich im Sinne der schulischen Sozialisation z. T. aus dem Bildungs- und Erziehungsauftrag erklärt[2]. Dieser Auftrag bedeutet, „wichtige Teile des gesellschaftlichen Wissens an die folgende Generation weiterzugeben.“ (Ehlich/Rehbein 1983, 8).

Schule ist als öffentliche Institution nach den Kriterien allgemeiner staatlicher Verwaltungsstrukturen angelegt. Die Verwaltungsorganisation hat Konsequenzen für die Schulsprache als „organisierte Interaktion“ zwischen Lehrkräften und Schüler/innen (Vanderstraeten, 2004, 55), die in einem hierarchisch aufgebauten System innerhalb eines Rechtsraumes (vgl. Becker-Mrotzek 2001, 1507) miteinander kommunizieren. Mündliche Kommunikation prägt diese Bildungsinstitution zu einem sehr großen Teil (vgl. Ehlich/Rehbein 1983, 8), aber sie ist innerhalb der Institution funktional und zweckgerichtet, während dagegen Alltagskommunikation dem „homileischen Diskurs“ (Fienemann/Kügelgen 2003, 133) zuzuordnen ist. Das im Sinne der Institution konforme kommunikative Verhalten hat auch außerunterrichtlich an verschiedenen Schulorten seine Relevanz[3], wie z.B. im Rahmen von Schulveranstaltungen, in Konfliktsituationen auf dem Gang oder auf dem Pausenhof.

---

[1] Im Folgenden wird er Begriff Schulsprache in Anlehnung an Ehlich/Rehbein (1983, 9) als sprachliches Handeln in der Institution Schule verstanden, abweichend von Ulich (1998, 387), der den Begriff für die Unterrichtssprache verwendet.

[2] „Die Schule vermittelt die zur Erfüllung ihres Bildungs- und Erziehungsauftrages erforderlichen Kenntnisse, Fähigkeiten, Fertigkeiten und Werthaltungen“ (SchG, § 2, Abs.3).

[3] Zur Beziehung von kommunikativer Entwicklung und kognitivem Fortschritt vgl. Joas 1998, 139.

Handlungsabläufe innerhalb der Institution erfordern von Lehrkräften und Schüler/innen ein z. T. unbewusstes Wissen, eine „intuitive Anwendung“ (Becker-Mrotzek, 1989, 26), über den Ablauf von Prozessen (z. B. Leistungsüberprüfungen) und über Regeln des Zusammenlebens (z. B. Verhalten in den Pausen).[4] Dabei sind die juristisch notwendigen Grundregeln im Schulgesetz eines jeweiligen Bundeslandes festgelegt, während die allgemeinen Formen des Umgangs miteinander (geregelte Pausen- und Essenszeiten, Ordnungsdienste, Grüßen innerhalb des Gebäudes, Benehmen im Sekretariat) über Konventionen weitervermittelt werden. Hurrelmann verweist in diesem Zusammenhang auf die „soziale Anpassungsleistung“, welche von den Lernenden gefordert wird (vgl. Mühlbauer 1980, 309). Solche Prozesse der Einübung sozialer Regeln und der Sozialisation in der Schülerrolle hatte Zinnecker (1975) mit dem Konzept des „heimlichen Lehrplans“ (nach Jackson) beschrieben.

Die Lehrkräfte haben als Agenten der Institution die an sie gestellten Aufgaben und Pflichten internalisiert und agieren in den meisten Fällen nicht als Privatpersonen innerhalb schulischer Zusammenhänge, sondern als Beamte des Staates[5] mit einer nicht zu unterschätzenden Vorbildfunktion, die sich auch in mündlicher Kommunikation widerspiegelt. Der Status Lehrkraft bzw. Schüler/in wird auch außerhalb des Schulgeländes nicht vollständig abgelegt, wenn sich z. B. Lehrer/in und Schüler/in im Café, im Kino, in der Einkaufszone begegnen. Es wird außerdem erwartet, dass Lehrkräfte weder ihre politischen und ideologischen Einstellungen noch ihre persönliche Wertschätzungen kundtun (vgl. z. B. § 61, NBG).

## 3.2 Kommunikation in der Schule als Mittel der Sozialisation in der Schülerrolle

Die Schulgesetze und Regeln der Schulordnungen organisieren ebenso wie die konventionalisierten Umgangsformen das Zusammenleben in der Schule, um eine Lernatmosphäre herzustellen. Die Lernenden müssen sich in der Schule nicht völlig neu zurecht finden, denn an Rollensituationen, Konfliktsituationen und Reglementierungen sind die Kinder und Jugendlichen in der Regel gewöhnt (vgl. Gohlke 1981, 265), sie erfahren aber im Sinne der schulischen Sozialisation eine Ausweitung, die sie auf ein Leben in sozialen Gemeinschaften und auf das bevorstehende Arbeitsleben vorbereitet.

Beachten Schüler/innen die geltenden kommunikativen Regeln der Institution Schule, indem sie z. B. die Lehrkraft außerhalb des Unterrichts grüßen, sich in Beratungsgesprächen und formellen Pausengesprächen in Standardsprache aus-

---

4 Brumlik/Holtappels sprechen von „sozialer Kontrolle“ (Brumlik/Holtappels 1987, 92).

5 Zu den Pflichten des Beamten schreibt Mühlbauer (1980, 313): „Er [der Lehrer, A. d. V.] ist weisungsgebunden, hat Gehorsamspflicht gegenüber Anweisungen der Vorgesetzten, ist dem Disziplinarrecht unterworfen und ist durch Beamteneid in seiner Meinungsfreiheit graduell einschränkt.“

drücken, auch Mitschüler/innen in Gegenwart der Lehrperson angemessen ansprechen und eigene Meinungen angemessen vertreten, wenn sie von der Meinung des Lehrers abweichen, leisten sie zumeist eine erfolgreiche Rollenarbeit. Denn ihnen wird in der Regel sowohl die positive Verstärkung der Lehrkräfte als auch die Sympathie seiner Mitschüler/innen zuteil und beides wiederum stärkt ihr Selbstkonzept. Dies kann eine wichtige Voraussetzung für gute schulische Leistungen sein.[6]

Während dieser schulischen Rollenarbeit werden Schüler/innen an manchen Stellen ihre personale Identität zugunsten der sozialen, von der Schülerrolle geforderten zurückstellen müssen. Für die Institution Schule existiert das Dilemma, die Identitätsbalance zwischen persönlicher und sozialer Identität nicht ohne Brechungen bewahren zu können.[7] Solche institutionell bedingten Spannungen bezeichnet Gohlke (nach Louis, 1981, 251) als offene oder verdeckte Friktionen, die pädagogisch didaktische Intentionen bremsen, ablenken oder zerreiben können. Brechungen des gemeinsamen Handlungsrahmens führen zu Handlungsdivergenzen auf zwei Unterrichtsebenen, die Zinnecker mit den Metaphern der Vorderbühne und der Hinterbühne beschreibt (1978b, 31 f.):

> „Das Spiel läuft immer auf zwei Bühnen: Auf der Vorderbühne, im Verhalten zum offiziellen Personal der Institution, wenn sie angesprochen, einbezogen und aufgefordert werden, dominiert Abwehr und Obstruktion; auf der Hinterbühne blühen Beweglichkeit, Schnelligkeit und Wendigkeit."

So können auf der „Vorderbühne" Desinteresse und mangelnde Mitarbeit (Nichtbeachtung der Lehrkraft bei körperlichen Auseinandersetzungen), Kooperationsverweigerung und verbal und non-verbal geäußerte Abneigung, wie z. B. demonstratives Wegschauen, auch das Nicht-Grüßen der Lehrer auf dem Flur, sowie verbale Attacken und gemeinsames unhöfliches Lachen der Schüler als Äußerungsformen der Distanz zur Institution gesehen werden (vgl. Abschn. 4). Heinze machte bereits 1976 auf solche Schülertaktiken aufmerksam, die den Schüler/innen eine Distanzierung zur Schule „als Zwangsinstitution" (nach Goffman) ermöglichen. Damit sind Taktiken des sich Abschirmens, der vorgetäuschten Aufmerksamkeit oder auch der Beschäftigung mit sich selbst gemeint (vgl. auch Brumlik/Holtappels 1987). Mit der erhöhten Zentralisierung von Prüfungen (Zentralabitur, Lernstandserhebungen, zentrale Abschlussprüfungen) und der vermehrten Evaluierung seit Pisa hat der normierte Bezugsrahmen an Stellenwert zugenommen, so dass sich das Dilemma der Identitätsbalance erhöht hat. Dies gilt sicherlich sowohl für Lehrkräfte als auch für Schüler/innen.

---

[6] Zu den Feldern schulischer Sozialisation und ihren Zusammenhängen vgl. Ulich 1998.

[7] Streek spricht in diesem Zusammenhang von „konfligierenden Relevanzsystemen" zwischen der Lehrerwelt und der Kinderwelt (Streek, 1983, 203; vgl. auch Gohlke 1981, 253, 259).

# 4 Unterrichtssprache

## 4.1 Institutions- und fachgebundene Kommunikation

Was für die Gesprächsführung in der Schule bestimmend ist, wird auch an der Kommunikation zwischen Schülern und Lehrern im Unterricht sichtbar. Den größten Raum mündlicher Kommunikation in der Schule nehmen Unterrichtsgespräche ein, wobei unterschiedliche Faktoren maßgeblich sind. Mündliche Kommunikation im Unterricht

- ist an ein fachliches Thema gebunden,
- findet innerhalb einer größeren Aktantengruppe, meist in einer Klasse mit ca. 30 Schülern statt und wird in der Regel von einer Lehrkraft geleitet oder moderiert,
- dient der Wissensvermittlung und ist Ausdruck eines Lernprozesses,
- ist der Bewertung der Lehrkraft unterworfen.

Für den Deutschunterricht gilt darüber hinaus, dass Sprache nicht nur als Unterrichtsmedium, sondern auch als Unterrichtsthema fungiert. Ausschlaggebend für Unterrichtsgespräche sind verschiedene Zielsetzungen und Erwartungen, insbesondere gesellschaftliche Ansprüche, die an die Schule herangetragen werden, z. B. die Forderung, den Schülern neben einer fundierten fachlichen Ausbildung auch Teamfähigkeit oder Eigenverantwortung zu vermitteln. Dies wird u. a. durch unterschiedliche Sozialformen im Unterricht eingeübt. Daneben soll dieser Forderung auch durch die Vergabe von Kopfnoten Rechnung getragen werden.

Um pädagogische und fachliche Ziele umsetzen zu können, ist die Lehrkraft im institutionellen Rahmen Schule zudem angehalten, Anweisungen zu erteilen, bei Fehlverhalten Sanktionen zu verhängen und Beurteilungen vornehmen. Dies trifft für Unterrichtskommunikation in allen Fächern zu, im Deutschunterricht kommt hinzu, dass neben fachlichen Inhalten auch kommunikative Kompetenzen vermittelt werden. Die Rollen der Aktanten im Unterricht sind dabei durch die institutionellen Rahmenbedingungen weitgehend festgelegt (s. Abschn. 3). Daraus konstituieren sich für den Unterricht spezifische Gesprächsformen.

## 4.2 Unterrichtliche Gesprächsformen

Die Kommunikation zwischen Lehrern und Schülern findet unter besonderen Bedingungen statt, die sich deutlich von denen der Alltagskommunikation unterscheiden. Daher ist auch zu begründen, dass die Erwartungen von Seiten der Lehrkräfte und das Alltagsverständnis der Schüler von Kommunikation miteinander konfligieren. Das Unterrichtsgespräch beinhaltet sowohl eher lehrerzentrierte Formen wie z. B. das Abfragen von gelernten Inhalten als auch Diskussionen, bei denen die Schüler aktiver teilnehmen oder auch die Moderation übernehmen können. Rollenspiele werden dann eingesetzt, wenn Situationen außerhalb des Unterrichts simuliert werden. Hier können die Schüler eher auch kreativ tätig werden. In der Regel bestimmt allerdings die Lehrkraft die Wahl der unterrichtlichen Gesprächsformen je nach didaktischem Konzept und unterrichtlichem Phasenablauf. Die Formen der Unterrichtsgespräche folgen dabei dem Muster des geplanten Instruierens (vgl. Becker-Mrotzek/Vogt 2001, 58), auch bei didaktisch angeleiteter Gruppenarbeit. Die Zweckbestimmung der Wissensvermittlung unterscheidet die Unterrichtskommunikation noch spezifischer als die Formen der Schulkommunikation von privaten Alltagskommunikationen (s. Abschn. 3). Dies führt auch zu einer institutionsspezifischen Veränderung von Sprachhandlungsmustern des Alltags, wie linguistische Analysen zur Lehrerfrage und zum Frage-Antwort-Muster gezeigt haben (vgl. Ehlich 1981).

Typische Interaktionsmuster im Unterricht zeigen eine starke Reglementierung auf Schüler- und Lehrerseite. Die Unterrichtssituationen, in denen die Schüler selbst Initiative ergreifen, sind eher selten. Seit der Studie von Bellack (dt. 1974) ist bekannt, dass Unterrichtskommunikation nicht aus einer beliebigen Folge zusammenhangloser Äußerungen besteht, sondern in wiederkehrenden Handlungsmustern abläuft. Dabei stehen einleitend Strukturierungen oder Aufforderungen, gefolgt von Reaktionen und Fortführungen, bis ein neues Muster mit einer Strukturierung oder Aufforderung eingeleitet wird. Den Lehrkräften fallen initiative Sprachhandlungen wie Strukturierung und Aufforderung zu, während die Schüler eher reagieren.

Die mündliche Kommunikation ist aber zugleich auch Unterrichtsthema und bildet einen der Hauptlernbereiche im Deutschunterricht. Hier sollen Gesprächskompetenzen erworben werden, die z. B. verständliches, sach- und situationsangemessenes Sprechen beinhalten. (s. Kernlehrplan für das Fach Deutsch 2004) So sind Unterrichtsbeiträge standardsprachlich zu formulieren, je nach Thema auch fachsprachlich. Ziel des Deutschunterrichtes ist es, den Schülern die nötigen sprachlichen Mittel an die Hand zu geben, um z. B. Sachverhalte darzustellen, Texte zusammenzufassen und zu analysieren oder Diskussionen zu führen, und zwar nicht nur im Deutschunterricht, sondern auch in anderen Unterrichtsfächern. Mit dem Schulbeginn vermittelt der Sprachunterricht im Lernbereich mündlicher Sprachgebrauch Gesprächsregeln, deren Einhaltung von den Schüler/innen eingefordert wird, z. B.:

- Sprich erst, wenn du dazu aufgefordert wirst.
- Wiederhole nicht, was schon ein Schüler zuvor geäußert hat.
- Halte dich an das vorgegebene Thema.
- Befolge die Anweisungen des Lehrers.

Auch solche Vorgaben können dazu beitragen, dass schulische Anforderungen Interessen der Schüler/innen zuwider laufen, was durch unterschiedliche Ursachen zu begründen ist: Desinteresse am Thema, Über- oder Unterforderung, Streitigkeiten innerhalb der Klasse, Probleme mit der jeweiligen Lehrkraft u. a. Dies kann zu zeitweiligen oder dauerhaften Konflikten und Unterrichtsstörungen führen. Als häufige Störung wird beispielsweise Schwätzen oder Dazwischenreden empfunden. Nicht immer handelt es sich um intentionale Störungen durch die Schüler. Auch konstruktives Mitarbeiten kann sich in Lärm äußern, z. B. wenn Mitschüler sich bei ihren Nachbarn noch einmal nach der Aufgabenstellung erkundigen oder die Äußerung eines Mitschülers bzw. einer Mitschülerin diskutieren. Andererseits können Schüler sich auch innerlich zurückziehen, träumen und dabei Interesse vortäuschen, ohne dass dies wahrgenommen wird (Heinze 1976; vgl. Abschn. 3.2 dieses Beitrags).

## 4.3 Haupt- und Nebenkommunikation im Unterricht und Identitätsbalancen

In einer Unterrichtsstunde findet daher nicht nur das intendierte Unterrichtsgespräch statt, sondern es laufen auch unterschiedliche Formen von Nebenkommunikationen ab. Die bedeutsame Unterscheidung Haupt- und Nebenkommunikation im Unterricht und eine erste funktionaltypologische Erfassung von Nebenkommunikationen stammen von der Arbeitsgruppe Baurmann/Cherubim/Rehbock und ihren „Beobachtungen und Analysen zum nicht offiziellen Schülerverhalten innerhalb und außerhalb des Unterrichts" (1981). Rehbock schreibt insbesondere der sich von der Hörerrolle im Hauptdiskurs distanzierenden Nebenkommunikation von Schüler/innen im Unterricht eine identitätssichernde Funktion zu (1981, 68 ff.).

> „Neben den in der Schule erwarteten und offiziell anerkannten Tätigkeiten von Schülern, wie z. B. der Beteiligung am Unterrichtsgespräch, der kollektiven oder individuellen Bearbeitung von Aufgaben […] sind andere Schüleraktivitäten innerhalb und außerhalb des Unterrichts zu beobachten, die entweder als Störung institutionell normierter Verhaltensweisen wahrgenommen und sanktioniert wird oder im Interesse spezifischer Entlastungsmechanismen (Komplexitätsreduktion, Ventilfunktion) mehr oder weniger toleriert werden." (Cherubim 1981, 107)

Während die Hauptkommunikation im Unterricht aus der Sicht der Schüler/innen überwiegend fremdbestimmt erscheint, ermöglicht die Nebenkommunikation auf der „Hinterbühne" (vgl. Abschn. 3.2) die Einbringung spontaner außerschulischer, lebensweltlicher Themen und Bedürfnisse. Nebenkommunikation lässt sich somit auffassen als Reaktion auf „angsterzeugende, übermächtig erlebte institutionelle Regeln, und somit Symptom beschädigter Identität." Sie lässt sich des Weiteren interpretieren als Verengung oder Abdichtung des Bewusstseinshorizonts" (Gohlke 1981, 264). Das Konzept der Nebenkommunikationen geht insofern über das der Abwehrtaktiken hinaus, als es eine produktive Sprachhandlungsdimension der Schüler/innen eröffnet. Im Gegensatz zur

Hauptkommunikation treten die Schüler/innen aus einer eher passiven und reaktiven Schülerrolle heraus und ergreifen selbst die Initiative für mündliche und schriftliche Sprachhandlungen.

Nebenkommunikationen dienen der personalen und sozialen Identitätsbalance, d. h. die Schüler/innen handeln ihre personale Identität und Rolle innerhalb der Altersgruppe miteinander aus. Das kann sich darin äußern, dass Schüler durch Gespräche untereinander oder auch in Schülerbriefchen den Kontakt zueinander aufrecht erhalten, sich vor den anderen profilieren, indem sie besonders witzige Geschichten zum besten geben oder auch gemeinsame Freizeitaktivitäten planen. Thematisch hebt sich die Nebenkommunikation deutlich von der Hauptkommunikation im Unterricht ab, so werden vor allem Themen besprochen, die im privaten Bereich anzusiedeln sind, wie z. B. Wochenendaktivitäten, Freundschaften oder private Verabredungen (vgl. Cherubim 1981, S. 119, Ziegler 2006, 167). Dies spiegelt sich auch im Sprachgebrauch wider. Wie die Jugendsprachforschung nachgewiesen hat, wechseln Jugendliche ihre Sprachstile je nach der Kommunikationssituation:

> „Je informeller, lockerer bzw. zwangloser der Gesprächsstil (auch seitens der Lehrenden) ist, umso größer sind die Spielräume im Bezug auf die orthoepischen, ortholexikalischen und orthogrammatischen Normen." (Volmert, 2006, 91)

Mit dem Wechsel von der Haupt- zur Nebenkommunikation ist zugleich ein Wechsel zwischen normgebundener und normungebundener Sprechsituation verbunden (vgl. Kleinberger/Spiegel 2006). Die Sprech- und Schreibstile werden deutlich „jugendsprachlicher". Die Verwendung jugendsprachlicher sowie aber auch unanständiger Ausdrücke verweist dabei auf die gruppentypischen Gesprächsfunktionen Jugendlicher untereinander, vor allem der affektiven Entlastung (vgl. Abschn. 2). Dies kann sich einerseits positiv auf die Unterrichtssituation auswirken, wenn die Schülerinnen und Schüler sich dann wieder dem Unterrichtsthema zuwenden, andererseits aber auch stören, nämlich dann, wenn ein Teil der Schüler die anderen vom offiziellen Unterrichtsgeschehen ablenkt, einzelne Schüler diskriminiert werden oder Nebenkommunikationen dazu führen, dass der Unterricht nicht fortgeführt werden kann.

## 5 Schule als Interaktionsfeld: Kommunikation, Wissenserwerb und Identitätsbildung

Im Beitrag wurde dargestellt, dass die drei Kommunikationsformen der Schülersprache, der Schulsprache und der Unterrichtssprache durch sehr unterschiedliche sprachliche Erscheinungsformen und kommunikative Funktionsweisen charakterisiert sind. Dennoch bilden sie ein Interaktionsfeld mit vielfachen Überschneidungen: Während einerseits gerade auch in der außerschulischen Freizeit der schulische Erfahrungsraum eine bedeutsame thematische Ressource sowie Anlass für Wortschöpfungen und Sprachspiele bildet, werden andererseits Ausdrucks- und Erfahrungsweisen der außerschulischen Lebenswelt Jugendlicher in Schule und Unterricht eingebracht, was mit den dortigen reglementierten Gesprächsformen konfligieren kann.

Die sprachliche Verarbeitung schulischer Erfahrungen in der Freizeit sowie die Übertragung außerschulischer Spracherfahrungen in Schule und Unterricht erklären sich aus einer ganzheitlichen Betrachtung der personalen und sozialen Identität Jugendlicher. Wie wir bislang gezeigt haben, dient Schülersprache in Form der Kommunikation in Jugendgruppen als sozialisatorische Interaktion der Ausbildung personaler sowie sozialer Identitätsanteile in informellen Gesprächskontexten. (vgl. Abschn. 2). Schule und Unterricht sind als Interaktionsfelder ganz überwiegend durch ihre Zweckbestimmung der Wissensvermittlung und der Wissensaneignung geprägt. Subjektive Bedürfnisse der personalen Identität bleiben dabei dieser Rahmenordnung unterworfen. Die institutionsgebundene Kommunikation in der Schule fungiert allerdings als Mittel der Sozialisation in die Schülerrolle, die nur *einen*, wenn auch wesentlichen Bestandteil der sozialen Identität von Jugendlichen ausmacht (vgl. Abschn. 3). In Formen der Nebenkommunikation im Unterricht ist schließlich ein kommunikatives Ausagieren personaler Identitätsanteile der Lernenden zu erkennen (vgl. Abschn. 4.).

Die Freizeitkommunikation Jugendlicher trägt dazu bei, dass der soziale und affektive Druck der Schülerrolle entlastet und kompensiert wird. Jugendsprachliche Bestandteile oder „Verstöße" in der Schul- und Unterrichtskommunikation können als Zeichen gesehen werden, durch eine außerschulische „Sprache der Nähe" die zweckbestimmte und oft unpersönliche fach- und institutionsgebundene Kommunikation aufzulockern, abzumildern und zu ent-distanzieren.

Ob dieses Wechselspiel grundsätzlich aufgehoben werden kann, scheint angesichts der schulischen Rahmenbedingungen und unterrichtlichen Erfordernisse fraglich. Dennoch seien zum Abschluss einige mögliche Rahmenbedingungen genannt, diese Prozesse für alle Beteiligten erträglicher oder gar ertragreich zu machen: Gefragt wäre eine Unterrichtsgestaltung, die sowohl dem Lehrplan und der zweckgerichteten Unterrichtskommunikation einerseits, aber auch den kommunikativen Bedürfnissen der Lernenden andererseits mehr Raum lässt und den Umgang mit unvermeidlichen Friktionen auch produktiv macht. Schließlich ist schon viel gewonnen, wenn Lehrkräfte im Unterricht Nebenkommunikationen nicht als Provokation oder gar persönliche Herausforderung auffassen.

Gesprächsschulung für angehende Lehrkräfte sollte ein unverzichtbarer Bestandteil der Lehrerausbildung sein. Wie viel Reglementierung, Witz und Ironie jeweils angebracht wäre, ist auch von der Lerngruppe abhängig. Gemeinsame Verabredungen über angemessene Verhaltensweisen bilden einen weiteren wichtigen Baustein. Schließlich haben Schüler/innen ab einer gewissen Altersstufe bereits ein deutliches Bewusstsein über Registerwahl und Stilwechsel. Dies setzt eine Kooperation zwischen Lehrenden und Lernenden voraus, die allerdings nicht immer gegeben ist und die ausgehandelt werden sollte.

Schließlich hat die Deutschdidaktik in den letzten Jahrzehnten vielfältige Bemühungen entwickelt, Schülerorientierung im Unterricht ernst zu nehmen und für den Unterricht solche neuen Gegenstandsfelder zu erschließen, die die Kluft zwischen Schule und Alltag zu verringern suchen, sei es im Bereich der Lesesozialisation, des freien und kreativen Schreibens und nicht zuletzt der Beschäftigung mit außerschulischen Sprachgebrauchsweisen wie der Jugendsprache.

Allerdings sollte von einer fraglosen Akzeptanz der Jugendsprache als Unterrichtssprache abgeraten werden: Lehrkräfte sollten auch weiterhin im Unterricht Standard- oder auch Umgangssprache gebrauchen, und jugendsprachliche Ausdrucksweisen sollten vor allem in schriftlichen Texten nur unter besonderen Ausnahmen (z.B. des Parlando-Stils) zugelassen werden. Die Grenzen zwischen den Domänen von Unterricht und Freizeit können und sollen nicht aufgehoben werden, da es nicht zuletzt auch um die Weitergabe kulturellen Wissens und die Vorbereitung auf das Berufsleben sowie um eine gesellschaftliche Integration geht.

## Literatur

Baurmann, Jürgen/Cherubim, Dieter/Rehbock, Helmut (Hrsg.): Neben-Kommunikationen. Beobachtungen und Analysen zum nichtoffiziellen Schülerverhalten innerhalb und außerhalb des Unterrichts. Braunschweig: Westermann 1981

Becker-Mrotzek, Michael: Schüler erzählen aus ihrer Schulzeit: eine diskursanalytische Untersuchung über das Institutionswissen. (Interaktion und Lebenslauf). Frankfurt a.M.: Lang 1989

Becker-Mrotzek, Michael: Gespräche in Ämtern und Behörden. In: Brinker/Antos/Heinemann/Sager (Hrsg.): HSK: Text- und Gesprächslinguistik. Ein internationales Handbuch zeitgenössischer Forschung. 2. Bd. Berlin, New York: de Gruyter 2001, 505–1525

Becker-Mrotzek, Michael/Vogt, Rudiger: Unterrichtskommunikation. Linguistische Analysemethoden und Forschungsergebnisse. Tübingen: Niemeyer 2001

Bellack, Arno u.a.: Die Sprache im Klassenzimmer. Düsseldorf: Cornelsen 1974

Böttcher, Wolfgang/Terhart, Ewald (Hrsg.): Organisationstheorie in pädagogischen Feldern. Analyse und Gestaltung. Wiesbaden: Verlag für Sozialwissenschaften 2004

Brumlik, Michael/Holtappels, Heinz Günther: Mead und die Handlungsperspektive schulischer Akteure, Interaktionistische Beiträge zur Schultheorie. In: Tillmann, K. (Hrsg.): Schultheorien. Hamburg: Bergmann und Helbig 1987, 89–105

Chovan, Miloš: Kommunikative Stile sozialen Abgrenzens. Zu den stilistischen Spezifika sozial-distinktiver Handlungen in der Interaktion Jugendlicher. In: Dürscheid, Christa/Spitzmüller, Jürgen 2006b, 135–151

Deppermann, Arnulf/Schmidt, Axel: Hauptsache Spaß – Zur Eigenart der Unterhaltungskultur Jugendlicher. In: Der Deutschunterricht (2001) Heft 6, 27–38

Dürscheid, Christa/Spitzmüller, Jürgen (Hrsg.): Perspektiven der Jugendsprachforschung. Trends and Developments in Youth Language Research. Frankfurt a. M.: Lang 2006b

Ehlich, Konrad: Schulischer Diskurs als Dialog? In: Schröder, Peter/Steger, Hugo (Hrsg.): Dialogforschung, Jahrbuch des Instituts für deutsche Sprache. Düsseldorf: Cornelsen 1981, 334–369

Ehlich, Konrad/Rehbein, Jochen: Einleitung. In: Ehlich/Rehbein 1983, 7–19

Ehlich, Konrad/Rehbein, Jochen (Hrsg.): Kommunikation in Schule und Hochschule. Linguistische und ethnomethodologische Analysen. Tübingen: Narr 1983

Fend, Helmut: Neue Theorie der Schule. Einführung in das Verstehen von Bildungssystemen. Wiesbaden: VS Verlag 2002

Fienemann, Jutta/Kügelgen, Rainer: Formen mündlicher Kommunikation in Lehr- und Lernprozessen. In: Bredel, Ursula u. a. (Hrsg.): Didaktik der deutschen Sprache. Band 1, Paderborn: UTB, 2003, 133–148

Gohlke, Klaus: Nebenkommunikation als Problem der Institution Schule. In: Baurmann/Cherubim/Rehbock, 1981, 247–267

Hannappel, Hans: Lehren lernen. Bochum: Kamp 1992

Heinze, Thomas: Unterricht als soziale Situation. Zur Interaktion zwischen Lehrern und Schülern. München: Juventa 1976

Hurrelmann, Klaus/Ulich, Dieter (Hrsg.): Handbuch der Sozialisationsforschung. Weinheim, Basel: Beltz 5. Auflage 1998

Kleinberger Günther, Ulla/Spiegel, Carmen: Jugendliche schreiben im Internet: Grammatische und orthographische Phänomene in normungebundenen Kontexten, In: Dürscheid, Christa/Spitzmüller, Jürgen 2006, 101–117

Küpper, Heinz: Die deutsche Schülersprache 1973/1974, in: Wirkendes Wort 27 (1977), 318–330

Lange, Günter u. a. (Hrsg.): Taschenbuch des Deutschunterrichts. Grundfragen und Praxis der Sprach- und Literaturdidaktik. Band 1. Baltmannsweiler: Schneider Hohengehren, 4. Auflage 1990

Meyer, Hilbert: Zehn Merkmale guten Unterrichts. In: Pädagogik 55 (2003) Heft 10, 36–43

Mühlbauer, Karl-Reinhold: Sozialisation. Eine Einführung in Theorien und Modelle, München: Wilhelm Fink Verlag 1980

Neuland, Eva: Subkulturelle Sprachstile Jugendlicher heute. Tendenzen der Substandardisierung in der deutschen Gegenwartssprache. In: Neuland, Eva: (Hrsg.): Jugendsprache – Jugendliteratur – Jugendkultur. Frankfurt: Lang 2003, 131–149

Neuland, Eva: Deutsche Schülersprache heute: total normal? In: Dürscheid/Spitzmüller 2006, 51–73

Neuland, Eva: Mehrsprachig – kontrastiv – interkulturell: Zur Heterogenität und Typizität von Jugendsprachen, In: dies. (Hrsg.): Jugendsprachen: Mehrsprachig – kontrastiv – interkulturell. Frankfurt: Lang 2007, 11–30

Neumann, Kare: Lehrersprache und Schülersprache – Unterricht als Kommunikation. In: Lange, Günther 1990

Nothdurft, Werner/Schwitalla, Johannes: Gemeinsam musizieren. Plädoyer für ein neues Leitbild für die Betrachtung mündlicher Kommunikation. In: Der Deutschunterricht (1995) Heft 1, 30–42

Rehbock, Helmut: Nebenkommunikation im Unterricht: Funktionen, Wirkungen, Wertungen. In: Baurmann/Cherubim/Rehbock 1981, 35–89

Reinert, Gerd-Bodo/Zinnecker, Jürgen: Schüler im Schulbetrieb: Berichte und Bilder vom Lernalltag, von Lernpausen und vom Lernen in den Pausen. Reinbek: Rowohlt 1978

Schlobinski, Peter/Kohl, Gaby/Ludewigt, Irmgart: Jugendsprache: Fiktion und Wirklichkeit. Opladen: Verlag für Sozialwissenschaften 1993

Schubert, Daniel: Lästern – Erscheinungsweisen und Funktionen einer kommunikativen Gattung des Alltags. i.E., Frankfurt 2008

Spiegel, Carmen: Jugendliche diskutieren im Unterricht. Jugendsprachliche Elemente bei der Argumentationseinübung im Deutschunterricht. In: Neuland, Eva (Hrsg.): Jugendsprachen – Spiegel der Zeit. Frankfurt: Lang 2003, 431–447

Streeck, Jürgen: Lehrerwelten – Kinderwelten. Zur vergleichenden Ethnographie von Lernkommunikation innerhalb und außerhalb der Schule. In: Ehlich/Rehbein 1983, 203–213

Sucharowski, Wolfgang: Gespräche in Schule, Hochschule und Ausbildung. In: Brinker/Antos/Heinemann/Sager (Hrsg.): HSK: Text- und Gesprächslinguistik. Ein internationales Handbuch zeitgenössischer Forschung. 2. Bd. Berlin, New York.: de Gruyter 2001, 1566–1574

Tillmann, Klaus-Jürgen: Sozialisationstheorien. Eine Einführung in den Zusammenhang von Gesellschaft, Institution und Subjektwerdung. Reinbek: Rowohlt 1989

Twellmann, Walter: Handbuch Schule und Unterricht: Band 2: Die Schule als Institution und Organisation. Düsseldorf: Schwann 1981

Ulich, Klaus: Schulische Sozialisation. In: Hurrelmann, Klaus/Ulich, Dieter (Hrsg.): Handbuch der Sozialisationsforschung. Weinheim, Basel: Beltz, 5. Auflage 1998, 377–396

Vanderstraeten, Ralf: Interaktion und Organisation im Erziehungssystem. In: Böttcher/Terhart 2004, 54–68

Volmert, Johannes: Jugendsprachliche Stile und Register. Einfluss auf und Stellenwert für mündliche und schriftliche Kommunikation im Unterricht. In: Dürscheid/Spitzmüller 2006, 87–101

Ziegler, Evelyn: Identitätskonstruktion und Beziehungsarbeit im bayerischen Schülerzetteln. In: Dürscheid/Spitzmüller 2006, 165–183

Zinnecker, Jürgen (Hrsg.): Der heimliche Lehrplan. Untersuchungen zum Schulunterricht. Weinheim/Basel: Beltz 1975

Zinnecker, Jürgen: Die Schule als Hinterbühne oder Nachrichten aus dem Unterleben der Schüler. In: Reinert, Gerd-Bodo/Zinnecker, Jürgen (Hrsg.) Schüler im Schulbetrieb. Reinbek: Rowohlt 1978, 29–121

MAREIKE KOBARG / MANFRED PRENZEL /
KATHARINA SCHWINDT

# E 5 Stand der empirischen Unterrichtsforschung zum Unterrichtsgespräch im naturwissenschaftlichen Unterricht

## 1 Einführung

Ziel des naturwissenschaftlichen Unterrichts ist, dass Schülerinnen und Schüler naturwissenschaftliche Kompetenzen erwerben. Im Sinne der Scientific Literacy, wie sie beispielsweise im Rahmen von PISA untersucht wird, beinhaltet naturwissenschaftliche Grundbildung die Fähigkeiten: (1) naturwissenschaftliche Fragestellungen zu erkennen, (2) naturwissenschaftliche Phänomene zu beschreiben, zu erklären und vorherzusagen und (3) naturwissenschaftliche Evidenz zu nutzen, um Entscheidungen zu treffen (Prenzel/Schöps/Rönnebeck/Senkbeil/Walter/Carstensen/Hammann 2007). Insbesondere die Fähigkeit, naturwissenschaftliche Phänomene zu beschreiben, zu erklären und vorherzusagen, erfordert, dass Schülerinnen und Schüler in der Lage sind, naturwissenschaftliche Zusammenhänge verbal auszudrücken. Das heißt, die Schülerinnen und Schüler sollten sich einer gemeinsamen naturwissenschaftlichen Fachsprache bedienen können, um naturwissenschaftliche Sachverhalte zielgruppengerecht zu kommunizieren. Der Ort, an dem Schülerinnen und Schüler die Fachsprache der Naturwissenschaften hauptsächlich erlernen, ist der naturwissenschaftliche Unterricht (Newton/Driver/Osborne 1999). Insbesondere die mündliche Kommunikation im Unterrichtsgespräch des naturwissenschaftlichen Unterrichts bietet Schülerinnen und Schülern die Gelegenheit, sich diese Fachsprache anzueignen. So können die Lehrpersonen im Unterrichtsgespräch beispielsweise Informationen bereitstellen oder die Schülerinnen und Schüler können ihre Vorstellungen äußern und im gemeinsamen Diskurs weiterentwickeln. Das Unterrichtsgespräch im naturwissenschaftlichen Unterricht eröffnet den Schülerinnen und Schülern so Gelegenheiten, individuelle Wissenskonstruktionsprozesse zu durchlaufen, Vorstellungen von naturwissenschaftlichen Zusammenhängen zu entwickeln und im gemeinsamen Diskurs zu überprüfen. Im Hinblick auf die aktive Konstruktion von Wissen birgt die mündliche Kommunikation im Unterrichtsgespräch einen weiteren Vorteil. Das Unterrichtsgespräch kann sehr flexibel gestaltet werden. Es bietet vielfältige Möglichkeiten, auf die individuellen Konstruktionsprozesse und Schwierigkeiten von Schülerinnen und Schülern zu reagieren. Das Unterrichtsgespräch kann damit sehr viel einfacher als andere Unterrichtsmethoden, wie beispielsweise Stillarbeiten oder reine Lehrervorträge, an die Lern- und Wissenserwerbsprozesse in der Klasse angepasst werden.

Bereits in Aeblis (1998) zwölf Grundformen des Lehrens wird das Unterrichtsgespräch als für den Unterricht gewinnbringend herausgestellt. Es spielt beispielsweise für die erste Grundform „Erzählen und Referieren“, aber genauso für die Grundformen „Einen Begriff bilden“ und „Problemlösendes Aufbauen“ eine wichtige Rolle. Betrachtet man die Funktion des Unterrichtsgesprächs in diesen Ansätzen, so lassen sich daraus unterschiedliche qualitative Aspekte ableiten. Ein wichtiger Aspekt des Unterrichtsgesprächs, der insbesondere in der Grundform „Erzählen und Referieren“ deutlich wird, betrifft die Vermittlung von Wissen, aber auch das Erlernen der spezifischen Sprache einer Unterrichtsdomäne. In den beiden Grundformen „Einen Begriff bilden“ und „Problemlösendes Aufbauen“ birgt das Unterrichtsgespräch ein großes Potential für die Konstruktion von Wissen auf Seiten der Schülerinnen und Schüler. Insgesamt verdeutlichen diese Ausführungen, dass die mündliche Kommunikation im Unterrichtsgespräch im naturwissenschaftlichen Unterricht einen wichtigen Beitrag zum Lernen und Wissenserwerb von Schülerinnen und Schülern leisten kann (Roth/Druker/Garnier/Lemmens/Chen/Kawanaka/Rasmussen/Trubacova/Warvi/Okamoto/Gonzales/Stigler/Gallimore 2006).

Aus diesen Gründen findet das Gespräch im naturwissenschaftlichen Unterricht auch in der Forschung besondere Aufmerksamkeit. Die Untersuchung des naturwissenschaftlichen Unterrichts und insbesondere des Unterrichtsgesprächs erfolgt aus der Perspektive verschiedener Disziplinen und mit unterschiedlichen Schwerpunkten. So widmen sich beispielsweise fachdidaktische Forscherinnen und Forscher häufig Fragen, die mit der Rolle und Funktion von Experimenten im Unterricht verbunden sind (Tesch/Duit 2005). Die Inhalte des naturwissenschaftlichen Unterrichts, ihre Präsentation und Vernetzung werden in diesem Forschungszweig ebenfalls fokussiert (Müller/Duit 2004).

Die pädagogisch-psychologische Forschung hingegen wendet sich bei der Untersuchung des naturwissenschaftlichen Unterrichts anderen Schwerpunkten zu. Hier stehen häufig Fragen der Unterrichtseffektivität im Vordergrund, die nicht allein auf den naturwissenschaftlichen Unterricht beschränkt sind, aber auch hier eine wichtige Rolle spielen. Ziel ist es, Komponenten des Unterrichts zu identifizieren, die günstige Bedingungen für das Lernen von Schülerinnen und Schülern bereitstellen (Seidel/Shavelson 2007). In diesem Zusammenhang hat sich beispielsweise die Strukturiertheit des Unterrichts wiederholt als bedeutsam für das Lernen von Schülerinnen und Schülern herausgestellt (Brophy/Good 1986; Scheerens/Bosker 1997). Aber auch Merkmale des Unterrichtsgesprächs, wie beispielsweise die Fragen der Lehrperson oder die Rückmeldungen der Lehrperson an die Lernenden, sind entscheidend für das Lernen von Schülerinnen und Schülern (Brophy/Good 1986; Seidel/Shavelson 2007; Shuell 1996).

Andere Forschergruppen beschäftigen sich spezifischer mit der Rolle und Qualität des Argumentierens im naturwissenschaftlichen Unterricht. Dieser Aspekt erscheint bedeutsam für den Aufbau naturwissenschaftlicher Kompetenz (Newton et al. 1999). In diesen Studien steht jedoch weniger die Beschreibung von Art und Wirkung des Argumentierens als vielmehr die Intervention in Richtung einer positiveren Argumentationskultur im Vordergrund. In diesen unterschiedlichen Forschungsansätzen spielt das Unterrichtsgespräch im naturwissenschaftlichen Unterricht neben vielen anderen Unterrichtsmerkmalen auch eine wichtige Rolle. Deswegen fokussiert das folgende Kapitel Forschungsergebnisse zum Unterrichtsgespräch im naturwissenschaftlichen Unterricht.

## 2 Methoden zur Untersuchung des Unterrichtsgesprächs im naturwissenschaftlichen Unterricht

Dieses Kapitel widmet sich der Frage, mit welchen Methoden das Unterrichtsgespräch im naturwissenschaftlichen Unterricht untersucht werden kann. Hierzu werden zwei Methoden vorgestellt und ihre Eignung zur Untersuchung des Unterrichtsgesprächs wird diskutiert.

### 2.1 Untersuchung des Unterrichtsgesprächs durch die Befragung von Lehrenden und Lernenden

Will man erfahren, wie naturwissenschaftlicher Unterricht und damit auch die Gespräche in diesem Unterricht gestaltet sind, ist es eine Möglichkeit die am Unterricht beteiligten Personen, nämlich die Lehrenden und Lernenden, zu befragen. Die Befunde einer aktuellen Metaanalyse von Seidel und Shavelson (2007) zeigen hierzu, dass Schülerinnen und Schüler im Hinblick auf den Unterricht häufiger als Informationsquelle dienen als Lehrpersonen. In dieser Metaanalyse wurde die Wirkung unterschiedlicher Unterrichtskomponenten auf das Lernen von Schülerinnen und Schülern untersucht. Hierbei wurde hinsichtlich der Methoden differenziert, die eingesetzt wurden, um die unterschiedlichen Unterrichtskomponenten zu erfassen. Es zeigte sich, dass in knapp 60 Prozent der Untersuchungen, die ein korrelatives Design aufweisen, Schülerbefragungen eingesetzt wurden. Die Befragung von Lehrpersonen wurde dagegen nur in 23 Prozent der Studien mit korrelativem Design verwendet. Die Befunde dieser Metaanalyse belegen außerdem, dass die Schülerinnen und Schüler im Vergleich zu Lehrpersonen im Hinblick auf unterschiedliche Komponenten des Unterrichts befragt werden.

Werden Lehrpersonen zu ihrem Unterricht befragt, so beziehen sich ihre Aussagen meist auf die didaktische Gestaltung des Unterrichts, die den übergeordneten Rahmen für das Unterrichtsgespräch bereitstellt. So wurden die Lehrpersonen beispielsweise im Rahmen der nationalen Ergänzung zu PISA 2003 gefragt, wie häufig sie bestimmte Arbeits-, Unterrichts- und Sozialformen in ihrem Unterricht einsetzen (Baumert et al. 2004). Ähnliche Fragen werden den Lehrpersonen auch in anderen Untersuchungen gestellt (Lipowsky/Pauli/Klieme/Reusser 2002; Seidel/Meyer/Schwindt 2005). Damit beziehen sich die auf diesem Wege erlangten Informationen häufig auf organisatorische Aspekte des Unterrichts. Da Fragen zur Gestaltung des Unterrichtsgesprächs jedoch eine vertiefende Analyse- und Interpretationsleistung der Lehrperson erfordern und nicht immer an konkreten Unterrichtsereignissen festgemacht werden können, werden sie in der Befragung von Lehrpersonen selten thematisiert.

Die Befragung von Schülerinnen und Schülern fokussiert hingegen beispielsweise die Zeitnutzung im Unterricht oder die Bekanntgabe von Zielen und die Strukturierung des Unterrichts (Seidel/Shavelson 2007). Auch in der internationalen PISA-2006-Datenerhebung wurden die Schülerinnen und Schüler zu ihrem Unterricht befragt. Da die Naturwissenschaften der Fokus dieses Untersuchungsdurchgangs waren, gaben die Schülerinnen und Schüler im Hinblick auf den naturwissenschaftlichen Unterricht zu den folgenden fünf Bereichen Auskunft: (1) Unterrichtliche Lernzeit, (2) interaktives Lehren und Lernen, (3) Experimentieren, (4) Schülerinnen und Schüler forschen und (5) naturwissenschaftliches Modellieren und naturwissenschaftliche Anwendungen (Seidel/Prenzel/Wittwer/Schwindt 2007). Betrachtet man die jeweiligen Items der fünf Skalen, so wird deutlich, dass die Gestaltung des Unterrichtsgesprächs besonders in der Skala (2) interaktives Lehren und Lernen eine Rolle spielt. In dieser Skala berichten die Schülerinnen und Schüler, in welchem Ausmaß die Lehrpersonen ihnen im naturwissenschaftlichen Unterricht die Möglichkeit geben, eigene Ideen und Meinungen zu äußern. Des Weiteren zielen die Items darauf ab, zu erfassen, inwiefern im naturwissenschaftlichen Unterricht interagiert wird. So werden durch die Befragung der Schülerinnen und Schüler Merkmale der Gesprächskultur im naturwissenschaftlichen Unterricht erfasst. Auch im Rahmen der internationalen TIMSS-Studie (1995) wurden Schülerinnen und Schüler im Hinblick auf ihren naturwissenschaftlichen Unterricht, in diesem Falle Physikunterricht, befragt (Baumert/Köller 2000). Die Merkmale des Physikunterrichts, die in dieser Studie erfasst wurden, beziehen sich hauptsächlich auf Tätigkeiten, die die Schülerinnen und Schüler im Unterricht durchführen. Einzelne Items erfassen jedoch auch Merkmale des Unterrichtsgesprächs, wie beispielsweise die Frage, wie häufig die Schülerinnen und Schüler im Unterricht eigene Ideen erklären (Baumert/Köller 2000). Die beiden dargestellten Untersuchungen zeigen, dass sich aus der Befragung von Schülerinnen und Schülern Informationen über das Gespräch im naturwissenschaftlichen Unterricht gewinnen lassen. Eine detaillierte Beschreibung gelingt mit Hilfe dieser Methode jedoch nicht. Dennoch lässt sie sich gerade in Untersuchungen mit großen Stichproben ökonomisch einsetzen.

Stützt man sich zur Beschreibung des Unterrichts auf die Aussagen der beteiligten Personen, so muss man sich die Frage nach der Validität dieser Aussagen stellen. Zur Validität der Befragung von Lehrpersonen zeigt sich in einer Analyse von Seidel und anderen (2008) beispielsweise, dass die Aussagen von Lehrpersonen über ihren eigenen Unterricht kaum Zusammenhänge mit ihrer tatsächlich beobachtbaren Unterrichtspraxis aufweisen. In einer Untersuchung von Clausen (2002) konnte außerdem gezeigt werden, dass die Aussagen von Lehrpersonen zum Unterricht mit denen von unabhängigen Beobachterinnen und Beobachtern kaum übereinstimmen. Diese Differenzen finden sich insbesondere bei der Betrachtung von Unterrichtsmerkmalen, die nicht direkt zu beobachten sind, wie beispielsweise die Strukturiertheit des Unterrichts. Aus der Befragung von Lehrpersonen lassen sich somit zwar valide Hinweise zu den Rahmenbedingungen des Unterrichtsgesprächs ableiten, sie liefert aber kaum zuverlässige Informationen über die Art und Weise der Kommunikation. Die Validität der Befragung von Schülerinnen und Schülern im Hinblick auf den Unterricht ist weniger umstritten als die Befragung der Lehrpersonen (Lüdtke/Trautwein/Kunter/Baumert 2006). Ein Grund hierfür ist die Tatsache, dass nicht nur die subjektive Wahrnehmung des Unterrichts durch eine Person, sondern durch mehrere Personen erfasst wird. Des Weiteren sind die Aussagen von Schülerinnen und Schülern insbesondere dann gute Indikatoren für das tatsächliche Unterrichtsgeschehen, wenn sie sich auf die Häufigkeit bestimmter Unterrichtsmerkmale beziehen (Ditton 2000). Zusätzlich spricht die Tatsache, dass eine Reihe von Untersuchungen Effekte der von Schülerinnen und Schülern berichteten Unterrichtskomponenten auf das Lernen identifizieren (Seidel/Shavelson 2007), für die Validität dieser Form der Erfassung.

## 2.2 Untersuchung des Unterrichtsgesprächs durch außenstehende Beobachtung

Der vorangegangene Abschnitt hat verdeutlicht, dass die Befragung der Beteiligten häufig eingesetzt wird, um verschiedene Unterrichtsmerkmale zu erfassen. Es ist aber gleichzeitig dargestellt worden, dass die Erfassung der spezifischen Merkmale des Unterrichtsgesprächs dabei nur selten gelingt. Neben den Herausforderungen, die mit der Befragung der Beteiligten verbunden sind, sprechen zwei weitere Faktoren für die Erfassung der Komponenten des naturwissenschaftlichen Unterrichts durch eine außenstehende Beobachtung:

(1) Die Befunde der Metaanalyse von Seidel und Shavelson (2007) zeigen, dass in Studien, bei denen Unterrichtskomponenten mit Beobachtungsmethoden untersucht werden, weniger distale und dafür eher proximale Unterrichtskomponenten erfasst werden. Proximale *Unterrichtskomponenten* sind Komponenten, die einen engen Bezug zu den Lernprozessen der Schülerinnen und Schüler aufweisen. Ein Beispiel hierfür sind die domänenspezifischen *Lernaktivitäten*

im Unterricht. Eine distale Unterrichtskomponente, die nur eine indirekte Verbindung zu den Lernprozessen aufweist, ist beispielsweise die effektive Lernzeit. Die Befunde dieser Metaanalyse zeigen zudem, dass proximale Unterrichtskomponenten einen stärkeren Effekt auf das Lernen von Schülerinnen und Schülern haben als distale Komponenten.

(2) Insbesondere die Aufzeichnung von Unterricht birgt das Potential, die Merkmale des Unterrichtsgesprächs sehr detailliert zu betrachten und die Interaktion zwischen der Lehrperson und den Lernenden zu analysieren (Kobarg/Seidel 2007; Lipowsky/Rakoczy/Pauli/Reusser/Klieme 2007; Pauli/Lipowsky 2007; Petko/Waldis/Pauli/Reusser 2003). So kann beispielsweise unterschieden werden, wie viele Fragen die Lehrperson stellt, welche Qualität diese Fragen aufweisen und wie Schülerinnen und Schüler auf diese Fragen reagieren.

Durch die Aufzeichnung von Unterricht in einem Video- oder Audioformat werden der Unterricht und damit auch das Unterrichtsgespräch zuerst einmal nur dokumentiert. Hierbei ist jedoch zu beachten, dass diese Dokumentation nicht vollständig ist, denn jede Aufzeichnung bedeutet bereits eine Selektion des tatsächlichen Unterrichtsgeschehens (Seidel/Prenzel, in Druck). Um Informationen über Merkmale des Unterrichts und damit des Unterrichtsgesprächs zu erhalten, ist eine systematische Analyse des aufgezeichneten Materials notwendig. Die systematische Analyse von Unterricht erfolgt in der Unterrichtsforschung mit unterschiedlichen Zielstellungen und Methoden. So war es beispielsweise Ziel der TIMSS 1999 Science Videostudie, den naturwissenschaftlichen Unterricht in fünf Ländern zu beschreiben und zu vergleichen. Hauptforschungsfrage dieser Studie war (Roth et al., 2006): „Welche Gelegenheiten bietet eine Stunde den Schülerinnen und Schülern, um Naturwissenschaft zu lernen?“ Vor dem Hintergrund dieser Frage wurde analysiert, mit welcher Häufigkeit und zeitlichen Dauer bestimmte Ereignisse im Unterricht auftreten. Die Analysen dieser Untersuchung erfassen beispielsweise, wie viel Zeit in den untersuchten Klassen für öffentliche Diskussionen über naturwissenschaftliche Inhalte genutzt wird. Außerdem wird die Zeit erfasst, die im Unterricht für Gespräche der Lehrperson mit einzelnen Schülerinnen und Schülern zur Verfügung steht. Ziel dieser Analysen ist es unter anderem, zu untersuchen, inwieweit Schülerinnen und Schüler die Gelegenheit erhalten, sich im Unterricht an Gesprächen über naturwissenschaftliche Inhalte zu beteiligen. Einzelne sprachliche Interaktionen und ihre qualitativen Merkmale werden in dieser Studie jedoch nicht erfasst. So lassen sich aufgrund der Methodik, die in dieser Untersuchung verwendet wird, zwar Rückschlüsse auf die Art des Unterrichtsgesprächs im naturwissenschaftlichen Unterricht ziehen, seine genauen Merkmale, wie beispielsweise die Art der Schüleräußerungen oder die Art der Rückmeldungen, können jedoch nicht identifiziert werden.

Auch in der IPN-Videostudie ist naturwissenschaftlicher Unterricht mit Hilfe von Videoaufzeichnungen untersucht worden. Fokus dieser Untersuchung war der Physikunterricht in Deutschland (Seidel/Prenzel/Rimmele/Dalehefte/Herweg/Kobarg/Schwindt 2006; Seidel/Prenzel/Rimmele/Schwindt/Kobarg/Herweg/Dalehefte 2006). In dieser Untersuchung sind unterschiedliche Methoden zur Analyse der Unterrichtsvideos verwendet worden. Ziel war es hierbei einerseits, den Physikunterricht in Deutschland im Hinblick auf sichtbare Merkmale, wie beispielsweise die Unterrichtsorganisation, zu beschreiben. Andererseits sollten durch die Videoanalysen Unterrichtskomponenten identifiziert werden, die Gelegenheiten für das Lernen von Schülerinnen und Schülern bereitstellen und ihr Lernen unterstützen. Die Beschreibung der sichtbaren Oberflächenstrukturen des Unterrichts erfolgte mit Hilfe unterschiedlicher Kategoriensysteme, durch die beispielsweise verschiedene unterrichtliche Arbeitsformen differenziert wurden (Seidel 2005a). Im Hinblick auf Unterrichtskomponenten, die das Lernen von Schülerinnen und Schülern unterstützen können, wurde unter anderem das Unterrichtsgespräch detailliert untersucht. Hierbei wurden die Äußerungen der Lehrperson und der Schülerinnen und Schüler unterschieden und mit spezifischen Kategoriensystemen analysiert. Um eine möglichst objektive und reliable Anwendung der Kategoriensysteme zu gewährleisten, wurden die Beobachterinnen und Beobachter im Rahmen der IPN-Videostudie umfassend geschult. Des Weiteren dienten unterschiedliche Maße der Beobachterübereinstimmung dazu, zu gewährleisten, dass die Ergebnisse nicht von den subjektiven Einschätzungen des Beobachters beziehungsweise der Beobachterin abhängen. Eine ausführliche Darstellung der Vorgehensweise bei der Entwicklung von Beobachtungsverfahren findet sich bei Seidel (2005b). Um das Potential dieser Methode für die Erfassung des Unterrichtsgesprächs im naturwissenschaftlichen Unterricht zu verdeutlichen, wird eines der Kategoriensysteme, die in der IPN-Videostudie verwendet wurden, im folgenden Kapitel beispielhaft vorgestellt (s. Kapitel 2.3).

Zusammenfassend lässt sich die besondere Stärke der außenstehenden Beobachtung an zwei Punkten festmachen: (1) Die Beschreibung des Unterrichtsgesprächs durch eine außenstehende Beobachtung unterliegt weniger den subjektiven Verzerrungen, die die Befragung der Beteiligten kennzeichnen (Clausen 2002). (2) Die außenstehende Beobachtung des Unterrichts ermöglicht es, einzelne Ereignisse im Unterrichtsgespräch wiederholt zu betrachten und ihre Rolle für die unterrichtlichen Lehr-Lern-Prozesse zu untersuchen (Seidel/Prenzel/Rimmele/Dalehefte et al. 2006; Seidel/Prenzel/Rimmele/Schwindt et al. 2006).

## 2.3 Beispiel für ein Kategoriensystem zur Analyse von Lehrerfragen

Die Fragen der Lehrperson spielen für ein lernförderliches Unterrichtsgespräch eine wichtige Rolle, da sie das Lernen von Schülerinnen und Schülern durch kognitive Aktivierung unterstützen können (Brophy/Good 1986; Klieme/Thußbas 2001; Pauli/Reusser 2006). Deshalb wird ihnen im Rahmen der Videoanalysen in der IPN-Videostudie besondere Aufmerksamkeit gewidmet.

In der IPN Videostudie erfolgen die Analysen zur Qualität der Lehrerfragen im Physikunterricht auf der Basis eines Ereignisstichprobenplans. In einem Ereignisstichprobenplan werden im Unterrichtsverlauf verschiedene Ereignisse unterschieden. Beispielsweise kann zwischen Schülerarbeitsphasen und Klassengesprächsphasen oder zwischen unterschiedlichen Lehrer-Schüler-Interaktionen differenziert werden. Diese Ereignisse können dann mit Hilfe unterschiedlicher Kategoriensysteme vertiefend analysiert werden. Der Ereignisstichprobenplan, der in diesem Falle verwendet wurde, unterscheidet zwischen den beiden Ereignissen Lehreräußerung und Schüleräußerung (Seidel/Kobarg/Rimmele 2005). Um die Qualität der Lehrerfragen im Unterricht zu untersuchen, wurden die Lehreräußerungen zuerst einmal mit einem Kategoriensystem analysiert, das die Art der Lehreräußerungen in den Kategorien Nennen von Fakten, Fragen, Erklärungen, Instruktionen, Nennen von Beispielen und Diktate unterscheidet. Wird eine Äußerung als Frage klassifiziert, so wird sie mit Hilfe unterschiedlicher Kategoriensysteme weiter ausdifferenziert, um die Qualität der Lehrerfrage zu erfassen (Kobarg/Seidel 2005). Zwei dieser Kategoriensysteme sind in Tabelle 1 im Überblick dargestellt.

Tab. 1: Kategoriensysteme zur Differenzierung von Lehrerfragen im Unterrichtsgespräch

| | |
|---|---|
| Art der Fragen der Lehrperson | • Keine Frage<br>• Offene Frage<br>• Geschlossene Frage |
| Kognitives Niveau der Fragen der Lehrperson | • Keine Frage<br>• Organisatorische Frage<br>• Reproduktionsfrage<br>• Kurzantwortfrage<br>• Langantwortfrage<br>• „Deep-reasoning"Frage |

Das erste Kategoriensystem, das in der Tabelle dargestellt wird, unterscheidet zwischen offenen und geschlossenen Fragen der Lehrperson. Diese Unterscheidung wird vorgenommen, da davon auszugehen ist, dass offene Fragen den Schülerinnen und Schülern vielfältige Möglichkeiten bieten, eigenständig Problemlöseprozesse zu durchlaufen und dadurch Wissen aufzubauen (Kobarg/Seidel 2007). Eine offene Frage zeichnet sich dadurch aus, dass sie nicht auf einen bestimmten Begriff oder eine spezielle Erklärung abzielt. Eine offene

Frage lässt unterschiedliche Antworten und Erklärungen der Schülerinnen und Schüler zu. Damit gibt sie den Schülerinnen und Schülern die Gelegenheit, eigenständige Denkprozesse zu durchlaufen und ihre eigenen Überlegungen zu äußern. Ein Beispiel für eine offene Frage wäre, wenn eine Physiklehrperson in einer Unterrichtseinheit zur Linsenoptik fragt: „Wie kann man mit einer Sammellinse Feuer machen?“ Diese Frage ermöglicht beispielsweise unterschiedliche Erklärungen der Schülerinnen und Schüler. Eine geschlossene Frage ist hingegen dadurch gekennzeichnet, dass sie keine unterschiedlichen Antworten der Lernenden zulässt. Ziel einer geschlossenen Frage ist, dass die Schülerinnen und Schüler einen bestimmten Begriff oder Zusammenhang benennen. Damit bietet eine geschlossene Frage den Schülerinnen und Schülern keine Gelegenheit, eigenständige Überlegungen anzustellen. In einer Unterrichtseinheit zur Linsenoptik würde die folgende Frage beispielsweise als geschlossen klassifiziert werden: „Bei welcher Entfernung vom trockenen Waldboden kann eine Sammellinse ein Feuer verursachen?“ Diese Frage lässt nur eine richtige Antwort zu, nämlich dass die Entfernung der Brennweite der Linse entsprechen muss.

In dem zweiten Kategoriensystem, das Tabelle 1 im Überblick darstellt, wird das kognitive Niveau der Lehrerfragen im Unterricht differenziert. Die Untersuchung des kognitiven Niveaus der Fragen ist von besonderem Interesse, da angenommen wird, dass Fragen mit einem hohen kognitiven Niveau Schülerinnen und Schüler herausfordern, tiefergehende Lernprozesse durchzuführen und ihr Lernen begünstigen können (Brophy/Good 1986; Shuell 1996). In diesem Kategoriensystem werden fünf Ebenen des kognitiven Niveaus der Frage unterschieden. Die Differenzierung der Fragen erfolgt jeweils vor dem Hintergrund der Schülerantwort, die durch diese Frage bezweckt wird.

- Als organisatorische Fragen werden die Fragen klassifiziert, die sich nicht auf die Lerninhalte, sondern auf organisatorische Aspekte des Unterrichtsablaufs beziehen.
- Reproduktionsfragen sind Fragen, die darauf abzielen, dass die Schülerinnen und Schüler Inhalte wiederholen, die in der aktuellen oder einer vorangegangenen Stunde erlernt worden sind. Ziel ist somit ausschließlich eine Reproduktion von Wissen. In einer Unterrichtseinheit zum Thema Kraft könnte eine solche Frage beispielsweise lauten: „Welche drei Wirkungen können Kräfte haben?“
- Im Gegensatz dazu ist es Ziel von Kurzantwortfragen, dass die Schülerinnen und Schüler Fakten, Zahlen oder kurze Erklärungen äußern, die vorher nicht besprochen worden sind. Es handelt sich bei diesen Antworten also nicht um eine Reproduktion.
- Langantwortfragen sind Fragen, die eine längere Antwort oder Erklärung von den Schülerinnen und Schülern erfordern, die jedoch reproduktiv ist. Das heißt, die Antwort auf die Frage ist eine Erklärung, aber der erklärte Sachver-

halt ist nicht neu, sondern den Schülerinnen und Schülern bereits bekannt. Beispiel für eine Langantwortfrage wäre „Welche Funktion haben diese Linsen?“, wenn die Funktion von Linsen vorher schon besprochen worden ist.

- Auf der höchsten Stufe des kognitiven Niveaus sind Deep-Reasoning Fragen anzusiedeln. Diese Fragen zielen auf eine längere Antwort oder Erklärung ab, die jedoch nicht reproduktiv ist. Als Antwort auf diese Fragen wird von den Schülerinnen und Schülern erwartet, dass sie Sachverhalte erklären, die ihnen in dieser Form noch nicht bekannt sind. Damit fordern diese Fragen Schülerinnen und Schüler dazu auf, tiefergehende Denkprozesse durchzuführen. Fragen, die in diese Kategorie fallen, erfordern Antworten, in denen Ursache-Wirkungszusammenhänge erläutert werden oder neue Informationen beurteilt werden. Ein Beispiel für eine Deep-Reasoning Frage im Rahmen einer Unterrichtseinheit zum Thema Linsengesetze wäre: „Was muss man tun, um das Bild, das eine Linse erzeugt, zu vergrößern?“ Diese Frage erfordert eine Argumentation, die den Zusammenhang unterschiedlicher Größen berücksichtigt.

Die Befunde dieser Analyseverfahren ermöglichen es einerseits, die Häufigkeit qualitativ unterschiedlicher Fragetypen im Unterricht zu erfassen. Diese Quantifizierung der Videoanalysen macht es außerdem möglich, die Wirkung bestimmter Fragetypen auf das Lernen von Schülerinnen und Schülern zu betrachten. Andererseits kann die chronologische Abfolge von Fragetypen (Kobarg/Seidel/Prenzel 2007) und ihr gemeinsames Auftreten mit unterschiedlichen Arten von Schüleräußerungen untersucht werden. Damit eröffnet dieses Analyseverfahren die Möglichkeit, die Gestaltung des Unterrichtsgesprächs detailliert zu beschreiben.

## 3 Untersuchungen zum Unterrichtsgespräch im naturwissenschaftlichen Unterricht

Die Untersuchung des Unterrichtsgesprächs im naturwissenschaftlichen Unterricht erfolgt in verschiedenen Studien mit differierenden Zielstellungen und unter Verwendung unterschiedlicher Methoden. Diese wurden im vorangegangenen Kapitel diskutiert. In diesem Kapitel werden Befunde einiger dieser Verfahren vorgestellt. Ziel der vorgestellten Studien war es unter anderem, das Unterrichtsgespräch im naturwissenschaftlichen Unterricht zu beschreiben und seine Wirkung auf das Lernen von Schülerinnen und Schülern zu untersuchen. Auf der Basis der Darstellung dieser Studien wird abschließend ein Fazit zur Rolle des Unterrichtsgesprächs im naturwissenschaftlichen Unterricht gezogen.

### 3.1 Der naturwissenschaftliche Unterricht im internationalen Vergleich I. Befunde aus PISA 2006

Die Gestaltung des naturwissenschaftlichen Unterrichts wurde im Rahmen von PISA 2006 unter anderem durch die Befragung der Schülerinnen und Schüler erfasst (Seidel et al. 2007). Wie bereits in Kapitel 2.1 dargestellt, umfasst besonders die Skala zum interaktiven Lehren und Lernen Items, die Merkmale des Unterrichtsgesprächs beschreiben. Die vier Items *Ideen erklären, Meinung äußern, Diskussion* und *Klassengespräch* wurden von den Schülerinnen und Schülern auf einer vierstufigen Skala beantwortet. Das Item zur Diskussion bezieht sich hierbei auf eine Diskussion zwischen den Schülerinnen und Schülern, das Klassengespräch ist durch den Diskurs zwischen Lehrperson und Schülerinnen und Schülern gekennzeichnet. Die Stufen der Antwortskala waren (1) *in fast keiner Unterrichtsstunde*, (2) *in einigen Unterrichtsstunden*, (3) *in den meisten Unterrichtsstunden* und (4) *in jeder Unterrichtsstunde*. Damit beschreiben die Angaben der Schülerinnen und Schüler, wie häufig sie in ihrem naturwissenschaftlichen Unterricht unterschiedliche Gelegenheiten erhalten, sich am Unterrichtsgespräch zu beteiligen.

Die Befunde zeigen, dass 64 Prozent der fünfzehnjährigen Schülerinnen und Schüler in den OECD-Staaten berichten, dass sie in den meisten oder allen naturwissenschaftlichen Unterrichtsstunden Gelegenheiten erhalten, eigene Ideen zu erklären. In Deutschland trifft dies für 59 Prozent der Jugendlichen zu. In anderen Staaten wie beispielsweise in Australien, Neuseeland, Kanada oder der Tschechischen Republik liegt dieser Anteil mit über 70 Prozent noch höher. Dass ihre Meinung im Unterricht eine Rolle spielt, berichten 49 Prozent der fünfzehnjährigen Schülerinnen und Schüler in den OECD-Staaten. Dieser Anteil liegt in Deutschland bei 56 Prozent. 44 Prozent der Schülerinnen und Schüler aus den OECD-Staaten geben an, dass in den meisten oder allen Unterrichtsstunden über naturwissenschaftliche Themen diskutiert wird. Zusätzlich berichten 36 Prozent der Fünfzehnjährigen in den OECD-Staaten, dass in ihrem naturwissenschaftlichen Unterricht in den meisten oder allen Stunden ein Klassengespräch stattfindet. Für Deutschland liegen die Werte für diese beiden Items mit 40 Prozent (Diskussion) und 45 Prozent (Klassengespräch) wie die anderen Werte auch im Durchschnitt der OECD-Staaten. Diese Befunde weisen darauf hin, dass Merkmale des Unterrichtsgesprächs, die ein interaktives Lehren und Lernen kennzeichnen aus der Sicht von Schülerinnen und Schülern, in allen OECD-Staaten eine wichtige Rolle spielen. Dabei bildet der naturwissenschaftliche Unterricht in Deutschland keine Ausnahme.

## 3.2 Der naturwissenschaftliche Unterricht im internationalen Vergleich II. Befunde der TIMSS 1999 Videostudie zum naturwissenschaftlichen Unterricht

Ziel der TIMSS 1999 Science Videostudie war es, den naturwissenschaftlichen Unterricht in fünf Ländern, die in den TIMSS Schulleistungsuntersuchungen positive Ergebnisse erzielt hatten, zu beschreiben und zu vergleichen. Wie bereits erwähnt, wurde in dieser Studie die folgende zentrale Forschungsfrage verfolgt (Roth et al. 2006): „Welche Gelegenheiten bietet eine Stunde den Schülerinnen und Schülern, um Naturwissenschaft zu lernen?" Zur Analyse der Unterrichtsvideos aus Australien, der Tschechischen Republik, Japan, den Niederlanden und den USA wurden spezifischere Unterfragen zu dieser Forschungsfrage formuliert. Eine dieser Unterfragen bezieht sich darauf, welche Gelegenheiten Schülerinnen und Schüler im Unterricht erhalten, über naturwissenschaftliche Inhalte zu sprechen. Zur Beantwortung dieser Frage wurde zuerst erfasst, welche Zeitanteile öffentliche Diskussionen, in denen die Schülerinnen und Schüler Gelegenheit haben, sich zu äußern, im Gegensatz zur Präsentation von naturwissenschaftlichen Inhalten durch die Lehrperson im öffentlichen Klassengespräch einnehmen. Das öffentliche Klassengespräch bezeichnet hierbei die Unterrichtsphasen, in denen alle Schülerinnen und Schüler in Interaktion mit der Lehrperson stehen. Vom öffentlichen Klassengespräch abzugrenzen sind schülerzentrierte Unterrichtsphasen, in denen die Schülerinnen und Schüler alleine oder in Gruppen eigenständig arbeiten. Die Analysen hierzu zeigen, dass in der Tschechischen Republik im Vergleich zu den anderen Staaten mit 33 Prozent die meiste Zeit mit öffentlichen Diskussionen verbracht wird. In den anderen Staaten liegt dieser Anteil zwischen 10 und 20 Prozent. Der prozentuale Anteil von Präsentationen der Lehrperson ist jedoch in allen untersuchten Ländern ähnlich (ca. 35 Prozent), wobei die Tschechische Republik mit 45 Prozent wiederum an der Spitze liegt. Diese Befunde weisen darauf hin, dass in der Tschechischen Republik deutlich mehr Unterrichtszeit im öffentlichen Klassengespräch verbracht wird. Das eigenständige Arbeiten von Schülerinnen und Schülern spielt nur eine untergeordnete Rolle. Dadurch erhalten die Schülerinnen und Schüler in der Tschechischen Republik aber auch häufiger Gelegenheiten, sich an öffentlichen Klassendiskussionen zu beteiligen als in den anderen Ländern. Außerdem wurde in der TIMSS Videostudie analysiert, wie häufig Schülerinnen und Schüler im naturwissenschaftlichen Unterricht Gelegenheit zu Zweiergesprächen mit der Lehrperson oder mit anderen Schülerinnen und Schülern haben. Die Befunde hierzu zeigen, dass der Anteil von Zweiergesprächen in der Tschechischen Republik mit 3 Prozent sehr gering ist. In allen anderen Ländern stehen etwa 20 Prozent der Unterrichtszeit für Zweiergespräche zwischen der Lehrperson und einzelnen Schülerinnen und Schülern zur Verfügung. In den Niederlanden ist mit 23 Prozent der Anteil von Zweiergesprächen zwischen einzelnen Schülerinnen und Schülern am höchsten. Des Weiteren zeigen die Analysen, dass in allen untersuchten Ländern über 85 Prozent der Worte im Unterrichtsgespräch von der Lehrperson geäußert werden. Die Schülerinnen und Schüler haben einen Anteil zwischen 7 und 12 Prozent an allen Worten im Unterrichtsgespräch. Insgesamt belegen diese Befunde, dass die Lehrpersonen das Gespräch im naturwissenschaftlichen Unterricht dominieren. In einigen Ländern, wie beispielsweise der Tschechischen Republik oder den Niederlanden, erhalten die Schülerinnen und Schüler jedoch relativ häufig Gelegenheit, sich an dem Gespräch über naturwissenschaftliche Inhalte zu beteiligen.

### 3.3 Das Unterrichtsgespräch im Physikunterricht. Befunde der IPN-Videostudie

Die IPN-Videostudie verfolgte das Ziel, den Physikunterricht in der Sekundarstufe I in Deutschland zu beschreiben und seine Wirkungen auf das Lernen von Schülerinnen und Schülern zu untersuchen (Seidel/Prenzel/Rimmele/Dalehefte et al. 2006; Seidel/Prenzel/Rimmele/Schwindt et al. 2006). Die Beschreibung des Unterrichts erfolgt in dieser Untersuchung mit Hilfe unterschiedlicher Videoanalyseverfahren (Seidel/Prenzel/Kobarg 2005). Unter anderem wurden das Unterrichtsgespräch und seine Merkmale erfasst (vgl. z. B. Kapitel 2.3). Auf der Basis dieser Analysen können die Merkmale des Unterrichtsgesprächs in dieser Studie detailliert beschrieben werden. Die Befunde zeigen, dass die Schülerinnen und Schüler im deutschen Physikunterricht nur selten Gelegenheiten erhalten, sich aktiv am Unterrichtsgespräch zu beteiligen. Im Durchschnitt nehmen Lehreräußerungen 80 Prozent der Gesprächszeit im Unterricht ein (Kobarg/Seidel 2007). Den durchschnittlich 22 Schülerinnen und Schülern in der Klasse bleiben damit nur 20 Prozent der Zeit, um sich am Unterrichtsgespräch zu beteiligen. Äußern sich die Schülerinnen und Schüler im Unterricht, so geben sie meistens kurze Antworten. Fragen von Schülerinnen und Schülern kommen in den untersuchten Unterrichtsstunden selten vor. Zusätzlich werden die Äußerungen von Schülerinnen und Schülern im Unterrichtsgespräch häufig als Stichwortgeber funktionalisiert. Selten können Schüleräußerungen in ähnlichem Ausmaß wie die Äußerungen der Lehrperson Einfluss auf das Unterrichtsgespräch nehmen und damit als gleichberechtigt gelten (Kobarg/Seidel 2007; Seidel/Rimmele/Prenzel 2003). Die Analyse der Art von Fragen, die Lehrpersonen im Unterricht äußern, zeigt, dass im Physikunterricht der Sekundarstufe I deutlich seltener offene als geschlossene Fragen gestellt werden. Die Betrachtung des kognitiven Niveaus der Lehrerfragen weist darauf hin, dass am häufigsten Fragen gestellt werden, die nur eine kurze Antwort erfordern. Fragen, die eine längere Antwort erfordern oder die Schülerinnen und Schüler zu tiefergehenden Denkprozessen anregen, sogenannte Deep-Reasoning Fragen, werden kaum gestellt. Abschließend wurden die Äußerungen der Lehrpersonen im Hinblick darauf analysiert, ob sie Rückmeldungen enthalten, die die Lernprozesse der Schülerinnen und Schüler unterstützen können. Diese Analysen zeigen, dass im Durchschnitt 87 Prozent aller Rückmeldungen einfache Bestätigungen oder Falsifizierungen der Schülerantworten sind. Rückmeldungen, die das Lernen von Schülerinnen und Schülern unterstützen können, kommen nur in durchschnittlich zwölf Prozent der Fälle vor. Unterstützende Rückmeldungen zeichnen sich dadurch aus, dass sie über die bloße Bestätigung oder Falsifizierung einer Schüleräußerung hinausgehen. Diese Rückmeldungen können auf der einen Seite sachlich-konstruktiv sein, das heißt, den Schülerinnen und Schülern Hinweise dazu geben, welche Fehler sie gemacht haben und wie sie ihre Äußerung verbessern können. Auf der anderen Seite können positive-unterstützende Rückmeldungen, wie beispielsweise ein Lob für eine richtige Antwort, die Motivation der Schülerinnen und Schüler, sich weiter zu beteiligen, begünstigen und damit ihr Lernen unterstützen.

Insgesamt lässt sich das Unterrichtsgespräch im Physikunterricht der Sekundarstufe I vor dem Hintergrund dieser Analysen als enggeführtes fragend-entwickelndes Gespräch beschreiben, das wenig Raum für das Initiieren, Begleiten und Strukturieren tiefergehender Denkprozesse bietet (Seidel/Prenzel/Rimmele/Dalehefte et al. 2006; Seidel/Prenzel/Rimmele/Schwindt et al. 2006). Die Verknüpfung der Videoanalysen mit Befragungen der Schülerinnen und Schüler direkt im Anschluss an den Unterricht und mit der Erfassung ihrer Leistungs- und Interessenentwicklung im Verlauf des Schuljahres lässt außerdem Aussagen über die Wirkung des Unterrichts zu (Seidel/Prenzel 2004). In dieser Hinsicht hat sich gezeigt, dass sich eine starke Engführung im Klassengespräch negativ auf die Lernmotivation und die Interessenentwicklung im Verlauf eines Schuljahres auswirkt (Seidel et al. 2003). Gleichzeitig weisen Unterrichtskomponenten wie unterstützende Fragen oder unterstützende Rückmeldungen differentielle Wirkungen auf die Lernprozesse von Schülerinnen und Schülern mit unterschiedlichen kognitiven Voraussetzungen auf (Seidel/Kobarg, in Vorb.). So zeigt sich beispielsweise, dass Schülerinnen und Schüler mit niedrigem Vorwissen sensibler auf unterstützende Rückmeldungen und Fragen reagieren als Schülerinnen und Schüler mit hohem Vorwissen. Dies manifestiert sich in der Tatsache, dass für Schülerinnen und Schüler mit niedrigem Vorwissen mehr Effekte unterstützender Rückmeldungen und Fragen auf kurz- und langfristige Lernprozesse gefunden wurden als für Schülerinnen und Schüler mit hohem Vorwissen.

Zusätzlich zu den quantitativen Analysen der Videodaten wurde in der IPN-Videostudie der Versuch unternommen, die chronologische Abfolge bestimmter Merkmale des Unterrichtsgesprächs abzubilden. Beispielsweise wurde untersucht, an welcher Stelle im Unterrichtsgespräch kognitiv herausfordernde Fragen gestellt werden und welche Arten von Fragen darauf folgen. Um diese Analysen durchzuführen, wurden zwei Lehrpersonen ausgewählt, in deren Unterricht im Vergleich zur Gesamtstichprobe relativ häufig Deep-reasoning Fragen vorkamen. Diese beiden Lehrpersonen wurden für die Analysen ausgesucht, da sie die Deep-Reasoning Fragen in ihrem Unterricht sehr unterschiedlich eingesetzt haben. Für diese beiden Lehrpersonen ist dann die Abfolge von Fragen im Unterricht detaillierter betrachtet worden. Es zeigt sich, dass die eine Lehrperson den Diskurs im Unterricht mit einer kognitiv herausfordernden Deep-Reasoning Frage beginnt. Im weiteren Verlauf sinkt das kognitive Niveau der Lehrerfragen jedoch und es werden fast nur noch Reproduktionsfragen gestellt. Diese Fragen dienen der beobachteten Lehrperson dazu, die Schülerinnen und Schüler zur richtigen Lösung hinzuleiten. Die zweite Lehrperson beginnt den Unterrichtsdiskurs ebenfalls mit einer kognitiv herausfordernden Deep-Reasoning Frage. Im weiteren Verlauf des Unterrichtsgesprächs fährt sie dann weiter fort, Deep-Reasoning Fragen zu stellen. Durch dieses Vorgehen gelingt es der zweiten Lehrperson, den Schülerinnen und Schülern über den gesamten Verlauf des Diskurses hinweg gedankliche Freiräume zu schaffen, ohne ihnen den Weg zur Lösung des Problems zu weisen. Damit können diese Fallanalysen zeigen, dass kognitiv herausfordernde Fragen unterschiedlich in das Unterrichtsgespräch eingebettet werden. Diese Einbettung kann dann in verschiedenem Ausmaß Unterstützung für die eigenständigen Lernprozesse von Schülerinnen und Schülern bereitstellen (Kobarg et al. 2007).

Zusammenfassend lässt sich festhalten, dass das Unterrichtsgespräch im Physikunterricht in der IPN-Videostudie im Detail untersucht wurde. Hierbei ist einmal quantitativ beschrieben worden, welche Merkmale mit welcher Häufigkeit auftreten. Gleichzeitig wurde versucht, den Verlauf des Gesprächs abzubilden. Auch diese Analysen tragen zur detaillierteren Beschreibung des Unterrichtsgesprächs bei. Abschließend weisen die Befunde der IPN-Videostudie darauf hin, dass sich bestimmte Komponenten des Unterrichtsgesprächs positiv auf das Lernen von Schülerinnen und Schülern auswirken können.

## 3.4 Integration der Befunde

Die Darstellung der drei Studien hat verdeutlicht, in welcher Weise das Unterrichtsgespräch im naturwissenschaftlichen Unterricht stattfindet. Hierbei zeigen die Befunde der Schülerbefragung im Rahmen der internationalen PISA Untersuchung, dass Merkmale des interaktiven Lehrens und Lernens von den Schülerinnen und Schülern häufig berichtet werden. Aus der Sicht der Schülerinnen und Schüler bestehen somit im naturwissenschaftlichen Unterricht häufig oder fast immer Gelegenheiten zur Beteiligung am Unterrichtsgespräch (Seidel et al. 2007). Die Befunde der TIMSS 1999 Science Videostudie belegen ebenfalls, dass die Schülerinnen und Schüler in den untersuchten Ländern im naturwissenschaftlichen Unterricht Gelegenheiten erhalten, sich am Unterrichtsgespräch zu beteiligen. Die Anteile der Unterrichtszeit, die zur aktiven Beteiligung am Gespräch zur Verfügung stehen, sind jedoch mit 10–33 Prozent für öffentliche Diskussionen gering (Roth et al. 2006). Diese beiden Studien liefern jedoch nur Indikatoren für die Häufigkeit, mit der Schülerinnen und Schüler im Unterricht Gelegenheiten erhalten, sich am Unterrichtsgespräch zu beteiligen. Über qualitative Merkmale dieses Gesprächs machen sie keine Aussagen. Die Befunde der IPN-Videostudie hingegen geben detailliert Aufschluss über einzelne Merkmale des Unterrichtsgesprächs. So lassen diese Befunde die Schlussfolgerung zu, dass das Unterrichtsgespräch im Physikunterricht der Sekundarstufe I häufig ein enggeführtes fragend-entwickelndes Gespräch ist (Seidel/Prenzel/Rimmele/Dalehefte et al. 2006). Die Fragen der Lehrperson sind meist geschlossen und weisen ein niedriges kognitives Niveau auf. Auch die Rückmeldungen der Lehrperson an die Lernenden sind selten unterstützend (Kobarg/Seidel 2007).

## 4 Zusammenfassung und Fazit

Zu Beginn dieses Kapitels ist deutlich geworden, dass die mündliche Kommunikation im Unterrichtsgespräch des naturwissenschaftlichen Unterrichts einen wichtigen Beitrag zum Kompetenzerwerb von Schülerinnen und Schülern leisten kann (Roth et al. 2006). Da die Erfassung der mündlichen Kommunikation im Unterricht eine methodische Herausforderung darstellt, sind zunächst unterschiedliche Methoden diskutiert worden, mit denen das Gespräch im naturwissenschaftlichen Unterricht erfasst werden kann. Im Anschluss daran wurden Befunde unterschiedlicher Studien, die das Gespräch im naturwissenschaftlichen Unterricht untersucht haben, dargestellt worden. Die Befunde der Befragung von Schülerinnen und Schülern haben gezeigt, dass die Lernenden berichten, im Unterricht häufig Gelegenheit zu erhalten, sich am Unterrichtsgespräch zu beteiligen (Seidel et al. 2007). Allerdings weisen die Befunde unterschiedlicher Videoanalysen darauf hin, dass das Unterrichtsgespräch vor allem durch die Lehrperson dominiert wird (Kobarg/Seidel 2007; Roth et al. 2006). Betrachtet man einzelne Komponenten des Unterrichtsgesprächs, so wird deutlich, dass es im Unterrichtsgespräch häufig an der Unterstützung der individuellen Lernprozesse von Schülerinnen und Schülern mangelt (Kobarg/Seidel 2007).

## Literatur

Aebli, Hans: *Zwölf Grundformen des Lehrens* (10 ed.). Stuttgart: Klett-Cotta 1998

Baumert, Jürgen / Köller, Olaf: Unterrichtsgestaltung, verständnisvolles Lernen und multiple Zielerreichung im Mathematik- und Physikunterricht der gymnasialen Oberstufe. In: Baumert, Jürgen / Bos, Wilfried / Lehmann, Rainer (Hrsg.): TIMSS/III Die dritte internationale Mathematik- und Naturwissenschaftsstudie – Mathematische und naturwissenschaftliche Bildung am Ende der Schullaufbahn, Band 2: Mathematische und physikalische Kompetenzen am Ende der gymnasialen Oberstufe. Opladen: Leske + Budrich 2000, 271–315

Baumert, Jürgen/Kunter, Mareike/Brunner, Martin/Krauss, Stefan/Blum, Werner/Neubrand, Michael: Mathematikunterricht aus Sicht der PISA-Schülerinnen und -schüler und ihrer Lehrkräfte. In: PISA Konsortium Deutschland (Hrsg.): PISA 2003. Der Bildungsstand der Jugendlichen in Deutschland – Ergebnisse des zweiten internationalen Vergleichs. Münster: Waxmann 2004, 314–354

Brophy, Jere E./Good, Thomas L.: Teacher behaviour and student achievement. In: M.C. Wittrock (Ed.): Handbook of Research and Teaching . New York: Macmillan 1986, 328–375

Clausen, Marten: Unterrichtsqualität – Eine Frage der Perspektive? Münster: Waxmann 2002

Ditton, Hartmut: Qualitätskontrolle und Qualitätssicherung in Schule und Unterricht. Zeitschrift für Pädagogik (2000) Heft 41, 73–92

Klieme, Eckhard/Thußbas, Claudia: Kontextbedingungen und Verständnisprozesse im Geometrieunterricht. Eine Fallstudie. In: Aufschnaiter, Stefan von/Welzel, Manuela (Hrsg.): Nutzung von Videodaten zur Untersuchung von Lehr-Lernprozessen. Münster: Waxmann 2001, 41–59

Kobarg, Mareike/Seidel, Tina: Coding manual – Process-oriented teaching. In Seidel, Tina/Prenzel, Manfred/Kobarg, Mareike (Eds.): How to run a video study. Technical report of the IPN Video Study. Münster: Waxmann 2005, 108–144

Kobarg, Mareike/Seidel, Tina: Prozessorientierte Lernbegleitung – Videoanalysen im Physikunterricht der Sekundarstufe I. Unterrichtswissenschaft, 35 (2) (2007), 148–168

Kobarg, Mareike/Seidel, Tina/Prenzel, Manfred: Opportunities for Scientific Inquiry in German Physics Classrooms – A Case-Based Analysis. Paper presented at the 12th Conference for Research on learning and instruction „Learning as a focus, process and outcome" in Budapest, Ungarn, 28.08. – 01.09.2007.

Lipowsky, Frank/Pauli, Christine/Klieme, Eckhard/Reusser, Kurt: Lehrerfragebogen zur Erfassung unterrichts-, selbst- und schulumweltbezogener Kognitionen. Frankfurt a.M./Zürich Deutsches Institut für internationale pädagogische Forschung (DIPF)/ Universität Zürich 2002

Lipowsky, Frank/Rakoczy, Katrin/Pauli, Christine/Reusser, Kurt/Klieme, Eckhard: Gleicher Unterricht – gleiche Chancen für alle? Die Verteilung von Schülerbeiträgen im Klassenunterricht. Unterrichtswissenschaft 35 (2) (2007), 125–147

Lüdtke, Oliver/Trautwein, Ulrich/Kunter, Mareike/Baumert, Jürgen: Reliability and agreement of student ratings of the classroom environment: A reanalysis of TIMSS data. Learning Environments Research 9 (3), 2006, 215–230

Müller, Christoph T./Duit, Reinders: Die unterrichtliche Sachstruktur als Indikator für Lernerfolg – Analyse von Sachstrukturdiagrammen und ihr Bezug zu Leistungsergebnissen im Physikunterricht. Zeitschrift für die Didaktik der Naturwissenschaften (2004) Heft 10, 163–181

Newton, Paul/Driver, Rosalind/Osborne, Jonathan: The Place of Argumentation in the Pedagogy of School Science. International Journal of Science Education 21(5) (1999), 553–576

Pauli, Christine/Reusser, Kurt: Kognitive Aktivierung im Unterricht: Die Rolle des Unterrichtsgesprächs. Vortrag auf dem 45. Kongress der Deutschen Gesellschaft für Psychologie, Nürnberg 2006

Petko, Dominik/Waldis, Monika/Pauli, Christine/Reusser, Kurt: Methodologische Überlegungen zur videogestützten Forschung in der Mathematikdidaktik. Zeitschrift für Didaktik der Mathematik, 35 (6) 2003, 265–280

Prenzel, Manfred/Schöps, Karin/Rönnebeck Silke/Senkbeil, Martin/Walter, Oliver/ Carstensen, Claus H./Hammann, Marcus.: Naturwissenschaftliche Kompetenz im internationalen Vergleich. In PISA Konsortium Deutschland (Hrsg.): PISA 2006. Die Ergebnisse der dritten internationalen Vergleichsstudie. Münster: Waxmann 2007, 63–105

Roth, K.J./Druker, S.L./Garnier, H.E./Lemmens, M./Chen, C., Kawanaka, T./Rasmussen, D./Trubacova, S./Warvi, D./Okamoto, Y./Gonzales, P./Stigler, J./Gallimore, R.: Teaching science in five countries. Results from the TIMSS 1999 Video Study. Statistical analysis report. Washington D.C.: US Department of Education 2006

Scheerens, Jaap/Bosker, Roel J.: The foundations of educational effectiveness. Oxford: Pergamon, 1997

Seidel, Tina: Lehr-Lernskripts im Unterricht. Münster: Waxmann, 2003

Seidel, Tina: Coding manual – Surface structures: Organisation of teaching activities. In: Seidel, Tina / Prenzel, Manfred / Kobarg, Mareike 2005 a, 79–90

Seidel, Tina: Video analysis strategies of the IPN Video Study – A methodological Overview. In: Seidel, Tina / Prenzel, Manfred / Kobarg, Mareike 2005 b, 70–78

Seidel, Tina/Kobarg, Mareike (in prep.): Process-oriented teaching in the classroom and its effects on student learning.

Seidel, Tina/Kobarg, Mareike/Rimmele, Rolf: Video data processing procedures. In: Seidel, Tina / Prenzel, Manfred / Kobarg Mareike 2005, 54–69

Seidel, Tina/Meyer, Lena/Schwindt, Katharina: Scale documentation – Teacher questionnaire. In: Seidel, Tina / Prenzel, Manfred / Kobarg, Mareike 2005, 172–193

Seidel, Tina/Prenzel, Manfred: Muster unterrichtlicher Aktivitäten im Physikunterricht. In Doll, Jörg / Prenzel, Manfred (Hrsg.): Bildungsqualität von Schule: Lehrerprofessionalisierung, Unterrichtsentwicklung und Schülerförderung als Strategien der Qualitätsverbesserung. Münster: Waxmann, 2004 177–194

Seidel, Tina/Prenzel, Manfred: Beobachtungsverfahren. In: Holling, Heinz/Schmitz, Bernhard (Hrsg.): Handbuch der Psychologischen Methoden und Evaluation. Göttingen: Hogrefe 2010

Seidel, Tina/Prenzel, Manfred/Kobarg, Mareike: How to run a Video Study – Technical Report of the IPN Video Study. Münster: Waxmann 2005

Seidel, Tina/Prenzel, Manfred/Rimmele, Rolf/Dalehefte, Inger M./Herweg, Constanze/ Kobarg, Mareike/Schwindt, Katharina: Blicke auf den Physikunterricht. Ergebnisse der IPN Videostudie. Zeitschrift für Pädagogik, 52 (6) (2006), 798–821

Seidel, Tina/Prenzel, Manfred/Rimmele, Rolf/Schwindt, Katharina/Kobarg, Mareike/ Herweg, Constanze/Dalehefte, Inger M.: Unterrichtsmuster und ihre Wirkungen. Eine Videostudie im Physikunterricht. In: Prenzel / Allolio-Näcke (Hrsg.): Untersuchungen zur Bildungsqualität von Schule. Abschlussbericht des DFG-Schwerpunktprogramms. Münster: Waxmann 2006, 100–124

Seidel, Tina/Prenzel, Manfred/Wittwer, Jörg/Schwindt, Katharina: Unterricht in den Naturwissenschaften. In: PISA Konsortium Deutschland (Hrsg.): PISA 2006. Die Ergebnisse der dritten internationalen Vergleichsstudie. Münster: Waxmann 2007, 147–179

Seidel, Tina/Rimmele, Rolf/Prenzel, Manfred: Gelegenheitsstrukturen beim Klassengespräch und ihre Bedeutung für die Lernmotivation – Videoanalysen in Kombination mit Schülerselbsteinschätzungen. Unterrichtswissenschaft, 31 (2) (2003), 142–165

Seidel, Tina/Rimmele, Rolf/Schwindt, Katharina/Prenzel, Manfred (in Vorb.): Konstruktivistische Überzeugungen von Lehrpersonen – Was bedeuten sie für den Unterricht? Zeitschrift für Erziehungswissenschaft (2008) Sonderheft 9, 259–276

Seidel, Tina/Shavelson, Richard J.: Teaching Effectiveness Research in the Last Decade: Role of Theory and Research Design in Disentangling Meta-Analysis Results. Review of Educational Research 77(4) (2007), 454–499

Shuell, Thomas J.: Teaching and learning in a classroom context. In D. C. Berliner & R. C. Calfee (Hrsg.): Handbook of Educational Psychology. New York: Macmillan 1996, 726–764

Tesch, Maike/Duit, Reinders: Experimentieren im Physikunterricht – Ergebnisse einer Videostudie. Zeitschrift für Didaktik der Naturwissenschaften (2005) Heft 10, 51–69

# F

# Erfolgskontrollen und Leistungsmessung

ANNETTE MÖNNICH / CARMEN SPIEGEL

# F1 Kommunikation beobachten und beurteilen

Ziel dieses Artikels ist es, Kriterien für das Beobachten und Beurteilen mündlicher Kommunikation zu beschreiben und die Faktoren zu erläutern, die bei der Beobachtung und Beurteilung zu berücksichtigen sind. Wir reflektieren zunächst Funktionen und Themen des Beobachtens und Beurteilens mündlicher Kommunikation im Deutschunterricht sowie die sozialen, interaktiven und sprachlichen Faktoren, die den Beobachtungs- und Beurteilungsprozess beeinflussen. Anschließend beleuchten wir Methoden des Beobachtens und Beurteilens mündlicher Kommunikation und skizzieren das didaktische Potenzial dieser Methoden.

## 1 Kommunikation 'beobachten' und Kommunikation 'beurteilen'

Mündliche Kommunikation bezeichnet einen Prozess, in dem Sprecher/in und Hörer/in gemeinsam Sinn konstruieren und Verständigungshandlungen konstituieren. *Kommunikation beobachten* bedeutet, konkretes Kommunikationsverhalten wahrzunehmen und Kommunikationskompetenzen zu erfassen. *Kommunikation beurteilen* meint, Kommunikationsverhalten im Spannungsfeld von *richtig oder falsch*, *angemessen oder unangemessen, gelungen oder nicht gelungen* anhand von Kriterien fördernd zu beurteilen und zu benoten.

### 1.1 Funktionen und Themen des Beobachtens und Beurteilens mündlicher Kommunikation im Deutschunterricht

Das Beobachten und Beurteilen von Kommunikation hat im Deutschunterricht wesentlich die Funktion, den Lernbedarf, die individuellen Lernentwicklungen und den Lernerfolg von Schüler/innen im Bereich Mündliche Kommunikation zu diagnostizieren, damit im weiteren Vermittlungsprozess die Gesprächskompetenz der Schüler/innen differenziert gefördert werden kann. Weil die Entwicklung von Sprach- und Gesprächsbewusstsein für die Gesprächsfähigkeit fundamental ist, geht es auch darum, Schüler/innen zu befähigen, Kommunikationsverhalten kriteriengeleitet zu beobachten und zu beurteilen.

Beobachtungs- und Beurteilungskriterien für mündliche Kommunikation kann man wie die Qualitätskriterien für schriftliche Kommunikation (vgl. Nussbaumer/Sieber 1995, 40) unter den Aspekten *Richtigkeit (ars recte dicendi)* und *Angemessenheit (ars bene dicendi)* auswählen. Daher besteht die Möglichkeit,

Kriterien des Zürcher Textanalyserasters für das Beobachten und Beurteilen mündlicher Kommunikation zu modifizieren. Dabei sind jedoch die spezifischen Merkmale mündlicher Kommunikation (vgl. Becker-Mrotzek, B3) zu berücksichtigen:

- *Kommunikation ist multifunktional:* Kommunizieren umfasst nicht nur das Vermitteln von Inhalten (*Sprechen über Grammatik*), sondern auch das Durchführen sprachlicher Handlungen (*Erklären*), die Organisation des Kommunikationsgeschehens (*Einführen und Beenden von Themen, unterbrechen und Rederecht ergreifen*), die Gestaltung der Kommunikationssituation (*als formelle oder informelle Situation*) und die Beziehungsarbeit (*das Gegenüber als Schülerin/Kollegen/Kind behandeln*).
- *Kommunikation ist multimodal*: Die Gesprächsbeteiligten kommunizieren miteinander nicht nur verbal, also mittels dessen, was sie formulieren, sondern auch wesentlich durch die Art, wie sie etwas sagen (stimmliche bzw. parasprachliche Qualität des Gesagten) sowie durch ihre Gestik und Mimik (nonverbale Aktivitäten), die das Sprachliche begleiten. Komplementär dazu rekonstruieren die Zuhörenden aus dem Zusammenspiel von Formulierungen, Stimmlichem bzw. Parasprachlichem und dem Nonverbalen (Gestik/Mimik) das, was das Gegenüber gemeint haben könnte.
- *Kommunikation ist ein Handlungsprozess*, in dem die miteinander Kommunizierenden Interaktionsaufgaben übernehmen und auf je spezifische Weise bearbeiten.

Wir systematisieren im Folgenden Beobachtungs- und Beurteilungskriterien für mündliche Kommunikation analog zu den *Interaktionsaufgaben* der miteinander Sprechenden und einander Zuhörenden. Selbstverständlich können nicht alle Kriterien bei einer Beobachtungs- bzw. Beurteilungssituation zugrunde gelegt werden, sondern immer nur eine Auswahl im Hinblick auf das Lernziel:

*Situationsgestaltung: Wie gehen die Gesprächsbeteiligten mit den situativen Faktoren um?*

Im Fokus stehen hier die je spezifischen situativen Bedingungen eines Gesprächs (z. B. große bzw. kleine Teilnehmerzahl, Zeitknappheit wie bei einer Gruppenarbeit, besonderer Druck bei Prüfungen), und die Frage, wie die Beteiligten damit umgehen. Zentrale Frage ist hierbei: Ist das Verhalten der Beteiligten situationsangemessen – im Hinblick auf die situativen Besonderheiten, wie z. B. die institutionelle Situation (im Unterricht)?

*Funktion des Gesprächs: Wie realisieren die Gesprächsbeteiligten die Funktion des Gesprächs?*

Gespräche werden aus einem Zweck heraus geführt, sie haben (mindestens) *eine* Funktion. So ist bei einer Beobachtung und Beurteilung der Kommunikation nicht nur zu klären, welche Funktion bzw. welches Ziel das Gespräch hat und ob es erreicht wird, sondern auch, welche sprachlichen Handlungen (argumentieren, informieren, fragen u. a.) die Gesprächsbeteiligten verwenden, um das Gespräch erfolgreich durchzuführen. Interessant ist auch die Frage, wer welchen Anteil am Erreichen des Gesprächsziels hat. Ist ein Gespräch nicht erfolgreich, können diejenigen sprachlichen Handlungen in den Blick genommen werden, die verhindern, dass das Ziel des Gesprächs erreicht wird.

*Steuerung des Interaktionsprozesses: Wie organisieren die Gesprächsbeteiligten das Gespräch?*

Ein Gespräch besteht aus verschiedenen Gesprächsphasen; die Gesprächsbeteiligten steuern mit ihren sprachlichen Handlungen das Gespräch: Sie beginnen ein Gespräch, führen in ein Thema ein oder legen ein Problem dar, entwickeln Strategien, sich mit einem Thema und/oder dem Problem auseinandezusetzen und kommen zu (Teil-)Ergebnissen; schließlich beenden sie das Gespräch (vgl. Spranz-Fogasy/Spiegel 2003). Beobachtungsrelevante Fragen wären hier: Wer initiiert eher Gesprächshandlungen, wer reagiert eher respondierend (vgl. Linke/Nussbaumer/Portmann 2004, Kap. 7)? Welche Zuhöreraktivitäten kann man beobachten (kommentierende oder aufmerksamkeitsbezeugende Aktivitäten), und wie wird der Sprecherwechsel geregelt (durch Selbstzuweisung oder Fremdzuweisung, mit oder ohne Überlappungen bzw. Unterbrechungen oder erst nach Gesprächspausen)? Auch zentral ist die Frage, ob die Gesprächsregeln (Rederecht, Antwort auf Fragen) respektiert werden.

*Beziehungsgestaltung: Wie gehen die Gesprächsbeteiligten miteinander um?*

Neben der thematischen Behandlung ist in Gesprächen die Art und Weise des Umgangs der Beteiligten miteinander zentral. Dabei können die folgenden Aspekte in den Blick genommen werden: Sind die Gesprächsbeteiligten glaubwürdig, höflich, freundlich, authentisch? Wie gestalten die Gesprächsbeteiligten ihre jeweiligen Rollen: symmetrisch – asymmetrisch, komplementär – konträr? Formulieren die Gesprächsbeteiligten adressatenspezifisch? Spielt das Geschlecht der Gesprächsbeteiligten im Gespräch eine Rolle? Welches Kommunikationsverständnis zeigen die Gesprächsbeteiligten durch ihr Gesprächsverhalten? (Vgl. zum Rhetorikverständnis Mönnich 2004b.)

*Themengestaltung: Wie gehen die Gesprächsbeteiligten mit dem Thema um?*

In Gesprächen führen die Gesprächsbeteiligten Themen ein, die andere Gesprächsbeteiligte aufgreifen, weiterführen, variieren. Entsprechend steht die Themenbearbeitung im Beobachtungsfokus: Wie entfalten oder verschieben sich Themen? Welche Themen bearbeiten die Gesprächsbeteiligten im Hinblick auf die Funktion des Gesprächs zielorientiert, und werden die Themen multiperspektivisch dargestellt? Auch die Art, wie ein Thema präsentiert wird – gut oder schwer verständlich, einfach oder komplex, implizit oder explizit – kann ebenso Gegenstand der Beobachtung sein wie die Berücksichtigung, wer welchen Anteil an der Klärung von Missverständnissen hat (vgl. Nussbaumer/Sieber 1995, 41). In diesem Zusammenhang kann auch berücksichtigt werden, ob die Sprecher/innen Verstehenshilfen wie etwa Beispiele verwenden (vgl. zu Unterstützungsverfahren mit dem Ziel der Verständnissicherung Becker-Mrotzek, B3).

*Sprachliche Gestaltung der Beiträge und der Interaktion: Wie formulieren die Gesprächsbeteiligten?*

Neben der Aussprache (deutlich bzw. undeutlich) können die verwendeten Ausdrücke und Formulierungsverfahren betrachtet werden, wie etwa deiktische Ausdrücke, Anrede, Modalpartikeln, Heckenausdrücke, Lautmalerei, Metapher, Antithese, formelhaftes Sprechen, Wiederholung, Aufzählung. Wichtig ist die Frage, wie Wertungen transportiert werden (explizit, implizit, durch Ironie). Zudem kann der Stil in den Blick genommen werden: Ist er eher alltagsweltlich, jugendsprachlich, fachsprachlich? Wird auf die Grammatik des Gesprochenen geachtet, so ist zu berücksichtigen, dass sich diese von der des Geschriebenen in Teilen unterscheidet (vgl. Schwitalla 1996).

*Parasprachliche Gestaltung der Beiträge: Wie ist die stimmliche Gestaltung?*

Artikulieren die Gesprächsbeteiligten deutlich/undeutlich? Wie nutzen die Gesprächsbeteiligten Akzent und Betonung, Sprechgeschwindigkeit und Pausensetzung, Lautstärke und Sprechrhythmus, Stimmhöhe und Stimmqualität? (Vgl. Bose 2001, 301 ff.)

*Nonverbale Gestaltung der Beiträge: Wie gestalten die Gesprächsbeteiligten ihre Körpersprache?*

Neben der sprachlichen Gestaltung der Beiträge ist auch das Nonverbale zu berücksichtigen: Wie gehen die Gesprächsbeteiligten mit Mimik um (Blickrichtung und Dauer des Blickkontakts, Stirnrunzeln, Nase rümpfen, Lächeln)? Welche Gestik verwenden sie: ikonische, deiktische Gesten, Taktstockgesten? Wie nutzen die Interagierenden ihre Körper- und Kopfhaltung, auch gegenüber den anderen Beteiligten? Passt das Nonverbale zum Verbalen und Parasprachlichen?

## 1.2 Soziale Faktoren des Beobachtens und Beurteilens

Wenn Schüler/innen im Deutschunterricht die Aufgabe übernehmen, ihr eigenes Kommunikationsverhalten und das Kommunikationsverhalten ihrer Mitschüler/innen zu beobachten, ist dies keine neutrale Beobachtung, sondern eine personengebundene, in die die Beziehungsgeschichte einfließt. Schüler/innen erleben ihr eigenes Gesprächshandeln und das ihrer Mitschüler/innen oft als Ausdruck der jeweiligen Persönlichkeit. Damit die Beobachtung nicht durch Selbst- und Fremdbilder verstellt wird, ist es unabdingbar, dass die Beobachtung kriteriengeleitet erfolgt und mit einer Reflexionsdistanz einhergeht.

Konsens in der Fachdidaktik ist es, die Lernentwicklung einzelner Schüler/innen zu bewerten (vgl. z. B. Baurmann/Dehn 2004). Dafür sind individuelle Lernfortschritte sowie entwicklungspsychologische Aspekte zu berücksichtigen. Eine Schwierigkeit beim Kommunikationslernen entsteht, wenn das Selbstkonzept der Schüler/innen (z. B. schüchtern oder dominant) nicht nur einen Gesprächsstil prägt (z. B. sich im Gespräch zurückhalten oder im Gespräch hohe Redeanteile übernehmen), sondern das Lernen von Gesprächsaufgaben verhindert: Wenn z. B. ein als 'schüchtern' geltender Schüler lernen soll, ein Gespräch zu leiten, wird er die Aufgabe der Gesprächsleitung als Widerspruch zum eigenen Selbstkonzept auffassen und braucht eine Unterstützung darin, seine Schüchternheit zu überwinden und Leitungsaufgaben zu übernehmen. Ein Lernziel von Schüler/innen besteht darin, Kommunikation nicht nur als Ausdruck der eigenen Identität zu konzipieren, sondern über ein breites Spektrum von Kommunikationshandlungen zu verfügen, also z. B. sowohl ein Gespräch leiten zu können als auch primär die Rolle des Zuhörenden zu übernehmen. Lernziel und Beurteilungskriterium ist hier die Balance von Identitätsgestaltung und Rollenflexibilität in Gesprächen (vgl. Mönnich 2006, 30).

Ein weiterer Konsens in der Fachdidaktik ist es, Schülerleistungen vergleichend einzustufen – bezogen auf die Leistungen jener, die zur selben Gruppe gehören. Zu berücksichtigen ist demgegenüber die Schwierigkeit, dass gruppendynamische Faktoren sowohl das Kommunikationsverhalten der Schüler/innen während der Kommunikationsübungen als auch den Bewertungsprozess beeinflussen können. So kann das Beurteilen durch 'Vor-Urteile' beeinflusst werden: Von einem als dominant charakterisierten Schüler wird erwartet, dass er im Gespräch dominiert.

## 1.3 Interaktive Faktoren des Beobachtens und Beurteilens

Die Interaktivität der Kommunikation zu berücksichtigen – das umfasst zunächst, die Aktivitäten der beobachteten Gesprächspartner/innen beim Sprechen *und Zuhören* wahrzunehmen und zu beurteilen. Beim Kommunizieren greifen Sprechen und Zuhören ineinander: Wenn ich spreche, beobachte ich mein Gegenüber und reagiere auf sein Zuhörverhalten in meiner weiteren Beitragsformulierung. Als Zuhörende signalisiere ich sowohl nonverbal als auch sprachlich, dass und was ich verstanden habe und kommentiere häufig auch den Beitrag, ohne ihn zu unterbrechen (vgl. Spiegel 2006, Spiegel i. Dr.).

Darüber hinaus hat auch der Beobachtungs- und Bewertungsprozess interaktive Merkmale. Bekannt ist die Gefahr des Beobachterparadoxons: Beobachtete Personen kommunizieren anders, wenn sie wissen, dass sie beobachtet werden. Die Situation der Beobachtung kann Schüler/innen und Lehrer/innen dazu veranlassen, ihre Äußerungen sowohl an ihre Kommunikationspartner/innen zu adressieren als auch an die Zuschauer/innen. Diese Mehrfachadressierung kann bewusst gewählte Aufgabe der Kommunizierenden sein; so ist es z. B. bei der öffentlichen Debatte im Format des Jugendwettbewerbs „Jugend debattiert" (vgl. www.ghst.de) wichtig, sowohl die Reaktionen der Mitdebattierenden im Blick zu haben als auch im Publikum Affekte hervorzurufen. Eine Mehrfachadressierung kann aber auch Artefakte provozieren, wenn z. B. die im Rollenspiel miteinander agierenden Schüler/innen nicht mehr primär miteinander kommunizieren, sondern die zuschauenden Schüler/innen unterhalten wollen. Artefakte von Mehrfachadressierung können auch in einer Hospitationssituation entstehen, wenn die Lehrperson z. B. eine Information äußert, die für die Schüler/innen redundant und daher überflüssig ist, die aber eine wichtige Kontextinformation für den Beobachter beinhaltet.

Zur Reflexion über die Interaktivität gehört auch die Frage: Von welchen Vorstellungen von Kommunikation lassen sich die Beobachteten und die Beobachtenden leiten? Eine Orientierung am mentalen Modell *Kommunizieren ist gemeinsames Musizieren* (vgl. Nothdurft/Schwitalla 1995) evoziert ein anderes Kommunikationsverhalten als eine Orientierung am mentalen Modell *Kommunikation ist ein Schlagabtausch mit Gewinnern und Verlierern*. Auch die Interpretation sprachlichen Handelns wird von mentalen Modellen beeinflusst: Simultanes Sprechen z. B. ist, gedeutet aus dem Paradigma 'Kommunizieren ist gemeinsames Musizieren', ein Phänomen, das die Dichte der Kommunikation und das besondere Engagement der simultan Sprechenden anzeigt, während simultanes Sprechen, welches mit der Haltung von Sieg-Niederlage einhergeht, als ein Zeichen von Dominanz interpretiert wird.

### 1.4 Sprachliche Faktoren des Beobachtens und Beurteilens

Beobachtung geschieht anhand sprachlich vermittelter Kategorien. Somit wirken sprachliche Faktoren auf den Beobachtungsprozess ein. Die Vernetzung der Lernbereiche *Reflexion über Sprache* und *Sprechen und Zuhören* im Deutschunterricht ermöglicht es, die Sprachkompetenz von Schüler/innen so zu erweitern, dass Schüler/innen Phänomene mündlicher Kommunikation genauer benennen und ihr eigenes Kommunikationsverhalten anhand fachsprachlicher Kategorien unter die Lupe nehmen können. Auf diese Weise verbinden Schüler/innen ihr Wissen über Kommunikation mit ihrem Können in der Kommunikation.

## 2 Methoden des Beobachtens

„Beobachtungen sind abhängig von den Normen, Regeln, den Vorerfahrungen und Verständniszugängen, den theoretischen Zugängen sowie den Untersuchungsmethoden und -instrumenten des Beobachters. Die Suche nach objektiven bzw. wahren Beobachtungen bzw. Diagnosen weicht der Auffassung, dass

Beobachtungen und Erkenntnisse von jeweils gewählten theoretischen und methodischen Herangehensweisen abhängen. Deshalb sind Lehrkräfte nie unbeteiligte, objektive Diagnostiker, sondern aktive Interaktionspartner, die durch ihre Handlungen an den Beobachtungen, die sie machen, beteiligt sind. Daraus ergibt sich die Anforderung, sich den Hintergrund der eigenen Beobachtungen *(Wie beobachte ich?)* bewusst zu machen.“ (Werning 2006, 12)

Ein einfaches Hinschauen und -hören auf das Kommunizieren von Schüler/innen wird der Komplexität der Kommunikation nicht gerecht; eine erfolgreiche Hilfestellung für die Verbesserung der Kommunikationsfähigkeit ist kaum möglich, insbesondere dann nicht, wenn man weiß, dass wir eine Formulierung nur ca. zwei Sekunden lang wörtlich rekonstruieren können, danach erinnern wir nur ein *So-ungefähr-und-in-etwa-Gesagtes.* Längere Gesprächssequenzen rekonstruieren zu wollen, um sich zu vergegenwärtigen, was A gesagt hat und was B darauf erwidert hat, ist müßig, wie eine kleine Videoaufnahme, eine aus der Erinnerung erfolgte Rekonstruktion und eine kurze Überprüfung mit Hilfe des Videos leicht zeigen kann. Es gibt verschiedene Mittel für eine fundierte Beobachtung mündlicher Kommunikation:

### a) Video- bzw. Audioaufnahme

Da das Kommunizieren flüchtig ist, lässt sich das Kommunikationsgeschehen für eine genauere Beobachtung nur mit Hilfe von Video- und Audioaufnahmen rekonstruieren. Gerade die in die Kommunikationssituation Involvierten können sich nicht sowohl auf das Gespräch als auch auf eine bewusste Selbstwahrnehmung konzentrieren – oder auf eine doppelte Wahrnehmung des Gegenübers: in kommunikativer Funktion, um zu antworten, und in reflektierender Funktion für ein Feedback. Eine Videoaufnahme entlastet die Beobachtenden, erleichtert durch die Wiederholungsmöglichkeit die Konzentration auf variierende Beobachtungsaspekte und ermöglicht eine umfassende und vertiefte Wahrnehmung. So können Formulierung, Stimmführung, Gestik und Mimik, inhaltliche Bezugnahmen, Unterbrechungen und Pausenlängen sowohl von den Lehrenden als auch von den Schüler/inne/n bewusst bei der Beobachtung fokussiert werden. Für die Gesprächsbeteiligten ist die Videoaufnahme hilfreich, um die mitgeteilten Beobachtungen mit Hilfe des Videos anschaulich zu machen. Darüber hinaus ermöglicht die Videoaufnahme den Gesprächsteilnehmer/innen, das eigene Gesprächsverhalten zu beobachten. Zugleich hat die Wahrnehmung des Selbst im Video einen verfremdenden Effekt, der hilft, anschaulich zu machen, wie das eigene Verhalten nach außen hin wirkt. Die Lehrenden haben zudem – wie beim Schriftlichen – mit der Aufnahme die Möglichkeit, das Mündliche außerhalb des Unterrichts in Ruhe und beliebig häufig, so z. B. im Vergleich zu früheren Aufnahmen derselben Person oder zu anderen Personen zu analysieren und zu beurteilen. Die Schüler/innen gewöhnen sich bei wiederholten Aufnahmen relativ rasch an eine Kamera. Audioaufnahmen stören weniger in der Kommunikationssituation, allerdings fehlen die nonverbalen Elemente wie Blickkontakt, Gestik und Mimik, die gleichfalls Vermittlungselemente darstellen. Kommunizieren mehrere, dann ist die retrospektive Zuordnung der Sprecherbeiträge häufig nicht eindeutig.

### b) Die Verschriftlichung (Transkription)

Das Verschriftlichen von nur wenigen Minuten einer Kommunikation schärft und verfremdet die Wahrnehmung des Gesprochenen in eindringlicher Weise: Neben der überraschenden Erkenntnis, dass wir ganz anders sprechen als wir meinen, steht der Schock, dass wir nicht *ordentlich* reden, dass unsere syntaktische Struktur nicht unseren Vorstellungen entspricht, sondern Abbrüche, im schriftsprachlichen Sinn *unfertige Sätze* verwenden, die aber für das Gesprochensprachliche korrekt sind. Diese Erfahrung ist für jeden, der Kommunikation beurteilen muss, wichtig, damit deutlich wird, dass z. B. der Satz „Sprich in ganzen Sätzen“ für das Gesprochensprachliche so nicht gelten kann. Das Verschriftlichen hilft zudem, Flüchtiges in eine feste Form zu bringen und den Wortlaut besser wahrzunehmen. Insbesondere Transkripte bieten eine hervorragende Basis, um die mündliche Kommunikation anhand (gesprächs-)linguistischer und fachdidaktischer Kriterien sorgfältig zu untersuchen.

## 3 Methoden des Beobachtens und Beurteilens

Um das Kommunikationslernen von Schüler/innen im Deutschunterricht systematisch zu fördern, bietet es sich an, nicht nur Methoden zur Entwicklung der Kommunikationskompetenz (vgl. Mönnich 2004a) kontinuierlich einzubeziehen, sondern auch den reflektierten Umgang mit Beobachtungs- und Beurteilungsmethoden systematisch einzuüben. Im Folgenden stellen wir einige Methoden vor und skizzieren deren Profil.

### 3.1 Beobachtungsbogen aus der Beobachterperspektive

Beobachtungsbögen beinhalten ausgewählte Kriterien für die Wahrnehmung und Einschätzung von Kommunikationsverhalten. Solche Beobachtungskriterien verdeutlichen den Schüler/innen, was in einer Kommunikationssituation wichtig ist, und helfen einzuschätzen, inwieweit sie und ihre Mitschüler/innen diese Anforderungen erfüllen. Beobachtungskriterien ermöglichen den Lehrenden, den Lernbedarf von Schüler/innen differenziert zu diagnostizieren und individuelle Lernprozesse kriteriengeleitet zu fördern. Schüler/innen und Lehrende arbeiten entweder mit demselben Beobachtungsbogen oder die Lehrperson verwendet darüber hinaus einen eigenen Beobachtungsbogen, um den

Lernbedarf der Schüler/innen genauer zu erfassen (vgl. den Schüler- und Lehrerbogen für das Beobachten von Kommunikation in der Grundschule, Spiegel 2007). Beobachtungsbögen können die Aufmerksamkeit auf verschiedene Ebenen lenken:

- *Verhaltensorientierung*: Welches Verhalten ist zu beobachten (nonverbal, parasprachlich, verbal) und welche Funktion bzw. welche Wirkung hat dieses Verhalten in dieser Situation?
- *Aufgabenorientierung*: Wie erfüllen die Gesprächsbeteiligten besondere *Aufgaben* der Kommunikation, so z. B. den Umgang mit den Faktoren Situation, Funktion, Thema, Beziehung, Interaktionsprozess, sprachliche Gestaltung?
- *Kompetenzorientierung*: Welche *Kompetenzen* sind in einer bestimmten Kommunikationssituation wichtig, und an welchen Verhaltensweisen kann man diese Teilkompetenzen erkennen? Z. B. schlägt Reinecke vor, im Assessmentcenter die Teilkompetenz *Überzeugungskraft* durch das Kriterium zu erfassen: „Bekundet seine/ihre Meinung selbstsicher und nachdrücklich. Bleibt auch bei Nachfragen standhaft." (2006, 28).

Die *Schwierigkeit* von Beobachtungsbögen besteht in der Auswahl der passenden Beobachtungskriterien je nach Lernausgangslage der Schüler/innen, ausgewählten Lernzielen und Anforderungen der Kommunikationssituation. Dem gegenüber haben Beobachtungsbögen ein großes *Potenzial für Beurteilungsprozesse*: Beobachtungs- und Beurteilungskriterien werden transparent und können kritisch hinterfragt werden. Beobachtungsbögen verdeutlichen Schüler/innen, welche Teilkomponenten die situativ angemessene Kommunikationskompetenz konstituieren; Bewertungen können den Teilkomponenten zugeordnet werden und in einer Gesamtbeurteilung münden. Es besteht auch die Möglichkeit, Beurteilungskriterien mit einer Skalierung zu kombinieren, um eine 'Gradmessung' vorzunehmen (vgl. z. B. Reinecke 2006, 28):

| | 1 | 2 | 3 | 4 | 5 |
|---|---|---|---|---|---|
| „Stellt seine/ihre Überlegungen übersichtlich und strukturiert dar" | o | o | o | o | o |

Abb. 1 Beobachtungsbogen

## 3.2 Bewertungsbogen mit subjektiver Perspektive

Anstelle eines Beobachtungsbogens aus einer neutralen Perspektive kann ein Bewertungsbogen treten, der *subjektive Bewertungen* erfragt: Der Bewertungsbogen für eine Teambesprechung (vgl. Mönnich 2006, 33) umfasst z. B. die Kriterien Themenbearbeitung, Beziehungsgestaltung und Gesprächsorganisation, stellt zu jedem Kriterium dieselben Fragen:

| |
|---|
| Wie zufrieden bin ich mit der Themenbearbeitung? |
| 0 ----- 1 ----- 2 ----- 3 ----- 4 ----- 5 ----- 6 ----- 7 ---- 8 ----- 9 ----- 10 |
| Warum? ______________________________ |
| Was ist gelungen? ______________________________ |
| Was müsste sich ändern, damit ich 10 Punkte vergebe? ____________ |
| Wie zufrieden bin ich mit der Beziehungsgestaltung? |
| 0 ----- 1 ----- 2 ----- 3 ----- 4 ----- 5 ----- 6 ----- 7 ---- 8 ----- 9 ----- 10 |
| Warum? ______________________________ |
| Was ist gelungen? ______________________________ |
| Was müsste sich ändern, damit ich 10 Punkte vergebe? ____________ |
| Wie zufrieden bin ich mit der Gesprächsorganisation? |
| 0 ----- 1 ----- 2 ----- 3 ----- 4 ----- 5 ----- 6 ----- 7 ---- 8 ----- 9 ----- 10 |
| Warum? ______________________________ |
| Was ist gelungen? ______________________________ |
| Was müsste sich ändern, damit ich 10 Punkte vergebe? ____________ |

Abb. 2 Bewertungsbogen

Beim Einsatz solcher Bewertungsbögen ist wie bei neutralen Beobachtungsbögen als *Schwierigkeit* zu berücksichtigen, dass die Schüler/innen die fachlichen Kriterien kennen müssen, um sie für die Reflexion zu nutzen; denn der Umgang mit den Kriterien *Themenbearbeitung, Beziehungsgestaltung und Gesprächsorganisation* setzt Fachwissen voraus.

Andererseits haben Bewertungsbögen mit subjektiver Perspektive mehrere *Vorteile*: Die Schüler/innen sprechen ihre individuellen Wertungen aus und thematisieren ihre Emotionen. Indem die Schüler/innen ihre Zufriedenheit begründen, verknüpfen sie die emotionale und kognitive Ebene. Die Frage nach 'gelungenen' Verhaltensweisen lädt die Schüler/innen ein, das Positive wahrzunehmen. Die Frage: „Was müsste sich ändern, damit ich 10 Punkte vergebe?“ ist auf die Zukunft ausgerichtet und motiviert die Schüler/innen, Verhaltensalternativen zu benennen – für sich und für die Gesprächspartner/innen. Die Visualisierung anhand der Skalierungsfrage erleichtert die sich anschließende Metakommunikation in der Gruppe, weil Übereinstimmungen oder Unterschiede in den Einschätzungen sehr plastisch werden.

Subjektive Bewertungsbögen haben ein besonderes *Potenzial für Beurteilungsprozesse*: Der subjektive Zugang aktiviert die Präsenz als individuell bewertende Person und bietet die Möglichkeit, anschließend mit den Schüler/innen zu besprechen, was sie unter einer *gelungenen/guten Kommunikation* verstehen. Durch das Gespräch über subjektive Bewertungen entsteht eine Inter-Subjektivität, die wiederum mit institutionellen und gesellschaftlichen Bewertungsstandards für die spezielle Gesprächssituation verglichen werden kann.

## 3.3 Gesprächsformen

Bei Gesprächen im Anschluss an Kommunikationsübungen handelt es sich um Metakommunikation mit dem Ziel, Kommunikationslernprozesse zu unterstütztcn. Zu unterscheiden sind verschiedene Gesprächsformen: das *Feedbackgespräch* mit dem Ziel, sich über subjektive Beobachtungen und Eindrücke auszutauschen; das *Kritikgespräch* mit dem Ziel, Beurteilungen von Kommunikationsverhalten zu thematisieren; das *Monierungsgespräch* mit dem Ziel, problematisches Kommunikationsverhalten zu benennen und Verhaltensalternativen aufzuzeigen.

### Feedbackgespräch

Ein Feedbackgespräch beruht auf dem Vergleich zwischen Selbstwahrnehmung und Fremdwahrnehmung und unterliegt Feedbackregeln (vgl. Rechtien 1999). Um den Vergleich effektiv zu gestalten, sind drei Gesprächsphasen wichtig: (1) Die Gesprächsbeteiligten äußern ihre Selbstwahrnehmung; (2) Die Gesprächsbeteiligten holen sich ein Feedback und geben einander Feedback; (3) Die Gesprächsbeteiligten formulieren ihren Erkenntnisgewinn aus dem Feedback.

Für das Feedbacknehmen und -geben schlägt Slembek (1998) vor, die Rückmeldungen in einem Dreischritt zu formulieren: (1) Welches konkrete Kommunikationsverhalten ist dir bei mir aufgefallen? (2) Wie habe ich dadurch auf dich gewirkt? (3) Wie hast du darauf reagiert? Beispiel: *Mir ist aufgefallen, dass du viele Hörrückmeldungen verwendet hast. Dadurch hast du auf mich interessiert gewirkt. Ich habe darauf reagiert, indem ich dir das ausführlicher erzählt habe.*

Eine *Schwierigkeit* des Feedbacks in Form des genannten Dreischritts ist, dass es wertungsfrei sein soll und damit der Handlungsroutine der Metakommunizierenden widerspricht. Letztlich ist ein wertungsfreies Feedback ein Mythos – auch wenn Feedback auf explizite Bewertungen verzichtet, schwingt implizit eine Bewertung mit: Die Rückmeldung *Dadurch hast du auf mich unsicher gewirkt* im Anschluss an eine argumentative Kurzrede, in der die Rednerin Überzeugungskraft zum Ausdruck bringen sollte, enthält keine explizite Bewertung, wohl aber eine implizite.

*Vorteil* des Feedbacks in der genannten Form ist, dass es das Bewusstsein für die interaktive Wirkung von Gesprächsverhalten schärft. Schüler/innen lernen zu beobachten, welche konkreten Verhaltensweisen sie bei anderen feststellen und welchen Eindruck die anderen Personen durch diese Verhaltensweisen bei ihnen hervorrufen – oder umgekehrt, welchen Eindruck ihr eigenes Gesprächsverhalten auf andere macht. Durch die Unterscheidung der beiden Ebenen – die Beobachtung der Kommunikation und die Beobachtung der Wirkungen der Kommunikation – wird der automatische Prozess der Zuschreibung von Charaktereigenschaften unterbrochen, und die Interpretation der kommunizierten Zeichen wird als subjektive Konstruktion erkennbar.

Feedback in dieser Form ist besonders geeignet für Rückmeldungen zu den Aspekten 'Kommunikation als Ausdruck der Sprecher- und Hörer-Persönlichkeit' und 'Kommunikation als Ausdruck der Beziehungsgestaltung zwischen Sprecher/in und Hörer/in'.

### Kritikgespräch

Ein Kritikgespräch bezieht sich auf konkretes Verhalten und umfasst Bewertungen von Kommunikationsverhalten. Zu unterscheiden sind positive und negative Kritik mit den Subformen: (a) Es erfolgt eine explizite Bewertung eines Verhaltens als richtig oder falsch, angemessen oder unangemessen, allerdings ohne Begründung: *Du hast xxx gemacht. Das war angemessen/das war unangemessen.* (b) Es erfolgt eine explizite Bewertung eines Verhaltens als richtig oder falsch, angemessen oder unangemessen; diese Bewertung wird begründet im Hinblick auf das Ziel und die Funktion der jeweiligen Kommunikation, z. B. *Du hast xxx gemacht. Das war angemessen, weil .../Du hast yyy gemacht. Das war unangemessen, weil ...*

*Vorteile* des Kritikgesprächs: Die Bewertungen werden klar kommuniziert; durch die Begründungen der Kritik werden Bewertungskriterien bewusster gemacht. Die Gesprächsführung in einem Kritikgespräch ist jedoch mit der *Schwierigkeit* konfrontiert, dass negative Kritik Imageverletzungen und Abwehrmechanismen hervorrufen kann. Außerdem sind die Wirkungen von Kritik auf die Lernmotivation zu beachten, da zu starke negative Kritik Schüler/innen demotivieren kann. Um die Akzeptanz von Kritik zu erhöhen, empfiehlt es sich, zuerst eine positive Kritik zu äußern, dann eine negative Kritik, und abschließend wiederum eine positive Kritik.

Inhaltlich eignet sich *Kritik* besonders für Rückmeldungen zur Themenbearbeitung und den methodischen Aspekten der Interaktionsgestaltung. Im Verlauf des Lernprozesses bietet sich ein Kritikgespräch besonders zum Abschluss eines Lernprozesses als Leistungsbeurteilung an, und zwar zu vorher festgelegten Kriterien.

### Monierungsgespräch

Ein Monierungsgespräch umfasst die Kritik problematischer Verhaltensweisen und das Aufzeigen von Verhaltensalternativen. Ein Monierungsgespräch folgt einem Monierungsschema mit mehreren Schritten: (a) Ein Verhalten wird moniert; (b) es erfolgt eine Interaktion darüber, ob und warum dieses Verhalten ein Problem darstellt; (c) es werden Verhaltensalternativen aufgezeigt (vgl. Fiehler 1999).

*Schwierigkeiten* treten im Monierungsgespräch auf, wenn der kritisierte Gesprächspartner nicht einsieht, dass sein kritisiertes Verhalten ein Problem darstellt. Wer definiert ein Verhalten als *Problem*? (Vgl. zur Gefahr der Trainerdominanz ebd.). Auch ist das Kennen von Verhaltensalternativen erst der Anfang einer Verhaltensänderung. Wie können diese Verhaltensalternativen im Deutschunterricht eingeübt werden?

*Vorteile* des Monierungsgesprächs: Die Problemorientierung konzentriert die Metakommunikation auf die 'Knackpunkte', und die Hinweise auf Verhaltensalternativen unterstützen konkrete Verhaltensänderungen der Schüler/innen. Das Monierungsschema kann verändert und bewusster auf die Struktur des Problemlösens ausgerichtet werden: Die Schüler/innen werden ermutigt, Probleme zu erkennen und zu benennen, die sie während der Gesprächsführung hatten, und sie lernen, Problemlösungen zu entwickeln und Alternativen zu erproben.

Im Verlauf des Lernprozesses eignet sich ein Monierungsgespräch zur Begleitung des Kommunikationslernens als auch als Abschluss eines Lernprozesses, um Lernfortschritte zu beurteilen.

## 3.4 Visualisierung von Lernprozessen: Lernspinne

Die Lernspinne ist eine kriteriengeleitete Visualisierung von Lernprozessen. „Im Zentrum der Lernspinne steht ein Lerngegenstand, dem Teilbereiche zugeordnet werden. In ihnen wird jeweils die Lernentwicklung gemessen. Visuell stellt sich die Spinne so dar, dass vom Zentrum aus Linien (der Teilbereiche) abgehen, auf denen Punkte den Lernfortschritt markieren." (Beste 2007, 264) Die Lernspinne ist geeignet, Lernprozesse in einer Lerngruppe zu differenzieren, denn die Schüler/innen können unterschiedliche Lernspinnen zeichnen, um ihre individuellen Lernziele zum Ausdruck zu bringen und ihre Fortschritte zu ihren individuellen Lernzielen zu markieren.

Der besondere *Vorteil* der Lernspinne besteht in dieser Aufmerksamkeit der Schüler/innen für den eigenen individuellen Kommunikationslernprozess. Darüber hinaus bietet die Lernspinne eine kriteriengeleitete Basis für einen Erfahrungsaustausch unter den Schüler/innen. Demgegenüber sind als *Schwierigkeiten* im Umgang mit der Lernspinne zu bedenken: Sind genügend Lernsituationen vorhanden, die ein bewusstes Verfolgen individueller Lernziele ermöglichen? Wie können Lehrer/innen die Lernprozesse jeweils individuell begleiten? Stimmt die subjektive (Selbst-)Beurteilung der Schüler/innen? Die Lernspinne eignet sich besonders, wenn es darum geht, ein Kommunikationsverhalten einzuüben. Bewertungen erfüllen hier die Funktion, den *Lernprozess* zu unterstützen.

## 3.5 Visualisierung von Lernergebnissen: Zielscheibe

Die Zielscheibe visualisiert eine Selbsteinschätzung der eigenen Lernergebnisse anhand einer Leitfrage (vgl. ebd.). Die Selbsteinschätzung erfolgt kriteriengeleitet und graduell; außerdem kann die Zielscheibe in Segmente aufgeteilt werden, so dass sie mehrere Reflexionskriterien berücksichtigen kann.

Die Visualisierung von Lernergebnissen anhand einer Zielscheibe bietet einen anschaulichen Bezugspunkt für den Vergleich mit der Leistungsbewertung durch die Mitschüler/innen und die Lehrperson. Das Bestimmen der Segmente auf der Zielscheibe unterstützt das Bewusstsein für die Bewertungskriterien und ermöglicht einen Diskurs über Bewertungskriterien. Die *Schwierigkeit* des Einsatzes einer Zielscheibe ist die passende Auswahl der Reflexionskriterien und das Einplanen von Zeit, um die (Selbst-)Beurteilung der Schüler/innen zu überprüfen. Die Bewertung in Form einer Zielscheibe eignet sich besonders, um am Ende eines Erarbeitungsprozesses *Lernergebnisse* zu überprüfen.

# 4 Fazit

*Kommunikation zu beobachten und Schüler/innen zum Beobachten zu befähigen* umfasst als didaktisch-methodische Aufgabe für den Deutschunterricht, aus der Vielzahl der möglichen Beobachtungskriterien die jeweils passenden auszuwählen und mit den Schüler/innen zu reflektieren. *Kommunikation zu beurteilen und Schüler/innen zum Beurteilen zu befähigen* bedeutet insbesondere, das schillernde Beurteilungskriterium *Angemessenheit* mit den Schüler/innen zu diskutieren und gegebenenfalls gemeinsam festzulegen: „Heißt *gute* Kommunikation, dass alle Gesprächsteilnehmer/innen beteiligt sind? Macht eine *gute* Diskussion aus, dass sich eine Person durchsetzt oder aber dass alle Beteiligten zufrieden sind? Ist die Funktion des Gesprächs erfüllt und das Gespräch daher als *gut* zu bezeichnen, auch wenn in einem Problembearbeitungsgespräch am Ende klar wird, dass das Problem nicht gelöst werden kann?“ Solche Fragen eröffnen Diskurse über angemessene Konzeptualisierungen von Kommunikation, Diskurse über die Angemessenheit handlungsleitender Normen der Interagierenden und Diskurse über Bewertungskriterien mündlicher Kommunikation. Das Ziel, Kommunikationsfähigkeit von Schüler/innen durch Kommunikationsbewusstheit zu fördern, umfasst auch die Entwicklung von Kommunikationsfähigkeit als Diskursfähigkeit.

## Literatur


Baurmann, Jürgen/Dehn, Mechthild: Beurteilen im Deutschunterricht. In: Praxis Deutsch 31 (2004) Heft 184, 6–13

Beste, Gisela: Leistungen feststellen und beurteilen. In: Dies. (Hrsg.): Deutsch Methodik. Handbuch für die Sekundarstufe I und II. Berlin: Cornelsen 2007, 262–280

Bose, Ines: Methoden der Sprechausdrucksbeschreibung am Beispiel kindlicher Spielkommunikation. In: Gesprächsforschung – Online-Zeitschrift zur verbalen Interaktion 2 (2001), 262–303 (www.gespraechsforschung-ozs.de)

Linke, Angelika/Nussbaumer, Markus/Portmann, Paul R.: Studienbuch Linguistik. Tübingen: Niemeyer 2004

Fiehler, Reinhard: Kann man Kommunikation lehren? Zur Veränderbarkeit von Kommunikationsverhalten durch Kommunikationstraining. In: Brünner, Gisela/Fiehler, Reinhard/Kindt, Walther (Hrsg.): Angewandte Gesprächsforschung. Bd. 2. Opladen: Westdeutscher Verlag 1999, 18–35 & www.gespraechsforschung.de (kostenloser Download)

Mönnich, Annette: Gesprächsführung lernen. Welche impliziten Konzeptualisierungen des Kommunikationslernens sind in Methoden zur Entwicklung der Gesprächsfähigkeit zu finden? In: Becker-Mrotzek, Michael/Brünner, Gisela (Hrsg.): Analyse und Vermittlung von Gesprächskompetenz. Frankfurt/M.: Lang 2004, 87–112 & www.gespraechsforschung.de (kostenloser Download)

Mönnich, Annette: Von der antiken Rhetorik zur rhetorischen Kommunikation. In: Pabst-Weinschenk, Marita (Hrsg.): Grundlagen der Sprechwissenschaft und Sprecherziehung. München: Ernst Reinhardt Verlag,2004, 104–113

Mönnich, Annette: Gesprächsführung in Teambesprechungen. In: Deutschunterricht (2006) Heft 5, 29–35

Nothdurft, Werner/Schwitalla, Johannes: Gemeinsam musizieren. Plädoyer für ein neues Leitbild für die Betrachtung mündlicher Kommunikation. In: Der Deutschunterricht (1995) Heft 1, 30–42

Nussbaumer, Markus/Sieber, Peter: Über Textqualitäten reden lernen – z. B. anhand des 'Zürcher Textanalyserasters. In: Der Deutschunterricht (1995) Heft 26, 36–52

Oelkers, Jürgen: Von Zielen zu Standards. Ein Fortschritt? In: Becker, Gerold u. a. (Hrsg.): Standards. Unterrichten zwischen Kompetenzen, zentralen Prüfungen und Vergleichsarbeiten. Friedrich Jahresheft XXIII (2005), 18–19

Reinecke, Stefan: Assessment Center – fit für den Berufseinstieg. Eine Übung zur Selbstpräsentation. Klassenstufen 9–11. In: Deutschunterricht (2006) Heft 5, 26–28

Rechtien, Wolfgang: Angewandte Gruppendynamik. Weinheim: Beltz, 3. Auflage 1999

Sager, Sven F./Bührig, Kristin (Hrsg.): Nonverbale Kommunikation im Gespräch. Osnabrücker Beiträge zur Sprachtheorie 70 (2005)

Schwitalla, Johannes: Gesprochenes Deutsch. Berlin: Schmidt 1997

Slembek, Edith: Feedback als hermeneutischer Prozess. In: Slembek, Edith/Geißner, Hellmut (Hrsg.): Feedback. Das Selbstbild im Spiegel der Fremdbilder. St. Ingbert: Röhrig Universitätsverlag 1998, 55–72

Spranz-Fogasy, Thomas/Spiegel, Carmen: Aufbau und Abfolge von Gesprächsphasen. In: Brinker, K./Antos, G./Heinemann, W./Sager, S. (Hrsg.): Text- und Gesprächslinguistik. Ein internationales Handbuch zeitgenössischer Forschung. 2. Halbband. Berlin/New York: Gruyter 2001, 1241–1251

Spiegel, Carmen: Heißt Miteinander Kommunizieren etwa auch zuhören? Ein Plädoyer für die Zuhörenden. In: Wagner, Roland et al. (Hrsg.): Sprechen, Lesen, Hören. München: Reinhardt Verlag 2006, 153–162

Spiegel, Carmen: „Kannst du mir das mal erklären?" Gesprächskompetenzen erwerben durch partnerschaftliches Lernen im Unterricht. In: Grundschulunterricht (2007) Heft 9, 4–11

Spiegel, Carmen: Zuhören als Bestandteil der Gesprächskompetenz. In: Krelle, Michael/ Spiegel, Carmen (Hrsg.): Sprechen und Kommunizieren. Entwicklungsperspektiven, Diagnosemöglichkeiten und Lernszenarien in Deutschunterricht und Deutschdidaktik. Baltmannsweiler: Schneider Hohengehren (im Druck)

Werning, Rolf: Lern- und Entwicklungsprozesse fördern. Pädagogische Beobachtung im Alltag. In: Becker, Gerold u. a. (Hrsg.): Diagnostizieren und Fördern. Stärken entdecken – Können entwickeln. Friedrich Jahresheft XXIV (2006), 10–15

BRIGIT ERIKSSON

# F2 Leistungsmessung

Die diagnostische Kompetenz der Schule wird im Nachgang zu PISA kritisch bilanziert: einerseits wird ein Mangel an diagnostisch wirkungsvollen Instrumenten festgestellt, andererseits wird den Lehrpersonen mangelnde diagnostische Kompetenz vorgeworfen. Diese Kritik hat bei Bildungspolitiker/innen, bei Schulbehörden, beim pädagogischen Fachpersonal und bei Wissenschaftler/innen eine geradezu hektische Betriebsamkeit ausgelöst. Nach 2000 wurden nicht nur Bildungsstandards implementiert und darauf basierende landesweite Leistungsmessungen durchgeführt, sondern auch eine Vielzahl neuer standardisierter Tests für den Unterricht entwickelt. Kritische Stimmen begleiten diesen Reformprozess. In Frage steht, was standardisierte Tests zur individuellen Kompetenzentwicklung, zur Unterrichtsentwicklung und zur Unterrichtsqualitätssicherung beitragen können (vgl. Eriksson, C2, und Heymann 2005). Erfahrungen mit Schulen anderer Länder im Umgang mit standardisierten Tests und Testdaten zeigen zwar negative Effekte wie Teaching-to-the-Test und verstärkte Schulkonkurrenz, sie belegen aber auch, dass es sich für die einzelnen Schulen und ihre Unterrichtsqualität auszahlt, wenn es ihnen gelingt, die Testinformationen systematisch in das Entscheidungshandeln ihrer Schulen und ihrer Klassen zu integrieren. Lehrpersonen brauchen aber Unterstützung bei der Auswahl und beim Einsatz von Testverfahren und sie brauchen Interpretationshilfen, um die Testdaten produktiv zu nutzen. Es ist deswegen unabdingbar, dass sie im Hinblick auf die neuen Anforderungen vorbereitet und weitergebildet werden (van Ackeren 2005).

Der vorliegende Artikel befasst sich für den Bereich der mündlichen Sprachkompetenzen mit einem Teilbereich sprachdiagnostischer Verfahren, nämlich mit formellen Beurteilungsverfahren, die der sprachlichen Leistungsmessung dienen. Dazu zählen standardisierte Sprach(entwicklungs)tests und Screenings sowie einzelne informellere, nur teilweise standardisierte Verfahren der Sprachstandserfassung. Diese Verfahren werden unter dem Begriff Elizitationsverfahren gefasst, da mit ihnen durch gezielte Aufgabenstellungen Leistungen von Kindern und Jugendlichen elizitiert resp. ausgelöst werden. Andere Beurteilungsverfahren wie Beobachtungs- oder Befragungsverfahren sind nicht Gegenstand der vorliegenden Ausführungen[1]. Der Artikel ist wie folgt aufgebaut: Einer kurzen Einführung in grundlegende Aspekte der Leistungsmessung folgt eine Standortbestimmung zu standardisierten Verfahren mündlicher Sprachleistungs-

[1] Eine pädagogisch sinnvolle und umfassende Sprachstandsbestimmung, v. a. auch im Hinblick auf eine Förderorientierung, verlangt selbstverständlich nach dem Einsatz mehrerer Methoden.

messung. Im dritten Teil wird ein Einblick in die Entwicklung eines Sprechtests im Kontext des Schweizer Bildungsstandardsprojekts HarmoS[2] gegeben. Zum Schluss werden in einem Fazit Forschungsdesiderate formuliert.

## 1 Aspekte der Leistungsmessung

Leistungsmessungen müssen zielgerichtet erfolgen. Kany/Schöler (2007, 102 ff.) nennen drei diagnostische Fragen, die zu Beginn einer diagnostischen Tätigkeit beantwortet werden müssen: Wozu soll diagnostiziert werden (Ziel), wie (Methode) soll diagnostiziert werden und was soll diagnostiziert werden (Inhalt)?

Die erste Frage fragt nach der **Funktion eines Leistungsmessungsverfahrens**. Fried (2005, 21 f.) unterscheidet Verfahren mit primär bildungspolitischer und Verfahren mit pädagogischer Funktion. Erstere dienen dem Monitoring des Systems Schule (z. B. internationale oder nationale Evaluations- und Leistungsmessungsstudien), letztere haben zum Ziel, durch Reihenuntersuchungen Kinder mit Risikofaktoren zu ermitteln (z. B. Schuleingangsuntersuchungen), Schüler/innen beim Übertritt in andere Schulstufen zu selektionieren, sie zu zertifizieren oder individuelle, förderorientierte Standortbestimmungen vorzunehmen. Je nach Funktion der Leistungsmessung stehen unterschiedliche Adressat/innen im Fokus des Interesses: der einzelne Schüler/die einzelne Schülerin, die Klasse, das Schulhaus, ein Schulbezirk, ein Land etc. Mit den Adressat/innen rücken auch die Situationen ins Blickfeld, in denen Leistungsmessungsverfahren eingesetzt werden sollen. Besonders im Hinblick auf die Unterrichtskonzeption muss für eine klare Trennung von Lern- und Leistungssituationen und von Lern- und Testaufgaben gesorgt werden. Baurmann/Dehn fassen diesen Anspruch wie folgt: „Was in einem gewissen Zeitraum gelernt worden ist, kann beurteilt werden, aber dies sollte in Situationen geschehen, die von den Lernsituationen selbst deutlich abgesetzt sind“ (2004, 12).

Die diagnostische Frage nach dem Wie ist die Frage nach den **Messmethoden**. Vorliegender Artikel beschäftigt sich mit Elizitationsverfahren. Für eine umfassende, zielgerichtete diagnostische Unterrichtspraxis müssen diese selbstverständlich ergänzt werden durch weitere diagnostische Verfahren (vgl. dazu auch Mönnich/Spiegel, F1). Zu den Elizitationsverfahren zählt man

- standardisierte Tests: Ein standardisierter Test ist ein wissenschaftliches Routineverfahren, das Persönlichkeitsmerkmale anhand von Aufgabenstellungen misst. Die Aufgabenresultate erlauben quantitative und qualitative Aussagen über deren Ausprägung.

[2] Eidgenössische Erziehungsdirektorenkonferenz EDK: HarmoS. Zielsetzungen und Konzeption. Bern 2004. (kostenloser Download: http://www.edk.ch/PDF_Downloads/Harmos/Harmos_Weissbuch_d.pdf)

- Screenings: Screenings sind standardisierte Testverfahren, die für flächendeckende Untersuchungen (z. B. Einschulungsuntersuchungen) eingesetzt werden. Die Verfahren legen eine kritische Leistungsgrenze fest, mit der Risikokinder zwecks weiterer Abklärungen und Therapiemassnahmen identifiziert werden können.

Standardisierte Tests müssen messtheoretischen und pädagogischen Qualitätskriterien genügen. Die drei Hauptgütekriterien sind

1. die Objektivität: Ein Test ist dann objektiv, wenn das Testergebnis unabhängig ist von der Person, die den Test durchführt, auswertet und interpretiert.
2. die Reliabilität: Ein Test ist dann reliabel, wenn er ein bestimmtes Merkmal zuverlässig und ohne Messfehler unabhängig vom Messzeitpunkt misst.
3. die Validität: Validität ist das am schwierigsten zu fassende Gütekriterium. Ein Test ist dann valide, wenn er das misst, was er zu messen vorgibt.

Standardisierte Tests werden normiert mit dem Ziel, das Testresultat einer Person mit den Werten anderer Personen mit ähnlichen Voraussetzungen (z. B. Alter) vergleichen zu können. Um einen solchen Vergleichsmaßstab in einem kontrollierten Verfahren für ein möglichst breites Feld von Versuchspersonen zu erhalten, wird die Normierung resp. Eichung eines Tests – meist in umfangreichen Studien mit großen Stichproben – durchgeführt. Die Normierung bildet u. a. auch die Grundlage für das Festlegen von Basisstandards (vgl. Eriksson, C2). Standardisierte Tests verlangen weiter eine sorgfältige Konzeption der Durchführung, Auswertung und Interpretation. Zu den weiteren Gütekriterien zählen neben den Konstruktionsprinzipien der Normierung, Vergleichbarkeit und Durchführbarkeit die Nützlichkeit, Ökonomie und die Test-Fairness[3]. Informelle Testverfahren genügen häufig diesen methodischen Vorgaben nicht – es fehlen ihnen gänzlich oder teilweise die oben beschriebenen aufwendigen Testkonstruktionsschritte.

Die dritte diagnostische Frage nach dem Was nimmt die **Messinhalte** in den Blick. Welche beobachtbaren Merkmale, Kompetenzen, Fertigkeiten sollen überprüft werden? Die Auswahl der Testinhalte soll (entwicklungs)theoretisch und fachlich fundiert erfolgen und auf fachspezifischen theoretischen Modellen basieren. Informellen Testverfahren wird diese entwicklungstheoretische Fundierung oft abgesprochen. Standardisierte Leistungstests müssen nicht nur nach den Regeln der Kunst entwickelt werden, auch ihr Einsatz muss sorgfältig erfolgen. Für diagnostische Tests, die für einen Einsatz in der Schule vorgesehen sind, braucht es in der Regel eine ausführliche Schulung der Lehrpersonen.

[3] Test-Fairness wird in den USA, die auf eine lange Testgeschichte zurückblicken, breit diskutiert, vgl. The National Center for Fair & Open Testing (www.fairtest.org/)

## 2 Standardisierte Leistungsmessungsverfahren im Bereich der mündlichen Sprachkompetenzen

Nach dem PISA-Schock wurden Fragen der sprachlichen Grundqualifizierung der Schüler/innen aufgeworfen, die nach Antworten bezüglich der diagnostischen Praxis im Deutschunterricht verlangen. Die Beurteilungspraxis wurde zwar häufig kritisch begutachtet und mit didaktischen Impulsen angereichert, folgte aber insgesamt einer weitgehend ungeprüften deutschdidaktischen Tradition. Empirische Untersuchungen zur Beurteilungswirklichkeit fanden kaum statt (vgl. Weinert 2001), obwohl sich die Schulwirklichkeit nicht nur im Hinblick auf die gestellten schulischen Anforderungen, sondern auch auf die demographische Zusammensetzung der Schülerschaft wesentlich veränderte. Für die Beurteilungspraxis wenig förderlich wirkte sich die oft ablehnende Haltung vieler Pädagog/innen gegenüber Tests und die ungeachtet des Beurteilungszwecks fast ausschließliche Konzentration auf Beobachtungsverfahren aus. Tests seien unpädagogisch und würden nicht die wirklichen und wesentlichen Leistungen der Schüler/innen erfassen. Diese Ablehnung ist mit ein Grund, dass das Feld der standardisierten Sprachstandsverfahren weitgehend der Psychologie überlassen wurde. Die Deutschdidaktik beginnt sich erst seit kurzer Zeit mit der Testdiagnostik und den damit zusammenhängenden empirischen Grundlagen zu befassen. Es ist deswegen nicht verwunderlich, dass standardisierte sprachliche Leistungsmessung zwar eine lange Tradition hat, die Deutschdidaktik aber wenig berührte, weil sie nur in jenen Bereichen stattfand, die von den Deutschdidaktiker/innen lange nicht als ihr eigentliches Feld betrachtet wurde, nämlich die Vorschule und der sonderpädagogische Bereich.

Einen hervorragenden Überblick zum Stand der Sprachdiagnostik liefern nun zwei umfangreiche Expertisen. Die eine befasst sich mit Spracherfassungsverfahren für Kindergartenkinder und Schulanfänger/innen (Fried 2004), die andere stellt Verfahren der regelmäßigen Sprachstandsfeststellung ohne Konzentration auf eine Altersgruppe dar (Ehlich et al. 2007). Für den Kindergarten liegt zudem ein umfassender Leitfaden zur Sprachstandsbestimmung vor (Kany/Schöler 2007). Diese Grundlagenwerke stellen neben Informationen zu Grundlagen der Sprachdiagnostik die einzelnen Sprachstandserfassungsverfahren umfassend vor, indem sie Aussagen u. a. zu den überprüften Leistungsbereichen, zu den anvisierten Altersbereichen, zur Praktibilität und zur Normierung machen. Ehlich zieht ein ernüchterndes Fazit zu den Sprachsstandserhebungsverfahren: „Die auf Förderung zielende Sprachstandserhebung ist bislang weder für Lernende, deren Muttersprache Deutsch ist, noch für Lernende, deren Muttersprache nicht oder nicht ausschließlich Deutsch ist, befriedigend oder gar hinreichend“ (2007: 37). Er beklagt, dass weder der Stand der sprachlichen Testdiagnostik noch die Verfügbarkeit der Tests befriedigen. Während für die Vorschule ein relativ breites Angebot an Testverfahren zur Verfügung steht, nimmt die Verfügbarkeit von Testverfahren mit zunehmendem Alter drastisch ab.

Die Leistungsmessung im Bereich der Mündlichkeit stellt sich wie folgt dar: Ehlich (2007) unterscheidet bei den Verfahren folgende sieben Basisqualifikationsbereiche: Phonische, pragmatische (I und II), semantische, morphologisch-syntaktische, diskursive und literale (I und II) Qualifikation. Für die Mündlichkeit zentral sind die phonische, die pragmatische und die diskursive Qualifikation. Ehlich umschreibt die mündlichen Qualifikationen wie folgt:

> „Phonische Qualifikation (Lautunterscheidung und -produktion, Erfassung und zielsprachliche Produktion von suprasegementalen-prosodischen Strukturen, sonstige paralinguistische Diskriminierung und Produktion), pragmatische Qualifikation I (aus dem Einsatz von Sprache bei anderen deren Handlungsziele erkennen und darauf angemessen eingehen sowie Sprache angemessen zum Erreichen eigener Handlungsziele einsetzen), ... diskursive Qualifikation (Strukturen der formalen sprachlichen Kooperation erwerben; Befähigung zum egozentrischen handlungsbegleitenden Sprechen und zur sprachlichen Kooperation im Zusammenhang mit aktionalem Handeln, zur Narration, zum kommunikativen Aufbau von Spiel- und Phantasiewelten), pragmatische Qualifikation II (die Fähigkeit, die Einbettung von Handlungsbezügen in unterschiedlichen sozialen Wirklichkeitsbereichen zu erkennen und die angemessenen Mittel zur kommunikativen Einflussnahme auf diese Wirklichkeitsbereiche zielführend nutzen), ...“ (Ehlich 2005, 44 f.).

In einer Tabelle stellt Ehlich die wichtigsten Sprachtests und Sprachbeobachtungsverfahren nach ihrer Abdeckung der Qualifikationsbereiche dar (Ehlich 2005, 43 f.):

1. Von den 32 vorgestellten Testverfahren decken 15 Testverfahren für den Bereich der Vorschule und die Schuleingangsstufe die rezeptive und produktive phonische Basisqualifikation ab. Dazu gehören u. a. das Nachsprechen von Sätzen und Kunstwörtern, die Differenzierung von Minimalpaaren, sich in einem Konsonantenphonem unterscheidende Wörter hören und in der richtigen Reihenfolge ankreuzen, das Identifizieren von Wortreimpaaren, und das Silbenklatschen, besonders betonte Wörter markieren.
   Die weiteren mündlichen Bereiche sind in den Sprachtests absolut unterver-treten:

2. Das Verstehen fremder und das Verfolgen eigener Handlungsziele (pragmatische Qualifikation I) werden in sechs Verfahren getestet, wobei nur eines der sechs, der Heidelberger Sprachentwicklungstest, über das Alter der Einschulung hinausgeht. Diese pragmatische Qualifikation wird in den sechs Tests wie folgt erhoben: z. B. zu einer vorgegebenen Handlungssituation eine zielgerichtete sprachliche Handlung realisieren, Fragen zu auf Bildern dargestellten Relationen beantworten, zu vorgesprochenen Äußerungen aus Gesichtsbildern den passenden Gesichtsausdruck auswählen, zu vorgelesenen Sätzen oder Texten Verständnisfragen beantworten, eine vorgelesene Geschichte nacherzählen.

3. Weitere pragmatische Fähigkeiten (Qualifikation II) werden von keinem Verfahren getestet.
4. Ebenfalls nur marginal werden diskursive Fähigkeiten erhoben. Von den fünf Tests, die einen diskursiven Aufgabenbereich anbieten, sind drei Tests auch für etwas ältere Schüler/innen gedacht (bis 9, 10 oder 17-jährig). Bei den Aufgaben handelt es sich z. B. um das richtige Anwenden verschiedener Anredeformen, zu vorgegebenen Bildern oder Wörtern spontan erzählen.

Die Bilanz für den Bereich der Mündlichkeit ist ernüchternd. Auch Fried weist darauf hin, „dass es an Verfahren mangelt, mit denen man feststellen kann, wie gut die Kommunikationsfähigkeit eines Kindes entwickelt ist. Insbesondere fehlen Instrumente, mit denen man einzuschätzen vermag, wie gut ein Kind schon Gespräche führen, Argumente vorbringen oder Geschichten erzählen kann usw.“ (2005, 26).

Es ist jedoch nicht nur der schlechte Abdeckungsgrad des mündlichen Bereichs, der beklagt wird, sondern ganz allgemein die wenig sprachtheoretische Fundierung der Verfahren. Es ist hier nicht der Ort, einzelne Sprachtestaufgaben kritisch vorzustellen, dafür verweise ich auf die drei Studien. Zwei Zitate sollen jedoch einen Einblick in zwei kritische Aspekte mündlicher Leistungstests geben.

> Gogolin (2005, 10): „Ein Beispiel für solche ungenügende Differenzierung ist es, dass Verfahren, die – zum Beispiel mit der Hilfe von Bildimpulsen – mündliche Sprachproben hervorlocken sollen, gleichwohl nicht nach den Regeln ausgewertet werden sollen, die für die gesprochene Sprache Geltung haben, sondern mit den für geschriebene Sprache geltenden Maßstäben.“
>
> Kany/Schöler (2007, 98): „Teilweise sind sie (die Tests) bewusst so gehalten, dass wenig mehr als BICS-Fähigkeiten, d. h. basale kommunikative Fertigkeiten erfasst werden.“

Die Untervertretung des mündlichen Sprachbereichs bei den standardisierten Tests hat unterschiedliche Wurzeln. Das für den Vorschul- und Schuleingangsbereich breite Testangebot fokussiert Kompetenzen, die für den anstehenden Schriftspracherwerb erfolgsentscheidend sind. Zu diesen zählen auch die häufig überprüften phonischen Qualifikationen, die als Vorläuferfähigkeiten des Schriftspracherwerbs gelten. Das Fehlen von Tests im pragmatischen und diskursiven Bereich hängt neben der bereits erwähnten Testabsenz der Deutschdidaktik wesentlich damit zusammen, dass mündliche Leistungen in der Regel viel schwieriger zu erfassen sind als schriftliche. Dies erschwert die Konstruktion, Durchführung, Auswertung und Interpretation von Tests erheblich (vgl. entsprechende Ausführungen in Eriksson, C2). Mittlerweile werden im Zusammenhang mit der Entwicklung von Bildungsstandards weitere Erfahrungen mit der Entwicklung von Tests im mündlichen Sprachbereich gemacht, wobei hauptsächlich für die rezeptiven mündlichen Kompetenzen, v. a. das Hörverstehen, Tests entwickelt werden (vgl. Bremerich-Vos et al. 2008a und b). Im nachfolgenden

Kapitel soll deswegen ein Sprachtest zur Messung diskursiv-pragmatischer Kompetenzen der Klassen 8 und 11 (12–15-jährige Schüler/innen) vorgestellt werden, der im Zusammenhang mit dem Bildungsstandardsprojekt HarmoS entwickelt wurde und dessen laufende Pilotierung[4] bei je 100 zwölf- und fünfzehnjährigen französisch- und deutschsprachigen Schüler/innen der 8. und 11. Klasse erste Hinweise für die weitere Entwicklung eines Testbereichs geben kann, der noch in den Kinderschuhen steckt.

## 3 Musicstar – Test zur Erfassung diskursiv-pragmatischer Kompetenzen

Beim diskursiv-pragmatischen Test „Musicstar" handelt es sich um einen Telefondialog, der zwischen der Testperson und einer Testleiterin/einem Testleiter geführt wird. Das Testsetting ist wie folgt aufgebaut: Gruppenweise schauen sich die Testpersonen als Einführung Ausschnitte aus der im Schweizer Fernsehen ausgestrahlten, bei Schüler/innen beliebten Fernsehsendung Musicstar[5] an, um sicherzustellen, dass alle Schüler/innen einen Einblick in den Ablauf der Sendung haben. Die Testaufgabe sieht vor, dass sich die Schüler/innen als Kandidat/innen telefonisch beim Fernsehen über ihre Teilnahme bei Musicstar erkundigen[6]. Im Anschluss an die einführenden Musicstarausschnitte folgen die Einzeltests. Eine Testleiterin betreut die zu testenden Schüler/innen in einem speziell dafür eingerichteten Testraum mit Festnetzanschluss. Die Anrufe der Schüler/innen werden in einem Testbüro von Testleitenden entgegengenommen und aufgezeichnet. Der Telefondialog ist ein stark gelenktes Gespräch. Er folgt einem Leitfaden, damit die einzelnen Dialoge einigermaßen vergleichbar verlaufen und damit besser ausgewertet werden können. Nachfolgend ein Ausschnitt aus dem Gesprächsleitfaden für die Testleitenden:

---

4 Die Pilotierung umfasste zwei Tests der mündlichen Produktion: Neben dem nachfolgend beschriebenen Telefondialog *Musicstar* mussten alle Schüler/innen auch eine kurze Präsentation über ihren Medienkonsum gestalten. Diese Präsentation wurde auf Video aufgenommen und nach analogen Vorgaben wie der Telefondialog kriterionbasiert ausgewertet. Im gleichen Projekt wurde das Hörverstehen von 8-, 12- und 15-jährigen Schüler/innen breit getestet. Hier liegen Ergebnisse von Large Scale Assessments vor. Ebenso sind für den Hörverstehensbereich Basisstandards formuliert und die Leistungen auf vier Niveaus beschrieben worden (Veröffentlichung der Resultate des Bildungsstandardsprojekt durch die EDK, Bern, nach einem im Herbst 2008 startenden Vernehmlassungsverfahren).

5 Junge Leute, die als Sänger/innen Ambitionen haben, melden sich als Kandidat/innen zum Musikwettbewerb *Musicstar* des Schweizer Fernsehens DRS. Der Wettbewerb wird live ausgestrahlt. Eine Jury prämiert die besten Leistungen.

6 Musicstar-Anleitung für die Schüler/innen: Du bewirbst dich bei der Sendung „Musicstar" als Kandidat/in. Bevor du beim Fernsehen anrufst, hast du 2 Minuten Zeit, dir Notizen zu machen. Dann rufst du die Telefonnummer des Schweizer Fernsehens an, um zu fragen, wie du bei der Anmeldung vorgehen musst.

| *Schüler/in* | *Testleiter/in* |
|---|---|
| | **1)** Fernsehstudio Zürich, Guten Tag, mein Name ist Herr/Frau … |
| Schüler/in grüßt, nennt Namen und/oder Grund des Anrufs | |
| | **2) a) Ohne Namennennung:** Das freut mich, wie ist dein Name?<br>**b) Ohne Angabe, weshalb der Anruf erfolgt:** Guten Tag, (Name), aus welchem Grund rufst du an? |
| a) nennt den Namen, b) Grund des Anrufs (ich möchte bei der Sendung mitmachen, was muss ich tun? Wie gehe ich vor?) | |
| | **3)** Wir haben sehr viele Anmeldungen von Schülerinnen und Schülern, die an der Sendung teilnehmen möchten. Wir müssen deswegen eine Auswahl treffen und dazu möchten wir dich näher kennen lernen. Erzähle mir ausführlich von dir, wer du bist, wo du wohnst, was du machst, welche Hobbies und Interessen du hast etc.! |
| Schüler/in erzählt | |
| | **4)** Frage: Was gefällt dir an der Sendung? Warum möchtest du mitmachen? |
| … | … |
| | **9)** Gut, ich danke dir für dein Interesse. Nun musst du noch die Online-Anmeldung ausfüllen und abschicken und wir werden uns dann wieder bei dir melden. Viel Glück! Auf Wiedersehen, (Name)! |
| Schüler/in verabschiedet sich | |

Ein Ausschnitt aus einem transkribierten Gespräch mit einer 15-jährigen Schülerin (11. Klasse) gibt einen Einblick in den Gesprächsverlauf[7]:

[7] Alle Namen wurden anonymisiert.

| *Am Telefon: Testleitende* | *Anruferin:* |
|---|---|
| Guten Tag, meine Name ist Zehnder | Guten Tag, hier ist Neda S |
| Hallo, Alice, Pricilla? | Neda, Neda |
| Neda, Entschuldigung, haha | Schon gut |
| Was kann ich für dich tun, Neda? | Ähm ich habe vor kurzem em in der Zeitung ihen äh ihre Anzeige als Musicstar gesehen. |
| Am besten erzählst du mir gleich jetzt ehm ausführlich von dir, wer du bist, wo du wohnst, was du machst, welche Hobbies und Interessen du hast. | Ja natürlich. Ehm also ich lebe hier in Rorschach, schon seit 9 Jahren. Früher also vor als ich mit 8 Jahren in die Schweiz kam, da war ich, konnte ich eigentlich Sprachen nicht und da half mir das Singen, das ist auch eine , das ist die größte Schatz, meine, so mein Hobby sozusagen. Ich arbeite gerne am Computer. Jetzt in drei Monaten beginne ich eine Lehre als Dentalassistentin in einer so Dentalpraxis, die zwei Minuten von mir zuhause entfernt ist. Dann, – also eine besondere Ausbildung habe ich im Sinne nicht, aber ich habe mal Keyboard gespielt und habe auch gelernt diese Noten da anzupassen. Ehm, tanzen, tanzen kann ich eigentlich (Pause) weniger gut, obwohl ich mach das ab und zu vor dem Spiegel. Also das ist nicht so größtenteils. Ehm ich hab eine kleine Schwester. Die ist neun Jahre alt. Meine Eltern leben auch hier in der Schweiz. Die sind aber leider geschieden. Äh ja, ansonsten, haben Sie noch irgendwelche Fragen? |
| Ich glaube, das war ziemlich informativ. Danke. (lacht) | (lacht) ja |
| Was gefällt dir denn an der Sendung, warum mochtest du da mitmachen? | ... |
| Nein, das nicht direkt. Ich glaub am besten ist, wenn du Onlineanmeldung ausfüllst und abschickst. Wir werden uns wieder bei dir melden. Danke. | Danke, auf Wiederhören. |
| Auf Wiederhören, tschüss. | |

Anders als bei schriftlichen Tests oder Hörverstehenstests ist die Datenerhebung bei der mündlichen Produktion viel aufwendiger, weil nur jeweils eine Testperson getestet werden kann. Das Setting Telefondialog hielt jedoch den Aufwand etwas in Grenzen, weil nicht auch noch aufwendige Videoaufzeichnungen nötig waren.

Zur Auswertung der Tonaufnahmen wurde ein Kriterienraster mit 15 Items entwickelt. Bei der Entwicklung wurde darauf geachtet, dass sich die Items an den für diese Situation spezifischen Normen der gesprochenen Sprache orientieren. Bei der Entwicklung des Rasters hat neben Deutschdidaktiker/innen und einzelnen Lehrpersonen auch eine Medientrainerin des Schweizer Fernsehens mitgewirkt. Ihre kritischen Hinweise haben das Raster sehr bereichert. Die 15 Items decken verschiedene Bereiche der kommunikativen Kompetenz ab, wie z. B. die Textstrukturierung, die thematische Entfaltung, die prosodische Gestaltung, die Artikulation, die Verständlichkeit der Ausführungen, die Markierung der Sprecherwechsel, die Bezugnahme auf Fragen der Testleitenden, Argumentation usw. Sämtliche Items sind nicht dichotom, sondern mehrkategoriell codiert (z. B. durchgehend, mehrheitlich, nicht richtig gelöst). Nachfolgend ein paar Itembeispiele mit den entsprechenden Punktwertungen:

| | |
|---|---|
| Proband/in **(a) begrüßt** Gesprächspartner/in; **(b) stellt sich** mit Namen *vor* und **(c) nennt** den *Grund* seines/ihres Anrufs (*Teilnahme Musicstar*). ***Alle drei*** Elemente realisiert. | 2 Punkte |
| ***Nur zwei Elemente*** | 1 Punkt |
| ***Nur ein oder kein Element*** | 0 Punkte |

| | |
|---|---|
| **Artikulation** und Sprechgestaltung: ***angemessene***, gut ***verständliche*** Aussprache. ***Voll erfüllt***. | 2 Punkte |
| **Artikulation** und Sprechgestaltung: ***angemessene***, gut ***verständliche*** Aussprache. **Teilweise erfüllt**. | 1 Punkt |
| Alles andere | 0 Punkte |

| | |
|---|---|
| Proband/in ***antwortet*** – im dialogischen Teil – inhaltlich ***genau auf die Fragen*** der Gesprächspartnerin. ***Durchgehend***. | 2 Punkte |
| Proband/in ***antwortet*** – im dialogischen Teil – ***genau auf die Fragen*** der Gesprächspartnerin. ***Mehrheitlich***. | 1 Punkt |
| Alles andere | 0 Punkte |

Die Auswertung der Dialoge erfolgte direkt am Tonmaterial. Damit konnte die für Gesprächsanalysen übliche Transkription vermieden werden, was das Verfahren ökonomischer gestalten ließ. Damit die Auswertung der Dialoge möglichst objektiv erfolgen konnte, war nicht nur eine intensive Rater/innenschulung nötig, sondern auch ein Ratingverfahren, das jeden Dialog in zwei Durchgängen mit je der Hälfte der Items wertete und das zusätzlich über Inter- und Intraratings eine möglichst exakte und vergleichbare Punktevergabe anvisierte. Die Daten wurden Rasch-skaliert, auf ihre Trennschärfe hin überprüft und liegen jetzt zur Dateninterpretation vor. Ziel ist es, die diskursiv-pragmatischen Kompetenzen auf vier Leistungsniveaus zu beschreiben. Wohin weisen erste Ergebnisse?

- Die dank Umgehung der Transkription vereinfachte Auswertung direkt am Tonmaterial ist möglich und kann zu Daten führen, die weiter bearbeitet werden können.
- Es ist unabdingbar, dass das Rating bei einem Kriterienraster mit mehrkategoriellen Items unter strengen Vorgaben erfolgt, damit eine ausreichende Objektivität erreicht werden kann. Es ist deswegen eher fraglich, ob ein Einsatz solcher Tests im Unterricht vertretbar ist.
- Es lohnt sich, den Kriterienraster breit abzustützen. Er muss aufgrund der Datenanalyse weiter verfeinert werden. Es ist zu überlegen, ob eine vierstufige Skala noch besser differenzieren würde.
- Einige Items des Kriterienrasters wiesen eine geringe Trennschärfe auf und konnten teilweise in der Auswertung nicht weiter berücksichtigt werden. Eine erste Analyse einiger dieser Items weist auf ihren besonders kultursensitiven Charakter hin, weshalb die Daten zwischen den französischsprachigen und den deutschsprachigen Schüler/innen stark variieren. Es betrifft dies v.a. Items der sprechsprachlichen Gestaltung (Intonation, Anredetituale etc.). Der Ausschluss anderer Items kann vermutlich auf zu ungenaue Ratingvorgaben zurückgeführt werden, d.h. dass unterschiedliche Rater/innen Unterschiedliches unter den betreffenden Items verstanden.
- Items, bei denen allen Schüler/innen gute Resultate erzielten, waren solche, die die Artikulation, das Sprechtempo und das zielgerichtete Antwortverhalten betrafen. Schwierig war es für die Schüler/innen, genügend differenzierte Informationen zur eigenen Person zu liefern, ihre Meinungen zu begründen, strukturiert und nachvollziehbar zu berichten.

Die Datenanalyse ist noch nicht abgeschlossen. Es ist geplant, zur weiteren Differenzierung v.a. auch des Kriterienrasters einige der Dialoge zu transkribieren und die Ratings zu überprüfen. Es ist zu hoffen, dass das hier vorgestellte Testverfahren in Fachkreisen diskutiert und weiter entwickelt werden kann.

## 4 Fazit

Im Aufbau von Leistungsmessungsinstrumenten im Bereich der Mündlichkeit sind erste Schritte getan, viele weitere müssen folgen. Ehlich formuliert in seiner

Expertise 32 umfassende, wegweisende Anforderungen für Verfahren der regelmäßigen Sprachstandsfeststellung (2007 und in der Kurzfassung 2005, 45 ff.). Nachfolgend sollen einige Anforderungen, die auch für den Bereich der Mündlichkeit und hier speziell für standardisierte Leistungsmessungen gelten, an den Schluss dieses Beitrags gestellt werden.

- Es sind Forschungslücken zur Sprachentwicklung in allen mündlichen Qualifikationsbereichen zu schließen. Insbesondere muss der Spracherwerb unter institutionellen Bedingungen mindestens bis Ende Schulzeit modelliert werden können, damit darauf aufbauend entsprechende Beurteilungs- und Förderinstrumente entwickelt werden können. Alterstypische Aneignungsbereiche müssen besser gekennzeichnet werden können.

- Leistungsmessungen müssen die Mehrsprachigkeit von Kindern besonders berücksichtigen, z. B. soll die Familiensprache ebenfalls einer Sprachstandsfeststellung unterzogen werden.

- Eine differenzierte Prognose braucht unterschiedliche methodische Beurteilungszugänge. Für die Mündlichkeit fehlen neben Tests auch informelle Verfahren der Beurteilung. Der Einsatz der verschiedenen Beurteilungsverfahren muss sorgfältig entlang der kindlichen Sprachentwicklung integrativ geplant werden. Individuelle Dokumentationen von diagnostischen Einzelergebnissen sind anzulegen.

- Eine zukünftige Testentwicklung muss auch internationale Erfahrungen einbeziehen. Z. B. hat die Hörverstehensmessung in den USA bereits eine viel längere Tradition, ist aber in deutschdidaktischen Kreisen wenig rezipiert.

- Das Erstellen von Tests im Bereich der mündlichen Produktion verlangt nach Überprüfung bestehender und dem Suchen neuer Testmethoden und Teststrukturen.

- Die Aus- und Weiterbildung der Lehrpersonen muss im Bereich der Diagnostik und der Förderung intensiviert werden.

Die Kompetenzen von Schülerinnen und Schülern liegen bereits bei Schuleintritt weit auseinander. Wer von Beginn an gute Leistungen zeigt, wird diese in der Regel halten. Das gleiche gilt für Schüler/innen mit schlechten Leistungen. Aufgabe der Lehrpersonen ist es, Schüler/innen aller Niveaus gerecht zu werden und es ihnen zu ermöglichen, ihr Niveau zu halten und zu heben. Zur Leistungseinschätzung und damit zur Leistungsförderung brauchen Lehrpersonen Hilfsmittel. Dazu gehören Instrumente zur Diagnose und zur Förderung. Im Bereich der sprachpragmatischen und diskursiven Kompetenzen fehlt es an vielem. Es kann erwartet werden, dass hier vermehrt in die Forschung, die Diagnose und die Förderung investiert wird.

## Literatur

Baurmann, Jürgen/Dehn, Mechthild: Beurteilen im Deutschunterricht. In: Praxis Deutsch (2004) Heft 184, 6–13

Bremerich-Vos, Albert/Granzer, Dietline/Köller, Olaf (Hrsg.): Lernstandsbestimmung im Fach Deutsch. Gute Aufgaben für den Unterricht. Weinheim/Basel: Beltz 2008a

Bremerich-Vos, Albert/Granzer, Dietlinde/Köller, Olaf (Hrsg.): Bildungsstandards Deutsch und Mathematik. Leistungsmessung in der Grundschule. Weinheim/Basel: Beltz 2008b (erscheint demnächst)

Ehlich, Konrad et al.: Anforderungen an Verfahren der regelmäßigen Sprachstandsfeststellung als Grundlage für die frühe und individuelle Förderung von Kindern mit und ohne Migrationshintergrund. Berlin: Bundesministerium für Bildung und Forschung 2007 (Kostenloser Download: http://www.bmbf.de/pub/bildungsreform_band_elf.pdf)

Ehlich, Konrad: Eine Expertise zu „Anforderungen an Verfahren der regelmäßigen Sprachstandsfeststellung als Grundlage für die frühe und individuelle Förderung von Kindern mit und ohne Migrationshintergrund. In: Gogolin, Ingrid/Neumann, Ursula/ Roth, Hans Joachim 2005, 33–50

Fried, Lilian: Expertise zu Sprachstandserhebungen für Kindergartenkinder und Schulanfänger. Eine kritische Betrachtung. Deutsches Jugendinstitut 2004 (kostenloser Download: http://cgi.dji.de/bibs/271_2232_ExpertiseFried.pdf)

Fried, Lilian: Spracherfassungsverfahren für Kindergartenkinder und Schulanfänger. In: Gogolin, Ingrid; Neumann, Ursula; Roth, Hans-Joachim 2005, 19–32

Gogolin, Ingrid/Neumann, Ursula/Roth, Hans-Joachim (Hrsg.): Sprachdiagnostik bei Kindern und Jugendlichen mit Migrationshintergrund. Münster: Waxmann 2005

Heymann, Hans Werner: Tests und Unterrichtsqualität. Einführung in den Themenschwerpunkt. In: Pädagogik (2005) Heft 5, 6–9

Kany, Werner/Schöler, Hermann: Fokus: Sprachdiagnostik. Leitfaden zur Sprachstandsbestimmung im Kindergarten. Berlin/Düsseldorf/Mannheim: Cornelsen 2007

Van Ackeren, Isabell: Vom Daten- zum Informationsreichtum? Erfahrungen mit standardisierten Vergleichstests in ausgewählten Nachbarländern. In: Pädagogik (2005) Heft 5, 24–28

Weinert, Franz E.: Leistungsmessungen in Schulen. Weinheim/Basel: Beltz 2001

FRANS CONINX

# F3 Hörüberprüfungen – Relevanz und Methoden

Nicht immer, wenn ein Kind bis zur Einschulung vermeintlich „alles“ hören kann, verfügt es auch tatsächlich über das für das Sprachverstehen relevante Hörvermögen. Oftmals fallen Kinder mit minimalen oder einseitigen Hörstörungen erst nach dem Eintritt in die Schule auf. Sie haben gerade dann Schwierigkeiten beim Sprachverstehen, weil Störgeräusche im Umfeld die Wahrnehmung erschweren und/oder die Anforderungen an die Sprachverarbeitung im Rahmen des Schriftspracherwerbs hoch sind. Nicht selten werden diese audiogenen Lernprobleme nicht sofort bemerkt und die Kinder stattdessen als „sprachentwicklungsgestört“ oder „verhaltensauffällig“ eingestuft (Thiel 2000). Aus diesem Grund soll hier auf die Notwendigkeit schulpraxisbezogener Hörprüfverfahren ausdrücklich hingewiesen werden. Lehrer/innen und Pädagogen sollen für das auditive Lernen sensibilisiert werden. Wünschenswert wäre, dass auch nur geringe Einschränkungen des Hörvermögens bei Kindern erkannt und entsprechend berücksichtigt bzw. behandelt werden. Zwei kindgerechte und ökonomische Testverfahren sind der AAST (Coninx 2005) und das Titatu-Verfahren (Coninx 2003), die beide in diesem Beitrag vorgestellt werden.

## 1 Hörentwicklung

Der Spracherwerb fängt schon im Mutterleib an, wenn ab dem siebten Schwangerschaftsmonat im Fötus die ersten akustischen Signale in neuronale Erregungsmuster umgesetzt werden. Eine wichtige Grundlage für den Spracherwerb – die Wahrnehmung der Sprachprosodie – wird dann bereits erworben und abgespeichert (Ruben 1992, Coninx 2004). Das Fundament für die sprachliche Entwicklung bildet sich über auditiv gesteuerte Prozesse. Erst postnatal, jedoch bereits früh im ersten Lebensjahr, entwickelt sich die auditive Raumwahrnehmung. Diese ist nicht nur relevant, um Schallquellen orten zu können, sondern noch viel bedeutsamer, um später sprachliche Äußerungen auch im Umfeld von Störgeräuschen wahrnehmen zu können. Im Kindergarten oder in der Schule wird die Wahrnehmung von Sprache in Störschall erleichtert, wenn die Schallquellen auf der Basis ihrer räumlichen Trennung auch demzufolge in der auditiven Wahrnehmung getrennt werden können.

In der zweiten Hälfte des ersten Lebensjahres werden die zur Muttersprache gehörenden Sprachlaute als Wahrnehmungskategorien gefestigt und kortikal geprägt. Diese Wahrnehmungsentwicklung macht die auditive Verarbeitung –

insbesondere die Phonemidentifikation – schneller, robuster und leichter. Diese Fähigkeit, kategoriale Wahrnehmung und rapid auditory processing (Marshall und Snowling 2001), sind wichtige Grundlagen für die Weiterentwicklung des Hörens und der gesamten Sprachkompetenz. Ab dem zweiten Lebensjahr entwickeln sich vor allem sprachbedingte Hörleistungen. Der Wortschatz und die Syntax schaffen einen Kontext, in dem die globalen Wahrnehmungsprozesse („Top-down"-Prozesse) stattfinden können (Coninx 1999). Diese Wahrnehmung ist stark inhaltsbezogen, situativ und erwartungsgesteuert. Das Kind ahnt, was gesagt wird und versteht es, wenn die auditiven „Bottom-up"-Informationen (die verarbeiteten Phoneme) in ausreichendem Maße dazu passen.

Ab dem dritten bis vierten Lebensjahr werden diese inhaltsbezogenen „Top-down"-Hörprozesse durch eher analytische „Bottom-up"-Prozesse ergänzt. Demzufolge kann und wird das Kind sich zunehmend (auch) mit der Form der Lautsprache befassen, d. h. eine Formbewusstheit entwickeln. Diese Formbewusstheit wird „phonologische Bewusstheit" genannt und gilt als wichtige Grundlage für einen erfolgreichen Schriftspracherwerb (s. u. a. Oakhill und Kyle, 2000). Hörprozesse bzw. das auditive Lernen bilden somit wichtige Grundlagen für den Lautsprach- und Schriftspracherwerb. Deswegen ist es ausgesprochen wichtig, die Hörfähigkeiten eines Kindes regelmäßig zu überprüfen, damit möglichst schnell eingegriffen werden kann, wenn sich die Notwendigkeit hierzu ergibt. Es sind jedoch nicht nur Faktoren auf Seiten des Kindes zu überwachen, die das Hören und auditive Lernen beeinträchtigen können, sondern auch die Umweltfaktoren. Dazu gehören u. a. die Raumakustik (Störschall, Nachhall) und die Sprech- und Sprachqualität des Erziehers oder der Lehrkraft (vgl. hierzu auch Voskamp, C5 und Bose/Gutenberg, C8).

## 2 Hören

Schall wird durch den Gehörgang, das Trommelfell und das Mittelohr weiter geleitet. Hörstörungen, die in diesem Bereich wirken, werden deswegen als Schallleitungsstörungen bezeichnet. Sie entstehen z. B. bei Ohrenschmalz im Gehörgang, einem beschadigten Trommelfell, Unterduck oder Entzündungen im Mittelohr, insbesondere bei bzw. nach Erkältung. Die Symptome dieser Schallleitungsstörungen sind nur quantitativ: das Kind hört weniger bzw. leiser. Zur Kompensation muss Schall verstärkt werden. Wenn die akustischen Schwingungen dann in der Cochlea (Innenohr-Schnecke) eintreffen, werden sie von ca. 20.000 Haarzellen in neurale Signale bzw. Erregungsmuster umgesetzt, die über den Hörnerv hin zu den Hörzentren im auditiven Kortex (Hörrinde) weitergeleitet werden. Hörstörungen, die in der Cochlea entstehen, werden als sensorineurale (Schallempfindungsstörungen) bezeichnet. Die Symptome dieser Schallempfindungsstörungen sind nicht nur quantitativ, sondern auch qualitativ: das

Kind hört weniger und schlechter. Unterschiedliche Phoneme oder andere Signale können nicht fehlerfrei erkannt werden. Schallverstärkung mit einem Hörgerät kompensiert das „weniger" Hören, das „schlechtere" Hören jedoch nur mit Einschränkungen.

Schließlich können Hörprobleme im Hörnerv auftreten. Das Kind hat dann Hörprobleme, obwohl die Schallleitung und die Schallumwandlung in der Cochlea störungsfrei sind, die neurale Verarbeitung und Weiterleitung der komplexen Reizmuster im Hörnerv sind beeinträchtigt. Das ist u. a. der Fall bei Auditiven Verarbeitungs- und Wahrnehmungsstörungen (AVWS).

Die häufigsten Hörprobleme im Schulalter sind die Schallleitungsprobleme. Der Hörverlust ist maximal ca. 50 dB. Die Behandlung ist eher medizinisch (Schleimlöser, Paukenröhrchen usw.). Aus ärztlicher Sicht sind Hörgeräte nicht indiziert. Aus pädagogisch-didaktischer Sicht ist die Auswirkung eines Hörverlustes von 20 oder 30 dB bereits sehr bedeutsam. Die Tabelle 1 fasst einige exemplarische Daten zusammen. Im Vergleich zu einem guthörenden Kind, das sich in zwei Metern Entfernung von einem Sprecher befindet (z. B. die Lehrerin im Klassenzimmer), wächst diese „empfundene" Entfernung bis auf 63 Meter für ein Kind mit 30 dB Hörverlust!

Tab. 1: Auswirkung eines Hörverlustes als „empfundene" Entfernung zum Sprecher (in einem Umfeld ohne Schallreflexionen).

| Entfernung zum Sprecher für ein gut hörendes Kind | Empfundene Entfernung zum Sprecher für ein Kind mit Hörverlust | Hörverlust |
|---|---|---|
| 2 Meter | 6,3 Meter | 10 dB |
| | 20,0 Meter | 20 dB |
| | 63,2 Meter | 30 dB |

Die Folgen sind zum Teil gravierend: Viele Wahrnehmungslücken treten auf – vor allem für leisere Phoneme, wie stimmlose Frikative und Plosive; inhaltliche Verständnisprobleme entstehen; das Hören wird insgesamt viel anstrengender. Entwicklungsprobleme in den Bereichen Sprache und Kommunikation sowie den Schulfächern und im Sozialverhalten sind dann vorprogrammiert. Die oben dargestellten unterschiedlichen Formen der Hörstörung und einige häufige Ursachen werden in Tabelle 2 noch einmal zusammengefasst.

Tab. 2: Unterschiedliche Formen und Ursachen von Hörstörungen

| | **Wo?** | **Symptome?** | **Einige mögliche Ursachen** | **Behandlung** |
|---|---|---|---|---|
| Schallleitungsstörungen | Äußerer Gehörgang und Mittelohr | Quantitätsverlust: Leiser. Bis zu 50 dB Hörverlust | • Cerumen im Gehörgang, • Unterdruck im Mittelohr, • Flüssigkeit im Mittelohr (Paukenerguss), • Defekte von Trommelfell oder Gehörknöchelchen • Fixierung der Gehörknöchelchen, • Gehörgangs- oder Mittelorhrfehl-bildungen. | Medizinisch: operativ und/ oder Medikamente |
| Schallempfindungsstörungen (sensorineural, cochleär) | Innenohr (Cochlea) | Quantitäts- und Qualitätsverlust: leiser und schlechter. Bis > 120 dB Hörverlust; bis 100 % Diskriminationsverlust für Sprachlaute. Mehr Probleme Sprache-in-Störschall zu verstehen. | • Vererbt, • Krankheiten (Masern, Meningitis, ...), • Einwirkung von ototoxischen Substanzen, • Sauerstoffmangel während der Geburt, • Lärm. | Technisch: apparativ (Hörgeräte, Cochlea Implantate) |
| Auditive Verarbeitungs- und Wahrnehmungsstörungen (AVWS) | Hörnerv und Hörzentren | Qualitätsverlust: schlechter. Bis 100 % Diskriminationsverlust für Lautsprache Probleme Sprache in Störgeräusch zu Verstehen | Noch weitgehend unbekannt. Möglicherweise. • Vererbt, • Deprivation durch Umfeld (Störgeräusch), chronische Mittelohrprobleme usw. | Apparativ (FM-Anlagen) Funktionstraining und didaktisch-kompensatorische Maßnahmen |

## 3 Hörtests

Es wird zwischen objektiven und subjektiven Hörtests unterschieden (Böhme und Welzl-Müller, 2005). Die objektiven Hörtests bedürfen keiner Verhaltensreaktion und sind unabhängig von der Kooperation und Konzentration des Kindes. Sie werden vor allem im Säuglings- und frühen Kindesalter, d.h. bei noch wenig kooperativen Kindern eingesetzt. Diese Testverfahren werden primär von Medizinern durchgeführt: Fachärzte für Sprach-, Stimm- und kindliche Hörstörungen und HNO-Ärzte. Mit einer Impedanzmessung (auch: Tympanometrie) wird die Beweglichkeit des Trommelfells und der Mittelohrknöchelchen erfasst. So können die bei Kindern häufig auftretenden Mittelohrprobleme entdeckt werden. Die Messung ist einfach und dauert nur wenige Sekunden. Mittelohrprobleme verursachen einen Hörverlust von bis zu 40–50 dB.

Mit otoakustischen Emissionen (OAE) wird in einer einfachen Messung von 1–2 Minuten die Funktion der Haarzellen in der Schnecke (Cochlea) überprüft. Hirnstammaudiometrie (BERA) testet, ob das in der Cochlea ausgelöste Erregungsmuster im Hörnerv bis zum Hirnstamm weitergeleitet wird. So wird auch die Funktion eines Teils des Hörnervs mit überprüft. OAE und BERA sind Methoden die, in vereinfachter und automatisierter Form, beim Neugeborenenhörscreening (Hildmann 2008) verwendet werden.

Bei den subjektiven Hörtests wird dem Kind ein auditiver Stimulus angeboten und die dadurch ausgelöste (meist konditionierte) Verhaltensänderungen beobachtet und ausgewertet. Der Testleiter entscheidet, ob ein Kind auf den angebotenen Stimulus adäquat reagiert hat oder nicht. Tabelle 3 soll einen kurzen Überblick über die Hörtests vermitteln (Löwe und Hildmann, 1994).

Tab. 3: Überblick über die wichtigsten Hörtests

| **Objektive Hörtests**<br>(Kind ist passiv; zuverlässige Ergebnisse) | **Subjektive Hörtests**<br>(aktive Mitarbeit des Kindes; Testleiter bewertet) |
|---|---|
| • Impedanzmessung<br>• Otoakustische Emission (OAE)<br>• Hirnstammaudiometrie (BERA) | • Tonschwellenaudiometrie<br>• Sprachaudiometrie |

## 4 Die Tonschwellenaudiometrie

Zu den „traditionellen“ subjektiven Hörtests gehört die Tonschwellenaudiometrie. Bei ihr werden dem Kind nacheinander Töne angeboten, auf die es reagieren soll. Die Töne werden per Lautsprecher oder Kopfhörer angeboten. Die Reaktionsform ist altersabhängig und kann in Spielform durchgeführt werden oder durch Drücken einer Antworttaste. Die Ergebnisse der Tonschwellenaudiometrie werden in dem Tonaudiogramm festgehalten und zeigen die Empfindlichkeit des Ohres für reine Töne (mit nur einer bestimmten Frequenz). Der Vorteil der Tonaudiometrie ist, dass es die Hörempfindlichkeit für unterschiedliche Frequenzen (Tonhöhen) wiedergibt; der Nachteil ist, dass diese Töne nicht unmittelbar alltagsrelevant sind und keine unmittelbare bzw. sichere Aussage über das Sprachverstehen ermöglichen.

## 4.1 Die Sprachaudiometrie

Mit sprachaudiometrischen Verfahren werden unterschiedliche Aspekte der auditiven Sprachwahrnehmung subjektiv erfasst. Bei Tests, die die Spracherkennungsschwelle (SRT – Speech Recognition Threshold) ermitteln, werden dem Kind sprachliche Stimuli verschiedener Lautstärke angeboten, die es nachsprechen oder – je nach Alter und Sprachverständnis des Kindes – durch Zeigen auf ein entsprechendes Bild identifizieren soll. Die Spracherkennungsschwelle zeigt an, bei welcher niedrigsten Lautstärke in dB die Sprachsignale gerade noch erkannt werden. Unten wird der AAST (Adaptiver Auditiver Sprach-Test) als praktikables SRT-Verfahren beschrieben.

Bei Phonemidentifikationstests geht es darum festzustellen, ob ein Kind die Phoneme auditiv unterscheiden und erkennen kann. Hier geht es nicht um eine Hörschwellenmessung (in dB), sondern um eine Hörleistung, die zwischen 0% und 100% (keine bzw. alle Phoneme identifiziert) variieren kann. Das Ergebnis eines Phonemidentifikationstests kann zusätzlich durch andere Fähigkeiten des Kindes mitbestimmt sein: Wortschatz, Artikulationsfähigkeit oder auditives Kurzzeitgedächtnis. Unten wird mit „TiTaTu" ein Verfahren vorgestellt, bei dem diese Faktoren nahezu ausgeschaltet sind. Schließlich sind die auditiven Wahrnehmungsprozesse von Sprache bzgl. Phonologischer Bewusstheit für den Schriftspracherwerb hoch relevant. Diese können mit dem SEPI-Verfahren erfasst werden. Dieses umfassende Verfahren wird ebenfalls unten beschrieben.

## 4.2 AAST – Adaptiver Auditiver Sprach-Test

Hauptziel des AAST ist die Erfassung von Hörstörungen (Coninx 2005). In einer spielähnlichen Situation wird einfach und schnell die Speech Recognition Threshold (Spracherkennungsschwelle, s. o. 4.1) ermittelt. Das ist die niedrigste Lautstärke, bei der die angebotenen Wörter gerade noch verstanden werden. Es werden beide Ohren getestet, in Ruhe oder mit Störgeräuschen. Erfasst werden können mit dem AAST:

- minimale Hörstörungen ab 10–15 dB
- einseitige Hörstörungen (ebenfalls ab 10–15 dB)
- Probleme beim Hören mit Störgeräuschen, die im Zusammenhang mit einer auditiven Verarbeitungs- und Wahrnehmungsstörung (AVWS) stehen können.

Diese Hörstörungen werden ohne Screening oder Test häufig nicht entdeckt, können jedoch zu Schulleistungsproblemen führen (Crandell 1993; Bess 1998). Natürlich werden mit AAST auch größere Hörstörungen erfasst. Der Test wird am Computer durchgeführt. Er besteht aus sechs einfachen Wörtern, die schon früh im kindlichen Wortschatz vorhanden sind: *Flugzeug, Fußball, Lenkrad, Schneemann, Eisbär und Handschuh.* Die Begriffe und Bilder sind dem Kind schon vorher bekannt und dürfen sogar geübt werden. Die Zweisilber weisen eine hohe innere Sprachredundanz auf: sie enthalten zwar sechs bis sieben Phoneme, aber das Wort kann schon erkannt werden, wenn zwei bis vier Phoneme identifiziert werden. Die übrigen Phoneme sind überflüssig d. h. redundant. Somit sind die Eigenschaften dieser Wörter bzgl. der auditiven Verarbeitung sehr vergleichbar mit Sprache im Alltag. Auch da müssen nicht alle Phoneme „lückenlos" gehört werden und trotzdem werden Wörter oder Sätze verstanden.

Die Wörter werden akustisch (per Kopfhörer oder Lautsprecher) wiedergegeben. Das Kind soll das zu dem verstandenen Wort passende Bild anklicken (siehe Abbildung 1). Das Verfahren ist adaptiv, d. h. nach einer richtigen Antwort wird das nächste Wort 5 dB leiser, nach einer falschen oder keiner Antwort 10 dB lauter angeboten. Nach sieben Fehlern stoppt das Verfahren automatisch und berechnet die Hörschwelle. Der erste Fehler wird ignoriert, damit ein Konzentrations- oder Verständnisproblem am Anfang des Tests wenig Einfluss auf die errechnete Hörschwelle hat. Der AAST ist schnell durchzuführen. Ein Testdurchgang dauert nur etwa zwei Minuten. Die Kinder verstehen die Aufgabe schnell und sind motiviert, da sie das Verfahren als Spiel empfinden. Der AAST kann auch für Kinder eingesetzt werden, deren Muttersprache nicht Deutsch ist.

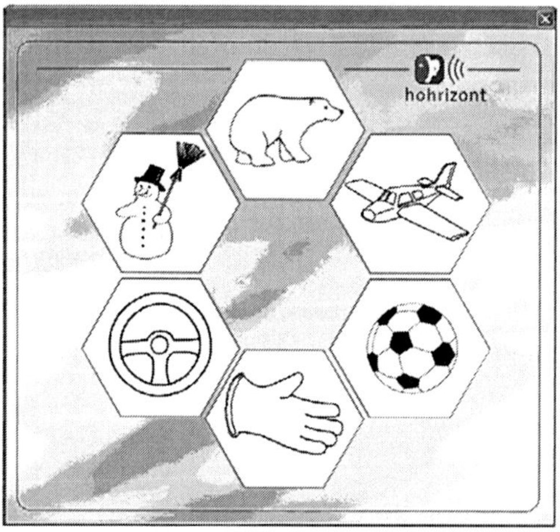


Abb. 1 Das AAST-Testfenster am PC

## 4.3 TiTaTu – wortfreie Phonemidentifikation

Mit TiTaTu soll die Phonemidentifikationsfähigkeit von Kindern ab 4 Jahren überprüft werden (Coninx und Stumpf 2006). Diese Fähigkeit gilt als eine wichtige auditive Teilleistung. Das Identifizieren von Phonemen wird mit sprachlichen Reizen (Silben) getestet. Der Wortschatz spielt keine Rolle, da keine Wörter verwendet werden. Das Kind muss auch nicht nachsprechen, damit das Ergebnis unabhängig von

Wortschatz und Sprechfähigkeit des Kindes ist. TiTaTu wird als Computerspiel durchgeführt. Das Kind sieht ein Wabenraster (s. Abb. 2), hinter welchem sich ein Belohnungsbild befindet. Es gibt immer eine rote Wabe in der Mitte und fünf umliegende blaue Waben. Wenn das Kind auf die rote Wabe klickt, ertönt z. B. die Konsonant-Vokal-Silbe „Ti“. Nun muss durch Anklicken der umliegenden blauen Waben die gleiche Silbe gefunden werden. Andere, nicht richtige Waben könnten „Tö“, „Tu“ oder „Ta“ enthalten. Das Kind muss die rote Wabe auf die richtige blaue Wabe ziehen. Nach Beendigung des Tests wird automatisch die Phonemidentifikationsfähigkeit errechnet. Für das Kind wird das gesamte Belohnungsbild aufgedeckt, indem sich alle restlichen Waben als Fensterchen öffnen. Es können sechs verschiedene Testgruppen mit unterschiedlichen Testreizen verwendet werden: vier Gruppen mit Konsonantkontrasten und zwei mit Vokalkontrasten. Die Durchführung einer TiTaTu Testgruppe dauert nur ca. zwei Minuten.

## 4.4 Zwei Tests – zwei unterschiedliche Hörprozesse: global (top-down) und analytisch (bottom-up)

Die zwei in 4.2 und 4.3 dargestellten Testverfahren *AAST* und *titatu* untersuchen zwei sehr unterschiedliche Aspekte bzw. Teilprozesse des Hörens. Bei titatu muss das Kind sehr genau und analytisch hören können: Es geht um einzelne Phoneme. Dieses phonematische Hören ist – bewusst oder unbewusst – die notwendige Grundlage für das Verstehen von Inhalten, Wortern oder Sätzen. Erst wenn ein Minimum an Phonemen auditiv korrekt aufgenommen, verarbeitet und zur Wahrnehmung weitergeleitet wird, kann das Kind eine Vermutung oder Hypothese über das Gehörte bilden. Die Phoneme sind die Basiselemente für die Wahrnehmung und werden „bottom-up“ der zentralen Wahrnehmung zugeleitet. Die dort entstehenden Hypothesen werden ständig auf ihre Richtigkeit oder Wahrscheinlichkeit geprüft: Das passiert in den top-down Prozessen.

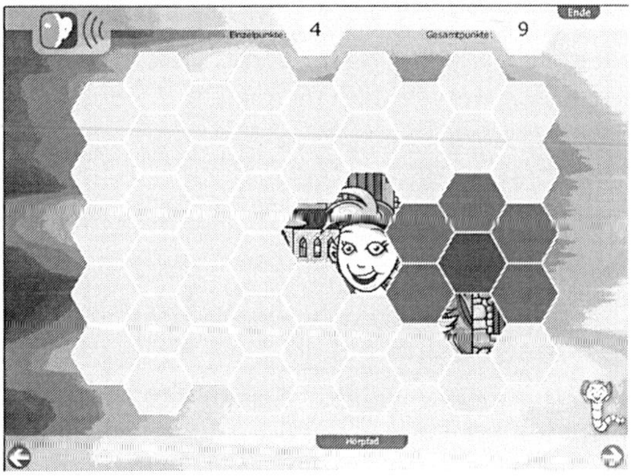


Abb. 2 Das TiTaTu-Testfenster am PC

Für den Alltag von höchster Relevanz ist nun die Tatsache, dass in diesen top-down Prozessen Lücken auf der Phonem-Ebene, d. h. kleine Fehler in der bottom-up Verarbeitung, geschlossen werden können. Diese Lücken können verursacht werden durch Hörstörungen, Störgeräusche oder undeutliches Sprechen.

In dem Satz „Ich möchte _utter auf dem Brot“, wird die Lücke unproblematisch geschlossen. Es gibt nur eine Möglichkeit: Butter. Voraussetzung ist lediglich, dass das Wort „Butter“ im Wortschatz existiert und die Satzbedeutung verstanden wird bzw. als korrekt empfunden wird. In dem Satz „Das _ach ist rot“ kann die Lücke nicht ohne weitere Kontextinformation geschlossen werden. Diese erwartungsgesteuerte und mit Sprachkompetenz zusammenhängenden top-down Prozesse werden eher in AAST untersucht. Das Testergebnis ist global, jedoch alltagsrelevant.

## 4.5 SEPI – Solinger Erfassung der Phonologischen Informationsverarbeitung

Der Erwerb von Schriftsprachkompetenz hängt eng zusammen mit der Fähigkeit zur phonologischen Informationsverarbeitung, d. h. dem bewussten Umgang mit der Formseite der Sprache. Diese Fähigkeit setzt sich aus mehreren einzelnen Fähigkeiten zusammen: dem Behalten von Sprache im Kurzzeitgedächtnis (phonetisches Rekodieren; Alltagsbeispiel: Merken von Telefonnummern), dem Speichern im Langzeitgedächtnis (phonologisches Rekodieren; Alltagsbeispiel: Merken neuer Wörter) und der phonologischen Bewusstheit (Alltagsbeispiel: Reimen, Anlaute erhören, Silben klatschen etc.). Die Überprüfung der phonologischen Bewusstheit ermöglicht bereits im frühen Kindergartenalter eine gute Vorhersage späterer Lese-Rechtschreibleistungen eines Kindes. Die Solinger Erfassung der Phonologischen Informationsverarbeitung (SEPI) bietet mehrere Subtests zur Feststellung der phonologischen Informationsverarbeitung bei Kindern im Alter von 3,5 bis ca. 7,5 Jahren (Coninx/Stumpf 2006; Stumpf 2008).

SEPI basiert auf wissenschaftlich gesicherten Daten und Erkenntnissen, die die Erfassung der phonologischen Bewusstheit und verschiedener Gedächtnisleistungen begründen. In der Aufgabe „Was ist Pinsel ohne /p/?“ muss das Kind nicht nur die Leistung in der phonologischen Bewusstheit selber haben, sondern auch das für die Verarbeitung der Aufgabe notwendige Kurzzeit- bzw. Arbeitsgedächtnis. Schließlich muss auch die Antwort „Insel“ aus dem Langzeitgedächtnis abgerufen werden können. Die phonologische Bewusstheit und die Gedächtnisleistungen sind beide für den Schriftspracherwerb gleich relevant und können deswegen mit SEPI untersucht werden. Die Datenerfassung, Instruktion und Auswertung erfolgen vollautomatisch via PC. Es wird kaum bis keine Einarbeitungszeit benötigt. Ansage, Feedback, Auswertung etc. erfolgen ebenfalls vollautomatisch. In Abb. 3 wird ein Auszug aus dem Spiel „Reimen“ dargelegt. Das SEPI-Verfahren wurde an einer Gruppe mit 656 Kindern normiert.

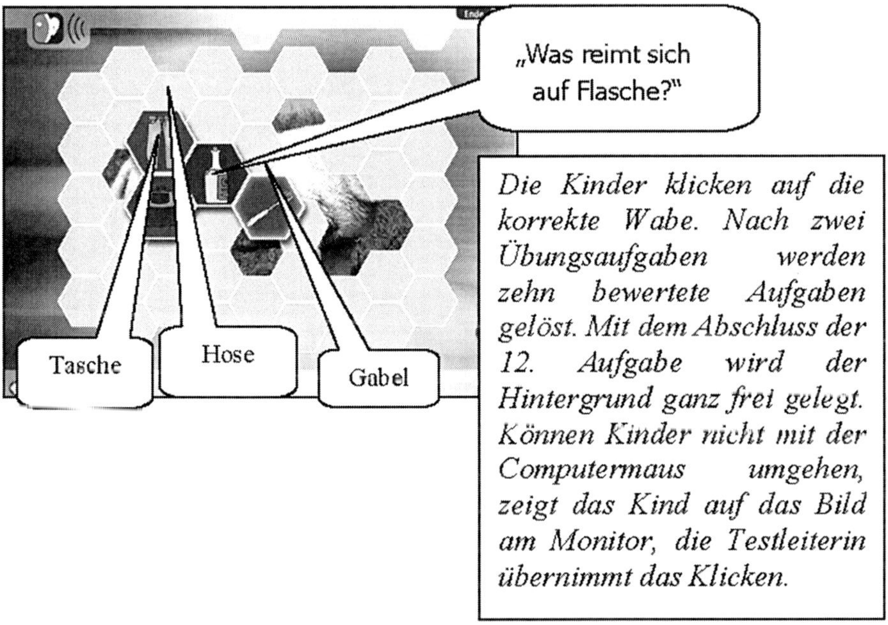


Abb. 3 SEPI

## 5 Fazit

Die auditive Verarbeitung und Wahrnehmung sprachlicher Signale ist ein mehrdimensionaler und komplexer Vorgang. Dementsprechend sind diese Fähigkeiten auch differenziert zu erfassen und es werden unterschiedliche, sich ergänzende Testverfahren gebraucht.

## Literatur

Bess, Fred, H. u.a.: Children With Minimal Sensorineural hearing loss : Prevelence, Educational Performance, and Functional Status. Ear and Hearing 19 (1998), 339–351

Böhme, Gerhard/Welzl-Müller, Kunigunde: Audiometrie – Hörprüfungen im Erwachsenen- und Kindesalter. Ein Lehrbuch. Heidelberg: Median Verlag 2005

Coninx, Frans.: Vom Hören zum Wahrnehmen: eine kognitive Leistung. Kongresbericht 4. Auditory-Verbal Kongress Berchtesgaden, 8.–10. Oktober 1999, 260–272

Coninx, Frans: titatu – Wortfreier Phonemidentifikationstest. Der Ohrwurm – hOHRizont 2003

Coninx, Frans: Die Hörentwicklung in den ersten zwei Lebensjahren. In: Horsch, Ursula (Hrsg.): Frühe Dialoge. Hamburg: Verlag hörgeschädigte Kinder 2004, 57–67

Coninx, Frans: Konstruktion und Normierung des Adaptiven Auditiven Sprach-Test (AAST). 100 Jahre Phoniatrie in Deutschland. 22. Jahrestagung der Deutschen Gesellschaft für Phoniatrie und Pädaudiologie, 24. Kongress der Union der Europäischen Phoniater. Berlin, 16. – 18.09.2005 (http://www.egms.de/en/meetings/dgpp2005/05dgpp045.shtml).

Coninx, Frans/Stumpf, Petra: hOHRizont auf dem PC. Hörgeschädigte Kinder 3 (2006), 131–140

Crandell, Carl: Speech Recognition in Noise by Children with Minimal Degrees of Sensorineural Hearing loss. Ear & Hearing 14 (1993), 210–216

Hildmann, Agnes.: Frühkindliche Hörstörung – eine interdisziplinäre Aufgabe. Sprache Stimme Gehör (2008) Heft 32, 2–5

Löwe, Armin/Hildmann, Agnes: Hörmessungen bei Kindern. Heidelberg: Median Verlag 1994

Marshall, Catherine/Snowling, Margaret.: Rapid Auditory Processing and Phonological Ability in Normal Readers and Readers With Dyslexia. Journal of Speech, Language, and Hearing Research 44 (2001), 925–940

Oakhill, Jane/Kyle, Fiona: The Relation between Phonological Awareness and Working Memory. Journal of Experimental Child Psychology (2000) 75, 152–164

Ruben, R. J.: The ontogeny of human hearing. Acta Otolaryngol. (Stockh.) 112 (1992), 192–196

Stumpf, Petra: Die phonologische Informationsverarbeitung bei Kindern mit Hörhilfen. Eine empirische Untersuchung im Kontext Lesen. Dissertation, Universität zu Köln 2008 (URL: http://kups.ub.uni-koeln.de/volltexte/2008/2197/)

Thiel, Monika: Logopädie bei kindlichen Hörstörungen. Ein mehrdimensionales Konzept für Therapie und Beratung. Berlin, Heidelberg, New York et al.: Springer 2000

# G

# Exemplarische Modelle

SÖREN OHLHUS / JULIANE STUDE

# G1 Erzählen im Unterricht der Grundschule

Mündliches Erzählen ist vorwiegend im außerschulischen Alltag verankert. Gleichwohl gilt die Unterstützung und Förderung mündlicher Erzählfähigkeiten als zentrales Lernziel des Deutschunterrichts in der Grundschule. In der didaktischen Umsetzung führt dies jedoch oft dazu, dass alltägliche Gesprächsformen vorschnell in den Unterricht übernommen werden, ohne den institutionellen und kommunikativen Bedingungen der Schule ausreichend Rechnung zu tragen. Vor dem Hintergrund dieses Spannungsfeldes möchte unser Beitrag Möglichkeiten aufzeigen, wie Erzählfähigkeiten im Unterricht der Grundschule sinnvoll weiterentwickelt und gestärkt werden können.

Eine erfolgreiche Didaktisierung baut auf der Bestimmung ihres Gegenstandes auf. Wir beginnen deshalb mit einer Charakterisierung mündlichen Erzählens (1) sowie einem kurzen Umriss des Erzählerwerbs (2). Grundlage hierfür sind empirische Ergebnisse der linguistischen Erzählforschung, in denen die interaktive Konstituiertheit des Erzählens zugleich als wesentliche Erwerbsressource herausgearbeitet wird. Von dort aus widmen wir uns der Frage nach der Lehrbarkeit von Erzählfähigkeiten (3), bevor wir abschließend einige Vorschläge zu einer Didaktik des mündlichen Erzählens in der Grundschule unterbreiten (4).

## 1 Mündliches Erzählen: Erzählen im Gespräch

Mündliches Erzählen in außerschulischen Kontexten ist eingebettet in Situationen, in denen zwei oder mehr Beteiligte sich sprachlich austauschen – es ist eingebettet in Gespräche. Als prototypische Alltagserzählungen gelten solche, denen ein persönliches Erlebnis zugrunde liegt (vgl. Labov/Waletzky 1973). Innerhalb des Gesprächs bildet die Erzählung eine komplexe, über die Grenze einzelner Äußerungen hinausgehende Einheit, die mindestens einen Erzähler/eine Erzählerin und einen Zuhörer/eine Zuhörerin hat (beide sind aktiv am Erzählen beteiligt). Die Erzählung hat einen charakteristischen inneren Aufbau und es werden in ihr typischerweise bestimmte sprachliche Formen verwendet. All dies setzt sie von vorangehenden und folgenden Gesprächssequenzen in spezifischer Weise – als Erzählung – ab. Zugleich aber bleibt die Erzählung stets ein Teil des Gesprächs und die Ausprägungen, die die hier skizzierten Bestimmungsaspekte annehmen, stehen in engem Zusammenhang zum Verlauf und zu den Bedingungen des umgebenden Gesprächs. Ausgehend von dieser groben Charakterisierung lassen sich für das Erzählen wie für andere Diskursaktivitäten drei

Aufgabenfelder bestimmen, die sich im mündlichen Erzählen Erzählenden und Zuhörenden stellen (vgl. Morek 2007; Quasthoff/Kern/Ohlhus/Stude demn.; Quasthoff, B 4)).

- Die erste Aufgabe ist die Organisation der sprachlichen Aktivität ERZÄHLEN auf der Ebene der gemeinsamen Interaktion: Es muss beispielsweise allen Beteiligten wahrnehmbar werden, dass zu einem bestimmten Zeitpunkt eine Erzählung beginnt und wann sie endet. Es muss jeweils klar sein, wer erzählt und wer zuhört. Nicht zuletzt muss deutlich werden, inwiefern die Erzählung einen (relevanten) Beitrag zum laufenden Gespräch darstellt, inwiefern sie also angemessen platziert ist. Wir nennen dieses Aufgabenfeld das der *Kontextualisierung* der Erzählung.
- Das zweite Aufgabenfeld betrifft den inneren Aufbau der Erzählung: Zuhörer/Zuhörerinnen haben ganz bestimmte Erwartungen an die übergreifende (globale) interne Struktur einer Erzählung und bringen diese Erwartungen auch aktiv (z. B. durch Nachfragen oder geäußerte Vermutungen) in den Erzählprozess ein, wenn sie sie nicht erfüllt sehen. Als ein zentraler Bestandteil dieser Erwartungen wurde immer wieder die Strukturierung einer Erzählung um ein unerwartbares Ereignis, einen Planbruch bzw. Konflikt innerhalb des Verlaufs der Ereignisse herausgestellt (vgl. Quasthoff 1980). Der Aufbau einer Erzählung orientiert sich entsprechend idealtypisch an der Anbahnung dieses Planbruchs (*Setting*), seiner Ausgestaltung und einer abschließenden Auflösung des so erzeugten Spannungsverhältnisses. Wir bezeichnen dieses Aufgabenfeld des internen Aufbaus der Erzählung als das der *Vertextung*.
- Ein drittes Aufgabenfeld betrifft die Ebene der konkreten Formulierungen: Nicht zuletzt zeichnet sich das Erzählen durch den Gebrauch bestimmter sprachlicher (und nicht-sprachlicher) Formen aus, die typisch sind für diese sprachliche Aktivität. Die Formen sind es letztlich, an denen Zuhörer/Zuhörerinnen erkennen, dass ihr Gegenüber zu einer Erzählung ansetzt, was der „Punkt“ oder Planbruch dieser Erzählung ist, wie sie das Erzählte bewerten sollen und wann sie abgeschlossen ist. Erfahrene Erzähler/innen wissen, mit welchen Formen sie den Erwartungen ihrer Zuhörer entsprechen oder wie sie auf der Ebene der gewählten Formen den Eindruck, den ihre Erzählung macht, vertiefen. Erfahrene Zuhörer/innen wiederum können bereits anhand der Formen unterscheiden, ob ihnen eine phantastische Geschichte (etwa ein Märchen) erzählt wird, oder ihr Gegenüber von einem eigenen Erlebnis erzählt. Die sprachlichen Formen werden also zur Indizierung der internen Struktur und des Erzählgenres eingesetzt. Wir sprechen von diesem Aufgabenfeld als dem der *(sprachlichen) Markierung*.

Die drei genannten Aufgabenfelder dienen uns im Folgenden als eine Bestimmung dessen, was mündliches Erzählen ausmacht.[1] Sie zeigen zugleich auf, welche Aspekte narrativer Kompetenz es in der Betrachtung des Erwerbs sowie im Rahmen einer Didaktik des mündlichen Erzählens zu berücksichtigen gilt. In diesem Sinne bilden sie auch die Grundlage für die Reflexion und Bewertung didaktischer Maßnahmen (s. u. 3 und 4).

## 2 Erzählerwerb

Der Erwerb mündlicher Erzählfähigkeiten beginnt vor der Einschulung als ein Teil der allgemeinen Sprach- und Diskursentwicklung. Bei ihrem Eintritt in die Grundschule bringen Kinder bestimmte Erzählfähigkeiten bereits mit und entwickeln diese gerade auch außerhalb der Schule stetig weiter. Aus diesen Gründen wird der Erwerb mündlicher Erzählfähigkeiten (anders als das vielleicht im Schriftlichen der Fall ist) in den einschlägigen Studien unabhängig von einer expliziten Didaktik des Erzählens untersucht. Die in solchen Untersuchungen herausgearbeiteten Stufenfolgen des Erzählerwerbs können der Didaktik jedoch als diagnostischer Ausgangspunkt dienen und sollen deshalb im Folgenden kurz skizziert werden.

Für ein Verständnis des Erwerbsprozesses gilt es zu beachten, dass der Erwerb von Erzählfähigkeiten stets in konkreten Situationen stattfindet, die dem Kind bestimmte Ressourcen für seine Erwerbsprozesse zur Verfügung stellen. Als Anknüpfungspunkt einer möglichen Didaktisierung sollen deshalb diese Erwerbsprozesse und die Ressourcen, aus denen sie schöpfen, im Anschluss an die Charakterisierung der Erwerbsstufen kurz umrissen werden.

### 2.1 Erwerbsstufen

Da bisherige Studien zum Erzählerwerb den Prozess oft auf die interne Strukturierungsfähigkeit reduzieren, bezieht sich die Explikation einer Stufenabfolge in der Literatur wesentlich auf das Aufgabenfeld der Vertextung. Die Entwicklung der mündlichen Erzählfähigkeit nimmt ihren Ausgang in einzelnen, lokal in das Gespräch eingebundenen Äußerungen und wird schrittweise in Richtung auf globale, in sich strukturierte und nach außen hin abgegrenzte Erzählungen ausgebaut. Die wichtigsten Stationen dieses Entwicklungsprozesses sind, folgt man einschlägigen Studien (Boueke et al. 1995, Hausendorf/Quasthoff 1996, Bamberg 1987), mit dem Ende der Grundschulzeit erreicht.

[1] Die genannten Aufgabenfelder lassen sich grundsätzlich auch zur Beschreibung der Struktur und des Erwerbs *schriftlicher* Erzählfähigkeiten nutzen (vgl. Quasthoff 2006, Quasthoff/Ohlhus demn.). Hier steht jedoch die Spezifik des mündlichen Erzählens im Vordergrund.

Sie markieren einen Weg, der sich aus der Perspektive der internen Organisation der Erzählungen wie folgt fassen lässt: Eine Phase der assoziativen und weitgehend lokalen Verknüpfung einzelner Äußerungen wird abgelöst durch eine lineare, der zeitlichen Abfolge der Ereignisse verpflichteten Reihung. Erst wenn diese Erzählketten aber mit der Formulierung eines Planbruchs oder Konfliktes ein strukturelles Zentrum erhalten, um das die Ereignisse herum organisiert werden, wird von einer i.e.S. narrativen Strukturierung der Erzählung und einem im Kern bewältigten Erzählerwerb gesprochen (vgl. etwa Boueke et al. 1995). Freilich endet der Erzählerwerb nicht an dieser Stelle und lässt sich auch in früheren Entwicklungsphasen nur unzureichend über das Aufgabenfeld der Vertextung allein fassen. Die erworbene Erzählstruktur kann etwa in der Folge genutzt werden, um Zuhörer/innen durch strukturelle Variationen zu verblüffen. Insbesondere aber ist es die Ebene der sprachlichen Markierung, die auf der Grundlage weitgehend beherrschter Prinzipen des Aufbaus einer Erzählung in den Fokus des Erwerbs geraten. Es kommt zu einem stärkeren sprachlichen Ausbau einzelner Strukturelemente des Erzählens (etwa zur Elaborierung des einleitenden Settings oder einer dramatisierenden Detaillierung des Planbruchs mit Dialogsequenzen) sowie zu einer Ausdifferenzierung unterschiedlicher Diskursmuster und Erzählgenres (vgl. Hausendorf/Quasthoff 1996).

Bezogen auf die Einbettung der Erzählung ins Gespräch lässt sich beobachten, dass Kinder mit wachsenden Kompetenzen in den Bereichen Vertextung und sprachliche Markierung auch die Kontextualisierung ihres narrativen Beitrags zunehmend selbständig meistern und Sicherheit gewinnen, was seinen sowohl thematisch als auch sequenziell angemessenen Anschluss innerhalb der Interaktion betrifft (vgl. Kern/Quasthoff 2005 zum Thematisieren).

## 2.2 Erwerbsprozesse und -ressourcen

Dass diese Erwerbsprozesse einer gewissen Eigenlogik folgen, nach der bestimmte Phasen aufeinander aufbauen, bedeutet auf der anderen Seite nicht, dass sie ganz von selbst ablaufen. Vielmehr muss der Erwerb als ein Prozess des Austauschs des Kindes mit seiner Umwelt angesehen werden, als ein Ergebnis von Interaktionserfahrungen, die ihm überhaupt erst ermöglichen, die beschriebenen Erwerbsstufen zu erklimmen. Dabei nutzt es zum einen jeweils die Fähigkeiten, die es bereits erworben hat, zum anderen profitiert es von Impulsen und impliziten Hilfestellungen, die es in seiner Umwelt wahrnehmen kann. Wesentliche Ressourcen des Erzählerwerbs sind in diesem Sinne einerseits Interaktionen, in denen sich das Kind selbst als Erzähler/in ausprobieren kann, andererseits Modelle von Erzählungen kompetenter Sprecher/innen, die es in seinem Alltag findet. Als genuin schulische Form lässt sich als eine dritte Ressource die explizite Instruktion durch eine Lehrperson anführen.

## Interaktion – Learning by doing

In ihrem Buch „Sprachentwicklung und Interaktion“ zeichnen Heiko Hausendorf und Uta Quasthoff (1996) nach, dass und wie der Erwerb von Erzählfähigkeiten beim Erzählen selbst stattfindet und alltägliche Interaktionsmuster zwischen Erwachsenen und 5- bis 14-jährigen Kindern eine 'intuitive Didaktik' des Erzählens beinhalten. Am Inhalt des Erzählten interessierte Zuhörer/innen fragen z.B. 'automatisch' nach, wenn ihnen die Zusammenhänge des Erzählten nicht deutlich werden, wenn etwas Wichtiges ausgelassen wird oder sie nach dem 'springenden Punkt' der Erzählung suchen. Durch diese Aktivitäten steuern sie die kindlichen Erzähler/innen in Richtung auf das, was kompetente Sprecher von einer Erzählung erwarten und richten die Aufmerksamkeit auf solche Aspekte, die es noch zu erwerben gilt. Gerichtet ist diese 'intuitive Didaktik' v. a. auf die Aufgabenfelder der Kontextualisierung und Vertextung (vgl. 1), denn sie speist sich aus dem Interesse der erwachsenen Zuhörer/innen an der Geschichte, die erzählt wird, und gibt dort Hilfestellungen, wo ihre Verständlichkeit im Rahmen des Gespräches gefährdet ist.

## Modelle – Rezeption

Sind es also auf der einen Seite eigene Versuche des Erzählens, die dialogisch gestützt durch die Zuhörer/innen den Erwerb voranbringen, befinden sich die Kinder andererseits auch immer wieder in der Rolle des Zuhörers von Erzählungen. Die Bedeutung solcher Modelle im Erwerb eigener produktiver Kompetenzen ist vielleicht naheliegend, erforscht ist diese Erwerbsressource allerdings bislang nur in Ansätzen. Dabei geht es normalerweise um die Rolle literarischer Vorbilder als Modelle (vgl. etwa Fox 1993). Die Wirkung von Modellen wird einerseits fassbar auf der Ebene der sprachlichen Form, wenn Kinder bestimmte Wendungen für ihre eigenen Erzählungen ausprobieren (vgl. Quasthoff 1993). Daneben sind es aber auch Themen, Motive und ganze Erzählstränge, die aus der Rezeptionserfahrung in das eigene Erzählen übernommen werden können – und dies nicht unbedingt nur in Nacherzählungen.

## Instruktion

Während die explizite Instruktion im außerschulischen Erzählerwerb wohl nur eine marginale Rolle spielt, kann sie für unterrichtliche Prozesse als zentral angesehen werden. Kennzeichnend für instruktive Interaktionen ist das explizite Thematisieren dessen, was gelernt und angewendet werden soll. Im Falle des Erzählens sind dies von der Lehrperson bereitgestellte metasprachliche Hilfestellungen zum Aufbau und zur Form von Erzählungen. Bisher liegen kaum empirische Ergebnisse zur Wirksamkeit dieser Ressource vor. Eine kleinere eigene Studie hat für Schreibprozesse gezeigt, dass explizit vermitteltes Wissen über Diskursstrukturen nur dann erfolgreich von Kindern nutzbar gemacht werden konnte, wenn diese bereits über ein Mindestmaß intuitiver Strukturierungsfähigkeiten verfügten (s. Stude 2006).

### Genres des Erzählens

Die Fruchtbarkeit der einzelnen Erwerbsressourcen hängt davon ab, auf was für eine Art von Erzählinteraktion sie bezogen werden. In der Wirklichkeit sprachlicher Kommunikation ist Erzählen durchaus kein einheitliches, immer gleiches Phänomen. Es gibt unterschiedlichste Spielarten oder Genres des Erzählens. Für den Erwerb und die Didaktik des Erzählens bedeutet dies einerseits, dass genrespezifische Erwerbsverläufe in Rechnung gestellt werden müssen, wenn man sich mit der Entwicklung der Erzählfähigkeit auseinandersetzen will (s. Becker 2001). Zum anderen gilt es aber auch, die in den Genres angelegten unterschiedlichen Ressourcen und (interaktiven) Erwerbsmechanismen zu reflektieren. So ist der Grad an interaktiver Unterstützung in mündlichen Erlebniserzählungen höher, als er es in Phantasieerzählungen ist (vgl. Kern/Quasthoff 2005; Ohlhus/Quasthoff 2005). Andererseits – um bei diesem Beispiel zu bleiben – bietet die Phantasieerzählung größere Freiheiten, Impulse aus der eigenen rezeptiven Erfahrung (mit Modellen) einfließen zu lassen und etwa auch ungewöhnliche sprachliche Formen auszuprobieren.

## 3 Lern- und Lehrbarkeit des Erzählens

Wenn sich Erzählentwicklung – wie oben skizziert – vorrangig in dyadischen Interaktionen vollzieht und zudem eigenen, selbstgesteuerten Gesetzmäßigkeiten folgt, ist berechtigterweise zu fragen, inwieweit Unterricht überhaupt Einfluss darauf nehmen kann. Die große Anzahl der in den letzten Jahren erschienenen erzähldidaktischen Veröffentlichungen (z. B. Claussen 1991, Claussen/Merkelbach 2004, Dehn 1986, s. a. die Themenhefte der Zeitschriften DER DEUTSCHUNTERRICHT 1/1998, DIE GRUNDSCHULZEITSCHRIFT 132/2000, GRUNDSCHULE DEUTSCH 8/2005) mag hier allzu leicht den Blick auf die Tatsache verstellen, dass uns bis heute kaum empirische Antworten auf diese Frage vorliegen. Vielmehr stellen Hausendorf/Wolf (1998) fest, dass einschlägige Erwerbsstudien zu mündlichen Erzählfähigkeiten den Unterricht als Einflussfaktor kaum je anführen. Seither hat sich daran nichts geändert.

Dessen ungeachtet besteht in der Erzähldidaktik mittlerweile weitgehend Einigkeit darin, dem mündlichen Erzählen als solchem (also gerade nicht nur als Vorbereitung auf das schriftliche Erzählen[2]) einen eigenen und wichtigen Stellen-

[2] Für eine Kritik an der Dominanz der Schriftlichkeit innerhalb des Unterrichts vgl. Klein 1980, Flader/Hurrelmann 1984, Becker-Mrotzek/Quasthoff 1998.

wert im Unterricht der Grundschule einzuräumen. Gründe hierfür gäbe es genug: Das Erzählen helfe beim Verarbeiten von Ereignissen (Claussen 2005), ebenso wie es Gemeinsamkeiten herstelle und das Lernen mit dem Leben verbinde (Bambach 2005). Kann man also durch das Erzählen einerseits etwas lernen, die Erzählung mithin als ein Lern*medium* begreifen (Frommer 1992 spricht von einem „Vehikel"), so geht es uns hier andererseits um das Lernen des Erzählens selbst, das Erzählen als Lern*gegenstand*. Im Fokus steht folglich die gezielte Förderung von Erzählfähigkeiten als Lernziel des Unterrichts.

Aus unserer Sicht lassen sich die derzeit gängigen Ansätze zur Didaktik des Erzählens in zwei Positionen aufteilen, die wir im Folgenden als *erfahrungsorientierte Erzähldidaktik* einerseits und *reflexionsorientierte Erzähldidaktik* andererseits bezeichnen.[3] Beide Positionen haben ihre Argumente bisher am ausführlichsten am Beispiel des Erzählkreises ausgeführt, der nach wie vor eine der wenigen Unterrichtsformen ist, in denen Kinder in der Grundschule systematisch die Gelegenheit zur Produktion komplexerer sprachlicher Einheiten erhalten (vgl. Hausendorf/Quasthoff 1996, Kap. 16). Dennoch ist der Erzählkreis immer wieder in die Kritik geraten (vgl. Klein 1980, Flader/Hurrelmann 1984, Becker-Mrotzek 1997), bis hin zum Vorwurf, dass im Erzählkreis eine „Zwangskommunikation" (Fienemann/v. Kügelgen 2003) praktiziert werde, die mit dem alltäglichen Erzählen so gut wie nichts mehr zu tun habe. Worin genau liegen die Schwierigkeiten einer Verbindung des alltäglichen und schulischen Erzählens? Fienemann/v. Kügelgen (2003) führen hierzu die gravierenden Unterschiede in der Zwecksetzung beider Erzählformen an. Während beim alltäglichen Erzählen die Anteilnahme an und Verarbeitung von Erlebtem im Vordergrund stehe, werde das schulische Erzählen nicht selten vordringlich als Profilierung gegenüber Klassenkameraden und der Lehrperson genutzt. Dem, was erzählt wird, fehle in der Folge die notwendige Erlebnisqualität, meist handle es sich nur um eine Reihung von Wichtigem und Unwichtigem, wobei der eigentliche Ereignis- und Evaluationskern für die Zuhörerschaft verborgen bleibe (vgl. auch Dehn 1986). Auch Becker-Mrotzek (1997) bezeichnet das Erzählen im Unterricht daher als „zweckentfremdet".

Versucht man, für das Erzählen im Unterricht möglichst alltagsnahe Bedingungen zu schaffen, entsteht nach Hausendorf/Wolf (1998) schnell ein „situatives und institutionelles Dilemma" (oder auch „erzähldidaktisches Dilemma", vgl. Hausendorf/Quasthoff 1996, Kap. 16): Im Unterricht begibt sich die Lehrperson zwangsläufig in eine widersprüchliche Rolle. Einerseits versucht sie als interes-

[3] Im Folgenden geht es weniger darum, einzelne Autor/innen eindeutig einem bestimmten Ansatz zuzuordnen. Vielmehr zeichnet sich in der derzeitigen Didaktiklandschaft eine Offenheit gegenüber beiden erzähldidaktischen Positionen ab, die sich teils bereits in konkreten Vorschlägen für eine sinnvolle Kombination beider Ansätze niederschlägt (vgl. z. B. das Handlungsfeld zum Erzählen nach Claussen 2005).

sierte/r und unvoreingenommene/r Zuhörer/in der Erzählung zu agieren, andererseits ist sie „Garant von Lernprozessen, für die Beurteilung und Verbesserung der Schüleraktivität und für einen geordneten Unterrichtsverlauf zuständig" (Flader/Hurrelmann 1984: 239). Dieser Konflikt ist nicht völlig aufzulösen. Dennoch bzw. als Reaktion darauf sprechen viele Autor/innen Empfehlungen aus, die bei einer Implementierung des Erzählens in den Unterricht helfen können. Wir stellen diese unter der Position der erfahrungsorientierten Didaktik zusammenfassend vor.

## 3.1 Erfahrungsorientierte Didaktik

Im Zentrum dieser Position steht das Bemühen, Erzählen im Unterricht so zu gestalten, dass sich Kinder als erfolgreiche Erzähler/innen und Zuhörer/innen erfahren können. Dahinter steht das Erwerbsprinzip *Learning by doing* (s. o., Abschn. 2), das eine aktive Teilnahme an entsprechend unterstützenden Erzählinteraktionen als Voraussetzung hat. Diese Interaktionen sollen vom Ausdruckswunsch und Inhaltsinteresse der Schüler/innen her getragen sein und nur dann stattfinden, wenn es tatsächlich etwas zu erzählen gibt (vgl. Dehn 1986). Als wichtige Voraussetzungen nennt Dehn (1986) eine entspannte Erzählsituation (vgl. auch „zwangfreies Erzählen" bei Becker-Mrotzek 1997), die Akzeptanz von Vorstufen des Erzählens und eine themenzentrierte Aufgabenstellung. Auch Flader/Hurrelmann (1984) empfehlen ein Erzählklima, bei dem sich die Lehrperson bewusst zurücknimmt, beispielsweise Erzählimpulse der Kinder als Erzählanlässe nutzt anstatt diese selbst zu initiieren. Die Zuhöreraktivitäten der Lehrperson sollten den strukturellen Vorgaben des Kindes und den sich daraus ergebenden kommunikativen Erwartungen folgen, weniger einem an die Situation von außen herangetragenen Bewertungsschema (vgl. Hausendorf/Quasthoff 1996, 337 ff.). Insgesamt sollte Unterricht vor allem die kommunikativen, inhaltsbezogenen Funktionen des Erzählens nutzen und eben gerade nicht das Erzählen als Aktivität 'verordnen'. Beispiele hierfür sind Erzählungen, die als Belege oder Illustrationen im Rahmen von Argumenten und Erklärungen oder als Informierung über Begebenheiten realisiert werden (ebd.) (dies auch über die Grenzen des Deutschunterrichts hinweg). Schließlich sollte die Lehrperson ausreichend eigene Erzählungen liefern (vgl. Castrup 1986), die dem Kind ein *Lernen am Modell* ermöglichen (s. o., 2).

Kritisch hinzuweisen ist bei dieser Position allerdings auf die Gefahr, im Ehrgeiz des Schaffens möglichst anregender und entspannter Erzählsituationen den Blick auf die individuelle Erzählentwicklung des Kindes zu verlieren. Eine Vielzahl erzähldidaktischer Veröffentlichungen vermittelt den Eindruck, die Förderung von Erzählfähigkeiten erschöpfe sich darin, dass am Ende einer Stunde möglichst alle Kinder einmal (irgend-)etwas erzählt haben. Erzählerwerb funktioniert aber nicht allein über die Schaffung von Gelegenheiten zum Erzählen (die im Unterricht notgedrungen eingeschränkt sein müssen), sondern insbesondere über die Einbettung des Erzählens mit einem jeweils auf den einzelnen kindlichen Erzähler gerichteten dialogischen Zuschnitt. Für den Unterricht mangelt es bislang an konkreten Hilfestellungen für eine an den Ressourcen des jeweiligen Kindes ausgerichtete Erzählförderung, die hier nun nicht mehr intuitiv funktionieren kann, sondern einer differenzierten Diagnostik des kindlichen Entwicklungsstandes sowie gezielter Fördermaßnahmen bedarf.

## 3.2 Reflexionsorientierte Erzähldidaktik

Zentrales Ziel dieser Position ist die unterrichtliche Anregung und Vermittlung reflexiven Wissens. Eine Orientierung am Leitbild des alltäglichen Erzählens tritt dabei deutlich in den Hintergrund bis hin zu einer klaren Ablehnung derselben für den Unterricht (vgl. Hausendorf/Wolf 1998). Das „freie" Erzählen wird in diesem Sinne zumindest ergänzt durch „angeleitete" Formen, wie sie z. B. im Konzept des „geselligen Erzählens" bei Claussen (1991, 2004) oder dem Erzählen im Rahmen sogenannter „Erzählwerkstätten" (Boueke/Schülein 1988, Boueke et al. 1995, Claussen/Merkelbach 2004) angelegt sind.

Erzählen als „gesellige Praxis" (Claussen 1991) setzt sich vom monologischen und dialogischen Erzählen dadurch ab, dass das *gemeinsame* Erfinden und Erzählen einer Geschichte im Mittelpunkt steht, was zugleich die Anregung von Reflexionsprozessen unterstützen soll: „Gemeinsames Nachdenken über den Verlauf und die Ausgestaltung einer Geschichte schafft außer der Ebene für viele spontane Einfälle auch ein Stück 'Nachdenklichkeit', ermöglicht gemeinsame Denkvorgänge und Handlungsvorstellungen" (Claussen 2004: 37). Ähnliche Zwecke kann nach Wallrabenstein das phantastische Fabulieren erfüllen: „Die ursprüngliche Neugier der Kinder gegenüber der Sprache führt beim offenen Fabulieren zum Erproben sprachlicher Möglichkeiten zwischen Regel und Regelbruch. Das Herausfinden dessen, was beim Fabulieren auf der Basis von Verstehbarkeit und Zusammenhang noch geht, fördert einen kreativen, lustvollen, aber auch ernsthaften Umgang mit der Sprache, weil diese spielerische Überprüfung der Sprachnormen das Erfassen sprachlicher Gesetzmäßigkeiten erleichtert" (Wallrabenstein 1986, 28).

Im Vergleich zum erfahrungsorientierten Ansatz ist der reflexionsorientierte Ansatz vor allem durch ein *Reden über* Erzählungen gekennzeichnet, das auf die Bewusstwerdung sprachlicher Strukturen und Formen sowie den mit ihnen erfüllten Funktionen abzielt. Aus diesem Grund weisen methodische Verfahren, die diesem Ansatz zuzuordnen sind, eine besondere Nähe zur oben bereits erwähnten Erwerbsressource der Instruktion, aber auch zu bestimmten Umgangsweisen mit narrativen Modellen auf, bei denen ebenfalls das explizite Thematisieren des Aufbaus und der Formen narrativer Einheiten im Vordergrund steht.

# 4 Vorschläge für eine ressourcenorientierte Erzähldidaktik

Unterricht sollte unserer Meinung nach sowohl auf die Verbesserung praktischer Gesprächsfähigkeiten als auch auf die Vermittlung reflexiven Wissens abzielen. In diesem Sinne plädieren wir für eine Berücksichtigung beider im vorigen Abschnitt vorgestellten erzähldidaktischen Zugänge. Demgemäß erachten wir für den schulischen Unterricht zwei unterschiedliche Aktivitätstypen des Erzählens als zentral: die tatsächliche Durchführung einer Erzählung (im Modus des *Vollzugs*) einerseits und das Nachdenken und Reden über Erzählungen und Erzählprozesse (im Modus der *Reflexion*) andererseits. Die Entscheidung, welcher Modus in der konkreten Unterrichtssituation jeweils im Vordergrund steht, ist im Rahmen einer erfolgversprechenden Erzähldidaktik an den jeweiligen Förderschwerpunkten ausgerichtet. Eine Differenzierung des Erzählens in globale Aufgabenfelder (Kontextualisierung, Vertextung, sprachliche Markierung), wie wir sie oben vorgenommen haben, bietet aus unserer Sicht einen hierfür nützlichen Anhaltspunkt. Dabei ist davon auszugehen, dass nicht jede didaktische Form als Förderung für alle Aufgabenfelder gleichermaßen geeignet ist. Erst der gezielte Wechsel zwischen den Förderschwerpunkten kann eine Grundlage bereitstellen für eine umfassende Unterstützung des Erzählerwerbs. Das gleiche gilt für die Auswahl der im Unterricht angebotenen Impulse und Hilfestellungen. Auch hier sollte die Entscheidung, welche Art der Ressource (Interaktion, Modelle, Instruktionen) in der jeweiligen Unterrichtssituation als Unterstützung angeboten wird, immer in Abhängigkeit mit dem jeweils gewählten Förderschwerpunkt vorgenommen werden.

Als *ressourcenorientiert* ist eine solche Erzähldidaktik in zweifacher Hinsicht zu bezeichnen. Zum einen setzt sie am individuellen Entwicklungsstand des Kindes an, d. h. sie schaut zunächst, über welche (eigenen) Ressourcen das Kind bereits verfügt. Zum anderen ist sie um das Ausnutzen jener (situativen) Ressourcen bemüht, für die die Erzählerwerbsforschung eine erwerbsunterstützende Funktion nachweisen konnte. Dabei verfolgt sie nicht den aussichtslosen Versuch, alltägliches Erzählen im Unterricht nachzubauen, sondern berücksichtigt, dass Unterricht aufgrund seiner institutionellen Bedingungen als ein Rahmen anzusehen ist, der eigene – eben unterrichtstypische – Erzählprozesse und alternative narrative Aktivitätstypen (wie z. B. das gemeinsame Ausdenken von und Reflektieren über Erzählungen) ermöglicht.

Die folgende Übersicht versucht, die unterschiedlichen situativen Erwerbsressourcen und die Modalitäten *narrativer Vollzug* und *Reflexion* zusammenzubringen. In den einzelnen Feldern werden dabei zur Konkretisierung Vorschläge zu didaktischen Formen und Förderschwerpunkten im Hinblick auf die Aufgabenfelder des Erzählens gemacht. Diese Vorschläge werden im Anschluss an das Schema geordnet nach den jeweiligen Ressourcen näher erläutert.

Tab. 1: Didaktische Möglichkeiten der Erzählförderung

| Aktivitätsmodus / Erwerbsressource | **Vollzug** | **Reflexion** |
|---|---|---|
| **Interaktion** | Erzählen im Gespräch: Interaktive Unterstützung (produktiver Zugang v. a. zur *Vertextung* und *Kontextualisierung* im narrativen Vollzug) | Gemeinsames Ausdenken von Erzählungen (metasprachlicher Zugang v. a. zur *Vertextung* in interaktiven Aushandlungsprozessen) |
| **Modell** | Erzählen im Gespräch: Modelle aus Vorgängererzählungen (produktiver Zugang v. a. zur *Vertextung* und *sprachlichen Markierung* anhand konkreter Vorbilder) | Reden über Modelle, Umgestaltung von Modellerzählungen (metasprachlicher Zugang v. a. zur *Vertextung* und *sprachlichen Markierung* anhand konkreter Vorbilder) |
| **Instruktion** | Instruktionen als „abstrakte Modelle" für das eigene Erzählen (produktiver Zugang v. a. zur *Vertextung* und *sprachlichen Markierung* anhand abstrakter struktureller Eigenschaften) | Instruktionen als Ausgangspunkt für angeleitetes Reden über Erzählungen (metasprachlicher Zugang v. a zur *Vertextung* und *sprachlichen Markierung* anhand abstrakter struktureller Eigenschaften) |

## Förderung durch Interaktion

Die interaktiven Mechanismen, die zu einer Förderung von Erzählfähigkeiten beitragen, beruhen auf der 'intuitiven Didaktik' der interessierten Zuhörer/innen sowie dem Bedürfnis der Erzähler/innen, eine Geschichte anzubringen. Beide Bedingungen sollten nicht unterschätzt werden – sie im Unterricht zu gewährleisten ist keine triviale Anforderung. Die kritische Bewertung des Erzählkreises (oder doch seiner schulischen Realität), die in Abschnitt 3 angeführt wurde, dürfte zu einem beträchtlichen Teil auf die Schwierigkeit zurückgehen, Mitteilungsbedürfnis und Interesse bei einer meist recht vagen Themenvorgabe, einem festen, nicht durch das Mitteilungsbedürfnis gesteuerten Zeitraum und für einen relativ großen Kreis von Teilnehmern zu gewährleisten. Das führt zu einer starren Ritualisierung einschließlich einer eingeschränkten Möglichkeit, in diesem Format direkt mit Nachfragen und unterstützend auf Beiträge des Erzählenden einzugehen.

Zur Ausnutzung interaktiver Erwerbsressourcen bieten sich deshalb eher Konstellationen von zwei oder drei Kindern an, die sich gegenseitig erzählen und dabei – mit größerer persönlicher Verantwortung für den Verlauf des Gespräches – die Möglichkeit haben, sich wechselseitig sowohl in der Rolle des Erzählers als auch des aktiven Zuhörers zu erleben. Auch in dieser Konstellation ist allerdings ein „verordnetes Erzählen" mit Vorsicht zu genießen. Es ist darauf zu achten, dass Erzählanlässe durch die Situation motiviert sind. (Und solche Anlässe gibt es im Rahmen einer Klassengemeinschaft in der Grundschule nicht von der Stange.) Eine Möglichkeit, eine solche Situation zu schaffen, könnte etwa darin bestehen, die Schülerinnen und Schüler bei der Einführung eines neuen Unterrichtsgegenstandes zunächst in Kleingruppen ihre Erfahrungen mit diesem Gegenstand austauschen zu lassen. Wenn im Anschluss etwa die Kinder aufgefordert werden, die Erzählungen der jeweils anderen im Plenum beizusteuern, wäre diese Form damit zusätzlich in den Unterricht eingebunden und inhaltlich motiviert.

Das Genre der Phantasieerzählung ist gegenüber der Erlebniserzählung eine eher monologische Form. D. h., die Zuhörer/innen haben hier eine im Großen und Ganzen zurückhaltende Rolle. Um auch hier die Interaktion zu stärken, kann der Schwerpunkt weg vom tatsächlichen Erzählen und hin zum Prozess des Ausdenkens verlagert werden. In diesem Falle befindet man sich bereits im Zwischenbereich von narrativem Vollzug und Reflexion: In den interaktiven Aushandlungsprozessen des gemeinsamen Geschichtenausdenkens bieten sich viele Möglichkeiten, neben dem eigentlichen Erzählen eine metanarrative Position einzunehmen und *über* Vorschläge zur gemeinsam konstruierten Geschichte zu reden. Dies unterstützt einen reflexiven Zugang zum Gegenstand Erzählung.

Da es in beiden Arten von Interaktion, dem Erzählen selbst wie dem interaktiven Ausdenken von Geschichten, vordringlich um die Inhalte des Erzählten geht, zielen die genannten Formen in erster Linie auf die Förderung der Vertextung der narrativen Einheiten. Aber grade auch der Aspekt der Kontextualisierung, der selbstständigen Einbettung einer Erzählung bzw. eines Beitrags zu einer gemeinsamen Erzählung, kann durch solche wenig reglementierten Erzählsituationen gefördert werden.

## Förderung durch Modelle

Modelle von Erzählungen gehen auf die eine oder andere Art in jeden Erzählprozess ein. Anders als die interaktive Steuerung des Erzählens greifen sie aber nicht von außen unmittelbar wahrnehmbar in den Erzählprozess ein. Sie bieten stattdessen eine Orientierung für das eigene Erzählen über das Zusammenspiel von Inhalten, Aufbau und sprachlichen Formen der Vorbilder und können den Ausgangspunkt für das eigene, mehr oder weniger an das Modell angelehnte Erzählen bilden. So können etwa die bereits erzählten Geschichten in einem Erzählkreis zur Grundlage für den eigenen Beitrag werden. Dabei geht es vordringlich um das Thema, aber auch um den *Typ* von Erzählungen, um ihr Bauprinzip und die verwendeten Erzählstrategien, die einen Anschluss ermöglichen. Die Möglichkeit des impliziten oder expliziten Bezugs auf Vorgängererzählungen kann zu einem wichtigen Bestandteil der Organisation sowohl des gesamten Gesprächs als auch seiner einzelnen Beiträge werden, wenn die Anschlussmöglichkeiten nicht allzu stark reglementiert werden.

Der Vorbildcharakter *literarischer* Erzählungen kann außer in Nacherzählungen besonders in Phantasieerzählungen beobachtet werden. Hier sind es nicht selten bestimmte Formulierungen, die die Aufmerksamkeit der Kinder auf sich ziehen. Diese selbst im eigenen Erzählen zu verwenden, kann als eine produktive Form der Auseinandersetzung gerade auch mit den strukturellen Eigenschaften des Vorbilds verstanden werden. Die Grundlage solcher Prozesse ist freilich ein reichhaltiges Angebot an entsprechenden Modellen. Diese können in sehr unterschiedlichen Formen auch in der Mündlichkeit produktiv umgesetzt werden.

In den Bereich des reflexiven Umgangs mit Modellen gehören Formen des Redens über eigene und literarische Erzählungen (sog. Werkstattgespräche, vgl. Claussen 2004) aber auch Formen, in denen der reflexive mit dem produktiven Zugang verbunden werden (z. B. gemeinsames Umgestalten einer vorhandenen Geschichte). Für diese Formen der Analyse und *Demontage* von Erzählungen bieten sich literarische Vorbilder nicht zuletzt deshalb an, weil ein entsprechender Umgang mit Erlebniserzählungen aus dem Schülerkreis diesem auf die Mitteilung zielenden Genre zu sehr entgegenlaufen würde. Grundsätzlich sind solche Formen dazu gut, gesprächsorganisatorische, strukturelle und sprachlich-formale Aspekte einzelner Erzählungen thematisierbar und damit der Reflexion zugänglich zu machen. Sie bereiten in diesem Sinne den Bereich der Instruktion vor, in dem dann mit den abstrahierten Erkenntnissen zu den einzelnen Aspekten des Erzählens gearbeitet wird.

## Förderung durch Instruktionen

Die Fruchtbarkeit von Instruktionen für den Erzählerwerb ist in hohem Maße von einer adäquaten Anpassung an den jeweiligen Entwicklungsstand der Kinder abhängig. So sollte klar sein, dass explizite Anweisungen als *abstrakte Modelle* nur dann für das eigene Erzählen genutzt werden können, wenn die darin enthaltenen metasprachlichen Bezeichnungen (z. B. Einleitung, Hauptteil, Spannungsbogen, Höhepunkt etc.) zuvor mit den Kindern erarbeitet und inhaltlich gefüllt wurden. Hierfür besonders geeignet erscheint wiederum das (Er-)Arbeiten an konkreten Modellerzählungen. An diesen können Funktionen und Wirkungen struktureller und sprachlich-formaler Mittel des Erzählens für die Kinder nachvollziehbar gemacht und damit die Verständlichkeit anschließender Instruktionen erhöht werden.

Generell empfiehlt es sich, Instruktionen so zu gestalten, dass sich die Kinder an ihnen von Beginn an mit einem produktiven Reden über Erzählungen und Erzählprozesse beteiligen können. Solche – der Bearbeitung der eigentlichen Erzählaufgabe vorangestellten – *Instruktionsgespräche* ermöglichen einerseits den Kindern ein sofortiges Nachfragen, wenn explizite Anweisungen noch zu abstrakt sind und geben andererseits der Lehrperson die Möglichkeit, Einblicke in die metasprachlichen Fähigkeiten der Kinder sowie deren Vorstellungen über den Aufbau und die Ausgestaltung von Erzählungen zu erhalten. Nicht zuletzt geben sie darüber hinaus den Kindern die Gelegenheit, ihre Fähigkeit des Reflektierens und Redens über Erzählungen auszubauen.

## 5 Fazit

In den vorangegangenen Abschnitten haben wir versucht, einen Ansatz zur Didaktik des mündlichen Erzählens in der Grundschule auf der Basis des aktuellen Kenntnisstands zum Erzählerwerb zu entwickeln und bis hin zu einigen konkreten Umsetzungsvorschlägen auszuführen. Das mündliche Erzählen erfüllt im Alltag zahlreiche Funktionen (z. B. die der Unterhaltung, Information, Rechtfertigung) und findet sich eingebettet in den unterschiedlichsten Situationen. Gerade aufgrund dieser Vielfalt scheint es uns wichtig, die strukturellen Aufgaben, die Erzähler/innen zu bewältigen haben, ins Zentrum auch der Erzähldidaktik zu stellen. Diese Aufgabenbereiche können über unterschiedliche Situationen hinweg als charakteristisch für die sprachliche Aktivität des Erzählens angesehen werden und bieten sowohl einen Ausgangspunkt für die Diagnostik narrativer Kompetenzen als auch für ihre individuelle Förderung.

Hinsichtlich der Förderung von Erzählfähigkeiten schlagen wir vor, bei den im Alltag des Erzählens vorfindlichen Erwerbsmechanismen und -ressourcen anzusetzen (dialogische Unterstützung, narrative Modelle und Instruktionen) und diese im Unterricht didaktisch fruchtbar zu machen. Dabei sind freilich die Rahmenbedingen unterrichtlicher Kommunikation zu berücksichtigen – nicht alle Formen „intuitiver" Didaktik lassen sich in die institutionell geprägte Unterrichtssituation bruchlos übersetzen. Diesen Umstand allein als eine Einschränkung unterrichtlicher Möglichkeiten aufzufassen, greift allerdings zu kurz. Vielmehr kann Unterricht dann ein fruchtbares Handlungsfeld zur Förderung von Erzählfähigkeiten bereitstellen, wenn er unterschiedliche narrative Aktivitätsmodi (narrativer Vollzug *und* Reflexion über Erzählungen und Erzählprozesse) mit einbezieht und zur Förderung bestimmter narrativer Teilkompetenzen nutzt. Unsere Vorschläge können in diesem Rahmen nur Skizzen bleiben. Sie sollen es ermöglichen, bei großer Flexibilität im Umgang mit mündlichem Erzählen im Unterricht dennoch einen systematischen Förderansatz zur Grundlage des didaktischen Handelns zu machen.

## Literatur


Bambach, Heidi: Gemeinsamkeit durch Anteilnahme und Austausch. In: Grundschule Deutsch 8 (2005), 6–9

Bamberg, Michael: The acquisition of narratives. The Hague: Mouton de Gruyter, 1987

Becker, Tabea: Kinder lernen erzählen. Zur Entwicklung der narrativen Fähigkeiten von Kindern unter Berücksichtigung der Erzählform. Baltmannsweiler: Schneider Verlag 2001

Becker-Mrotzek, Michael: Mündliche Kommunikation in der Schule. In: Becker-Mrotzek Michael/ Hein, Jürgen/Koch, Hehlmuth (Hrsg.): Werkstattbuch Deutsch: Texte für das Studium des Faches. Münster: LIT 1997, 331–344

Becker Mrotzek, Michael/Quasthoff, Uta M.: Unterrichtsgespräche zwischen Gesprächforschung, Fachdidaktik und Unterrichtspraxis. In: Der Deutschunterricht (1998) Heft 1, 3–13

Boueke, Dietrich/Schülein, Frieder: Von der Lehr- und Lernbarkeit des Erzählens, In: Diskussion Deutsch (1988) Heft 102, 386–403

Boueke, Dietrich/Schülein, Frieder/Büscher, Hartmut u. a.: Wie Kinder erzählen. Untersuchungen zur Erzähltheorie und zur Entwicklung narrativer Fähigkeiten. München: Wilhelm Fink 1995

Castrup, Karl-Heinz: Annäherungen an das Erzählen. In: Grundschule 1 (1986), 24–26

Claussen, Claus: Erzählen lernen in der Grundschule. In: Praxis Grundschule 3 (1991), 6–12

Claussen, Claus: Erzählen lernen in der Grundschule. In: Claussen, Claus/Merkelbach, Valentin: Erzählwerkstatt. Mündliches Erzählen. Braunschweig: Westermann 2004, 35–82

Claussen, Claus: Lauter gute Gründe, Kindern Geschichten zu erzählen. In: Grundschule Deutsch, 8 (2005), 36–39

Claussen, Claus/Merkelbach, Valentin: Erzählwerkstatt. Mündliches Erzählen. Braunschweig: Westermann 2004

Dehn, Mechtild: Literarisches Erzählen – Erzählen im Alltag. In: Grundschule 1 (1986), 16–19

Der Deutschunterricht. Unterrichtsgespräche zwischen Gesprächsforschung, Fachdidaktik und Unterrichtspraxis (1998) Heft 1

Die Grundschulzeitschrift. Themenschwerpunkt: Geschichten erzählen, (2000) Heft 132

Fienemann, Jutta/von Kügelgen, Rainer: Formen mündlicher Kommunikation in Lehr- und Lernprozessen. In: Bredel, Ursula/Günther, Hartmut/Klotz, Peter/Ossner, Jakob/ Siebert-Ott, Gesa (Hrsg.): Didaktik der deutschen Sprache. Ein Handbuch. 1. Teilband. Paderborn u. a.: Schöningh 2003, 133–147

Flader, Dieter/Hurrelmann, Bettina: Erzählen im Klassenzimmer. Eine empirische Studie zum 'freien' Erzählen im Unterricht. In: Ehlich, K. (Hrsg.): Erzählen in der Schule. Tübingen: Narr 1984, 223–249

Fox, Carol: At the very edge of the forest. The influence of literature on storytelling by children. London: Cassell 1993

Frommer, Harald.: Erzählen. Eine Didaktik für die Sekundarstufe I und II. Frankfurt/M.: Cornelsen Scriptor 1992

Grundschule Deutsch. Themenheft: Erzählen – mündlich und schriftlich. (2005) Heft 8.

Hausendorf, Heiko/Quasthoff Uta M.: Sprachentwicklung und Interaktion: Eine linguistische Studie zum Erwerb von Diskursfähigkeiten. Opladen: Westdeutscher Verlag 1996

Hausendorf, Heiko/Wolf, Dagmar: Erzählentwicklung und -didaktik. Kognitions- und Interaktionstheoretische Perspektiven. In: Deutschunterricht 1 (1998), 38–52

Kern, Frederike/Quasthoff, Uta M.: Fantasy stories and conversational narratives of personal experience: Genre-specific, interactional and developmental perspectives. In: Quasthoff, Uta M./Becker, Tabea (Hrsg.): Narrative interaction. Amsterdam: Benjamins 2005, 15–56

Klein, Klaus-Peter: Erzählen im Unterricht. Erzähltheoretische Aspekte einer Erzähldidaktik. In: Ehlich, Konrad (Hrsg.): Erzählen im Alltag. Frankfurt/M.: Suhrkamp 1980, 263–295

Labov, William/Waletzky, Joshua: Erzählanalyse: Mündliche Version persönlicher Erfahrung. In: Ihwe, J. (Hrsg.): Literaturwissenschaft und Linguistik, Frankfurt/M.: Fischer-Athenäum 1973, 78–126

Morek, Miriam: Zur Sache: Aktueller Stand der fachdidaktischen Diskussion. In: Deutsch Differenziert 04 (2007), 8–10

Ohlhus, Sören/Quasthoff, Uta M.: Genredifferenzen beim mündlichen und schriftlichen Erzählen im Grundschulalter. In: Wieler, P. (Hrsg.): Narratives Lernen in medialen und anderen Kontexten. Freiburg i. Br.: Fillibach 2005, 49–68

Quasthoff, Uta M.: Erzählen in Gesprächen. Tübingen: Narr 1980

Quasthoff, Uta M.: Vielfalt oder Konstanz in den sprachlichen Formen des Kindes. Linguistische, entwicklungstheoretische und didaktische Aspekte. In: Der Deutschunterricht (1993) Heft 45, 44–56

Quasthoff, Uta M.: Erzählkompetenz zwischen Mündlichkeit und Schriftlichkeit. In: Grundschule 12 (2006), 32–33

Quasthoff, Uta M./Kern, Frederike/Ohlhus, Sören/Stude, Juliane (demn.): Diskurse und Texte von Kindern: Praktiken – Fähigkeiten – Erwerbsmechanismen.

Quasthoff, Uta M./Ohlhus, Sören (demn.): Schriftliches Erzählen. In: Feilke, Helmuth/Pohl, Torsten (Hrsg.): Schriftlicher Sprachgebrauch – Texte verfassen.

Stude, Juliane: „Was gehört in eine Spielanleitung?" Unterrichtliche Strukturierungshilfen auf dem Prüfstand. In: Grundschule 12 (2006), 36–37

Wallrabenstein, Wulf: Der blaue Delphin im Morgenkreis oder: Erzählen ist phantastisch. In: Grundschule 1 (1986), 27–29

ELKE GRUNDLER / RÜDIGER VOGT

# G2 Diskutieren und Debattieren: Argumentieren in der Schule

Das Diskutieren spielt in den Lehrplänen wie im Unterricht eine wichtige Rolle, insbesondere auch als Mittel zur Schulung der Argumentationsfähigkeit, auf die unsere demokratische Grundordnung angewiesen ist. Nur die gesellschaftliche Wertschätzung des Argumentierens als geeignetem Verfahren zur gemeinsamen Lösungssuche bei offenen Fragen lässt jene Form des Zusammenlebens möglich werden. Diesem Ideal stehen mit zunehmender Deutlichkeit die Entwicklung von Parallelgesellschaften und das aktuelle globale Konfliktpotenzial gegenüber. Oft erscheint eine argumentative Verständigung zwischen den Parteien nur noch schwer möglich. Es werden Tendenzen anderer Konfliktbewältigungsstrategien als der der „sanften Gewalt der Vernunft“ (Brecht 1963, 34) unübersehbar. In diesem Zusammenhang ist es offensichtlich, dass es als eine der Kernaufgaben der Schule angesehen werden muss, sowohl die Einsicht in die Bedeutung des Argumentierens für den Erhalt und die Weiterentwicklung unserer demokratischen Gesellschaftsform zu vermitteln als auch die Fähigkeit, selbst zu argumentieren, umfangreich zu fördern. Dabei wirken sich unterschiedliche Auffassungen, was unter Argumentieren verstanden werden kann, auf die Konzeptionalisierung von Unterricht, in dem Argumentieren gefördert wird, aus (vgl. Spiegel 2004; Vogt 2002).

In unserem Beitrag soll daher zunächst der Begriff des Argumentierens näher bestimmt werden, indem ein traditionell enger Argumentationsbegriff erweitert wird. Anschließend werden anhand eines Beispiels Dimensionen entwickelt, die es erlauben, konkrete argumentative Handlungsaspekte systematisch zu beschreiben (1). An weiteren schulischen Diskussionsausschnitten werden vier Fördermöglichkeiten typologisiert und jeweils didaktisch reflektiert (2). Schließlich werden wir der Frage nach der Beurteilung von Schülerleistungen in Diskussionen nachgehen (3). Ein kurzes Fazit schließt den Beitrag ab (4).

## 1 Was ist Argumentieren – Debattieren – Diskutieren?

### 1.1 Begriffliche Annäherung

Beim Argumentieren versuchen wir, ungesicherten Thesen durch Begründungen zur Geltung zu verhelfen. Die Notwendigkeit zu argumentieren, entsteht durch Einwände eines Gesprächspartners oder durch eigene Zweifel (vgl. Wohlrapp

2008, 185 ff.). Der typische Ort, wo argumentiert wird, ist die Diskussion, als ein thematisch zentriertes Gespräch mit offener bzw. strittiger Fragestellung, das durch einen hohen Anteil argumentativer Beiträge gekennzeichnet ist, die in entsprechenden Sequenzen realisiert werden. Darüber hinaus gehören zum Diskutieren auch andere Sequenzen, z. B. solche, in denen es um die Organisation geht. In der Debatte werden die Sprachhandlungen stark formalisiert. Es handelt sich weniger um eine prototypische Gesprächsform, sondern um einen streng geregelten Handlungsablauf, in dem argumentiert wird.

Gewöhnlich wird Argumentieren als sprachliches Handeln charakterisiert, mit dem das Ziel verfolgt wird, andere von der Geltung einer strittigen Behauptung zu überzeugen. Das Ziel werde erreicht, indem die Position auf allgemein anerkannte Werte, Überzeugungen oder Tatsachen rückbezogen werde (vgl. Lewandowski 1994, 84; Klein 1980). Diese enge Auffassung von Argumentieren wird von der empirischen Gesprächsforschung in mehreren Perspektiven erweitert. Betrachtet man die vertretenen Positionen innerhalb argumentativer Sequenzen, so scheinen die Interaktanten zu Beginn häufig noch keine festgelegte Haltung zur aktuellen Problemstellung zu haben. Vielmehr werden die Positionen oft erst in der Interaktion selbst entwickelt oder es wird eine relativ unklare Position im Gespräch ausdifferenziert (vgl. Rühl 1999; Klein 2001, 1310).

Eine weitere Perspektiverweiterung bezieht sich auf die Strittigkeit einer Behauptung. Während für Habermas (1995, 48; vgl. auch Kopperschmidt 2000, 93) das Argumentieren nur dann notwendig wird, wenn ein problematisch gewordener Geltungsanspruch aktualisiert wird, geht Kallmeyer (1996, 9) aufgrund empirischer Daten davon aus, dass Argumentieren „nicht mehr festgelegt ist auf den üblichen Ausgangspunkt, dass etwas strittig ist und der Adressat zur Aufgabe einer Auffassung oder zur Übernahme einer für ihn neuen Auffassung zu bewegen ist, sondern [dass] es genügt, dass eine Frage offen ist und verschiedene Lösungsmöglichkeiten geprüft werden." Kallmeyer rückt so eine funktionale Erweiterung des Argumentierens ins Bewusstsein. Neben die Auffassung, Argumentieren gelte dem Überzeugen durch das bessere Argument bei kontroversen Standpunkten, tritt ein Verständnis ausgangsoffenen Argumentierens zur gemeinsamen Problembewältigung, bei dem unterschiedliche Lösungsansätze argumentierend gegeneinander abgewogen werden. Dabei wird die Kooperativität der Gesprächspartner hervorgehoben.

Eine dritte Erweiterung erfährt das enge Verständnis von Argumentieren durch die Betrachtung des Argumentationsergebnisses. Als gelungenes Argumentieren wird i. d. R. der Prozess bezeichnet, an dessen Ende ein Dissens in einen Konsens überführt wurde oder ein offenes Problem konsensuell gelöst wurde. Dazu führt nach Habermas (1995, 47) der „eigentümlich zwanglose Zwang des besseren Arguments" oder die Beachtung einzelner Gelingensbedingungen (vgl. van Eemeren/Grootendorst 2004, 135–157). Allerdings wird auch dann argumentiert, wenn kein Konsens erwartbar oder angestrebt ist und dies den Partnern auch bewusst ist (vgl. Klein 2001, 1310). Dies gilt für politische Fernsehdiskussionen (vgl. Holly/Kühn/Püschel 1986) ebenso wie für Parlamentsdebatten (vgl. Goodwin 1999) oder für argumentative Alltagsgespräche, in denen die Gesprächsteilnehmer davon ausgehen, dass die Interaktionspartner auf grundsätzlich andere Norm- und Wissensbestände zurückgreifen (vgl. Keim 1996, Wohlrapp 1996). Das Ziel der nicht auf Konsens angelegten Diskussionen ist es, dem Gesprächspartner zumindest ein Verständnis der eigenen Handlungsmaximen zu ermöglichen, auch wenn die Positionen unterschiedlich bleiben. Dies kann als anerkannter Dissens bezeichnet werden. Er kann die Grundlage für Kompromisse (vgl. Klein 2001, 1311) oder für differenzierte, multiperspektivische Einblicke in komplexe Sachverhalte bilden (vgl. Vogt 2002, 112 ff.).

Schließlich können unterschiedliche Modalitäten beschrieben werden, die zu verschiedenen Ausprägungen des Argumentierens führen. Argumentiert wird zwar oft unter der Annahme einer idealen Sprechsituation, wie sie Habermas (1995) beschreibt und wie sie Rühl (2003) in seiner empirischen Untersuchung zu Normaufrufen innerhalb von Diskussionen feststellt. Dem liegt die Idee zugrunde, dass nur dann Geltung für das bessere Argument erreicht werden kann, wenn zwischen den Partnern nicht nur ein symmetrisches Machtverhältnis, sondern auch der Wille zur Vernunft besteht. Faktisch beeinflussen aber auch eigene Interessen das Argumentationsverhalten, so dass von strategischem Argumentieren gesprochen wird (vgl. Kopperschmidt 10 f.), wenn dieser Einfluss im Vordergrund steht.

Die erläuterten Erweiterungen des Verständnisses von Argumentieren werden in der folgenden Tabelle zusammengefasst. Dabei werden die unterschiedlichen Ausprägungen polar angeordnet, um die jeweiligen Extreme darzustellen.

Tab. 1: Ausprägungen des Argumentierens

| **Enges Argumentationsverständnis** | **Erweitertes Argumentationsverständnis** |
|---|---|
| Fertige Position einzelner Interaktanten | *Zusätzlich*: sich entwickelnde Positionen in der Interaktion möglich |
| Strittigkeit als Ausgangspunkt | *Zusätzlich*: offene Fragen als Ausgangspunkt möglich |
| Konsensbildung als Ziel | *Zusätzlich*: Perspektivenvielfalt und anerkannter Dissens als Ziel |
| Vernunft als Handlungsmaxime | *Zusätzlich*: alltägliche strategische Verfahren |

Mit diesen Vorüberlegungen erscheint ein Begriffsverständnis sinnvoll, in dem die unterschiedlichen Aspekte aufgehoben sind. Argumentieren kann dann als komplexe, dialogische sprachliche Handlung verstanden werden, bei der die Problematisierung eines Sachverhalts durch Einwände oder offene Fragestellungen verbale Begründungshandlungen einfordert. Thesen und Lösungswege bekommen dann argumentative Geltung, wenn sie ohne Einwand bleiben. Das Ausbleiben von Einwänden ist nicht gleichbedeutend mit dem Erreichen von Konsens, sondern kann auch als anerkannter Dissens gedeutet werden. Argumentieren kennt dabei sowohl rationale als auch strategische Ausprägungen.

Eine sorgfältige Klärung der Begrifflichkeit erscheint uns aus didaktischer Perspektive wesentlich. Je nachdem, ob ein weites oder ein enges Argumentationsverständnis bei den Lehrenden vorliegt, sind unterschiedliche Fördermöglichkeiten in der Unterrichtspraxis nahe liegend (vgl. Spiegel, 2004). Wer stark auf die Strittigkeit als Ausgangspunkt von Argumentationen abhebt, wird eher Pro- und Kontradiskussionen sowie Debatten als Unterrichtsmethoden wählen; wer die Perspektivenvielfalt als gelungenes Ergebnis einer Diskussion anerkennt, wird die Argumentationsfähigkeit nicht nur durch explizites Üben, sondern auch durch beiläufiges Tun, z. B. im Zusammenhang literarischer Interpretationen fördern. Wer im gemeinsamen Abwägen unterschiedlicher Problemlösungen den argumentativen Handlungscharakter in den Mittelpunkt stellt, wird im Unterricht Gesprächsformen wie den Klassenrat als Möglichkeit zur Förderung nutzen (vgl. Teil 2).

Das Argumentieren selbst ist in einer größeren interaktiven Situation aufgehoben. Dies kann durch eine Einbettung argumentierender Sequenzen in ein Alltagsgespräch (vgl. Spranz-Fogasy 2003, 31), in eine sprachlich markierte Diskussion oder in eine formal streng organisierte Debatte erfolgen. Das Diskutieren bezeichnet eine kommunikative Praktik, mit deren Hilfe die Gesprächsteilnehmer ein gemeinsames Thema durch argumentative Handlungen bearbeiten, um damit gemeinsame oder einander entgegengesetzte Interessen zu verfolgen (vgl. Vogt 2002, 29f). Sequenzen, in denen argumentiert wird, sind also notwendige Teile von Diskussionen. Während Diskussionen i. d. R. als eigene Handlungseinheiten wahrgenommen und beschrieben werden können, wird die argumentative Sequenz auch im Alltagsgespräch lokal eingebracht (vgl. Spranz-Fogasy 2003, 31), ohne dass dies gleich als Diskussion angesehen wird.

Die in der Debatte grundgelegte Kontroverse der Teilnehmer (vgl. Vogt 2002, 30) und der stark formalisierte Ablauf von Debatten (Festlegung der Redezeit, der Reihenfolge der Sprecher und der Handlungsabläufe im Gesamtprozess, vgl. Bartsch u. a. 2005, 129ff.; Klippert 2004, 204f.) unterscheidet diese von der Diskussion. Dies hat Auswirkungen auf die Möglichkeiten und Pflichten zur verbalen Entwicklung von Argumenten. Während die Diskussion meist von der allmählichen interaktiven Erzeugung komplexer Argumente gekennzeichnet ist, werden diese in der Debatte von einem Sprecher, meist nach einer intensiven fachlichen und rhetorischen Vorbereitung, ungestört eingebracht.

## 1.2 Dimensionen argumentierenden Handelns

Im folgenden Abschnitt wird anhand eines kurzen Diskussionsausschnitts gezeigt, was Jugendliche innerhalb einer schulischen Diskussion tun, wenn sie argumentieren. Dabei können vier systematische Handlungsaspekte entwickelt werden. Diese dienen einerseits der Beschreibung argumentativen Handelns, können aber andererseits auch zur Evaluation individueller Argumentationsfähigkeit herangezogen werden, wenn sie unter einem normativen Blickwinkel genutzt werden (vgl. Teil 3). Eine möglichst genaue Lernstandserhebung ist die Voraussetzung für eine gezielte schulische Förderung. In dem Transkriptausschnitt (Gymnasium Klasse 8) diskutieren fünf Jugendliche über die Frage, ob an der eigenen Schule Schuluniformen eingeführt werden sollen. Das Gespräch wurde von einer Diskussionsleiterin angeregt.

(1) „Wohlfühlen" (*W1-W4, M1, M2*: Schülerinnen und Schüler (Jg. 8) in einer Kleingruppendiskussion)[1]

*1* *W2* *ich find schon irgendwie . also ich find man sollte es EINführen weil ähm es gibt ja auch manche werden ja auch zum beispiel so FERtig gemacht oder so weil die sich nicht so toll ANziehen oder so von manchen SEIten und deswegen wär das vielleicht gut wenn sich ALLE . gleich anziehen würden dann wär auch nicht mehr . so nen vorurteil JA du bist dumm weil du dich schlecht anziehst oder so*

*2* *W3* *=ja das find ich auch*

*3* *M1* *[ich auch]*

*4* *W1* *[gleiche] meinung*

*5* *M2* *ich weiß nicht ich finds vielleicht besser wenn jeder anzieht was er (..) will*

*6* *W3* *(..) warum ↑*

*7* *W2* *andererseits ist es natürlich auch schon (..) fühlt man sich vielleicht*

*8* *W4* *wohler*

*9* *W2* *wohler in eigenen KLAmotten und so weil (1 sec) wenn jetzt jemand nicht so freizügig oder doch FREIzügiger sich anziehen will das ist ja ganz immer ganz anders so*

---

[1] In den Transkriptionen dieses Textes werden die GAT-Konventionen genutzt. Alle transkribierten Wörter werden klein geschrieben. Folgende Markierungen werden verwendet: ., .., ..., *(1 sec)*: kurze, mittlere und lange Pause, längere Pause (Angabe in Sekunden); *AN*: betonte Silbe, =: direkter Anschluss, [...]: gleichzeitiges Sprechen; *↑: steigende Intonation, (klein), (...)* unverständliche Äußerung.

10 W4 *aber es kommt auch darauf an WIE die uniformen sind=also wenn die jetzt*

11 W2 *ich HASse röcke oder*
*[so was]*

12 W4 *[ja ich] MAG auch keine röcke anziehen also ich find halt vielleicht wenn's verschiedene also wenn alle die gleichen FARB-zusammenstellungen hätten aber verSCHIEdene also jeder aussuchen darf WELCHE er anziehen will aber es ist halt dann auch wieder weil man MUSS es dann wieder zahlen die ganzen uniformen*

13 W1 *also ich finds manchmal ein bisschen LANGweilig und wie gesagt es gibt ja ich mag eigentlich keine röcke und dann ich zieh so gut wie NIE so was an und ich mag halt lieber HOsen und die meisten schuluniformen sind ja dann so dass die mädchen RÖCke anhaben (..)*

W2 beantwortet nach der Eröffnung des Gesprächs durch die Diskussionsleiterin die Diskussionsfrage und begründet ihre Position durch den Hinweis auf soziale Ausgrenzung durch Kleidung. Drei weitere Teilnehmer bestätigen die Haltung sofort, ohne allerdings ihre Zustimmung weiter zu erläutern. Nach einer kurzen Pause artikuliert M2 eine kontroverse Position (5), indem er sich gegen Schuluniformen ausspricht. Der Intervention durch W3 folgt nicht M2, sondern W2 durch ein zu ihrem ersten Beitrag vorsichtig abwägendes Gegenargument, in dem ein Nachteil von Schuluniformen angesprochen wird (7). W4 relativiert dies, indem sie darauf hinweist, dass im Falle unterschiedlicher Schuluniformen die von W2 eingeführte Wohlfühl- bzw. Rockproblematik gelöst werden könne. Allerdings schränkt sie ihre eigene Aussage mit Bezug auf die Sozialfrage wieder ein (10; 12). W1 führt schließlich die Langeweile als ein weiteres Argument gegen Schuluniformen ein, geht dann aber sofort zu der Rockfrage über, in dem sie diese auf sich bezieht und ihr Weltwissen (*die meisten Schuluniformen sind ja dann so dass die mädchen RÖCKe anhaben*) als Stütze einbringt (13).

Betrachten wir zunächst, wie die Schülerinnen und Schüler inhaltlich mit der Diskussionsfrage umgehen. Die Jugendlichen führen in dem Ausschnitt drei thematische Aspekte ein, mit denen sie die Frage bearbeiten. Es handelt sich um die soziale Ausgrenzung, um die Wohlfühlfrage und um das Bedürfnis nach Abwechslung. Das Argument der sozialen Ausgrenzung wird von W2 in einem längeren Beitrag eingebracht. Ihre Befürwortung der Schuluniform begründet sie mit dem Hinweis auf das Mobbing, das weniger gut gekleidete Jugendliche erfahren. Dies erläutert sie durch eine als Vorurteil gewertete wörtliche Rede (*ja du bist dumm weil du dich schlecht anziehst*). W2 hat demnach ihr Erfahrungswissen aktiviert und in Beziehung zu dem Diskussionsthema gesetzt. Ihre Partner bestätigen dies, so dass das Argument für die Diskussionsrunde Geltung hat (2, 3, 4, 12 [*aber es ist halt dann auch wieder weil man muss es dann wieder zahlen die ganzen Uniformen*]). Während dieser Aspekt durch das erweiterte argumentative Strukturformat (Behauptung, Begründung, Erweiterung. vgl. Vogt

2002, 258) in der Gruppe keiner weiteren Klärung bedarf, wird der zweite Aspekt, der „Wohlfühlfaktor", gemeinsam bearbeitet. W2 weist darauf hin, dass man sich in eigener Kleidung wohler fühle und erläutert dies durch die individuelle Wahl der Freizügigkeit der Kleidung bzw. durch den empathischen Hinweis, dass sie Röcke hasse (9; 11). W4 stimmt ihr in der Sache zu, weist aber auf Auswegmöglichkeiten hin. Dies wird von W1 durch ihren Hinweis auf *die meisten Schuluniformen* wieder zurückgenommen. Sowohl W4 als auch W1 bringen damit ihr Wissen über Schuluniformen ein. W4 bezieht sich auf Lösungsmöglichkeiten), wie sie an einigen Schulen in Deutschland praktiziert werden, W1 denkt eher an Ausprägungen des angelsächsischen Schulsystems. Gemeinsam erzeugen sie eine Mehrperspektivität gegenüber der Ausgangsfrage, ohne dabei bereits einen festen Standpunkt eingenommen zu haben (vgl. 1.1). Dies ist ihnen möglich, indem sie ihr Erfahrungs- oder Weltwissen aktivieren und in einem argumentierenden Modus (d. h. begründend, erläuternd, belegend) alleine oder gemeinsam im Interaktionsprozess einbringen. Diesen Aspekt argumentierenden Handelns bezeichnen wir als **kognitive Dimension**.

Eine zweite Dimension wird deutlich, wenn man die Art und Weise, wie die Jugendlichen ihr Gespräch führen, betrachtet. Es fallen zunächst relativ viele prosodische Markierungen auf, mit denen die Sprecher wesentliche Punkte ihrer Beiträge hervorheben. Obwohl die Schülerinnen und Schüler ihre Diskussion in weiten Teilen auf einer von der eigenen Person distanzierten Ebene führen, was v. a. durch die überwiegende Nutzung indefiniter Pronomen deutlich wird (*man sollte es einführen, manche werden fertiggemacht, wenn jetzt jemand nicht so freizügig* usw.), signalisieren sie durch die Prosodie ihr Engagement und Interesse an der Themenstellung. Da sie ganz offensichtlich noch keine fixe Position zum Diskussionsthema haben, bringen sie erprobend erste Ansätze ein, in denen sie ihre Beiträge nur vorsichtig als die eigene Haltung markieren (*ich find schon irgendwie* [...] *deswegen wär das vielleicht gut* (1) ; *ich weiß nicht ich finds vielleicht* (5). Dagegen werden eigene Überzeugungen ganz klar signalisiert (ich HASse Röcke (11), ebenso in 12, 13). Diesen Prozess, in dem allmählich eine Perspektivierung der Sache vorgenommen wird, sowie das sprachliche Einbringen einer bereits bestehenden eigenen Position bezeichnen wir im Folgenden als **expressive Dimension**.

Eine weitere Dimension argumentativen Handelns wird deutlich, wenn man betrachtet, wie die Sprecher innerhalb des Gesprächs argumentativ aufeinander Bezug nehmen bzw. wie die Argumente auf die Partner zugeschnitten sind. Wir sprechen in diesem Zusammenhang von der **sozialen Dimension**. In dem Beispieltranskript stimmen die Sprecher den Ausführungen von W2 sofort zu, so dass ein weiteres Gespräch über diesen Teilaspekt nicht notwendig erscheint (2–4). Erst der Einwand von M2 erzeugt einen Anstoß, einen Perspektivenwechsel vorzunehmen. W2 geht darauf implizit ein (7, 9), wenngleich sie durch die Konjunktion *andererseits* einen Anschluss an ihren eigenen Beitrag markiert.

W4 verdeutlicht sowohl durch ihren kooperativen Einwurf (8) als auch durch ihren Einwand (10, 11) und durch die Bestätigung ihrer persönliche Abneigung gegen Röcke (12) die Ausrichtung der eigenen Beiträge auf ihre Partnerin. In dem vorliegenden Fall handelt es sich um den Versuch, eine für die Sprecherin noch offene Frage (welche Position habe ich zu Schuluniformen) gemeinsam argumentativ zu lösen. Der Einwand ist demnach nicht konfrontativ gestaltet, sondern hat eher ergänzende Funktion – und wird schließlich in seiner Relevanz von der Sprecherin selbst wieder zurückgenommen (*weil man MUSS es dann wieder zahlen die ganzen Uniformen*). W4 versucht demnach nicht, die Partnerin zu überzeugen bzw. deren Argumente ad absurdum zu führen, sondern bringt vielmehr im Sinne des Sprechdenkens einen weiteren für sie überlegenswerten Aspekt ein. Der Bezug zu den Gesprächspartnern wird auch an W1 offensichtlich. Während sie in (4) Schuluniformen mit dem Argument der sozialen Ausgrenzung, das sie von ihrer Mitschülerin übernimmt, zustimmt, verteidigt sie in (13), angeregt durch die Vorgängeräußerungen (9–12), ihr Bedürfnis nach Abwechslung und persönlichem Wohlbefinden.

Auffallend an der Sequenz ist schließlich, dass M2 der expliziten Aufforderung zu einer Begründung seiner Haltung im weiteren Gespräch nicht nachkommt. Er bringt insgesamt nur noch zwei kurze Beiträge und zwei knappe Kommentare ein. Auch M1 beteiligt sich neben seiner Zustimmung (3) nur mit zwei Hörersignalen und zwei kargen Äußerungen am Gesamtgespräch.[2] Dies ist dem Kontext geschuldet, in dem die Diskussion stattfindet. Die Jugendlichen hatten im Vorfeld die Möglichkeit, aus verschiedenen Diskussionsthemen eines auszuwählen. Die beiden Jungen (M1, M2) wurden von den Mädchen überstimmt, obwohl sie zuvor ihr geringes Interesse am Thema artikulierten. In einer außerschulischen Situation hätten sie sich wahrscheinlich aus dem Gespräch verabschiedet oder ein Parallelgespräch begonnen. So aber sind sie sich der institutionellen Erwartung bewusst und nehmen zumindest in Ansätzen an der Diskussion teil. Damit ist die letzte Dimension argumentativen Handelns, die **kontextuelle Dimension**, benannt. Wir beziehen darin den Aspekt mit ein, dass Diskussionen innerhalb eines Rahmens stattfinden, der die Vorgehensweise der Teilnehmer beeinflusst. Dies kann, wie im Beispiel, das Thema sein. Ebenso beeinflussen aber auch soziale Beziehungen, das Setting (z. B. Diskussionen in der Unterrichtsöffentlichkeit vs. Kleingruppen) und der schulisch-institutionelle Rahmen selbst das argumentative Handeln.

[2] Im Gegensatz dazu bringen sich die Mädchen (w1–w4) mit je 9–15 Beiträgen in die Diskussion ein, wovon insgesamt 11 Beiträge eine Länge zwischen 30 und 80 geschriebenen Wörtern und damit eine inhaltliche Komplexität aufweisen.

## 2 Förderung der Argumentationsfähigkeit

In diesem Abschnitt werden unterrichtliche Arrangements vorgestellt, die geeignet sind, die Schülerinnen und Schüler zu argumentativen sprachlichen Handlungen zu veranlassen bzw. über solche Handlungen zu reflektieren. Dabei werden zwei Orientierungsaspekte genutzt: Zum einen geht es um den Bezug der Diskutierenden zum Gegenstand bzw. zum Thema, zum anderen um die vom Lehrer genutzten methodischen Arrangements. Der Bezug zum Unterrichtsthema lässt sich gut mithilfe des Begriffs Interesse, verstanden als eigenständige mentale Orientierung von Subjekten auf einen Gegenstand, explizieren. Gewöhnlich werden im Unterricht Inhalte durch den Lehrer an die Schüler/innen herangetragen, ohne dass diese sich aufgrund eigener Überlegungen entscheiden können, ob sie das Thema für wichtig erachten oder nicht. Es besteht also zunächst nur eine extrinsische Motivation. Allerdings ist es durchaus möglich, dass bei der Auseinandersetzung mit einem gegebenen Thema zumindest einzelne Schüler zu einer eigenständigen Aufmerksamkeitsausrichtung finden, mithin die extrinsische Motivation in eine intrinsische überführt wird. Je nach unterrichtlichem Arrangement lassen sich hinsichtlich der Möglichkeiten, die argumentativen Fähigkeiten zu fördern, folgende Unterscheidungen treffen:

- *Diskutieren üben:* Der Lehrer wählt ein Thema aus, um die Schüler zu veranlassen, argumentative sprachliche Handlungen zu vollziehen. Im Mittelpunkt steht die Übung solcher Gesprächsformen, nicht so sehr das Thema. Natürlich sollte der Lehrer Themen auswählen, die für seine Schüler interessant sein können, aber die Auseinandersetzung damit hat, wie auch sonst oft im alltäglichen Leben, keine direkten Handlungskonsequenzen, sie ist daher ungebunden. (2.1)
- *Über ein Thema ins Gespräch kommen*: Es gibt im Unterricht oft Situationen, in denen Schüler situativ eigene Positionen im Gegensatz zu anderen entwickeln. Hier geht es darum, dass der Lehrer dieses Interesse nicht zugunsten einer stringenten Unterrichtsführung unterdrückt, sondern es ernst nimmt, indem er für die durch die Schülerbeiträge erzeugte Kontroverse den notwendigen Raum schafft. (2.2)
- *Gemeinsam Probleme lösen*: Im Unterricht sind durchaus auch Gespräche möglich, die auf eine Entscheidung hin orientiert sind, etwa wenn es darum geht, das Ziel des nächsten Klassenausflugs festzulegen oder aber einen aktuellen Konflikt in der Gruppe zu bearbeiten. Solche Gespräche sind gebunden, sie sind an einem Ergebnis orientiert. (2.3)
- *Diskussionen kommentieren*: Eine Metaebene wird eingenommen, wenn sich Schüler und Lehrer mit eigenen Gesprächserfahrungen oder aber mit Dokumentationen von Diskussionen beschäftigen mit dem Ziel, die besonderen Eigenschaften von argumentativ geführten Auseinandersetzungen zu untersuchen. (2.4)

Diese methodischen Arrangements lassen sich in Hinblick auf die vom Lehrer gewählte Form der Unterrichtsöffentlichkeit ausdifferenzieren. Während im Normalfall der lehrerzentrierten Ordnung der Lehrer die Abfolge der Schülerbeiträge zu organisieren hat, kann er auch auf **andere** Verfahren zurückgreifen, mit deren Hilfe die Schülerbeteiligung geregelt wird. Schließlich kann er auf Interventionen verzichten und die Organisation der Rederechtverteilung den Schülern überlassen. Auf diese Weise schafft er eine schülerzentrierte kommunikative Ordnung. Eng damit zusammen hängt die Sitzordnung, das jeweils gewählte Tableau. Im Folgenden werden die einzelnen Arrangements in exemplarischen Transkripten vorgestellt, um Leistungen und mögliche Defizite aufzuzeigen.

## 2.1 Diskutieren üben

Wir beginnen mit der Untersuchung eines Transkriptsauszugs. Eine andere Gruppe von sechs Mädchen diskutiert unter Beobachtung einer Versuchsleiterin über die Frage, ob Schuluniformen an der eigenen Schule eingeführt werden sollen. Die Diskussion wurde gerade eröffnet, zwei Positionen eingebracht, die dem obigen Beispiel ähneln: Eine Schülerin spricht sich für Schuluniformen aus, da damit die sozialen Unterschiede nicht so sichtbar würden. Dem widerspricht eine andere, denn es würde nerven, wenn man jeden Tag das Gleiche anziehen müsse. Dann bringt W5 das Problem des 'anachronistischen' Rocks ein.

(2) „Bloß keinen Rock!“ (W1-W6: Schülerinnen (Jg. 8) eines Gymnasiums, Tableau: zusammen gestellte Tische, so dass Blickkontakt möglich ist.)

*01 W5: ich glaub auch voll viele leute wollen keinen rOck anziehen also ich wollte nicht jeden morgen mit nem ROCK rumlaufen*

*02 mS: ((lachen))*

*03 W1: ja da kann man vielleicht auch ne hose anziehen also es geht ja nur darum dass es also n bisschen ...*

*04 W2: einheitlich is*

*05 W1: genau*

*06 W5: ja aber trotzdem*

*07 W4: ja stimmt schon wenn das dann nicht geht und ähm naja es gibt schon leute die HASsen halt Röcke und es ist dann SCHEIße .. ja aber es ist schon so dass ähm manche s . es kann halt sein dass in dass sich dann halt auch viele unwohl fühlen aber ähm ich denk da gewöhnt man sich auch schnell dran*

*08 W1: ja*

*09 W5: aber wenn man dann nach der schule mal in die stadt will dann muss man immer seine klamotten mitnehmen . soll man dann immer mit den klamotten durch die stadt laufen*

*10 mS: ((lachen))*

*11 W1: nein also meistens gehst du ja direkt nach hause also da*

*12 W5: ja okay aber*

In diesem Abschnitt finden sich zwei kontroverse Sequenzen, in denen die Probleme „Röcke tragen“ und „Nach der Schule Schuluniformen tragen“ bearbeitet werden. Die Rock-Problematik wird von W5 eingebracht, die sich dagegen ausspricht, ein solches Kleidungsstück jeden Morgen anzuziehen (01). W1 weist in Kooperation mit W2 darauf hin, dass noch nicht klar ist, mit welchem Kleidungsstück Einheitlichkeit erzeugt wird (02–06). Der Versuch einer Entgegnung von W5 scheitert, da sich W4 das Rederecht nimmt, um sich ebenfalls gegen den Zwang auszusprechen, Röcke zu tragen (07). Mit Zustimmung von W1 wird die Sequenz beendet (08). Im Anschluss daran fokussiert W5 einen anderen Aspekt, nämlich die Notwendigkeit, auch bei privaten Aktivitäten am Nachmittag die Schuluniform zu tragen (09), ein Aspekt, den die anderen Beteiligten durch Lachen kommentieren. W1 reagiert darauf mit einem Hinweis *ad personam* (11), und W5 räumt ein, dass sie hier eine nicht alltagsnahe Überlegung eingebracht hat.

Charakteristisch für diese Sequenz ist die Art und Weise, wie die Schülerinnen hier miteinander reden. Sie interessieren sich offenbar für das Thema und bearbeiten es eigenständig. Die ebenfalls anwesende Versuchsleiterin braucht nicht einzugreifen, um die Kontinuität des Diskussionsprozesses zu gewährleisten. Darüber hinaus nutzen die Schülerinnen hier Mittel, die für Gespräche in der *peer-group* charakteristisch sind, wie z. B. der Gebrauch von negativ wertenden umgangssprachlichen Ausdrücken (z. B. *scheiße*) oder den die Glaubwürdigkeit des eingebrachten Arguments negativ bewertenden Hinweis *ad personam*. Auch das Lachen zeigt, dass sie die Situation nicht unbedingt als institutionell geprägt einschätzen. Zudem kooperieren sie, um den passenden Ausdruck zu finden wie in Beitrag 04, in der die Sprecherin W2 das durch eine Pause markierte Formulierungsproblem von W1 löst.

Die hier konstituierte Form der Diskussion lässt sich als schülerzentriert beschreiben, insofern alle Modalitäten der Rederechtsaushandlung und der thematischen Progression durch die Schüler selbst geregelt werden. Der Bezug zum vorgegebenen Thema erweist sich als intrinsisch, da sich die Teilnehmerinnen offenbar mit Interesse und entsprechendem Engagement eigenständig mit dem Thema auseinandersetzen. Mit Blick auf das gesamte Gespräch lässt sich sagen, dass in dieser Gruppe das Engagement relativ ausgewogen ist: Alle beteiligen sich mit zahlreichen Beiträgen, wobei drei Schülerinnen mit 18 und 19 Beiträgen herausragen. Interessant ist auch die relativ hohe Zahl von Überlappungen, die auf eine große Interaktionsdichte schließen lässt. Das Interesse lässt sich auch an der Beitragslänge ablesen: Der Anteil der Beiträge von über 20 Wörtern ist fast genauso hoch wie der zwischen 0 und 20 Wörtern. Zahlreiche kontroverse

Sequenzen machen deutlich, dass die Schülerinnen sich mit Lust intellektuell auseinander setzen.

Das Konzept der Kleingruppendiskussion ist gesprächsdidaktisch gut fundiert: Die Chance zur freiwilligen Beteiligung ist für jeden Mitdiskutanten gegeben. Beteiligung kann aber auch erzwungen werden, beispielsweise im Format „Jugend debattiert“: Hier führen Schülerinnen und Schülern nach vorher festgelegten Regeln eine zeitlich begrenzte Debatte. In diesem Format ist es üblich, Debatten zu einem vorbereiteten Thema durchzuführen, das als Frage so formuliert ist (wie z. B. „Sollen an unserer Schule Schuluniformen eingeführt werden?“), die mit „ja“ oder mit „nein“ beantwortet werden muss. Die Debatte selbst ist in drei Phasen aufgeteilt: In der ersten Phase stellen die vier Teilnehmer ihren Standpunkt in einem zweiminütigem Eingangsstatement dar, die in der zweiten Phase diskutiert werden. Abschließend stellen die Teilnehmer in einem Statement von einer Minute ihre Position dar. Die Leistung der Teilnehmer wird mithilfe eines vorgegebenen Kriterienkatalogs durch die Mitschüler beurteilt (vgl. Abschn. 3).

Aber auch im Plenumsunterricht kann das Argumentieren geübt werden. Allerdings ist hier nicht gewährleistet, dass auch jeder Schüler die Chance bekommt, seine Position einzubringen. Betrachten wir auch hierfür ein Beispiel. In einer 7. Klasse (Hauptschule) sprechen Schüler unter Leitung eines Lehrers darüber, ob Hausaufgaben am Wochenende sinnvoll sind. Die Plenumsdiskussion wurde vorbereitet durch die Lektüre eines (fiktiven) Textes, in dem von einem Lehrer berichtet wird, der Hausaufgaben für sinnlos hält. Das vom Lehrer gewählte Format eines 10-Minuten-Gesprächs ist geeignet, in einem vorab begrenzten Zeitraum die Schüler zu Gesprächen anzuregen.

(3) „Keine Hausaufgaben?“ (S1–S6, L: Schüler und Lehrer (Jg. 7) einer Hauptschule, Tableau: Block – Schüler blicken nach vorn)

*01 L: also das zehn-minuten-gespräch beginnt . wer möchte mit einer MEInungsäußerung zu diesem fall an der waldschule beginnen ... WLAdimir*

*02 S4: also ich finde es gut . dass sie keine Hausaufgaben machen .. hat man mehr Zeit*

*03 S6: zum Spielen*

*04 S4 irgendwas*

*05 L: hm*

*06 S4 also wenn man nach haus kommt und man kommt früher raus und man kann ((Sx lacht)) muss nicht mehr die hausaufgaben machen man kann dann auch ins schwimmbad gehen . wenn es warm ist*

*07 S5: das kannst du auch im Winter machen*

*08 L: JAkob bitte*

*09 S6: darf ich was zu ihm sagen*

*10 L: ja bitte*

*11 S6 ah es is eigentlich gar nich so gut da würd man gar nichts lernen aber wir sollten nicht eh jeden tag hausaufgaben aufkriegen also n paarmal pro woche schon aber . nicht (immer)*

*12 S1: ja also ich finde es eigentlich ganz wichtig dass man hAUsaufgaben aufbekommt weil die schule is ja nicht nur . also zu hause is ja eigentlich auch ne schule wenn man so sagt also zu also nich nur in der schule sondern auch zu hause was lernen ... also jetzt nich jedes mal hausaufgaben also vielleicht einmal in der woche keine hausaufgaben aufbekommen*

*13 L: hm (...)*

Auch hier entfaltet sich eine kontroverse Sequenz zwischen den Schülern, allerdings moderiert durch die gesprächssteuernden Aktivitäten des Lehrers. Er eröffnet die Diskussion, indem er die Schüler dazu auffordert, ihre Positionen einzubringen (01). S4 äußert sich positiv zu der im Bezugstext dargestellten Praxis und begründet das mit der dem Mehr an Freizeit (02). S6 konkretisiert diesen Vorschlag (03), der Lehrer nimmt ihn zur Kenntnis (05) und S4 fährt fort, seinen Gedanken weiter zu entwickeln, indem er andeutet, was man alles machen könnte, wenn man keine Hausaufgaben zu erledigen hat (06). S5 weist den Vorredner auf einen impliziten Widerspruch hin. Dann erteilt der Lehrer dem Schüler Jakob das Rederecht. Dieser fragt den Lehrer, ob er direkt zu den Argumenten seines Vorredners Wladimir etwas sagen könne (09). Dieses Recht wird ihm eingeräumt, und er entwickelt in seinem Beitrag die Position, dass man Hausaufgaben braucht, weil man sonst nichts lernen würde. Er bekommt Unterstützung von S1, der ebenfalls dieser Meinung ist. Die Sequenz ist mit der Kenntnisnahme der Position durch den Lehrer noch nicht beendet, es folgen noch zwei längere Beiträge – der erste spricht sich für Hausaufgaben aus, der zweite dagegen –, bevor der Lehrer in einem strukturierenden Beitrag diese Kontroverse zusammenfasst.

Das Beispiel zeigt deutlich, wie eine lehrerzentrierte kommunikative Ordnung funktioniert. Der Lehrer ist für die inhaltliche und formale Organisation verantwortlich: Er bezieht sich in der einleitenden Aufforderung auf die vorangegangene Auseinandersetzung mit dem Ausgangstext und setzt so den Rahmen für das folgende Gespräch. Für die Organisation des Gesprächs werden keine Verabredungen getroffen, und deshalb gelten implizit die für ein plenar geführtes Gespräch üblichen Prozeduren der Rederechtverteilung: Die Schüler melden sich, und der Lehrer wählt nach eigenen Kriterien aus, welcher Schüler seinen Beitrag einbringen kann. Die Frage, ob ihre Motivation zur Teilnahme am Gespräch als extrinsisch oder intrinsisch qualifiziert werden kann, muss offen bleiben.

Für die Organisation einer Plenumsdiskussion stehen dem Lehrer insgesamt mehrere Optionen zur Verfügung. Wesentlicher Bestandteil ist ihre Vorbereitung durch die Aufbereitung geeigneter Materialien, die den Schülern einen thematischen Zugang ermöglichen. Wenn ein Thema gewählt wird, das mit „ja“ oder „nein“ zu beantworten ist, ist es sinnvoll, die beiden möglichen Positionen nach Präferenzen der Schüler als gegensätzliche vorzubereiten. Eine etwas distanziertere Form stellt die sog. „Amerikanische Debatte“ dar, bei der die Schüler eine Position vertreten müssen, unabhängig davon, ob sie davon überzeugt sind. Diese Methode dürfte eher für höhere Klassenstufen geeignet sein. Für die Durchführung der Diskussion kann es sinnvoll sein, das Verfahren des Vorgehens und der Rederechtverteilung abzusprechen, denn die Gesprächsleitung kann sowohl vom Lehrer als auch von einem oder mehreren Schülern übernommen werden. Schließlich kann die Diskussion selbst auf einer Metaebene Gegenstand von Reflexionen sein.

Eine andere Variante der plenaren Diskussion stellt das sog. Innenkreis-Außenkreis-Arrangement dar, in dem nur ein Teil der Lerngruppe aktiv diskutiert, während der andere Teil die Akteure beobachtet und hinterher deren Aktivitäten kommentiert. Schließlich muss noch kurz das Arrangement der Podiumsdiskussion als Rollenspiel vorgestellt werden. Zu einer strittigen Frage, z. B. „Soll die Benutzung von Handys für Jugendliche verboten werden?“, nehmen Schüler in einer gespielten Rolle Stellung, (z. B. als Vertreter des Kinderschutzbundes oder als Vertreter der Lehrer). Die jeweilige Position wird zunächst in einer Gruppe erarbeitet. Ein Vertreter der Gruppe vertritt diese Position auf einem Podium gegenüber den Vertretern der anderen Gruppen, während die anderen Schüler die Aktivitäten der Diskutanten beobachten und anschließend beurteilen. In beiden Fällen ist es sinnvoll, den Schülern Beobachtungsinstrumente an die Hand zu geben (s. Abschn. 3).

## 2.2 Über ein Thema ins Gespräch kommen

Wenn Schülerinnen und Schüler über ein Thema sprechen, kann es durchaus sein, dass sie kontroverse Sequenzen entwickeln, ohne dass es vom Lehrer eingeplant worden wäre. Dies ist prinzipiell bei allen Themen möglich, in denen es um persönliche Einschätzungen geht. Exemplarisch soll ein Gespräch über einen literarischen Text („Augenblicke“ von Walter H. Fritz[3]) untersucht werden, in

[3] In diesem Text geht es um eine junge Frau, Elsa, die nicht mehr mit ihrer allein stehenden Mutter zusammenwohnen möchte. Zunächst beschreibt der Autor eine Szene, in der die Protagonistin im Badezimmer steht und sich *herrichtet*. Wie üblich kommt ihre Mutter zurückhaltend ins Bad, ihre Tochter geht daraufhin in ihr Zimmer und wartet darauf, dass die Mutter das Bad verlässt. Erst dann setzt Elsa ihre Verrichtungen fort. Aus Verzweiflung über dieses Ritual (und andere) verlässt sie die Wohnung und läuft ziellos durch die Stadt. Sie beschließt, bald auszuziehen. Erst am späten Abend kehrt sie zurück, hin- und hergerissen zwischen ihrem eigenen Interesse und der sozialen Verantwortung für ihre Mutter. Um das Verhältnis der Tochter zur Mutter ging es in dieser Stunde.

dem Schüler eine konkurrierende Interpretation entwickeln und diese abgleichen.

(4) „Die Mutter nervt“ (L: Lehrerin, Fa: Fatima, Be: Bernd; Jg. 11 (Gymnasium), Tableau: Stuhlkreis) (vgl. dazu auch Vogt 2002, 112 ff.)

| | | |
|---|---|---|
| *03* | *L:* | *(...) es gab auch die äußerung der André ist leider nicht da da weiß ichs sicher aber da stand da die tochter HASST die Mutter* |
| *04* | *mS:* | *((lachen))* |
| *05* | *Fa:* | *vielleicht sein verhalten die die sie NERVT das hasst sie vielleicht aber nicht die mutter sElbst ↑* |
| *06* | *Be:* | *ne ich denk schon teilweise auch so sie is so zwiegespalten einerseits ist es ja ihre mutter ↑ vom moralischen aspekt her wie sie schon sagten sollte sie sie lieben aber es geht ihr tIErisch auf den geist wenn sie jeden morgen ins bad kommt* |
| *07* | *Fa:* | *ja aber dafür hasst sie doch gar nicht* |
| *08* | *mS:* | *[genau ]* |
| | *Be:* | *[ja aber ]* |
| *09* | *Fa* | *jetzt meinetwegen auch öfters mit meiner mutter so streit gehabt [aber ...]* |
| *10* | *Be:* | *[es ist ja] nich so es is ja nich nur das bad aber sie kann diese angewohnheit nicht leiden die muss ja wirklich schon so krankhaft gewesen sein dass es eh so und die mutter muss einem tierisch auf den keks gehn ja aber aber sie liebt sie ich bin auch der überzeugung dass sie sie liebt aber es nervt sie halt* |
| *11* | *S3:* | *[jaja aber nicht hassen]* |
| | *S4:* | *auf gar keinen fall* |
| *12* | *Fa:* | *weil wenn sie sie wenn sie gehasst hätte dann hätte sie auch in der nacht nicht geschrien* |
| *13* | *mS:* | *genau* |
| *14* | *Be* | *ja nich vielleicht richtig gehasst aber schon* |
| *15* | *Fa:* | *aber ihr verhalten nervt sie und das hasst sie* |
| *16* | *Be* | *[GEnau so meinte ichs hohe]* |
| | *mS* | *((lachen))* |

Die Lehrerin eröffnet das Gespräch mit der Gegenüberstellung zweier divergierender Beurteilungen des Verhältnisses zwischen Tochter und Mutter, wobei die These „Die Tochter liebt die Mutter“ als Mehrheits- und die These „Die Tochter hasst die Mutter“ als Minderheitsmeinung ausgewiesen ist – an dieser Stelle beginnt der Transkriptauszug (03). Fatima schlägt eine Auflösung dieses Widerspruchs vor (05), indem sie zwischen dem Verhalten einer Person und der Person als Objekt des Hasses selbst unterscheidet. Das vorsichtig eingebrachte Argument bleibt unbegründet im Raum stehen. Bernd erläutert nun in seinem Beitrag die Widersprüchlichkeit des Tochter-Mutter-Verhältnisses (06): Einerseits gebe es die moralische Anforderung an die Tochter, ihre Mutter zu lieben, andererseits gehe es ihr *auf den Geist*, wenn ihre Mutter jeden Morgen ins Bad komme. Fatima greift diese Einschätzung auf und setzt sie in Beziehung zum Prädikat *hassen*: *ja aber dafür hasst sie sie doch nicht* (07). Mit einem *genau* signalisieren einige Schüler ihre Zustimmung zu diesem Beitrag, während Bernd mit einem *ja aber* einen Widerspruch andeutet (08). Fatima hat ihren Beitrag allerdings noch nicht beendet, denn sie arbeitet an einer Differenzierung der Beurteilung: Sie weist darauf hin, dass auch sie manchmal mit ihrer Mutter *streit* gehabt habe (09). Es gelingt ihr jedoch nicht, ihren Gedanken zu Ende zu führen, denn Bernd hat eine kurze Pause in ihrem Beitrag genutzt, um selbst seine schon angekündigte abweichende Position einzubringen. Er hat eine andere Sichtweise des Problems (10), die er einbringt, indem er den propositionalen Gehalt seines zuvor eingebrachten Beitrags weiter ergänzt. Er löst den zuvor angedeuteten Widerspruch zwischen Anspruch und Wirklichkeit der Mutterliebe auf, indem er verstärkend die Einschätzung „Die Tochter liebt ihre Mutter" wiederholt. Zum Abschluss greift er auf das von Fatima in das Gespräch eingebrachte Prädikat „nerven" im Unterschied zu „hassen" zurück. Zwei Schülerinnen ratifizieren diese Kategorisierung (11). Das von Fatima vorgeschlagene Abgrenzungskriterium *nerven* wird von den meisten Schülern übernommen. Sie liefert selbst noch eine Erläuterung, indem sie auf eine Szene in der Geschichte verweist. Eine vielstimmige Bestätigung zeigt (13), dass sich die Schülerin auf das Hintergrundwissen ihrer Mitschüler verlassen kann. Nur Bernd schlägt vor, den Maßstab *hassen* zu differenzieren (14). Fatima unterbricht ihn und schlägt eine Begriffsdifferenzierung vor, indem sie die Begriffe *nerven* und *hassen* zueinander in Relation setzt: *aber ihr verhalten nervt sie und das hasst sie* (15). Bernd bestätigt, dass er mit diesem Vorschlag einverstanden ist (16). Lachen und in der Folge einige leise Bemerkungen und Pausen zeigen, dass die Beteiligten diese Sequenz zu einem Abschluss gebracht haben.

Die Beteiligten arbeiten hier an der Ausdifferenzierung eines Kategoriensystems zur Bewertung des Mutter-Tochter-Verhältnisses. Die von der Lehrerin zur Aussprache eingeführte Gegenüberstellung von Beurteilungen hat nicht zur Folge, dass sich diese Schüler für eine der genannten Möglichkeiten entscheiden, sondern sie differenzieren das Spektrum an möglichen Bewertungen aus. Auf diese Weise gelingt es ihnen, die Widersprüchlichkeiten des im Text dargestellten Verhaltens zu kategorisieren (vgl. Teil 1.1). Dafür nutzen sie neben der Bezeichnung *nerven* auch die Phraseologismen *auf den geist* bzw. *keks gehen,* die mithilfe von *tierisch* intensiviert werden. Die Unterschiede zwischen den Interaktanten sind nur graduell. Über die Abgrenzung zum stärkeren *hassen* gelingt der von vielen getragene Konsens über die nunmehr gültige Zuordnung.

Bei der Analyse fällt auf, dass die Lehrerin nach ihrer einleitenden Strukturierung nicht mehr in das sich entwickelnde Schülergespräch eingegriffen hat: Sie überlässt es den Schülern, die inhaltliche Auseinandersetzung mit der Kurzgeschichte voranzutreiben. Diese handeln das Rederecht untereinander aus: Das führt auch dazu, dass es bisweilen zu einem „Kampf um den Beitrag" kommt, in dem die am Thema Interessierten in Konkurrenz zu einander treten. Aber auch das Gegenteil kann eintreten: So folgt am Ende dieser Sequenz eine längere Pause, bevor ein anderer Schüler mit einer weiteren These für den Fortgang des Gesprächs sorgt. Wir haben es hier also mit einer schülerzentrierten kommunikativen Ordnung im Plenum zu tun. Der Lehrer hat neben der Beobachtung der Aktivitäten auch die Aufgabe, ggf. für eine thematische Progression zu sorgen. Dabei ist er auch an das Prinzip der Aushandlung gebunden, solange das Gespräch im gesetzten Rahmen verläuft. Im Beispieltranskript 4 wird diese Ordnung nicht explizit eingeführt, vielmehr ergibt sie sich implizit. Begünstigt wird diese Ordnung zum einen durch das gewählte Tableau des Stuhlkreises, zum anderen durch die relativ kleine Anzahl von Schülern (insgesamt 17) an einer weiterführenden Schule.

## 2.3 Gemeinsam Probleme lösen

Argumentative Kompetenzen können auch gefördert werden, indem gemeinsame Probleme im sozialen Zusammenhang einer Klasse oder Lerngruppe argumentativ gelöst werden. So können Entscheidungen über gemeinsame Unternehmungen oder Projekte besprochen werden, bevor die Beteiligten eine Entscheidung fällen. Aber auch soziale Probleme innerhalb der Gruppe können zum Anlass genommen werden, um darüber zu diskutieren. Solche Diskussionen unterscheiden sich von den beiden anderen Formen dadurch, dass sie Entscheidungen über konkrete Handlungen vorbereiten. Insofern lassen sie sich als gebunden charakterisieren. Das folgende Beispiel dokumentiert eine Auseinandersetzung im „Klassenrat" einer 6. Klasse. In dieser Stunde geht es darum, über die Stellungnahme einer Schülerin (Monika) zu sprechen, die sie auf eine Wandzeitung geschrieben hat: „Mir gefällt nicht, dass Frau M. immer die Größte sein will." Vor der Klassenöffentlichkeit gibt diese Schülerin trotz mehrfacher Nachfragen nicht die Gründe ihrer Kritik preis. Andere Schüler machen Interpretationsvorschläge, aber so richtig weiß niemand, aufgrund welcher Ereignisse bzw. welcher Interpretationen die Schülerin zu ihrer Ansicht gekommen ist.

(5) Klassenrat (Mo: Moderatorin, S1–S7: Schüler einer 6. Klasse (Orientierungsstufe), S1: Monika, Tableau: Stuhlkreis)

*01 Mo du bist als nächster dran*

*02 S6 gut okay ich weiß jetzt nit eh bezieht sich das was du da angeschreiben hast halt auf dich dass du eh dass du . frau meier die größte sein will bezieht sich das auf dich daß du dass so empfunden hast*

| | | |
|---|---|---|
| *03* | *S1* | *ja also* |
| *04* | *S6* | *weil es war ja einmal so da warn wir alle übereinstimmend dass eh mit dem herrn schulze da wo wir was vergessen haben wo sie uns jetzt angemeckert habn warn wir alle . übereinstimmend und jetzt frag ich ob es jetzt das deswegen ist oder ob sie (nicht) zutrifft* |
| *05* | *S1* | *ja das auch also eh also auch das* |
| *06* | *S5* | *(du sollst jetzt sagen wie du das siehst) was die moni nur das was du ehm von der wandzeitung entnehmen kannst was du davon hälst eh oder wie du dazu stehst* |
| *07* | *S7* | *ja wie ich dazu steh ... schwer zu beschreiben ich weiß ja nich was die eh monika: so eh jetzt richtich damit ausdrücken will und ... (...)* |
| *08* | *S3* | *oja ehm . moni meint vielleicht dabei dass eh sie irgendwie manchmal die hausaufgaben vergisst und dabei immer ärger bekommt denn sie vergisst sie ja meistens oft und dadurch entsteht ja son konflikt irgendwie es sind so und sie (durch diesen ) und dann hat sie das vielleicht auch nur aus wut angeschrieben (...)* |
| *09* | *S4* | *also eh ich hab ja jetzt was es sein könnte was die moni sich vorgestellt hat weil sie vergisst ja schon öfter mal ihre hausaufgaben und oder irgendwas was sie mitbringen soll und ehm aber dann wird sie immer eh angemacht oder irgendwas wenn sie das jetzt so sagt und ehm sie vergessen aber auch öfter mal sachen und das find sie vielleicht ungerecht* |
| *10* | *S1* | *christian ...* |

Es ist festzuhalten, dass die Lehrerin hier überhaupt nicht mit einem Beitrag vertreten ist. Sie ist ein „normales“ Mitglied in dieser Runde und meldet sich auch zu Wort. Die Gesprächsleitung obliegt zwei Schülerinnen der Klasse (S1, S6), von denen die eine für die Verteilung des Rederechts zuständig ist. Es kommt dran, wer sich meldet. Es handelt sich also um eine verfahrensgeregelte kommunikative Ordnung. So erteilt S1 zu Beginn dem Schüler S6 das Wort. Dieser schlägt der betroffenen Schülerin Monika eine Interpretation ihres Handelns vor, nämlich dass sie das Verhalten der Lehrerin Frau Meier so empfunden haben könnte (02). Darauf reagiert diese mit dem Versuch einer Antwort (03), sie wird aber von S6 unterbrochen. Diese Schülerin ruft in Erinnerung, dass bei dem Fall mit dem Herrn Schulze – die Schüler hatten gegenüber dem Vertretungslehrer behauptet, sie hätten keine Unterlagen dabei, und waren dafür später von der Klassenlehrerin kritisiert worden – alle Schüler der Klasse übereinstimmend das Verhalten von Frau Meier negativ beurteilt haben, und fragt, ob Monika dies genauso sieht (04). Diese bestätigt diese Interpretation, deutet allerdings an, dass es noch andere Aspekte gibt, die sie aber nicht präzisiert (05). Daraufhin wird sie von S1 direkt aufgefordert, endlich ihre Beweggründe für die Stellungnahme in der Wandzeitung offen zu legen (06). Auch S7 äußert seine Unsicherheit in Hinblick auf das zu kommentierende Ereignis (07). S3 äußert die Vermutung, es könne auch daran liegen, dass Monika häufig Probleme in der Schule, z.B. wegen nicht erledigter Hausaufgaben, bekomme (08). Diese Vermutung wird auch von S4 unterstützt, der zusätzlich den Aspekt einbringt, dass die Betroffene entsprechend von den Lehrern zurechtgewiesen wird.

Es dauert noch eine Weile, bis das Thema „Verhalten der Lehrerin" von den Schülern inhaltlich gefüllt wird, aber dann nutzen sie (und nicht nur Monika) die Möglichkeit, ihre Einschätzung der Lehrerin kund zu tun und darüber in eine inhaltliche Auseinandersetzung zu kommen. Nach einer längeren Aussprache endet die Auseinandersetzung mit einer Vereinbarung zwischen den Beteiligten.

In dem Beispiel wird ein Problem zwischen Lehrer und Schülern besprochen und im Ansatz gelöst. Mit der Institution „Klassenrat" ist ein Forum vorhanden, das diese vermutlich eher selten geführten Auseinandersetzungen ermöglicht. Der „Klassenrat" ist auch ein geeignetes Forum, um Probleme zwischen Schülern zu thematisieren. Darüber hinaus können etwa Aktivitäten geplant und organisatorische Probleme besprochen werden. Mögliche Gesprächsthemen können – wie im Beispiel gezeigt – auf einer in der Klasse aufgehängten Wandzeitung gesammelt werden. Auch die Delegation der Gesprächsleitung an die Klassensprecher erweist sich als sinnvoll, da so die Verantwortung ganz in die Hände der Schüler gelegt wird. Der Lehrer verzichtet auf seine dominante strukturierende Rolle und wird zumindest für die Zeit zu einem gleichberechtigten Mitglied in der Runde. Aber auch in anderen Zusammenhängen können gemeinsam Probleme gelöst werden. So können Unterrichtsschritte etwa in einem fachlichen Projekt gemeinsam besprochen werden. Ebenso können in der Kleingruppenarbeit ergebnisrelevante Diskussionen geführt werden, wenn z. B. die vor der Klasse zu präsentierende szenische Darstellung einer Textstelle gemeinsam erdacht und erprobt wird.

## 2.4 Metagespräche führen

Eine Form der inhaltlichen Reflexion über argumentative Gespräche stellt das Metagespräch dar, das im Anschluss geführt werden kann – aber selten geführt wird. In dem folgenden Beispiel geht es um die Einschätzung eines Literaturgesprachs über die Geschichte „Der Bär auf dem Försterball" von Peter Hacks in der Jahrgangsstufe 8 (vgl. dazu auch Vogt 2004). Die Schüler hatten den Text zunächst distanzierend als *Kindergeschichte* abgewertet. Im Verlauf des argumentativen Gesprächs zeigte sich jedoch, dass die Geschichte durchaus als realistisch einzustufen ist. Nach einer Pause thematisierte der Lehrer dann das Gespräch über den Text.

(6) Metagespräch über ein Unterrichtsgespräch: Der Anfang

*01* *L:* *doch ... eh .... zur zur geschichte .. zur geschichte zurück aber nur in form einer kurzen abschlussrunde;. em:.. vielleicht mal.. was verbin-*

*de ich damit ich verbinde eh jeder sagt so SEInen eindruck ist es recht? . eh SA:gn ganz kurz; keine . keine langen REden halten dann: ich fang mal an; . ich fand eh erSTAUNlich zu beMERken . dass am anfAng dass die meisten von euch sagten die geschichte wär: . wUnderlich; . einige sagten sich gerund; . wir habn am schlUss Eigentlich, von den ANteilen her; fast überwiegend über die . REAlistischen grUndlagen dieser geschichte geredet*

| | | |
|---|---|---|
| *02* | *S:* | *jo* |
| *03* | *S1:* | *halt in der fOrm wie es DARgestellt is (...)* |
| *04* | *L:* | *moment mal dann fang an mit* |
| *05* | *S1:* | *aber in der form wie es dargestellt is is es unrealistisch Aber; . übertragbar auf/übertragen auf andere kommt doch ganz was (anderes) übertragen auf andere is das eigentlich gar nich mal SO: unrealistisch halt auf andere voraussetzungen* |
| *06* | *L:* | *okay (feinheitsstelle) ... von diesem gespräch jetzt* |
| *07* | *S2:* | *am Anfang .. waren irgendwie alle einig/derselben meinung dadurch dass . die geschichte merkwürdig, . (erzählt) is* |
| *08* | *L:* | *hmhm* |
| *09* | *S2:* | *wir sind die anderen Aspekte genauer angegAngen; da habn wir jetzt hinterher n zusammemhang gesehn* |
| *10* | *L:* | *hmhm ja ... Nicole* |
| *11* | *S3:* | *das wollt ich noch sagn* |
| *12* | *L:* | *hmhm . (...)* |

In seinem strukturierenden Beitrag (01) legt der Lehrer zunächst die kommunikative Ordnung für das Metagespräch fest: In der *Abschlussrunde* ist jeder der im Kreis sitzenden Schüler aufgefordert, eine Einschätzung in einer kurzen Stellungnahme zu artikulieren („Blitzlicht"). Er liefert auch ein erstes Statement, indem er auf die geänderte Einschätzung der Geschichte im Anschluss an das Gespräch hinweist. Diese Anregung greift S1 auf, indem er die Einschätzung des Textes als unrealistisch relativiert und auf ihren Realitätsbezug verweist. In ähnlicher Weise äußert sich auch S2 und bestätigt so die Einschätzung von S1 (07–09). S3 hat dem nichts hinzuzufügen (11). Im weiteren Verlauf der Runde werden zwar von einigen Schülern weitere Aspekte eingebracht, viele können und wollen nichts einbringen. Das entspricht auch durchaus dem Konzept des Lehrers in der Runde.

Die kurze Sequenz zeigt deutlich, dass Metagespräche eine wichtige Funktion haben können, indem in ihnen eine kollektive Einschätzung des gemeinsamen Gesprächs herauspräpariert wird. Die kommunikative Ordnung des „Blitzlichts" gewährleistet, dass alle Schüler auch zu Wort kommen können, wenn sie es denn wollen Aber auch andere Ordnungen wie das Plenumsgespräch sind denkbar, wenn die von den Schülern eingebrachten Stichwörter gesammelt werden und ggf. an der Tafel notiert werden. Vorstellbar sind zudem auch Metagespräche über die vorgetragenen Argumentationen.

## 2.5 Zusammenfassung

Zusammenfassend lässt sich festhalten, dass die Förderung argumentativer Kompetenz durch die Initiierung von Diskussionsprozessen im Unterricht von zahlreichen Faktoren abhängig ist. Die Gruppengröße bestimmt, welche Partizipationsmöglichkeiten die Schüler haben: Sie sind in Kleingruppen deutlich größer als im Plenum. Das gewählte Tableau hat Auswirkungen auf die Möglichkeiten der Interaktion: So sind schülerzentriert geführte Diskussionen vermutlich nur dann möglich, wenn die Beteiligten wie im Stuhlkreis Blickkontakt haben. In einer lehrerzentrierten kommunikativen Ordnung sind sowohl argumentative Übungen als auch thematisch orientierte Auseinandersetzungen möglich. Für größere Gruppen und für inszenierte Gespräche dürften die einschlägigen Verfahren zur Verteilung des Rederechts (Rednerliste, Blitzlicht) sinnvoll sein. Die folgende Übersicht fasst die Ergebnisse dieses Abschnitts zusammen:[4]

Tab. 2: Kriterien zur Unterscheidung von Unterrichtskontexten

| | Plenumsdiskussion | Jugend debattiert | Innenkreis/ Außenkreis | Amerikanische Debatte | Podiumsdiskussion | Klassenrat |
|---|---|---|---|---|---|---|
| Gruppe | – | + | – | –/+ | + | – |
| Plenum | + | – | + | + | | + |
| gebunden | +/– | – | – | – | – | + |
| Beobachtung | – | + | + | + | + | – |
| komm. Ordnung | LZ/VG | VG/SZ | VG | VG | VG | VG |
| Inszenierung | – | + | + | + | + | – |

# 3 Beurteilung von Schülerleistungen in Diskussionen

Für die Frage, wie Schülerleistungen in Diskussionen zu bewerten sind, konzentrieren wir uns in diesem Zusammenhang auf die Gegenüberstellung zweier Ansätze. Normativ orientiert ist beispielsweise der Beurteilungsrahmen von „Jugend debattiert“, während der andere Beurteilungsrahmen deskriptiv orientiert und gesprächsanalytisch fundiert ist. Den Rahmen der Beurteilung liefern Überlegungen zum Gesprächsverhalten im Allgemeinen. Aus gesprächsanalytischer Sicht kann ein Gespräch dann als „gut“ oder „gelungen“ gelten, wenn die folgenden Anforderungen erfüllt sind (vgl. Fiehler 1998, 62):

[4] Abkürzungen: LZ: lehrerzentriert, VG: verfahrensgeregelt, SZ: schülerzentriert

1. Es treten keine gravierenden Verständigungsprobleme auf.
2. Der Zweck des Gesprächs wird nach Einschätzung der Beteiligten mit angemessenem Aufwand realisiert.
3. Das Gesprächsverhalten der Beteiligten weicht nicht oder nicht zu stark von der Normalform ab.

Hinsichtlich der Bestimmung argumentativer Fähigkeiten kann dies anhand der in Teil 1 entwickelten Dimensionen konkretisiert werden (vgl. dazu auch Vogt 2007, 121f.).

1. Die *expressive Dimension* wird üblicherweise in normativer Orientierung mit der Charakterisierung des Ausdrucksvermögens gefasst, konkretisiert in der Frage „Wie hat der Redner das, was er meint, gesagt?“. Als Kriterien sind die Verständlichkeit und die der Anschaulichkeit der Formulierungen eingeführt. Als Beobachtungskategorien werden beispielsweise *Klarheit, Lebendigkeit und grammatische Korrektheit* (z.B. Klippert 2004, 153) genannt. Allerdings ist gerade das Kriterium der grammatischen Korrektheit, ausgedrückt in der Frage „Redet der Sprecher in ganzen Sätzen oder nur bruchstückhaft?“, in Hinblick auf gesprochene Sprache problematisch. Denn viele Äußerungen sind grammatisch nicht korrekt, werden aber von Beteiligten als angemessen eingestuft. Deshalb ist es sinnvoll, die relativ offene Frage zu stellen: „Artikuliert sich der Schüler situationsangemessen?“ Als Beobachtungskriterien eignen sich die jeweilige Art des Anschlusses und die gewählte Artikulationsform unter Berücksichtigung der eingesetzten prosodischen und non-verbalen Mittel.

2. Die *kognitive Dimension* wird normativ durch das Kriterium der Sachkenntnis erfasst, die operationalisierbar durch die Beantwortung der Frage „Weiß der Redner, worum es geht?“ ist. Eine gute fachliche Vorbereitung ist eine Voraussetzung dafür, dass Schüler kompetent und engagiert diskutieren. Ergänzt wird das neu erworbene deklarative Wissen um die Adressaten der Äußerung; Schüler sind miteinander vertraut und müssen deshalb nicht alle Überlegungen explizit einbringen. Unter der Voraussetzung, dass argumentative Strukturen mithilfe spezifischer Beitragsformate ausgedrückt werden können (vgl. Vogt 2002, 246), erscheint es deshalb sinnvoll, die Frage zu stellen: „Welche Formate nutzen Schüler, um ihre Standpunkte einzubringen, zu begründen und abzusichern?“ So können die inhaltlich-strukturellen Dimensionen von argumentativen Sprechhandlungen erfasst werden. Die Länge der Beiträge sowie ihre strukturelle Komplexität wären hier geeignete Kriterien.

3. Die *soziale Dimension* wird im normativen Paradigma erfasst, indem einerseits Bezug auf eine allgemeine Gesprächsfähigkeit („Hat der Redner zugehört und die Anderen berücksichtigt?“) und andererseits auf die Überzeugungskraft des Sprechers („Hat er das, was er sagt, gut begründet?“) Bezug genommen wird. Hier wird also einerseits adäquates soziales Verhalten fokussiert, andererseits die Qualität des Beitrags gewertet. Um eine Unterscheidung von der kogni-

tiven Dimension zu erreichen, wäre es sinnvoll, die Frage „Wie setzen sich die Schüler für ihren Standpunkt ein?“ zu stellen. Diese Frage orientiert den Beobachter auf das Problem, wie aktiv sich Schüler in Diskussionen verhalten, ob sie beispielsweise kontroverse Sequenzen initiieren und wie sie ihren Strandpunkt gegenüber anderen verteidigen bzw. inwiefern sie an der gemeinsamen Entwicklung einer Position teilhaben. Daher ist auch die Frage der Flexibilität wichtig: Lassen sich Schüler durch die Meinung anderer überzeugen oder behalten sie ihren Standpunkt.

4. Die *kontextuelle Dimension* kommt im normativen Ansatz von „Jugend debattiert“ nicht vor. Das könnte daran liegen, dass das Diskussionsformat vorab festgelegt ist und deshalb nicht eigens thematisiert werden muss. Aus gesprächsanalytischer Sicht ist allerdings die Beachtung des Kontextes zwingend, denn die Rahmenbedingungen beeinflussen das Verhalten der zu beobachtenden Schüler. Dieser Aspekt kann mithilfe der Frage erfasst werden. „Wie wird das Handeln der Schüler durch den gegebenen Rahmen beeinflusst?“ Diese Frage erlaubt auch, die zuvor gewonnenen Beobachtungsdaten neu zu gewichten.

Zusammenfassend sind hier die gesprächsanalytisch fundierten Fragestellungen mit möglichen Differenzierungen im Überblick aufgelistet:

1. Artikuliert sich der Schüler situationsangemessen?
   - Wie bezieht er sich auf die vorangegangene Äußerung?
   - Wie akzentuiert er inhaltlich relevante Aussagen?
   - Wie nutzt er mimische und gestische Mittel?
2. Welche Formate nutzen Schüler, um ihre Standpunkte einzubringen, zu begründen und abzusichern?
   - Wie lang sind die Beiträge?
   - Wie komplex sind sie strukturiert?
   - Werden die Argumente klar begründet?
3. Wie setzen sich die Schüler für ihren Standpunkt ein?
   - Wie markieren sie Dissens?
   - Wie engagiert bringen sie ihn ein?
   - Wie flexibel sind sie?
4. Wie wird das Handeln der Schüler durch den gegebenen Rahmen beeinflusst?
   - Welche sprachlichen Formen nutzen sie (formell oder informell)?
   - Welche Situationsdefinition liegt ihrem sprachlichen Handeln zugrunde?
   - Wie versuchen sie den in der Situationsdefinition implizierten Erwartungen gerecht zu werden?

## 4 Fazit

In unserem Beitrag entwickelten wir zunächst ein weites begriffliches Verständnis mündlichen Argumentierens. Dieses impliziert weitreichende didaktische Folgen, in denen das auf das methodische Brauchtum aufbauende Konzept der Pro- und Kontradiskussion als einziger Form schulischer Förderung entschieden zu kurz greift. Sinnvoller ist es deshalb, auf das in diesem Beitrag vorgestellte mehrdimensionale Konzept zurückzugreifen und dieses weiterzuentwickeln. Mit ihm sind sowohl Perspektiven auf vielfältige Ansätze zur Förderung als auch Möglichkeiten zur Beurteilung argumentativer Kompetenzen möglich, da es eine differenzierte Wahrnehmung des konkreten argumentativen Handelns unterstützt.

Ein wesentlicher Punkt ist, dass in unterschiedlichen kommunikativen Konstellationen bestimmte argumentative Teilaspekte akzentuiert werden können. Die unterrichtliche Variation situativer Anforderungen in Hinblick auf die Themenstellung, die Zielsetzung und auf das gesprächsorganisatorische Arrangement eröffnet Perspektiven nicht nur in Hinblick auf die Tiefe der argumentativen Auseinandersetzung, sondern auch auf die Potenziale der gezielten Förderung von Schülerinnen und Schülern. Konkrete Möglichkeiten für den Unterricht wurden durch Beispiele dargestellt.

Die Beurteilung argumentativer Äußerungen von Schülerinnen und Schülern kann sich auf einzelne Aspekte konzentrieren, sie kann aber auch mehrdimensional erfolgen: Die genannten Beobachtungskriterien ermöglichen eine Ausdifferenzierung der Wahrnehmungs- und Beurteilungskompetenz, die sich im Vollzug des Unterrichts sowohl bei den Lehrenden als auch bei den Schülerinnen und Schülern weiter entwickeln kann. Sie dienen der Orientierung und sind an die situativen Bedingungen anzupassen. Auf diese Weise können Schüler/innen ein Bewusstsein hinsichtlich argumentativer Handlungen erwerben und so ihr Kompetenzprofil nicht nur produktiv, sondern auch in rezeptiver Hinsicht erweitern.

## Literatur

Bartsch, Tim-Christian/Hoppmann, Michael u.a.: Trainingsbuch Rhetorik. Paderborn: Schöningh 2005

Brecht, Bertold: Leben des Galilei. Frankfurt/M: Suhrkamp 1963

Fiehler, Reinhard: Bewertungen und Normen als Problem bei der Förderung von Gesprächsfähigkeiten. In: Der Deutschunterricht (1998) Heft 1, 53–64

Goodwin, Jane: Argumentation without resolution. In: van Eemeren, Frans H./Grootendorst, Rob u.a. (Hrsg.): Proceedings of the Fourth International Conference of the International Society for the Study of Argumentation. Amsterdam: Foris Publications 1999, 255–259

Habermas, Jürgen: Theorie des kommunikativen Handelns. Bd.1: Handlungsrationalität und gesellschaftliche Rationalisierung. Frankfurt/M.: Suhrkamp 1995

Holly, Werner/Kühn, Peter/Püschel, Ulrich: Politische Fernsehgespräche in der Diskussion. Tübingen: Niemeyer 1986

Kallmeyer, Werner: Was ist Gesprächsrhetorik? In: ders. (Hrsg.): Gesprächsrhetorik. Rhetorischer Verfahren im Gesprächsprozess. Tübingen: Narr 1996, 7–18

Keim, Inken: Verfahren der Perspektivabschottung und ihre Auswirkung auf die Dynamik des Argumentierens. In: Kallmeyer, Werner (Hrsg.): Gesprächsrhetorik. Rhetorische Verfahren im Gesprächsprozess. Tübingen: Narr 1996, 191–280

Klein, Josef: Erklären und Argumentieren als interaktive Gesprächsstrukturen. In: Brinker, Klaus/Antos, Gerd u. a. (Hrsg.): Text- und Gesprächslinguistik. 2. Halbband. Berlin: de Gruyter 2001, 1309–1329

Klein, Wolfgang: Argument und Argumentation. In: Zeitschrift für Literaturwissenschaft und Linguistik 38/39 (1980), 9–57

Klippert, Heinz: Kommunikationstraining. Übungsbausteine für den Unterricht. Weinheim: Beltz 2004

Kopperschmidt, Josef: Argumentationstheorie zur Einführung. Hamburg: Junius 2000

Lewandowski, Theodor: Linguistisches Wörterbuch 1. 6. A. Wiesbaden: Quelle & Meyer 1994

Rühl, Marco: Interaktive Dynamik in argumentativen Gesprächen. In: Zeitschrift für Sprachwissenschaft 18 (1999), 3–38

Rühl, Marco: Normaufrufe und Verhandlungen von Normgehalten in Gesprächen. In: Deppermann, Arnulf/Hartung, Martin (Hrsg.): Argumentieren in Geprächen. Tübingen: Stauffenburg 2003, 40–63

Spiegel, Carmen: Diskussion im Klassenzimmer – wie im Fernsehen? In: Gutenberg, Norbert (Hrsg.): Sprechwissenschaft und Schule. München: Ernst Reinhardt Verlag 2004, 62–76

Spranz-Fogasy, Thomas: Alles Argumentieren oder was? Zur Konstitution von Argumentation in Gesprächen. In: Deppermann, Arnulf/Hartung, Martin (Hrsg.): Argumentieren in Gesprächen. Tübingen: Stauffenburg 2003, 27–39

Van Eemeren, Frans H./Grootendorst, Rob: A systematic Theory of Argumentation. The pragma-dialectical approach. Cambridge: Univ. Press 2004

Vogt, Rüdiger: Im Deutschunterricht diskutieren. Zur Linguistik und Didaktik einer kommunikativen Praktik. Tübingen: Niemeyer 2002

Vogt, Rüdiger: „Symbolische Textdeutungen entwickeln: Lehrer und Schüler interpretieren Peter Hacks' Geschichte *Der Bär auf dem Försterball* im Unterrichtsgespräch" In: Härle, Gerhard/Steinbrenner, Marcus (Hrsg.): Kein endgültiges Wort. Die Wiederentdeckung des Gesprächs im Literaturunterricht. Baltmannsweiler: Schneider Hohengehren 2004, 241–264

Vogt, Rüdiger: „Transkriptgestützes Beurteilen argumentierender Schüler". In: Willenberg, Heiner (Hrsg.): Kompetenzhandbuch für den Deutschunterricht. Baltmannsweiler: Schneider Hohengehren 2007, 115–123

Wohlrapp, Harald: Heterogenität als argumentationstheoretisches Problem. In: Paschen, Harm/Wigger, Lothar (Hrsg.): Schulautonomie als Entscheidungsproblem. Zur Abwägung heterogener Argumente. Weinheim: Deutscher Studien Verlag, 1996 43–57

Wohlrapp, Harald: Der Begriff des Arguments. Würzburg: Könighausen & Neumann 2008

CARMEN SPIEGEL

# G3 Streitschlichtung

In den 90er Jahren hat Krappmann (1996, 102) 750 Streitaushandlungen von Kindern im 4. und 6. Schuljahr in Berlin untersucht und festgestellt, dass bei fast der Hälfte der Kinder aggressive Formen der Auseinandersetzung vom Schreien bis zum Schlagen verwendet wurden; bei mehr als 50 Prozent der Aushandlungen wurde die Sicht des Gegenübers übergangen, erfuhr der Streitpartner eine rüde Ablehnung und es wurde Zwang verwendet. Argumentation als Mittel der Konfliktbewältigung kam in weniger als jeder zehnten Auseinandersetzung vor.

Allein das ist Grund genug, Streitschlichtung sowie die Fähigkeit, sich friedlich miteinander auseinanderzusetzen, als einen wesentlichen und unverzichtbaren Bestandteil der Gesprächskompetenz anzuerkennen und in den Schulen einzuüben. Im Folgenden gehe ich zunächst auf einige relevante Begriffe ein, bevor gängige Konzepte von Streitschlichtung, wie Mediation oder Klassenrat, vorgestellt werden. Im Anschluss wird die Konfliktlösefähigkeit als Bestandteil der Gesprächskompetenz begriffen und es werden Vorschläge gemacht für eine Didaktik der Problem- und Konfliktlösung. Interessant sind in diesem Zusammenhang auch die Kap. G2 Argumentieren, G6 Moderieren sowie F1 Kommunikation beobachten und beurteilen.

## 1 Begriffsbestimmungen: Streit – Streitschlichtung – Mediation

Einer Streitschlichtung geht in der Regel ein Streit von mindestens zwei Beteiligten voraus, dem zumeist wiederum ein Konflikt zugrunde liegt. Unter Konflikt versteht man „Diskrepanzen, [die entstehen,] weil mindestens zwei Ideen (z. B. Gewissenskonflikt), Personen oder Gruppen in Bezug auf Sachverhalte, Verhaltens- oder Wertvorstellungen aufeinanderprallen." (Spiegel 1995, 16). Er kann sowohl friedlich und kooperativ als auch streithaft und unkooperativ bearbeitet werden und führt im zweiten Fall häufig zu Streitigkeiten. Streit ist „eine verbale, kontroverse und unkooperative Austragungsform von Konflikt, die unter anderem durch Missachtung des Partnerimages gekennzeichnet ist" (Spiegel 1995, 17). Die Missachtung des Partnerimages meint jede Art von imageschädigender Behandlung des Gesprächspartners, von milder Partnerkritik bis hin zu massiver Diskriminierung wie etwa durch Beleidigungen.

Typisch für den Streit ist, dass es nicht nur um ein sachliches Problem geht, sondern dass dieses mit der Person des Gegenübers verwoben ist. Infolge dessen kommen im Streit Vorwürfe und Gefühle wie Verletztheit oder Wut zum Ausdruck, die die Beziehung der Beteiligten beschädigen. Diese negativen Gefühle machen es den Beteiligten schwer, nach einem Streit unbefangen miteinander umzugehen, sodass eine Schlichtung durch Dritte nötig ist, um z. B. im Klassenverband die Klassengemeinschaft wieder herzustellen.

Obwohl ein Konflikt häufig Auslöser für das Streiten ist, findet während des Streitens kaum eine Konfliktbearbeitung statt: Die Beteiligten sind während ihrer Auseinandersetzung unkooperativ und viel zu stark emotionalisiert oder, anders ausgedrückt, viel zu sehr mit Streiten beschäftigt, als dass sie an einer Konfliktlösung arbeiten können. Im Gegenteil: Durch die Vorwürfe und Beleidigungen des Streitens verschärft sich ein vorhandener Konflikt, zugleich sinkt die Bereitschaft, auf eine Konfliktbeilegung hinzuarbeiten, sodass die Unterstützung Dritter notwendig wird, wie Schlichtungsverhandlungen und Schiedsstellen zeigen. Diese Institutionen schlichten unter Vorsitz eines geschulten Schlichters Bagatellfälle wie Nachbarschaftsstreitigkeiten, wobei die Verfahren selbst stark an der Ablaufstruktur von Gerichtsverhandlungen orientiert sind. Mit solchen Schlichtungsverfahren hatte sich in den 90er Jahren ein Forschungsprojekt des Instituts für Deutsche Sprache in Mannheim auseinandergesetzt (vgl. Nothdurft 1995).

Der Terminus *Streitschlichtung* hat sich für alle in institutionellen Kontexten von geschulten und unbeteiligten Dritten durchgeführte Formen der Konfliktbeilegung durchgesetzt, wird aber auch außerhalb von institutionell durchgeführten Schlichtungsverhandlungen verwendet. Synonym hierzu wird heutzutage – nicht nur im Kontext Schule – auch der Ausdruck Mediation verwendet. In diesem Artikel werde ich für institutionell durchgeführte Streitschlichtungen durch Dritte den Terminus *Mediation* verwenden und den Ausdruck *Streitschlichtung* weiter fassen: Als Oberbegriff für alle Formen der Streitbewältigung bezeichnet *Streitschlichtung* Konfliktbewältigungen, die sowohl in Mediationen (1) als auch im Klassenrat (2) durchgeführt werden, sowie individuelle Streitvermeidungs- und Streitbewältigungsstrategien, die als Bestandteil einer allgemeinen Gesprächskompetenz aufgefasst werden.

## 2 Die Mediation

Als eine Möglichkeit, Streitigkeiten friedlich beizulegen, gelten Mediationen, die seit Anfang der 90er Jahre in den Schulen angeboten werden. Unter Mediationen versteht man Formen der Streitschlichtung, die von zuvor geschulten Peergruppen oder Lehrenden im institutionellen Kontext Schule durchgeführt werden. Diese setzen sich mit den Streitparteien an einen Tisch und fokussieren in gemeinsamen Gesprächen den Streitauslöser sowie das dem Streit zugrundeliegende Problem aus den Perspektiven aller Beteiligten mit dem Ziel einer einvernehmlichen und für alle verbindlichen Problemlösung. Dabei bemühen sich die Mediator/innen zwischen den Streitkontrahenten zu vermitteln, indem zunächst der dem Streit zugrundeliegende Vorfall zu klären versucht wird und in einem zweiten Schritt konsensuell Strategien für ein zukünftiges friedliches Miteinander der Kontrahenten entwickelt werden. Häufig werden neue Verhaltensweisen, die zukünftige Konflikte vermeiden sollen, schriftlich niedergelegt und nach einem zeitlichen Abstand von mehreren Wochen auf ihren Erfolg hin überprüft.

Mediationen liegen Trainingsprogramme zugrunde, die zum Ziel haben, einzelne Schüler/innen (Peer-Mediationen) oder Lehrende zu Mediator/innen oder auch Konfliktlotsen auszubilden, die im schulischen Kontext nach einem Streit und in der Regel auch nach länger andauernden Streitigkeiten zwischen zwei Personen oder Gruppen schlichten sollen. Auch in Fällen von Mobbing unter Kindern und Jugendlichen werden Streitschlichter/innen hinzugezogen. Inzwischen gibt es zahlreiche Publikationen und eine Vielzahl von Anbietern mit Mediations- oder Streitschlichterprogrammen für die Primar- und Sekundarstufe. Den Mediationen liegen unterschiedliche Konzeptionen zugrunde:

- Die Konzeption des sogenannten Täter-Opfer-Ausgleichs: Dabei wird vom Schuldprinzip mindestens einer Person ausgegangen, während die andere Person als deren Opfer wahrgenommen und behandelt wird. Neben der Rekonstruktion des Vorfalls geht es auch um die Einsicht des Täters, ein Unrecht begangen zu haben. Als Ausgleich für das Opfer ist eine Wiedergutmachung vorgesehen, die im Verlauf der Mediation gemeinsam ausgehandelt und schriftlich festgelegt wird. Gelegentlich werden alle Streitbeteiligte sowohl als Täter – im Hinblick auf die initiale Streithandlung – als auch als Opfer im Hinblick auf die Folgehandlung/Reaktionen des ursprünglichen Opfers, wahrgenommen; entsprechend können dann für alle Beteiligten unterschiedliche Ausgleichshandlungen festgesetzt werden.

- Der Win-Win-Konzeption liegt die Idee zugrunde, dass man durch einen Streit verliert, durch eine Streitbeilegung oder Konfliktlösung allerdings nur gewinnen kann. Entsprechend steht nicht wie beim Täter-Opfer-Ausgleich die Schuldfrage im Fokus der Mediation, sondern der jeweilige Vorteil bzw. der Gewinn, den beide Kontrahenten durch eine Streitbeilegung haben können. Ziel ist also, dass beide Kontrahenten aus einem Disput als Gewinner hervorgehen (so das Peace-Force-Programm von Gerber 2006).

- Das Konzept des No-Blame-Aproach (http://www.fairaend.de) klammert das Schuldprinzip explizit aus, obwohl es besonders für Mobbingsituationen im Kontext Schule entwickelt wurde. Sowohl die Schuldfrage als auch Bestrafungen werden in keiner Weise thematisiert, stattdessen werden die Angreifenden bzw. die Konfliktverursacher/innen in die Verantwortung für eine Konfliktlösung eingebunden.

In der Regel finden die Trainings zur Mediatorenausbildung neben und zusätzlich zum Unterricht statt, gelegentlich auch in der Projektwoche. Die Peer-Mediator/innen führen ihre Streitschlichtertätigkeit ehrenamtlich aus. Ein Mediationstraining gliedert sich in verschiedene Teile, die zum Ziel haben, die zukünftigen Mediator/innen a) für Konflikte zu sensibilisieren, b) Zielsetzungen und Grundlagen der Schlichtung nahe zu bringen, c) Grundlagen der Kommunikation zu vermitteln und d) die eigene Moderatorenrolle, die die Mediator/innen während der Schlichtung einnehmen sollen, bewusst zu machen sowie die einzelnen Mediationsschritte, die die Schüler/innen während der Mediation moderieren, einzuüben.

Die einzelnen Mediationstrainings unterscheiden sich in der Gewichtung, Tiefe und Reihenfolge, in der die vier Teile vermittelt werden. Typisch für Mediationen ist, dass sie nicht als Gesprächskompetenz-Schulung in den Unterricht integriert werden, sondern im Rahmen von Projekten oder Seminaren von einzelnen Schülerinnen und Schülern zusätzlich erworben werden; es sind meist nur einige wenige in einer Schule, die zu Mediator/innen ausgebildet werden und die somit ein vertieftes Wissen über Konflikte und Strategien der Schlichtung erwerben. Auch finden Mediationen nicht während eines Streits oder aktuellen Konflikts statt, sondern sie werden erst nach häufig bereits länger andauernden Streitauseinandersetzungen anberaumt, sodass es nicht um die Klärung von laufenden Streitigkeiten, sondern von diesen zugrunde liegenden Konflikten gehen soll. Häufig sind es die Lehrenden, die die Schüler/innen zu einer Mediation auffordern.

Nach Behn et al. (2006) verbessern Mediationsprogramme das Klima in den Schulen unter der Voraussetzung, dass die Schulleitung und das Kollegium Mediationen positiv und fördernd gegenüberstehen. Inwieweit sich die Sozialkompetenz und Streitschlichtungskompetenz über die geschulten Mediator/innen hinaus in den Schulen verändert hat, ist nach Behn et al. unklar (2006, 50f.). Zumindest die ausgebildeten Mediator/innen profitieren davon. Der Nachteil der Mediationsprogramme besteht darin, dass nur wenige in der Schule diese zusätzliche Kompetenz erwerben. Auch besteht die Kompetenz nicht in der aktuellen Streitvermeidung, sondern darin, dass nach einem meist recht starren Schema erst nach erfolgtem Streit und mit verhärteten Fronten eine Aussprache stattfindet. Obwohl die Evaluationen zur Mediation eher positiv sind und die Möglichkeit, Mediationen in Anspruch zu nehmen, das Klima in einer Schule verbessert, fahren viele Schulen die Angebote für die Mediationsausbildung zurück oder nehmen ausgebildete Mediator/innen nicht in Anspruch, um Streitigkeiten zu schlichten.

Behn et al. (2006, 31f., 277) sehen einen stabilen Erfolg im Hinblick auf ein gewaltfreies Miteinander erst durch ein ganzheitliches Gewalt-Präventionskonzept, das über die Mediator/innenschulung hinaus auch die Konfliktfähigkeit und das Demokratieverständnis aller anderen Schüler/innen schult. Das heißt, erst die Einbindung der Fähigkeit zur Problem- und Konfliktbearbeitung in eine Vermittlung der allgemeinen Gesprächskompetenz zusammen mit einer Ausbildung zu Mediator/innen lassen einen nachhaltigen Erfolg erwarten.

## 3 Der Klassenrat

Im Gegensatz zur Mediation bietet der Klassenrat die Möglichkeit, alle Kinder einer Klasse an einer Problem- und Konfliktbearbeitung zu beteiligten und damit auch allen Konfliktbearbeitungskompetenz zu vermitteln. Der Klassenrat ist eine regelmäßige Zusammenkunft der Schüler/innen einer Klasse, der Anliegen und Probleme der Klasse gemeinsam bespricht und behandelt – unter anderem auch Streitigkeiten unter den Schüler/innen. Bis die Schüler/innen gelernt haben, den Klassenrat selbst zu moderieren, übernehmen das die Lehrenden. Das heißt, die Lehrenden sind zunächst Bestandteil des Klassenrats und später noch am Rande beteiligt als Vertretung der Institution Schule, die die (Verhandlungs-)Ordnung gewährleistet. Durch die regelmäßig stattfindenden Sitzungen des Klassenrats können allgemeine Gesprächskompetenzen erworben werden, die die Voraussetzung für eine Konfliktlösung sind: Aussprechen lassen, Zuhören, Erfahren multiperspektivischer Darstellungen eines Sachverhalts, Perspektivenübernahme, Empathiefähigkeit.

Darüber hinaus können Problembehandlungs- und Konfliktlösestrategien erfahren werden, wie z. B. Aushandlungen, Kompromisse und alternative Handlungsweisen entwickeln. Insbesondere die Fähigkeit zur Argumentation wird, ohne den sonst üblichen künstlichen Diskussionsrahmen in Schulen, in realitätsnaher Weise erworben. Allerdings sind bei einem Klassenrat nach De Boer (2006) die Anforderungen an die Gesprächskompetenz der Kinder sehr hoch, sodass die Schüler/innen schrittweise an die Aufgaben und Anforderungen des Klassenrats herangeführt werden müssen – und die Lehrenden benötigen die Fähigkeit, sich zurückzunehmen, wenn die Schüler/innen Moderationsaufgaben übernehmen und diskursiv Verhaltensnormen entwickeln. Während sich Probleme und Konflikte, die größere Gruppen oder die ganze Klasse betreffen, mit Hilfe des Klassenrats durchaus bearbeiten lassen, zeigt die Untersuchung von De Boer in der Grundschule, dass die Schüler/innen die große Klassenrunde für Schlichtungen zwischen Streitigkeiten von zwei oder drei Kindern als unangenehm wahrnehmen (2006, 207) und lieber Klassenmediator/innen dafür einsetzen. Darüber hinaus betont De Boer (ebd.), dass durch die – von den Kindern durchaus gewollte – Anwesenheit der Lehrenden der schulische Charakter stets präsent bleibt und die Kinder sich bei ihren kommunikativen Aktivitäten stark bemühen, es im Sinne der Lehrenden 'richtig' zu machen; d. h. der Inszenierungscharakter, der typisch für viele schulische Aktivitäten ist, bleibt erhalten und eine unbefangene Auseinandersetzung mit den Konflikten findet nicht statt.

# 4 Konfliktlösungsfähigkeit als Bestandteil der Gesprächskompetenz

Die Fähigkeit, zu streiten und einen Streit zu beenden, ist Bestandteil der Gesprächskompetenz. Eine Schulung der Gesprächskompetenz, die sowohl Problemlösestrategien als auch Streitschlichtungsmöglichkeiten vermittelt, macht für alle Kinder und Jugendliche – und auch für viele Erwachsene – Sinn. In vielen Bundesländern ist die Vermittlung dieser Kompetenz im Bildungsplan der Schulen verankert. Die Bildungsstandards erwähnen Sprachhandlungskompetenzen, die Problembehandlungen ermöglichen sollen und eine positive Streitkultur fördern können. Während die Standards für alle Schulstufen im Bereich Sprechen und Zuhören die Entwicklung einer demokratischen Grundkultur vorsehen, beinhalten die Standards der mittleren Bildungsabschlüsse zusätzlich Gesprächskompetenzen für gelingende Kommunikation, Gesprächsformen wie Streitgespräch und Diskussionen durchführen bzw. Beschwerden äußern. Tatsächlich vermittelt werden diese Kompetenzen kaum an den Schulen. Im Gegenteil: Häufig werden im Kontext von Argumentationseinübungen gerade solche Diskussionsweisen gefordert, die auf Durchsetzung und argumentativen Sieg hinauslaufen, nicht auf Kompromiss- und Konsensfähigkeit (vgl. Spiegel 2004).

## 4.1 Elemente einer Problem- und Konfliktlösekompetenz

Ein Konzept, das neben den gängigen Gesprächskompetenzen auch Problemlöse- und Streitschlichtungskompetenz schult, sollte die folgenden Elemente beinhalten:

1. Es sollte Einsichten in interaktionale sprachliche Prozesse, Handlungen und Gesprächsstile durch Schulung der Sprachbewusstheit ermöglichen. Dabei lernen die Schüler/innen
   - Sprachhandlungen wie Fragen, Vorwerfen, Rechtfertigen, Loben, Entschuldigen sowie die Reaktionen auf diese sprachlichen Handlungen kennen,
   - die Wirkung der verschiedenen Sprachhandlungen nachzuvollziehen,
   - die Wirkung verschiedener Stimmlagen (aggressive, ruhige, laute, schrille Stimme) einschätzen,
   - implizite und explizite Bewertungen von Wörtern und Phrasen, wie zum Beispiel die Bedeutungsunterschiede in den beiden Sätzen: *Du kreischst hier wild rum/Du zeigst mir, dass Du dich ärgerst* zu erkennen,
   - die Kulturspezifik von Kommunikation und von Streiten, z. B. von Beleidigungen und von (Streit-)gesten zu verstehen.
2. Handlungskompetenz erwirbt man durch Einübung. Dies gilt auch für die Gesprächskompetenz, insofern es um (gesprächs-)praktische Handlungen geht. Die Schüler/innen benötigen realitätsnahe Situationen, die ihnen die Möglichkeit geben, die folgenden Gesprächshandlungen einzuüben:

- als Bestandteil der allgemeinen Gesprächskompetenz: Formulieren, Zuhören, Perspektivenübernahme, Empathie, Bezugnahmen auf Vorgängerbeiträge,
- als spezifische Problemlöse-/Konfliktbewältigungskompetenz: Argumentieren/Sachverhaltsdarlegung und -klärung, Meta-Kommunikation, Moderation, aber auch die Kenntnis von Streitvermeidungsstrategien.

Insgesamt verläuft der Erwerb einer Problem- und Konfliktbehandlungskompetenz von einer basalen Gesprächskompetenz (sich ausdrücken können, zuhören, ausreden lassen, aufeinander Bezug nehmen) über eine Argumentations- und Moderationskompetenz hin zu einer erfolgreichen Streitvermeidungs- bzw. Streit-Kompetenz.

## 4.2 Komponenten für eine Didaktik der Problem- und Konfliktlösung

Eine Didaktik der Problem- und Konfliktlösung als Bestandteil der Entwicklung der Gesprächsfähigkeit kann die folgenden Komponenten beinhalten: Neben einer (1) Wahrnehmungsschulung bzw. einer Schulung der Gesprächsbewusstheit und einer (2) souveränen Beherrschung der kommunikativen Basiskompetenzen, wie es in den Bildungsstandards vorgesehen ist, ermöglichen (3) profunde Kenntnisse über konfliktäre Kommunikationsprozesse ein vertieftes Verständnis darüber, was in Streitsituationen mit den Teilnehmenden geschieht. (4) Strategien der Konfliktlösung und Deeskalationsstrategien ergänzen, insofern sie im sozialen Raum Schule auch eingeübt werden, die Gesprächskompetenz. Teile des hier vorgestellten Modells finden sich auch in Becker-Mrotzek/Brünner 2006; allerdings beschränken sich die Autor/innen auf die drei Komponenten Deeskalationsstrategien, Argumentation und Metakommunikation, letzteres als eine Strategie, die Art des Miteinander-Streitens zu thematisieren – im Anschluss an den möglicherweise gescheiterten Versuch einer inhaltlichen Streitklärung.

### 1. Gesprächsbewusstheit schulen durch kriteriengeleitetes Beobachten

Bisher wird die Sprachbewusstheit bezüglich kommunikativer Prozesse im Unterricht kaum gefördert; dabei ließe sich das relativ einfach bereits in den Unterricht der Primarstufe integrieren: Durch Beobachtungsaufgaben für Schülerinnen und Schüler lässt sich die kommunikative Wahrnehmung sowohl der authentischen, aktuellen Kommunikation als auch von aufgenommenen Gesprächen (Video-, Audioaufnahmen) schulen. Beobachtungsaufgaben können sein: Achte auf die Stimme, auf die Gestik und Mimik, auf die Wortwahl, auf Pausen oder Unterbrechungen, auf Bezugnahmen. Zu Beginn der Wahrnehmungsschulung ist bereits eine Beobachtungsaufgabe für die Schüler/innen hinreichend. Neben der Wahrnehmung der Expressivität der Stimme bzw. des

Stimmausdrucks sollte auch die Wortwahl und deren Wirkung bewusst gemacht werden; beide haben einen entscheidenden Einfluss bei Streitigkeiten. So können die Schüler/innen auf explizite und implizite Bewertungen von Ausdrücken aufmerksam gemacht werden. Sprachliche Handlungen wie Vorwürfe, Rechtfertigungen, Beschuldigungen, aber auch Entschuldigungen, Lob und Anerkennung und ihre jeweiligen Wirkungen können – gerade auch mit verschiedenen emotionalen und sachlichen Weisen des Sprechens – bewusst gemacht werden.

Sowohl das, was als beleidigend wahrgenommen wird, als auch die Weisen des Streitens selbst sind nicht nur individuell, sondern auch kulturspezifisch, wie Corsaro/Rizzo 1990 gezeigt haben; auch das kann den Schüler/innen bewusst gemacht werden.

Neben der Wahrnehmung und bewussten Beobachtung von Kommunikation und insbesondere von kritischen Gesprächssituationen lernt man Kommunizieren nur durch Kommunizieren; das heißt, die Schüler/innen benötigen neben Gesprächsregeln auch viele Möglichkeiten, diese sowohl angeleitet als auch frei einzuüben. Allerdings taugen konstruierte Gesprächssituationen nur bedingt dazu; hingegen schafft der aktive Einbezug der Schüler/innen in reale Entscheidungsprozesse, bei Problem- und Konfliktbehandlungen, wie es beim Klassenrat der Fall ist, authentische Möglichkeiten der Einübung der Gesprächskompetenz.

## 2. Stärkung der kommunikativen Basiskompetenzen

In vielen Mediationskonzepten sind Basiskompetenzen der Kommunikation wie zuhören, ausreden lassen, zur Sache reden, die Fähigkeit zur Perspektivenübernahme und Empathiefähigkeit feste Bestandteile des Trainings. Auch werden sie bereits in vielen Grundschulklassen als Gesprächsregeln eingeübt, wobei es darauf ankommt, sie nicht als isolierte, alltagsfremde Übungen wahrzunehmen, sondern in die gängige Gesprächspraxis der Kinder und Jugendlichen einzubinden.

Ab der Sekundarstufe I wird die Argumentations- und Diskussionsfähigkeit geschult; die Vermittlung der Problem- und Konfliktlösefähigkeit bis hin zur Vermittlung von Wissen über die Komponenten von Streit und über Deeskalationsstrategien kann an eine systematische und an Kompromiss- sowie Konsensfähigkeit ausgerichtete Argumentationsschulung angebunden werden. Dies unter der Voraussetzung, dass Argumentieren nicht als konfrontative Durchführung von Kampf-Diskussionen, wie es in vielen Pro- und Contra-Diskussionen der Fall ist, begriffen wird, sondern im Sinne einer sachlichen Alternativ-Argumentation (Krappmann 1996) und Klärungsdiskussion, die kompromiss- und konsensorientiert ist. Die Anbindung an die Argumentationseinübung bietet sich aus verschiedenen Gründen an: Durch konsensuelle Argumentations- und Diskussionsweisen können Problemlösestrategien eingeübt werden; hingegen führen unfaire Argumentationsstrategien auch in Diskussionen zu Streitigkeiten, sie entsprechen den streitfördernden Aktivitäten. Auch wirkt sich die Kenntnis von streitreduzierenden Strategien positiv auf das Diskussionsklima aus, da diese die Bearbeitung von kritischen Momenten erleichtern. Um die eigenen Diskussionen bewusst und kritisch zu reflektieren, können diese mit Video aufgenommen und von den Schüler/innen ausgewertet werden.

Zur Ausbildung der Argumentationsfähigkeit als Voraussetzung für eine Konfliktlösekompetenz sei hier auf das Kap. G2 zur Argumentation verwiesen. Nur soviel sei hier gesagt, dass ein klares Wissen über die verschiedenen Argumentationsweisen und ihre Einsatzmöglichkeiten (konsensuelle vs. konfrontative Diskussion; Diskussion zur Sachverhaltserhellung und -klärung vs. Positionierung, zur Problemlösung und Entscheidungsfindung), über die Logik des Argumentierens und ihre Tücken (modus ponens, Scheinschlüsse, Polarisierungen etc.) sowie deren Erkennen im alltäglichen Argumentieren nicht nur die kommunikative Bewusstheit schult, sondern auch helfen kann, unfaires Argumentieren aufzudecken. Voraussetzung hierfür ist allerdings die systematische Beobachtung und kritische Analyse verschiedener Diskussionsweisen, z. B. aus der TV-Welt oder aus eigenen Diskussionen, die aufgenommen wurden.

## 3. Kenntnisse über Konfliktinteraktion und deren Bewältigung

Neben der grundlegenden Gesprächskompetenz und einer Argumentationskompetenz sind Kenntnisse über das Zustandekommen von Streit sowie Streitreduzierungs- bzw. Vermeidungsstrategien hilfreich (Sarter 1985, Schwitalla 1987). Die Einsicht in Streitstrukturen kann helfen zu verdeutlichen, was in einem Streit passiert: Streitigkeiten liegen in der Regel Konflikte zugrunde, die friedlich nicht gelöst wurden oder gelöst werden konnten. Auslöser von Streitigkeiten sind Aktivitäten, die mindestens einer der Beteiligten als persönlichen Angriff, Grenzüberschreitung oder Verletzung interpretiert (vgl. Spiegel 1995). Als (vermeintliche) Folge des Angriffs kündigt einer der Beteiligten die der normalen Kommunikation zugrundeliegende Kooperativität auf und interpretiert alles Folgende als gegen seine Person gerichtet. Das Gegenüber interpretiert das Verhalten der anderen Person gleichfalls als Angriff und reagiert komplementär: zwei Personen streiten – und es entsteht eine Streitspirale, in der die Beteiligten den jeweils anderen für den Streit und seinen Fortgang verantwortlich machen.

Die Verletzungen, Vorwürfe und/oder empfundenen Ungerechtigkeiten werden mit dem Streitkontrahenten als dem Verursacher in einen engen Zusammenhang gebracht – und das ist das Typische für einen Streit, nämlich die Verlagerung oder Verschmelzung des Konflikts von einer Sache weg auf den Kontrahenten hin, der – vermeintlich oder tatsächlich – Ärger und Verletzungen ausgelöst hat. Die wahrgenommenen Beleidigungen und Verletzungen verursachen Empörung oder Aggressionen und lassen aggressiv reagieren mit der Folge, dass man spätestens jetzt auch beim Gegenüber Empörung, Ärger und Aggressionen auslöst. Ob die Ursache ein Missverständnis, ein falsches Wort oder eine unterschiedliche Wahrnehmung eines Sachverhalts war, interessiert jetzt nicht mehr; die Beteiligten sind persönlich involviert und emotionalisiert. Der Streit steigert sich zudem, wenn man sich gegenseitig nicht ausreden lässt, sondern sich ins Wort fällt, lauter wird und sich wechselseitig beschuldigt, anklagt und beleidigt. Jetzt sind Streitreduzierungs- bzw. Deeskalationsstrategien von Nutzen, denn solange das Streiten im Vordergrund steht, wird die Konfliktbearbeitung in der Regel ausgesetzt, da die Beteiligten emotional zu stark beteiligt sind, als dass eine sachliche Argumentation möglich ist.

## 4. Strategien der Deeskalation und der Konfliktbearbeitung

Erst wenn einer der beiden Beteiligten Einsicht, Kooperations- oder Kompromissbereitschaft zeigt, eine Teilschuld eingesteht oder gar eine Entschuldigung formuliert, oder aber auf ein weniger brisantes Thema ausweicht, kann es zu einer Streitberuhigung kommen. Einen Streit so zu beenden, dass im Anschluss ein friedliches Miteinander wieder möglich ist, fällt nicht nur Kindern, sondern auch vielen Erwachsenen schwer. Zu den Streitreduzierungs- bzw. Vermeidungsstrategien zählen die folgenden (vgl. hierzu Sarter 1985, Schwitalla 1987):

- *Signalisieren von Kooperativität:* Während unproblematische Kommunikation durch Kooperativität gekennzeichnet ist, d. h. alles, was die Gesprächsbeteiligten sagen, wird gutwillig interpretiert, ist für Streitinteraktion typisch, dass die Kooperativität aufgekündigt wird, die Äußerungen des Gegenübers negativ interpretiert werden und diesem prinzipiell Böswilligkeit unterstellt wird. Zugleich zeigt sich die Unkooperativität im eigenen Gesprächsverhalten: man lässt den anderen nicht ausreden, sondern fällt ihm ins Wort. Deeskalierend wirkt es, sich kooperativ zu zeigen, indem man andere (wieder) ausreden lässt und zugleich versucht, freundlich und sachlich zu bleiben. Das ist nicht einfach, aber die Voraussetzung für viele Gesprächshandlungen, die Streit vermeiden helfen.
- *Angriffe vermeiden und sich zurückhalten*: Auch wenn man bereits mitten im Streit ist, kann man auf Angriffe und Schuldzuweisungen verzichten. Gelegentlich reicht es auch, durch eigene Zurückhaltung dem anderen die Möglichkeit zu geben, seinen Ärger abzureagieren, sozusagen 'Dampf abzulassen'.
- *Ablenken vom kritischen Thema, evtl. Kommunikation abbrechen:* Häufig macht es Sinn, den Streit durch Ablenkung, evtl. durch ein anderes Gesprächsthema zu beenden. Erst zu einem späteren Zeitpunkt, wenn sich die emotionalen Wogen geglättet haben und die Gesprächspartner/innen sich etwas entspannt haben, kann der Vorfall noch einmal klärend besprochen werden. Ist die Situation emotional stark aufgeladen und lässt sich das Gegenüber

nicht vom Streit ablenken, z. B. durch ein anderes Thema, sondern der Streit droht weiter zu eskalieren, so ist es gelegentlich sinnvoller, sich einer weiteren Auseinandersetzung für den Augenblick zu entziehen, indem man die Kommunikation abbricht und zu einem späteren Zeitpunkt den Konflikt zu klären versucht.

- *Perspektivenwechsel und Übernahme der Partnerperspektive*: Bei dem Perspektivenwechsel (Das Glas ist halb voll/halb leer) wird versucht, den Sachverhalt auch aus anderen Perspektiven zu sehen und alternative Gründe und Konsequenzen zu finden. Bei der Übernahme der Partnerperspektive versetzen sich die Teilnehmenden versuchsweise in die Kontrahenten und bemühen sich, den Vorfall aus deren Perspektive wahrzunehmen.
- *Kompromissbereitschaft, Verständnis und Anerkennung zeigen*: Eng mit dem Perspektivenwechsel zusammen hängt das Signalisieren von Anteilnahme oder das Zeigen von Verständnis für den Ärger der anderen. Indem vermittelt wird, dass die Gefühle des anderen nachvollziehbar sind, kann Gemeinsamkeit hergestellt werden. Streitet man um etwas, so kann man Kompromissbereitschaft zeigen und damit eine Aushandlung einleiten. Oder aber man versucht, sowohl für sich selbst als auch für die Kontrahenten alternative Sichtweisen zu erschließen. Entschuldigungen für eigene Verstöße helfen ebenso wie das Anerkennen von positiven Eigenschaften des anderen, das Gesprächsklima zu verbessern.

Erst wenn ein Streit beendet ist, kann die Konfliktbearbeitung (wieder) in den Blick genommen werden. Bei einer Konfliktbearbeitung ist es wichtig, die (Streit-)Sache von der Person zu trennen, damit der Streit nicht wiederbelebt wird. Die Sache selbst, um die es geht, lässt sich mit der Darlegung der verschiedenen Sichtweisen (der Streitparteien) sowie mit dem Verdeutlichen der für die jeweiligen Beteiligten relevanten und weniger relevanten Lösungsvorstellungen bearbeiten. Hier kann ein faires Argumentieren helfen, den problematischen Sachverhalt zu klären. Die Metakommunikation hingegen hilft, die durch einen Streit entstandenen Verletzungen und deren Ursachen zu thematisieren und bewusst zu machen sowie einen rücksichtsvolleren Gesprächsstil für die Zukunft zu vereinbaren.

## 5 Fazit

Für ein friedliches Miteinander ist die Entwicklung einer Problem- und Konfliktlösungskompetenz als Bestandteil einer Gesprächskompetenz unabdingbar. Ein gutes Gesprächsklima minimiert Streitigkeiten schon im Vorfeld – und dafür wäre bereits eine gesicherte Beherrschung der kommunikativen Basiskompetenzen, wie es in den Bildungsstandards vorgesehen wurde, hinreichend: Sich wechselseitig ausreden lassen und zuhören, sich ernst nehmen und fair argumentieren sowie die Perspektive des anderen berücksichtigen – die Beachtung dieser Regeln schaffen den Rahmen für ein gutes Gesprächsklima. Der Klassenrat bildet eine gute Möglichkeit für die Schüler/innen, Problem- und Konfliktlösungen einzuüben und ein demokratisches Gesprächsverhalten zu trainieren. Auch das Moderieren, eine Voraussetzung für die Mediation, lässt sich im Klassenrat erlernen. Mediationstrainings helfen, das Klima in Schulen zu verbessern, wobei zu hoffen bleibt, dass eine Umorientierung und damit eine stärkere Einbindung von Mediationstrainings in den Kontext Schule stattfindet. Wenn sie auch nicht die Konfliktlösungskompetenz der Streitkontrahenten verbessern, so tun sie das doch zumindest für die Mediationsgeschulten selbst. Sinnvoll wäre, die Einübung der Konfliktfähigkeit in den Schulalltag zu integrieren und nicht (nur) als Lehrplanbestandteil, oder weil es gerade auf dem Stundenplan steht, einzuüben. Anlässe dafür gibt es in einer Klassengemeinschaft immer wieder, denn Konflikte treten in allen Gruppen auf. Nicht vergessen werden darf, dass Muster und Vorbilder für den Umgang mit Konflikten überall wahrgenommen werden. Im Lebensraum Schule sind es nicht nur die Mitschüler/innen, deren Verhalten kopiert wird; auch die Lehrenden und deren Verhalten im Konfliktfall setzen Maßstäbe für das, was für die Schüler/innen Gesprächskultur sein wird.

## Literatur


Becker-Mrotzek, Michael/Brünner, Gisela: Gesprächsanalyse und Gesprächsführung. Eine Unterrichtsreihe für die Sekundarstufe II. Radolfzell: Verlag für Gesprächsforschung 2006. http://www.verlag-gespraechsforschung.de/2006/raablts.htm

Behn, Sabine et al.: Mediation an Schulen. Eine bundesdeutsche Evaluation. Wiesbaden: VS Verlag für Sozialwissenschaften 2006

De Boer, Heike: Klassenrat als interaktive Praxis. Auseinandersetzung – Kooperation – Imagepflege. Wiesbaden: VS Verlag für Sozialwissenschaften 2006

Corsaro, William A./Rizzo, Thomas A.: Disputes in the peer culture of American and Italian nursery school children. In: Grimshaw, Allen D. (ed.): Conflict talk. Sociolinguistic investigations in conversations. New York: Cambridge University Press 1990, 21–66

Denk, Gerd/Föth, Ramona/Schaumann, Lena: Streitkultur in der Grundschule. Braunschweig: Westermann Verlag 2004

Gerber, Roland: Schüler schlichten Streit. Das Peace-Force®-Programm für Schülerinnen und Schüler von 7–11 Jahren. Zürich: Orell Füssli-Verlag 2006

Jefferys-Duden, Karin: Konfliktlösung und Streitschlichtung. Das Sekundarstufen Programm. Weinheim/Basel: Belz Verlag 2000

Kindler, Wolfgang: Gegen Mobbing und Gewalt! Ein Arbeitsbuch für Lehrer, Schüler und Peergruppen. Seelze: Kallmeyersche Verlagsbuchhandlung 2002

Krappmann, Lothar: Streit, Aushandlung und Freundschaften unter Kindern. Überlegungen zum Verhältnis von universellen und soziokulturellen Bedingungen des Aufwachsens in der Kinderwelt. In: Honig, Michael-Sebastian/Leu, Hans-Rudolf/Nissen, Ursula (Hrsg.): Kinder und Kindheit. Soziokulturelle Muster – sozialisationstheoretische Perspektiven. Weinheim/Berlin: Juventa 1996, 99–116

Krappmann, Lothar/Oswald, Hans: Alltag der Schulkinder. Beobachtungen und Analysen von Interaktionen und Sozialbeziehungen. Weinheim: Juventa 1995

Nothdurft, Werner (Hrsg.): Streit schlichten. Gesprächsanalytische Untersuchungen zu institutionellen Formen konsensueller Konfliktregelung. Berlin/New York: de Gruyter 1995

Sarter, Heidemarie: Konfliktvermeidungsstrategien und Techniken ihrer Realisierung. Ein Rundfunkinterview mit Algeriern in Frankreich. In: Rehbein, Jochen (Hrsg.): Interkulturelle Kommunikation. Tübingen: Narr 1985, 336–348

Schank, Gerd/Schwitalla, Johannes (Hrsg.): Konflikte in Gesprächen. Tübingen: Narr 1987

Schwitalla, Johannes: Sprachliche Mittel der Konfliktreduzierung. In: Schank, Gerd/ Schwitalla, Johannes (Hrsg.): Konflikte in Gesprächen. Tübingen: Narr 1987, 99–175

Schwitalla, Johannes: Konflikte und Verfahren ihrer Bearbeitung. In: Brinker, Klaus/ Antos, Gerd/Heinemann, Wolfgang/Sager, Sven (Hrsg.): HSK Text- und Gesprächslinguistik. Band II. Berlin/New York: De Gruyter 2001, 1374–1382

Spiegel, Carmen: Streit. Eine linguistische Untersuchung verbaler Interaktionen in alltäglichen Zusammenhängen. Tübingen: Narr 1995; demnächst: www.verlag-gespraechsforschung.de

Spiegel, Carmen: Diskussion im Klassenzimmer – wie im Fernsehen? In: Gutenberg, Norbert (Hrsg.): Sprechwissenschaft und Schule. München: Reinhardt Verlag 2004, 62–76

## Streitschlichtung im Internet

http://www.evaluation-schulmediation.de

http://www.sich-vertragen.de

http://www.bildungsserver.de/zeigen.html?seite=2208

http://www.friedenspaedagogik.de/themen/konstruktive_konfliktbearbeitung/konfliktbearbeitung/das_streit_schlichtungs_programm

http://www.schulpsychologie.de/lehrer/konflikte.htm

http://www.fairaend.de

http://www.weisser-ring.org/bundesgeschaeftsstelle/aktuell/aktionen/ediate_streitschlichtung_in_schulen/index.php

ANNETTE MÖNNICH

# G4 Die Freie Rede im Unterricht

Ziel dieses Artikels ist es, die Didaktik der Rede im Deutschunterricht anhand der folgenden Leitfragen neu zu profilieren: Auf welchem Verständnis von *Rede* und *Rhetorik* basiert die Rhetorikdidaktik? Welche *Redekompetenz* sollen Schüler/innen im Deutschunterricht entwickeln? Anhand welcher Übungsformen können Schüler/innen ihre *Redekompetenz* weiter entwickeln?

## 1 Rede und Rhetorik

Mit *Rede* ist in der Rhetorikdidaktik gemeint, dass ein Redner/eine Rednerin in einer Vortragssituation *vor* ein Publikum tritt und *zu* diesem Publikum spricht (vgl. z. B. Berthold 1993). Als *Rede* wird in der Rhetorikdidaktik auch ein Statement bezeichnet, das in einem Gespräch situiert ist; z. B. wenn Schüler/innen lernen, eine Debatte mit Rede und Gegenrede zu eröffnen und zu beenden (vgl. z. B. Langhammer 2006) oder wenn sie in einer nicht formalisierten Diskussion einen Diskussionsbeitrag zu einer Kurzrede ausweiten (vgl. z. B. Abraham 2008, 146). In der Rhetorikdidaktik wird das Halten einer Rede in einer Vortragssituation entweder als *monologisch* bezeichnet (vgl. z. B. Lüdin 1995, 39), oder mit Geißner (1988, 153) als *virtuell dialogisch*, um zu betonen, dass eine gute Rede davon abhängt, wie es dem Redner/der Rednerin gelingt, in einen Dialog mit den Hörer/innen zu treten. Daher ist mit Geißner nicht nur das Gespräch, sondern auch die *Rede als Kommunikation* zu beschreiben: Redner/in und Hörer/in kommunizieren miteinander und konstituieren Verständigungshandlungen mit dem Ziel, etwas gemeinsam zur gemeinsamen Sache zu machen (vgl. ebd., 129). Diese Kommunikation ist *„rhetorische Kommunikation“* (ebd., 159) und als solche charakterisiert durch die „intentionale Finalität kommunikativen Handelns, dessen Ziel nicht lediglich im Auslösen von Sprechhandlungen liegt, sondern in der Veränderung sozialer Praxis durch gemeinsames Handeln“ (ebd.). Eine Rede ist als rhetorisches Handeln somit zielgerichtetes Handeln.

Die Rhetorikdidaktik unterscheidet als Hauptgattungen der Rede die Informationsrede, die Überzeugungsrede und die Gesellschaftsrede. Die Gesellschaftsrede ist eine Anlassrede; sie bezieht sich auf eine Person und/oder ein konkretes Ereignis mit dem Ziel, diese Person und/oder dieses Ereignis zu würdigen. Eine Informationsrede fordert von Redner/innen, ein Auditorium über Sachverhalte zu informieren. In der Überzeugungsrede zielt der Redner/die Rednerin darauf ab, die Hörer/innen vom eigenen Standpunkt so zu überzeugen, dass die Hörer/innen ihre Einstellung/ihre Meinung/ihre Sichtweise/ihr Verhalten ändern. Als *'freie Rede'* gilt eine vorbereitete Rede, die frei gehalten wird und durch einen Stichwortzettel oder durch eine Visualisierung unterstützt werden kann. Eine andere Form der freien Rede ist die Stegreifrede, in der die Rednerin/der Redner spontan das Wort ergreift und es an ein Publikum richtet. Den Gegensatz zur 'freien Rede' bildet die 'manuskriptgebundene Rede', in der die Rednerin/der Redner ein schriftliches Redemanuskript mündlich vorträgt.

Meine Überlegungen konzentrieren sich im Folgenden auf das Lernen einer freien Rede als Meinungs-/Überzeugungsrede in einer monologischen Sprechsituation (vgl. zu didaktisch-methodischen Überlegungen zur Informationsrede Berkemeier/Pfennig: Schüler/innen präsentieren, Kap. G2; zur Didaktik der Gesellschaftsrede vgl. Lepschy 2008). Die Begriffe Meinungs- und Überzeugungsrede verwende ich im Unterschied zu Bartsch (1990) synonym, weil die Grenzen zwischen diesen beiden Formen persuasiver Kommunikation fließend sind.

Eine Rede ist eine Form rhetorischer Kommunikation, in der Sprecher/in und Hörer/in gemeinsam Sinn konstruieren und Verständigungshandlungen konstituieren (vgl. Geißner 1988, 129). Die besondere Herausforderung einer Rede an die Redner/innen besteht darin, dass ihnen der Dialog mit den Hörer/innen gelingt – sowohl in der Vorbereitung der Rede (durch die Berücksichtigung der Perspektive der Hörer/innen) als auch in der Durchführung der Rede (durch sprachliche, sprechsprachliche sowie körpersprachliche Mittel und ggf. durch Medien). Die besondere Herausforderung einer Rede für die Hörer/innen besteht darin, sich auf das Hörverstehen der Rede vorzubereiten (inhaltlich und durch einen imaginierten Dialog mit der Rednerin/dem Redner), und der redenden Person während der Rede verstehend und kritisch zuzuhören. Dominanter als dieses *kommunikative Rhetorikverständnis*, das die Interaktivität sowie Verständigungsorientierung der handelnden Personen betont (vgl. Mönnich 2004, 110), ist in der Fachliteratur über Rhetorik ein *instrumentelles Rhetorikverständnis* (vgl. ebd., 106), das Rhetorik als strategisches Handeln eines situationsmächtigen Orators beschreibt: Rhetorik gilt als „die Beherrschung erfolgsorientierter strategischer Kommunikationsverfahren" (Knape 2000, 33). Die Hörer/innen bilden in dieser Konzeption von Rhetorik die Adressaten, deren „kommunikativer Widerstand (...) letztlich nur annähernde Kommunikationserfolge zulässt" (ebd., 58).

Mit diesen Diskrepanzen im Rhetorikverständnis sind zwei grundlegende Herausforderungen für die Didaktik mündlicher Kommunikation verknüpft: (a) *das Konzeptualisierungsproblem*: Auf welchem Kommunikationsverständnis basieren Unterrichtskonzepte zur Kommunikationsdidaktik (vgl. Fiehler 1999, 28f.)? In der linguistischen Gesprächsforschung erläutert z.B. Deppermann (2004) „Interaktivität" als Eigenschaft von Gesprächen: „'Interaktivität' meint, dass Handeln und Bedeutung im Gespräch vom Gesprächspartner abhängig, auf den anderen bezogen formuliert sind und von seiner Reaktion beeinflusst werden“ (ebd., 22); Fehlerwartungen an Gesprächsberatung und -training „entstehen aus der Annahme, Gesprächsverlauf, -erfolg und Reaktionen einseitig kontrollieren und vorhersehen zu können“ (ebd.). In der Didaktik des Gesprächs und der Didaktik der Rede erfolgt zunehmend eine Abwendung von sprecherzentrierten Modellen für mündliche Kommunikation und eine Hinwendung zu solchen Kommunikationsmodellen, welche die Interaktion der miteinander Sprechenden und einander Zuhörenden herausstellen (vgl. z.B. Grundler 2008, 53); (b) *das Normierungsproblem*: Welche Normen gelten für *gelungene* bzw. *misslungene* Kommunikation (vgl. Fiehler 1999, 32)? Was zeichnet *kompetentes* Kommunikationshandeln aus? Becker-Mrotzek (2008) weist darauf hin, dass es im gesamtgesellschaftlichen Kontext keinen Konsens darüber gibt und nennt als Beispiel: „Soll unter Gesprächskompetenz eher verstanden werden, in der Kommunikation möglichst effektiv die eigenen Ziele zu verfolgen – oder eher die Fähigkeit, gemeinsam mit den Gesprächspartnern ein Ziel zu erreichen, auch unter Hintanstellung eigener Interessen?“ (ebd., 72).

Die Brisanz beider Probleme für die Didaktik der Rede ist signifikant. Basis der folgenden Überlegungen ist ein Verständnis von *Rede als verständigungsorientierter Interaktion*. Für die Gestaltung von Lernprozessen zum Reden hat das zur Konsequenz, dass Schüler/innen sowohl das Hören von Reden als auch das Halten von Reden als adressatenbezogene Interaktion gestalten. Eine verständigungsorientierte Rhetorik bildet darüber hinaus den Gegenpol zu einer instrumentellen Rhetorik, aber eine verständigungsorientierte Rhetorik bezieht strategisches Denken ein. Fünfsatz und rhetorische Mittel z.B. sind nicht zwingend Durchsetzungsinstrumente siegreicher Redner/innen, sondern können auch als rhetorische Handlungsmuster bestimmt werden, die zum Methodenrepertoire verständigungsorientierter Redner/innen und Hörer/innen dazugehören.

## 2 Redekompetenz

Welche Redekompetenz sollen Schüler/innen durch Redeübungen entwickeln? In der Deutschdidaktik fehlt ein Kompetenzmodell für das *Reden lernen*. Um Konturen eines solchen Modells zu skizzieren, nehme ich im Folgenden Impulse aktueller Kompetenzmodelle der Sprachdidaktik auf.

### 2.1 Redekompetenz als Wissen, Können und Bewusstheit

Die im Deutschunterricht zu vermittelnden Kompetenzen lassen sich mit Ossner (2006) anhand eines lernpsychologisch fundierten Grundmodells beschreiben, das die Ebenen *Wissen, Können* und *Bewusstheit* umfasst (vgl. ebd., 44ff.). Um die Entwicklung von Redekompetenz zu untersuchen oder Anspruchsniveaus zu formulieren, sind aus dieser Perspektive die Fragen unabdingbar: Welches *fach-*

*liche Wissen über Rhetorik* bilden die Schüler/innen in welcher Jahrgangsstufe aus? Welches *Problemlösungswissen*? Welches *prozedurale Wissen*? Über welches *rhetorische Können* verfügen die Schüler/innen als Handlungskompetenz und als Verhaltensroutine? Welche *metakognitiven Fähigkeiten*, welche Bewusstheit über rhetorische Prozesse entwickeln die Schüler/innen in den einzelnen Jahrgangsstufen?

## 2.2 Redekompetenz in ihren expressiven, kognitiven, sozialen und kontextuellen Dimensionen

Kommunikationskompetenz lässt sich anhand zentraler Merkmale von Sprache und Sprachkompetenz beschreiben sowie anhand spezifischer Merkmale der jeweiligen Kommunikationsform (vgl. z. B. Vogt 2007). Weil das Argumentieren den Kern der Überzeugungsrede bildet, ist besonders das von Vogt (ebd.) vorgelegte Modell zur Argumentationskompetenz auf seine Relevanz für die Beschreibung einer *Redekompetenz* zu prüfen. Vogt schlägt vor, Argumentationskompetenz in folgende Teilfähigkeiten auszudifferenzieren: „Perspektivierung von Sachverhalten; Ziele festlegen" (expressive Dimension); „Nutzung von Wissensbeständen, schlussfolgerndes Denken" (kognitive Dimension); „Perspektivenübernahme, Beachtung ethischer Prinzipien, Taktik" (soziale Dimension); „Angemessenheit, Handlungsziele: – kommunikativ – strategisch" (kontextuelle Dimension) (vgl. ebd., 37). Weitere Teilfähigkeiten der Argumentationskompetenz verdeutlicht Vogt, indem er mündliche und schriftliche Manifestationen des Argumentierens ebenfalls den genannten Dimensionen zuordnet. So bestimmt er als Teilfähigkeiten mündlichen Argumentierens den Umgang mit „Intonation, Mimik, Gestik" (expressive Dimension); die „situativ angemessene Verknüpfung von Propositionen (kontroverse bzw. konvergente Sequenz)" (kognitive Dimension); „Rezipienten-Design, Sequenzierung, Höreraktivitäten, 'Fairness'" (soziale Dimension); „Beitragslänge, Modalität, – Beitragsaktivität, – Prozessualisierung" (kontextuelle Dimension) (ebd.).

All diese Aspekte sind geeignet, auch die Teilfähigkeiten einer Redekompetenz zu erfassen. Zu beachten ist jedoch, dass das von Vogt vorgelegte Modell das Argumentieren zwar als interaktiven Prozess berücksichtigt, aber es setzt den Schwerpunkt auf die Kompetenz als Sprecher/in. Ein Modell für eine kommunikative Redekompetenz sollte hingegen die *Kompetenzen als Redner/in und die Kompetenzen als Hörer/in* beschreiben, z. B. die Glaubwürdigkeit als Redner/in und als Hörer/in (expressive Dimension), die Sachkenntnis als Redner/in und als Hörer/in (kognitive Dimension), den Adressatenbezug als Redner/in und als Zuhörer/in (soziale Dimension) und die situative Angemessenheit der Ziele als Redner/in und als Hörer/in (kontextuelle Dimension). Ziele von Hörer/innen können im Hinblick auf die Funktionalität einer Überzeugungsrede auch dysfunktional sein, wenn z. B. Hörer/innen nur anwesend sind, um die Atmosphäre im Auditorium zu genießen, aber nicht, um sich mit der Rede auseinanderzusetzen.

In einem Modell für Redekompetenz ist es darüber hinaus erforderlich, zusätzliche Dimensionen zu berücksichtigen: den Umgang mit Gefühlen (emotionale Dimension), den Umgang mit der Vorstellungskraft (imaginale Dimension, sowie den Umgang mit dem Willen (voluntative Dimension) – und zwar immer als Redner/in und als Hörer/in. Diese Erweiterung ergibt sich aus den *Aufgaben des Redners/der Rednerin in der persuasiven Kommunikation*: Wenn der Redner/die Rednerin das Ziel erreichen will, die Hörer/innen von etwas Bestimmten zu überzeugen, kann der Redner/die Rednerin dies

> „auf dreierlei Weisen erreichen. Einmal durch die Belehrung *(docere)*, die auf einen rationalen Erkenntnisprozess zielt und die intellektuellen Fähigkeiten der Adressaten anspricht (...), sodann durch die emotionale Stimulierung des Publikums, die auf die Erregung sanfter, gemäßigter, milder Affekte *(delectare, conciliare)* zielt und schließlich durch die Erregung der Leidenschaften *(movere, concitare)*." (Ueding/Steinbrink 1986, 258) Nie „hat die Rhetorik die sokratische Überzeugung geteilt, dass das Richtige und Gute erkennen auch schon zum entsprechenden Handeln, oder nur zur entsprechenden Gesinnungsänderung führt. Daher genügt es nicht, nur auf einen Teilbereich der menschlichen Natur, Urteilskraft und Vernunft, einzuwirken, auch Gefühle und Willen, Sinnlichkeit und Seelenkräfte müssen auf eine der Beweisführung angemessene Art angesprochen werden" (ebd., 259).

Ueding/Steinbrink beziehen sich hier u.a. auf Ciceros Überlegungen zur judizialen Rede:

> „So stützt sich die ganze Kunst der Rede auf drei zur Überredung taugliche Mittel, indem wir zuerst die Wahrheit dessen, was wir verteidigen, erweisen, dann die Zuneigung der Zuhörer gewinnen, endlich ihre Gemüter in die Stimmung, die jedesmal der Gegenstand der Rede verlangt, versetzen wollen" (De oratore 2, 27, 114, zit. nach Ueding/Steinbrink 1986, 258).

Besonders in der Formulierung Ciceros wird ein instrumentelles Rhetorikverständnis deutlich, das sich auch auf den strategischen Umgang mit Affekten erstreckt. In einer verständigungsorientierten Redekompetenz geht es hingegen darum, sich als Redner/in und als Hörer/in der emotionalen Ebene der rhetorischen Kommunikation bewusst zu sein und als Redner/in auch auf dieser Ebene Sprache nicht manipulativ einzusetzen. Das bedeutet, als Redner/in in einer Überzeugungsrede Emotionalität und Rationalität auszubalancieren (vgl. Bartsch 1986), und als Hörer/in die emotional wirkenden Redemittel zu erkennen. Der Verzicht von Redner/innen auf Manipulation heißt letztlich, *überzeugen statt überreden* zu wollen (vgl. Geißner 1988, 154f.), die Urteilskraft der Hörer/innen zu aktivieren und den Hörer/innen eine freie Meinungsäußerung zur vorgetragenen Rede zuzugestehen.

## 2.3 Redekompetenz als dialogische Kompetenz

Gesprächskompetenz ist eine Handlungskompetenz, deren Kern die Fähigkeit ist, *„die sich aus der Gesprächssituation ergebenden Anforderungen zu erfüllen"* (Becker-Mrotzek, B4, *Hervorh. A.M.*). Um diese Anforderungen genauer zu bestimmen, berücksichtigt Becker-Mrotzek einerseits die vielfältigen Bedingungen mündlicher Kommunikation; andererseits erfasst er die kommunikativen Anforderungen sowie die ihnen zugeordneten Fähigkeiten der Gesprächsbeteiligten in den grundlegenden Dimensionen „Thematische Fähigkeit", „Fähigkeit zur Identitätsgestaltung", „Fähigkeit zur Musterrealisierung", „Fähigkeit zum Unterstützen" (ebd., 16). Dieses Modell für Gesprächskompetenz beziehe ich im Folgenden auf *Redekompetenz*, um die Didaktik der Rede stärker mit der Didaktik des Gesprächs zu verbinden und um *Redekompetenz als dialogische Kompetenz* zu profilieren. Mit beiden Interessen knüpfe ich auch an die Überlegungen Geißners (1998) an, der Rede als rhetorische Kommunikation begreift und eine Analogie zwischen Gesprächs- und Redekompetenz sieht: Gesprächskompetenz umfasst „*Gesprächsfähigkeit*" (ebd., 28), „*Gesprächs-Verstehensfähigkeit*" (ebd., 29) und „*Gesprächskritik*" (ebd., 30); Redekompetenz umfasst „*Redefähigkeit, Redeverstehensfähigkeit* und *Redekritik*" (ebd., 31).

Die *thematische Fähigkeit* (Becker-Mrotzek, B4) von Redner/innen und Hörer/innen besteht bei einer *Rede* darin, das für den Überzeugungsprozess relevante Sachwissen heranzuziehen (Sachkompetenz), es zielgerichtet für das Reden und verstehende Hören auszuwählen und es verständlich zu präsentieren. Zur Auswahl der Inhalte gehört auch die Fähigkeit des Redners/der Rednerin, das Vorwissen, die Fragen, die Positionen und die Interessen der Zuhörer/innen bei der Auswahl der Ziele und Inhalte der Rede angemessen zu berücksichtigen (Perspektivenübernahme). Für das *verstehende Zuhören* besteht die Anforderung an die Hörer/innen, sich in die Perspektive des Redners hineinzuversetzen, um dessen Positionen und Interessen zu erkennen. Weil die Positionen und Interessen von Redner/in und Zuhörer/in mit den situativ-institutionellen Zwecken des Redens und des Redehörens verknüpft sind, ist die thematische Fähigkeit der Redner/in und der Zuhörer/in damit verbunden, die institutionell geprägte Funktionalität der Rede zu kennen und beim Reden und verstehenden Hören zu berücksichtigen (vgl. z.B. die besonderen Regeln für politische Reden im Bundestag). Redner/innen und Hörer/innen müssen also thematisches Wissen und Institutionswissen miteinander verknüpfen. Das gilt auch für das Konstituieren von Verständlichkeit; denn Redemuster sind wie Handlungsmuster von Gesprächen institutionell geprägt. Die *Redekritik* fordert von Redner/innen und Hörer/innen den kritischen Umgang mit dem Thema, der Themenbearbeitung und der vorgegebenen Funktionalität der Rede.

Die *Fähigkeit zur Identitätsgestaltung* (ebd.) betrifft in der Rede wie im Gespräch die Aufgabe der „wechselseitigen Identitätsgestaltung" (ebd., 9) der

Interagierenden. „In den Worten von Erikson/Schultz (1982, 25): 'Each *ego* is telling *alter* who *ego* is', und, darüber hinaus: '*Ego* is also telling *alter* who *ego* thinks *alter* is.'" (Bührig/ten Thije 2005, 1236) In der Rhetorik gelten Glaubwürdigkeit und Überzeugungskraft als wichtige Eigenschaften von Redner/innen. Die Rhetorik geht wie die Sozialpsychologie davon aus, dass Redner/innen diese Eigenschaften nicht „haben", sondern dass ihnen diese von den Hörer/innen zugeschrieben werden (vgl. z. B. Geißner 1998, 32). Aber wie hoch muss die Identifikation des Redners/der Rednerin mit dem Ziel der Rede sein, um Überzeugungskraft zugeschrieben zu bekommen (alltagsweltlich formuliert: wie sehr muss die Rednerin hinter dem stehen, was sie sagt)? Für die antike Rhetorik ist eine Identifikation notwendig, wenn es um das Entfachen von Affekten geht. Cicero schreibt:

> „Denn wie kein Stoff so einfach zu entzünden ist, dass er ganz ohne Hilfe eines Feuers Feuer fangen konnte, so ist kein Herz derart empfänglich für die Wirkung eines Redners, dass es sich entflammen ließe, wenn er nicht selbst entflammt und brennend zu ihm käme." (De oratore 2, 190)

Als Voraussetzung für das Erlangen von Glaubwürdigkeit gilt in der heutigen Rhetorikdidaktik zudem die Klarheit über die eigene Rolle und die Rolle des Interaktionspartners (Redner/in: Als wer spreche ich zu wem? Als wer werde ich von den Hörer/innen wahrgenommen? Hörer/in: Als wer höre ich wem zu? Als wer werde ich vom Redner angesprochen?). Darüber hinaus ist das Wahrnehmen und Bearbeiten möglicher Rollenkonflikte als Redner/in und das Berücksichtigen möglicher Rollenkonflikte als Hörer/in im Umgang mit Inhalt und Ziel der Rede wichtig (z. B. Welche Überzeugung vertreten mein Gegenüber und ich als Privat-*Person*? Welche Überzeugung vertreten mein Gegenüber und ich beim Reden oder beim Hören aufgrund der beruflichen *Funktion*, z. B. als Fraktionssprecher/in? Ist es wichtig, durch eine metakommunikative Bemerkung die Rolle zu verbalisieren *das sage ich jetzt als Klassensprecher/in* ...?) Auch die *Imagearbeit* gehört zur *Identitätsgestaltung* in Gesprächen (vgl. Bührig/ten Thije 2005, 1236 auf der Basis von Holly 2001 und Goffman 1967). In der Rhetorik ist Imagearbeit insbesondere für Redner/innen in der Öffentlichkeit unerlässlich. Redner/innen begegnen dieser Anforderung mit Strategien der Selbstdarstellung und dem Aufbau eines Images, das den Anforderungen des übernommenen Amtes entspricht, z. B. entschied sich Angela Merkel beim Bekleiden der Rolle als Kanzlerin für einen neuen Stil, sich zu kleiden, wählte schon im Wahlkampf eine neue Frisur, und sie konstituiert seit ihrer Amtsübernahme einen deutlicheren Gestus der Entschiedenheit in Sprache und Sprechweise. Die Öffentlichkeit reagiert darauf positiv. Dieses Beispiel verdeutlicht: Die Selbstdarstellung der *Person* des Redners/der Rednerin und deren Akzeptanz durch die Hörer/innen ist geprägt durch die institutionellen und gesellschaftlichen *Funktionen* der übernommenen Rolle. Der Einfluss der *Funktion* auf die *Person* gilt auch für die Hörer/innen, denen in Demokratien eine freie Stellungnahme zur Selbstdarstellung der Redner/innen möglich ist – sogar zu der Frage: Welches Abendkleid darf eine Bundeskanzlerin bei öffentlichen Anlässen tragen? So trivial wie diese Frage erscheint, ist sie nicht; denn es geht letztlich um das Spannungsfeld der Redner-Identität zwischen Person und Funktion. Darüber hinaus bringen Redner/in und Hörer/in in der Kommunikation ihrer Selbst- und Fremdbilder auch ihre *kommunikativen Haltungen* zum Ausdruck, z. B. die Selbstachtung und die Achtung gegenüber dem Interaktionspartner. In der Rhetorik gibt es seit der Antike einen Diskurs über den Redner/die Rednerin als tugendhaften Menschen ("vir bonus", vgl. Quintilian). Haltungen sind durch kulturelle Werte und Normen auch für rhetorisches Handeln verbindlich, so dass Redner/innen und Hörer/innen auch ethische Anforderungen erfüllen müssen, z. B. die Meinungsfreiheit zu gewähren und zu beanspruchen. Für die Rhetorikdidaktik ist der Diskurs darüber wichtig, welche Haltungen in der Gesellschaft verbindlich sind, welche Wertekonflikte auf Redner/innen und Hörer/innen zukommen können und wie kommunikative Haltungen angemessen in Kommunikationshandlungen transferiert werden.

Die *Fähigkeit zur Musterrealisierung* (Becker-Mrotzek, B4) korrespondiert in der Rhetorik mit der Fähigkeit der Redner/innen und Hörer/innen, auf Musterwissen für Überzeugungsstrategien zurückzugreifen. Besonders deutlich wird dies in der Gliederung der Gedanken (*dispositio*), für die Redestrukturmuster zur Verfügung stehen. (Vgl. zum Fünfsatz Geißner 1968, 258 ff. und 1986, 55 f.; Berthold 1993, 42 ff.; vgl. zur Struktur von Überzeugungs- und Meinungsrede Bartsch 1990; vgl. zum Aufbau einer Meinungsrede Merger 1998, 43.) Die Theorie der Beredsamkeit hält auch für die anderen Bearbeitungsphasen Musterwissen bereit: in der Phase der Gedankenfindung (*inventio*) z. B. das Nutzen einer „Topoi-Systematik" (Lepschy 2008, 57 und Merger 1998, 136 ff. auf der Basis von Quintilian); in der Phase der sprachlichen Darstellung der Gedanken (*elocutio*) den Redeschmuck durch Tropen (z. B. Metapher), rhetorische Figuren (z. B. Ellipse) und durch Stilistik (Laut-, Wort-, Satz-, Textstilistik) (vgl. Händel/Kresimon/Schneider 2007, 22 ff.; vgl. Göttert 1994, 44 ff.); in der Phase des Memorierens der Rede (*memoria*) die Mnemotechniken; und schließlich beim Vortrag der Rede (*actio*) typische Sprech- und Körperausdrucksmuster. Zu berücksichtigen ist, dass der individuelle Stil eines Redners/einer Rednerin einerseits begrenzt wird durch institutionelle, gesellschaftliche und kulturelle Konventionen für die jeweilige Rede; andererseits wird von Redner/innen in der politischen Rede und in der Gesellschaftsrede erwartet, Individualität zum Ausdruck zu bringen. Hörverstehen und Re-agieren der Hörer/innen werden durch dasselbe Musterwissen beeinflusst; und Hörer/innen wollen darüber hinaus zugleich als Individuen angesprochen werden. Die Fähigkeit zur *„Redekritik"* (Geißner 1998, 31) stellt Redner/innen und Hörer/innen vor die Aufgabe, gegebene Muster nicht unkritisch anzuwenden und mit Rezepten zu verwechseln, sondern die Muster kritisch zu prüfen und sie ggf. zu verändern.

Die *„Fähigkeit zum Unterstützen“* (Becker-Mrotzek, B3) betrifft in der Rede die Kategorie der Verständlichkeit. Wichtig ist die *Perspektivenübernahme des Redners/der Rednerin vor der Rede* – Wie kann ich in der Rede die Verstehensprozesse der Zuhörer/innen unterstützen? Welche Verstehensprobleme werden die Zuhörer/innen vermutlich haben? Was folgt daraus für die Konzeption der Rede? – und während der Rede: Welche Hörrückmeldungen aus dem Auditorium nehme ich wahr? Welche Hörrückmeldungen interpretiere ich als Ausdruck für Verstehen oder als Ausdruck von Verstehensproblemen? Wie reagiere ich angemessen darauf? Zur Fähigkeit zum Unterstützen des Hörverstehens gehört für Redner/innen auch der reflektierte Einsatz von Visualisierungen. Je nach Sprechsituation gelten Tafelbild, Flipchard, Moderationskarten auf Moderationsstellwänden, Folien per Power-Point-Präsentation oder Tageslichtprojektor als angemessene Medien für die Visualisierung. Zur *Aufgabe als Hörer/in* gehört im Sinne einer gemeinsamen Verständigungshandlung, den Redner/innen durch Hörrückmeldungen Verstehen oder Nicht-Verstehen zu bekunden. Aber zum *guten* Zuhören bei einer Rede gehört in unserer Gesellschaft eine höfliche Zurückhaltung, so dass Hörrückmeldungen in Redesituationen meistens ausbleiben. Zur Redekritik gehört auch eine kritische Haltung gegenüber diesen Normen.

Insgesamt zeigt sich in der Anwendung des Kompetenzmodells zur Gesprächsfähigkeit, wie eng nicht nur die Fähigkeit zur Musterrealisierung, sondern auch die thematische Fähigkeit, die Fähigkeit zur Identitätsgestaltung sowie die Fähigkeit zum Unterstützen jeweils mit der Fähigkeit verwoben ist, die situativ gebundene Funktionalität der Kommunikation zu erkennen und kritisch mit ihr umzugehen. Zu diskutieren ist die Konzeption, die Vielzahl der Interaktionsaufgaben auf die genannten vier Grundkomponenten zu konzentrieren. Es wäre auch plausibel, die Fähigkeit zur Situationsgestaltung, die Fähigkeit zum Umgang mit der Funktionalität der Rede und die Fähigkeit zur Beziehungsgestaltung eigens zu benennen (vgl. Mönnich/Spiegel, F1).

## 2.4 Redekompetenz als rhetorische Handlungskompetenz

Außerdem wird deutlich: einerseits sind die Koordinaten des *„Kompetenzmodell(s) Gesprächsfähigkeit“* (ebd.) geeignet, um *Redekompetenz als dialogische Kompetenz* zu profilieren und Einsichten zur Rederhetorik neu zu akzentuieren, z. B. durch die Kategorie „Fähigkeit zum Unterstützen“. Andererseits ist es für ein *Kompetenzmodell Redefähigkeit* notwendig, zusätzlich ein wesentliches Merkmal rhetorischer Handlungskompetenz zu integrieren, nämlich die *Fähigkeit der Redner/in, mittels Sprache, Sprechsprache und Körpersprache (sowie eingesetzter Medien) intendierte Wirkungen zu erzielen.* Das

Signifikante *rhetorischer Handlungskompetenz* wird deutlich durch die Leitfragen:

*Welche Zeichen verwenden Redner/in und Hörer/in* in ihrer

- nonverbalen Kommunikation,
- paraverbalen Kommunikation,
- verbalen Kommunikation?

*Durch welche nonverbalen, paraverbalen und verbalen Mittel konstituieren Redner/in und Hörerin*

- *die Situation*, z.B. als formell/informell? Wie re-agieren Redner/in und Hörer/in auf das Wann und Wo der Rede?
- *die Funktionen der Rede* im institutionellen oder gesellschaftlichen Kontext, Funktion der Rede im strategischen Handlungsfeld (z.B. Beginn von Verhandlungen)?
- *die Themenbearbeitung*: z.B.: Zeugt die Rede von hoher Sachkompetenz? Handlungsmotive: Warum spricht der Redner/Warum hören die Hörer/innen zu? Handlungsziele: Ist die Rede auf ein Ziel zugespitzt? Sind die Argumente treffend? Handlungsinteressen: Wozu spricht der Redner/wozu hören die Hörer/innen zu (z.B. Reden und Hören als Protest, als Warnung, als Werbung...)? Wie relevant ist die Rede für die Interessen der Interagierenden?
- *die Identitäts- und Beziehungsgestaltung*: z.B. Als wer interagieren Redner/in und Hörer/in? Welchen Einfluss haben Macht und Status der Redner/innen und Hörer/innen auf die Rede und das Hören der Rede? Ist die Beziehungsgestaltung situativ angemessen? Wie wirken sich Rede und Hören der Rede auf die Beziehung zwischen Redner/in und Hörer/in aus? Wie wirkt sich die Rede auf die Beziehung zu Dritten aus?
- *die Musterrealisierung*. z.B. Welche Denkmuster und Redemuster nutzt die Rednerin? Welche Hörmuster und Hörverstehensmuster der Hörer/innen wirken auf den Rezeptionsprozess und den Interaktionsprozess ein?
- *das Unterstützen*: z.B. Welche Mittel nutzen Redner/in und Hörer/in, um das gegenseitige Interesse zu wecken und das Verstehen zu sichern?

Anders formuliert: Welche nonverbalen, paraverbalen und extraverbalen Zeichen nutzen Redner/in und Hörer/in, und welche Funktion haben diese Zeichen *für das Konstituieren von Verständlichkeit, Glaubwürdigkeit, Überzeugungskraft und Verständigungsbereitschaft*?

## 3 Übungsformen für die Entwicklung der Redekompetenz

In der Didaktik der Rhetorik liegen Unterrichtskonzepte und Übungsbausteine für die Entwicklung der Redekompetenz vor (vgl. zu Unterrichtskonzepten z.B. Lüdin 1996, Merger 1998, Pabst-Weinschenk 1998; vgl. zu Übungsbausteinen

Berthold 1993, Klippert 1995, Pabst-Weinschenk 1999, Lepschy 2008). Darüber hinaus gibt es Fachliteratur über die Methodik des Rhetorikunterrichts (Berthold 2003) oder des Unterrichts in mündlicher Kommunikation (Lepschy 1999, Wagner 2003, Mönnich 2004). Bahmer (1994) und Kraus (1996) skizzieren die Geschichte der Übungsformen im Rhetorikunterricht. Die Methoden zur Entwicklung der Redekompetenz werden in den Unterrichtskonzepten nach ihren Inhalten unterschieden, z. B. „Stegreif-Reden" und „Kurzreportagen", (Klippert 1995, 166, 167), oder sie werden Teilfähigkeiten zugeordnet, z. B. „Sprechdenken üben", „Besser argumentieren", „Lampenfieber überwinden" (Pabst-Weinschenk 1999, 5) oder nach ihren Anforderungen für die Jahrgangsstufen gegliedert (z. B. Berthold 1993, 15 ff., 24 ff., 83 ff.). Die Übungsbausteine für Redeübungen empfehlen selten Übungsreden in einer fiktiven Rolle an ein fiktives Publikum (z. B. als Reporter vgl. Klippert 1995, 167, oder als Staatsanwalt ebd., 181); auf die Gefahr des Rollenspiels, dass künstliche Spieleffekte entstehen können (vgl. Brons-Albert 1994), weisen die Übungssammlungen nicht hin, wohl aber die fachdidaktische Literatur (vgl. z. B. Mönnich 2004, 94 f.). Die Redeübungen werden meistens so konzipiert, dass die Schüler/innen ‘sie selbst’ bleiben und sich an die Mitschüler/innen wenden (vgl. z. B. Klippert 1995, 166, 173). Durch Themen aus der Politik werden „Rhetorik und politische Bildung" (Geißner 1986) miteinander verknüpft. Als Themen dienen auch juristische Streitfälle, so dass die Redeübungen in die Nähe zur judizialen Rhetorik gerückt werden (vgl. z. B. Berthold 1993, 89 ff.). Die Unterrichtskonzepte zum Thema *Reden lernen* kombinieren unterschiedliche Wege: Schreiben (z. B. in den Schritten zur Vorbereitung einer Rede), Hören oder Lesen von Reden und deren Analyse (vgl. z. B. Merger 1998, 142), Lehrervortrag und Rezeption von Arbeitsblättern für die Aneignung von Fachwissen (z. B. zum Strukturieren von Argumentationen vgl. z. B. Pabst-Weinschenk 1998, 124), Spiele (z. B. „zur Argumentationsübung" ebd., 119), „Spielerische Reden" (Berthold 1993, 125), projektorientierte Methoden (z. B. die Expertenbefragung an außerschulischen Lernorten, vgl. z. B. Merger 1998, 142) und darüber hinaus praktische Redeübungen mit anschließendem Feedback, das auch als Audio- oder Video-Feedback empfohlen wird (vgl. z. B. Berthold 1993, 116 ff.).

Beleuchten wir die Methoden von ihren didaktischen Funktionen für die Entwicklung der *Redekompetenz*, wird deutlich: die vorliegenden Übungsbausteine und Unterrichtskonzepte legen besonderen Wert auf die Vermittlung von Handwerkszeug für die Redevorbereitung – Ideenfindung (inventio), Gliederung (dispositio), Stilistik (elocutio), Gestaltung von Visualisierungen zur Unterstützung des Gedächtnisses des Sprechers und des Hörers (memoria) – und dem Halten der Rede (actio). Dadurch stehen die Fähigkeiten zur Themengestaltung und zum Realisieren von Musterwissen im Vordergrund. Außerdem zielen die vorliegenden Konzepte auf die Ausbildung als Redner/in; die Kompetenz als Hörer/in kommt selten in den Blick (vgl. z. B. Geißner 1998). Eine kompetenzorientierte Methodik der Rederhetorik sollte demgegenüber *Redekompetenz als dialogische Kompetenz* profilieren. Das bedeutet auch, kognitive, prozedurale und metakognitive Fähigkeiten für das Reden*können* und Hören*können* so fruchtbar zu machen, dass Schüler/innen sich ihres eigenen Rede- und Hörhandelns in Kommunikations- und Gruppenprozessen bewusst werden und diese Selbstreflexivität in der Steuerung ihres Reden- und Hörenlernens berücksichtigen: Was kann ich schon – was könnte ich besser machen – was ist mein nächstes Lernziel – was tue ich bis wann, um dieses Ziel zu erreichen? (Vgl. dazu Mönnich/Spiegel, F3)

Methoden zur Entwicklung der Redefähigkeit integrieren auch das Schreiben – für die freie Rede die Gestaltung von Stichwortkonzepten (vgl. Geißner 1986, 141; Kuhlmann 1999) und Visualisierungen (vgl. Händel / Kresimon/Schneider 2007, 131 ff.); Merger (1998) integriert in ihre Unterrichtsreihe zur Meinungsrede das Verfassen einer schriftlichen Meinungsrede in Form eines Leitartikels. Aber in der Fachdidaktik Deutsch fehlt eine systematische Vernetzung der Didaktik mündlicher und schriftlicher Kommunikation (vgl. Berkemeier/Pfennig, Kap. G2), insbesondere der *Rededidaktik mit der Schreibdidaktik* (vgl. zur Vernetzung mit der Aufsatzdidaktik z.B. Bahmer 1994, 1998). Das Desiderat einer solchen Vernetzung wird schon bei der Verortung der Rede zwischen Mündlichkeit und Schriftlichkeit deutlich: *Manuskriptgebundene Reden* sind zwar *medial mündlich*, aber sie können sich konzeptionell stark an Merkmalen schriftlicher Kommunikation orientieren und dann als *konzeptionell schriftlich* gelten. Die *freie Rede* ist konzeptionell und medial mündlich angelegt, aber medial kann sie auch schriftliche Kommunikation einbeziehen, und konzeptionell kann auch die freie Rede je nach Sprechsituation im institutionellen Kontext typische sprachlich-stilistische Merkmale schriftlicher Kommunikation aufgreifen (vgl. zur medialen/konzeptionellen Mündlichkeit/Schriftlichkeit: Koch/Oesterreicher 1985). Ein weiteres Desiderat ist eine intensivere Verbindung der Rededidaktik mit dem Kompetenzbereich „Lesen – Umgang mit Texten und Medien", damit die Analyse politischer Reden oder die Analyse von Kommentaren in Fernsehsendungen nicht nur das Wissen über Rhetorik erweitern, sondern auch das rhetorische *Können*. Dasselbe gilt auch für die Vernetzung mit dem Kompetenzbereich „Reflexion über Sprache", um die Vermittlung von Fachwissen über Sprache an die Ausbildung des Reden*könnens* rückzubinden. Im Folgenden benenne ich Prinzipien für methodische Entscheidungen im Redeunterricht und beschreibe einzelne Methoden detailliert.

### 3.1 Methodisches Prinzip: Verbindung von Handlungskompetenz und Analysekompetenz

*Ziel: Verknüpfen von Wissen, Können und Bewusstheit:* In der *Rolle als Hörer/in* sollen die Schüler/innen Reden hören – verstehen – analysieren – kritisch bewerten – und reflektieren, inwiefern sie dieses Wissen für ihr eigenes Redehandeln nutzen können. In der *Rolle als Redner/in* entwerfen die Schüler/innen eigene Reden, vergleichen diese mit Musterwissen, nutzen diesen Vergleich für die Überarbeitung des ersten Redeentwurfs, halten die Rede, vergleichen beim anschließenden Feedback Selbst- und Fremdwahrnehmung, formulieren ein Fazit für den eigenen Lernprozess und tragen Selbstreflexion, Feedback und Fazit ins Lerntagebuch ein.

Beispiele: (1) Die Schüler/innen üben Stegreifreden für eine Interviewsituation und vergleichen diese Stegreifreden mit Meinungsstatements von Passanten in Interviews auf der Straße oder mit Beispielen aus den Medien. (2) Die Schüler/innen üben die vorbereitete, durch Stichworte gestützte freie Rede und vergleichen diese mit Statements von Expert/innen in Radio- oder Fernsehsendungen. Dafür nehmen die Schüler/innen eine Diskussionssendung auf, z. B. „Hart aber fair", transkribieren zwei Statements und analysieren diese. Interessant ist es auch, die Einspieler in „Hart aber fair" auf ihre Überzeugungsstrategien zu untersuchen und sie mit den Statements zu vergleichen. (3) Die Schüler/innen schreiben einen Kommentar und tragen den Kommentar so vor, dass er frei gesprochen klingt. Dadurch werden die Schüler/innen mit dem Schreiben fürs Hören und dem Mediensprechen vertraut gemacht. Zum Vergleich nehmen Schüler/innen Kommentare im Radio auf, transkribieren und analysieren diese. (4) Die Schüler/innen schreiben eine politische Rede und tragen sie überzeugend vor. Sie finden im Internet audio-visuelle Aufnahmen politischer Reden und analysieren diese Beispiele z. B. im Hinblick auf konzeptionelle Mündlichkeit und Schriftlichkeit.

Stets erfolgt eine Auswertung der Übungen durch Analyse und Feedback, um die metakognitiven Fähigkeiten zu entwickeln, und ein Eintrag ins Lerntagebuch, um die eigenen Lernprozesse besser steuern zu können.

## 3.2 Methodisches Prinzip: Eigene Gedanken finden, formulieren und einander mitteilen

*Ziel: Sprechdenken und Hörverstehen aktivieren und einen Text kommentieren*: Die Schüler/innen erhalten ein Zitat, z. B. „Niemand ist perfekt! Aber vielleicht waren deine so genannten Fehler nur die Vorbereitung für deine zukünftigen Erfolge?" (F. Simon). Die Schüler/innen gehen durch den Raum, sprechen den Text halblaut und verbalisieren während des Gehens im Selbstgespräch ihre Assoziationen zum Text und einen Kommentar. – Die Schüler/innen gehen weiter durch den Raum; alle Schüler/innen sprechen Zitat und Kommentar gleichzeitig *zu* den anderen. – Die Schüler/innen sprechen sich gegenseitig an, zitieren einander den Text, kommentieren ihn und kommen mit dem Gesprächspartner darüber ins Gespräch. – Anschließend tragen die Schüler/innen die Texte und Kommentare dem Plenum vor; diese Beiträge werden mit Audio- oder Videogerät aufgenommen. – Die Auswertung der Kurzreden erfolgt audio- oder videogestützt und wird abgerundet durch das Fazit für den individuellen Lernprozess.

*Ziel: eigene Erlebnisse aktivieren und mit argumentativen Diskursen verknüpfen*: Die Schüler/innen erzählen einander selbst erlebte Anekdoten zu einer Streitfrage (z. B. Ist Gewalt in Konflikten erlaubt?), verbinden ihr Erleben mit einer allgemein gültigen Einsicht und leiten daraus ihren Zielsatz für die Überzeugungsrede ab. Oder umgekehrt: die Schüler/innen finden mit Hilfe von Mindmap oder Moderationskarten Argumente und erzählen einander zu den Argumenten passende Beispiele. (Die Schüler/innen bekommen anschließend Strukturierungshilfen, z. B. den Dreischritt: Einleitung – Argument, gestützt durch ein narratives Beispiel – Fazit: *und deshalb bin ich für/gegen* ... oder: *und deshalb mache ich das so*... oder *und deshalb mein Appell* ...)

*Ziel: kreativ-ästhetische Prozesse nutzen*, um eigene Gedanken, Emotionen, Vorstellungsbilder auszudrücken und diese mit argumentativen Diskursen verbinden: Die Schüler/innen malen zu einer (politischen) Streitfrage ein Bild, gestalten eine Collage, machen Fotos oder wählen ein Kunstwerk aus – diese kreativ-ästhetischen Werke beziehen die Schüler/innen anschließend in ihre Überzeugungsrede ein.

## 3.3 Inventio: Methoden zur Aktivierung der Ideenfindung

*Hörerorientierte Ideensammlung*: (a) durch reale dialogische Zugänge: Adressaten der Rede vorher befragen: Was regt euch auf? Was ist das Problem? Wie kann man es lösen? Was ist strittig? Was denkt ihr? Welche Position habt ihr? Welche Interessen habt ihr? Was interessiert euch am Thema besonders? Wie relevant ist die Rede für die Zuhörer/innen? (b) durch imaginierte dialogische Zugänge, um die Perspektive der Zuhörer/innen zu erkunden und die eigene Perspektive dort „anzudocken" (z. B. Welche Fragen haben die Hörer/innen wahrscheinlich – wie lauten meine Antworten?) (c) mit einer dritten Person sprechen, die die Zielgruppe kennt.

*Systematisch orientierte Ideenfindung* durch Befragung von Topoi aus der Sache (vgl. zum Folgenden besonders Lepschy 2008, 59 und Merger 1998, 137f., vgl. Quintilian V, 10, 33ff., vgl. zudem Ueding/Steinbrink 1986, 226ff.), z. B. *Ursache*: Wie und warum hat sich etwas ereignet, das die These stützt oder die These des Gegners widerlegt? Gibt es *Wirkungen*, die die These stützen oder widerlegen? (Z. B. *Zur aktuellen Diskussion über die Zusammenlegung zweier Schulen in unserer Stadt: Bisher ist das Lehrangebot an beiden Schulen begrenzt ... Wenn die beiden Schulen zusammengelegt werden, erweitert sich das Lehrangebot*...) *Definition*: Ist es nützlich, auf die Definition der Sache zurückzugreifen? (Z. B.: *Die Zusammenlegung zweier Schulen bedeutet in diesem Fall, dass ein Gymnasium mit altsprachlicher Tradition und ein Gymnasium mit neusprachlicher Tradition verbunden werden.*) *Ort*: Welche Rolle spielt der Ort des Geschehens für die Argumentation? (Z. B.: *Der bisherige Ort einer der Schulen liegt in der Innenstadt, die von dem täglichen Zustrom von etwa 1000 Schüler/innen wirtschaftlich profitiert. Außerdem ist diese Schule dort schon seit Jahrzehnten angesiedelt und ist nach ihrem Ort benannt.*) *Zeit:* Welche historischen Hintergründe sind relevant? Welche Prognosen für die Zukunft sind wichtig? (Z. B.: *Beide Schulen können auf eine lange Tradition zurückblicken...*) *Vergleichbarkeit*: Gibt es Vergleichbares, was die These stützt oder unhaltbar macht? (Z. B.: *In der Wirtschaft ist die Fusion von Unternehmen gang und gäbe. Aber kann man das auf den Bereich Bildung übertragen*?)

## 3.4 Dispositio: Körperaktivierende Methoden zum Erzeugen von Spannung und zur Unterstützung des Sprechdenkens

*Ziel: emotionale Spannung am Anfang und Ende einer Überzeugungsrede erzeugen*: (1) Die Schüler/innen wählen eine Aktion aus, die geeignet ist, die Aufmerksamkeit der Hörer/innen auf die Streitfrage der Überzeugungsrede zu lenken; der Gegenstand/das Symbol/die Aktion soll außerdem geeignet sein, zum Schluss der Rede das Ziel der Rede zu verstärken. (Z. B. Redeeröffnung: Die Rednerin schlägt mit einem Klöppel an eine Klangschale, die mit Holzklötzen gefüllt ist – zu hören ist ein dumpfes Geräusch. Redeabschluss: Die Rednerin schüttet die Holzklötze aus und schlägt die Klangschale an – zu hören ist ein klangvoller Ton.) (2) Die Schüler/innen erzeugen zu Beginn der Rede eine emotionale Spannung durch eine gespielte Szene, durch ein Kabarett o. ä.

*Ziel: Körperaktivierung zum Finden von „Strukturierungsideen" für die Freie Rede* (Lepschy 2008, 63): Die Teilnehmer/innen haben Ideen für ihre Kurzrede gesammelt und auf Moderationskarten notiert. Die Lernenden legen diese Karten „wie eine Straße auf den Boden. Sie formulieren laut, während sie von Karte zu Karte gehen. Dabei können die Karten ausgetauscht werden, wenn man beim Sprechen merkt, da 'passt etwas nicht zusammen'. Dieses Sprechdenken mit Bewegung fördert im Übrigen weitere Einfälle und hat zusätzlich einen hohen Spaßfaktor für die TeilnehmerInnen." (Ebd., 64) Im Anschluss an diese Übung vergleichen die Teilnehmer/innen ihre eigenen Strukturierungen mit Redestrukturmustern der Rhetorik (z. B. Fünfsatz), überarbeiten ggf. ihren Entwurf und halten dann die Rede im Plenum.

## 3.5 Actio: Methoden zum Erwerb der Auftrittskompetenz

*Ziel: Den Zusammenhang von Körperhaltung, innerer Haltung und Zuhörerkontakt erkunden;* z. B. Die Schüler/innen probieren verschiedene Möglichkeiten aus, vor einem Auditorium zu stehen und lernen die physiologisch optimale Körperhaltung kennen (guter Kontakt zum Boden; locker in den Knien, aufrechter Rücken und Nacken).

*Ziel: Zuhörerkontakt durch Blickkontakt realisieren; hörerorientiertes Sprechen/sprecherzentriertes Hören anwenden*: Die Schüler/innen stehen im Kreis; eine Person nimmt zu einer anderen Person Kontakt auf, zuerst durch den Blickkontakt, dann durch eine Zeigegeste (P1 wendet sich mit einer einladenden Schalenhand an P2), anschließend durch das Wort *Du (Du bist mein Zuhörer/meine Zuhörerin)*. Der Hörer/die Hörerin zeigt durch ein Nicken, dass der Kontakt da ist und das Wort angekommen ist; erst damit ist die Aktion beendet, und Sprecher/in und Hörer/in lösen ihre Sprechspannung bzw. Aufmerksamkeitsspannung beim Zuhören. Im zweiten Durchgang wird dies wiederholt, und die Schüler/innen fügen jeweils etwas an – entweder ein Zitat oder den Zielsatz ihrer Rede. Wichtig ist, dass der Blick das ganze Zitat/den gesamten Zielsatz unterstützt, weil die Spannung bis zum Eintreten des Hörverstehens gehalten werden muss. Im dritten Durchgang steht eine Rednerin/ein Redner vor der Gruppe und wendet sich nacheinander an mehrere Hörer/innen – immer in denselben Schritten: erst die Intention, dann der Blick, dann die gestische Aktion, dann das Wort! Im vierten Durchgang erfolgt der Transfer in die Redesituation: Blickkontakt vor der Rede – mindestens ein Blickkontakt während der Rede – Blickkontakt beim Zielsatz der Rede. Im fünften Durchgang wird die Zahl der Blickkontakte während der Rede erhöht, und die Richtungen des Blickkontakts wechseln: zuerst der Blickkontakt zu den Hörer/innen, die am weitesten weg sitzen, damit sich die Sprechspannung, die Lautstärke und Resonanz der Stimme auf den Raum einstellt; dann der Blickkontakt zu den Zuhörer/innen, die vorne links sitzen, dann zu denen, die vorne rechts sitzen... Am wichtigsten ist jeweils, dass der Blick nicht als pure Technik eingesetzt wird, sondern Ausdruck einer kommunikativen Absicht ist, nämlich eine Verständigungshandlung zu konstituieren. Erst die Intention erzeugt die Spannung.

*Ziel: Umgang mit positiven und negativen Reaktionen der Interaktionspartner.* Vorbereitung der Übung: Die Schüler/innen gehen durch den Raum, erkunden den Raum, indem sie sich alles genau ansehen; die Schüler/innen erproben die unterschiedlichen Spannungszustände im Körper (z.B. je nach dem, welche Form des Gehens und welches Tempo sie wählen (Schleichen, Schlendern, Gehen, Hüpfen, Rennen) oder je nachdem, ob man beim Gehen ein konkretes Ziel im Raum hat oder nicht. Kern der Übung: Die Schüler/innen betrachten die anderen Personen im Raum genau: Details der Kleidung; dann nutzen sie Blickkontakt, um sich zu grüßen; sie begrüßen sich freudig mit *oh, hallo!*, missmutig mit *äh, hallo.* und dann wieder freudig mit *oh, hallo!* Ausklang der Übung: die Teilnehmer/innen tönen die Vokale i – e – a – o – u und drücken mit diesen Vokalen Zuhörerreaktionen aus, indem sie passende Körperbewegungen finden. Anschließend erfolgt eine Metakommunikation über das eigene Erleben.

*Ziel: Den Gestus-Reichtum einer Meinungsrede/Überzeugungsrede erkunden:* (1) Formuliere eine passende Geste, einen passenden Sprechausdruck und einen passenden Satz zu mindestens zwei Handlungszielen: (a) Position beziehen, Position verteidigen, jemanden um etwas bitten, jemanden zu einer Handlung auffordern, jemandem etwas befehlen, jemanden locken, jemanden verführen, jemanden zu etwas einladen; (b) einer Meinung zustimmen/widersprechen/eine Meinung ignorieren; eine Bitte erfüllen/ablehnen/überhören; einer Aufforderung folgen/nicht folgen... (2) Entwickelt zu zweit oder in einer Kleingruppe eine Szene mit einer Sequenz zwischen Redneraktivität und Höreraktivität und stellt diese dar. Beachte bei der Darstellung die Reihenfolge: Intention – Zuhörerkontakt – Geste – Sprechausdruck – Wort.

*Ziel: Experimentieren mit dem Sprechausdruck und dem Körperausdruck*: Die Schüler/innen halten eine Rede mit unterschiedlichem Gestus und sammeln Erfahrungen mit der unterschiedlichen Wirkung als Rednerpersönlichkeit, je nach dem, welche Sprechausdrucksmuster und Körperausdrucksmuster der Redner/die Rednerin einsetzt und welchen Sprechgestus er/sie realisiert (sachlich, gelangweilt, begeistert ...). Im Anschluss daran erfolgt die Reflexion: welcher Gestus ist für welche Sprechsituation und für welche Redegattung angemessen?

## 4 Fazit

Redekompetenz umfasst die Fähigkeit, als Redner/in eine Überzeugungsrede verständigungsorientiert zu gestalten und als Hörer/in eine Überzeugungsrede kritisch zu rezipieren. Für die Auswahl praktischer Übungen zur Entwicklung der Redekompetenz ist richtungsweisend, welche didaktischen Prinzipien als wichtig erachtet werden, z. B. die Vernetzung von Wissen, Können und Bewusstheit, das Einbeziehen ästhetisch-kreativer Ausdrucksmöglichkeiten, die Körperaktivierung. Damit Schüler/innen ihre Redekompetenz weiter entwickeln können, ist noch eines wichtig: genügend *Zeit* für die Ausbildung *neuer Handlungsroutinen*.

## Literatur

Abraham, Ulf: Sprechen als reflexive Praxis. Mündlicher Sprachgebrauch in einem kompetenzorientierten Deutschunterricht. Freiburg: Fillibach 2008

Bahmer, Lonni: Art. ›Didaktik‹. In: Ueding, Gert (Hrsg.): Historisches Wörterbuch der Rhetorik Bd. 2, Tübingen: Niemeyer 1994, 736–748

Bahmer, Lonni: Schreiben in der Ausbildung des Redners. Die Instituio oratoria als Grundriß für den Schreibunterricht heute. In: Merger, Andrea (Hrsg.): Rhetorik in der Schule (Jahrbuch Rhetorik Bd. 17). Tübingen: Niemeyer 1998, 35–53

Bartsch, Elmar: Zum Verhältnis von Gefühls-Aussage und rationaler Begrifflichkeit im Prozeß des Redehandelns. In: Slembek, Edith (Hrsg.): Miteinander sprechen und handeln. Frankfurt/M.: Scriptor 1986, 15–25

Bartsch, Elmar: Die Strukturpläne von Überzeugungsrede und Meinungsrede im Vergleich. Zur Anwendung in Rhetorikkursen. Sprechen 8/2 (1990), 15–21

Becker-Mrotzek, Michael: Gesprächskompetenz vermitteln und ermitteln. Gute Aufgaben im Bereich 'Sprechen und Zuhören'. In: Bremerich-Vos, Albert/Ganzer, Dietlinde/Köller, Olaf (Hrsg.): Lernstandsbestimmung im Fach Deutsch. Gute Aufgaben für den Unterricht. Weinheim und Basel: Beltz 2008, 52–77

Berthold, Siegwart: Reden lernen. Übungen für die Sekundarstufe I und II. Frankfurt/M.: Cornelsen 1993

Berthold, Siegwart: Rhetorische Kommunikation. In: Bredel, Ursula/Günther, Hartmut/Klotz, Peter/Ossner, Jakob/Siebert-Ott, Gesa (Hrsg.): Didaktik der deutschen Sprache. Ein Handbuch. 1. Teilband. Paderborn: Schöningh 2003, 148–159

Brons-Albert, Ruth: Artefakte in simulierten Verkaufsgeprächen und ihre Behandlung durch den Trainer. In: Bliesener, Thomas/Brons-Albert, Ruth (Hrsg.): Rollenspiele in Kommunikations- und Verhaltenstrainings. Opladen: Westdeutscher Verlag 1994, 13–32

Bührig, Kristin/ten Thije, Jan D.: Diskurspragmatische Beschreibung. In: Ammon, Ulrich/Dittmar, Norbert/Mattheier, Klaus/Trudgrill, Peter (Hrsg.) Sociolinguistics/Soziolinguistik. Berlin: de Gruyter 2005, 1225–1250

Cicero, Marcus Tullius: De Oratore. Über den Redner. Lateinisch – deutsch. Stuttgart: Reclam, 3. Auflage 1997

Deppermann, Arnulf: 'Gesprächskompetenz' – Probleme und Herausforderungen eines möglichen Begriffs. In: Becker-Mrotzek, Michael/Brünner, Gisela (Hrsg.): Analyse und Vermittlung von Gesprächskompetenz. Frankfurt/M.: Lang 2004 & www.gespraechsforschung.de (kostenloser Download), 15–27

Erikson, Frederick/Schultz, Jeffrey: The Councelor as Gatekeeper. Social Interaction in Interviews. New York: Academic Press 1982

Fiehler, Reinhard: Kann man Kommunikation lehren? In: Fiehler, Reinhard/Brünner, Gisela/Kindt, Walter (Hrsg.): Angewandte Diskursforschung. Bd. 2. Opladen: Westdeutscher Verlag, 18–35

Geißner, Hellmut: Der Fünfsatz. Ein Kapitel Redetheorie und Redepädagogik. Wirkendes Wort 4 (1968), 258–278

Geißner, Hellmut: Rhetorik und politische Bildung. Frankfurt: Cornelsen, 3. Auflage 1986

Geißner, Hellmut: Sprechwissenschaft. Theorie der mündlichen Kommunikation. Königstein, Scriptor, 2. Auflage 1988

Geißner, Hellmut: Rhetorische Kommunikation in der Schule. In: Merger, Andrea (Hrsg.): Rhetorik in der Schule (Jahrbuch Rhetorik Bd. 17). Tübingen: Niemeyer 1998, 17–34

Göttert, Karl-Heinz: Einführung in die Rhetorik. Grundbegriffe – Geschichte – Rezeption. München: Fink, 2. verbesserte Auflage 1994

Goffman, Erving: Interaction Ritual: Essays on Face-to-Face Behavior. Garden City, N.Y. [dt.: Interaktionsrituale. Über Verhalten in direkter Kommunikation. Frankfurt/M. 1971]

Grundler, Elke: Gesprächskompetenz – ein Systematisierungsvorschlag im Horizont schulischer Bildungsstandards und Kompetenzen. Didaktik Deutsch 24 (2008), 48–69

Händel, Daniel/Kresimon, Andrea/Schneider, Jost: Schlüsselkompetenzen: Reden – Argumentieren – Überzeugen. Stuttgart: Metzler 2007

Holly, Werner: Beziehungsmanagement und Imagearbeit. In: Antos, Gerd/Brinker, Klaus/Heinemann, Wolfgang/Sager, Sven F. (Hrsg.): Text- und Gesprächslinguistik. Bd. 2. Berlin, New York: de Gruyter 2001, 1382–1393

Klippert, Heinz: Kommunikations-Training. Übungsbausteine für den Unterricht II. Weinheim: Beltz, 3. Auflage 1996

Knape, Joachim: Was ist Rhetorik? Reinbek: Rowohlt 2000

Koch, Peter/Oesterreicher, Wulf: Sprache der Nähe – Sprache der Distanz. Mündlichkeit und Schriftlichkeit im Spannungsfeld von Sprachtheorie und Sprachgeschichte. In: Romanisches Jahrbuch 36 (1985), 15–43

Kraus, Manfred: Art. ›Exercitatio‹. In: Ueding, Gert (Hrsg.): Historisches Wörterbuch der Rhetorik. Bd. 3. Tübingen: Niemeyer 1996, 71–123

Kuhlmann, Martin: Last Minute Programm für Vortrag und Präsentation. Frankfurt/M., New York: Campus 1999

Langhammer, Ralf: „Ich bin dafür!" – Debattieren in den Klassen 9 und 10. Deutschunterricht 59 (2006) Heft 5, 8–13

Lepschy, Annette: Lehr- und Lernmethoden zur Entwicklung von Gesprächsfähigkeit. In: Fiehler, Reinhard/Brünner, Gisela/Kindt, Walter (Hrsg.): Angewandte Diskursforschung. Bd. 2, Opladen: Westdeutscher Verlag 1999, 50–71

Lepschy, Annette: Die inventio- und dispositio-Phase der Gesellschaftsrede. Didaktisch-methodische Überlegungen. In: Heilmann, Christa/Lepschy, Annette (Hrsg.) Rhetorische Prozesse. Vom Konzept zur Handlung. München, Basel: Reinhardt 2008, 55–65

Lüdin, Markus: Rhetorik – ein ideales Feld integrativen Unterrichts. Der Deutschunterricht 48 (1996) Heft 6, 34–43

Merger, Andrea: Die Rhetorik der freien Meinungsrede. Ein Unterrichtsprojekt im Deutschunterricht der Sekundarstufe II. In: Dies. (Hrsg.) Rhetorik in der Schule (Jahrbuch Rhetorik Bd. 17). Tübingen: Niemeyer 1998, 134–147

Mönnich, Annette: Gesprächsführung lernen. Welche impliziten Konzeptualisierungen des Kommunikationslernens sind in Methoden zur Entwicklung der Gesprächsfähigkeit zu finden? In: Becker-Mrotzek, Michael/Brünner, Gisela (Hrsg.): Analyse und Vermittlung von Gesprächskompetenz. Frankfurt/M.: Lang 2004a & www.gespraechsforschung.de (kostenloser Download), 87–112

Mönnich, Annette. Von der antiken Rhetorik zur rhetorischen Kommunikation. In: Pabst-Weinschenk, Marita (Hrsg.): Grundlagen der Sprechwissenschaft und Sprecherziehung München: Reinhardt 2004b, 104–113

Ossner, Jakob: Sprachdidaktik Deutsch. Paderborn u. a.: Utb 2006

Pabst-Weinschenk, Marita: Reden im Studium. Ein Trainingsprogramm. Frankfurt/M.: Corenelsen 1995

Pabst-Weinschenk, Marita: Mündlich argumentieren. Praktische Rhetorik für die Schule. In: Merger, Andrea (Hrsg.): Rhetorik in der Schule (Jahrbuch Rhetorik Bd. 17). Tübingen: Niemeyer 1998, 106–133

Quintilianus, Marcus Fabius: Ausbildung des Redners. Zwölf Bücher. Hrsg. und übersetzt von Helmut Rahn. Bd. 1 und 2. Darmstadt: Wissenschaftliche Buchgesellschaft Darmstadt 1972

Ueding, Gert/Steinbrink, Bernd: Grundriss der Rhetorik. Geschichte – Technik – Methode. Stuttgart: Metzler 1986

Vogt, Rüdiger: Mündliche Argumentationskompetenz beurteilen. Dimensionen, Probleme, Perspektiven. Didaktik Deutsch 27 (2007), 33–54

Wagner, Roland: Methoden des Unterrichts in mündlicher Kommunikation. In: Bredel, Ursula/Günther, Hartmut/Klotz, Peter/Ossner, Jakob/Siebert-Ott, Gesa (Hrsg.): Didaktik der deutschen Sprache. Ein Handbuch. 1. Teilband. Paderborn: Schöningh 2003, 747–759

ANNE BERKEMEIER / LOTHAR PFENNIG

# G 5 Schüler/innen präsentieren

Beim mündlichen Präsentieren handelt es sich um eine sprachlich basierte, schulisch wie außerschulisch relevante Handlungsform. So gesehen, ist der Stellenwert des Präsentierens in den Bildungsstandards nicht erstaunlich. In Form von Referaten ist Präsentieren – zumindest im Deutschunterricht der Sekundarstufen – lange bekannt. Neu ist jedoch die Schulung von solchen Teilfähigkeiten, die über rhetorische Übungen hinausgehen. Sie geraten erst allmählich in den Blick von Forschung und Unterrichtspraxis. Speziell für den Lernbereich Mündlicher Sprachgebrauch bietet die Handlungsform Präsentieren die Möglichkeit, Lernenden mehr Redeanteile im Unterricht zu überlassen. Diese Redeanteile können zugleich funktional für die Vermittlung von Inhalten genutzt werden, die ohnehin zu übermitteln sind. D. h., Präsentieren bietet eine gute Möglichkeit, mündliche Fähigkeiten zu fördern, weil diese Handlungsform ohne weiteres in andere Lernbereiche des Deutschunterrichts integriert und auch fächerübergreifend nutzbar gemacht werden kann.

## 1 Präsentieren – Was ist das?

Wir schlagen vor, die Handlungsform Mündliches Präsentieren als Oberbegriff für Vortragen, Referieren, Rezitieren, mündliches Zusammenfassen, Darstellen etc. zu verwenden und mittels der Benennung verschiedener Präsentationsarten zu differenzieren. Will man Präsentationsfähigkeiten entwickeln bzw. fördern, so ist es notwendig, relevante Teilfähigkeiten zu identifizieren und sie genauer zu beschreiben. Auf dieser Basis lassen sich Fähig- und Schwierigkeiten von Lernenden verorten, genauer bestimmen und als Ausgangspunkt für individuelle Förderung nutzen. Beim Präsentieren handelt es sich um einen komplexen Prozess, der sich in Entwicklungs-, Umsetzungs- und Rezeptionsphase unterteilen lässt. Die Entwicklungsphase ähnelt in mancher Hinsicht dem Schreibprozess: Zunächst müssen Informationen zusammengestellt werden. Selten reichen das Weltwissen oder eine Befragung aus, meistens müssen thematisch passende Primärtexte gefunden, ausgewählt, gelesen, verstanden und exzerpiert werden. Die Präsentation muss geplant, gegliedert, zumindest stichpunktartig formuliert und immer wieder überarbeitet werden. Im Laufe dieser Phase entsteht eine Sprechvorlage, die ganz oder teilweise ausformuliert sein kann oder aus Stichwörtern und ggf. graphischen Zeichen besteht. Optional können Verstehenshilfen für das Publikum zusammengestellt oder erarbeitet werden, z. B. Stichwörter, Visualisierungen, audio-visuelle Beispiele oder Gegenstände. Die Sprechvorlage wird in der Umsetzungsphase vom Vortragenden gelesen und auf dieser Basis wird die mündliche Präsentation sprachlich, sprecherisch, nonverbal und medial gestaltet. Überarbeitungen sind in dieser Phase nur noch in geringem Umfang möglich. Die Zuhörenden entnehmen aus dem Dargebotenen Informationen und arbeiten sie in mentale Repräsentationen um. Dazu nutzen sie, was ihnen angeboten wird: Formulierungen, sprecherische und nonverbale Hinweise, Visualisierungen etc. Um später auf die Inhalte zurückgreifen zu können, erstellen sie sich ggf. eine Mitschrift, die auch die Grundlage für eine anschließende Diskussion bilden kann. Beeinflusst werden alle drei Prozessteile u.a. durch die Motivation der Beteiligten, die räumlichen und zeitlichen Bedingungen und die technische Ausstattung.

## 2 Präsentationsarten curricular

Die Anforderungen, die primärtextbasierte mündliche Präsentationen mit sich bringen, sind ausgesprochen komplex. Je nach Anspruchsgrad des Gegenstandes können Präsentationen auch noch für Erwachsene eine Herausforderung darstellen. Für Grundschüler/innen ist es enorm schwierig, die Perspektive zu wechseln und sich während der Präsentation(-sentwicklung) in die Hörerrolle hineinzuversetzen. Erste Analysen zum Präsentieren in der Grundschule zeigen, dass z.B. Buchvorstellungen eigentlich für Grundschulkinder noch sehr schwierig sind – gleichwohl werden sie in den Bildungsstandards im 2. und 4. Schuljahr verlangt. Daher ist es nicht verwunderlich, wenn Materialien nahe legen, Buchvorstellungen rumpfartig vorzubereiten (Nennung von Titel, Autor und Verlag, jeweils ein Satz zum Inhalt und zur eigenen Beurteilung). Zur Lesemotivation mag diese Form beitragen, mündliche Präsentations- und Rezeptionskompetenzen dürften dadurch aber kaum geschult werden. Hörerorientierte Inhaltsangaben in Buchvorstellungen sind auch für Schüler/innen der weiterführenden Schulen kein Kinderspiel: Die wichtigsten Informationen müssen herausgearbeitet und so versprachlicht werden, dass die Hörer/innen Lust bekommen, das Buch zu lesen. Andererseits darf nicht zu viel verraten werden, um diese Motivation auch zu erhalten. Gleichzeitig müssen genügend Informationen gegeben werden, um die sich anschließende Vorlesestelle verständlich zu machen. Während bei Buchvorstellungen noch ein hilfreiches Raster zur Verfügung steht, müssen Referate eigenständig strukturiert werden – eine Anforderung, die über den Schulabschluss hinaus besteht.

Eine Möglichkeit, ausgewählte Präsentationskompetenzen gestuft zu fördern, besteht in der Auswahl bestimmter Präsentationsarten. Während ein Gedichtvortrag die Konzentration auf sprecherische und nonverbale Gestaltung (sowie das „Vorne-Stehen“) zulässt, ermöglicht ein Vortrag, der auf bereits verfügbarem Wissen basiert (z.B. Hobby), den Präsentationsentwicklungsprozess von

Recherche, Textrezeption und Exzerpieren zu entlasten. Mitunter sind Sachtexte leichter als literarische Texte zusammenzufassen, da literarische Erzählverfahren häufig schwer zu beschreiben sind. Weniger sinnvoll dagegen ist, die Präsentation(sentwicklung) durch den Verzicht auf Visualisierungen zur Unterstützung der Rezeptionsprozesse bei den Zuhörer/innen entlasten zu wollen: Die visuelle Abbildung von Einzelinformationen und deren Vernetzung wirkt vielmehr nicht nur für die Zuhörer/innen, sondern auch für die Präsentierenden mental ordnend. Ferner erscheinen Präsentationen, die durch rezeptionsunterstützende Materialien ergänzt werden, Hörer/innen abwechslungsreicher und motivierender. Grundsätzlich wesentlich ist, dass etwas präsentiert wird, was für die Hörenden tatsächlich neu und möglichst auch interessant ist.

## 3 Einzelne Anforderungen beim Präsentieren bewältigen lernen

Beim mündlichen Präsentieren handelt es sich um einen komplexen Gesamtprozess, der in seinen Teilen unterstützt werden muss, wenn man entsprechende Fähigkeiten gezielt fördern möchte. Im Folgenden wird nicht thematisiert, was landläufig bekannt ist: laut, deutlich und in angemessenem Tempo sprechen, Blickkontakt zu den Hörer/innen aufnehmen, die Sprechvorlage lesbar erstellen etc. (s. hierzu z. B. Hierhold 1994). Stattdessen sollen neuere Überlegungen skizziert werden. Da es sich um eine Vielzahl von Einzeltätigkeiten handelt, ist es sinnvoll, den Lernenden einen Überblick zu gewähren, wie sich die Tätigkeiten auf den Präsentations(entwicklungs)-Prozess verteilen (s. Abb. 1):

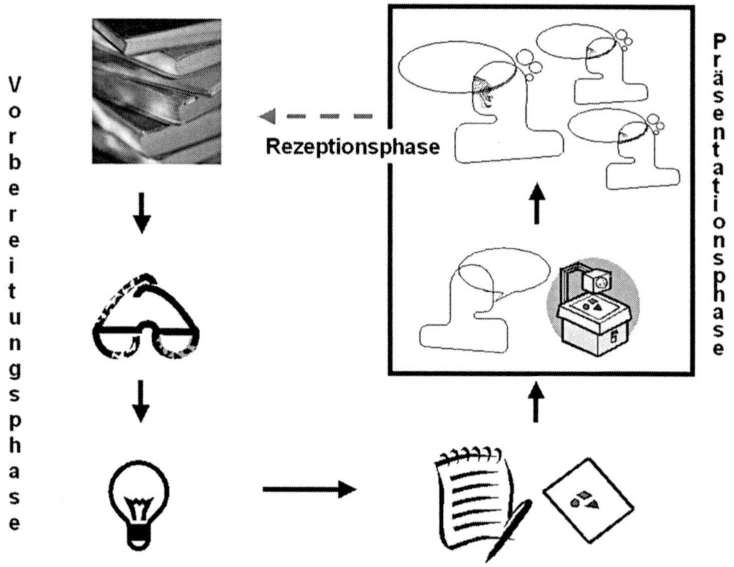


Abb. 1 Schüler/innen Teilprozesse beim Präsentieren verdeutlichen

## 3.1 Inhalte sammeln

Mittels Clustertechnik zu assoziieren, in Bibliotheken oder Internet zu recherchieren und aus Texten zu exzerpieren, ist auch in anderen Lernbereichen und Fächern notwendig. Wenn bereits auf entsprechende Fähigkeiten zurückgegriffen werden kann, entlastet dies den Prozess der Präsentationsentwicklung enorm. Leider fehlen bisher weitgehend Konzepte, die das Identifizieren, Markieren und stichwortartige Formulieren der wichtigsten Inhalte unterstützen. Schüler/innen neigen dazu, zunächst einmal entweder alles oder gar nichts zu unterstreichen und aus dem Primärtext abzuschreiben. Ein hilfreicher Zwischenschritt, um relevante Informationen herauszusuchen und an Stichwortformulierungen herangeführt zu werden, kann das Prüfen und Reduzieren von vorgegebenen Stichwortlisten darstellen (s. Abb. 2): Gemeinsam können Schüler/innen bereits in der Grundschule reflektieren, ob Informationen unerlässlich sind oder nicht, ob mehrere Informationen durch Oberbegriffe zusammengefasst werden können und ob Informationen unvollständig sind.

**Was müssen die Zuhörer unbedingt wissen, um die Geschichte zu verstehen?**

Junge: Daniel
Freundin: Jenny, hat Geburtstag (Piratenfest)
~~Piraten = tolle Kerle~~
~~Piraten liegen faul in der Sonne~~
D: krank
kann nicht mitfeiern
~~Wollschal kratzt~~
traurig
~~Mama und Papa winken zum Abschied~~
liegt müde im Bett
fängt an zu träumen
~~Bett schaukelt~~
Freunde von Pirateninsel erscheinen im Kinderzimmer
Daniel als Pirat = Persipan Purzelbaum
Piratenfreund Nisse Nasenbär schenkt Persipan Glücksmuschel
~~Muschel glitzert~~

Abb. 2 Stichwörter gemeinsam reduzieren (Der Pirat im Schlafanzug von Tino © Arena Verlag, Würzburg 1995. Illustrationen von Antje Burger)

Eine andere Möglichkeit Anfänger/innen zu unterstützen, besteht darin, die Primärtexte so zu formatieren, dass Querstriche Abschnitte und Unterabschnitte markieren und in eine freie Spalte daneben Fragen bereits eintragen wurden, die von den Lernenden durch Stichwörter beantwortet werden. Auf diese Weise wird der Textverarbeitungsprozess entlastet, da die Lernenden bereits wissen, zu welchen Fragen die Stichwörter passen sollen. Ältere Schüler/innen können sukzessive Prozesse selbstständig gestalten, brauchen aber in komplexen Zusammenhängen ebenfalls Unterstützung.

## 3.2 Anschauungsmaterial für die Zuhörenden auswählen oder erarbeiten

Visualisierungen zu erarbeiten, d. h. Einzelinformationen und ihre Vernetzung abzubilden, ist nicht einfach, ersten Versuchen zufolge scheinen Kinder aber einen guten Zugang dazu zu haben. Ältere Schüler/innen schätzen die Arbeit mit PowerPoint. Dieses Medium grundsätzlich kritisch zu betrachten, verhindert, seinen Nutzen zu erkennen (vgl. Berkemeier/Pfennig 2005): Einerseits kommt es darauf an, wie man das Medium einsetzt, andererseits ist die Lesbarkeit einer PowerPoint-Folie viel leichter einzuschätzen und ggf. viel schneller zu optimieren als z. B. ein von Hand geschriebenes Plakat. Visualisierungen können mit Stichwörtern, Symbolen, Bildern, Farben und Formen gestaltet werden. Grundschulkindern macht es sogar Spaß, mit diesen Elementen zu hantieren. Die Bearbeitung der Anforderung, den Hörer/innen etwas anschaulich zu machen, fördert außerdem den Perspektivenwechsel auf die Hörersicht.

## 3.3 Sprechvorlage erstellen

Erste Versuche zeigen, dass Grundschulkinder besser auf der Basis von Visualisierungen präsentieren als allein anhand von Stichwörtern, weil gute Visualisierungen die Verwendung von Verknüpfungswörtern nahelegen und weil das Erlesen der Stichwörter bei Grundschulkindern und wenig leistungsstarken älteren Leser/innen die Präsentationsumsetzung noch sehr stark dominieren kann. Ein Abgleich von Visualisierung (Abb. 4 ohne Stichwörter) und Stichwortliste (Abb. 3) macht deutlich, welche Informationen bereits und welche noch nicht abgebildet sind.

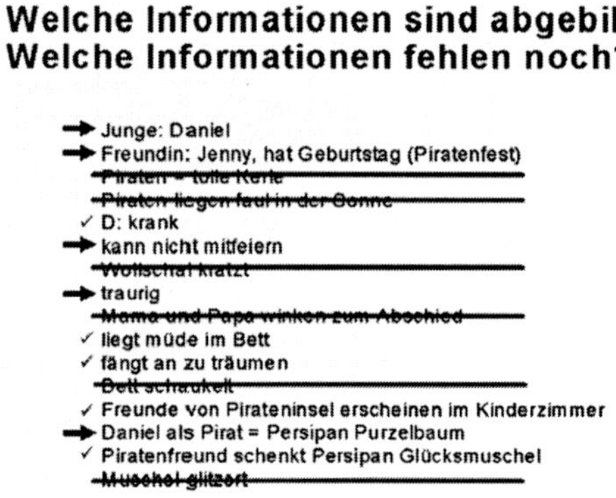


Abb. 3 Stichwörter und Visualisierung vergleichen (Der Pirat im Schlafanzug von Tino © Arena Verlag, Würzburg 1995. Illustrationen von Antje Burger)

Auf diese Weise können dann z. B. Bilder oder Symbole durch Stichwörter ergänzt und Gruppierungen durch Farben oder Formen hervorgehoben werden (s. folgende Seite Abb. 4).

Auch Sprechvorlagen älterer Lerner/innen sollten nicht nur die wichtigsten Informationen stichwortartig erfassen, sondern auch Verknüpfungsmittel, die den Hörenden helfen, die Einzelinformationen miteinander zu vernetzen. Dazu

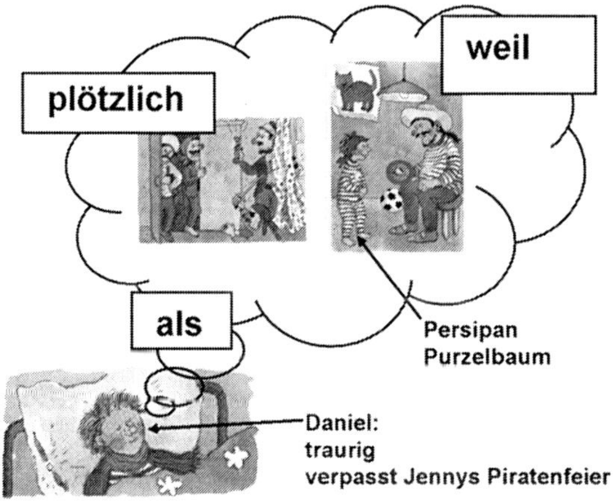


Abb. 4 Durch Stichwörter ergänzte Visualisierung (Der Pirat im Schlafanzug von Tino@Arena Verlag, Würzburg 1995. Illustrationen von Antje Burger)

gehört auch, das ausgewählte bzw. erarbeitete Anschauungsmaterial nicht nur in der Sprechvorlage zu positionieren, sondern es auch sprachlich einzupassen (z. B. *Das folgende Zitat verdeutlicht, dass ...*). Regieanweisungen (z. B. *OHP aus*) verhindern, dass man beim Vortragen etwas vergisst. Wesentlich ist, dass die Sprechvorlage die mündliche Formulierungsarbeit während des Vortrags entlasten soll. D. h., das Schreiben einer Sprechvorlage gehört zu den genuinen Aufgaben des Deutschunterrichts.

## 3.1 Sprachlich, sprecherisch und nonverbal gestalten

Neben der Verwendung von Visualisierungen kann man den Hörenden die Rezeption durch die sprachliche, sprecherische und nonverbale Gestaltung erleichtern. Bekannt und zutreffend ist, dass gliederungsbezogene Äußerungen wie z. B. „Ich komme jetzt zu den Konsequenzen." die Hörer/innen orientieren. Im Gegensatz zur landläufigen Auffassung, einfache grammatische Strukturen seien am leichtesten zu rezipieren, kann aber nachgewiesen werden, dass gerade gezielt eingesetzte Kohäsionsmittel den Hörer/innen helfen, Einzelinformationen miteinander zu verknüpfen. Erfolgreiche und versierte Vortragende setzen solche Mittel häufig spontan ein, denn Sprechvorlagen enthalten vornehmlich Nomen, Adjektive, Verben und Präpositionen. Schüler/innen sollten sich der Funktion von Verweis- und Verknüpfungsmitteln bewusst werden und sie – evtl. farbig – in die Sprechvorlage aufnehmen, um den Formulierungsprozess während des Vortrags zu entlasten. Ebenfalls sollte markiert werden, was sinnvollerweise für die Hörenden durch Wiederholung oder Reformulierung hervorgehoben werden soll.

Sprecherisch ist häufig eine „leiernd“ wirkende Vielzahl von Hebungen auffällig, vor allem dann, wenn Hauptsätze durch „und“ aneinandergereiht werden. Zusätzliche Markierungen in der Sprechvorlage und Sprechübungen unterstützen hier vielleicht gewinnbringend. Sinnstützende Betonungen werden eher von älteren Schüler/inne/n eingesetzt. Sprechauffälligkeiten entstehen häufig bei der Verwendung von Fremdwörtern. Es ist sinnvoll, sie vor dem Vortrag separat zu üben. Artikulation, Sprechlautstärke und -tempo sind nur bei einigen Lernenden zu üben. Um die bewusste stimmliche Gestaltung zu fördern, können exemplarische Ausschnitte reflektiert und geübt werden, die einer besonderen Gestaltung (z. B. zum Zwecke des Spannungsaufbaus) bedürfen.

Nonverbal steht eine große Bandbreite an Bewegungen zur Verfügung, die verschiedene Vortragende individuell unterschiedlich stark und unterschiedlich vielfältig nutzen. Wichtig ist, präsentationsunterstützende Bewegungen von solchen zu unterscheiden, die von der Präsentation eher ablenken. Letztere sollten soweit wie möglich vermieden werden.

## 4 Rezeption und Reflexion

Über Rezeptionsprozesse bei mündlichen Präsentationen wissen wir bislang nur wenig. Zum Erfahrungswissen gehört allerdings, dass gute Mitschriften es erleichtern, Wissensbestände aus Präsentationen zu verarbeiten und zu verinnerlichen. Leider gilt aber auch hier, dass bisher kaum Forschungsergebnisse und didaktische Modelle vorliegen, die es erleichtern würden, Mitschriftkompetenzen gezielt zu fördern. Ebenso sind wir erst am Anfang, Verständlichkeit didaktisch ausreichend zu modellieren. Methodisch steht uns jedoch das Feedbackgespräch zur Verfügung, das in gewisser Weise der Schreibkonferenz ähnelt. (Allerdings geht es in diesem Falle nicht nur um die Verbesserung von Präsentationsfähigkeiten, sondern auch um die Klärung offener inhaltlicher Fragen, also um die Sicherung des schülergeleiteten Lehr-Lern-Prozesses.) Aus der Schreibforschung wissen wir, dass Beurteilungsraster helfen, Optimierungsmöglichkeiten zu entdecken und gezielt Rückmeldung zu geben. In der folgenden Tabelle wurde versucht, ein empirisch abgeleitetes Beurteilungsraster (Berkemeier 2006) didaktisch zu reduzieren. Je nach Alter der Schüler/innen und Unterrichtsziel kann es weiter reduziert oder in Teilen verwendet werden: Es dient Überarbeitungszwecken in der Präsentationsentwicklungsphase oder als Beurteilungsgrundlage im Feedbackgespräch. Eine weitere Möglichkeit, Optimierungsmöglichkeiten herauszuarbeiten, besteht darin, weniger gelungene Präsentationsabschnitte auf der Basis eines Präsentationsentwicklungs-Portfolios, einer Videoaufnahme oder eines Transkripts gemeinsam zu untersuchen. Auf diese Weise können exemplarisch z. B. rezeptionsunterstützende Visualisierungen ergänzt oder Formulierungsalternativen erarbeitet werden, die wiederum eine Überarbeitung der Sprechvorlage nach sich ziehen könnten (vgl. Berkemeier/Pfennig 2006).

Tab. 1: Didaktisch reduziertes Kriterienraster zur Vorbereitung und Beurteilung von Präsentationen auf der Basis des ZTAR (z. B. in: Nussbaumer/Sieber 1995)

| | | |
|---|---|---|
| Inhalt | | • War das Thema schwierig oder leicht?<br>• Wurden Thema und Unterkapitel ausreichend behandelt?<br>• Wurde das Zeitlimit eingehalten?<br>• War der Vortrag inhaltlich sinnvoll aufgebaut?<br>• Gab es Sprünge, die euch am Verstehen gehindert haben?<br>• Was habt ihr nicht verstanden? |
| Sind Fehler aufgefallen? | Sprache | • Grammatik<br>• Ausdruck |
| | Schrift | • Rechtschreibung<br>• Zeichensetzung |
| Verständlichkeit | formale Gestaltung | • Wurde euch geholfen, den Aufbau zu erkennen?<br>• Wurden übliche Muster eingehalten oder sinnvoll verändert? (z. B. Buchvorstellung) |
| | sprachliche Gestaltung | • Waren die benutzten Wörter treffend und abwechslungsreich?<br>• War der Satzbau abwechslungsreich/zu kompliziert/gut verständlich? Gab es viele Satzabbrüche?<br>• Wurden die Informationen verknüpft?<br>• Wurde viel über Nachdenken/Suchen/Fehler gesprochen?<br>• War der Vortrag ausführlich genug?<br>• Wurde euch beim Verstehen besonders geholfen? (Gliederungshinweise, Wiederholungen, Hervorhebungen ...) |
| | sprecherische Gestaltung | • Ging die Stimme am Satzende immer nur nach oben?<br>• Gab es Betonungen und sinnvolle Pausen?<br>• War der Vortrag laut und deutlich genug?<br>• War das Sprechtempo angemessen/zu schnell/zu langsam?<br>• Wurde die Stimme in besonderer Weise eingesetzt? |
| | Bewegungen (Gesicht, Kopf, Hände und Arme, gesamter Körper) | a) Haben Bewegungen die Präsentation unterstützt?<br>Z. B.:<br>- demonstrierend, Unterstützung des präsentierten Inhalts<br>- Pausen und Korrekturen überbrückend<br>- betonend<br>- gliedernd: z. B. nach Absätzen<br>- aufmerksamkeitssteuernd, hörerorientierend (z. B. Blick und Zeiggesten zu Tafel, Poster, OHP; Blickkontakt)<br>- zurückhaltende Bewegungen beim Medieneinsatz<br>b) Gab es Bewegungen, die die Präsentation eher störten? (z. B. wegen Nervosität, Eigenheiten ...) |
| | mediale Gestaltung | • Wurden Medien benutzt?<br>• Wurden die Ausschnitte aus Buch/Video/Kassette ... gut ausgewählt?<br>• Wurden die Ausschnitte im Vortrag an einer guten Stelle eingesetzt, eingeleitet und ausgewertet?<br>• Waren die Ausschnitte gut sichtbar/hörbar/lesbar?<br>• Gab es Veranschaulichungen, die das Verstehen erleichterten? |
| Besonderheiten | | z. B.<br>• ungewöhnliches Wagnis (z. B. Verkleidung, Verfremdung)<br>• Inszenierungsidee (z. B. Standbild mit Hörer/innen) |

## 5 Fazit

Die Schlaglichter dieses Artikels deuten an, wie vielschichtig Präsentationskompetenz ist: Die Handlungsform stellt Präsentierende wie Rezipierende vor mündlich, schriftlich, nonverbal und medial zu lösende Anforderungen. Wie beim Schreibprozess gilt es, im Deutschunterricht Prozessteile vereinzelt und im Zusammenspiel zu fokussieren und Kompetenzen dadurch schrittweise weiterzuentwickeln. Bei komplexen Sachzusammenhängen stellt gerade das Formulieren eine hohe Anforderung auch an grammatische Fähigkeiten. Ein wesentlicher Vorteil dieser Handlungsform im Vergleich zu schriftlichen Texten besteht darin, dass die Rezipient/innen in der Umsetzungsphase nicht mehr „gedacht" werden müssen, sondern vor Ort sind und ihr (Nicht-)Verstehen unmittelbar erfahrbar und ggf. zur erneuten Handlungsherausforderung wird.

## Literatur

Becker-Mrotzek, Michael (Hrsg.): Präsentieren. In: Praxis Deutsch (2005) Heft 190

Berkemeier, Anne: Präsentieren und Moderieren im Deutschunterricht der Sekundarstufen. Baltmannsweiler: Schneider Hohengehren 2006

Berkemeier, Anne: Praxisband: Präsentieren lehren. Vorschläge und Materialien für den Deutschunterricht. Baltmannsweiler: Schneider Hohengehren 2009

Berkemeier, Anne/Pfennig, Lothar: Den Zuhörer im Blick: Jugendbücher erfolgreich präsentieren. In: Deutschunterricht (2006) Heft 6, 20–25

Berkemeier, Anne/Pfennig, Lothar: Nutzt oder schadet Visualisieren mit PowerPoint? In: Praxis Deutsch (2005) Heft 190, 36–42

Hierhold, Emil: Sicher präsentieren – wirksamer vortragen: Multimedia, Datenprojektion, 15-Minuten-Kurzkonferenz, viele neue Tips. Wien: Ueberreuter 1994

Nussbaumer, Markus/Sieber, Peter: Über Textqualitäten reden lernen – z. B. anhand des Zürcher Textanalyserasters. In: Diskussion Deutsch (1995) Heft 141, 36–52

Tino: Der Pirat im Schlafanzug. Würzburg: Arena 1995

ANNE BERKEMEIER / LOTHAR PFENNIG

# G 6 Schüler/innen moderieren

Moderieren ist eine Handlungsform, die schulische wie außerschulische Gespräche in größeren Gruppen unterstützt und sich zu diesem Zwecke sprachlicher Mittel bedient. Beide Bestimmungsmerkmale sprechen dafür, Gesprächsleitung an Lernende abzugeben und entsprechende Fähigkeiten im Deutschunterricht zu fördern.

## 1 Moderieren – Was ist das?

Wir schlagen vor, Moderieren als Oberbegriff für die Leitung von mündlichen oder schriftlichen Gesprächsformen wie z. B. Besprechungen, Schlichtungsgespräche, Feedbackgespräche, Chats, Foren, Talkrunden, Round tables usw. zu verwenden. Solche Gesprächstypen und deren Verläufe sind nicht zufällig, sondern musterhaft. Kennt man entsprechende Muster, kann man sich kommunikativ besser orientieren, weil man die Funktionen einzelner Äußerungen rezeptiv besser einordnen oder aktiv einzelne Musterpositionen gezielt ansteuern kann. Lehrer/innen können anhand der Abweichungen von einem Muster erkennen, wie Schüler/innen im Hinblick auf eine Gesprächsart spezifisch gefördert werden können. In Berkemeier (2006) wurden auf der Basis schülergeleiteter Gespräche in einer 6. Gymnasialklasse moderationstypische sprachliche Handlungen herausgearbeitet, die sich – nach ihren spezifischen Zwecken geordnet – in größere Einheiten, Module genannt, zusammenfassen lassen. Diese Einteilung ermöglicht, Schwierigkeiten beim Moderieren zu kategorisieren, im Sinne didaktischer Reduktion Moderationsanforderungen sukzessive zu entwickeln bzw. zu fördern und Moderationsarten voneinander zu unterscheiden. Moderation lässt sich so nämlich beschreiben als eine von der jeweiligen Gesprächsart oder vom jeweiligen Gesprächsabschnitt abhängige spezifische Kombination von Gesprächsleitungs-Modulen: Die Moderation einer Vorstellungsrunde kommt zunächst einmal mit der Rederechtverteilung aus. Ein Brainstorming zu moderieren, verlangt evtl. zusätzlich die schriftliche Fixierung der geäußerten Ideen. Eine reine Pro-Kontra-Diskussion erfordert weniger Moderationstätigkeiten als eine Besprechung, die zu einer Entscheidung und deren Umsetzung führen soll (vgl. Vogt 2002).

Die im Folgenden thematisierten Module „Gesprächsstrukturierung“, „inhaltliche Strukturierung“, „Abstimmungsdurchführung“ und „unterstützende Visualisierung“, wie sie in Berkemeier (2006) herausgearbeitet werden konnten, sind allerdings nicht vollständig. So wäre z. B. denkbar, dass es in Besprechungen zu Situationen kommen kann, in denen ein Streit geschlichtet werden muss. In Feedbackgesprächen ist es hingegen zusätzlich zur Gesprächsstrukturierung nötig, auf das Einhalten von Feedbackregeln zu achten. Andere Gesprächsarten erfordern also andere Module oder andere Modulkombinationen. Weil Besprechungen im Hinblick auf potenziell beteiligte Module recht komplex sein können, soll im Folgenden die Besprechungsmoderation im Vordergrund stehen.

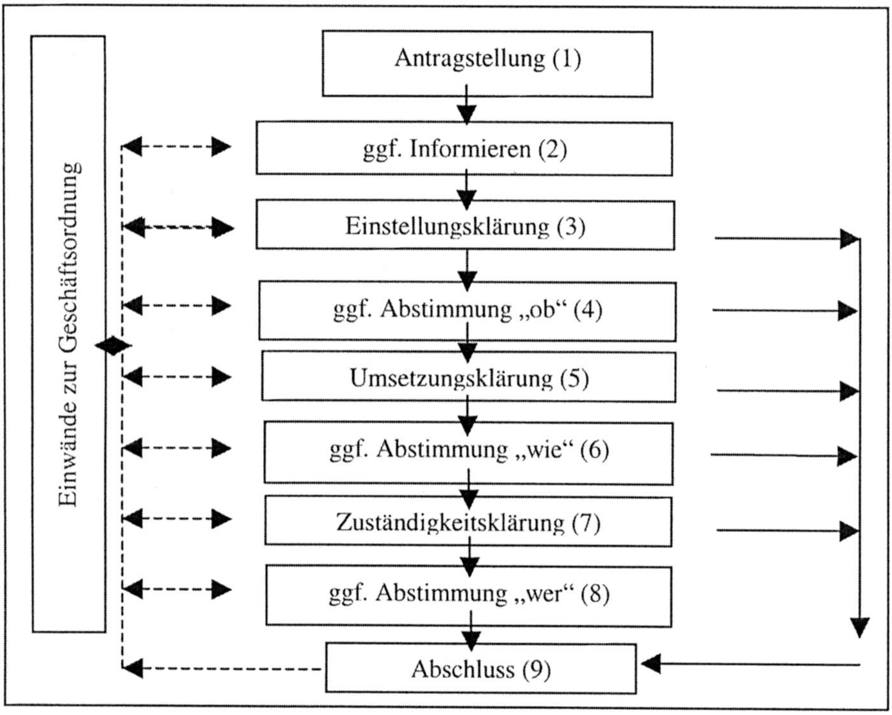


Abb. 1 Muster Klassenbesprechung

Bezogen auf Besprechungen in der Klasse kann das Handlungsmuster folgendermaßen gestaltet werden: Auf einer ausgehängten Liste tragen Schüler/innen im Laufe der Zeit Themen ein, die sie in der Klasse besprechen wollen (z. B. Themen, welche die Gestaltung des Klassenraums betreffen; mögliche Ziele des Klassenausflugs; Anschaffungen, die aus der Klassenkasse bezahlt werden; Umgangsweisen miteinander etc.). Wenn dafür Unterrichtszeit zur Verfügung steht, werden diese Themen der Liste nach abgearbeitet. Schüler/innen, die Themen auf die Liste geschrieben haben, wählen ihre Moderator/innen und stellen einen entsprechenden Antrag. Ggf. informieren sie über den Besprechungsgegenstand (s. Abb. 1, Musterposition 1 und ggf. 2). Die/der Moderierende leitet anschließend die Musterposition Einstellungsklärung (3) ein, d.h. alle Schüler/innen können sich äußern, warum sie für oder gegen den gemachten Vorschlag sind. Sollte sich mittels Abstimmung (4) herausstellen, dass dieser Vorschlag keine Mehrheit findet, kann die Besprechung abgeschlossen werden. Andernfalls schließen sich noch die Phasen der Umsetzungsklärung (5) und ggf. der Zuständigkeitsklärung (7) an, die ggf. ebenfalls durch Abstimmungen (6, 8) zum Abschluss (9) gebracht werden können. In diesen Phasen wird besprochen, wie das geplante Vorhaben umgesetzt werden kann oder soll und wer sich an der Umsetzung des Vorhabens beteiligt. Es ist also einerseits möglich, dass einzelne Musterpositionen gar nicht realisiert werden müssen. Andererseits kann es sein, dass bereits beendete Musterpositionen wieder aufgenommen werden (müssen). Das kann z.B. dann der Fall sein, wenn eine schwierige Umsetzung zur Einstellungsänderung bei einigen Beteiligten führt oder wenn bei der Zuständigkeitsklärung auffällt, dass die Umsetzung noch nicht genau genug geplant wurde. Solche „Rückbewegungen" sind nicht defizitär zu interpretieren, weil sie für Besprechungen durchaus normal sind. Sie können sogar Lösungen für erkannte Defizite darstellen und zum Auffüllen von Leerstellen beitragen.

Eine der wesentlichen Anforderungen bei interaktiven Problemlöseprozessen besteht darin, das Problem selbst und die Problemlösevorschläge erstens gemeinsam und zweitens mehr oder weniger ad hoc zu zerlegen. Dadurch kann es immer wieder zu Handlungswiderständen kommen, die von vornherein für die Beteiligten nicht absehbar sind. Solche Prozesse mittels Sprache zu steuern, stellt hohe Anforderungen an die moderierende Person.

## 2 Einzelne Anforderungen beim Moderieren bewältigen lernen

### 2.1 Gesprächsstrukturierung

Das Modul Gesprächsstrukturierung ist Teil aller Moderationsarten, die Gespräche leiten. (Die Anmoderation von Präsentationen gehört also z.B. nicht dazu.) Zur Gesprächsstrukturierung gehören die Rederecht-Organisation, die Initiierung und Beendigung der im Handlungsmuster dargestellten Musterpositionen, die zeitliche Planung, die strukturelle Bearbeitung von Metaeinwänden sowie ggf. disziplinierende Handlungen. Diese Anforderungen sind normalerweise unproblematisch. Sie können bereits von Grundschüler/innen bewältigt und durch Meldeketten etc. angebahnt werden.

### 2.2 Inhaltliche Strukturierung

Sollen Beiträge nicht nur unverbunden nebeneinander stehen bleiben (wie es etwa für ein Brainstorming durchaus sinnvoll sein kann), dient es der inhaltlichen Klärung, wenn Beitragsinhalte geordnet werden. Auch wenn Beitragende diese Aufgabe übernehmen können (s. 4), kommt sie primär der Besprechungsleitung zu. Ist eine Beitragsformulierung nicht verständlich oder nicht ausführlich genug, so kann die Besprechungsleitung um Präzisierung bitten. In komplexen Zusammenhängen kann es besonders schwierig sein, Einzelaspekte miteinander zu verknüpfen und mit inhaltlichen Sprüngen umzugehen, die durch die Beitragsabfolge oder die Absichten der Beitragenden entstehen. Darüber hinaus müssen offene Fragen geklärt, Alternativen zusammengefasst und (Zwischen-)-Ergebnisse formuliert werden. Die Moderationsanforderungen dieses Moduls sind also sehr anspruchsvoll. Hier brauchen Schüler/innen häufig Unterstützung durch Lehrende (s. 6).

## 2.3 Abstimmungsdurchführung

Reine Pro-/Kontra-Abstimmungen sind leicht durchzuführen: Die Fragestellung kann sich auf „Wer ist dafür/ist dagegen/enthält sich?" beschränken. Im Anschluss müssen die Stimmen nur noch ausgezählt und das Stimmenverhältnis bekannt gegeben werden. Abstimmungen im Rahmen komplexerer Besprechungen durchzuführen, kann mitunter eine durchaus anspruchsvolle Aufgabe sein: Beabsichtigte Abstimmungen müssen nicht nur positioniert, sondern auch angekündigt und manchmal mit den Beteiligten abgeklärt werden. Die Abstimmungsfrage erfordert eine inhaltliche Vorabstrukturierung, die durch eine entsprechende Formulierung den Abstimmungsberechtigten vermittelt werden muss. Das ist schwierig, wenn die bisherigen Argumentationen vielschichtig und wenig strukturiert waren. Dann muss der/die Moderator/in diese nämlich auf der Basis des mündlich Rezipierten in ausreichend ausformulierte Alternativen kanalisieren.

## 2.4 Visualisierung

Visualisieren im weiteren Sinne kann sich beim Moderieren auf das Führen einer Rednerliste oder auf das Notieren der Abstimmungsverhältnisse beschränken. In schwierigen Problemlösezusammenhängen kann es allerdings hilfreich sein, inhaltliche Konstellationen z. B. mittels einer Tabelle zu visualisieren, um Klarheit herzustellen sowie offene Fragen zu identifizieren und zu bearbeiten. Solche Visualisierungen können auch die Abstimmungsdurchführung unterstützen, da die Alternativen bereits visuell für alle Beteiligten zu erkennen sind und die moderierende Person auf diese Visualisierung verweisen kann (z. B.: „Wer ist für diese Lösung?").

## 2.5 Besprechungszwecke und Moderationsstile

Unter 2.1 und 2.2 wurde dargestellt, dass die Musterpositionen nicht immer nacheinander abgearbeitet werden, sondern sich manchmal Wechsel ergeben.

Auch inhaltliche Aspekte können in der Regel nicht geordnet abgearbeitet werden, weil die Rederechtverteilung in großen Gruppen ein übergeordnetes Prinzip darstellt und weil komplexere Problemstrukturen häufig erst im Laufe von Besprechungen durchschaut werden. Beitragende können bisherige inhaltliche Besprechungsaspekte erweitern, verschieben oder fortführen. Bei der Fortführung können sie (idealiter) direkt an eine vorangegangene Äußerung anschließen oder sich auf einen oder mehrere zeitlich entfernter liegende Beiträge rückbeziehen. Bezüge auf mehrere vorangegangene Beiträge können sie additiv nebeneinander stellen oder verknüpfen. Moderator/innen können ihre Handlungsmöglichkeiten in ganz unterschiedlicher Weise nutzen: Sie haben die Wahl, Musterpositionenwechsel und inhaltliche Sprünge durch Rückführung, explizite Zurückweisung oder Ignorieren zu tilgen. Sie können sie aber auch stillschweigend oder explizit akzeptieren oder aktiv übernehmen. Weitere Akzeptanzmöglichkeiten bestehen darin, inhaltliche Bewegungen (ggf. mit Hilfe einer Tafelnotiz) zeitlich zu verschieben oder inhaltlich zu wandeln (s. Tab. 1).

Tab. 1: Möglichkeiten, als Moderator/in mit inhaltlichen Sprüngen durch Beitragende umzugehen

| | |
|---|---|
| inhaltliche Bewegungen durch Beiträge akzeptieren | stillschweigend gewähren |
| | explizit gewähren |
| | aktiv übernehmen |
| | verschieben |
| | wandeln |
| inhaltliche Bewegungen durch Beiträge tilgen | Rückführung |
| | explizite Zurückweisung |
| | Ignorieren |

Die Wahl dieser Möglichkeiten ist einerseits vom individuellen Moderationsstil abhängig: Jemand, der es vorzieht, stark zu leiten, wird solche Wechsel eher häufig tilgen oder aktiv übernehmen. Eine Person, die den Beitragenden viel Raum lassen oder sich aus anderen Gründen zurückhalten will, wird inhaltliche Bewegungen eher akzeptieren. Andererseits kann die Wahl der Moderationsmittel aber auch dem Besprechungszweck dienen: In Sammelphasen ist ein strikter Moderationsstil eher hinderlich, bei der Zuspitzung von Problemlösungsentwicklungen dagegen wirkt eine wenig konturierende, „lasche" Gesprächsleitung wenig zielführend.

## 3 Rezeption und Reflexion: Unterstützung der Moderationstätigkeiten

Natürlich nehmen nicht nur Moderierende Einfluss auf den Gesprächsverlauf, sondern auch die Beitragenden. Grundsätzlich ist es möglich (wenn auch nicht immer sinnvoll), auf Beiträge, die eigene Bedürfnisse äußern, zugunsten des Gesprächsverlaufs zu verzichten. Aktiv können Beitragende den Gesprächsverlauf durch die Formulierung ihres Beitrags unterstützen, indem Bezüge auf Musterpositionen oder vorangegangene Beiträge explizit gemacht werden („Ich wollte noch zu Katrins Vorschlag sagen, ...“). Dabei ist es auch den Beitragenden möglich, bisher geäußerte Einzelaspekte zu verknüpfen, offene Fragen erkennbar zu machen oder Missverständnisse aufzudecken. Eine weitere Möglichkeit, auf den Gesprächsverlauf Einfluss zu nehmen, besteht in metakommunikativen Anträgen zur Geschäftsordnung, durch die abweichende Verfahrensweisen vorgeschlagen werden können, wenn man z. B. mit den bisherigen Ergebnissen nicht zufrieden ist. Alle diese sprachlichen Handlungsmöglichkeiten erfordern allerdings eine recht hohe Bewusstheit über den bisherigen Gesprächsverlauf sowie die bisherigen sprachlichen Handlungen der moderierenden Person. Ein moderations-unterstützendes Handeln als Beitragende/r setzt also relativ hohe Rezeptions- und Reflexionskompetenz voraus. Diese zu entwickeln, ist Aufgabe der Lehrenden. Indem sie den Lernenden ihre sprachlichen Handlungsmöglichkeiten aufzeigen und deren Entwicklung durch Feedback stützen, helfen sie ihnen auch, eine solche Rezeptions- und Reflexionskompetenz aufzubauen.

## 4 Beurteilung und Feedback

Beurteilung und Feedback dienen einerseits der Einschätzung und anschließenden Förderung individueller Moderationskompetenz und andererseits der Rezeptions- und Reflexionskompetenz der Beitragenden. Wie aus der Schreibdidaktik bekannt, ermöglichen Kriterienkataloge die Anforderungen transparent zu machen, und den Rezipierenden, inhaltlich differenziert Rückmeldung zu geben. Kriterienkataloge zum Moderieren bestehen aus den jeweils zur Gesprächsart passenden Modulkombinationen (vgl. Tab. 2 u. 3) oder aus der Kombination der Module, die bisher im Deutschunterricht eingeführt wurden. Moderations-Auffälligkeiten ohne Transkript oder mehrmaliges Abhören von Audioaufnahmen zu notieren, wird kaum möglich sein, aber allein schon Ankreuzungen würden Häufigkeitsverteilung deutlich machen. Haben die Schüler/innen Bewusstheit für Moderationsanforderungen und -stile entwickelt, können sie Auffälligkeiten z. B. mittels „!“ oder eines Stichwortes vermerken und sich im Feedbackgespräch erinnernd darüber äußern. Dabei ist zu berücksichtigen, dass Moderationshandlungen immer auch von Gesprächszweck und

-verlauf abhängig sind: Unproblematisch verlaufende Besprechungen, in denen die Beitragenden bereits stark strukturieren, verlangen weniger vielfältige Moderationstätigkeiten als Besprechungen, in denen verschiedene, unvereinbare oder wenig durchdachte Lösungsvorschläge gemacht werden.

Tab. 2: Moderationsanforderungsprofil für Klassenbesprechungen

| Moderationsanforderungsprofil für Klassenbesprechungen | | Auffälligkeiten |
|---|---|---|
| Einleitung | | |
| informieren/präsentieren lassen | | |
| Gesprächsstrukturierung (Basis-Modul) | Rederechtorganisation | |
| | Musterpositionen initiieren und beenden | |
| | zeitliche Planung überblicken | |
| | Disziplinierung | |
| Durch inhaltliche Strukturierung Problemlösungen herbeiführen | Äußerungen sammeln und für die Ver-Ortung von Inhalten sorgen | |
| | Bearbeitung von Meta-Einwänden | |
| | Leerstellen und Missverständnisse erkennen und klären lassen | |
| | Einzelaspekte verknüpfen | |
| Abstimmungsdurchführung | Abstimmungen positionieren bzw. abklären und einleiten | |
| | Abstimmung vorab strukturieren: Alternativen zusammenfassen | |
| | Frage(n) formulieren | |
| | Stimmen auszählen | |
| | ggf. Stichwahl durchführen | |
| | Ergebnis bekannt geben | |
| | Anschlusshandlung auswählen und realisieren | |
| Module durch Visualisierung unterstützen | Rednerliste | |
| | inhaltliche Konstellationen | |
| | Abstimmungsalternativen/ Stimmverhältnisse | |
| | ... | |

Tab. 3: Beispiel für Schüler-Moderation bei einer Hausaufgabenbesprechung

| **Moderationsaufgaben** | | **Belegstellen/Realisierungen** |
|---|---|---|
| Rederecht-Organisation und Disziplinierung | Rederecht „gerecht" verteilen | Namensnennung |
| | Bitte um Beiträge | |
| | Bitte um direktes Ansprechen | Ähm kannste das nich Anne sagen? |
| | ggf. Rederecht einschränken | |
| | ggf. Rederecht entziehen | |
| | für Ruhe sorgen | |
| | kommunikativ ordnende Äußerung | |
| | Verständnissicherung | Hm wer will, dass das noch mal gelesen wird melden. |
| inhaltliche Nachfragen | Präzisierung von Beiträgen | Abstrakta? |
| | inhaltlicher Impuls | Ja. (.) Hm und wie f/ (.) fa/ fandet ihr den Brief insgesamt gut? (nach Anregung) Wer fand das alles gut? (.) Finger hoch. |
| sich selbst einbringen | Stellung nehmen | |
| Abschluss | Beendigung positionieren bzw. abklären | |
| | Rückfrage an Vortragende/n | |

Ein stark reduzierter Feedbackbogen könnte auch nur aus den übergeordneten Kriterien Gesprächsstrukturierung, Unterstützung des Problemlöseprozesses und Abstimmungsdurchführung bestehen. Zumindest Lehrende könnten hier Auffälligkeiten genauer notieren und diese anschließend rückmelden bzw. weiterführend thematisieren.

## 5 Didaktisch-methodische Konsequenzen: Fördermöglichkeiten

Muster von Gesprächsarten und entsprechende sprachliche Handlungsmöglichkeiten im Deutschunterricht zu thematisieren, lassen diese für Schüler/innen modelliert und dadurch handhabbarer erscheinen. D. h.: Schüler/innen können eine konkrete Vorstellung entwickeln, was an Gesprächsverläufen musterhaft ist und wie sie sprachlich darauf einwirken können. Zu Beginn sollten Schüler/innen Gesprächsarten mit wenigen Moderationsanforderungen leiten (s. 2.) oder einzelne Abschnitte übernehmen (z.B. einfach strukturierte Abstimmungen). Allmählich können die Moderationshandlungen erweitert werden. Hilfreich ist, in komplexen oder problematischen Gesprächsabschnitten Reflexionsphasen einzuschieben und zu klären, was am bisherigen Verlauf schwierig war und wie man als Moderator/in damit umgehen könnte. Häufig wird es nicht die eine richtige Lösung geben, sondern Handlungsalternativen, zwischen denen gewählt werden kann (s. 3.5). Begonnen werden sollte z.B. mit Moderationsarten oder -phasen, in denen lediglich gesammelt wird und nur die Rederechtorganisation erforderlich ist. Die ordnende Visualisierung der Ergebnisse kann in dieser Phase von den Lehrenden übernommen werden und ermöglicht das Lernen am Beispiel. In weniger komplexen Zusammenhängen können Schüler/innen auch schon früh Abstimmungen vornehmen. Das inhaltliche Strukturieren sollte mit weniger komplexen Zusammenhängen anfangen. Erweist sich ein Thema im Laufe der Besprechung doch als komplexer als vorher gedacht, können Lehrende als Helfer/innen einspringen. In weit fortgeschrittenen Lerngruppen können Schüler/innen nach und nach größere Unterrichtsabschnitte leiten. Besonders wichtig ist, Situationen und Themen für die Entwicklung von Moderationsfähigkeiten zu wählen, die echten Gesprächsbedarf aufweisen. Wenn tatsächlich und nicht übungshalber etwas entschieden und umgesetzt werden soll, handeln Moderierende wie Beitragende sprachlich ernsthaft.

## Literatur

Berkemeier, Anne: Präsentieren und Moderieren im Deutschunterricht der Sekundarstufen. Baltmannsweiler: Schneider Hohengehren 2006

Berkemeier, Anne: Interaktives Problemlösen in Online-Foren: Funktionen von Moderationstätigkeiten. In: Niemeyer, S./Diekmannshenke, H. (Hrsg.): Profession & Kommunikation (= forum Angewandte Linguistik. Bd. 33). Frankfurt/M.: Lang 2008, 195–207

Berkemeier, Anne: Moderieren in der Grundschule. In: Grundschule Deutsch. 29. 2011, 37–39.

Vogt, Rüdiger: Im Deutschunterricht diskutieren. Zur Linguistik und Didaktik einer kommunikativen Praktik. Tübingen: Niemeyer 2002

NICOLE NEUMEISTER / RÜDIGER VOGT

# G 7 Erklären im Unterricht

„Erklären können“ ist eine der zentralen Fähigkeiten eines Lehrers. Die Qualität des Unterrichts in einem Fach aus der Sicht von Jugendlichen oder Kindern hängt davon ab, ob ein Lehrer „erklären“ kann, ihnen also bestimmte komplexe Zusammenhänge angemessen vermitteln kann. Didaktisches Erklären setzt zweierlei voraus: Fachkompetenz und Reflexivität. Die Inhalte des Unterrichts müssen dem Lehrer intellektuell verfügbar sein, und er muss eine Form der Darstellung finden, die seine Schüler verstehen. Er sollte also seine in der wissenschaftlichen Ausbildung erworbenen Wissensbestände situationsadäquat und adressatengerecht einbringen können. Dabei wird er in vielfältiger Weise unterstützt: So liefern beispielsweise Schulbücher und Unterrichtsmaterialien Zugänge zu einem Fachthema. Doch auch wenn mit diesen Materialien gearbeitet wird, muss der Lehrer auf weiterführende Fragen und Probleme im Interaktionsprozess eingehen können.

Aber auch Schüler müssen „Erklären können“, d. h. sie sollten in der Lage sein, angeeignetes Wissen in adressatengerechter Form an andere weiterzuvermitteln. Erklärungen von Schülern für Schüler können im Unterricht dazu genutzt werden, Wissensbestände und -strukturen zu festigen. Die Förderung der Erklärkompetenz von Schülerinnen und Schülern ist ein zentrales Anliegen des Unterrichts. „Erklären können“ verknüpft also die Interaktion mit der Kognition. Es ist ein zentrales Mittel von Lehr-Lernprozessen.

In diesem Beitrag wird zunächst ein Konzept von „Erklären“ vorgestellt, welches von der Situationskonstellation ausgeht, Nicht-Wissen bei einem Aktanten mithilfe eines anderen aufzuheben, der über das notwendige Fachwissen verfügt. Eine grobe Orientierung ist möglich, wenn die eine Erklärung erzeugende Frage herangezogen wird: „Erklären-was“ bezieht sich auf Sachverhalte, „Erklären-wie“ auf Abläufe und „Erklären-warum“ auf Voraussetzungen von Sachverhalten (1). An Beispielen wird dann gezeigt, wie Lehrer/innen erklären (2) – und wie das Instrument genutzt werden kann, um Schüler/innen zu befähigen, eigenes Wissen adressatengerecht weiter zu vermitteln (3). Abschließend werden die Ergebnisse zusammengefasst und Maximen zur Organisation von unterrichtlichen Erklärprozessen formuliert (4).

## 1 Was heißt „Erklären“?

Im alltäglichen Sprachgebrauch wird „Erklären“ in zwei verschiedenen Varianten genutzt, die durch die Grundbedeutung von *klar machen* i. S. v. ‘verständlich machen' miteinander verknüpft sind. Zum einen kann man einer Person einen nicht unmittelbar einsichtigen Sachverhalt oder Zusammenhang durch Worte 'deutlich, klar machen', zum anderen kann man auch einen bislang unbekannten Sachverhalt 'öffentlich aussprechen' und ihn somit anderen bekannt machen (vgl. Paul 2002, 290). Der Unterschied zum „Informieren" i. S. v. 'benachrichtigen' bzw. 'sich erkundigen' liegt darin, dass die Zusammenhänge komplexer sind und entsprechend sprachlich realisiert werden müssen. Die durch das Verb *erklären* bezeichnete Redekonstellation setzt also voraus, dass Sprecher A über ein spezifisches Wissen X verfügt, das Sprecher B nicht hat. Im ersten Fall macht A dieses Wissen B zugänglich (*A erklärt B X*), im zweiten Fall bringt A aus eigenem Antrieb B gegenüber einen Sachverhalt oder Überlegungen zum Ausdruck, indem er sich erklärt (*A erklärt B gegenüber X*). Der Unterschied zwischen beiden Varianten liegt also darin, wer die Artikulation des spezifischen Wissens initiiert (vgl. auch Hohenstein 2006, 115). Im Folgenden konzentrieren wir uns auf die Formen, die sich durch die zuerst aufgeführte Konstellation „Erklären 1" (*A erklärt B X*) ergeben.

Diese erste Unterscheidung nun führt zu dem Problem, wie sich Erklären von anderen Formen sprachlicher Interaktion abgrenzen lässt, z. B. vom Antworten, Begründen oder Erläutern. In der Tat dürfte B sein Nicht-Wissen mittels einer Frage kundtun, und A wird sein Wissen mittels einer Antwort einbringen. Jedoch würde man kaum die folgende Frage-Antwort-Sequenz als Erklärung ansehen:

*(1a) B: Wie spät ist es? – A (blickt auf die Uhr): Viertel nach vier.*

Die Frage kann jeder beantworten, der eine Uhr hat. B fragt nur, weil er selbst keine hat, aber trotzdem die Konventionen kennt, mit deren Hilfe Zeitangaben gemacht werden. Schon anders könnte es sein, wenn A und B aus unterschiedlichen Bundesländern stammen, z. B. B aus Niedersachsen und A aus Baden-Württemberg. Dann könnte die Frage-Antwort-Sequenz so aussehen:

*(1b) B: Wie spät ist es? – A (blickt auf die Uhr): Viertel fünf.*

Wenn B die Konvention, den Zeitpunkt 16.15 als *viertel fünf* zu kennzeichnen, nicht kennt, müsste er nachfragen, und A würde ihm dann vermitteln, dass man in Süddeutschland diesen Zeitpunkt so bezeichnet. Diese Fortführung des Dialogs lässt sich deshalb als ERKLÄREN charakterisieren, insofern als A dem Norddeutschen B den in Süddeutschland üblichen Sprachgebrauch verdeutlicht.

Betrachten wir ein anderes Beispiel, in dem es um die sprachliche Handlung des BEGRÜNDENS geht:

*(2a) B: Warum kommst du so spät? – A: Weil mein Bus Verspätung hatte.*

In diesem Beispiel begründet A seine Verspätung mit der Verspätung des Busses. Da A nicht über die Gründe der Verspätung informiert war, könnte man auch sagen, dass A mit seiner Antwort B ihm dies verständlich macht, es ihm erklärt. Wenn B seine Frage vorwurfsvoll intoniert, kann die Antwort auch als Rechtfertigung analysiert werden. Betrachten wir schließlich ein weiteres Beispiel – es geht um eine politische Einstellung:

(2b) B: *Ich wähle die CDU, weil die das Ganze im Blick haben. – A: Die kann man doch nicht wählen, so unsozial wie die sind.*

A und B begründen ihre divergierenden Einstellungen der CDU gegenüber und wenn der Dialog sich fortsetzen würde, gäbe es sicher eine Kontroverse. Da aber die beiden Beteiligten unterschiedliche Ansichten haben, kann dieses Beispiel nicht als Erklären eingestuft werden, da beide (A und B) hinreichende Informationen über den strittigen Sachverhalt haben und deshalb eine inhaltliche Auseinandersetzung führen können. Ähnlich verhält es sich mit der sprachlichen Handlung des ERLÄUTERNS. Hier geht es darum, dass A Hintergründe von Tätigkeiten oder Praktiken B deutlich macht. Voraussetzung ist aber, dass B über ein für das notwendige Verständnis erforderliches Teilwissen verfügt, mithin nur ergänzende Informationen eingebracht werden müssen.

(3) A: *Was war noch der Kern der Silbe?*
B: *Der Vokal. Eine Silbe besteht ja aus einem Anfangsrand, einem Kern und einem Endrand. Der Kern ist immer der Vokal, die Konsonanten bilden die Ränder.*

Hier fragt A nach einem phonetischen Begriff. Er kennt ihn offenbar, hat aber nicht den Wissenshintergrund verfügbar, um selbst zu einem adäquaten Begriffsgebrauch zu kommen. In der Antwort beantwortet B zunächst die Frage, er gibt jedoch auch noch weitergehende Informationen, die die Struktur der Silbe thematisieren. Er erläutert also den Begriff des Silbenkerns.[1]

Die Beispiele haben gezeigt, dass es sinnvoll ist, zwischen den sprachlichen Formen und der Interaktionskonstellation zu unterscheiden. Die Sprechhandlungen ANTWORTEN, BEGRÜNDEN und ERLÄUTERN können sowohl in der Konstellation Erklären (A: Nicht-Wissen – B: Wissen) als auch in der Konstellation Informieren genutzt werden, in der ein Sprecher A einem Sprecher B Wissensbestände mitteilt, die dieser noch nicht kennt (A: Wissen – B: Wissen'). Im Gegensatz zum Erklären braucht er jedoch keine weitergehenden Zusammenhänge zu entwickeln. Mithin ist die Funktion dieser Sprechhandlungen nur vor dem Hintergrund der Interaktionskonstellation jeweils konkret zu bestimmen. Im nächsten Schritt ist zu klären, welche Typen von Erklärungen sich voneinander unterscheiden lassen. Als Einteilungskriterium kann die Orientierung der Wissensbestände dienen. Dies leistet eine Zuordnung von Frageadverbien: Wir werden uns i. F. mit den Formen „Erklären-warum", „Erklären-wie" und „Erklären-was" beschäftigen.

[1] Zu den Sprechhandlungen des Begründens und Erläuterns vgl. Hohenstein 2006, 133 ff.

## 1.1 Erklären-warum

Dieser Erklärtyp wird vor allem genutzt, um das Zustandekommmen eines Sachverhalts zu explizieren. Dabei lassen sich zwei Typen voneinander unterscheiden: Bei den deduktiv-nomologischen, also auf Ursachen bezogenen Erklärungen geht es i. W. um naturwissenschaftlich beantwortbare Fragen, die eine konkrete Erscheinung mit allgemeinen Naturgesetzen in Verbindung bringen. Teleologischen Erklärungen, die sich auf Ziele oder Zwecke von Handelnden beziehen, werden durch Fragen nach den Gründen für Handlungsweisen von Subjekten evoziert, die sich auf Umstände und Motive beziehen. Kausale Erklärungen werden beispielsweise durch die Frage „Warum ist der Himmel blau?" erforderlich. Sie kann systematisch in Kurzform so beantwortet werden:

*(4) (a) Die Sonne scheint. Der Himmel ist blau.*
*(b) Die Streuung des Lichtspektrums hängt von seiner Wellenlänge ab.*
*(c) Da Blau die kürzeste Wellenlänge hat, wird es am stärksten gestreut.*
*(d) Wenn das Sonnenlicht in die Atmosphäre einfällt, so erscheint der Himmel als blau.*

Diese konstruierte Antwort enthält die wesentlichen Bestandteile einer deduktiv-nomologischen Erklärung, nämlich erstens das Explanans, bestehend aus den Antezedensbedingungen, die den zu explizierenden Sachverhalt charakterisieren (a), sowie aus den für den Sachverhalt relevanten physikalischen Gesetzen (in Kurzform) (b und c), sowie zweitens das Explanandum, der nunmehr zu ziehenden systematischen Schlussfolgerung (d). (vgl. auch Hempel 1977, 5 ff.). Hier werden also die Bedingungen systematisch miteinander in Beziehung gesetzt, die erfüllt sein müssen, damit das Phänomen „blauer Himmel" für das menschliche Auge wahrnehmbar ist. Die Gesetzesaussagen zur Lichtstreuung sind kausal verknüpft (c), während das Explanandum konditional formuliert ist, da auch andere Himmelszustände beobachtbar sind, z. B. abends, bei Nacht oder unter Wolken. Im sprachlichen Ausdruck können solche Relationen z. B. durch Konjunktionen (*da, wenn*) oder Adverbien (*deshalb*) markiert werden, zwingend ist dies jedoch nicht. Als Topik fungiert hier das Ursache-Wirkungs-Schema (vgl. Klein 2001, 1319 f.).

Teleologische Erklärungen lassen sich beispielsweise durch die Frage von B „Was machst du denn hier?" evozieren, gestellt nach einem überraschenden Treffen. Die Frage könnte A beispielsweise so beantworten:

*(5) (a) Ich gehe gerade zum Arzt.*
*(b) Denn der hat dort drüben seine Praxis.*
*(c) Deshalb bin ich jetzt hier.*

Die Frage zielt darauf, die Gründe für das unerwartete Treffen zu erfahren. Der um eine Erklärung bemühte Befragte gibt an, welche Absichten er verfolgt (a). Aus diesem Grund befindet er sich an dem Platz, an dem er B getroffen hat, denn er beabsichtigt, einen Arzt aufzusuchen. Hier wird die für solche Erklärungen charakteristische Relation der notwendigen Bedingtheit sprachlich realisiert (b). Das Explanandum (c) schließlich ergibt sich aus den Voraussetzungen und lässt sich als Konklusion interpretieren. Hier wird die Relation der notwendigen Bedingtheit (*Jenes geschah, damit das eintrete*) wirksam: Die Anforderungen A, seinen Arzt zu besuchen, hat dazu geführt, dass er zufällig B getroffen hat. Auch in diesem Beispiel werden kausale Konnektoren verwendet (*denn, deshalb*), allerdings wird hier eine Zweck-Mittel-Topik genutzt.[2]

## 1.2 Erklären-was

Diese Konstellation ist beispielsweise dann gegeben, wenn A einen Ausdruck verwendet, den B nicht versteht bzw. dessen Bedeutung er nicht kennt. Dies kann beispielsweise bei Fachausdrücken, Fremdwörtern oder Redewendungen der Fall sein. Nehmen wir an, in einem Gespräch über einen Text nutzt A den Ausdruck *rhetorische Frage*. B kennt diesen Ausdruck nicht, und es könnte sich der folgende Dialog entwickeln.

*(6) (a) B: Was ist denn das?*
*(b) A: Das ist eine Frage, die selbst die Antwort mit ausdrückt.*
*(c) B: Aber warum fragt man, wenn man selbst die Antwort schon kennt?*
*(d) A: Um den Inhalt noch deutlicher zu machen.*

In (a) markiert B seine Unwissenheit, indem er von A einen Hinweis auf die Bedeutung des Ausdrucks verlangt. Diesem Begehren kommt A nach (b), indem er die Bedeutung beschreibt. B drückt anschließend seine Verwunderung über diese Gebrauchsweise aus (c) und bringt so A dazu, auf die Funktion eines so klassifizierten Ausdrucks im Text einzugehen (d). In einem solchen (konstruierten) Dialog wird deutlich, dass es hier um begriffliche Wissensbestände geht, die, nachdem B sein Nicht-Wissen kundgetan hat, im Verlauf der verbalen Interaktion durch A an B weitergegeben werden (vgl. dazu auch Zifonun et al. 1997, 103 ff.). Das Verhältnis von Frage und Antwort kann als epistemisch bezeichnet werden, weil es um ein Wissenselement geht, das dem Fragesteller fehlt. Um jedoch ein Verständnis der Gebrauchsweise zu erhalten, bedarf es weiterer Informationen über deren Funktionalität. Diese werden in Form eines konsekutiven Ausdrucks eingebracht (*um ... zu, damit*).

## 1.3 Erklären-wie

Diese Form des Erklärens setzt voraus, dass A über ein prozedurales Wissen verfügt, B aber nicht. Das Wissen von A bezieht sich generell auf die Kenntnis von Abläufen, etwa in welcher Reihenfolge Handlungen koordiniert werden

[2] Zu den teleologischen Erklärungen vgl. auch v. Wright 1974, 83–121.

müssen, um ein bestimmtes Ziel zu erreichen. In erster Annäherung bezieht es sich auf die Funktionsweise von Geräten, die ganz bestimmte Arbeitsabläufe erforderlich machen. Es ist zu unterscheiden zwischen dem Erklären eines unbekannten Prozesses, auf den sich das zu vermittelnde prozedurale Wissen bezieht, und der Anleitung zur Ausführung eben dieser Prozedur. Denn einmal geht es um die Vermittlung von prozeduralem Handlungswissen, das andere Mal um die Ausführung der Handlung selber (vgl. Becker-Mrotzek 2004, 183 ff.). Beide Formen können im Vollzug realisiert werden, indem beim Anleiten Erklärungen genutzt und bei Erklärungen diese durch Handlungsausführungen veranschaulicht werden. Betrachten wir das folgende (konstruierte) Beispiel, in dem ein Vertreter einen Dampfreiniger vorführt und seinen Gebrauch erläutert:

(7) A: *Wenn der Tank des Dampfreinigers leer ist, müssen Sie das Gerät abschalten, damit es abkühlt. Sie können erst nach einer halben Stunde wieder Wasser nachfüllen und Ihre Arbeit fortsetzen.*

Es handelt bei diesem Beispiel um eine Instruktion, das heißt, es wird prozedurales Wissen über den Umgang mit einem elektrischen Gerät vermittelt. In diesem Zusammenhang erachtet es der Sprecher als notwendig, auch die Ursachen für den funktionsangemessenen Umgang mit dem Reinigungsgerät zu benennen. Charakteristisch für diesen Mischtyp ist die Verbindung von konditionaler (*wenn ... dann*) und finaler Konstruktion (*damit*). Auf die Vermittlung von prozeduralem Wissen zielt der weitergehende Hinweis auf die zu erwartende Arbeitsunterbrechung.

Auch die Vermittlung räumlicher Kenntnisse lässt sich unter den Typ „Erklären-wie" subsumieren (Wegbeschreibungen). Dies soll an einem Beispiel verdeutlicht werden: B fragt A an der Ecke Martin-Luther-Straße/Mörikestraße nach dem Weg zum Bahnhof Ludwigsburg.

(8) A: *Da gehen Sie hier bis zum Bahndamm, dann rechts. Sie kommen dann unter eine Unterführung, da gehen Sie links unter den Bahngleisen durch und gleich wieder die erste Straße rechts. Dann laufen Sie direkt auf den Bahnhof zu.*

A beschreibt den Weg, den B zu gehen hat. Er benutzt dabei Ausdrücke, die räumliche Verhältnisse ausdrücken. Ob B allerdings bei einer solchen einfachen Beschreibung noch mal nachfragen wird, ist unerheblich. Er hat auf jeden Fall ein Wissen über die räumliche Orientierung in Hinblick auf das Ziel gewonnen. Sprachlich wird eine solche Auskunft auf der Grundlage einer mental antizipierten Fortbewegung vermittelt, entsprechend werden vorwiegend Temporal- und Lokaladverbien verwendet (*dann, links, rechts, gleich*). Auch in dieser Konstellation wird die Zweck-Mittel-Topik genutzt.

Die folgende Übersicht fasst die herausgearbeiteten Aspekte zusammen:

Tab. 1: Erklärtypen in der Übersicht (Abk.: K = Konnektoren; W = Wissen)

| **Erklärtypen** | **Wissensformen** | **Verknüpfung** | **Indikatoren** | **Topik** |
|---|---|---|---|---|
| erklären-warum | (vertieftes) deklaratives Wissen | - kausal<br>- teleologisch | - kausale K.<br>- finale K. | Ursache – Wirkung<br>Zweck – Mittel |
| erklären-was | deklaratives Wissen | - epistemisch | - (Frage-) Pronomen | |
| erklären-wie | prozedurales Wissen | - konsekutiv<br>- kausal | - temporale K.<br>- lokale K.<br>- konditionale K.<br>- kausale K. | Zweck – Mittel |

Im nächsten Schritt ist es erforderlich, den Einfluss von Rahmenbedingungen auf den Erklärprozess selbst zu thematisieren. Die beispielhaft aufgeführten Dialoge lassen sich alltagssprachlichen Interaktionsprozessen zuordnen. Anders wird es, wenn institutionelle Rahmen untersucht werden, genauer: wenn das Erklären auf eine konkrete Institution, nämlich die Schule, bezogen wird. Sie kann, wie andere Ausbildungseinrichtungen auch, als Erklär-Institution bezeichnet werden (vgl. Klein 2001, 1327), insofern sie für den Erhalt der Gesellschaft notwendigen Wissenstransfer auf die nachwachsende Generation zuständig ist. Die Erklär-Konstellation Nicht-Wissender – Wissender ist hier gleichsam institutionalisiert, mit der Folge, dass der Lehrer als Wissender Vermittlungsarrangements schafft, mit deren Hilfe dem Schüler als Nicht-Wissendem die verschiedenen Inhalte nahe gebracht werden. Anders ausgedrückt: Das Wissen über Sachverhalte reicht für den Lehrer noch nicht aus, um eine erfolgreiche Vermittlung von Informationen zu ermöglichen, vielmehr muss er sein Wissen adressatenspezifisch aufbereiten – bei der Zielformulierung nutzt er seine Kenntnisse über die Adressaten – und mittels geeigneter kommunikativer Verfahren umsetzen – hier aktiviert er sein Diskursmusterwissen.

## 2 Erklären im Unterrichtsprozess[3]

Für die Untersuchung von Erklärprozessen im Deutschunterricht konzentrieren wir uns im Folgenden auf den Typus „Erklären-was“, da die beiden anderen

[3] Die anschließenden Ausführungen beziehen sich auf die Datenbasis des FuN-Kollegs „Erklären können“ – Teilprojekt Deutsch der Pädagogischen Hochschule Ludwigsburg. Im Rahmen dieses Teilprojektes wurden sechs Deutschlehrer im Schuljahr 2006/2007 für je drei Unterrichtsstunden videographiert. Jeweils zwei Lehrer unterrichten an einer Hauptschule, zwei an einer Realschule und zwei am Gymnasium. In jeder Schulart stammt jeweils ein Lehrer aus Klassenstufe sieben und einer aus Klassenstufe acht. Die übergeordnete Fragestellung dieser Untersuchung ist: (Wie) wird im Deutschunterricht der Sekundarstufe I erklärt?

Typen eine untergeordnete Rolle spielen. Dieser Erklärtyp lässt sich in erster Annäherung so ausdifferenzieren:

- Worterklärungen (semantische Erklärungen von Wörtern und Fachbegriffen),
- Erklärungen von Phraseologismen (semantische Erklärungen von Sprichwörtern, Redewendungen und Metaphern),
- Kategorienerklärungen (merkmalorientierte Erklärungen von grammatikalischen und orthographischen Kategorien wie z. B. Substantivierungen, ...).

Daneben lassen sich schulische Erklärungen noch in weiteren Merkmalen unterscheiden, die vor allem den sequenziellen Aufbau einzelner Erklärungen betreffen. Der Unterricht ist ja vor allem dadurch gekennzeichnet, dass Erklärprozesse nicht unbedingt durch die nicht-wissenden Schüler initiiert werden, sondern dass der über Wissen verfügende Institutionsagent Lehrer Zusammenhänge schafft, die geeignet sind, die Aufmerksamkeit seiner Klienten auf den von ihm ausgewählten Inhalt zu richten und so ihr Interesse zu wecken. Für den Unterrichtsprozess lassen sich in erster Annäherung die folgenden vier Phasen bestimmen: Einer einleitenden Aufmerksamkeitsausrichtung folgt die Isolierung des zu bestimmenden Phänomens. Dieses wird im Prozess einer Fokussierung begrifflich gefasst, und anschließend werden die erworbenen neuen Wissensbestände an anderen Gegenständen exemplifiziert (vgl. Vogt 2006, 84ff.). Da dieser Erklärprozess im Unterricht in zerdehnter Form realisiert wird, konzentrieren wir uns i. F. zunächst auf die Komponente Phänomenisolierung (2.1), die in Hinblick auf die interaktiven Qualitäten des Lehr-Lernprozesses sowie dem damit zusammenhängenden Aspekt der Wissensfraktionierung weiterentwickelt wird (2.2). Schließlich wird der Aspekt der begrifflichen Fokussierung exemplarisch thematisiert (2.3).

## 2.1 Phänomenisolierung: Initiierung der Erklärung

In der Schule wissen die Schüler zu Beginn einer Unterrichtseinheit selten, was sie alles nicht wissen. Aus diesem Grund muss der Lehrer den Schülern dieses Nicht-Wissen erst einmal bewusst machen, einen Erklärbedarf im Schüler erzeugen. Dies kann auf zweierlei Weise erfolgen: Entweder gestaltet der Lehrer seinen Unterricht methodisch-didaktisch so, dass die Schüler den Erklärbedarf selbst erkennen und die auslösende Frage stellen können oder der Lehrer selbst initiiert den Erklärprozess durch eine Frage, was häufiger der Fall ist. Damit können schulische Erklärsequenzen zunächst danach unterschieden werden, ob sie lehrer- oder schülerinitiiert stattfinden.

Der Großteil der Erklärprozesse wird durch den Lehrer initiiert. Dies erfolgt zumeist durch eine Ausgangsfrage, die im weiteren Verlauf des Erklärprozesses durch erneute Nachfragen spezifiziert oder durch Beispiele veranschaulicht wird:

*(9)*[4] 1 L: *WAS (--) stellt DER (--) nebensatz dar (---) für den hauptsatz (5sec)*
2 *oh (1sec) HUNderte von ma:len (2sec) habt ihr solche Sätze schon selber*
3 *benutzt (-) und gemacht (1sec)*
4 *ja (--)WENN i des von dir krie:g dann kriegsch du des von mir (1sec) ja*

In diesem Ausschnitt, der aus einer Stunde zum Thema „Funktion von Nebensätzen“ einer achten Klasse Realschule stammt, sollen die Schüler die konditionale Beziehung zwischen einem Haupt- und einem Nebensatz erkennen und erklären, was der Nebensatz für den Hauptsatz darstellt, also welche Funktion der Nebensatz erfüllt. Nachdem der Lehrer auf seine initiale Frage keine Antwort erhält, veranschaulicht er seine Frage mit einem Beispiel (4). Zuvor gibt der Lehrer einen metasprachlichen Hinweis auf den eigenen Sprachgebrauch der Schüler (2, 3), der als Einleitung für das Beispiel dient. Der Lehrer hebt sein Beispiel aber nicht nur durch die Ankündigung hervor, sondern er wechselt bei der Formulierung des Beispiels auch in einen starken schwäbischen Dialekt. Das Beispielgeben dient zum einen dazu, den zugrunde liegenden Sachverhalt der konditionalen Beziehung nochmals in einer anderen Art und Weise darzustellen, zum anderen die Fragestellung zu konkretisieren. Durch diese Vorgehensweise versucht der Lehrer die Schüler am Erklärprozess zu beteiligen und ihre Aufmerksamkeit zu wecken, damit sie eigene Erklärungen bzw. Erklärversuche äußern.

Die schülerinitiierten Erklärungen gehören im Datenkorpus dagegen zu den Ausnahmefällen. Sie werden meist explizit durch Fragen der Schüler ausgelöst:

*(10)* 1 S1 *frau zie:gler was sind nochmal adverbialsätze*
2 L *okay (---) wer kann noch mal kurz wieder/*
3 *was machst du denn da? (-)*
4 *wer kann noch mal kurz wiederho:len (-) was adverbialsätze sind (---)*
5 *worauf man also achten muss (---) wenn man den bericht (1sec) SCHREIBT*

Dieser Ausschnitt stammt aus einer Stunde zum Thema „Adverbiale und Adverbialsätze“ einer siebten Klasse eines Gymnasiums. Nach dem Erteilen eines Arbeitsauftrages stellt ein Schüler die initiierende Frage „was sind nochmal Adverbialsätze“ (1). Im Anschluss signalisiert die Lehrerin dem Schüler die Berechtigung seiner Frage mit einem kurzen „okay“ und greift die Frage auf (2).

[4] Transkriptionskonventionen nach GAT (Gesprächsanalytisches Transkriptionssystem): kurze, mittlere und lange Pausen *(-), (--), (---);* längere Pausen: *(3 sec.)* betonte Silbe: *RUdi*, Dehnung: *äh:*, Tonhöhenbewegung: *?* hochsteigend, *,:* mittel steigend, *;:* mittel fallend; Abbruch: /, Sprechgeschwindigkeit: *‹‹‹all› gut‹*: schnell.

Bevor sie die Frage an die Klasse weitergibt und damit den Erklärprozess initiiert, wiederholt sie die Schülerfrage zunächst und präzisiert sie noch durch die Erweiterung: „worauf man also achten muss wenn man den Bericht schreibt“ (4, 5). Die Präzisierung dient zum einen als Hinweis für die Schüler, was die Lehrerin gerne hören möchte, zum anderen bindet sie damit die Fragestellung wieder an die zuvor formulierte Aufgabenstellung an „wenn man den Bericht schreibt“. Der Wortabbruch in Zeile 2 kommt durch den Einschub einer kurzen Nebensequenz zustande, in der die Lehrerin einen Schüler diszipliniert (3). Durch das Aufgreifen der Schülerfrage und das Übergeben der Frage an die Klasse initiiert die Lehrerin die Ko-Konstruktion von sich und den Schülern und versucht damit die Schüler zu Erklärungen anzuregen. Gleichzeitig dient diese Weitergabe an die Schüler sicherlich auch zur Überprüfung des Verständnisses in der Klasse.

Neben dieser bewussten schülerinitiierten Erklärung gibt es auch unbeabsichtigt ausgelöste Erklärungen, wenn Schüler Fehler machen. In solchen Situationen greifen die Lehrer die Fehler auf und stellen sie entweder in der Klasse zur Diskussion oder geben selbst die Erklärung. Natürlich werden sie manchmal auch nur kommentarlos korrigiert, diese Art des Umgangs mit Fehlern spielt jedoch für das Erklären eine untergeordnete Rolle.

## 2.2 Erklären als Elizitierung

Eine Besonderheit der schulischen Erklärung ist die Zerlegung des Explanandums, des Erklärgegenstandes, in viele kleine konstitutive Bestandteile. Je komplexer das Explanandum ist, in desto mehr Einzelelemente wird es aufgeteilt. Diese Elemente von fragmentierten Wissensbeständen ergeben sich aus der Beschaffenheit des jeweiligen Explanandums und dem Vorwissen der Schüler, sodass sie sich in den verschiedenen Schularten stark ähneln. Zudem stellen die einzelnen Fragmente häufig zentrale (Erkennungs-)Merkmale des jeweiligen Explanandums dar und dienen dem schrittweisen Um-, Aus- und Aufbau des Wissens. Beim Thema „Substantivierung“ beispielsweise erfolgte der Erklärprozess in den einzelnen Klassen der verschiedenen Schularten zumeist in folgenden Fragmenten:

- Unterschied/Merkmale von Substantiv und Verb/Adjektiv,
- Artikelprobe,
- Besonderheit der Verschmelzung von Präposition und Artikel („verdeckte Artikel“),
- Substantivierung von Verben/Adjektiven.

Wie wird nun diese Vermittlung von fragmentierten Wissensbeständen in der unterrichtlichen Interaktion organisiert? Lehrer bemühen sich, Erklärsequenzen möglichst variantenreich zu gestalten, indem sie mehrere Schüler daran beteiligen. Lehrer und Schüler konstruieren gemeinsam die jeweilige Erklärung, wobei der Lehrer eine stark steuernde Funktion, die Schüler eine eher reagierende Rolle übernehmen. Damit wird die Erklärung zu einer Ko-Konstruktion von Lehrer und Schüler, in der die eigentliche Erklärung, der Erklärkern, aus dem interaktiven Prozess abgeleitet wird. Die Daten des Korpus zeigen, dass die Ko-Konstruktion zumeist in der Form des klassischen IRE-Schemas (Initiation – Reply – Evaluation) erfolgt (vgl. Mehan 1979, 37 ff.). Damit wird die Rederechtverteilung im Unterrichtsdiskurs beschrieben: Nachdem der Lehrer z. B. eine Frage gestellt hat, beantwortet diese ein Schüler, während im dritten Schritt eine Beurteilung dieser Antwort erfolgt. Das folgende Beispiel stammt aus einer siebten Klasse einer Hauptschule. Thema der Stunde waren Redewendungen und Sprichwörter, die von den Schülern erklärt werden sollten.

*(11) 1 L ronja (---) du hasch behauptet. sich etwas hinter die o:hren schreiben (2sec)*
*2 auf Ronja des nächste*
*3 S1 ja zum Beispiel wenn mr jetzt irgendwas immer verGISST (1sec) oder net dran*
*4 denkt oder (---)*
*5 L ja wer isch mit einverstanden ‹‹‹all› oder nicht mit einverstanden› (bewegt zögerlich den Kopf)*
*6 sich etwas hinter die ohren SCHREIBEN (1sec) was sagst du*
*7 S2 sich was merken (-) halt so (--) ja*
*8 L ja (---) sich was merken okay*

Zu Beginn des Ausschnittes wird S1 aufgefordert, sich zu dem Phraseologismus „sich etwas hinter die Ohren schreiben“ zu äußern. Sie hatte zuvor schon mehrmals unaufgefordert darum gebeten, sich zur nächsten Redewendung äußern zu dürfen. S1 kündigt ein Beispiel an und gibt zunächst eine Beschreibung einer Situation, in der die Redewendung verwendet wird, und paraphrasiert diese Formulierung direkt anschließend noch (3). Die Lehrerin gibt eine ambivalente Rückmeldung: Verbal stimmt sie S1 zu, nonverbal zeigt sie jedoch an, dass sie nicht ganz damit einverstanden ist. Dieses „Nicht-ganz-einverstanden-sein“, zeigt sich auch in der anschließenden Lehreräußerung (5). Die Lehrerin wendet sich an die Klasse, um weitere Erklärungen zu hören, die eventuell die vorangehende Erklärung noch präzisieren. S2 kommt der Aufforderung der Lehrerin nach und paraphrasiert das Sprichwort mit der Formulierung *sich etwas merken*. Damit gibt S2 nicht nur eine Beschreibung der Situation, in der das Sprichwort vorkommen kann, sondern erklärt auch dessen Bedeutung mit eigenen Worten (7). Mit dieser Äußerung ist die Lehrerin einverstanden, denn sie gibt ein positives Feedback und wiederholt bestätigend die Formulierung des Schülers. Das *okay* am Ende ihrer Äußerung signalisiert den Abschluss dieser Erklärsequenz (8).

Der Ausschnitt macht deutlich, wie die Erklärung in einer Ko-Konstruktion von Lehrer und Schüler entsteht. Durch die Aufforderungen der Lehrerin wird die

Erklärung immer weiter vorangetrieben, von einer eher konkreten beispielgebenden ersten Erklärung von S1 zu einer abstrakteren, paraphrasierten Erklärung von S2, die am Ende als Endergebnis stehen bleibt.

## 2.3 Fokussierung: der Erklärkern

Wie die Auflistung der konstitutiven Bestandteile des Explanandums „Substantivierung" zeigt, steht am Ende des Erklärprozesses fast immer die „Erklärung im engeren Sinn"[5], der Erklärkern. Dieser beinhaltet meist eine Merksatz- oder Regelformulierung oder eine Bedeutungserklärung. Manchmal formulieren die Schüler den Erklärkern selbst, häufig wird er aber durch den Lehrer hervorgebracht, wobei dieser dabei die zuvor geäußerten Schülerantworten integriert bzw. paraphrasiert und nochmals zusammenfasst. Der folgende Ausschnitt stammt aus einer achten Klasse eines Gymnasiums. In der aufgenommenen Stunde wurde das Thema „Metapher" behandelt. Dem Ausschnitt geht eine Sammlung von Schülererklärungen voran, was eine „Metapher" ist. Nachdem die Lehrerin die Erklärungen der Schüler bewertet, kommentiert und paraphrasiert hat, fasst sie die Äußerungen zusammen und formuliert einen Merksatz:

(12a) *Sprachliches Mittel: Die Metapher*
*Was ist eine Metapher?*
*Eine Metapher liefert eine bildliche Darstellung. Dabei werden Wörter oder Gruppen von Wörtern nicht in ihrem ursprünglichen Sinn, sondern in einem übertragenen Sinn verstanden. Das Bild liefert eine andere Bedeutung.*

Diesen Merksatz schreibt sie parallel zu folgendem Monolog an die Tafel:

(12b) *1 L also (--) wir schreiben also auf (--) bildliche darstellung*
*2 mit dem fang mr an (1sec) also (2sec) eine metapher (23sec) ok dabei (5sec)*
*3 werden WÖRTER*
*4 ja also der GELDschein oder der SCHAlter (-) oder auch mehrere (---) mehrere*
*5 wörter (15sec) NICHT in ihrem ursprünglichen sinn (5sec) sondern in einem*
*6 übertra:genen sinn verstanden (22sec) des hat dann wieder die andere*
*7 bedeutung (--) des habt ihr ja auch gesagt*

Zunächst fordert die Lehrerin die Schüler zum Mitschreiben des folgenden Merksatzes auf. Dann greift sie einen kleinen Ausschnitt, nämlich die zentralen Begriffe *bildliche Darstellung*, einer zuvor geäußerten Schülererklärungen auf

[5] Vgl. dazu Ehlich/Rehbein (1975, 24): Begründen im engeren und weiteren Sinn

und charakterisiert sie als Beginn des Merksatzes (1). Mit dem Adverb *also* signalisiert die Lehrerin den Anfang einer neuen Äußerungseinheit, in der sie den Anfang des Merksatzes diktiert *eine Metapher* (2). Anschließend schreibt sie den ersten Satz fertig an die Tafel (23sec Pause). In (3) diktiert die Lehrerin, während sie schreibt, den Beginn des zweiten Satzes. Sie ergänzt das Gesagte/Geschriebene verbal durch Beispiele, die nicht aufgeschrieben werden (4, 5) und diktiert den Satz zu Ende (5, 6). In den folgenden 22 Sekunden Sprechpause schreibt sie den letzten Satz des Merksatzes auf. Im Anschluss daran paraphrasiert sie diesen (7) und weist die Schüler explizit darauf hin, dass sie selbst diese Erklärung im Vorfeld gegeben haben (*des habt ihr ja auch gesagt*).

In diesem Abschnitt zeigt sich, wie die Lehrerin die zuvor geäußerten Erklärungen der Schüler in den Kern der Erklärung, hier der Merksatz, integriert und den Schülern deutlich macht, welchen Anteil sie an der Formulierung des Merksatzes haben. Die Ko-Konstruktion im Erklärprozess wird nochmals in der Formulierung des Erklärkerns hervorgehoben. Zudem ergänzt sie die Formulierungen durch Beispiele, die sie im Vorfeld gemeinsam besprochen haben, um die Formulierungen transparent und verständlich zu machen.

## 3 Methodisch-didaktische Anregungen zur Förderung der Erklärkompetenz von Schülern

„Erklären können" gehört zu den mündlichen Kompetenzen, die man inner- und außerhalb der Schule benötigt. Um „gut" erklären zu können, muss man einen Sachverhalt so klar und präzise darstellen, dass das Gegenüber ihn versteht. Die Verständlichkeit einer Erklärung ergibt sich zum einen aus dem eigenen Wissen über das Explanandum (es muss präsent, strukturiert und verstanden worden sein), zum anderen aus einer angemessenen Adressatenorientierung, d. h. Schaffung einer gemeinsame(n) Wissensbasis, Beachtung situativer Aspekte usw. Daneben spielt auch das Wissen über die Besonderheit des Gesprächstyps „Erklären" eine Rolle, wie z. B. Kürze/Prägnanz, Geordnetheit, Wortwahl, Veranschaulichungen und die Verständnissicherung. Diese Anforderungen an „gutes" Erklären zeigen sich auch in den KMK-Standards im Bereich „Sprechen und Zuhören". Unter der Rubrik „über Lernen sprechen" wird explizit angeführt, dass die Schüler Begründungen und Erklärungen geben können sollen. Qualitative Aspekte „guten Erklärens" werden nur indirekt angeführt bzw. allgemein formuliert: Die Schüler sollen die Wirkungen ihrer Redeweise kennen, funktionsangemessen sprechen und situationsangemessene Sprechbeiträge und Gespräche planen können.

Gerade die Adressatenorientierung und die Verständlichkeit im engeren Sinn lassen sich mit Hilfe von Erklärungen sehr gut einüben. Doch nur selten kommen konkrete Übungen oder Anregungen in Schulbüchern zum mündlichen Erklären vor. Aus diesem Grund werden nun einige Beispiele für „Erklärübungen" vorgestellt: Zunächst das „Erklären-was" (3.1), das „Erklären-wie" (3.2) und schließlich noch „Erklären-warum" (3.3).

## 3.1 Erklären-was

Bei diesem Typ des Erklärens bieten sich zahlreiche Spiele für den Unterricht an. Ein sehr bekanntes Spiel ist das Teekessel-Spiel, bei dem die unterschiedlichen Bedeutungen von Homonymen/Homophonen erklärt werden müssen. Ein anderes Spiel ist das TABU-Spiel[6]. Hier werden den Schülern Begriffe vorgegeben, die erklärt werden müssen, allerdings werden gleichzeitig drei bis fünf Begriffe angegeben, die für diese Erklärung nicht verwendet werden dürfen, zudem auch keine Ableitungen, Zusammensetzungen oder Pluralformen dieser Wörter. Eine Spielkarte könnte wie folgt aussehen:

| Fußball | Zahnarzt |
|---|---|
| spielen | Loch |
| Die wilden Kerle | bohren |
| Lukas Podolski | Schmerzen |
| Tor | |

Abb. 1 Spielkarten

Das gesamte Spiel kann entweder in Kleingruppen oder der Großgruppe stattfinden. Wird ein bestimmter Zeitrahmen vorgegeben, in dem die Schüler möglichst viele Begriffe erklären bzw. erraten müssen, sind die Schüler besonders motiviert und versuchen so effektiv wie möglich zu erklären. Durch die Zusammensetzung der Gruppe, die Auswahl des „Erklärers" sowie die Auswahl der „tabuisierten" Begriffe, kann der Lehrer unterschiedliche Aspekte der mündlichen Kompetenz „Erklären" fokussieren. So erleichtert in einer Kleingruppe von Kindern, die eng miteinander befreundet sind, die gemeinsame Wissensbasis die Formulierungen entscheidend. Dennoch muss der „Erklärer" sich zunächst ein geeignetes Wortkonzept zurecht legen, bevor er seine Erklärung artikuliert. Ob er dabei auf eine gemeinsames Erlebnis, eine eigene Erfahrung oder eine allgemeine Situation, in der das Wort Anwendung findet, referiert, muss spontan entschieden werden bzw. manchmal steht nur eine Alternative zur Auswahl. Der folgende Ausschnitt stammt aus einer vierten Grundschulklasse,

[6] In Anlehnung an das Gesellschaftsspiel „Tabu" der Firma Hasbro.

in der das TABU-Spiel in Vierergruppen gespielt wurde, in der sich die Schüler sehr gut kennen. Der „Erklärer“ hat die Aufgabe, das Tabu-Wort „Fußball“ zu erklären.

*(13) 1 S1 also (-) des machen wir immer in dr PAUse (1sec) u:nd wir sin im verein*
*2 S2 fußball spielen*
*3 S1 ja*

In diesem Fall entscheidet sich der „Erklärer“, auf eine gemeinsame Aktivität als gemeinsame Wissensbasis Bezug zu nehmen: das Fußballspiel in der Pause und in der Freizeit. Wäre diese gemeinsame Basis nicht vorhanden gewesen, hätte sie erst geschaffen werden müssen. Dabei wären sicherlich viele Präzisierungen, Umschreibungen und Paraphrasierungen nötig gewesen. Sollen mit Hilfe des Spiels eben diese Fertigkeiten eingeübt werden, kann der Lehrer die Gruppenzusammensetzung so wählen, dass Kinder miteinander spielen, die sich nicht so gut kennen bzw. in ihrer Freizeit weniger miteinander unternehmen. Eine solche Konstellation, zeigt das nächste Beispiel, in dem es um das Tabu-Wort „Zahnarzt“ geht:

*(14) 1 S1 ähm (-) da geh ich HIN(1sec) und der kontrollie:rt was bei mir*
*2 S2 lehrer hausaufgaben kontrollieren*
*3 S1 des ähm da geh ich öfters hin (--) weil es WICHtich is (---) sonst krieg ich bele*
*4 ge drauf*
*5 S3 was*
*6 S1 sonst krieg ich sonst wird=s GELB...sonst wird=s gelb*
*7 und es wird es wird manchmal gelb wenn ich net oft (---) des putzen tu (1sec)*
*8 wenn ich net oft äh (--) dieses DING putzen tu*
*9 S zähne putzen*
*10 S1 ja (-) und des untersu:cht de:r?*
*11 S2 zahnarzt*

Hier fehlt die gemeinsame Wissensbasis: S1 muss den gemeinsamen Bezugsrahmen erst schaffen. Dies tut er, indem er eine typische Aufgabe eines Zahnarztes formuliert (1), die jedoch nicht zum Wortkonzept der ratenden Kinder gehört. Diese verbinden mit der Kontrolle die Aufgaben eines Lehrers, Hausaufgaben zu kontrollieren, und so gibt S2 zunächst die falsche Antwort (2), was S1 zur Präzisierung seiner Erklärung zwingt. Nach Wiederholung eines Teils der zuvor geäußerten Erklärung und deren Erweiterung (3) verwendet S1 einen Fachbegriff aus der Zahnmedizin (*Beläge*) und reduziert damit den zu erratenden Begriff auf den ersten Wortteil *Zahn*. Jedoch scheint der Fachbegriff den anderen Gesprächsteilnehmern ohne den entsprechenden Kontext nicht bekannt zu sein (5), was zum einen an der Aussprache des Wortes *belege* liegen kann. Vielleicht werden dadurch falsche Assoziationen im Sinne eines „Kassenbons“ geweckt. Zum anderen ist es möglich, dass die ratenden Kinder diesen Begriff einfach nicht kennen. S1 wird dadurch gezwungen, adressatenorientiert vorzugehen, d.h. andere Begriffe zu wählen bzw. den zuvor genannten Begriff zu umschreiben *sonst wird=s GELB* (6). Auf diese Weise übt der „Erklärer“ *ad hoc*, andere Formulierungen abzurufen bzw. zu entwickeln. So auch in Zeile 7: Hier erweitert S1 die Erklärung zunächst durch einen neuen Aspekt, indem er eine konkrete Tätigkeit (*putzen*), die im Erfahrungshorizont der Beteiligten mit dem Nomen „Zähne“ verknüpft ist. Anschließend präzisiert S1 seine Formulierung noch durch ein zusätzliches Wort, das zugleich durch Betonung hervorgehoben wird *dieses Ding* (8). Nun errät S3 die konkrete Handlung (9), die S1 durch ein *ja* als richtig bestätigt (10). Durch einen unvollständigen Satz in Form einer Frage fordert S1 die anderen Teilnehmer geschickt dazu auf, die Leerstelle durch das entsprechende, gesuchte Wort zu füllen (10), was S2 dann auch gelingt (11).

Des Weiteren lässt sich dieses Spiel auch für das Erklären und den Bedeutungserwerb von Wörtern bei Kindern mit Deutsch als Zweitsprache einsetzen. Hier kann in Kleingruppen, die eine gemeinsame Erstsprache sprechen, erlaubt werden, (Teile der) Erklärungen auch in der Erstsprache zu geben. Natürlich kann auch bewusst das Erklären in der Zweitsprache geübt werden, was aber nur dann sinnvoll ist, wenn die zu erklärenden Begriffe als bekannt vorausgesetzt werden können. Bei Kleingruppen mit unterschiedlichen Erstsprachen gilt ähnliches wie für Gruppen mit kleiner gemeinsamer Wissensbasis: Der „Erklärer“ muss sich auf seine „Adressaten“ einstellen und es kann zu vielen Umschreibung kommen. Durch diese Paraphrasierungen können ebenso wie durch die Tabuisierung bestimmter Wörter zudem unterschiedliche Zugriffsweisen auf das mentale Lexikon trainiert werden.

Eine ganz andere Möglichkeit diesen Typ des Erklärens zu nützen, besteht darin, Kleingruppen einen bestimmten Inhalt so erarbeiten zu lassen, dass sie anschließend als Experten für diesen Sachverhalt gelten und ihn anderen Schülern erklären müssen. Eine weitere Möglichkeit besteht darin, die Schüler in Form von Gruppenpuzzles[7] arbeiten zu lassen.

## 3.2 Erklären-wie

Der Erklärtyp „Erklären-wie“ steht in enger begrifflicher Nähe zum Beschreiben und Instruieren. Je nachdem welche Definition von „Erklären“ zugrunde gelegt wird, kann es zu begrifflichen Überschneidungen kommen. Becker-

[7] Nachzulesen u.a. bei Klippert 1995, 151f.

Mrotzek (2004)[8] unterscheidet bei instruierenden Textarten drei Sprachhandlungen: *Anweisungen, Beschreibungen* und *Erläuterungen/Erklärungen. Anweisungen* dienen vor allem dazu, dem Benutzer mitzuteilen, was er mit dem Material oder am Gerät tun soll. *Beschreibungen* beziehen sich auf einzelne (Geräte-) Teile oder Funktionen der wahrnehmbaren Abläufe, z.B. welche Materialien wie verwendet werden müssen. *Erklärungen* und *Erläuterungen* unterscheiden sich dadurch, dass sie „bestimmte nichtsichtbare Funktionszusammenhänge darlegen“, um ihm „Einsicht in die interne Wirkungsweise des Geräts zu verschaffen“[9]. Hat man diese Definition von „Erklären“ im Kopf, kommen im schulischen Kontext vor allem Anweisungen und Beschreibungen vor, wie z.B. Arbeits-, Bau- und Bastelanweisungen, Vorgangs- oder Wegbeschreibungen. Wählt man eine weitere Definition von „Erklären“, ist dies anders. Klann-Delius (1985) beispielsweise verwendet in Bezug auf Spiel-Erklärungen die Begriffe *Erklären* und *Instruieren* synonym und meint damit den „Prozess der Informationsübermittlung zum Zwecke der Kooperativität des Handelns und im Kontext des Ausgleichs von sozialen Disparitäten der Beteiligten“[10]. In diesem Sinne kann man die zuvor genannten schulischen Anweisungen und Beschreibungen als *Erklärungen* betrachten.

Unabhängig von der begrifflichen Definition, eignen sich diese Sprachhandlungen in besonderer Weise situations- und funktionsangemessenes sowie adressatenorientiertes Sprechen einzuüben. Dazu bieten sich im schulischen Kontext nicht nur im Deutschunterricht viele Situationen an, sondern auch im Technik-, Kunst- oder Sportunterricht. In Zweierkonstellationen oder Kleingruppen kann das Erklären von Vorgängen und Funktionen geübt werden. Das folgende Beispiel, eine Bastelanleitung/Bastelerklärung, entstand in einer vierten Klasse einer Grundschule. Ein Schüler (S1) erklärt dabei einem anderen Schüler (S2), wie ein kleiner Elch aus einer Klopapierrolle gebastelt werden kann, da S2 an dem Tag, als dieser gebastelt wurde, krank war. Nach einer Bitte des Lehrers setzen sich S1 und S2 an einen separaten Tisch im hinteren Teil des Klassenzimmers. Während der Anleitung/Erklärung steht das fertige Bastelprodukt von S1 vor den beiden Schülern.

| | | | |
|---|---|---|---|
| *(15)* | *1* | *S2* | *ok kannsch du mir kurz sagen wie ich den elch basteln kann* |
| | *2* | *S1* | *also da mussch du ne klopapierrolle nehmen* |
| | *3* | *S2* | *mhm* |
| | *4* | *S1* | *und dann mussch du die mit wasserfarben oder so (---) bastelfarben anmalen* |
| | *5* | *S2* | *mhm* |
| | *6* | *S1* | *und dann mussch so ne PERle aufkleben (--)* |

8 Vgl. Becker-Mrotzek 2004, 32ff.
9 Becker-Mrotzek 2003, 32
10 Klann-Delius 1985, 9

| | | |
|---|---|---|
| 7 | S2 | *mhm* |
| 8 | S1 | *und dann mussch so n=STERN ausschneiden* |
| 9 | S2 | *mhm* |
| 10 | S1 | *und draufkleben und dann mussch auch noch n=SCHAL was is des noch mal* |
| 11 | | *für ne wolle* |
| 12 | S2 | *ich glaub des is filz* |
| 13 | S1 | *ja aus filz ausschneiden und o:hren machen* |
| 14 | S2 | *aus was sind die* |
| 15 | S1 | *aus papie:r* |
| 16 | S2 | *ok* |
| 17 | S1 | *und ähm eigentlich aus bastelpapier also aus pappe. und dann mussch hier auch* |
| 18 | | *noch so n=GEWEIH machen (---) und die ohren ähm augen halt ganz normal* |
| 19 | | *draufmalen und hier vorne noch so n=pony machen* |
| 20 | S2 | *gibt=s da ne Schablo:ne* |
| 21 | S1 | *ja* |
| 22 | S2 | *ok danke* |

Während des gesamten Transkripts erklärt S1 was zu tun ist, damit S2 das gewünschte Bastelprodukt erstellen kann. Dabei übt S1 sich vor allem in folgenden (Sprach-)Handlungen:

- Herausstellen der zentralen Handlungsabschnitte des Bastelvorgangs durch schrittweises Erklären (2–9),
- Adressatenorientiertes Sprechen durch die Reaktion auf bzw. Beantwortung der Fragen von S2 (14, 21),
- Situations- bzw. funktionsangemessenes Sprechen durch Verwendung bestimmter Begriffe „Filz“ (13), *Bastelpapier* (17) und kurzen prägnanten Satzkonstruktionen *da mussch* (2, 4, 6, 8, 10).

Aber auch S2 ist an der Interaktion beteiligt durch:

- Rückmeldungen *mhm,*
- Einhilfen (12),
- Reaktivierende Äußerungen (14, 20).

In dieser Konstellation wird deutlich, wie S1 und S2 aufeinander eingehen können und müssen, um die Interaktion voranzutreiben und eine Verständnissicherung zu erreichen. Zudem ermöglicht diese Art von Kommunikation im institutionellen Rahmen Situationen zu schaffen, die alltäglichen Interaktionen sehr nahe stehen: Die Schüler müssen die Interaktion ohne Zutun des Lehrers vorantreiben und das Gespräch selbstständig steuern, was im vorliegende Fall recht problemlos funktioniert. Dies kann zum einen daran liegen, dass S1 bereits in der Lage ist, die wesentlichen Schritte chronologisch aufzuzählen, zum anderen daran, dass ein „echter“ Erklärbedarf besteht, da S2 krank war und die Bastelarbeit als Geschenk für die Eltern nachholen möchte. Zudem vereinfacht das Vorhandensein des konkreten Gegenstandes Elch als Bezugsobjekt den Prozess des Erklärens.

Damit ist ein weiterer wichtiger Aspekt genannt, der im Bezug auf Erklären eine entscheidende Rolle spielt: die Veranschaulichung. Ebenso wie der Lehrer unterschiedliche Visualisierungen einsetzt, z. B. Farben, Diagramme, Bilder, Gegenstände u. ä., können die Schüler beim Erklären den Umgang und die Unterstützung durch Veranschaulichungsmaterialien erfahren und üben. Dies gilt natürlich nicht nur für den Erklärtyp Erklären-wie auch beim Typ *Erklären-was* kann der Einsatz von Veranschaulichungen für das Verständnis der Gesprächspartner hilfreich sein, z. B. bei Gruppenpuzzlen.

## 3.3 Erklären-warum

Kausale Erklärungen spielen im Deutschunterricht eine eher untergeordnete Rolle. Doch gerade im Bereich „über Lernen sprechen“[11] kommen sie vor und können als eine Art „Diagnoseinstrument“ verwendet werden. Durch Warum-Erklärungen können Schüler Auskünfte über ihre Handlungen und Denkvorgängen erteilen und damit dem Lehrer Hinweise auf mögliche zugrunde liegende Handlungsstrategien oder Schwierigkeiten geben. Zudem kann diesen Erklärungen eine weitere Funktion im Rahmen einer Unterrichtsstunde zukommen: Sie können den Mitschülern Impulse liefern oder zentrale Elemente noch einmal zusammenfassen und klären. Der folgende Transkriptausschnitt stammt aus einer siebten Klasse eines Gymnasiums, in der die Schreibungen bestimmter Wörter durch die Schüler erklärt werden mussten:

*(16) 1 L also (-) kannsch du mir erklä:ren warum AUF groß geschrieb=n is*
*2 S1 weil=s am anfang vom satz steht*
*3 L ok (---) und kannsch du mir des H bei ge:ht erklär=n*
*4 S1 ja (--) weil halt (---) beim infinitiv GE:HEN isch halt mr kann=s halt hören*
*5 L ok (---) und warum schreibt mr NETZ groß*
*6 S1 ja weil des in DAS netz heißt*

S1 gibt im vorliegenden Ausschnitt Erklärungen für die Schreibung von Wörtern, die dem Lehrer etwas über seine Rechtschreibstrategien verraten und den Mitschülern zugleich Tipps zur Schreibung der Wörter liefern. Mit der ersten Erklärung zeigt S1, dass er die Regel „Satzanfänge werden groß geschrieben“ kennt und sie als Erklärung heranziehen kann (2). Durch die zweite Erklärung macht S1 eine Strategie deutlich, die ihm hilft, das silbeninitiale *h* in einem Wort

11 Vgl. KMK Bildungsstandard im Fach Deutsch für den Primarbereich, Kompetenzbereich „ Sprechen und Zuhören“, 2004.

zu lokalisieren, nämlich durch Verlängern, indem man es auf den Infinitiv zurückführt (4). Mit Hilfe der Artikelprobe, einer Rechtschreibstrategie für die Großschreibung, erklärt S1 die dritte Schreibung (6).

Natürlich liefern nicht alle Schüler korrekte Erklärungen. Für Lehrer sind genau diese Erklärungen aber besonders interessant, da sie Rückschlüsse auf mögliche Schwierigkeiten oder Fehler im Denkablauf der Schüler liefern.

Durch diese (wenigen) methodisch-didaktischen Anregungen zum mündlichen Erklären sollte deutlich geworden sein, welche Möglichkeiten „Erklärungen" für die Einübung mündlicher Kompetenzen und als Auskünfte über Lernprozesse bieten und dass es nötig ist, Schülererklärungen noch gezielter in den (Deutsch-) Unterricht zu integrieren.

## 4 Schluss

Wie der Beitrag gezeigt hat, verlangt die sprachliche Handlung des Erklärens einen sehr differenzierten Blick, sowohl im Hinblick auf die Terminologie als auch auf die Tätigkeit selbst. Terminologisch gesehen, bietet die Unterscheidung der unterschiedlichen Erklär-Typen einen guten Ansatz kausale, funktionale und semantische Erklärungen als Erklärungen zu fassen. Dabei ist es nötig, zur Abgrenzung der sprachlichen Handlung des Erklärens von anderen, eng verwandten Sprachhandlungen wie dem Begründen, dem Erläutern oder dem Beschreiben, die Funktion der jeweiligen Äußerung in ihrem spezifischen, situativen Kontext zu betrachten. Die Tätigkeit des Erklärens allgemein zeichnet sich zunächst durch zwei spezifische Redekonstellationen aus. Bezogen auf die Institution Schule muss *Erklären* weiter differenziert werden in (die Art der) Phänomenisolierung (Initiierung), die Zerlegung des Explanandums in konstitutive Bestandteile (Erklären als Ko-Konstruktion) und die Fokussierung (Erklärkern). Aber auch Schüler sollten im Unterricht gezielt zum Erklären angeregt werden. Die oben angeführten Beispiele zeigen einfache Möglichkeiten, wie diese sprachliche Handlung ohne großen Aufwand in den Unterricht integriert werden kann und welche mündlichen Kompetenzen damit eingeübt werden können.

Abschließend seien die zentralen Aspekte des „Erklärens" noch einmal genannt, die es dem Lehrer ermöglichen, die von ihm initiierten Vermittlungsprozesse in Hinblick auf das Erklärpotential deutlicher zu strukturieren.

1. *Verstehen und Verständlichkeit*
   Inhaltlich ist es erforderlich, das Thema adressatengerecht zu strukturieren, es also in seine konstitutiven Bestandteile zu zerlegen und in sinnvolle Zusammenhänge zu integrieren (didaktische Reduktion). In der Realisierung kommt es auf die Art und Weise der Adressatenorientierung an, die in der Wortwahl bzw. in der Art und Weise der Frageformulierungen zum Aus-

druck kommt. Auch die Auswahl geeigneter Medien zur Veranschaulichung ist von Bedeutung (Beispiele, Bilder, Diagramme etc.).

2. *Schülerbeteiligung*
   Ein Interesse der Schüler kann geweckt werden, wenn alltagsnahe Situationen geschaffen werden, also z. B. Schüler sich gegenseitig etwas erklären. Außerdem kann es von Vorteil sein, wenn die Schüler selbst den Erklärungsbedarf entdecken (problemorientierte Phänomenisolierung) und eigenständig die Erklärung entwickeln (schülerseitige Fokussierung).
3. *Vorbereitung und Flexibilität*
   Ein guter Unterricht setzt zum einen fachlich fundiertes Wissen über den Erklärgegenstand voraus, zum anderen ist eine Flexibilität im kommunikativen Handeln erforderlich: Der Lehrer sollte sich der Spezifika der Unterrichtskommunikation bewusst sein und systematisch die Schülerbeiträge bei der Prozessierung des Unterrichts nutzen.
4. *Wissen und Können*
   Die Vermittlung von spezifischen Wissensbeständen sollte die Elemente *Übertragung* und *Aushandlung* berücksichtigen: Der Unterricht macht eine angemessene Kombination von lehrergesteuerten und schülerzentrierten Phasen erforderlich. Zudem müssen die Schüler in der Phase der Exemplifizierung genügend Zeit zur Anwendung und Einübung der neu gelernten Aspekte zur Verfügung haben.

## Literatur

Becker-Mrotzek, Michael: Schreibentwicklung und Textproduktion. Der Erwerb der Schreibfertigkeit am Beispiel der Bedienungsanleitung. Radolfzell: www.verlag-gespraechsforschung.de 2004 (kostenloser Download, unveränderter Nachdruck von 1997)

Bildungsstandards Grundschule (2004) [www.kmk.org/schul/Bildungsstandards/Grundschule_Deutsch_BS_307KMK.pdf/ 20.12.2007]

Ehlich, Konrad/Rehbein, Jochen: Muster und Institution. Untersuchungen zur schulischen Kommunikation. Tübingen: Narr 1986

Ehlich, Konrad/Rehbein, Jochen: Kommunikation in der Schule. Arbeitspapier I. Begründen. Seminar für allgemeine Sprachwissenschaft Düsseldorf 1975

Hempel, Carl G.: Aspekte wissenschaftlicher Erklärung. Berlin, New York: de Gruyter 1977

Hohenstein, Christiane: Erklärendes Handeln im Wissenschaftlichen Vortrag. Ein Vergleich des Deutschen mit dem Japanischen. München: iudicium 2006

Kiel, Ewald: Erklären als didaktisches Handeln. Göttingen: Ergon, 2000

Klann-Delius, Gisela/Blaschko, Klaus/Hausendorf, Heiko/Kock, Horst/Richter-Johanningmeier, Jürgen/Salzmann, Gerlinde: Untersuchungen zur Entwicklung von Diskursfähigkeiten am Beispiel von Spielerklärungen. Abschlußbericht des DGF-Projekts. In: Linguistische Arbeiten und Berichte 21. Berlin (West): LAB 1985

Klein, Josef: Erklären und Argumentieren als interaktive Gesprächsstrukturen. In: Brinker, Klaus et al.: Text- und Gesprächslinguistik. Ein internationales Handbuch zeitgenössischer Forschung. II: Gesprächslinguistik. Berlin/New York: de Gruyter 2001, 1309–1329

Klippert, Heinz: Kommunikationsforschung. Übungsbausteine für den Unterricht. Weinheim/Basel: Beltz 1995

Mehan, Hugh: Lerning Lessons: Social Organization in the Classroom. Cambridge/London: Harvard University Press 1979

Rehbein, Jochen: Worterklärungen türkischer Kinder. In: Osnabrücker Beiträge zur Sprachtheorie 22 (1982), 122–158

Vogt, Rüdiger: Metapher erklären. In: Jost, Roland/Knapp, Werner/Metz, Kerstin (Hrsg.): Arbeit an Begriffen. Fachwissenschaftliche und fachdidaktische Aspekte. Baltmannsweiler: Schneider Hohengehren 2006, 75–92

von Wright, Georg Henrik: Erklären und Verstehen. Frankfurt/M.: Fischer Athenäum 1974

Zifonun, Giesela/Hoffmann, Ludger/Strecker, Bruno: Grammatik der deutschen Sprache I. Berlin/New York: de Gruyter 1997

# Sachwortregister

AAST 458
Abduktion 344
Abhängigkeit, positive 264
Abstimmungsdurchführung 556
actio 532
Adoleszenz 169
Agenten 331
Aktanten der Institutionen 330
Alltagsroutinen, kommunikative 88
Alternativdiskurs 334
Analyse, sequenzielle 60
Analysefragen 58
Anerkennung 335
Anforderungsniveau 118
Angemessenheit 429
Ansatz, phänomenologischer 15
Aporie 356
Arbeitsauftrag 254
Arbeitsschulbewegung 6
Argumentation 512
Argumentationskompetenz 528
Argumentieren 237, 487, 512
Assertion 342
Assertionen, Verkettung von 340
Asymmetrie der Partizipanten 333
Atem- und Stimmbildung 209
Aufgaben, kommunikative 302, 310
Aufgaben mit Profil 152
Aufgabenstellen-Aufgabenlösen 341
Aufgabenstruktur, kooperative 255
Aufnahmetechnik 54
Aufzeichnung 53
Außensicht 387
Ausspracheschulung 209
Auswertungsphase 260

Basiskompetenzen 518
Beobachten 429
Beobachterparadox 54
Beobachtung 412
Beobachtungs- und
  Beurteilungskriterien 429
Beobachtungsbogen 436
Beratung 300, 314
Berichten 151, 237
Beschreiben 237
Besprechungen 553
Beurteilen 429
Beurteilung 507, 558
Beurteilungsverfahren, formelle 445
Bewertungsbogen 437
Bewusstheit, phonologische 459
Beziehungsgestaltung 315
BICS 146
Bildungsbenachteiligung 85
Bildungspläne 129
Bildungsstandards 116, 124, 193, 202
Bildungsziele 192
Blickkontakt 540
Blickverhalten 38
„Bottom-up"-Informationen 459
Bricolage-Prinzip 395
„Burn-out"-Syndrom 338

CALP 146

Darstellen, mündliches 16, 151, 152
Darstellungsverfahren 44
DASS 94, 95
Daten, natürliche 54
Datenkorpus 53
Datenschutzrechtlich 54
DDR 11
Debatte 186, 490
Deklamieren 4

Deutschdidaktik, kommunikative 180
Dialog 525
Didaktik, kommunikative 13
Dimension, expressive 493, 508
Dimension, kognitive 493
Dimension, soziale 493
Diskurs 52, 187
Diskurseinheit 86
Diskursentwicklung 148
Diskurserwerb 89
Diskursfähigkeit 149
Diskurskompetenz 87
Diskussion 186, 244
Diskussionsbegriff 180
Diskutieren 270, 490
dispositio 532
Dissoziierung 358, 371
Domäne 394

Einwand 307, 312
Einzelfallanalyse 59, 306
elocutio 532
Emigration, kommunikative 333
Emission (OAE), otoakustische 462
empraktisch 338
Entfernung, „empfundene" 460
Entwicklungsalter 129
Entwicklungsaufgaben 107
Entwicklungsfaktoren, äußere 131
Entwicklungsfaktoren, innere 130
Entwicklungsphasen 87
Erarbeitungsgespräch 186
Erklären 563
Erklären-warum 565
Erklären-was 566, 575
Erklären-wie 566, 577
Erklärung, deduktiv-nomologische 565
Erklärungen, teleologische 565
Erlebniserzählungen 92, 476
Ermahnen 343
Erörtern 238
Erwerbsressourcen 96
Erwerbsstufen 473
Erzählen 151, 235, 471
Erzählerwerb 473
Erzählkreis 477
Evaluieren 270
Examensfrage 353
EXMARaLDA 57
Expansionen 47

Fachdidaktik als Wissenschaft 3
Fähigkeit, thematische 79, 530
Fantasieerzählungen 92
Feedback 214, 558
Feedbackgespräch 439, 550
Fokussierung 573
Formulierungsverfahren 44
Frage 342
Fragmentierungen des Wissens 331
freie Rede 526
Frontalunterricht 334, 340
Führungsstile 384
Funktionalisierung 349, 360, 370, 371
Funktionsansatz 136

GAT (Gesprächsanalytisches Transkriptionssystem) 57
Gattung, kommunikative 69, 86
Genres 476
Gespräch 52
Gespräch, echtes 184, 188
Gespräch, freies 186, 188
Gespräche analysieren 306
Gespräche aufnehmen, verschriften und analysieren 298, 299
Gespräche, authentische 299
Gespräche transkribieren 301
Gesprächs- und Redeerziehung 215, 242

Gesprächsanalyse 320
Gesprächsaufnahmen 300
Gesprächsbewusstheit 518
Gesprächsdidaktik 179, 182
Gesprächserziehung 6, 149
Gesprächsfähigkeit 147, 179
Gesprächsformen 297
Gesprächsforschung, angewandte 52, 173
Gesprächsforschung, linguistische 52
Gesprächsinhalte 149
Gesprächskompetenz 66, 85, 121, 123, 297
Gesprächskompetenz, Dimensionen der 74
Gesprächskompetenz, Entwicklung von 107
Gesprächsorganisation 312
Gesprächsstil 403
Gesprächsstrukturierung 555
Gesprächstypen 149, 300
Gesprochenes, segmentieren 57
gesprochener Sprache, Besonderheiten 308
Gestalten 152
Gestaltung, nonverbale 432
Gestaltung, parasprachliche 432
Gestaltung, sprachliche 432
Glaubwürdigkeit 531, 534
Gruppenarbeit 252
Gruppenarbeitsphase 257
Gruppenbildung 253
Gruppenergebnisse, Integration der 261
Gruppenunterricht 251, 334, 344, 378

Haltungen 532
Handeln, operatives 367
Handeln, sprachliches 68
Handlungsbeschreibung 60
Handlungskompetenz 192
Handlungsmaxime 314
Handlungsmuster 59, 86
Handlungsmuster, Fähigkeit zur Realisierung der 80
Handlungsmuster prozessieren 75
Handlungsmuster, sprachliche 68, 308, 317, 554
Handlungsorientierung 368
Handlungsprozess 68
Handlungsressourcen 330
Handlungsroutinen 541
Handlungsschema 69
Handlungsstruktur 311
Handlungsstrukturen (ILKHA) 382
Hauptkommunikation 402
Hauptschule 162
Heterogenität 394
HIAT 56
HIAT DOS 57
Hirnstammaudiometrie (BERA) 462
Hochdeutsch 152
Hören, Schule des 186
Höreraktivitäten 313
Hörer/in, Kompetenzen als 528
Hörerrückmeldungen 55
Hörstörungen 458
Hörtests, objektive 462
Hörtests, subjektive 462
Hörtexte, authentische 151
Hörüberprüfungen 458
Hörverstehen 121, 147, 164, 526

Identitätsbalance 399
Identitätsbildung 403
Identitätsgestaltung 73
Identitätsgestaltung, Fähigkeit zur 79, 530
Imagearbeit 531
Imaginations-Szene 281
Impedanzmessung 462
in-actu-Analyse 371

Informationsverarbeitung, phonologische 466
Inhaltsangaben 545
Innensicht 386
Institution, versprachlichte 332
Institutionalität 71
Institutionen 71
Institutionen zweiter Stufe 334, 330, 332
Institutionswissen zweiter Stufe 369
Instruieren 578
Instruktion 359, 475, 481, 483
Intelligenz 67
Interaktion, sozialisatorische 396, 475, 481
Interaktionskompetenz, mündliche 150
Interaktionsstrukturen 274
Interaktivität 32, 60, 70
Interpretation 55
Interpretation, Gültigkeit einer 63
Interventionen, invasive 258
Interventionen, responsive 258
Interview 243
Intragruppenkommunikation 383
inventio 532
IPN-Videostudie 414

Jugendsprachen 396

Kategorien 62
Kernlehrpläne 162
Kindergarten 129
Klassenrat 512
Klienten 331
KMK-Standards 175
Körperaktivierung 539
Körperausdrucksmuster 541
Kommunikation, mündliche 26, 29, 33, 35, 42, 49, 52, 58, 69, 179, 188, 301
Kommunikation beobachten 429
Kommunikation 'beurteilen' 429
Kommunikation, Formen mündlicher 52
Kommunikation in Institutionen 330
Kommunikation, Kategorien der szenischen 281
Kommunikation, körperliche (nonverbale) 36, 37
Kommunikation, Realitätsbereiche der szenischen 283
Kommunikation, rhetorische 213, 525
Kommunikation, Spielformen der szenischen 287
Kommunikation, sprechkünstlerische 216
Kommunikation, strukturierte 266, 271
Kommunikation, strukturierte und unstrukturierte 269
Kommunikation, szenische 288, 293
Kommunikation, wahrnehmungs- und inferenzgestützte 36
Kommunikationsanlässe 111
Kommunikationsfähigkeit, mündliche 181, 179, 183, 224
Kommunikationskompetenz, Entwicklung der mündlichen 84
Kommunikationskompetenz, mündliche 85, 88
Kommunikationskultur 268
Kommunikationsmodell, szenisches 278
Kommunikationsprozesse, formalisierte 275
Kompetenz, diagnostische 445
Kompetenz, dialogische 536
Kompetenzen, kommunikative 84, 224, 445, 471
Kompetenzaufbau, spiralförmiger 267
Kompetenzbegriff 66

Kompetenzbereiche 184
Kompetenzbeschreibungen 120
Kompetenzdimensionen 122
Kompetenzdomänen 122
Kompetenzen, Inszenierungs- und dramaturgische 288
Kompetenzen, körperliche 291
Kompetenzen, mediale 293
Kompetenzen, sprecherische 290, 196, 288
Kompetenzkonzept 85
Kompetenzmodelle 117, 121
Konflikt 512
Konflikte, innere 385
Kontextualisierung 88, 90, 472
Kontrolle, methodische 63
Kontroverse, konstruktive 273
Konzentrationsfähigkeit 150
Konzepte, gesprächsdidaktische 52
Konzeptualisierungsproblem 526
Kooperation 312
Kooperativität 313
Korpusanalyse, systematische 59, 61
Kritikgespräch 440
Kunsterziehungsbewegung 5
Kurzlebigkeit/Flüchtigkeit 32
Kurzvorträge 240
Kurzvortrag, informierender 237

Langzeitgedächtnis 466
Lehrerfrage 342
Lehrerfragen, Qualität der 415, 420
Lehrerinterventionen 258
Lehrervortrag 340
Lehrkompetenz 204
Lehr-Lern-Diskurs 334
Lehrpersonen, Befragung von 411
Lehrpersonen, Kompetenzen der 156
Leistungsmessung 445
Leistungsunterschiede 145
Leitkategorie 184
Lern- und Testaufgaben 446
Lernarrangements, kooperative 171
Lerneffektivität 266
Lernen, kooperatives 264
Lernen, problemlösendes 372
Lernen und Reden 205
Lernentwicklung 433
Lernsituation 195, 197
Leselehre 211
Lesen 536
Literacy 139

Maieutik 355
Manuskriptrede 240
Markierung 88, 90
Maximalstandards 118
Maximenkonflikt 314, 386
Medialität 70
Mediation 512
Mehrsprachigkeit 345
memoria 532
Menon-Dialog 352
Merkmale, intonatorische 55
Messmethoden 446
Metagespräch 505
Metakommunikation 262
Methoden 535
Migrationsprozesse 345
Mindeststandards 162
Minimal- oder Basisstandards 118
Mischform, kommunikative 338
Mittelohrprobleme 462
Moderationsstile 556
Moderieren 553
Monierungsgespräch 441
Mündlichkeit und Schriftlichkeit 27
Multimodalität 37
Muster, kommunikatives 26
Musterposition 554
Musterrealisierung, Fähigkeit zur 532

Nebenkommunikation 333, 402
Niveaumodelle 117
Niveau, kognitives 420
Normierbarkeit 29
Normierung 29
Normierungsproblem 527

Operator-Skopus-Strukturen 40
Ordnung, lehrerzentrierte kommunikative 499
Ordnung, schülerzentrierte kommunikative 503
Ordnung, verfahrensgeregelte kommunikative 504
Outputorientierung 117

Paarsequenzen 86
Paradigmenwechsel 12, 16
Paraphrasen 47
Parteien, Anzahl und Größe der 30
Parteien, Kopräsenz der 30
Partiturschreibweise 56
Pausen 333
Peergroup-Kommunikation 396
Performanz 67
Perspektivenübernahme 533
Phänomenisolierung 569
Phantasieerzählungen 476
Phasen 228
Phasierungen 61, 231
Phonemidentifikation 464
Phonemidentifikationstests 463
Phonologie 132
PISA 418
Präsentations-Szene 281
Präsentieren 270, 544
Pragmatik 134
Praktiken, kommunikative 25, 84
Praxeogramm 317
Prinzipien, didaktische 541
Problem- und Konfliktlösekompetenz, Elemente einer 517
Problembearbeitungsverfahren 44
Problemlösen, schulisches 351
Produktion, mündliche 151, 228
Professionalisierung 332
propositional 344
Proxemik 39
Prüfungsfrage 343
Pubertät 168
Pubertätsbewältigung 170

Rahmenlehrplan 196
Raumakustik 459
Rede 525
Rede, freie 526
Redekompetenz 527
Redekritik 532
Redner/in, Kompetenzen als 528
Reduktionen 47
Reduktions-Konzept 135
Referat 240
Referenz-Aussage-Strukturen 40
Referieren 544
Reflexion, Grundprozess der metakommunikativen 233
Regelstandards 118, 162
Regiefrage 340, 342, 350, 363
Reimen 466
Rekodieren, phonetisches 466
Rekonstruktion 62
Rezeption, mündliche 150
Rezeptionsbefähigung, Teilübungen bei der 232
Rhetorik, praktische 9
Rhetorikdidaktik 525
Rhetorikunterrichts, Bedeutung des 4
Rhetorikverständnis 526
Rolle 531
Rollenkonflikte 531

Rollenspiel 130, 243

Scaffolding 110
Schallempfindungsstörungen 459, 461
Schallleitungsprobleme 460
Schallleitungsstörungen 459, 461
Schlüsselqualifikationen 193
Schreiben 536
Schülerbefragungen 410, 422
Schülerfirma 172
Schülerkommunikation 275
Schülerprofilanalyse 381
Schülersprache 392
Schülertaktiken 399
Schule, Institution 329, 331
Schulen, berufsbildende 192
Schulkommunikation 329
Schulmüdigkeit 338
Schulpflicht 329
Schulsprache 393
Screenings 447
Sekundarstufe I 160
Selbst- und Fremdbilder 532
Selbstdarstellung 314
Selbstmanagement 167
Selbstwahrnehmung 435
Selektionsfunktion 336
Semantik 133
SEPI 463
Sequentialität 72, 86
Sequenzen, kontroverse 497
Simulation authentischer
 Fälle 307, 320
Situationsspiele 286
Sonderwortschatz 393
Spannung, emotionale 539
Spiel, szenisches 281
Spielerklärungen 92
Spielformen, elementare 286
Sprachaudiometrie 462, 463
Sprache, gesprochene 26, 328
Sprache, gesprochene und
 geschriebene 27
Sprache, Reflexion über 536
Sprachentwicklungsunterschiede 147
Spracherwerbsstadien 147
Sprachfähigkeit 66
Sprachförderung 135
Sprachgebrauch, dialogischer 241
Sprachgebrauchs, Formen
 monologischen 239
Sprachgebrauchs, Rezeption
 des schichtenspezifischen 13
Sprachhandeln, mündliches 223, 225
Sprachproduktion 225
Sprachqualifizierung 345
Sprachreflexion 225
Sprachrezeption, Grundprozess
 der 231, 225
Sprach-Test, AAST (Adaptiver
 Auditiver) 463
Sprachtherapie 135
Sprachvarietäten 252
Sprachverstehen 458
Sprechausdrucksmuster 541
Sprecheignungstest 206
Sprechen, dialogisches und
 monologisches 121
Sprechen, gelenktes 137
Sprechen, kommunikatives 138
Sprechen, reproduktives 137
Sprecherwechsel 313
Sprecherziehung 7, 15, 203
Sprechhandlung 73
Sprechkompetenz fördern 154
Sprechvorlage 548
Statement 240
Stegreifrede 240
Stimme 207
Streit 512
Streitschlichtung 512
Strukturbeschreibung 61
Strukturierung, inhaltliche 555

Strukturierung, thematische 339
Subjektivität 314
Subsysteme 224
Symbolisierungen, diskursive und präsentative 282
Syntax 132
Szene und Spiel 279

Tätigkeiten, metasprachliche 151
talk, turn-by-turn 86
Teilfähigkeiten, Übungen kommunikativer 321
Testaufgaben 123
Testdiagnostik 448
Tests, standardisierte 447
Texte, Sprechen literarischer 245
Textspiele 286
Thematizität 72
Themensteuerung 312
Theorie, subjektive 263, 382
TIMSS 411
Titatu-Verfahren 458
Ton- und Video-Aufnahmen 53
Tonschwellenaudiometrie 462
Transkribieren 55
Transkriptanalyse, fragegeleitete 62, 307
Transkriptarbeit 320
Transkripte 53, 55, 301, 303
Transkription 34, 53, 300, 328
Transkriptionssoftware 57
Transkriptionssysteme 56, 302
Turnübergabe 343

Überzeugungskraft 531, 534
Übungen 234
Umschrift, literarische 57
Unterricht, naturwissenschaftlicher 417
Unterricht, operativer 361, 373
Unterricht, diskursiv-reflektierender 371
Unterricht, naturwissenschaftlicher 408
Unterricht, situativer 14
Unterrichtsdiskurs 335
Unterrichtsforschung, empirische 105
Unterrichtsgespräch 149, 408, 417, 421
Unterrichtsinteraktion 96
Unterrichtskommunikation 103, 149, 266
Unterrichtsprojekte 322
Unterrichtssprache 393
Unterrichtsziele 194, 299
Unterstützen, Fähigkeit zum 533
Unterstützungsverfahren 73
Urheberschaft 350

Verfahren, kommunikative 235
Verfahren, sprachdiagnostische 445
Verhalten, strategisches 316
Verkaufsgespräch 308
Verlaufsanalyse, qualitative 381
Vernetzung 351
Versprachlichung, Verfahren der 46
Versprachlichungsprozesse des Wissens 335
Verständigung, Multimodalität der 31
Verständigungsbereitschaft 534
Verständlichkeit 534
Verständnis 374
Verständnissicherung, Verfahren der 46
Verstehen und Gestalten 285, 356
Verstehensprozess 362, 372
Vertextung 88, 89, 472
Videoanalysen 414, 423
Visualisierung 547, 556
Vorbild, Lehrperson als 152
Vorschule 129

Vortragen 151, 544

Wahrnehmung, Wechselseitigkeit der 31
Wahrnehmungsstörungen, auditive 461
Wende, kognitive 16
Wende, pragmatische 12, 328
Wissens, Kurzvortrag zum Nachweis erworbenen 237
Wissens, Qualität des 350
Wissens, Urheberschaft des 359
Wissenserwerb, akzelerierter 338
Wissen-Sollen 336

Zeitlichkeit 32
Zerdehnung 71
Zugzwänge 86
Zuhören 150
Zuhörtests 124
Zusammenfassung 362
Zusammenhänge, globale 87
Zwangskommunikation 333
Zweck 69
Zwecke, gesellschaftliche 330